Nikolaus Orlop

Alle Herrscher Bayerns

Nikolaus Orlop

Alle Herrscher Bayerns

Herzöge, Kurfürsten, Könige – von Garibald I. bis Ludwig III.

Langen*Müller*

Meiner Frau Christina

Besuchen Sie uns im Internet unter
www.langen-mueller-verlag.de

© 1979 by Verlag Heinrich Hugendubel, München
unter dem Titel »Von Garibald bis Ludwig III.«

2., verbesserte und erweiterte Auflage:
© 2006 by Langen Müller in der
F. A. Herbig Verlagsbuchhandlung GmbH, München
Alle Rechte vorbehalten
Umschlaggestaltung: Wolfgang Heinzel
Satz: Fotosatz Völkl, Inzell/Obb.
Gesetzt aus der 10,3/12,5 Times New Roman
Druck und Binden: CPI Moravia Books GmbH, Korneuburg
Printed in Austria
ISBN 3-7844-3075-9
Ab 1. Januar 2007: ISBN 978-3-7844-3075-1

Inhalt

Vorwort zur ersten Auflage 11
Vorwort zur zweiten Auflage 13

Überblick über die bayerische Geschichte 15

Die Anfänge der Bayern 20

Das Herzogtum Bayern 24

Bayern unter den Agilolfingern 24
Garibald I. 27
Tassilo I. 30
Garibald II. 32
Agilolf 34
Theodo I. 36
Theodo II. 38
Theodebert 40
Grimoald 41
Hugibert 43
Odilo 45
Tassilo III. 47
Karte: Bayern 788 nach der Absetzung Tassilos III. 51

Bayern unter den Karolingern 52
Karl der Große 55
Ludwig I. der Fromme 59
Lothar I. 61
Ludwig II. der Deutsche 63
Karlmann 66

Ludwig III. der Jüngere 69
Karl der Dicke 71
Arnulf von Kärnten 74
Ludwig IV. das Kind 77

Bayern unter den Luitpoldingern 80
Markgraf Luitpold 83
Arnulf der Böse 86
Eberhard 90
Berthold 92

Bayern unter den Ottonen 94
Heinrich I. 98
Heinrich II. der Zänker 101
Karte: Größte Ausdehnung Bayerns 976 105
Otto von Schwaben 106

Bayern unter den Luitpoldingern 108
Heinrich III. Hezilo 108

Bayern unter den Ottonen 111
Heinrich IV. der Heilige 111

Bayern unter den Luxemburgern 114
Heinrich V. der Lützelburger 117

Bayern unter den Saliern 119
Konrad I. 122
Heinrich VI. der Schwarze 125

Bayern unter den Luxemburgern 128
Heinrich VII. 128

Bayern unter den Ezzonen 130
Konrad von Zytphen 133

Bayern unter den Saliern 136
Heinrich VIII. 136
Konrad II. 140
Agnes 142

Bayern unter den Grafen von Northeim 144
Otto von Northeim 146

Bayern unter den Welfen 149
Welf I. 152
Welf II. 155
Heinrich IX. der Schwarze 157
Heinrich X. der Stolze 159

Bayern unter den Babenbergern 162
Leopold von Babenberg 165

Bayern unter den Staufern 167
Konrad III. 171

Bayern unter den Babenbergern 174
Heinrich XI. Jasomirgott 174

Bayern unter den Welfen 177
Heinrich XII. der Löwe 177

Bayern unter den Wittelsbachern 181

Bayern bis zur endgültigen Wiedervereinigung 186

Bayern bis zur ersten Landesteilung von 1255 186
Otto I. 188
Ludwig I. der Kelheimer 191
Otto II. der Erlauchte 194

Die Landesteilungen und Wiedervereinigungen 1255 bis 1628 198

Bayern bis zum Hausvertrag von Pavia 1329 200
Heinrich XIII. 202
Ludwig II. der Strenge 206
Otto III. 210
Ludwig III. 214
Stephan I. 216

Rudolph I. der Stammler 219
Ludwig IV. der Bayer 223

Bayern bis zur Landesteilung von 1392 229
Heinrich XIV. der Ältere 232
Heinrich XV. der Jüngere, der Natternberger 236
Otto IV. der Abbacher 239
Johann I. das Kind 243
Ludwig V. der Brandenburger 246
Ludwig VI. der Römer 250
Stephan II. mit der Hafte 254
Otto V. der Faule 257
Wilhelm I. »de dolle Graf« 261
Albrecht I. 264
Meinhard 268

Bayern bis zur teilweisen Wiedervereinigung 271
Friedrich der Weise 274
Johann II. 278
Karte: Die Pfalz, Ober- und Niederbayern vor dem Landshuter Erbfolgekrieg 281
Stephan III. der Prächtige 282
Albrecht II. der Jüngere 287
Heinrich XVI. der Reiche 290
Wilhelm II. 295
Wilhelm III. 298
Ernst 302
Ludwig VII. der Gebartete 307
Johann III. der Erbarmungslose 312
Albrecht III. der Fromme 316
Ludwig VIII. der Bucklige 320
Ludwig IX. der Reiche 324
Johann IV. 328
Sigismund 330

Bayern bis zur Wiedervereinigung von 1505 333
Albrecht IV. der Weise 336
Karte: Die Pfalz mit Pfalz-Neuburg und Bayern nach dem Landshuter Erbfolgekrieg 341
Georg der Reiche 342
Elisabeth 346

Bayern bis zum Westfälischen Frieden von 1648 350

Wilhelm IV. der Standhafte 353
Ludwig X. 358
Albrecht V. der Großmütige 362
Wilhelm V. der Fromme 366

Das Kurfürstentum Bayern 370

Maximilian I. 370

Bayern im Zeitalter des Absolutismus 376

Ferdinand Maria 379
Max II. Emanuel der »Blaue König« 383
Karl Albrecht 389

Bayern in der Zeit der Aufklärung bis 1805 393

Maximilian III. Joseph der Vielgeliebte 396

Bayern bis zum endgültigen Territorium 401

Karl Theodor 402

Das Königreich Bayern als moderner Territorialstaat 407

Max I. Joseph 410
Karte: Königreich Bayern 1819 nach dem Wiener Kongress und seinen Folgeverträgen 414
Ludwig I. 415
Maximilian II. 419
Ludwig II. 422
Otto 427
Prinzregent Luitpold 431
Ludwig III. 435
Bild: Die bayerische Königsfamilie 1862 439

Bayern von 1918 bis heute (2005) 440

Anhang

Die Herzöge von Schwaben 444
Die Herzöge von Franken 445
Die Könige Schwedens 446
Die deutschen Kaiser und Könige 448
Die Reichs- und Bundespräsidenten 450
Die Reichs- und Bundeskanzler 451
Die Ministerpräsidenten Bayerns 452

Literaturverzeichnis 453
Personenregister 459
Sachregister 475

*Geschichte ist der Extrakt
unzähliger Biografien.*
Thomas Carlyle

Vorwort zur ersten Auflage

Die vorliegende Abhandlung über die Herzöge, Kurfürsten und Könige Bayerns soll verdeutlichen, dass bereits über 600 Jahre vor der Belehnung der Wittelsbacher mit dem Herzogtum Bayern zahlreiche, zum Teil sehr bedeutende Herrscherpersönlichkeiten Bayern regiert haben.

Von den Anfängen der bayerischen Geschichte bis zum Ende der Monarchie 1918 sind sämtliche Regenten Bayerns in 101 Einzelporträts beschrieben. Die Gefahr, bei einigen Herzögen nur geringe Information anbieten zu können, bei den späteren Landesteilungen einige Wiederholungen zu bringen, wurde bewusst in Kauf genommen. Diese Aufstellung, die lediglich einige Daten und Fakten des jeweiligen Herrschers, jedoch keine großen geschichtlichen Zusammenhänge bringen möchte, will vor allem über die weniger bekannten bayerischen Herzöge informieren. Deswegen wurden andererseits vor allem die ab dem 19. Jahrhundert regierenden Könige (im Hinblick auf die sehr zahlreiche Literatur) besonders kurz gefasst.

Zunächst erfolgt ein Überblick über die bayerische Geschichte, anschließend werden einige Theorien über die Anfänge und das Entstehen des bayerischen Volkes dargelegt. Daneben werden, ebenso wie die Wittelsbacher, sämtliche vorhergehenden Herrschergeschlechter kurz vorgestellt. Um einige Zusammenhänge aufzuzeigen, sind die wesentlichen Zeitabschnitte ab dem Beginn des 13. Jahrhunderts kurz beschrieben. Darüber hinaus versucht ein Ausblick die Verbindung vom Ende der Monarchie bis zum heutigen Freistaat Bayern herzustellen.

Die Darstellungen der einzelnen Herrscher, chronologisch nach ihren Regierungszeiten aufgeführt, sind im Wesentlichen so gegliedert, dass nach der Regierungs- und Lebenszeit einige entscheidende Unternehmungen sowie wichtige persönliche Daten geschildert werden. Zur Illustration des jeweiligen Zeitabschnitts werden die gleichzeitig amtierenden Päpste und einige Herrscher anderer Länder vorangestellt sowie wesentliche Ereignisse der Weltgeschichte angefügt. Damit auch bei den Landesteilungen die für das betreffende

Teilherzogtum fortlaufende Herrscherreihe erkennbar wird, sind die jeweiligen Vorgänger beziehungsweise Nachfolger aufgeführt. Zum besseren Verständnis werden im Anhang einige Dynastiereihen gebracht.

In einer besonderen Übersichtstafel sollen die Landesteilungen unter den Wittelsbachern und das Entstehen einer neuen Herrscherlinie in der Rheinpfalz bis zur endgültigen Wiedervereinigung Bayerns veranschaulicht werden.

München, August 1979

Vorwort zur zweiten Auflage

Nachdem die erste Auflage nach 1980 vergriffen war, ließ auch das Interesse des Publikums an Bavarica-Literatur allgemein infolge einer Sättigung im Zusammenhang mit dem Wittelsbacher Jubiläumsjahr (1980) spürbar nach. Deshalb kam eine Neuauflage schon aus diesem Grunde nicht in Betracht.

Mittlerweile hat sich die Nachfrage wieder belebt, vor allem auf dem Gebiet der deutschen Geschichte nach der Wiedervereinigung 1990.

Dies hat den Verfasser veranlasst, das Buch einer gründlichen Überarbeitung zu unterziehen und nicht nur einige Verbesserungen anzubringen, sondern auch neue geschichtliche Erkenntnisse anzufügen. Zur besseren Verständigung für den Leser wurden auch Bilder aufgenommen und einige Karten eingefügt, wofür dem Verlag zu danken ist.

Gleichzeitig wurden für sämtliche in Bayern regierenden Herrscherfamilien genealogische Tabellen vom Verfasser erstellt, um die Abstammung der einzelnen Familienmitglieder und die verwandtschaftlichen Beziehungen zueinander und eventuell auch zu anderen Geschlechtern zu verdeutlichen, soweit sie für die aufgeführten Herrscher und die Zusammenhänge von Bedeutung und Interesse sind.

Die bayerische Geschichte ist nicht nur die am weitesten zurückreichende und damit umfassendste und interessanteste, sie ist auch die kontinuierlichste in ganz Europa. Der Verfasser wollte daher dieses Phänomen anhand der einzelnen Herrschergestalten für jeden vielleicht auch etwas weniger an der Geschichte Interessierten buchstäblich begreifbar machen.

Aus diesem Grund sind parallel zum bayerischen Herrscher die Päpste und die wichtigsten europäischen Dynastien mit ihren regierenden Kaisern und Königen zu Beginn, wichtige Begebenheiten in der beschriebenen Zeit am Schluss der jeweiligen Kurzbiografie aufgeführt.

Schließlich sind einige wenige Zwischentexte zur Zusammenfassung bestimmter Zeitabschnitte sowie ein Ausblick bis heute angefügt, der die Verbindung zur Gegenwart im Freistaat Bayern herstellen soll. Nur in diesen Texten sind einige vorsichtig gehaltene Auffassungen und geschichtliche Zusammenhänge des Verfassers enthalten. Ansonsten war es das ausschließliche Bestreben, dem Leser lediglich feststehende und im Wesentlichen gesicherte Tatsachen und Fakten lexikonartig zu nennen, aus denen sich eine eigene geschichtliche Auffassung unschwer bilden lässt. Zur Vervollständigung der Sammlung wurde auch eine Kurzbiografie König Ottos von Bayern (†1916) aufgenommen, sodass sich die Zahl der Einzelporträts auf 102 erhöht.

Ich möchte mich bei allen bedanken, die zur Entstehung dieser zweiten Auflage beigetragen haben, vor allem bei dem Verlag, der keine Mühen gescheut hat, das Kartenmaterial in den Text hineinzunehmen und die Sammlung mit der Fotografie der großen Wittelsbacher Familie aus dem Jahre 1862 abzuschließen. Mein Dank gilt auch Frau Völkl, die trotz der Notwendigkeit zahlreicher Änderungen immer wieder die Geduld aufbrachte, den Text wieder neu zu formatieren.

Bedanken möchte ich mich schließlich auch bei Herrn Dr. Gerhard Immler, Archivdirektor des Geheimen Hausarchivs im Bayerischen Hauptstaatsarchiv, für die wertvollen Hinweise.

Möge diese Sammlung von einzelnen in sich abgeschlossenen Kurzbiografien aller Herrscher Bayerns, der Herzöge, Kurfürsten und Könige Bayerns von Herzog Garibald I. bis König Ludwig III. auch in Zukunft das sein, was das Ziel dieses Buches immer war: ein Nachschlagewerk für alle, die an der bayerischen Geschichte und ihren sämtlichen regierenden Fürsten interessiert sind.

Alling bei München, September 2006

Überblick über die bayerische Geschichte

Spuren menschlicher Tätigkeit lassen sich in Bayern bis in die älteste Steinzeit zurückverfolgen. Für das Ende des fünften Jahrhunderts vor Christus ist jedenfalls eine Besiedlung, hauptsächlich in Niederbayern, Franken und im Nördlinger Ries, nachweisbar.

Die Zeit um das erste Jahrhundert vor Christus zeichnet sich vor allem durch Errichtung von größeren befestigten Orten (»oppida«) zum Beispiel bei Kelheim und Manching aus.

Die nachweisbare und durch schriftliche Zeugnisse belegte Geschichte Bayerns beginnt in der Mitte des sechsten Jahrhunderts nach Christus, und zwar in dem Gebiet zwischen Lech, Donau und den Alpen, wobei diese Fläche nördlich über die Donau in den späteren bayerischen Nordgau (Oberpfalz) ausgedehnt wird.

Die Führung in diesem bereits in der Merowingerzeit dokumentierten Stammesherzogtum übernimmt das Geschlecht der Agilolfinger mit Hauptsitz in Regensburg und Niederlassungen unter anderem auch in Freising, Passau und Salzburg. Im siebten Jahrhundert kann der herzogliche Machtbereich bereits nach Süden über die Alpen sowie nach Osten bis zur Enns (im heutigen Österreich) erweitert werden.

Gleichzeitig setzt eine starke Missionierung mit Hilfe Emmerams, Ruperts und Willibalds ein, die mit der Organisierung der bayerischen Bistümer durch Bonifazius ihren Höhepunkt erreicht. Herzog Tassilo III., der letzte Agilolfingerherrscher, gründet mehrere Klöster, fördert die kirchliche Kultur und unterwirft die Alpenslawen in Karantanien (Kärnten).

Nach 788 wird Bayern zu einem Teilgebiet des Karolingerreiches, bis die Herzöge aus dem Geschlecht der Luitpoldinger eine Neuordnung des Stammesherzogtums Bayern beginnen. Diese Phase endet jedoch bereits 938 mit der Eingliederung Bayerns durch Kaiser Otto den Großen in das Reichsgebiet.

Gleichzeitig beginnt nun damit die zweite große bayerische Ostbesiedlungspolitik, die schließlich zur Errichtung und dem Ausbau der Ostmark führt. In dieser Zeit kann Bayern auch noch die Markgrafschaft Verona im Süden hinzugewinnen und erreicht damit seine in der Geschichte flächenmäßig größte Ausdehnung nach Süden und Osten.

Nach einer Reihe von Herzögen aus verschiedenen Grafen- und Fürstengeschlechtern beginnt mit der Ernennung Herzog Welfs I. (1070) eine allmähliche Konsolidierung des Herzogtums Bayern. Die Familie der Welfen zeichnet sich durch Unterstützung der Reichsgewalt und hier vor allem in der heftigen Auseinandersetzung im Investiturstreit aus. Der allmählich aufbrechende Gegensatz zu den Hohenstaufern führt aber nach einer zunächst hoffnungsvoll erscheinenden Versöhnung zwischen Heinrich dem Löwen und Friedrich Barbarossa (1156), durch Letzteren immer wieder vergeblich versucht, schließlich zur endgültigen Vertreibung der Welfen aus Bayern (1180).

Das bisher politisch zumindest außerhalb Bayerns nicht bedeutsame Grafengeschlecht der Wittelsbacher, von Friedrich Barbarossa mit dem 1156 um die Ostmark verkleinerten Bayern belehnt, versteht es, einerseits durch eine kluge Politik zu den Herrschern des Reiches, andererseits infolge des Aussterbens großer Adelsgeschlechter in Bayern (unter anderem der mächtigen Grafen von Bogen 1242 und der als Herzöge von Meranien mit den Wittelsbachern ranggleichen Grafen von Andechs 1248) sich den eigenen Grundbesitz des herzoglichen Hauses so auszubauen, dass er den jeder anderen Adelsfamilie im Herzogtum weit in den Schatten stellt. 1214 können die Wittelsbacher darüber hinaus noch die politisch sehr wichtige Rheinpfalz, die mit dem bedeutenden Amt des Reichsvikars, der vorübergehenden Regierungsgewalt im Reich nach dem Tode eines Kaisers beziehungsweise Königs verbunden ist, hinzugewinnen.

Durch die Gründung von Städten und Marktflecken und die Neuordnung des Rechtswesens erlebt Bayern nunmehr einen bedeutsamen auch außenpolitischen Aufschwung, der sich allerdings durch die erste Landesteilung von 1255 in Ober- und Niederbayern wieder abschwächt.

Mit dem sich verstärkenden Einfluss der drei Stände (Adel, Prälaten und Bürger) wird Bayern darüber hinaus zum Ständestaat mit ersten Herrschaftsverträgen.

Unter Kaiser Ludwig IV. dem Bayern erhält Bayern im Mittelalter für kurze Zeit einen bedeutenden territorialen Zuwachs, das strategisch wichtige Tirol 1342. Für sein Haus erwirbt der Kaiser außerdem das politisch wichtige Kurfürstentum, die Mark Brandenburg, 1323, und die reichen niederländischen Besitzungen 1346.

Durch Ludwig den Bayern wird 1329 aber auch die Trennung der Rheinpfalz von Altbayern eingeleitet, die schließlich zur jeweils völlig selbstständigen Wittelsbacher Linie in Bayern und der Pfalz bis zur endgültigen Wiedervereinigung unter Kurfürst Karl Theodor beziehungsweise König Max I. Joseph 1799 führten sollte.

Im Jahre 1340 wird Altbayern (Ober- und Niederbayern) zwar noch einmal vereinigt, jedoch bereits neun Jahre später unter den Söhnen Ludwigs des Bayern wieder aufgeteilt. Infolge der Schwäche der Nachfolger, nicht zuletzt bedingt durch die fortwährenden Wittelsbacher Hausstreitigkeiten, gehen die Gebiete Tirol im Jahre 1363, Brandenburg 1373 und die Niederlande 1435 endgültig verloren.

Ab 1392 existieren nunmehr vier selbstständige Herzogtümer in Altbayern, nämlich Bayern-München, Bayern-Ingolstadt, Bayern-Landshut und Bayern-Straubing, die sich trotz mancher gemeinsamer politischer Aktivitäten zum Teil heftig gegenseitig bekämpfen.

Bedeutende Herzöge aus den Teilherzogtümern sind unter anderem Friedrich der Weise und Heinrich der Reiche aus Landshut, Wilhelm III., Ernst, Albrecht der Fromme und Albrecht IV. aus München. Letzterem gelingt es mit erheblichen territorialen Verlusten und trotz großer Schwierigkeiten mit seinem Schwager, dem Habsburger Kaiser Maximilian I., nach dem Landshuter Erbfolgekrieg (1503–1505) Ober- und Niederbayern schließlich wieder zu vereinigen.

Mit dem Primogeniturgesetz von 1506, wonach der Erstgeborene die Landesherrschaft übernimmt und eine Landesteilung für immer ausgeschlossen ist, schafft Albrecht IV. die Voraussetzung für einen immer bedeutender und mächtiger werdenden Staat.

In der Reformationszeit sind Wilhelm IV. und sein Bruder Ludwig X. zwar erbitterte Gegner Luthers, befürworten aber gleichzeitig eine kirchliche Erneuerung, sodass Bayern schließlich das Zentrum der Gegenreformation in Deutschland wird.

Maximilian I., ab 1623 auch Kurfürst, baut einen frühabsolutistischen Staat mit moderner Staatsverwaltung auf und wird der Führer der katholischen Liga im Dreißigjährigen Krieg. Durch die Zurückgewinnung der Oberpfalz zu Bayern kann er 1628 das altbayerische Territorium wieder bedeutend vergrößern.

Diese Machterweiterung, verbunden mit der Besetzung zahlreicher reichsfürstlicher Bischofsstühle, wird aber schließlich auch die Ursache für die zunehmend sich verstärkende Rivalität mit den Habsburgern.

Die Nachfolger Kurfürst Maximilians, Max II. Emanuel und Karl Albrecht, sind nun bemüht, den Aufstieg ihres Herrscherhauses zur europäischen Großmacht zu erreichen.

Äußeren Ausdruck findet dieses Bestreben in einer ganzen Reihe von groß angelegten Bauwerken (Schloss Nymphenburg, Schloss Schleißheim, Ausbau der Münchner Residenz etc.).

Dabei führt das Verlangen der Wittelsbacher, den Aufstieg mit der Königskrone zu schmücken, in der Suche nach europäischen Partnern zwangsläufig zu einer stärkeren Anlehnung an die führende Großmacht Frankreich und damit für Bayern zu einer verhängnisvollen Auseinandersetzung mit den Habsburgern in Österreich. Max II. Emanuel, der ebenso wie der aus der Kurpfalz nach Altbayern gewechselte Kurfürst Karl Theodor sogar vorübergehend das Herzogtum Bayern gegen ein anderes Territorium eintauschen will, muss für längere Zeit Bayern verlassen und kehrt erst wieder 1714 nach München zurück.

Sein Sohn Karl Albrecht, von derselben Machtpolitik wie sein Vater besessen, wird nun tatsächlich als Kaiser Karl VII. für drei Jahre Nachfolger Kaiser Karls VI. im Heiligen Römischen Reich. Schwer erkrankt endlich wieder nach München zurückgekehrt, muss er jedoch seine gescheiterte Machtpolitik eingestehen, sodass sein Sohn und Nachfolger im Herzogtum Bayern, Max III. Joseph, wieder zu der realistischen Politik der Wittelsbacher zurückkehrt und im Zeichen der Aufklärung den Grundstein für den modernen Verwaltungsstaat eines späteren Montgelas legt.

Mit dem Tode Max' III. (1777) stirbt die altbayerische Linie der Wittelsbacher aus, deren Stammvater Kaiser Ludwig IV. der Bayer ist. Karl Theodor, Nachkomme Rudolphs I., des Bruders Ludwigs des Bayern, wechselt von Mannheim nach München und kann die Kurpfalz mit Altbayern vereinen. Karl Theodors Absicht, mit dem Habsburger Kaiser Joseph II. das habsburgische Gebiet der Niederlande gegen große Teile Bayerns zu tauschen, scheitert nicht zuletzt an dem deutschen Fürstenbund unter Führung Friedrichs des Großen von Preußen. Seit 1799 sind unter dem späteren König Max I. Joseph, ebenfalls aus der Pfalz nach Altbayern gekommen, wieder sämtliche verbliebene wittelsbachische Territorien in einer Hand vereint.

Die napoleonischen Kriege 1806 schaffen nicht nur die Voraussetzung, dass Bayern ein Königreich wird, sondern erbringen auch durch die Säkularisierung (Auflösung unter anderem der Hochstifte Würzburg und Bamberg) und die Mediatisierung (Auflösung unter anderem der freien Reichsstädte Rothenburg ob der Tauber, Schweinfurt, Dinkelsbühl und Nördlingen im Ries) die Grundlage für den von Montgelas geschaffenen modernen Verwaltungsstaat Bayern.

Nach dem Beitritt Max' I. zum Rheinbund (1806) erwirbt Bayern weitere Gebiete (kleinere Herrschaften, Nürnberg, Territorien des Deutschen Ordens, das Innviertel, Berchtesgaden und andere Gebiete).

Bayern wird damit nun zum zentral geführten weiträumigen Flächenstaat. Auf dem Wiener Kongress (1814/15) versteht es Bayern nicht nur, durch den noch rechtzeitig erfolgten Wechsel zur Allianz gegen Napoleon die erworbenen Gebiete zu behalten beziehungsweise für an Österreich zurückgegebene Territorien (zum Beispiel Tirol) durch weitere Erwerbungen in Franken und die Rückgabe des linksrheinischen Teils der Pfalz Ersatz zu erhalten, sondern kann auch seine Eigenständigkeit dadurch betonen, dass es zunächst die maßgebliche Opposition gegen die Errichtung einer deutschen Zentralgewalt wird.

Dennoch ist Bayern seit 1815 Mitglied des Deutschen Bundes. Nach dem Sturz Montgelas' (1817) wird Bayern eine konstitutionelle Monarchie, erhält bereits im Jahre 1818 als erster größerer deutscher Staat eine Verfassung, der auch den Landtag maßgebend an der Gesetzgebung beteiligt. Bayern wird trotz seiner Opposition auf dem Wiener Kongress dennoch der Mitbegründer eines späteren neuen deutsches Reiches durch Abschluss des ersten deutschen Zollvereins auf Gegenseitigkeit mit Württemberg und schließlich durch Beitritt zum Deutschen Zollverein 1833/34, eines Zusammenschlusses aus dem preußisch-hessischen und bayerisch-württembergischen Zollverein.

Bereits im Jahre 1837 wird Bayern in acht Regierungsbezirke aufgeteilt (der achte Bezirk ist die ehemalige – verkleinerte – Rest-Kurpfalz). Ludwig I., am Anfang seiner Regierungszeit (1825) zunächst sehr liberal auch gegenüber der Presse eingestellt, wechselt nach den Unruhen von 1830 aber zu einer konservativen Einstellung über, die jetzt auch in eine Pressezensur mündet. Nach Ludwigs freiwilligem Rücktritt (1848) unterstützt der bayerische Landtag unter Max II. die Politik der Frankfurter Nationalversammlung. Innenpolitisch wird eine Reihe von Reformen durchgeführt. Im Deutschen Bund in Frankfurt versucht Bayern sich als dritte Kraft gegenüber der Habsburger Monarchie und den Hohenzollern zu etablieren, allerdings ohne Erfolg.

Im deutsch-österreichischen Bruderkrieg von 1866 steht Bayern noch einmal auf österreichischer Seite gegen Preußen, nähert sich jedoch, vor allem auch infolge der maßvollen Nachkriegspolitik Bismarcks, der Politik der Hohenzollern und tritt nach der Zusicherung des Erhalts weitgehender eigener Rechte 1871 dem neu geschaffenen Deutschen Reich bei.

Während in den 60er-Jahren des 19. Jahrhunderts die Liberalen im bayerischen Landtag die Mehrheit besitzen, geht sie 1869 an die konservativ-katholisch-föderalistische Bayerische Patriotenpartei über, die im Jahre 1887 in der Zentrums-Partei aufgeht. Als Folge der Wahlrechtsreform von 1906 können die Sozialdemokraten in Bayern bedeutsame Wahlerfolge erzielen.

Prinzregent Luitpold, Nachfolger seines verstorbenen Neffen Ludwigs II. und offizieller Statthalter seines erkrankten Neffen, des offiziellen bayerischen Königs Otto, schafft durch seine Persönlichkeit den Ausgleich zwischen der geschichtlichen Tradition und den modernen sozialstaatlichen Anschauungen.

Ab 1913 regiert Luitpolds Sohn Ludwig als König Ludwig III. und muss, nachdem Kurt Eisner (USPD) im November 1918 in Bayern als Erster im gesamten Deutschen Reich die Republik (auf Deutsch: den Freistaat) ausruft, mit seiner schwer kranken Gemahlin und seinen unverheirateten Töchtern für kurze Zeit außer Landes gehen.

Die Anfänge der Bayern

Die Geschichtswissenschaft ist sich bis heute nicht darüber einig, wie die **Herkunft und Abstammung** der Bayern zu erklären ist, sodass man auf Theorien angewiesen ist, ohne selbst mit Hilfe der Archäologie eindeutige Beweise zu besitzen. Es dürfte daher nicht gänzlich auszuschließen sein, dass sämtliche, teilweise sich sogar widersprechende Thesen einen bestimmen Wahrheitskern beinhalten, aus dem sich mosaikartig ein Gesamtbild zusammenfügen lässt, das der Wahrheit am nächsten kommt.

Die **Sage** geht zwar in vielen Fällen von einem tatsächlichen Hintergrund aus und kann damit auf bestehende Zusammenhänge verweisen. Bezüglich der Abstammung und Herkunft der Bayern ist aber doch davon auszugehen, dass der Ursprung dieser Sage mythisch bedingt ist. Danach soll Noricus, ein Sohn des Hercules, der Stammvater der Bayern sein. Im Jahre 508 soll der Stamm der Bayern unter der Führung seines Herzogs Theodo nach Bayern, das heißt in das Land zwischen Lech, Donau und Alpen zurückgekehrt (!) sein, nachdem die Römer nach dem Zusammenbruch des Weströmischen Reiches 453 dieses Gebiet aufgegeben und verlassen hatten.

Der **Name** der Bayern* ist zurückzuführen auf die ältere Bezeichnung »Bajuwaren«, woraus sich im Laufe der Zeit der Begriff »Baiern«* bildet. Die Bezeichnung »Bajuwaren« selbst hat ihren Ursprung in dem Wort »Baiwari«, auch »Baiovarii« oder »Baiowarioz«, was so viel wie »Männer aus dem Lande Baia« bedeutet.

Die **Herkunft** der Bayern ist damit unmittelbar angesprochen. Dieses angebliche Herkunftsland »Baia«, der vermutete frühere Wohnsitz und Ausgangsort der Bayern, lässt sich nicht eindeutig lokalisieren. Überwiegend wird dieses Ursprungsland in das ehemalige Böhmen verlegt, wofür die ältere Bezeichnung »Bajohaenum« (= Böhmen) spricht. Teilweise wird als der frühere Aufenthaltsort

---

* Die Schreibweise »Bayern« mit »y« geht auf die Helenenfreundlichkeit König Ludwigs I. (1825–1848) zurück.

auch das Gebiet um das Schwarze Meer oder das Gebiet der Karpaten, zum Teil auch Westpannonien, das heutige Gebiet Westungarns sowie die Slowakei angesehen, allerdings eher Sondermeinungen von Außenseitern.

Die **Abstammung** der Bayern ist ebenso ungewiss. Nach neueren Forschungsergebnissen soll sich der Volksstamm der Bayern teilweise aus den Sueben in Rätien, etwa dem heutigen Gebiet der Ostschweiz, dem heutigen Oberbayern und Tirol, zum Teil aus den Markomannen in Noricum, etwa dem heutigen Gebiet Österreichs ohne Tirol, sowie aus den Thüringern und auch aus anderen Volksstämmen zusammensetzen.

Die Vertreter der so genannten »Markomannentheorie« sind dabei der Meinung, dass die Bayern (vor allem) auf den Volksstamm der Markomannen zurückzuführen sind, nachdem in der Geschichte der Name der Markomannen nach der Teilnahme in der Schlacht auf den katalaunischen Feldern (nordöstlich von Orleans im heutigen Frankreich) 451 gegen die Hunnen erlischt, zu einem Zeitpunkt, in welchem die Bayern erstmalig erwähnt werden. Nach dieser Theorie sollen die Markomannen zuerst nach Thüringen und dann in das Gebiet des heutigen Niederbayern eingewandert sein.

Nach einer andere Theorie sollen sich die Thüringer, Markomannen und Sueben mit den bereits vorhandenen Herulern, Rugiern, Alemannen, Hunnen und anderen verbliebenen Stämmen, dazu mit der Restbevölkerung der Romanen vermischt haben.

Zusammenfassend lässt sich wohl sagen, dass die Bayern mit Sicherheit kein einheitlicher ethnischer Stamm sind, sondern sich aus einer Vielzahl von einzelnen Stämmen zusammensetzten, das heißt ein im Wesentlichen keltoromanisch-germanisches Mischvolk sind.

Unter diesem Gesichtspunkt wird man daher kaum von einer einheitlichen Einwanderung der Bayern sprechen können, sondern vielmehr von einer allmählichen Verschmelzung mit der noch verbliebenen Restbevölkerung nach dem endgültigen Abzug der Römer um das Jahr 480 nach Christus.

Die **Stammesbildung** lässt sich ebenfalls in ihrer Entwicklung und ihrem Zeitablauf nicht genau festlegen. Etwa um das Ende des fünften Jahrhunderts dürften die Bayern, wenn nicht direkt unter dem Herrschaftsbereich der Goten, so zumindest doch gotischen Einflüssen ausgesetzt gewesen sein. Mit dem Tode Theoderichs des Großen (526) bricht die Vorherrschaft der Goten im Voralpengebiet zusammen, sodass es in diesem Zeitraum der großen Völkerwanderungen zu einer starken politischen Verunsicherung kommt. Einerseits ziehen die Langobarden 568 aus dem Gebiet Pannonien nach Oberitalien und bilden das Langobardenreich, das sich schließlich Karl dem Großen unterwerfen muss. Andererseits gelangt das ehemalige Gebiet der Langobarden in slawischen, später in den fränkischen Herrschaftsbereich, sodass es für die Bevölkerung im bayerischen Raum gleichsam zu einer politischen Umorientierung kommt.

Die womöglich bereits bestandene Bindung zu den Langobarden im Osten wird nach 568 mit den Langobarden in Oberitalien weiter intensiviert. Gleichzeitig entsteht aber gerade dadurch eine zunehmende Spannung zu den Franken, die schließlich 788 zum Untergang des Herrschergeschlechts der Agilolfinger führt. Denn mit den fränkischen Interessen ist es nicht vereinbar, dass sich im Alpenraum eine bayerisch-langobardische Allianz bilden könnte.

Mit der politischen Verschiebung an der Ostgrenze Bayerns (Zusammenbruch der Gotenherrschaft, Abzug der Langobarden und Nachrücken der Slawen und Awaren im Osten) entsteht gleichzeitig auch eine gemeinsame Interessenlage zwischen den Bayern und Franken in der Abwehr der Slawen, bei der die Bayern als unmittelbare Nachbarn naturgemäß die Hauptlast zu tragen haben.

Geografisch lässt sich das Land der Bayern in etwa mit dem heutigen Gebiet von Ober- und Niederbayern festlegen, das heißt zwischen dem Lech als Westgrenze, den Alpen als der südlichen Grenze (einschließlich des Gebiets um Bozen und seiner Umgebung), der Donau als der nördlichen sowie der Salzach als der östlichen Grenze. Dieser geografisch umrissene Raum spiegelt das Bevölkerungsgebiet der Bayern um die Mitte des sechsten Jahrhunderts wider. Die östliche Grenze ist dabei aber noch sehr fließend und sollte sich im Laufe der Regierung der Agilolfinger immer weiter nach Osten vorschieben.

Sprachlich stehen die Bayern anfänglich wohl näher zum romanisch-römischen Sprachgut. Dass die Bayern jedoch zu einem Althochdeutsch sprechenden Stamm und damit zum Bestandteil des deutschsprachigen Raums werden sollten, ist nicht zuletzt darauf zurückzuführen, dass die Bayern immer mehr in die Abhängigkeit der Franken geraten, die als führender Volksstamm den übrigen abhängigen Stämmen ihre Sprache aufzuzwingen verstehen.

Der **politische Standort** der Bayern zu Beginn ihrer Stammesbildung ist damit ebenfalls angesprochen. Inwieweit bereits in der ersten Hälfte des sechsten Jahrhunderts eine Bindung zum fränkischen Reich besteht, liegt nach wie vor im Dunkel der Geschichte. Bemerkenswert ist jedenfalls, dass der erste in Bayern nachweisbare Stammesherzog, Garibald I., einerseits mit der Witwe eines Merowingerkönigs verheiratet ist, andererseits jedoch – oder vielleicht gerade deswegen – eine von den Franken im Wesentlichen selbstständige Regierungsgewalt ausüben kann, die lediglich bei einer unmittelbaren Berührung mit Interessen der fränkischen Herrschaft die gegenseitige Auseinandersetzung heraufbeschwört und schließlich die bayerischen Herzöge in eine mehr oder weniger starke Abhängigkeit zu den Merowingern und ihren Nachfolgern, den Karolingern, bringt.

Diese erstmalige Bindung an die Franken als die Inhaber der Reichsgewalt sollte später aufgrund der zentralen Lage Bayerns im Deutschen Reich dazu führen, dass das Herzogtum Bayern zum wichtigsten Bestandteil des entstehenden Deutschen Reiches, ja teilweise sogar zum Königsgut der deutschen Kaiser und Könige werden sollte.

Denn das Herzogtum Bayern sollte vor allem als wichtigstes Durchgangsland nach Süden die Verbindung Europas nördlich der Alpen zum Mittelpunkt der Kirche, Rom, werden. Diese große Bedeutung für das gesamte Reich sollte trotz der Landesteilungen unter den Wittelsbachern auch in Zukunft erhalten bleiben.

Das Herzogtum Bayern

Bayern unter den Agilolfingern (554–788)

Die Abstammung und Herkunft der Agilolfinger, des ältesten und nachweislich ersten Herrschergeschlechts in Bayern, liegt ebenso im Dunkeln wie der Name »Agilolfinger«.

Es ist nicht ganz unwahrscheinlich, dass ein Agilolf, der ebenso wie die Familie der Agilolfinger in der Lex Baiuvariorum, einem zwischen 540 und 630 entstandenen Volksrecht, erwähnt wird, der Namensgeber des Adelsgeschlechts ist, ähnlich wie ein Karl der Große für die Karolinger, ein Luitpold für die Luitpoldinger oder – ein Bespiel aus der französischen Geschichte – ein Hugo Kapet für die Kapetinger.

Die Herkunft der Familie der Agilolfinger wird in der Wissenschaft unterschiedlich abgeleitet. Einerseits sollen die Agilolfinger ihr Ursprungsgebiet in Burgund, andererseits im fränkisch-merowingischen Gebiet haben.

Bezüglich der Abstammung ist es durchaus wahrscheinlich, dass das Geschlecht der Agilolfinger, das um die Mitte des sechsten Jahrhunderts in der Geschichte auftaucht, verwandtschaftliche Beziehung zur herrschenden Dynastie der Merowinger hat. In jedem Fall zählen die Agilolfinger aber innerhalb des Merowingerreiches zu den bedeutenden Familien, die anfänglich über einen umfangreichen Besitz in Burgund und dem heutigen Südfrankreich verfügen. Für die Verwandtschaft zu den Merowingern spricht die bereits genannte Lex Baiuvariorum, die von einem bayerischen Herzog aus dem Geschlecht der Merowinger berichtet, also definitiv bekundet, dass die Familie der Agilolfinger mit dem Herrschergeschlecht der Merowinger in Verbindung steht.

Hinzu kommt, dass die Herzöge der Agilolfinger mehrfach mit dem Titel »rex« (König) bezeichnet werden. Dies scheint weniger auf die Stellung eines königlichen Herrschers als mehr auf die verwandtschaftliche Beziehung und

Abstammung des Geschlechtes der Agilolfinger von der Merowingerdynastie hinzudeuten.

Die Herzöge aus dem Geschlecht der Agilolfinger regieren zunächst als von der Zentralmacht des Merowingerreiches eingesetzte Amtherzöge, die eine herausragende Stellung über die in diesem Gebiet ansässigen Grafen haben und als königliche Beamte im Wesentlichen militärische Aufgaben ausführen. Die Lex Baiuvariorum geht davon aus, dass das Herzogtum jeweils durch Erbschaft auf die Nachfolger übergeht.

Später werden die Herzöge vom Adel des Landes gewählt, womit sich zwar eine allmähliche Unabhängigkeit vom Königshaus der Merowinger herausbildet, die Vererblichkeit der Herrschergewalt damit aber nicht beseitigt ist.

Der umfangreiche Grundbesitz der Agilolfinger, der die Machtstellung symbolisiert, befindet sich später infolge von zahlreichen Klostergründungen hauptsächlich im Osten Bayerns. Aus diesem Grunde üben sie ihre Macht auch im Wesentlichen von Regensburg aus, ihrem eigentlichen Herrschaftssitz.

Die Agilolfinger betreiben eine umfangreiche Besiedlungspolitik, gründen Klöster und versuchen vor allem durch eine ausgeprägte Missionierung des Landes ihren Einfluss zu verstärken. Vor allem der angelsächsische Missionar Bonifazius wird von ihnen unterstützt, der in Bayern die Diözesen Salzburg, Passau, Regensburg und Freising gründen und damit die Organisation der bayerischen Landeskirche beginnen kann.

Daneben unterstützen die Agilolfinger auch tatkräftig weitere Missionare. So erhält Bischof Emmeram umfassende Hilfe, der eine Zeit lang in Regensburg wirkt und nach dem die fürstliche Abtei in Regensburg benannt ist. Als weiterer Missionar wird Bischof Korbinian gefördert, der Patron der Erzdiözese München und Freising, der hier ein Kloster gründet und im Dom von Freising begraben liegt.

Obwohl somit von Anfang an Beziehungen zu den Merowingern und damit auch zu den Franken bestehen, verstärken sich mit der Zeit die verwandtschaftlichen Beziehungen zu den im Süden benachbarten Langobarden, den erbitterten Gegnern der Franken. Dadurch verschlechtern sich die Bindungen zwischen den Agilolfingern und den Franken zunehmend. Denn die Franken können insbesondere auf ihrem Verbindungsweg nach Rom, der Kirchmetropole, in ihrem Bestreben, ihr Einflussgebiet zu erweitern, kein absolut autonomes Herrschaftsgebiet nördlich und südlich der Alpen dulden.

Die Auseinandersetzung zwischen den Franken und den Bayern erreicht schließlich 788 ihren Höhepunkt, als Karl der Große den bayerischen Herzog Tassilo III. absetzt und mit seiner gesamten Familie ins Kloster schickt.

Damit findet die Dynastie der Agilolfinger in Bayern ihr Ende.

TAFEL 1

Genealogische Übersicht der Agilolfinger

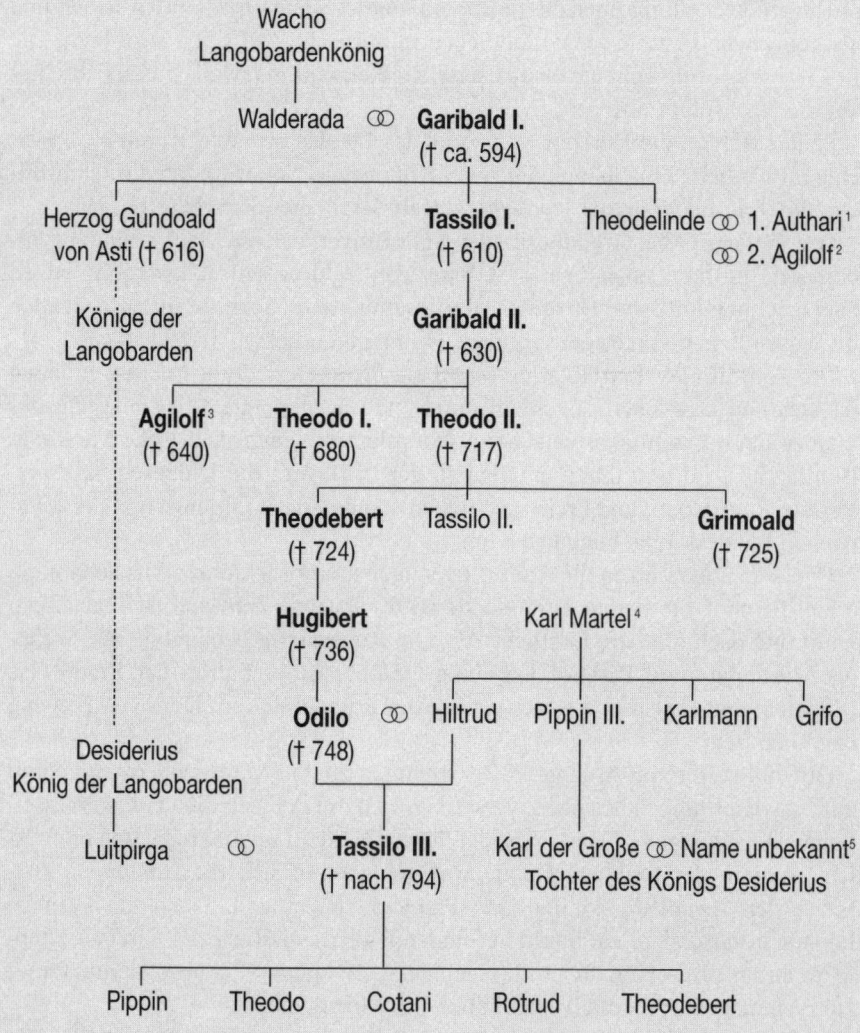

[1] Erste Heirat mit König der Langobarden.
[2] Zweite Heirat mit Herzog von Turin, aus thüringischem Adelsgeschlecht.
[3] Existenz dieses Agilolfingers ungewiss.
[4] Das Geschlecht der Karolinger, siehe Seite 52.
[5] Erste Gemahlin Karls des Großen, Name unbekannt, 771 verstoßen.

Garibald I. (554–594)

Päpste:		Frankenkönige:	
Vigilius	537–555	Theudebald	548–555
Pelagius I.	556–561	Chlotar I.	511–561
Johann III.	561–574	Sigibert I.	561–575
Benedikt I.	575–579	Childebert II.	575–596
Pelagius II.	579–590	Chlotar II.	584–628
Gregor I. der Große	590–604		

Garibald I. aus dem Geschlecht der Agilolfinger ist der erste bekannte und genannte Herzog Bayerns in der Geschichte. Garibald führt auch den Titel »rex« (König), was aber wohl eher auf eine Beziehung zum Königsgeschlecht der Merowinger hindeutet. Er regiert von zirka 554 bis zirka 594. Nicht nur sein Regierungsende, sondern auch seine Alleinherrschaft in späteren Jahren erscheinen fraglich. Möglicherweise setzt Garibald seinen Nachfolger Tassilo I. ab 591 als Mitregenten ein.

Geburts- und Todesdatum sind nicht bekannt. Verheiratet ist Garibald mit einer Walderada, der Tochter Wachos, des Königs der Langobarden.

Garibalds Gemahlin Walderada ist zunächst seit 540 mit dem Frankenkönig Theudebald verheiratet. Nach dessen Tod heiratet sie dessen Onkel, den Frankenkönig Chlotar I. Auf kirchlichen Widerspruch wegen der zu nahen Verwandtschaft wird diese Ehe aber getrennt, und Chlotar gibt seine Gemahlin Walderada dem standesrechtlich gleichwertigen Bayernherzog Garibald zur Frau.

Garibald hat zwei Töchter, von denen eine, Theodelinde, namentlich bekannt ist. Außerdem hat er einen Sohn mit Namen Gundoald.

Die Tochter Theodelinde ist in erster Ehe mit dem Langobardenkönig Authari verheiratet. Authari reist der Sage nach inkognito als Brautwerber nach Bayern und gibt sich erst auf seiner Rückreise dem bayerischen Gefolge, das ihn bis zur Grenze begleitet, dadurch zu erkennen, dass er mit großem Schwung die Streitaxt in einen Baum schleudert und ausruft: »Solche Hiebe führt Authari!« Unter diesem König Authari treten auf Betreiben seiner Gemahlin Theodelinde die Langobarden vom arianischen zum katholischen Glauben über.

Theodelinde spielt vor allem in kirchlichen Fragen eine gewichtige Rolle, nachdem sie eine gute Ausbildung erfahren hat und mit Papst Gregor dem Großen korrespondiert.

In zweiter Ehe heiratet Theodelinde nach dem Tod Autharis Herzog Agilolf von Turin, einen Adeligen aus einem thüringischen Adelsgeschlecht. Die Heirat mit Theodelinde im Jahre 590 bringt Herzog Agilolf die eiserne Krone der Langobarden ein. Beide Ehen Theodelindes beschleunigen schließlich die Konfrontation zwischen den Franken und Langobarden. Im Dom zu Monza (nördlich von Mailand) befinden sich noch einige Gegenstände dieser berühmten Adeligen.

Die zweite Tochter Garibalds, deren Namen nicht bekannt ist, ist mit Herzog Ewin von Trient verheiratet, der sich im Jahre 575 dem Frankenfeldzug des Herzogs Chramnides nach Italien erfolgreich entgegenstellt.

Garibalds Sohn Gundoald ist langobardischer Herzog in Asti. Er muss zusammen mit seiner Schwester Theodelinde im Jahre 589 zu den Langobarden fliehen, als die Franken in Bayern einfallen. Ein weiterer Sohn Garibalds dürfte sein Nachfolger Tassilo I. sein.

Bayern ist in der Herrschaftszeit Garibalds I. bereits ein kaum von anderen Mächten abhängiges Amtsherzogtum, im Wesentlichen also wohl ein selbstständiges Stammesherzogtum. Da aber eine gewisse Abhängigkeit Bayerns von den Franken besteht, wird es auch verständlich, dass der Merowingerherrscher Chlotar I. († 561) seine Gemahlin Walderada dem Bayernherzog Garibald zur Frau gibt und damit einerseits eine gewisse Abhängigkeit der Bayern von den Merowingern, andererseits aber auch die Ebenbürtigkeit der Agilolfinger damit dokumentiert.

Garibald, der sich wie seine Gemahlin bereits zum christlichen Glauben bekennt, ruft fränkische Bischöfe in sein Land, um die Landeskirche neu zu ordnen und Klöster zu gründen.

Bayern nimmt damit bereits zur Zeit Garibalds eine Schlüsselstellung nördlich der Alpen ein, zumal das Herzogtum Bayern unmittelbar an Herrschaftsräume der Franken, Langobarden und Goten grenzt und darüber hinaus die wichtigen Alpenstraßen durch Bayern nach Italien besitzt und kontrolliert.

Im Jahre 590 kommt es zu einer erneuten Auseinandersetzung zwischen den Franken und den Langobarden, wobei Letztere jedoch im Frieden von 591 keinerlei territoriale Zugeständnisse an die Franken machen müssen. Dieser erfolgte Verständigungsfriede zwischen Franken und Langobarden bringt Bayern aber offensichtlich in Abhängigkeit zu den Franken. Die Franken wollen vermutlich den Konflikt mit den Langobarden und den mit ihnen verbündeten Bayern dadurch lösen, dass sie die Agilolfinger wieder stärker an die Herrschaft der Franken binden. Denn von Garibalds Nachfolger Tassilo I. heißt es, er sei von dem Frankenkönig in Bayern als König eingesetzt worden, womit die Abhängigkeit demonstriert werden soll.

Unter der Regierung Garibalds setzt sich die strenge Sonntagsruhe durch. Das Kruzifix als christliches Symbol findet Eingang in die christliche Kunst.

Während der Regierungszeit Garibalds wird 561 das Frankenreich erneut in Neustrien, Austrien und Burgund geteilt. 570 gründen die Awaren, ein asiatisches Nomadenvolk, ein Reich im heutigen Gebiet Ungarn/Niederösterreich. 585 unterwirft der Westgotenkönig Leovigild ganz Spanien.

Tassilo I. (595–610)

Päpste:		Frankenkönige:	
Gregor I. der Große	590–604	Childebert II.	575–596
Sabinianus	604–606	Chlotar II.	584–628
Bonifazius III.	607	Theudebert II.	596–612
Bonifazius IV.	608–615	Theuderich II.	596–613

Herzog Tassilo I. aus dem Geschlecht der Agilolfinger ist aller Wahrscheinlichkeit nach ein Sohn seines Vorgängers Herzog Garibalds I., der bis 594 in Bayern regierte.

Tassilo herrscht von 595 bis 610 und wird in den Berichten auch als »rex aput Bayoariam«, das heißt als »König bei den Bayern« betitelt. Nachdem Tassilo, vor allem, was seine Machtbefugnisse betrifft, tatsächlich ein Stammesherzog ist, der von dem Frankenkönig Childebert anerkannt ist, wird der genannte Titel »König« weniger eine Herrschaftsbezeichnung als vielmehr ein unmittelbarer Hinweis auf die Abstammung Tassilos aus einem Königshaus sein, womit nur das Geschlecht der Merowinger gemeint sein kann. Eine gewisse Abhängigkeit der Agilolfinger von der Dynastie der Merowinger ist aber dennoch zu unterstellen, nachdem es in der Überlieferung ausdrücklich heißt, Tassilo (I.) sei von dem Frankenkönig in Bayern als König eingesetzt worden.

Tassilo I. regiert von etwa 595 bis zirka 610. Ab 591 ist er vermutlich als Mitregent seines Vorgängers und Vaters (?) Garibald I. an der Regierung beteiligt. Geburtsdatum und Todesdatum sowie persönliche Ereignisse und Daten Tassilos sind nicht bekannt. Die Vermutung, dass Tassilo I. von Garibald I. abstammt, gründet sich vor allem darauf, dass auch Tassilos Sohn und Nachfolger den Namen Garibald (II.) trägt.

Der Regierungswechsel in Bayern erfolgt offensichtlich mit Billigung und Einverständnis der Frankenkönige. Die Merowingerherrscher dulden es, dass die Bayern ihre Grenzen zunächst nach Süden gegen die Langobarden vorschieben können. In dieser Zeit sind die Bayern auch in Kämpfe mit den Slawen verwickelt, nachdem die Slawen nach dem Abzug der Langobarden in die von den Langobarden verlassenen Regionen nachgerückt und eingedrungen waren.

Gleichzeitig geraten die Bayern mit ihren neuen Nachbarn im Osten, den Awaren und Slawen, in Streit. Im Jahre 593 ist ein Vorstoß der Bayern in das Gebiet der Drau bezeugt, ein Gebiet, das von den Slawen besetzt gehalten wird. In diesen Kämpfen kann Herzog Tassilo mit seinem Heer einen großen Sieg erringen. Es wird berichtet, dass er mit großer Beute nach Bayern zurückkehrt. Als Tassilo aber sein Glück noch einmal zu wiederholen versucht und zwei Jahre später, 595, wieder in das Land der Slawen einfällt, erleidet er eine empfindliche Niederlage. Bei den Gefechten sollen an die 2000 Bayern gefallen sein, nachdem den angegriffenen Slawen ein awarischer Chakan (Herrscher) zu Hilfe gekommen war.

In der Regierungszeit Tassilos werden häufig Kriege mit den östlichen Nachbarn, vor allem den slawischen Karantanen, geführt, bis diese den Franken unterliegen.

In dieser Zeit kann das Herzogtum Bayern wieder eine gewisse Selbstständigkeit von den Franken erreichen. Erst unter dem Merowingerkönig Dagobert I. (623–639) gerät Bayern wieder stärker in den Einflussbereich und die Abhängigkeit der Franken.

Während der Regierungszeit Tassilos besiedeln um zirka 600 die Tschechen und Slowaken unter awarischer Oberhoheit Böhmen und Mähren. Um diese Zeit beginnt die allgemeine Völkerwanderung abzuklingen. In Mitteleuropa beginnt allmählich die Zeit des geregelten zeitlichen Wechsels zwischen Acker- und Weideland.

Um 610 tritt Mohammed als Prophet auf.

Garibald II. (610–630)

Päpste:		Frankenkönige:	
Bonifazius IV.	608–615	Chlotar II.	584–628
Deusdedit	615–618	Theudebert II.	596–612
Bonifazius V.	619–625	Theuderich II.	596–613
Honrius I.	625–638	Dagobert I.	628–638

Herzog Garibald II. aus dem Geschlecht der Agilolfinger wird auch »princeps Baiuariorum«, das heißt »Fürst der Bayern«, genannt. Garibald II. regiert in Bayern von zirka 610 bis um zirka 630. Ob er eventuell sogar bis zum Regierungsantritt des Herzogs Theodo I. um 640 als Herzog in Bayern herrscht, ist nicht sicher. Denn es soll nach Auffassung zumindest eines Historikers in dieser Zeit (630–640) einen Herzog Agilolf* in Bayern gegeben haben, der damit auch der Namensgeber des Herrschergeschlechts sein könnte.

Garibald II. ist der Sohn seines Vorgängers Tassilo I. Geburtsdatum und Todesdatum sowie persönliche Daten Garibalds sind nicht überliefert.

Garibald II. ist mit Appa (auch genannt Gaila) verheiratet, der Tochter des Langobardenherzogs Gisulf von Friaul in Cividale.

Herzog Garibald führt zu Beginn seiner Herrschaft Kriege mit den östlichen Nachbarn der Bayern, den Slawen. Dabei erleidet er ebenso wie sein Vater Tassilo I. bei Agunt an der Drau im Jahre 610 eine Niederlage durch die Slawen. Das Grenzland der Bayern wird dabei von den Slawen geplündert. Kurze Zeit später können aber die Bayern ihrerseits die Slawen besiegen und ihnen ihre Beute wieder abnehmen. In diesen Kämpfen mit den Slawen werden Garibald und die Bayern nicht von den Franken unterstützt, sondern sind völlig auf sich allein gestellt. Die benachbarten Langobarden, die in einer herkömmlichen Freundschaft zu den Awaren stehen, sind lediglich bemüht, die Slawen ihrer Herrschaft zu unterstellen und sie von sich abhängig zu halten. Wenn auch die Bayern nicht verhindern können, dass die Ostalpen in die Hände der Slawen

---
* Siehe Herzog Agilolf, Seite 34.

fallen, leisten sie ihnen doch erbitterten Widerstand und können dadurch das westliche Pustertal und außerdem den Brennerweg nach Süden offen halten.

In der Regierungszeit Garibalds geraten die Bayern bereits wieder in stärkere Abhängigkeit zu den Franken. 628 lässt der Frankenkönig Dagobert I. das erste bekannte Gesetzbuch in Bayern, die Lex Baiuvariorum, einführen. Das deutet auf die Einflussmöglichkeit der Merowinger und die Abhängigkeit der Bayern hin.

Dieses in etwa zwischen 540 und 630 entstandene Volksrecht regelt das Recht der Kirche, der Herzöge aus dem Geschlecht der Agilolfinger und das Recht der fünf führenden bayerischen Adelsgeschlechter: die Huosi, die mächtigste Fürstenfamilie in Bayern nach den Agilolfingern; die Faganas, die vermutlich in den Aribonen, einem bedeutenden Markgrafengeschlecht weiterleben; die Hahilinga, die vermutlich in der Gegend um Regensburg angesiedelt sind; sowie die Familien der Draozzas und Annionas, die man in der Gegend des heutigen Niederösterreich vermutet.

In diesem Gesetz werden unter anderem auch die strenge Heiligung des Sonntags, die Achtung und Ehrfrucht vor dem Landesbischof und der Geistlichkeit sowie die Unverletzbarkeit des Eides festgelegt.

Die zunehmende (wohl ungewollt) stärkere Bindung der Bayern zu den Franken zeigt sich auch dadurch, dass der in dieser Zeit regierende bayerische Stammesherzog Garibald im Jahre 631 auf Bitten des Königs Dagobert I. 9000 Bulgaren in seinem Land aufnehmen muss, die anschließend alle auf Befehl des Frankenkönigs Dagobert in einer Nacht ermordet werden sollen. Lediglich etwa 700 Bulgaren überleben diesen Anschlag.

Unter der Herrschaft Garibalds erneuern die fränkischen Missionare Eustasius und Agilius ihre Bemühungen um die Einführung des christlichen Glaubens in Bayern.

Während der Regierungszeit Garibalds tritt Mohammed als Prophet auf. 618 erfolgt die zweite Wiedervereinigung des Frankenreiches unter Chlotar II. von Neustrien. Jeder der bisherigen drei Reichsteile (Neustrien, Austrien und Burgund) besitzt einen Maiordomus (Hausmeier) als Vorsteher. 622 flieht Mohammed (gestorben 632) von Mekka nach Medina; dies ist der Beginn der mohammedanischen Zeitrechnung. Ab 628 ist Dagobert I. König des gesamten Frankenreichs bis 638. Er ist der letzte Merowinger, der neben dem Maiordomus noch selbstständig regiert.

Agilolf (630–640)[1]

Päpste:		Frankenkönige:	
Honorius I.	*625–638*	*Dagobert I.*	*628–638*
Severinus	*640*	*Sigibert III.*	*638–656*
Johann IV.	*640–642*	*Chlodwig II.*	*638–657*

Herzog Agilolf aus dem Geschlecht der Agilolfinger und offensichtlich deren Namensgeber regiert als Herzog von Bayern wahrscheinlich etwa in der Zeit zwischen 630 und 640.[1] Geburtsdatum und Todesdatum sowie persönliche Daten Agilolfs sind nicht bekannt.

Seine Existenz ist äußerst umstritten. Jedoch gibt es Anhaltspunkte dafür, dass in der genannten Zeit zwischen 630 und 640 ein Herzog in Bayern namens Agilolf regiert hat.

Die Fredegar-Chronik, eine zum Teil auf eigenständigen Geschichtsquellen beruhende fränkische Weltchronik, und auch die Lex Baiuvariorum[2], ein zwischen 540 und 630 entstandenes bayerisches Volksrecht, sprechen davon, dass die Herzöge in Bayern »immer dar aus dem Geschlecht der Agilolfinger« stammen. Dieses bayerische Volksrecht, die Lex Baiuvariorum, ist von einem Claudius, einem Chadonius, einem Magnus und einem Agilolfus aufgezeichnet worden. Da die beiden erstgenannten Verfasser nachweislich fränkischer Abstammung sind, das heißt in fränkischen Diensten stehen, und der Name Magnus auf eine alemannische Abstammung deutet, dürfte wohl der Mitverfasser Agilolfus, der offensichtlich über umfangreiche bayerische Detailkenntnisse verfügt, ein Bayer sein.

Dieser Agilolf wird als »vir illuster« bezeichnet, ein Beiname, der auf eine Herrschaftsgewalt hinweist und den auch andere bayerische Herzöge führen, so unter anderem Herzog Tassilo III. oder auch der Wittelsbacher Herzog Otto II. (1231–1253), dessen Beiname »der Erlauchte« von der falschen Deutung und Übersetzung des Wortes »illuster« (für berühmt) abgeleitet wird.

---

[1] Siehe auch Herzog Garibald II., Seite 32.
[2] Siehe Seite 32.

Aufschlussreich in diesem Zusammenhang um die Frage hinsichtlich der Existenz eines Herzogs Agilolf ist auch die Tatsache, dass Herzog Garibald II., der mögliche Vorgänger und Vater Herzog Agilolfs, mit der langobardischen Herzogstochter Appa (oder auch Gaila genannt) aus Cividale in Friaul verheiratet ist und dass zum Zeitpunkt dieser Hochzeit (Garibalds mit Appa) das Langobardenreich von dem König Agilolf (590–616), dem Schwager Herzog Garibalds, regiert wird.

Es erscheint daher durchaus möglich und wahrscheinlich, dass Agilolf nach dem Bruder seiner Mutter benannt wird.

Bayern steht in dieser Zeit der vermutlichen Herrschaft eines Agilolf offensichtlich in der Abhängigkeit und möglicherweise auch unter dem Befehl der Franken. Denn im Jahre 631 muss der bayerische Stammesherzog (entweder ist dies Garibald II. oder tatsächlich ein Herzog namens Agilolf) auf Bitten des fränkischen Königs Dagobert I. Bulgaren in Bayern beherbergen, die auf Befehl des Frankenkönigs in einer Nacht umgebracht werden.

Nur etwa 700 Bulgaren überleben diesen Anschlag.

Während der möglichen Regierungszeit Agilolfs stirbt 632 der Prophet Mohammed. Von 628 bis 638 ist Dagobert I., aus dem Geschlecht der Merowinger, König des gesamten Frankenreiches, der letzte Merowingerkönig, der neben dem Maiordomus (Hausmeier) noch selbstständig regiert.

Diese bisher allein stehende Theorie hat Rudolph Reiser in seinem Buch »Agilolf oder die Herkunft der Bayern« aufgestellt. Die übrige Wissenschaft steht aber auf dem Standpunkt, dass lediglich ein Garibald II. bis zum Regierungsantritt Herzog Theodos I. um zirka 640 als bayerischer Herzog regiert hat.

Theodo I. (640–680)

Päpste:		Frankenkönige:	
Johann IV.	640–642	Sigibert III.	638–656
Theodor I.	642–649	Chlodwig II.	639–657
Martin I.	649–655	Chlotar III.	657–673
Eugen I.	655–657	Childerich II.	662–675
Vitalian	657–672	Dagobert II.	657–679
Adeodatus II.	672–676	Theuderich III.	673–691
Donus	676–678		
Agatho	678–681		

Herzog Theodo I. aus dem Geschlecht der Agilolfinger regiert als Herzog in Bayern von zirka 640 bis zirka 680. Geburtsdatum und Todesdatum sowie persönliche Daten Theodos I. sind nicht bekannt. Theodo hat eine Tochter namens Uta (Ota) und einen Sohn namens Lantpert, die beide in der Kirchengeschichte dafür bekannt geworden sind, dass sie beide in unrühmlicher Weise den Tod des fränkischen Missionars Emmeram herbeiführten.

Es fällt auf, dass für die Regierungszeit Theodos I. in den fränkischen Quellen jegliche Hinweise über die Bayern und das Herzogtum Bayern fehlen.

In dieser Zeit zwischen 640 und 680 bekämpft der Frankenkönig Dagobert II. das Reich des Samo (625–660) und zerstört es. Diese Kämpfe stehen offensichtlich in Zusammenhang mit der von dem Merowingerkönig Dagobert I. an den bayerischen Herzog gegebenen Anordnung im Jahre 631, bulgarische Flüchtlinge, die in Bayern Zuflucht gefunden haben, niedermetzeln zu lassen. Da die Bayern mit der Vernichtung und dem Untergang des Reiches König Samos ihren natürlichen Schutzwall gegen die kriegerischen Awaren verlieren, beteiligen sie sich auch nicht an dem Kampf der Franken gegen die Anhänger Samos.

Um das Jahr 670 dringen die Bayern über die Enns bis zum Wienerwald vor, wobei das Gebiet des heutigen Niederösterreich wohl als eine natürliche Pufferzone zwischen den Territorien der Bayern und der Awaren verstanden werden muss. Arbeo, der Bischof von Freising, erwähnt nämlich in seinem Bericht über das Leben des heiligen Emmeram ebenfalls einen Kampf zwischen den Bayern und den Awaren, der kurz vor dem Erscheinen Emmerams in Bayern (vor 700) stattgefunden haben muss.

Für dieselbe Zeit (um zirka 680) sind in den Quellen bereits ein bayerischer Grenzgraf sowie bayerische Siedler im Raum Bozen erwähnt. Dieser bayerische Grenzgraf muss sich in der Stadt Trient gegen den Langobardenherzog Alahis verteidigen, woraus zu schließen ist, dass die Langobarden das Herzogtum Bayern in dieser Zeit offensichtlich als feindliches Land betrachten.

In diesen Jahren entwickelt sich die Stadt Regensburg trotz der ständigen Kämpfe zu einer bedeutenden und mächtigen Metropole.

Nach der Legende soll der fränkische Missionar Emmeram, obwohl unschuldig, die Schuld der Verführung der Herzogstochter Uta (Ota), der Tochter Theodos, auf sich genommen haben und daher von deren Bruder Lantpert verfolgt und in Kleinhelfendorf (in der Nähe des heutigen Bad Aibling) sein Martyrium gefunden haben, indem er von Lantpert grausam zerstückelt worden sein soll.

Während der Regierungszeit Theodos wird 641 Alexandria von den Arabern erobert; dabei geht die wertvolle Bibliothek aus der Antike mit unter anderem kostbaren Handschriften aus dem Altertum in Flammen auf. Um diese Zeit wird auch von den Arabern das von Alexandria überlieferte Wissen übernommen, das später nach Europa gelangt.

Theodo II. (680–717)

Päpste:		Frankenkönige:	
Agatho	678–681	Theuderich III.	673–691
Leo II.	682–683	Chlodwig III.	691–694
Benedikt II.	684–685	Childebert III.	694–711
Johann V.	685–686	Dagobert III.	711–715
Konon	686–687	Chilperich II.	715–720
Paschalis	687	Theuderich IV.	721–737
Sergius I.	687–701		
Johann VI.	701–705		
Johann VII.	705–707		
Sisinnius	708		
Konstantin I.	708–715		
Gregor II.	715–731		

Herzog Theodo II. aus dem Geschlecht der Agilolfinger regiert von zirka 680 bis 717. Sein Geburtsdatum ist nicht bekannt. Sein Todesjahr ist mit 717/718 anzusetzen. Theodo, ein Sohn Herzog Garibalds II. oder womöglich ein Sohn des umstrittenen Herzog Agilolfs, ist mit Folchaid verheiratet.

Theodo hat vier Söhne mit Namen Theodebert, Grimoald, Theodebald und Tassilo II., die alle als Mitregenten eingesetzt sind. Der Herrschaftssitz Grimoalds in Freising ist gesichert. Die Herrschaftssitze seiner anderen Söhne (in Regensburg, Passau und Salzburg) sind nicht genau bekannt.

Theodo hat vermutlich auch eine Tochter namens Guntrud. Aber diese Guntrud, die mit Luitprand (712–744), dem König der Langobarden, verheiratet ist, könnte auch die Tochter Theodeberts und damit eine Enkelin Herzog Theodos II. sein.

Die Söhne Theodebald und Tassilo II. sterben früh. Theodos ältester Sohn Theodebert hinterlässt einen Sohn namens Hugibert, der neben beziehungsweise nach dem Onkel Grimoald später die Herrschaft im Herzogtum Bayern übernimmt.

Zu Beginn der Regierungszeit Theodos wird Bayern gegenüber den Franken tributpflichtig. Dies könnte auch der Grund dafür sein, dass Theodo bereits zu seinen Lebzeiten die Frage der Regierungsausübung und die Frage der Nachfolge regelt. Zunächst überträgt er seinem ältesten Sohn Theodebert (= Theodo III.) das Gesamtherzogtum Bayern. Später teilt er jedoch das Herzogtum in vier Teilherzogtümer auf, wobei er selbst offensichtlich bis zu seinem Tod als »Oberherzog« die eigentliche Regierungsgewalt behält.

Im Jahre 680 finden Kämpfe zwischen den Bayern und den Langobarden im Raum Bozen statt, die für die Bayern mit einer Niederlage enden. Der Herzog Alahis von Trient kann dabei seine Grenzen nach Norden vorschieben. Um 710 kommt es zwischen den Bayern und den Langobarden erneut zu einer Schlacht bei Pavia, die wiederum mit der Flucht der Bayern endet.

In Bayern ist Theodo ein unermüdlicher Verfechter des Christentums. Im Jahre 716 reist er nach Rom, um dort mit dem Papst die Organisation der Kirche in Bayern und die Errichtung einer bayerischen Kirchenprovinz zu vereinbaren. Papst Gregor II. schickt Bischof Martinian zur Neuordnung der kirchlichen Angelegenheiten nach Bayern. Dieser Martinian legt in der Folgezeit fest, dass ein Geistlicher nicht zwei Frauen haben und außerdem nur eine Jungfrau ehelichen darf. Alle Irrlehrer werden ihres Amtes enthoben. Herzog Theodo lässt sich und seine gesamte Familie in einer Art öffentlichen Demonstration noch einmal von dem schottischen Missionar Rupertus taufen und schenkt diesem dafür das alte, bereits verfallene Juvavia (Salzburg), wo bereits in dieser Zeit Salz gewonnen wird. Rupertus, der später als Schutzpatron der Bayern verehrt wird, gründet 700 das Petersklosters in Salzburg.

690 wird auf dem Boden der späteren Emmeramskirche der Grundstein zur St.-Georgs-Basilika in Regensburg gelegt. Nach 700 beginnt Korbinian von Arpanjon als Bischof von Freising mit der Missionierung in Bayern.

Während der Regierungszeit Theodos errichtet um 705 Herzog Hetan II. auf dem Marienberg bei Würzburg eine Rundkirche, den ältesten heute noch erhaltenen kirchlichen Steinbau in Deutschland. 711 besiegen die Araber die Westgoten bei Xeres de la Frontera (heutiges Jerez de la Frontera an der westlichen Südspitze Spaniens), wodurch ein Araberreich auf der spanischen Halbinsel mit hoher wirtschaftlicher und kultureller Blüte entsteht.

Theodebert (718–724)

Papst:	Frankenkönige:	
Gregor II. 715–731	*Chilperich II.*	*715–720*
	Theuderich IV.	*721–737*
	Karl Martell, erblicher Hausmeier	*714–741*

Herzog Theodebert (in der Überlieferung auch bezeichnet als Theudebert oder Theodo III.) aus dem Geschlecht der Agilolfinger regiert von 718 bis 724 als Herzog von Bayern zusammen mit seinem Bruder Grimoald. Sein Geburtsdatum ist nicht bekannt. Als Todesdatum wird das Jahr 724 angenommen. Seine Eltern sind sein Vorgänger Herzog Theodo II. und dessen Gemahlin Folchaid. Theodeberts jüngere Brüder Theodebald und Tassilo II. versterben offensichtlich noch zu Lebzeiten ihres gemeinsamen Vaters Theodo II.*

Bereits zur Zeit der Regierung Herzog Theodos II. wird Theodebert zusammen mit seinen Brüdern in der Art der Merowinger und Karolinger als verantwortlicher Mitregent im Herzogtum Bayern eingesetzt. Der Vater Theodo II. behält aber bis zu seinem Tode 717/718 die Oberherrschaft und die eigentliche Macht im Herzogtum.

Theodebert hat vermutlich zur Zeit seiner Mitregentschaft unter seinem Vater, aber auch mit seinem Bruder Grimoald, seinen Herrschaftssitz in Regensburg. In Regensburg gründet er ein Frauenmünster, ein so genanntes Stift mit Kloster. Ebenso gründet er in Salzburg das Kloster zur Heiligen Maria für Jungfrauen.

Weitere Daten über Theodebert sind nicht bekannt.

Theodebert hinterlässt einen Sohn namens Hugibert. Dieser Hugibert kann sich in einer Auseinandersetzung mit seinem Onkel Grimoald mit Unterstützung Karl Martells nach einem Jahr der Auseinandersetzung erfolgreich durchsetzen und die alleinige Regierungsgewalt im Herzogtum Bayern übernehmen.

Während der Regierungszeit Theodeberts erobern die Araber 720 Narbonne.

---

* Siehe Seite 38.

Grimoald (718–725)

Papst:		Frankenkönige:	
Gregor II.	715–731	Chilperich II.	715–720
		Theuderich IV.	721–737
		Karl Martell, erblicher Hausmeier	714–741

Herzog Grimoald aus dem Geschlecht der Agilolfinger regiert von 718 bis 725 als Herzog von Bayern zusammen mit seinem Bruder Theodebert. Das Geburtsdatum Grimoalds ist nicht bekannt. Nur ein Jahr nach seiner Alleinherrschaft stirbt er 725 eines gewaltsamen Todes.

Grimoald ist ein Sohn des Herzogs Theodo II. und dessen Gemahlin Folchaid. Bereits zu Lebzeiten seines Vaters ist Herzog Grimoald als Mitregent zusammen mit seinen Brüdern Theodebert, Theodebald und Tassilo II. unter der Oberherrschaft Theodos II. eingesetzt. Seine Brüder Theodebald und Tassilo II. versterben bereits zu Lebzeiten des Vaters vor 718.

Als Grimoalds Bruder und Herzog von Bayern, Theodebert, im Jahre 724 stirbt, gelingt es Grimoald zunächst, den vorgesehenen Nachfolger im Herzogtum Bayern, seinen Neffen Hugibert, den Sohn seines verstorbenen Bruders Theodebert, von der Mitherrschaft in Bayern auszuschalten und zu verdrängen. Grimoald ist mit Pilitrud verheiratet, der Witwe seines Bruders Theodebald, der noch zu Lebzeiten des Vaters Theodebert verstorben war. Ob Grimoald Pilitrud aus Gründen der Macht oder mehr aus persönlichen Gründen heiratet, ist nicht bekannt. Diese Pilitrud wird jedenfalls von Arbeo, dem Bischof von Freising, als außerordentliche Schönheit bezeichnet und gerühmt. Wegen dieser Verheiratung Grimoalds mit Pilitrud kommt es zu einer scharfen Kontroverse mit dem bayerischen Missionar Korbinian, der offen erklärt, dass die Ehe des Herzogspaars aus kanonischen Gründen aufgehoben werden muss. Korbinian bezieht seine Autorität in dieser Auseinandersetzung offenbar aus den strengen Ehegesetzen, die von der römischen Synode am 5. April 721 festgelegt wurden. Pilitrud wird deswegen zur erbitterten Feindin des Missionars, der vor ihrem Zorn nach Mais in Tirol fliehen muss.

Im Jahre 724, dem Beginn Grimoalds Alleinherrschaft, ist Luitprand, der König der Langobarden, überzeugt, in dem bayerischen Herzog keinen ernsthaften Gegner seiner Eroberungspolitik zu haben. Luitprand erobert einige Gebiete des zu Bayern gehörenden Gebiets von Tirol. Grimoald unternimmt nichts gegen diese Raubzüge, da er im Herzogtum Bayern damit beschäftigt ist, seinen Neffen Hugibert von der Mitherrschaft zu verdrängen. Hugibert ist aber nicht bereit, seine Macht ohne weiteres aufzugeben. Er muss zwar zu den Franken fliehen, kann aber Karl Martell überzeugen, ihn im Kampf gegen Grimoald zu unterstützen.

Im Jahre 725 dringt Karl Martell mit einem fränkischen Aufgebot in Bayern ein und kann Grimoald in der Schlacht an der Donau unterwerfen. Grimoald, der über keine weiteren Anhänger verfügt, muss vor den Franken fliehen und wird auf der Flucht erschlagen.

Grimoalds Witwe Pilitrud muss sich nach der Schlacht dem Sieger Karl Martell unterwerfen, der sie, vermutlich mit weiteren Familienangehörigen, schließlich mit in sein Frankenreich nimmt. Karl Martell wird später Sunihild (= Swanahild), die Nichte Pilitruds, zur Frau nehmen.

Während der Regierungszeit Grimoalds verteidigt 718 der oströmische Kaiser Leo III. Konstantinopel gegen die Araber. Im selben Jahr beginnt der Missionar Bonifazius mit der planvollen Christianisierung der Gebiete Thüringen, Hessen, Friesland und Bayern. Im Jahre 720 erobern die Araber die Stadt Narbonne in Südfrankreich. Um zirka 725 fällt Bonifazius die Donar-Eiche bei Fritzlar (Hessen) und zerstört damit demonstrativ den germanischen Götterglauben.

Hugibert (725–736)

Päpste:		Frankenkönige:	
Gregor II.	715–731	Theuderich IV.	721–737
Gregor III.	731–741	Karl Martel, erblicher Hausmeier	714–741

Herzog Hugibert (auch Hugbert genannt) aus dem Geschlecht der Agilolfinger regiert als Herzog von Bayern von 725 bis 736. Sein Geburtsjahr ist nicht bekannt, er stirbt um 736. Hugibert ist der Sohn Herzog Theodeberts und damit ein Enkel Herzog Theodos II.

Verheiratet ist Hugibert mit der langobardischen Königstochter Ratrud, verschwägert ist er mit dem Langobardenkönig Luitprand, der wiederum mit Hugiberts Tante, der Schwester Theodeberts namens Guntrud, verheiratet ist.

Hugibert ist zwar unmittelbarer Nachfolger seines Vaters Theodebert und regiert mit dessen Bruder Grimoald seit 718 zusammen, wird jedoch nach dem Tode seines Vaters (724) zunächst durch seinen Onkel Grimoald entmachtet und muss zu Karl Martell ins Frankenreich fliehen. Karl Martell zieht daraufhin gegen Grimoald und besiegt ihn in einer Schlacht an der Donau. Auf der Flucht wird Grimoald erschlagen. Hugibert kehrt daraufhin nach Bayern zurück und wird nun alleiniger Herzog in Bayern, wobei ihn Karl Martell vermutlich als Herzog einsetzt. Hugibert gerät damit allerdings unter die fränkische Oberhoheit.

Bei seinem Einfall in Bayern im Jahre 725 erbeutet Karl Martell darüber hinaus große Schätze. Außerdem müssen Pilitrud, die Gemahlin des mittlerweile ermordeten Herzogs Grimoald, und ihre Nichte Sunhild (auch Swanahild genannt) Karl Martell ins Frankenreich folgen. Swanahild wird Karl Martells Geliebte, mit der er einen Sohn namens Grifo zeugt.

Dieser Grifo versucht zwei Jahrzehnte später beim Regierungsantritt Herzog Tassilos III. im Jahre 748 ebenfalls die Herzogsmacht in Bayern an sich zu reißen.

Es ist nicht ausgeschlossen, dass Pilitrud Karl Martell auch freiwillig ins Frankenreich folgt, weil sie nach dem Mord an ihrem Mann schutzlos ist und selbst Angst vor Hugibert haben muss.

Hugibert fördert und unterstützt tatkräftig die Christianisierung in Bayern. Er ruft den Missionar Bonifazius nach Bayern und holt außerdem den Wanderbischof Korbinian in das Land zurück, der wegen Auseinandersetzungen mit Herzog Grimoald nach Tirol geflohen war, wo er in Meran, ebenso wie in Freising, ein Kloster gründete. Nach der Überlieferung lässt sich Hugibert von Korbinian taufen, um damit seine Verbundenheit mit dem Missionar zum Ausdruck zu bringen. Außerdem schenkt Hugibert dem Bischof von St. Emmeram den Besitz Pürkwang bei Kelheim.

Unter der Regierung Hugiberts nehmen die Bayern, nunmehr in Abhängigkeit von den Franken, an den Kämpfen Karl Martells gegen die nach Norden drängenden Araber in der Gegend von Auxerre in Niederburgund (westlich vom heutigen Orleans in Frankreich) teil. Zum Dank erhalten die Bayern in diesem Landstrich ein Lehen.

Obwohl Hugibert den Frankenführer in dessen Kämpfen unterstützt, muss Bayern in dieser Zeit erhebliche territoriale Einbußen hinnehmen. So werden die Königshöfe Ingolstadt und Lauterhofen von Karl Martell den Bayern weggenommen und dem Frankenreich angegliedert. Außerdem wird der gesamte westliche Nordgau (etwa Umfang der Diözese Eichstätt) von Bayern abgetrennt und den Franken angeschlossen.

Während der Regierungszeit Hugiberts fällt Bonifazius um 725 die dem Germanengott Donar geweihte Eiche und leitet damit das Ende des germanischen Götterglaubens ein. 732 verteidigt Karl Martell in der Schlacht bei Tours und Poitiers das Frankenreich und damit das gesamte Mitteleuropa gegen die den Islam verbreitenden Araber.

Odilo (737–748)

Päpste:		*Frankenkönige:*	
Gregor III.	*731–741*	*Theuderich IV.*	*721–737*
Zacharias	*741–752*	*Karl Martell,*	
		erblicher Hausmeier	*714–741*
		Karlmann, Hausmeier	*741–747*
		Childerich III.	*743–751*
		Pippin III. der Jüngere	*751–768*

Herzog Odilo (auch Oatilo genannt) aus dem Geschlecht der Agilolfinger regiert von 737 bis 748 in Bayern. Sein Geburtsdatum ist nicht bekannt. Odilo stirbt 748 und liegt in Osterhofen bestattet. Seine Eltern sind sein Vorgänger Herzog Hugibert und dessen Gemahlin Ratrud, eine langobardische Königstochter. Odilo könnte auch der Sohn Tassilos II. sein, wofür die Tatsache sprechen könnte, dass sein Sohn den Namen Tassilo (III.) erhält. Odilo ist mit Chiltrud (Hiltrud) verheiratet, einer Halbschwester der fränkischen Hausmeier Pippin und Karlmann, der Tochter Karl Martells. Chiltrud geht diese Ehe auf den Rat der Sunihild (oder Swanahild), der Nichte Pilitruds (Witwe des ermordeten Grimoald), gegen den Willen ihrer Brüder Pippin und Karlmann ein.

Mit seiner Regierungszeit setzt die schriftliche Überlieferung über Geschehnisse in der bayerischen Geschichte ein. Es ist möglich, dass die fränkischen Herrscher Odilo als Herzog in Bayern eingesetzt haben. Wahrscheinlicher ist jedoch eine selbstständige Regierung Odilos.

Die Heirat zwischen Odilo und Chiltrud verwickelt Bayern in einen Krieg mit den beiden Frankenherrschern, die die Auflösung dieser Ehe verlangen. Nachdem Odilo zur Trennung nicht bereit ist, kommt es zur Schlacht am Lech zwischen Karlmann und Pippin auf der fränkischen Seite und Odilo mit seinen bayerischen Gefolgsleuten. Odilo, der bestrebt ist, nicht völlig zu unterliegen, zieht sich bis hinter den Inn zurück, sodass die Franken in Bayern einfallen können und daraufhin 52 Tage das Land plündern. Odilo gelingt es allerdings im Jahre 744, einen ehrenvollen Frieden mit den Franken zu schließen. Seine

Schwager Pippin und Karlmann behandeln ihn mit Schonung. Er bleibt Herzog, verliert jedoch weiteres Land im Nordgau von Bayern und muss nun die fränkische Oberhoheit anerkennen.

Odilo unterstützt und vollendet mit Hilfe des Missionars und Bischofs Bonifazius die kirchliche Organisation in Bayern, der die vier neuen Diözesen Regensburg, Freising, Salzburg und Passau gründet. Der Herzog schenkt die Klöster Abersee und Fuschelsee an Salzburg und gründet die Klöster Kufstein und Zell am See, die allerdings später zu reinen Wirtschaftshöfen Salzburgs absinken. Auf Odilo sollen darüber hinaus die Klostergründungen Tegernsee, Niederburg in Passau, Osterhofen (wo er begraben liegt), Nieder- und Oberaltaich, Mondsee, Pfaffenmünster sowie Benediktbeuern zurückgehen.

Auch der Norden Bayerns wird kirchlich organisiert. Am 22. Juli 740 wird Willibald von Bonifazius zum Priester geweiht, der ihn genau drei Monate später, am 22. Oktober, als ersten Bischof von Eichstätt einsetzt. Dieser Bischofssprengel ist ein Gebiet, das der Nordgraf Suidger in diesem Jahr Bonifazius und Willibald als Schenkung übergeben hatte. Das neue Bistum Eichstätt umfasst auch einen Teil des von Bayern abgetrennten westlichen Nordgaus.

Im Jahre 741 errichtet Odilo das Bistum Neuburg an der Donau, das jedoch später wieder aufgelöst wird. Im selben Jahr können auch von Bonifazius, bedingt durch den Tod Karl Martells, die Bistümer Erfurt und Würzburg entstehen. Erster Bischof von Würzburg wird der Angelsachse Burkhard.

In der Regierungszeit Odilos wird die Lex Baiuvariorum*, ein vermutlich vor etwa 200 Jahren entstandenes bayerische Volksrecht, zwischen 739 und 743 überarbeitet.

Odilo hinterlässt nach seinem Tod im Jahre 748, wahrscheinlich am 18. Januar, das Herzogtum Bayern seiner Gemahlin und dem noch unmündigen Sohn Tassilo III.

In die Regierungszeit Odilos fallen auch 744 die Gründung der Abtei Fulda (die erst 1752 zum Fürstbistum erhoben wird) und 745 die große fränkische Synode unter Bonifazius, der schließlich 748 selbst Erzbischof von Mainz wird.

---

* Siehe hierzu unter Herzog Garibald II., Seite 32.

Tassilo III. (748–788)

Päpste:		Frankenkönige:	
Zacharias	741–752	Childerich III.	743–751
Stephan II.	752–757	Pippin III. der Jüngere	751–768
Paul I.	757–767	Karlmann	768–771
Stephan III.	768–772	Karl (I.) der Große	768–814
Philippus	768		
Hadrian I.	772–795		

Herzog Tassilo III. regiert von 748 bis zu seiner Absetzung im Jahre 788. Er ist der letzte Herrscher aus dem Geschlecht der Agilolfinger. Tassilo, Sohn seines Vorgängers Herzog Odilo, wird wahrscheinlich 741 geboren. Er stirbt am 11. Dezember (Jahreszahl unbekannt) wohl nach 794 im Kloster Lorsch (westlich von Worms). Die Inschrift an seinem Standbild in Kremsmünster lautet: »Tassilo zuerst Herzog dann fast König zum Schluss Mönch«. Tassilo ist über seine Mutter Hiltrud mit den Karolingern verwandt. König Pippin ist sein Onkel sowie Karl (der Große) und Karlmann seine Vettern. Tassilo kommt an den fränkischen Hof und wird zusammen mit Karl erzogen. Verheiratet ist Tassilo seit 765 mit Luitpirga, der Tochter des Langobardenkönigs Desiderius, der später auch noch Schwiegervater Karls des Großen wird. Aus dieser Ehe stammen die Söhne Pippin, Theodo und Theodebert sowie die Töchter Cotani und Rotrud.

Nach dem Tod seines Vaters Odilo 748 übernehmen zunächst der merowingische Hausmeier und spätere Frankenkönig Pippin, bis zu ihrem Tode 754 auch Tassilos Mutter Hiltrud die vormundschaftliche Regierung für den jungen Tassilo. Seine offizielle Regierungszeit wird durch die Rebellion Grifos, eines außerehelichen Sohnes Karl Martells, unterbrochen, der Hiltrud und Tassilo gefangen setzt und die Herrschaft über Bayern an sich zu reißen sucht. König Pippin vertreibt Grifo aber im Jahre 749.

Im Jahre 757 leistet Tassilo in der fränkischen Königspfalz Compiegne den Vasalleneid vor Pippin und dessen Söhnen Karl (der Große) und Karlmann. Die

Franken geben ihm – die erste überlieferte Belehnung in der Geschichte – das Herzogtum Bayern zum Lehen.

Tassilo will aber von Anfang an die fränkische Oberhoheit abschütteln. Bereits 756 huldigen ihm die bayerischen Bischöfe auf der Synode von Aschheim (südlich von München), und zwar in Formen, die seine königsgleiche Stellung unterstreichen sollen. Als Abkömmling des alten Herrschergeschlechts der Agilolfinger fühlt er sich den Karolingern als Emporkömmlinge überlegen. Vom Frankenreich ist er nur in der Außenpolitik und in der Pflicht zur Heeresfolge aufgrund seines Eides abhängig, ohne sich allerdings daran zu halten. So gibt er im Krieg der Franken gegen Aquitanien (im heutigen Südfrankreich) 763 vor, krank zu sein, und zieht sich, vermutlich sogar im Einverständnis mit Herzog Waifar von Aquitanien, dem früheren Bundesgenossen seines Vaters Odilo, nach Bayern zurück.

Auf dem fränkischen Reichstag zu Worms bittet Tassilo den Papst um Beistand und kann dadurch eine Strafexpedition gegen sich abwenden. Von Karl dem Großen wird er aber offen des Verrats bezichtigt und wegen möglicher Verbindung zu den feindlichen Awaren beschuldigt. Die fränkischen Quellen sprechen darüber eine deutliche Sprache: »Als Vasall übergab er sich durch Handschlag, schwor viele und unzählige Eide durch Handauflegen auf Reliquien.« Im Jahre 781 müssen der Papst und Karl der Große Tassilo erneut an seinen geleisteten Eid erinnern. Nach der Zusicherung eines freien Geleits durch Karl und der Stellung von zwölf Geiseln durch Tassilo erneuert dieser seinen Eid in Worms. Dabei erhält Tassilo wohl die Königshöfe Ingolstadt und Lauterhofen zurück, die sein Großvater Hugibert seinerzeit an die Franken abtreten musste.

Tassilo sieht seine politischen Zielrichtungen nach Osten und Süden, nicht zum Norden und Westen ausgerichtet. Karantanien (Kärnten) ist ein Lehen Tassilos. 772 unterwirft er die slawischen Karantanen (Kärntner), ohne dass die benachbarten Awaren den Slawen zu Hilfe kommen. 782 erscheint sogar ein awarisches Heer an der Enns (Oberösterreich), ohne den bayerischen Hoheitsraum zu verletzten. Der Verdacht der Zeitgenossen, Tassilo habe freundschaftliche Beziehungen zu den Awaren unterhalten, ist daher nicht ganz unbegründet.

Tassilo fördert das Klosterleben in Bayern zur Entwicklung des Landes ganz entscheidend. Ab 767 lässt er in Salzburg den Virgildom errichten. 769 gründet er außer Kremsmünster die Klöster Innichen, Mattsee, wahrscheinlich auch Münchsmünster, Wessobrunn (bereits um 760) und Moosburg, ferner vermutlich Thierhaupten und St. Florian. In dieser Zeit kann Tassilo seine Herrschaft gegen die Alpenslawen in Karantanien (Kärnten) und gegen die Awaren, die im heutigen Niederösterreich sitzen, erweitern und ausbauen.

Im Jahre 769 hält Tassilo eine Landessynode mit gleichzeitigem Landtag zur

Festigung seiner Macht ab. Um die Frömmigkeit im Lande zu steigern, lässt er den Leichnam Valentins von Mais bei Meran nach Passau und den Leichnam des Korbinian nach Freising bringen.

Außerdem stiftet er 783 den noch heute in Kremsmünster aufbewahrten Tassilokelch, den englische Meister zwischen 764 und 768 zu seiner Hochzeit anfertigen und der offensichtlich später als Fluchtgut dienen soll.

Trotz der wohl gegenseitigen Bemühungen kommt es zu keiner dauernden Verständigung mit den Franken und seinem Vetter Karl dem Großen. Tassilo muss den Papst 787 erneut um Vermittlung bitten, diesmal allerdings ohne Erfolg. Karl befiehlt Tassilo zum Reichstag nach Worms, zu dem Tassilo jedoch nicht kommt. Der daraufhin unternommene fränkische Feldzug zwingt Tassilo, sich den Franken zu unterwerfen, nachdem er vom bayerischen Adel allein gelassen wird. Tassilo ist nunmehr gezwungen, die fränkische Oberhoheit offiziell anzuerkennen und diesmal 13 Geiseln zu stellen, darunter seinen Sohn Theodo. Bayern wird damit endgültig ein abhängiges Lehen des Frankenreiches. Der gesamte bayerische Adel muss den Eid auf das fränkische Herrscherhaus ablegen.

Nach einem weiteren Konflikt zwischen Bayern und Franken bildet Karl noch im selben Jahr bei Pförring einen Heereszug aus Ostfranken, Thüringern und Sachsen und fällt in Bayern ein. Herzog Tassilo wird abgesetzt und auf dem Hoftag zu Ingelheim wegen seines angeblichen Bündnisses mit den Awaren und wegen Missachtung der königlichen Vasallen verhaftet.

Auch Tassilos Gemahlin Luitpirga sowie deren Kinder lässt Karl festnehmen. Da die vorgebrachte Anklage offensichtlich zu dünn ist, wird nunmehr Tassilo auch wegen Heeresverlassens (»harisliz«) während des Kriegszugs gegen Aquitanien 763 angeklagt.

Diese schwere Anschuldigung führt zur Verurteilung zum Tode, die Karl jedoch in Klosterhaft umwandelt. Tassilo kommt zuerst in das Kloster St. Goar, später nach Jumieges (in der Normandie im heutigen Frankreich) und schließlich nach Lorsch (westlich von Worms), wo er bis zu seinem Lebensende in Haft bleibt. Bis auf einen nochmaligen Auftritt Tassilos auf dem Frankfurter Reichstag 794, auf dem er noch einmal endgültig auf das Herzogtum Bayern und auf seinen Eigenbesitz verzichten muss, ist über das weitere Schicksal des letzten Agilolfinger Herzogs nichts bekannt.

Nach Tassilos Absetzung unternimmt sein Sohn Pippin einen erfolglosen Aufstand. Tassilos anderer Sohn wird im Kloster St. Maximin in Trier, seine Tochter Cotani im Kloster Chelles (bei Paris), die Tochter Rotrud in Soissons (Departement Aisne im heutigen Frankreich) für immer gefangen gehalten. Karl übernimmt nun selbst die Herrschaft in Bayern und lässt das Herzogtum Bayern durch Königsgrafen verwalten. Die Klöster verschenkt er teilweise an seine Günstlinge, Kremsmünster wird Königskloster.

Während der Regierungszeit Tassilos erfolgt 756 die so genannte Pippinische Schenkung Ravennas an den Papst. 771 übergeht Karl der Große nach dem Tode seines Bruders Karlmann dessen Kinder und Gemahlin als Nachfolger und tritt die Alleinherrschaft im Frankenreich an. 774 unterwirft er das Reich der Langobarden unter seinem Schwiegervater Desiderius. 782 lässt Karl in Verden an der Aller 4500 Geiseln der Sachsen hinrichten.

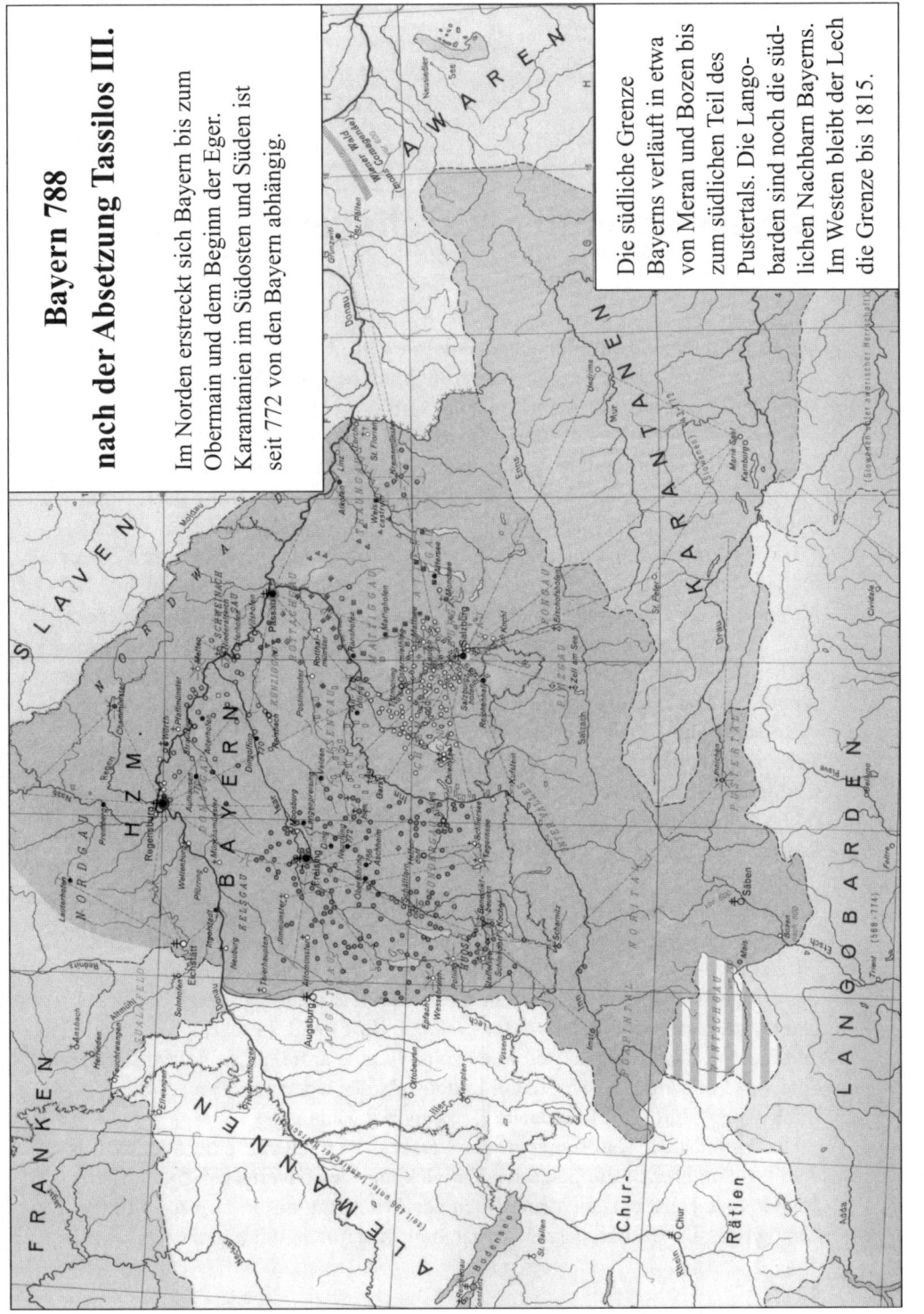

Bayern 788 nach der Absetzung Tassilos III.

Im Norden erstreckt sich Bayern bis zum Obermain und dem Beginn der Eger. Karantanien im Südosten und Süden ist seit 772 von den Bayern abhängig.

Die südliche Grenze Bayerns verläuft in etwa von Meran und Bozen bis zum südlichen Teil des Pustertals. Die Langobarden sind noch die südlichen Nachbarn Bayerns. Im Westen bleibt der Lech die Grenze bis 1815.

Bayern unter den Karolingern (788–911)

Die Karolinger sind ein fränkisches Adelsgeschlecht aus dem Raum von Mosel und Maas. Ihren Namen erhalten sie von ihrem bedeutendsten Repräsentanten, Karl dem Großen. Sie stammen einerseits von dem fränkischen Adelsgeschlecht der Arnulfinger ab, deren Begründer ein Arnulf, Bischof von Metz, ist. Des Weiteren leiten sie ihre Abstammung von den Pippinen ab, einer führenden Familie der fränkischen Aristokratie, deren Stammeseltern Ansegisel, Arnulfs Sohn, und Begga, die Tochter Pippins des Älteren († 640), sind.

Die Karolinger sind zunächst beamtete Hausmeier, das heißt oberste Verwalter der Merowingerherrscher, zunächst nur in Austrien mit Pippin I. (dem Älteren), ab 687 im gesamten fränkischen Reich mit Pippin II. (dem Mittleren). Nachdem seine als Erben bestimmten Söhne Drogo und Grimoald vor ihm versterben, folgt ihm sein aus einer so genannten Friedelehe hervorgegangener Sohn Karl Martell, der 714 die erbliche Hausmeierstellung erlangen kann.

Dessen Sohn Pippin III. (der Jüngere) gelingt es schließlich im Jahre 751, sich mit Hilfe des Papstes Zacharias an die Stelle des letzten Merowingerkönigs Childerich III. zu setzen und die Herrschaft über das Frankenreich zu erringen.

Mit Pippins jüngerem Sohn Karl dem Großen steigen die Karolinger im Frankenreich und damit in großen Teilen Westeuropas zum europäischen Herrschergeschlecht auf.

Mit Karls einzigem überlebendem Sohn Ludwig dem Frommen beginnt bereits mit dessen Nachfolgern die Teilung in zunächst drei Herrschaftsgebiete, mit dem westlichen Frankenreich (das spätere Frankreich), mit dem östlichen Frankenreich (Ostfranken, aus dem sich später das Deutsche Reich entwickelt) und mit dem mittleren Reich unter Lothar I. (Friesland, Lotharingen, Burgund und Italien), das sich sehr bald in einzelne Reiche aufteilen sollte. Mit Herzog Otto von Lothringen, einem Enkel Ludwig IV. des Überseeischen aus der westfränkischen Linie, stirbt der letzte Karolinger im Jahre 1012.

Der Aufstieg der Karolinger als europäisches Herrschergeschlecht unter Karl dem Großen bremst die bisherige Entwicklung des bayerischen Stammesherzogtums zunächst entscheidend. Nach der Absetzung des letzten Agilolfingerherzogs Tassilo III. und dessen Verbannung zusammen mit der ganzen Familie in verschiedenen Klöstern des Frankenreichs (nicht in Bayern) wird das bisherige im Wesentlichen selbstständige Stammesherzogtum Bayern, dessen Beginn in der Zeit der von den Karolingern abgesetzten Merowingerkönigen liegt, nun auf die Stufe einer fränkischen Reichsprovinz herabgedrückt.

Karl und auch sein Nachfolger Ludwig der Fromme sind alles andere als an einer eigenständigen Entwicklung dieses Landes interessiert. Für sie ist Bayern einerseits als Durchgangsland nach Süden in das norditalienische Gebiet und nach Rom von Bedeutung und damit ein Stützpunkt für ihre Machterweiterung, andererseits aber auch ein beliebtes Territorium zur Einsetzung von Söhnen, die die eigene Macht des Frankenherrschers infrage stellen könnten. Erst unter Ludwig II., auch genannt der Deutsche, ein Sohn Ludwigs des Frommen, der sich für Bayern einsetzt, Regensburg zu seiner Hofhaltung macht und die Grenzsicherungen zu den Nachbarn ausbaut, erfährt Bayern wieder einen Entwicklungsschub und findet allmählich zu einer auf die eigenen Belange bezogene Politik zurück, bis nach einer Reihe von teils schwachen, zum Teil auch starken Herrscherpersönlichkeiten mit Ludwig dem Kind 911 das Geschlecht der Karolinger im östlichen Frankenreich ausstirbt. Dass sich die Karolingerherrscher fast durchwegs »Könige« und nicht »Herzöge« nennen, macht deutlich, dass das selbstständige Bayern als Stammesherzogtum – zumindest unter ihnen – der Geschichte angehören soll.

TAFEL 2

Genealogische Übersicht der Karolinger

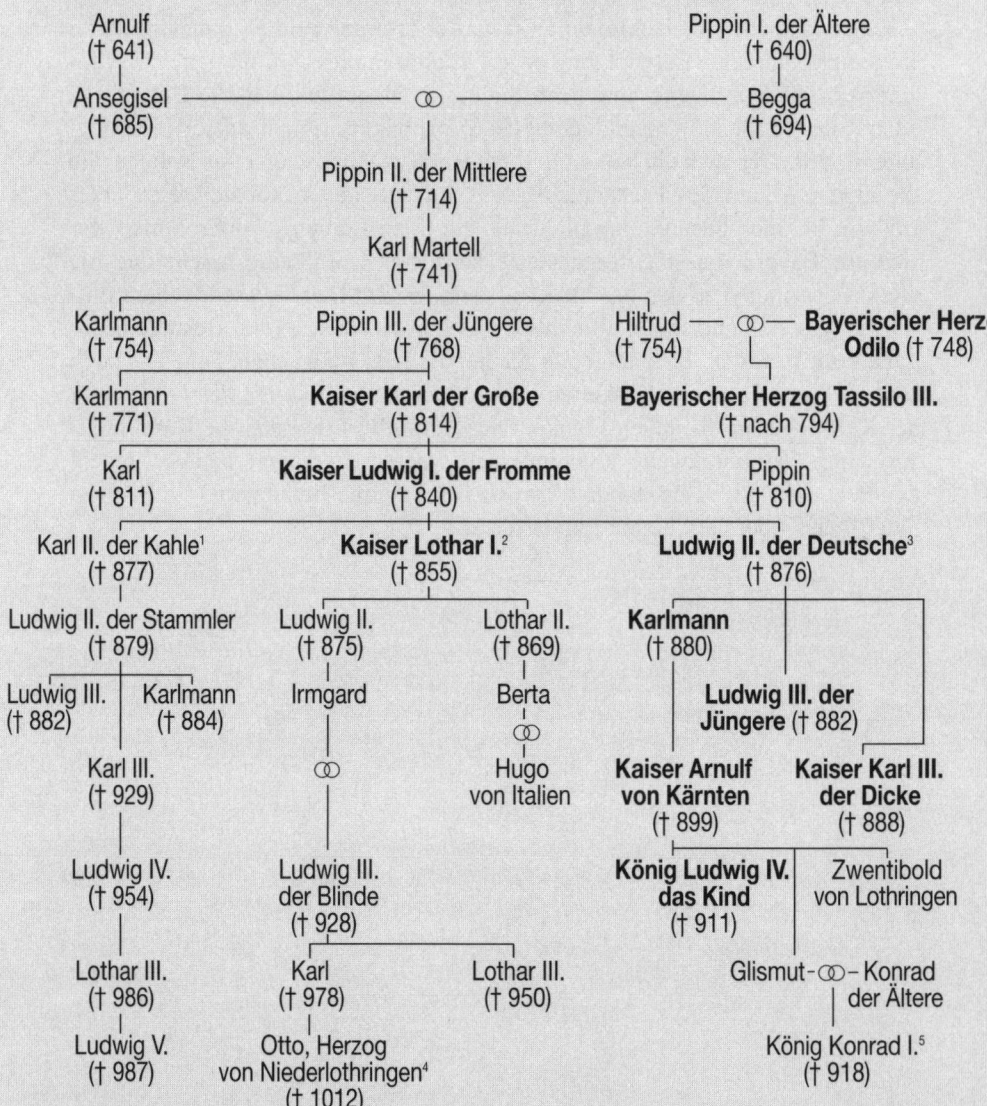

[1] Begründer des westfränkischen (französischen) Reichs.
[2] Begründer des Mittelreichs Lothringen-Burgund-Italien.
[3] Begründer des ostfränkischen (deutschen) Reichs.
[4] Letzter Karolingerherrscher.
[5] Einziger deutscher König aus dem Geschlecht der Konradiner.

Karl der Große (788–814)

Päpste:		*Deutscher König/Kaiser:*	
Hadrian I.	772–795	*Karl I. der Große**	768–814
Leo III.	794–816		
		König Frankreichs:	
Fränkischer König/Kaiser:		*Karl I.**	768–814
Karl der Große*	768–814		

Nach dem Sturz des letzten Agilolfingerherzogs Tassilo III. übernimmt Karl der Große als erster Herrscher aus dem Geschlecht der Karolinger die Macht im Herzogtum Bayern. Nachdem Karl von hohem Wuchs sein soll – es ist sogar von zwei Metern die Rede –, kann der Beiname durchaus auch daher rühren. Karl lässt das Herzogtum in seiner Regierungszeit von 788 bis 814 von Grafen verwalten. Er wird am 2. April 742 (nach anderen Quellen 747) geboren und stirbt am 28. Januar 814 in seiner Kaiserpfalz Aachen, wo er auch begraben liegt.

In erster Ehe ist Karl mit einer Tochter des Langobardenkönigs Desiderius verheiratet, von der er sich 771 aus politischen Gründen trennt. Mit seiner zweiten Gemahlin Hildegard, einer dreizehnjährigen Schönheit aus schwäbischem Adel, hat er fünf Söhne und drei Töchter. Von den Söhnen aus dieser Ehe überlebt nur Ludwig der Fromme den Vater; der Sohn Pippin, Unterkönig von Italien und dem Langobardenreich, stirbt 810, ein weiterer Sohn Karl stirbt ein Jahr später. Nach dem frühen Tod Hildegards 783 heiratet Karl eine Fastrada, die Tochter des Grafen Radolf. In vierter Ehe ist Karl mit Luitgard, einer Alemannin, verheiratet.

---

* Identisch; die Reihe der deutschen Kaiser und Könige beziehungsweise der französischen Könige, auf die sich jedenfalls alle Nachfolger berufen, beginnt mit Karl (I.) dem Großen, obwohl erst 843 im Vertrag von Verdun eine Aufteilung in das westliche Reich (Frankreich) und das östliche Reich (Deutsche Reich) erfolgt. Von vielen wird der Beginn des Deutschen Reiches erst mit König Heinrich I. (919–936) angesetzt, obwohl sich alle deutschen Herrscher auf Karl den Großen beziehen.

Karl belässt nach der Machtübernahme das Herzogtum nicht als eigenständiges Gebiet wie das Langobardenreich. Vielmehr gliedert er Bayern dem Frankenreich als eine Reichsprovinz ein und lässt es zunächst von zwei Präfekten beziehungsweise Amtsgrafen verwalten.

Dabei hält sich Karl wiederholt auch für längere Zeit in Bayern auf, so von August 791 bis Herbst 793 in Regensburg, dem Hauptsitz der Agilolfinger.

Zunächst wird der Amtsgraf Gerold von Karl eingesetzt, der das Herzogtum von 788 bis 799 verwaltet. Gerold ist der Bruder von Karls Gemahlin Hildegard, der offensichtlich wegen seiner Verwandtschaft mit den abgesetzten Agilolfingern Amtsgraf in Bayern werden kann. In Gerolds Machtbereich fällt auch das slowenische Herzogtum Karantanien (Kärnten), womit der bayerische Machtbereich entscheidend nach Osten verschoben wird. In den nach 790 ausbrechenden Kämpfen Karls mit den Awaren, in denen er die andauernden Grenzprobleme bereinigen will, die bis 803 andauern, muss sich zwangsläufig auch Gerold beteiligen, der 799 im Kampf gegen die Awaren fällt. Als 803 die Awaren besiegt sind, befindet sich Karl wieder in Regensburg, lässt sich von den unterworfenen Fürsten huldigen und regelt den Schutz der dazugewonnenen Territorien. Gerolds Nachfolger in Bayern wird der von Karl eingesetzte Amtsgraf Audulf, der 805 an einem Feldzug der Franken gegen die Böhmen teilnimmt und 819 stirbt.

In frühester Jugend mit seinem Vetter Tassilo zusammen aufgewachsen und erzogen, nimmt Karl bereits im Jahre 757 im Alter von 15 Jahren als Sohn Pippins des Jüngeren (auch der Kurze genannt) den Vasalleneid seines Vetters Tassilo erstmals ab. Elf Jahre später, nach dem Tode seines Vaters Pippin des Jüngeren, erlangt Karl zusammen mit seinem Bruder Karlmann die Macht im Frankenreich, womit für Karl bereits der Ausbau seiner Macht beginnt. Bereits nach drei Jahren stirbt sein Bruder Karlmann im Alter von 20 Jahren. Dies nutzt Karl, seine Schwägerin Gerberga und seine Neffen von der Herrschaft auszuschließen. Inzwischen in seiner Machtstellung als alleiniger Frankenkönig gefestigt, muss Karl darauf achten, dass sein Vetter Tassilo seine Bündnisverpflichtungen gegenüber dem Frankenreich einhält. 781 muss daraufhin Tassilo den Eid erneut leisten, worauf Karl offensichtlich bereit ist, ihm die Gebiete Ingolstadt und Lauterhofen im Nordgau zurückzugeben, die Tassilos Großvater Hugibert seinerzeit an Karls Großvater Karl Martell abtreten musste.

Als Karl 788 das Herzogtum Bayern übernimmt und als Reichsgebiet in das fränkische Reich eingliedert, findet er eine blühende und wohl organisierte klösterliche Kultur vor. Karl ordnet die Gaugrafschaften neu und lässt sie durch so genannte Königsboten überwachen.

Von Regensburg aus, der wichtigen Metropole unter den Agilolfingern, beginnt Karl nun auch, die Grenzen und einzelne Marken des Landes zu ordnen. Von hier aus beginnt er auch mit seinen Auseinandersetzungen mit den Awaren, die zunehmend die Grenzen und das Reichsgebiet verunsichern. Dennoch bleibt aber die Einheit des Herzogtums Bayern trotz der genannten Maßnahmen grundsätzlich erhalten. Auch die bayerischen Gesetze lässt Karl unangetastet.

Im Kampf mit den Awaren besetzt Karl im Jahre 791 deren Land bis zur Raab. Im Zusammenhang mit dem sich daraus ergebenden territorialen Zuwachs lässt Karl vermutlich den Main-Donau-Kanal planen und mit dem Aushub beginnen, von dem es noch heute Reste zu sehen gibt. Es ist verständlich, dass ein solch kriegerisches Volk wie die Awaren mit dem Einfall der Franken sich noch lange nicht geschlagen geben. Karl muss daher auch in den Jahren 795 bis 797, dann noch zwei Jahre später und auch im Jahre 802 Krieg mit den Awaren führen. Als sie nach einem Jahr die fränkische Oberhoheit endgültig anerkennen, ist Karl bereit, sie gegen slawische Übergriffe zu schützen. Die verbliebenen Awaren werden von Karl 805 am Neusiedlersee angesiedelt. Nach 822 ist von den Awaren nichts mehr zu hören.

Als Tassilos Sohn Pippin eine Verschwörung gegen Karl anzuzetteln versucht, wird dieser Aufstand im Jahre 792 in Regensburg aufgedeckt. Zwei Jahre später muss Tassilo, in einem fränkischen Kloster inhaftiert, noch einmal formell vor Karl auf das Herzogtum Bayern und seinen gesamten Eigenbesitz verzichten. Nachdem auch dieses Problem gelöst ist, errichtet Karl um 800 die spätere bayerische Ostmark, die jedoch territorial mit Bayern verbunden bleibt. Im gleichen Zeitraum gerät Böhmen ab 806 immer stärker in die Abhängigkeit des Herzogtums Bayern.

Im fränkischen Gebiet beauftragt Karl die Geistlichen des Bistums Würzburg, die heidnischen Rednitzwenden im Norden des Würzburger Gebiets zu bekehren. In Bayern selbst verändert er einige kirchliche Strukturen. 798 erhält Bayern den Status einer eigenen, vom fränkischen Reich getrennten Kirchenprovinz. Bischofssitz wird allerdings nicht wie erwartet Regensburg. Stattdessen bestimmt Karl Salzburg zum geistlichen Mittelpunkt, offensichtlich mit dem Plan, von hier aus besser die neuen Gebiete missionieren und verwalten zu können. Auch weitere Änderungen führt Karl durch. Die Klöster Chiemsee und Staffelsee vergibt er an die weit entfernt gelegenen Bistümer Metz und Köln, St. Emmeram gelangt an Regensburg. Die Klöster Niederaltaich und Metten erhalten von Karl zahlreiche Schenkungen. Nach den Überlieferungen soll Karl außerdem das Kloster St. Florian an Passau geschenkt haben.

Zusätzlich fördert und vergrößert Karl das Bistum Augsburg und gibt der Stadt eine umfassende Gesetzgebung, die bis in die Spätzeit der Staufer (Mitte des 13. Jahrhunderts) ihre Gültigkeit behält.

Gleichzeitig damit fördert Karl auch die allgemeine Bildung und lässt Schulen in jedem Kloster und jedem Domstift errichten. Daraus werden sich später die Stadtschulen entwickeln.

Noch vor 800 muss in Bayern die berühmte Handschrift des »Wessobrunner Gebets« entstanden sein, ein althochdeutsches, mit so genannten Stabreimen in bayerischer Mundart.

In der Karolingerzeit geht die Zahl der freien Bauern stark zurück, mit bedingt dadurch, dass die Grafenfamilien nunmehr eine neue Adelsschicht bilden, die als Lehensempfänger und Gefolgsleute stark von dem jeweiligen Herrscher abhängig sind, die gleichzeitig aber auch in der Ausbeutung der Bauern ihre Machtbasis nach unten erweitern müssen.

Während der Regierungszeit Karls gründet Ludwig der Fromme, Karls Sohn, nach der Eroberung Barcelonas, die spanische Mark südlich der Pyrenäen.

Um 810 schafft der Perser Muhamed al Chwarat die »Algebra« (das heißt die Gleichungen).

813 wird auf der Synode in Mainz die allgemeine öffentliche Weihnachtsfeier beschlossen (vier Feiertage).

Ludwig I. der Fromme (814)

Papst:		*Fränkischer König/Kaiser:*	
Leo III.	*795–816*	*Ludwig I. der Fromme**	*814–840*
König Frankreichs:		*Deutscher Kaiser:*	
Ludwig I. der Fromme*	*814–840*	*Ludwig I. der Fromme**	*814–840*

Ludwig der Fromme ist im Jahre 814 Herrscher Bayerns, das er als Nachfolger seines Vaters, Karls des Großen, erhält. Ludwig stammt aus dem Geschlecht der Karolinger und wird 778 in Chasseneuil (bei Paris) geboren. Er stirbt am 20. Juni 840 in Ingelheim (östlich von Mainz). Seine Eltern sind Karl der Große und Hildegard, eine Herzogstochter aus einem alemannischen Adelsgeschlecht. Ludwig ist zunächst mit Irmgard verheiratet, der Tochter eines lothringischen Grafen. Aus dieser Ehe stammen die Söhne Lothar (I.), Ludwig (II. der Deutsche) und Pippin, der als König von Aquitanien (im heutigen Südfrankreich) bereits zu Lebzeiten Ludwigs 838 stirbt. Nach dem Tod Irmgards im Oktober 818 heiratet er im Februar 819 Judith, die Tochter des Grafen Welf aus dem schwäbischen Augstgau. Aus dieser zweiten Ehe stammt neben seiner Tochter Gisela sein Sohn Karl der Kahle, der 829 Schwaben, Elsass und Churrätien erhält und später der Begründer des westfränkischen Reiches als Vorgänger Frankreichs wird.

Ludwig gilt als sehr gebildet und fromm und wird von der Geistlichkeit stark beeinflusst und gelenkt. Seinen Beinamen »der Fromme« verdankt Ludwig unter anderem seinem Befehl, die von seinem Vater Karl angelegte Sammlung germanischer Heldenlieder als ein atheistisches Werk zu vernichten.

Im Jahre 781 wird Ludwig mit drei Jahren von seinem Vater Karl dem Großen bereits als Unterkönig von Aquitanien eingesetzt, das zwar nach der Ermor-

---

* Identisch; die deutschen Kaiser und Könige sowie die französischen Könige beziehen sich jeweils auf Karl (I.) den Großen (768–814), obwohl erst mit dem Vertrag von Verdun 843 eine Aufteilung des fränkischen Reiches in das westliche (als Vorläufer Frankreichs) und das östliche (als Vorläufer des Deutschen Reiches) erfolgt.

dung Herzog Waifars 768 unterworfen wird, dennoch in seiner Sonderstellung respektiert wird. 814, nach dem Tode seines Vaters am 28. Januar, wird Ludwig Alleinherrscher des gesamten fränkischen Reiches und damit auch Regent des annektierten Herzogtums Bayern. Verwaltet wird das Herzogtum von einem Präfekten beziehungsweise Amtsgrafen Audulf, den noch Karl der Große selbst 799 einsetzt. Noch im selben Jahr 814 übergibt Ludwig die Herrschaft über das Herzogtum an seinen ältesten Sohn Lothar.

Ludwig, schon als Kind zum Unterkönig ernannt, wird von seinem Vater 813 zum Mitkaiser ernannt, nachdem seine beiden älteren Brüder noch zu Lebzeiten des Vaters versterben, Pippin 810 und Karl ein Jahr später. 816 lässt sich Ludwig von Papst Stephan IV. in Reims zum Kaiser krönen. Er gibt damit den Anspruch seines Vaters auf, die Kaiserkrönung selbst zu bestimmen und damit unabhängig zu sein. In der »ordinatio imperii« 817 regelt Ludwig die Nachfolge im Reich, wonach der älteste Sohn Lothar Mitkaiser wird, Pippin als König von Aquitanien eingesetzt wird und Ludwig der Deutsche das Herzogtum Bayern erhält.

Im Jahre 830 erheben sich Ludwigs drei Söhne aus seiner ersten Ehe, Lothar I., Pippin I. und Ludwig II. der Deutsche, gegen ihn, weil Ludwig auf Betreiben seiner zweiten Gemahlin Judith die Nachfolgeregelung im fränkischen Reich zugunsten des gemeinsamen Sohnes Karl II., genannt der Kahle, zu ändern versucht.

In der kurzen Regentschaft Ludwigs über das Herzogtum unterhält Bayern Kontakte zu den Slawen im Südosten des Reiches. Ludwig selbst unternimmt keine Regierungshandlungen im Herzogtum Bayern. Das Grafengeschlecht der Popponen sympathisiert mit Ludwig, wodurch es zu Auseinandersetzungen im karolingischen Herrscherhaus kommt. Dieser Familienstreit ermöglicht es wiederum den Söhnen Ludwigs, ihre eigenen politischen Interessen zu verfolgen. In diesen Kämpfen stehen die Adeligen des Frankenreichs teils auf der Seite Ludwigs, teils auf der Seite dessen Sohnes Lothar, jedoch nie auf der Seite Ludwigs des Deutschen.

In seiner Regierungszeit entstehen in den Klöstern die christlichen Epen »Heliand« sowie »Muspille« (Weltuntergang im Feuer), ein althochdeutsches stabreimendes Gedicht.

Während der Regierungszeit Ludwigs im Herzogtum Bayern geht um das Jahr 814 die von Karl dem Großen gegründete Armenpflege allmählich auf die Kirche über.

Lothar I. (814–817)

Päpste:		Fränkischer Kaiser:	
Leo III.	795–816	Ludwig I. der Fromme*	814–840
Stephan IV.	816–817		
		Deutscher Kaiser:	
König Frankreichs:		Ludwig I. der Fromme*	814–840
Ludwig I. der Fromme*	814–840		

Lothar I. ist Herrscher in Bayern von 814 bis 817. Er stammt aus dem Geschlecht der Karolinger und wird 795 geboren. Er stirbt am 29. September 855 im Kloster Prüm in der Eifel, wo er auch begraben liegt. Bei der Nachfolge Ludwigs des Frommen im Reich erhält Lothar 814 von seinem Vater das Herzogtum Bayern. Er nennt sich zu diesem Zeitpunkt bereits König in Bayern. Bayern selbst wird in den Quellen als ein »regnum« (Königtum) bezeichnet. Tatsächlich verwaltet wird das Herzogtum von dem Präfekten beziehungsweise Amtsgrafen Audulf, der bereits 799 von Karl dem Großen eingesetzt wird und 819 stirbt.

Lothar ist der älteste Sohn Ludwigs des Frommen aus dessen erster Ehe mit Irmgard, der Tochter eines lothringischen Grafen. Im Jahre 822 heiratet Lothar eine Irmgard, die Tochter des Grafen Hugo von Tours. Lothar hinterlässt drei Söhne, die er alle als Herrscher in den von ihm besitzenden Teilgebieten des fränkischen Reiches einsetzen kann, Ludwig II., König von Italien, Lothar II., König von Lotharingen (Lothringen), sowie Karl, König von Burgund. Drei Jahre nach dem Regierungsantritt seines Vaters Ludwig als Kaiser des Frankenreiches wird Lothar im Jahre 817 bereits zum Mitkaiser ernannt.

Durch diese Berufung zum Mitkaiser im Reich wird er damit praktisch seinen Brüdern übergeordnet, was in der Folge zu erheblichen Auseinandersetzungen unter den Brüdern führen sollte. Im weiteren Verlauf seiner Regierungszeit versucht Lothar diese Vorrangstellung zu behaupten beziehungsweise sogar noch auszubauen, wodurch es nicht nur verstärkt zu Konflikten mit den Brü-

---

* Identisch; siehe Anmerkung Seite 59.

dern Pippin, Ludwig dem Deutschen und Karl dem Kahlen, sondern letztlich auch mit dem Vater Ludwig dem Frommen kommt.

830 erheben sich die westfränkischen Adeligen gegen Ludwig den Frommen, deren Aufstand sich Lothar allerdings erst anschließt, als sein Vater Ludwig bereits Gefangener ist. Der Kaiser Ludwig der Fromme kann sich aber schließlich erfolgreich durchsetzen und verbannt seinen ältesten Sohn Lothar nach Italien.

Ludwig der Fromme teilt nunmehr das Frankenreich unter Lothars Brüder Pippin und Ludwig dem Deutschen sowie Lothars Halbbruder Karl dem Kahlen auf. Diese Aufteilung führt jetzt zum Aufstand der drei Brüder Lothar, Pippin und Ludwig des Deutschen gegen den Vater, weil ihr gemeinsamer Halbbruder Karl der Kahle auf ihre Kosten begünstigt werden solle.

Diese Rebellion, der sich der Kaiser Ludwig der Fromme nicht fügen will, endet jedoch am 24. Juni 833 auf dem Kampffeld bei Colmar auf dem so genannten »Lügenfeld«, auf dem die Anhänger Ludwigs vom Kaiser abfallen. Sechs Tage später muss sich Ludwig der Fromme gefangen geben und nunmehr das Reich de facto unter seine Söhne aufteilen. Dabei wird der Anteil der drei Brüder aus erster Ehe, Lothar, Pippin und Ludwig des Deutschen, am Reichsgebiet auf Kosten Karls des II. des Kahlen vergrößert und damit das Herrschaftsgebiet der drei Brüder erweitert.

Schon zu Lebzeiten seines Vaters, vor allem aber nach dessen Tod (840) versucht Lothar, die Oberhoheit über seine Brüder zu erlangen. Im Kampf mit dem tatkräftigsten und energischsten der Brüder, Ludwig dem Deutschen, unterliegt Lothar am 13. Mai 841 im schwäbischen Riesgau, am 25. Juni 842 bei Fontenoy im Hennegau (Ludwig wird dabei von seinem Halbbruder Karl dem Kahlen unterstützt) und am 7. März 842 bei Koblenz.

Die Kämpfe Lothars mit seinen Brüdern führen schließlich dazu, dass die bereits veränderten territorialen Besitzverhältnisse im Vertrag von Verdun 843 rechtlich bestätigt werden. Lothar erhält dabei den Kaisertitel, den Mittelteil des fränkischen Reiches (Lothringen und Italien), Ludwig der Deutsche erhält die östlich gelegenen Reichsgebiete (den Kern des späteren Deutschen Reiches), Karl die westlich gelegenen Gebiete, aus denen sich das spätere Frankreich bilden sollte.

Lothar hinterlässt in seiner Regierungszeit als Herzog von Bayern von 814 bis 817 im Lande selbst keine nennenswerten Spuren. Unter seiner Herrschaft werden die in Freising gegebenen Urkunden nach den Jahren seiner »Königsherrschaft in Bayern« datiert.

Lothar teilt noch zu Lebzeiten das ihm unterstehende Territorium unter seine Söhne auf.

Ludwig II. (nicht identisch mit Ludwig II. dem Deutschen) regiert ab 844 als König von Italien, ab 850 als gekrönter Kaiser, Lothar II. ab 855 als König von Lotharingen (Lothringen) sowie Karl als König der Provence (Burgund).

Ludwig II. der Deutsche (817–876)

Päpste:		*Fränkische Kaiser:*	
Stephan IV.	816–817	Ludwig I. der Fromme	814–840
Paschalis I.	817–824	Lothar I.	840–855
Eugen II.	824–827	Ludwig II.*	855–875
Valentin	827	Karl II. der Kahle	875–877
Gregor IV.	827–844		
Sergius II.	844–847	*Könige Frankreichs:*	
Leo IV.	847–855	Ludwig I. der Fromme	814–840
Benedikt III.	855–858	Karl II. der Kahle	840–877
Nikolaus I. der Große	858–867		
Hadrian II.	867–872	*Deutsche Kaiser/Könige:*	
Johann VIII.	872–882	Ludwig I. der Fromme	814–840
		Lothar I	840–843
		Ludwig II. der Deutsche*	843–876

Ludwig II. der Deutsche regiert in Bayern von 817 bis 876. Er stammt aus dem Geschlecht der Karolinger. Er wird 805 geboren und stirbt am 28. August 876 in der Pfalz zu Frankfurt am Main. Im Kloster Lorsch (westlich von Worms) liegt er begraben. Seinen Beinamen erhält er später von der Geschichte als Begründer des ostfränkischen deutschen Reiches. Ludwig wird der Nachfolger seines ältesten Bruders Lothar im Jahre 817. Anstelle des zwölfjährigen Ludwig verwaltet ein noch von Karl dem Großen eingesetzter Graf Audulf als Präfekt das Herzogtum Bayern, das Ludwig anschließend bis zu seinem Tode regiert.

Ludwig ist der dritte Sohn Kaiser Ludwigs des Frommen aus dessen erster Ehe mit Irmgard, der Tochter eines lothringischen Grafen. Verheiratet ist Ludwig mit Hemma aus dem schwäbisch-bayerischen Geschlecht der Welfen, einer im Lechrain und in Oberschwaben begüterten hochadeligen Familie. Aus die-

---
* Nicht identisch.

ser Ehe stammen Ludwigs Söhne Karlmann, Ludwig III. der Jüngere und Karl III. der Dicke, die Nachfolger in seinem Herrschaftsgebiet werden.

825 tritt Ludwig die eigene Herrschaft in Bayern an. Seit 830 urkundet er als »König der Bayern von Gottes Gnaden«. Ab 830 nennt sich Ludwig auch König von Ostfranken. Aber bereits 838 wird nach einer Verschwörung mit seinem Bruder Lothar auf dem Reichstag zu Nimwegen seine Herrschaft auf das Herzogtum Bayern beschränkt.

Im Jahre 826 richtet Ludwig in Regensburg eine eigene Hofhaltung ein und baut die Stadt aus. Er errichtet eine Pfalzkapelle und eine große Königspfalz, wo in Zukunft auch seine Familie wohnt. In der Folgezeit führt er zahlreiche Reichsversammlungen und Hoftage in Bayern durch. Regensburg erhält in dieser Zeit die erste selbstständige Münze zur Herstellung von Silberdenaren. Gleichzeitig macht Ludwig jedoch auch Frankfurt am Main zu seinem weiteren ständigen Aufenthaltsort.

832 steht Ludwig im Kampf gegen seinen Vater und ist gezwungen, sich ihm in Augsburg zu unterwerfen. 833 wird der Streit zwischen Kaiser Ludwig dem Frommen und seinen Söhnen Lothar, Pippin und Ludwig zugunsten der Söhne auf dem Kampffeld (»Lügenfeld«) bei Colmar entschieden. Ludwig gewinnt mit dem alemannischen (schwäbischen) Territorium und dem Elsass wichtige Gebiete im Osten des Reiches, die er lediglich im Jahre 838 vorübergehend wieder verliert.

Nach dem Tode seines Vaters (840) versucht Ludwigs Bruder Lothar I. als Kaiser die Oberhoheit im fränkischen Reich über seine Brüder zu erringen, wird jedoch von Ludwig am 13. Mai 841 im schwäbischen Riesgau und am 25. Juni desselben Jahres bei Fontenoy (südwestlich von Auxerre im heutigen Frankreich) besiegt.

Dieses Ergebnis zwingt nun Kaiser Lothar endgültig, in Verhandlungen zur Aufteilung des fränkischen Reiches zuzustimmen. Danach erhält Ludwig im Vertrag von Verdun Anfang August 843 zusätzlich das Rhein-Main-Gebiet mit den Diözesen Mainz, Worms und Speyer. Kernland seiner Herrschaft bleibt aber das Herzogtum Bayern.

845 teilt Ludwig selbst das ihm zugesprochene Ostfrankenreich nach fränkisch-germanischem Recht unter seine Söhne auf. Karlmann wird als Unterkönig in Bayern, Karl als Herzog in Schwaben und Ludwig III. der Jüngere in Sachsen, Ostfranken und Thüringen eingesetzt. Ludwig behält sich aber zeitlebens die letzte Entscheidungsgewalt vor.

855 unternimmt ein bayerischer Graf Ernst, der Schwager seines Sohnes Karlmann, als Führer eines bayerischen Aufgebots im Auftrag Ludwigs einen Feldzug gegen die Böhmen, mit denen Ludwig sich auch im folgenden Jahr in kriegerischen Auseinandersetzungen befindet. Um die bayerischen Grenzen

nach Osten zu sichern, verleiht er gleichzeitig seinem Sohn Karlmann die »marca orientalis« (Ostmark). Ein Jahr später erhebt sich allerdings Karlmann gegen den Vater und besetzt gegen dessen Willen das Herzogtum Bayern bis zum Inn. Wohl im Zusammenhang damit wird der bisherige Präfekt Graf Ernst, ein Verbündeter Karlmanns, seines Amtes enthoben. 863 kann Ludwig seinen rebellischen Sohn in Regensburg in Gefangenschaft nehmen. Karlmann kann jedoch 864 wieder entfliehen. 865 führt Ludwig daraufhin eine offizielle Teilung des ostfränkischen Reiches durch, die allerdings ohne praktische Auswirkung bleibt. Lediglich Karlmann behält das Herzogtum Bayern mit den Ostmarken, bleibt aber weiter unter der Oberhoheit seines Vaters.

Bis um das Jahr 870 bemüht sich Ludwig intensiv um die Sicherung der bayerischen Ostgrenze. Gleichzeitig ordnet er die Machtverhältnisse im Innern des Herzogtums, indem er insbesondere die Herrschaft des Adels zurückdrängt. Sein engster Mitarbeiter ist in dieser Zeit Bischof Witgar von Augsburg, der als Kanzler des ostfränkischen Reiches bis 860 eine entscheidende Rolle spielt.

Unter der Regierungszeit Ludwigs wird die Eigenständigkeit Bayerns wieder gestärkt und gefestigt, nachdem die Karolinger von dem letzten Agilolfingerherzog Tassilo III. ein gut verwaltetes und mit reichem Klosterbesitz ausgestattetes Bayern übernommen hatten. Ludwig, der in den Quellen als eine geistig sehr hoch stehende Persönlichkeit bezeichnet wird, hat in seinen letzten Lebensjahren sehr große gesundheitliche Probleme, die es ihm unmöglich machen, zu verhindern, dass sein Halbbruder Karl II. der Kahle das Königreich Italien und die Kaiserkrone erwirbt. Obwohl Kaiser Ludwig II. (der Sohn Lothars II.) Ludwig wiederholt zugesichert hatte, dass sein Sohn (Ludwigs) Karlmann die Kaiserkrone erhält, bietet der Papst nach dem Tod Kaiser Ludwigs II. 875 dem westfränkischen König Karl II. dem Kahlen die Kaiserkrone an. Karlmann kämpft zwar noch um die Kaiserkrone, zieht sich aber trotz seiner Erfolge mit seinen bayerischen Truppen zurück und lässt zu, dass sein Oheim Karl der Kahle Weihnachten 875 vom Papst zum Kaiser gekrönt wird.

Während der Regierungszeit Ludwigs kommt es 842 zu den »Straßburger Eiden«. Dabei schwören Ludwig in altfranzösischer und Karl der Kahle in althochdeutscher Sprache sich gegenseitige Treue. 850 entstehen die »pseudoisidorischen Dekretalen« (gefälschte kirchliche Rechtsquellen). 862 setzen sich die Normannen unter Rurik in Nowgorod fest; damit beginnt die Entwicklung des russischen Reiches.

Karlmann (876–880)

Papst: *Johann VIII.*　　　872–882 ***Deutscher König:*** *Ludwig III. der Jüngere* 877–882*	***Könige Frankreichs:*** *Karl II. der Kahle*　　840–877 *Ludwig II. der Stammler* 877–879 *Ludwig III.**　　　　　879–882

Karlmann aus dem Geschlecht der Karolinger ist Herrscher in Bayern von 876 bis 880. Er wird um 830 in Ötting (Altötting in Oberbayern) geboren und stirbt dort auch am 22. März 880. Er ist der älteste Sohn Ludwigs II. des Deutschen aus dessen Ehe mit Hemma, einer Grafentochter aus dem schwäbisch-bayerischen Adelsgeschlecht der Welfen, einer im Lechrain und in Oberschwaben begüterten hochadeligen Familie. Verheiratet ist Karlmann mit einer Tochter des Grafen Ernst, eines im Auftrag Ludwigs des Deutschen im Herzogtum Bayern amtierenden Präfekten. Die Ehe bleibt kinderlos. Karlmanns Schwiegervater Graf Ernst wird von Ludwig im Jahre 861 im Zuge einer Rebellion seines Sohnes Karlmann abgesetzt. Karlmann hat noch aus der Verbindung mit einer Liutswinda einen unehelichen Sohn Arnulf, den späteren Arnulf von Kärnten. Dieser Arnulf wird der letzte ostfränkische Kaiser aus dem Geschlecht der Karolinger.

Karlmann tritt 876 die alleinige Regierungsnachfolge seines Vaters Ludwig des Deutschen im Herzogtum Bayern an, nachdem er schon 845 von seinem Vater offiziell als Unterkönig in Bayern eingesetzt worden war. In seiner Regierungszeit nennt er sich »König in Bayern«. Diesen Titel behält er auch ausdrücklich bei, als er im Jahre 877 für kurze Zeit König von Italien wird. Ab diesem Zeitpunkt nennt sich Karlmann »König in Bayern und in Italien«.

Karlmann fühlt sich, was sich aus der Titulierung erkennen lässt, im Besonderen als bayerischer Herrscher. Das zeigt sich vor allem auch darin, dass er sich sehr häufig in seiner Lieblingspfalz in Ötting (Altötting) aufhält.

Mit 26 Jahren wird Karlmann im Jahre 856, lange vor seinem Herrschafts-

---
* Nicht identisch.

beginn in Bayern, von seinem Vater Ludwig als Verwalter in den südöstlichen Marken eingesetzt. Von hier aus soll er die Aufstandsgefahr in den östlichen Nachbarländern beseitigen. Karlmann ist von Anfang an bestrebt, sich eine selbstständige größere Herrschaft aufzubauen. Als die Söhne Ludwigs sich gegen den Vater erheben, beteiligt sich auch Karlmann an der Rebellion gegen seinen Vater. Nachdem sein Schwiegervater Ernst als Präfekt in Bayern abgesetzt wird, kann sich auch Karlmann nicht mehr lange halten. Im Jahre 863 muss sich Karlmann seinem Vater unterwerfen und gerät dabei in Gefangenschaft. Im folgenden Jahr gelingt es allerdings Karlmann, aus seiner Haft in Regensburg zu fliehen und sich in seine östlichen Marken abzusetzen. Anschließend kommt es jedoch zur Versöhnung mit dem Vater, die allerdings nicht lange hält. Als nämlich Karlmann bei einer vorläufigen Teilung des ostfränkischen Reiches das Herzogtum Bayern erhält, muss er zunächst die Herrschaft in Bayern der Oberhoheit seines Vaters Ludwig unterstellen. Er erhält dazu noch die östlichen Marken Böhmen und Mähren, verbündet sich aber zwei Jahre später mit Herzog Mastislav von Mähren erneut gegen seinen Vater Ludwig.

Auch das Bündnis mit Mähren hält nicht lange. Im Jahre 873 unternimmt Karlmann einen Feldzug gegen die Mähren, der mit einer empfindlichen Niederlage der Bayern endet. Im folgenden Jahr 874 schließen Karlmann und der Fürst Swatopluk von Mähren in Forchheim Frieden.

Als sein Vater im August 876 in der Pfalz in Frankfurt am Main stirbt, kann nun Karlmann die alleinige Herrschaft in Bayern antreten. Nach dem Willen seines Onkels, Kaiser Ludwigs II., der keinen Nachfolger hat, soll Karlmann auch die Kaiserkrone und dazu Italien erhalten. Sein Onkel, der westfränkische König Karl II. der Kahle, ist aber schneller. Bereits 875 hatte Karl der Kahle nach dem Tod Kaiser Ludwigs II. sofort die Provence und Italien, die Territorien Kaiser Ludwigs II., besetzt. Gleichzeitig wird Karl dem Kahlen, nicht Karlmann, vom Papst die Kaiserkrone angeboten, die Karl der Kahle, Herrscher des Westfrankenreiches, an Weihnachten 875 auch erhält. Obwohl Karlmann daraufhin mit bayerischen Truppen in Italien einfällt und im Jahre 877 in Pavia zum König von Italien gekrönt wird, kann er sich dennoch gegen seinen Onkel Karl den Kahlen nicht durchsetzen.

Die eigentliche Ursache seines Scheiterns dürfte in seiner ausbrechenden Krankheit, der Arteriosklerose, der Krankheit vieler Karolinger, liegen, die Karlmann zwingt, von der bevorstehenden Kaiserkrönung im Rom Abstand zu nehmen und 879 auf seine Ansprüche auf die Herrschaft in Italien zugunsten seines Bruders Karl III., genannt der Dicke, zu verzichten.

Im Jahre 878 hatte Karlmann bereits einen Schlaganfall erlitten, der ihn daran hindert, seine Herrschaft in Bayern tatkräftig auszuüben. Auch der in Bayern für ihn amtierende Amtsgraf Arnulf ist offensichtlich nicht in der Lage, eine in diesem Zeitraum entstehende innerbayerische Opposition zu unterdrücken. Erst seinem unehelichen Sohn Arnulf von Kärnten, dem Karlmann bereits bei seinem Regierungsantritt 876 die Herrschaft in Karantanien (Kärnten) und den östlichen Marken verschaffen kann, gelingt es, den Anführer der Opposition, Graf Erembert aus dem Isengau, zu vertreiben. Karlmann, der die Nachfolge im Herzogtum Bayern seinem Bruder Karl III. zugedacht hat, lässt sich jedoch, bereits todkrank, von seinem Bruder Ludwig III., genannt der Jüngere, überreden, ihm die Nachfolge im Herzogtum Bayern zu übertragen. Ludwig der Jüngere übernimmt daraufhin nach dem Tod Karlmanns 880 die Herrschaft in Bayern.

Während der Regierungszeit Karlmanns können die Araber 878 die Insel Sizilien den Herrschern von Byzanz wegnehmen. Palermo wird die Hauptstadt des sizilianischen Reiches.

Damit beginnt eine wirtschaftliche und kulturelle Blütezeit, die bis 1061 andauert. Im selben Jahr kann der englische König Alfred den angelsächsischen Vorposten London von den Dänen zurückerobern.

Ludwig III. der Jüngere* (880–882)

Päpste:		Könige Frankreichs:	
Johann VIII.	872–882	Ludwig III.*	879–882
Martin II.	882–884	Karlmann	882–884
Deutsche Könige und Kaiser:			
König Ludwig III. der Jüngere	877–881		
Kaiser Karl III. der Dicke	881–887		

Herzog Ludwig III., genannt der Jüngere, aus dem Geschlecht der Karolinger, regiert als Herzog von Bayern von 880 bis 882. Er wird um 830 geboren und stirbt am 20. Januar 882 in Frankfurt am Main. Ludwig ist der Sohn Ludwigs II. des Deutschen und dessen Gemahlin Hemma. Verheiratet ist Ludwig mit Liutgard, der Tochter des Markgrafen Ludolf, des Begründers des Geschlechts der Ottonen. Seine Gemahlin Liutgard erhält bei ihrer Heirat als Wittum (Mitgift) das in Franken gelegene Königsgut Aschaffenburg.

Ludwig tritt in Bayern im Jahre 880 die Nachfolge seines Bruders Karlmann an. Ludwig hat es verstanden, Karlmann, der 879 bereits todkrank ist, dazu zu bewegen, ihm das Herzogtum Bayern zu übertragen. Im Gegensatz zu seinem Vater Ludwig dem Deutschen und seinem Bruder Karlmann bezeichnet er sich nicht als König, sondern als Herzog, um damit offensichtlich die Selbstständigkeit des Herzogtums Bayern zu betonen. Im Jahre 865 hatte Ludwig bereits von seinem Vater die Gebiete Sachsen, Thüringen und Franken erhalten.

Nach dem Tod seines Vaters 876 betreibt Ludwig, seit 877 Herrscher im ostfränkischen Reich, eine vorausschauende Politik. In der Schlacht von Andernach unterbindet er den Versuch seines Onkels Karl des Kahlen, des westfränkischen Herrschers, das gesamte linksrheinische Gebiet zu erobern. Allerdings scheitert Ludwig in seinem Betreben, nach dem Tod Karl des Kahlen 877 auch selbst das westfränkische Reich zu übernehmen. Dafür gelingt es ihm aber, im

---

* Nicht identisch.

Vertrag von Verdun 879 die westliche Hälfte Lothringens von den Enkeln Karls des Kahlen, dessen Sohn Ludwig II. der Stammler in diesem Jahr stirbt, zu erhalten. Diese Gebiete hatte sich Karl der Kahle, König des Westfrankenreiches, im Jahre 870 handstreichartig angeeignet.

Ludwig befindet sich seit 865 in ständigem Konflikt mit seinem Vater Ludwig dem Deutschen. In der Auseinandersetzung Ludwigs des Deutschen mit seinen Söhnen ist Ludwig der führende Kopf. Er soll die an ihn 865 übertragenen Gebiete Sachsen, Thüringen und Franken an seinen älteren Bruder Karlmann abtreten und dafür mit linksrheinischen Gebieten entschädigt werden. Dies lehnt Ludwig jedoch ab. Im März 872 wird auf dem Reichstag von Forchheim noch einmal die Aufteilung des ostfränkischen Reiches unter die Nachfolger Ludwigs des Deutschen aus dem Jahr 865 bestätigt.

Sein Vater Ludwig der Deutsche hatte ab 866 versucht, Ludwig einzelne Güter, die er bereits längere Zeit im Besitz hat, zu entziehen, allerdings ohne Erfolg. In seinem Aufstand gegen seinen Vater wird er von Graf Heinrich aus dem Geschlecht der Popponen unterstützt, sodass es ihm gelingt, seine Herrschaftsansprüche sogar noch zu erweitern.

Mit seinem Tod geht das Herzogtum Bayern in den Besitz Karls III. des Dicken, seines jüngeren Bruders, über, nachdem Ludwigs einziger Sohn Ludwig bereits im Kindesalter stirbt.

Während der Regierungszeit Ludwigs wird im Jahre 880 das Benediktinerkloster auf dem Monserat (Katalonien) gegründet. 881 zerstören die Normannen in Aachen die von Karl dem Großen errichtete Pfalz. In diesem Jahr entsteht auch das »Ludwigslied«, ein Preislied in althochdeutschen Reimversen auf den Sieg des Westfränkischen Ludwig III. über die Normannen.

Karl der Dicke (882–887)

Päpste:		*Deutscher Kaiser:*	
Johann VIII.	*872–882*	*Karl III. der Dicke*	*881–887*
Martin II.	*882–884*		
Hadrian III.	*884–885*	*Könige Frankreichs:*	
Stephan V.	*885–891*	*Karlmann**	*882–884*
		Karl der Dicke	*884–887*

Herzog Karl, genannt der Dicke, aus dem Geschlecht der Karolinger, regiert das Herzogtum Bayern von 882 bis 887. Karl, der von Jugend auf kränkelt, vermutlich an epileptischen Anfällen und Geisteskrankheit leidet, am Ende seines Lebens sich sogar wegen seiner Kopfschmerzen einer Gehirnoperation unterzieht, wird 839 geboren. Er stirbt am 13. Januar 888 in Neudingen im heutigen Landkreis Donaueschingen und wird im Kloster Reichenau beigesetzt. Seine Eltern sind Ludwig II. der Deutsche und dessen Gemahlin Hemma, eine Fürstentochter aus dem schwäbisch-bayerischen Geschlecht der Welfen. Verheiratet ist Karl mit Richardis. Die Ehe bleibt kinderlos. Karl hinterlässt nur einen unehelichen Sohn namens Bernhard.

Karl wird im Jahre 882 in Bayern Nachfolger seines älteren Bruders Ludwig des Jüngeren, der 882 ohne Erben stirbt. Karl hatte in der Aufteilung des ostfränkischen Reichsgebiets durch seinen Vater Ludwig den Deutschen bereits die Territorien, das heutige Schwaben mit den Gebieten links und rechts des Oberrheins, den Elsass und Rätien (Teile der heutigen Schweiz und Vorarlberg), erhalten. Mit der Nachfolge seines Bruders Ludwig des Jüngeren wird Karl nun auch Herrscher des ostfränkischen Reiches, das sein Bruder Ludwig der Jüngere zusammen mit ihrem Vater Ludwig dem Deutschen regierte. Gleichzeitig erhält Karl nun auch das Herzogtum Bayern, das er allerdings nicht selbst regiert, sondern durch den karolingischen Präfekten Engildeo verwalten lässt.

Im Jahre 879 hatte Karl von seinem ältesten Bruder Karlmann bereits das Kö-

---
* Nicht identisch mit dem bayerischen Herzog Karlmann (Seite 66 ff.)

nigreich Italien (das heutige Gebiet der Lombardei und Oberitalien bis in das Gebiet südlich von Rom) übertragen bekommen, nachdem er im Herbst über den St. Bernhard nach Oberitalien eingefallen war. Seine italienischen Herrschaftsrechte werden Anfang 880 in Ravenna von den italienischen Fürsten und Bischöfen sofort anerkannt. Der Papst hofft sogar, ihn anschließend in Rom zum Kaiser krönen zu können. Doch Karl muss sich zunächst um eine in der Provence ausgebrochene Revolte kümmern.

Mitte Februar wird Karl in Rom vom Papst zum Kaiser gekrönt, wobei der Papst hofft, dass Karl nun gegen die in Italien eingefallenen Sarazenen zieht und den Aufstand der mittelitalienischen Fürsten niederschlägt. Stattdessen zieht er sich an den Bodensee zurück, ohne etwas zu unternehmen.

Auch in seinem ostfränkischen Reich ist Karl in seiner angeborenen Lethargie nicht in der Lage, auftretende Probleme mit Entschlossenheit zu lösen. Als die Normannen, von Norden kommend, ins Reich einfallen und die Städte Köln, Aachen und Trier plündern, rückt Karl zwar mit einem großen Heer an und kann die Eindringlinge bei Elsloo an der Maas einschließen, dennoch bietet Karl, für alle völlig unverständlich, den Normannen Verhandlungen an und ist bereit, sie gegen eine hohe Lösegeldzahlung ziehen zu lassen.

Kurze Zeit später beginnen die Normannen wieder mit ihren Überfällen, ohne dass Karl einschreitet. Stattdessen beauftragt er den Grafen von Babenberg und die Bischöfe von Mainz und Bremen mit der Abwehr.

Als Ende November 885 die Normannen Paris einschließen, ist es für Karl, der mittlerweile auch die Herrschaft im westfränkischen Reich angetreten hat, wichtiger, nach Italien zu ziehen und mit dem Papst die eigene Nachfolge zu regeln. Im Jahre 886 zieht Karl endlich selbst gegen die Normannen, bietet ihnen aber wieder Verhandlungen an und zahlt ihnen nicht nur selbst einen hohen Betrag für ihren Abzug, sondern gestattet ihnen auch noch, Burgund zu plündern.

Dass Karl es unterlässt, gegen die eingefallenen Normannen zu kämpfen, wird ihm verständlicherweise als Feigheit vorgeworfen. Hauptsächlich der Adel in Bayern ist mit Karl unzufrieden. Sein entmachteter ehemaliger Erzkanzler Liutward, Bischof von Vercelli, der sogar des Ehebruchs mit Karls Gemahlin bezichtigt wird, bietet dem Markgrafen Arnulf von Kärnten, dem unehelichen Sohn Karlmanns, Karls Neffen und damit einem Karolinger, die Königswürde an. Als Arnulf von Kärnten im Jahre 887 in Frankfurt die Wahl zum König angeboten und er zum König gewählt wird, versucht Karl nicht ernsthaft, seinen Herrschaftsanspruch zu verteidigen, sondern entschließt sich, im November desselben Jahres in Tribur abzudanken.

Für Karl ist das Herzogtum Bayern immer nur ein Nebenland geblieben, von dem aus er seine Machtansprüche im Reich zu festigen sucht. Die Verwaltung

Bayerns überlässt er seinem Amtsgrafen Engildeo. An einer durchgreifenden Herrschaft in Bayern ist Karl nicht interessiert, sodass er auch dem Aufstand Arnulfs von Kärnten, dem Markgrafen der bayerischen Mark Karantanien (Kärnten), der ihm seine gesamten Machtbefugnisse im Reich kostet, keinen entscheidenden Widerstand entgegenbringt.

Karl III. der Dicke erringt nicht nur die von allen Karolingern immer erstrebte Kaiserkrone; er ist, obwohl einer der schwächsten Herrscher aus dem Geschlecht der Karolinger, nach Karl dem Großen und seinem Nachfolger Ludwig dem Frommen in dessen Anfangs-Regierungsjahren, der einzige Karolinger, der für kurze Zeit das gesamte Karolingerreich Karls des Großen noch einmal vereinen kann.

Während der Regierungszeit Karls des Dicken besiegt Ludwig III., König des westfränkischen Reichs, 882 die Normannen bei Sancourt.

Papst Stephan V. ruft 885 Byzant gegen die Sarazenen zu Hilfe. Die Markgrafen von Friaul, von Spoleto und von Tuscien erhalten im Kampf gegen die Sarazenen keine Unterstützung vom Frankenreich und erreichen so ihre Selbstständigkeit.

Arnulf von Kärnten (887–899)

Päpste:		Könige Frankreichs:	
Stephan V.	885–891	Odo von Paris	887–898
Formosus	891–896	Karl III. der Einfältige	898–923
Bonifazius VI.	896		
Stephan VI.	896–897	**Deutscher König und Kaiser:**	
Romarus	897	Arnulf von Kärnten	887–899
Theodor II.	897		
Johann IX.	898–900		

König Arnulf von Kärnten aus dem Geschlecht der Karolinger regiert das Herzogtum Bayern von 887 bis 899. Seinen Beinamen erhält er wegen seiner Herrschaft als Markgraf in Karantanien (Kärnten) ab dem Jahr 876. Arnulf wird um 850 geboren, er stirbt am 8. Dezember 899 in Regensburg und wird im Kloster St. Emmeram beigesetzt. Sein Vater ist der ostfränkische König und bayerische Herzog Karlmann. Seine Mutter ist eine mit Karlmann nicht verheiratete Liutswinda. Verheiratet ist Arnulf mit der Fürstentochter Uda aus dem Geschlecht der Konradiner. Ihr gemeinsamer Sohn ist Ludwig IV. das Kind, der letzte ostfränkische Herrscher. Aus der Ehe Arnulfs stammt auch die Tochter namens Glismut, die den Grafen Konrad (den Älteren) von Hessen und Niederlahnstein heiratet und die Mutter des ersten deutschen Königs, Konrad I., wird.

In seinem letzten Lebensjahr strengt Arnulf erfolglos gegen seine Gemahlin eine Klage wegen Ehebruchs an. Aus der in jungen Jahren eingegangenen Friedelehe (altdeutsche Sonderform der Ehe) mit Holenrada entstammen Arnulfs beiden Söhne Ratolf und Zwentibold. Letzterer wird von seinem Vater als Herzog in Lotharingen eingesetzt, wo dieser im Kampf gegen den lothringischen Adel im Jahre 900 fällt.

Sein Vater Karlmann will seinen Sohn Arnulf, obwohl Arnulf kein ehelicher Nachkomme ist, für seine Nachfolge in Bayern aufbauen. Aus diesem Grund erhält Arnulf auch den Vornamen des Begründers der Karolinger, Arnulfs von Metz. Herzog Karlmann überträgt seinem außerehelichen Sohn Arnulf 876 die

Herrschaft in Karantanien (Kärnten) mit den Mittelpunkten Moosburg und Kornburg und Pannonien (Teile des heutigen Ungarns). Arnulf kann dafür seinen schwer kranken Vater in Bayern unterstützen, indem er bei der Niederschlagung der innerbayerischen Opposition tatkräftig mithilft und dabei den Grafen Erembert aus dem Isengau aus Bayern vertreiben kann. Die Nachfolge im Herzogtum Bayern kann Arnulf trotz des Wunsches seines Vaters zunächst nicht antreten, nachdem Karlmann sich nicht gegen seinen eigenen Bruder Ludwig den Jüngeren durchsetzen kann, der Karlmann zur Übergabe des Herzogtum Bayern an sich überreden kann.

Im Jahre 887 erhebt sich Arnulf mit Beteiligung eines bayerischen und slawischen Aufgebots gegen seinen Oheim Karl den Dicken. Karl, mittlerweile Kaiser, Herrscher des gesamten fränkischen Reichs, versucht die Herrschaftsübernahme Arnulfs in Bayern nicht ernsthaft zu verhindern. Arnulf lässt sich in Frankfurt am Main huldigen und übernimmt gleichzeitig die Königsherrschaft im ostfränkischen Reich und im Herzogtum Bayern. Das Herzogtum Bayern, wo sich Arnulf in Zukunft bevorzugt aufhält, wird die wesentliche Stütze seiner Machtentfaltung. Von hier aus unternimmt er in der Folge auch seine Kriegszüge.

Nach der Anerkennung seiner Herrschaft in Regensburg durch den bayerischen Adel baut Arnulf dort bei St. Emmeram eine neue Pfalz. In seiner Regierungszeit finden die Reichsversammlungen häufig in Bayern, so unter anderem in Forchheim und vor allem in Regensburg statt. Diese Stadt wird, neben Frankfurt am Main, für Arnulf der wichtigste Aufenthaltsort. Von Regensburg aus übt er seine Regierungsgeschäfte aus, unterstützt durch den klugen und geistvollen Bischof Adalpero und seinen Verwandten, den Markgrafen Luitpold aus dem Geschlecht der Luitpoldinger, der von Arnulf mit wichtigen politischen Aufgaben betraut wird.

Mit Herzog Swatopluk von Böhmen ist Arnulf zunächst verbündet, ja sogar befreundet, nachdem der Böhme für Arnulfs Friedelsohn Zwentibold 885 die Patenschaft übernimmt. 890 tritt Arnulf an Swatopluk den Anspruch auf Böhmen zunächst ab, eröffnet jedoch zwei Jahre später gegen ihn einen Feldzug, nachdem sich Swatopluk weigert, die Oberherrschaft Arnulfs anzuerkennen. Bei diesem Angriff ruft Arnulf die Ungarn zu Hilfe. Dieses Bündnis mit den Ungarn wird Arnulf später zum Vorwurf gemacht. Mit dem Tod Swatopluks zerfällt ab 894 dessen Reich, womit auch ein natürlicher Schutzwall für Bayern entfällt. Arnulf muss deshalb in den folgenden Jahren Grenzgrafschaften gegen die Ungarn errichten.

Im Jahre 893 zieht Arnulf über die Alpen nach Italien und nimmt in Pavia von den italienischen Adeligen die Huldigungen als König von Italien entgegen, muss aber vor den Truppen Herzog Widos von Spoleto, den der Papst zwischenzeitlich zum Kaiser gekrönt hatte, nach Norden ausweichen. Berengar,

Markgraf von Friaul, von Wido von Spoleto angegriffen, ruft Arnulf zu Hilfe, der nun mit einer großen Streitmacht, bestehend aus Franken und Schwaben, im Herbst 895 nach Italien zurückkehrt. Wido muss sich hinter den Po zurückziehen und stirbt im Dezember desselben Jahres. Im Februar 896 kann Arnulf in Rom einziehen und wird nun vom Papst zum Kaiser gekrönt. Als Arnulf auch das Herzogtum Spoleto angreifen will, erleidet er einen Schlaganfall, von dem er sich nicht mehr erholt. Er ist gezwungen, halb gelähmt nach Regensburg zurückzukehren.

Arnulf beschenkt das bei seiner neuen Pfalz gelegene Kloster St. Emmeram sehr reichlich. Angeblich soll er die Reliquien des Dionysius Areopagita von Paris heimlich aus St. Denis nach Regensburg überführt haben. Außerdem gibt Arnulf das Arnulfziborium in Auftrag, ein spätkarolingisches Prachtwerk, das sich heute in der Schatzkammer der Münchener Residenz befindet.

Sein Nachfolger in Bayern wird nicht Zwentibold, sondern sein ehelicher Sohn Ludwig IV. das Kind, der letzte ostfränkische Herrscher aus dem Geschlecht der Karolinger.

Während der Regierungszeit Arnulfs stirbt 888 Kaiser Karl III., genannt der Dicke, der noch einmal das gesamte Frankenreich Karls des Großen vereinigen kann. Im selben Jahr wird Hochburgund (die heutige Westschweiz) selbstständiges Königreich.

Ludwig IV. das Kind (899–911)

Päpste:		Deutscher König:	
Johann IX.	898–900	Ludwig IV. das Kind[1]	899–911
Benedikt IV.	900–903		
Leo V.	903	König Frankreichs:	
Christopherus	903–904	Karl III. der Einfältige	898–923
Sergius III.	904–911		
Anastasius III.	911–913		

Herzog Ludwig IV., genannt das Kind, ist der letzte Herrscher Bayerns aus dem Geschlecht der ostfränkischen Karolinger von 899 bis zu seinem Tode 911. Ludwig wird 893 in Altötting geboren, er stirbt im September 911 mit 18 Jahren völlig entkräftet und wird in St. Emmeram bei Regensburg bestattet. Seine Eltern sind Kaiser Arnulf von Kärnten und dessen Gemahlin Uda (Ota) aus dem Geschlecht der Konradiner.

Ludwig wird offizieller Herrscher in Bayern nach dem Tode seines Vaters im Jahre 899. Kaiser Arnulf von Kärnten hatte noch zu seinen Lebzeiten die Nachfolge seines jungen Sohnes von den Bischöfen und Adeligen in Altötting beschwören lassen. Zum Erzieher seines Sohnes bestimmt er den Augsburger Bischof Adalpero. Die vorläufige Regentschaft im ostfränkischen Reich sollen der Erzbischof Hatto von Mainz und der Bischof Salomo von Konstanz übernehmen. Als Vormund bestimmt Arnulf seinen Schwiegersohn Graf Konrad den Älteren von Hessen und Niederlahnstein. Die tatsächliche Regentschaft im Herzogtum Bayern übt der Markgraf Luitpold[2] aus dem Geschlecht der Luitpoldinger aus, dem noch Arnulf die Regentschaft in Bayern für seinen Sohn übertragen hatte. Markgraf Luitpold, vermutlich selbst mit den Karolingern verwandt, nimmt eine mächtige Stellung innerhalb der Reichsaristokratie ein. Dies zeigt sich in dem Tauschvertrag zwischen den Klöstern Echternach und

---

[1] Identisch mit Herzog Ludwig das Kind.
[2] Siehe Markgraf Luitpold, Seite 83.

Fulda, den Luitpold vermittelt und der von dem jungen Ludwig beurkundet wird. Am 4. Februar 900 wird der siebenjährige Ludwig in Forchheim zum ostfränkischen König gekrönt.

Im ostfränkischen Reich übt Ludwig keine selbstständige Regierungsgewalt aus. Unter dem Einfluss des Erzbischofs Hatto von Mainz vertritt Ludwig zum großen Teil die Interessen der Konradiner, eines Adelsgeschlechts, deren Belange er sich weitgehend zu Eigen macht.

Das zeigt sich vor allem in der erbitterten Auseinandersetzung zwischen den Konradinern und den im Osten begüterten Babenbergern, der so genannten Babenberger Fehde. Heinrich von Babenberg wird bei der Belagerung der Burg Babenberg (heutiger Domberg in Bamberg) durch die Konradiner getötet. Graf Adalhard wird gefangen genommen und enthauptet. Graf Adalbert wird nach seiner Gefangennahme ebenfalls auf Betreiben der Konradiner hingerichtet.

Unter der nominellen Herrschaft Ludwigs wird Bayern von den Ungarn wiederholt heftig angegriffen und zum Teil auch stark verwüstet. Im Jahre 900 dringen die Ungarn zum ersten Mal bis in das schwäbische Gebiet ein, 906 kommen sie bis nach Sachsen.

Im Jahre 907 kommt es zur entscheidenden Schlacht bei Pressburg (heute Bratislava). In diesem Kampf erfährt Bayern eine der schwersten Niederlagen in seiner Geschichte. In dieser Schlacht fallen zusammen mit dem Markgrafen Luitpold unter anderem der Erzbischof von Salzburg, der Bischof von Säben, der Bischof von Freising und fast der gesamte bayerische Hochadel. Gleichzeitig verliert Bayern in einer einzigen Schlacht auch das gesamte Territorium, das es durch die Siege gegen die Awaren, insbesondere unter Karl dem Großen, gewonnen hatte. Der Hof Ludwigs sieht sich daraufhin gezwungen, sich in das westliche Schwaben und in Richtung Frankfurt am Main zurückzuziehen.

910 fallen die Ungarn wieder in Bayern ein. Ludwig, zu diesem Zeitpunkt 17 Jahre alt; stellt sich diesmal selbst mit einem Reichsaufgebot den Ungarn entgegen und erleidet dabei auf dem Lechfeld bei Augsburg eine vernichtende Niederlage.

In der Verwaltung des Herzogtums Bayern ist Ludwig – trotz seines kindlichen Alters – aber bestrebt, eigene Schwerpunkte zu setzen. So verschenkt er im Jahre 903 den Besitz Kirchdorf sowie Fischereirechte an Zwentibold von Böhmen. 908 gewährt er der Bischofsstadt Eichstätt das Markt-, Münz-, und Zollrecht. Eichstätt ist damit berechtigt, eine Stadtmauer zu errichten, was für die weitere Entwicklung von Bedeutung ist. 909 verleiht Ludwig dem Ostgrafen Arbo sowie dem Erzbischof Pilgrim die Abtei Traunsee auf Lebenszeit. Außerdem führt er Zollerhebungen durch. Der bayerische Adel fühlt sich wegen der von Ludwig durchgeführten Zollerhebung so sehr in seinen Rechten beschränkt, dass er dagegen protestiert. Ludwig lässt daraufhin mit Hilfe des Markgrafen Arbo und durch ostfränkische Richter die Zollrechte und die Art ihrer Erhebung ermitteln und schließlich in einer neuen Zollordnung schriftlich niederlegen.

Ludwig stirbt ohne Nachkommen. Während die Herrschaft im ostfränkischen Reich für kurze Zeit an die Familie der Konradiner fällt, übernehmen die Luitpoldinger mit Arnulf, dem Sohn des gefallenen Markgrafen Luitpold, die Herzogsmacht in Bayern und können innerhalb kurzer Zeit ein gefestigtes Stammesherzogtum schaffen.

Während der offiziellen Regierungszeit Ludwigs wird um 900 die spanische Mark im Süden des Frankenreichs selbstständig. Es bilden sich die ersten spanischen Königreiche Leon sowie Navarra und Barcelona. Um diese Zeit beginnt auch die arabische Märchensammlung »Tausendundeine Nacht« zu entstehen. 904 sinkt das Papsttum moralisch ab. Marozia, die Geliebte des Papstes Sergius III., wird die Mutter und Großmutter zweier Päpste. 910 wird die Benediktinerabtei Cluny gegründet, die der Ausgangsort großer kirchlicher Reformbewegungen im elften Jahrhundert wird.

Bayern unter den Luitpoldingern
(895–947/983–985)

Die Luitpoldinger sind ein altes ostfränkisches Adelsgeschlecht, das nach seinem ersten in der Geschichte bekannten Vertreter Luitpold (Markgraf von 895 bis 907) benannt ist. Ob die Familie mit dem Herrschergeschlecht der Karolinger oder vielleicht auch nur mit der Mutter Kaiser Arnulfs von Kärnten, Liutswinda (der Geliebten des Karolinger Karlmann), verwandtschaftliche Beziehungen hat, ist nicht bekannt, aber zu vermuten, nachdem der Sohn des Markgrafen Luitpold den Namen seines Förderers Arnulf erhält. Gleichzeitig bestehen aber genealogische Verbindungen zu den bayerischen Adelsgeschlechtern der Huosi und der Fagana, die bereits in der Lex Baiuvariorum, einem zwischen 540 und 630 entstandenen Volksrecht, zu den fünf bekannten bayerischen Adelsgeschlechtern gezählt werden. Auch bestehen über die Mutter Luitpolds Verbindungen zu den Welfen, die wiederum der fränkischen Reichsaristokratie angehören.

Der Begründer der Dynastie der Luitpoldiger, Markgraf Luitpold, dessen Eltern namentlich nicht bekannt sind, ist selbst kein autonomer Herrscher, auch wenn er mit dem Besitz von mindestens vier Grafschaften im Osten Bayerns zu den mächtigsten Grafen in Bayern zählt. Sein Aufstieg beginnt mit der Entmachtung des Grafen Engildeo im Jahre 895 durch Kaiser Arnulf, der Luitpold in die frei gewordenen Ämter einsetzt. Diese Machtstellung kann Luitpold schon unter Kaiser Arnulf, der durch seine Krankheit in der reellen Machtausübung stark eingeschränkt ist, erheblich ausbauen. Unter Arnulfs Sohn und Nachfolger Ludwig IV., der bei dem Herrschaftsübergang noch ein Kind ist, steigert sich Luitpolds Machtfülle ganz erheblich, indem er zum eigentlichen Regenten im Herzogtum Bayern aufsteigt. Luitpolds überraschender Tod in der Schlacht bei Pressburg im Jahre 907 bricht zwar seine eigene Weiterentwicklung ab, verhindert aber dennoch nicht den nahtlosen Übergang der Herzogsgewalt auf seinen Sohn Arnulf und damit den Fortbestand des Luitpoldingergeschlechts. Der Adel in Bayern scheint mit dieser Nachfolge einverstanden zu sein.

Mit Herzog Arnulf aus dem Geschlecht der Luitpoldinger beginnt die erneute Weiterentwicklung des Stammesherzogtums in Bayern, die durch die Herrschaft der Karolinger seit der Entmachtung des letzten Herzogs aus dem Geschlecht der Agilolfinger durch Karl den Großen abrupt abgebrochen worden war. Arnulf wird nach dem Tod seines Vaters als mächtigster Graf in Bayern der regierende Herzog, ohne dass von dem bayerischen Adeligen Einsprüche oder Proteste erfolgen. Arnulf kann seine Machtstellung in seiner langen dreißigjährigen Herrschaft so ausbauen, dass er auch vonseiten des ostfränkischen Königs Heinrich keine Eingriffe in seine Regierung befürchten muss. Während Arnulf es versteht, sich mit dem ersten Herrscher aus dem Geschlecht der Ottonen zu arrangieren, und auch mit dessen Nachfolger Otto dem Großen keine Probleme entstehen, muss Arnulfs Sohn und Nachfolger im Herzogsamt bereits nach einem Jahr sich Otto beugen, verliert die Herzogswürde und muss in die Verbannung gehen.

Die Luitpoldinger können zwar die Herrschaft in Bayern durch den Bruder Arnulfs, Herzog Berthold, noch ein Jahrzehnt halten. Nach Bertholds Tod im Jahre 947 wird das Herzogtum Bayern jedoch zum Königsgut der Reichsherrscher, die ihre Verwandten oder bereits frühzeitig bestimmten Nachfolger in Bayern als Herzöge einsetzen, um sich eine Hausmacht zu schaffen. Im Jahre 983 kann Bertholds Sohn Heinrich noch einmal für zwei Jahre die Herrschaft in Bayern erringen, gibt sie aber dann freiwillig an den entmachteten Herzog Heinrich den Zänker wieder zurück, womit die Regierungszeit der Luitpoldinger in Bayern endgültig beendet ist.

Der Luitpoldinger Arnulf der Böse ist über seine Tochter Judith nicht nur der Mitbegründer der ottonischen Herzöge Bayerns bis Heinrich IV. (= Kaiser Heinrich II.), sondern auch nach einer zwar nicht gesicherten, aber wohl durchaus möglichen Auffassung über seinen Sohn Berthold († 980) oder seinen Sohn Arnulf († 954) der Stammvater der Grafen von Scheyern, den Vorfahren des Hauses Wittelsbach.

TAFEL 3
Genealogische Übersicht der Luitpoldinger

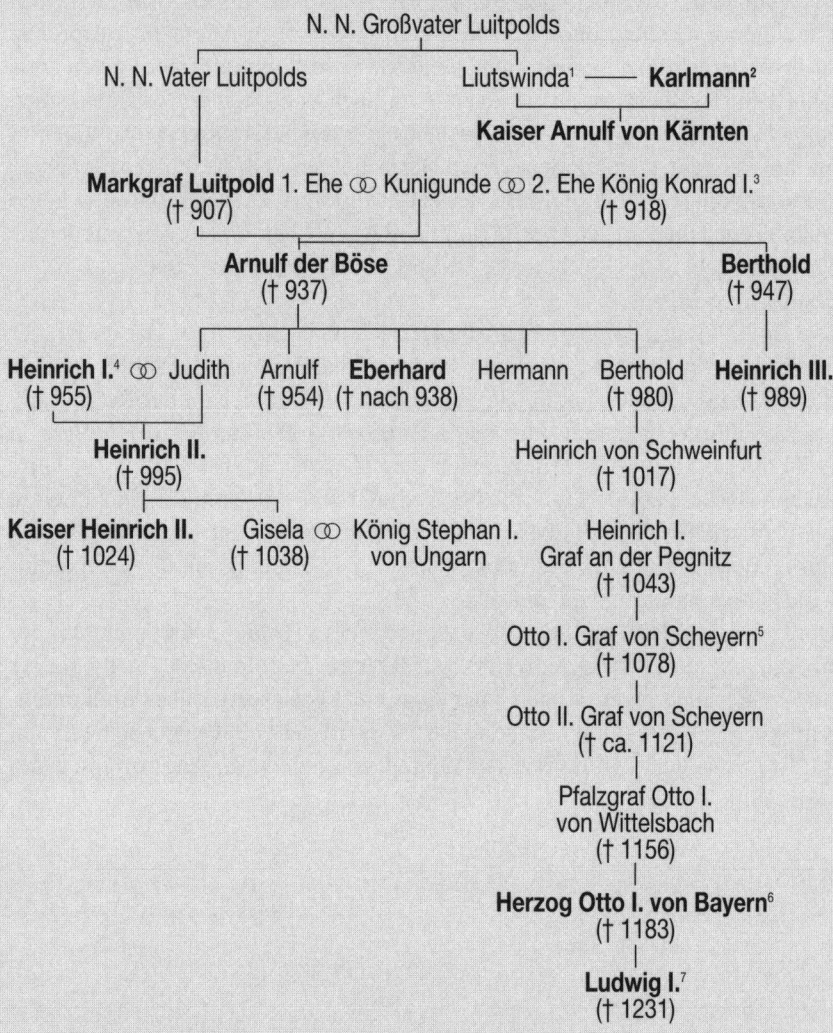

[1] Abstammung und Generation ungewiss; Konkubine Karlmanns.
[2] Aus dem Geschlecht der Karolinger, König von Bayern und Italien.
[3] Einziger deutscher König aus dem Geschlecht der Konradiner.
[4] Aus dem Geschlecht der Ottonen, siehe Seite 94.
[5] Abstammung der Grafen von Scheyern/Wittelsbach ungewiss.
[6] Erster wittelsbachischer Herzog von Bayern, siehe Seite 188.
[7] Ludwig der Kelheimer, siehe Seite 191.

Markgraf Luitpold* (895–907)

Päpste:		Christopherus	903–904
Formosus	891–896	Sergius III.	904–911
Bonifazius VI.	896		
Stephan VI.	896–897	***Deutsche Könige und Kaiser:***	
Romanus	897	Arnulf von Kärnten	887–899
Theodor II.	897	Ludwig IV. das Kind	899–911
Johann IX.	898–900		
Benedikt IV.	900–903	***Könige Frankreichs:***	
Leo V.	903	Odo von Paris	887–898
		Karl III. der Einfältige	898–923

Luitpold, Markgraf und Regent in Bayern von 895 bis 907, ist der Begründer und Namensgeber des Geschlechts der Luitpoldinger. Sein Geburtsdatum ist nicht bekannt, er fällt in der Schlacht gegen die Ungarn bei Pressburg im Jahre 907.

Die Namen seiner Eltern sind nicht bekannt. Sein Vater dürfte vom bayerischen Adelsgeschlecht der Huosi, seine Mutter aus dem Geschlecht der Welfen stammen.

Liutswinda, die Mutter Kaiser Arnulfs von Kärnten aus der Verbindung mit dem Karolinger Karlmann, ist die Schwester seines Vaters. Verheiratet ist Luitpold mit Kunigunde, der Schwester der Grafen Berthold und Erchanger aus dem Geschlecht der Alaholfinger. Kunigunde heiratet nach dem Tod Luitpolds König Konrad I. aus dem Geschlecht der Konradiner im Jahre 913.

Im Jahre 893 übernimmt Luitpold als Markgraf die Amtsstellung des ermordeten Ostmarkgrafen Engelschalk in Regensburg und folgt vermutlich im selben Jahr dem Grafen Roudbert von Karantanien (Kärnten) nach Mähren. Dort

---

* Obwohl nicht Luitpold, sondern der letzte Karolinger Ludwig IV. das Kind in dieser Zeit der offizielle Herrscher Bayerns ist, erscheint es gerechtfertigt, den eigentlichen Regenten Bayerns, Markgraf Luitpold, in dieser Sammlung eigens aufzuführen.

wird er im Jahre 895 zunächst Amtsgraf, gleichzeitig bezeichnet er sich in einer Urkunde auch als Statthalter von Böhmen. In diesem Jahr wird der Graf Engildeo gestürzt, Luitpold folgt ihm auch in dessen Machtstellung. Seit 895 übt Luitpold auch im Herzogtum Bayern die Regentschaft aus, die ihm Kaiser Arnulf von Kärnten überträgt. Nachdem er bereits Inhaber von mindestens vier Grafschaften im Nordgau und im Donaugau sowie außerdem in Karantanien (Kärnten) und in Oberpannonien ist, kann er seine Machtstellung, die anfänglich noch nicht der Stellung der Amtspräfekten Gerold und Audulf unter Karl dem Großen gleicht, immer mehr ausbauen. Er wird, auch als unselbstständiger Herrscher, der lediglich im Auftrag der regierenden Karolinger handelt, zu einem der mächtigsten Adeligen im bayerischen und südöstlichen Raum des fränkischen Reichs. Nominell behält Luitpold allerdings bis zu seinem Tod nur die Stellung eines Amtspräfekten, der allerdings die militärische Befehlsgewalt über die bayerischen Grafen besitzt. So entscheidet auch er die 907 erfolgte Offensive gegen die Ungarn.

Von Kaiser Arnulf in die Machtstellung eingesetzt, kann Luitpold seine Stellung unter dessen unmündigen Sohn und Nachfolger Ludwig IV., genannt das Kind, bei dessen offiziellem Amtsantritt 899 noch erweitern. Während die Regentschaft im ostfränkischen Reich – Ludwig ist gleichzeitig ostfränkischer König – durch den Erzbischof Hatto von Mainz und den Bischof Salomo von Konstanz ausgeübt wird, übernimmt Luitpold im Herzogtum Bayern die Regentschaft für den unmündigen Ludwig. Ab 899 ist Luitpold praktisch der Herrscher in Bayern, obwohl Ludwig IV. das Kind offiziell die Regierungsgewalt in Bayern und im ostfränkischen Reich innehat.

Auf einer 900 stattfindenden Synode in Reisbach, auf der sowohl geistliche als auch politische Probleme zu besprechen sind, erscheint Markgraf Luitpold als der Führer der staatlichen Delegation, womit seine politische Bedeutung unterstrichen wird. Am 20. November desselben Jahres unternimmt er aufgrund eigener Entscheidung zusammen mit Bischof Richard von Passau mit einem Aufgebot eine militärische Aktion gegen eine Abteilung der Hunnen, die er auch besiegen kann.

Wie herausragend mittlerweile seine Stellung geworden ist, zeigt sich auch in einem Tauschvertrag vom 19. März 907, den er zwischen den Klöstern Echternach und Fulda im ostfränkischen Reich erfolgreich vermitteln kann.

In wichtigen militärischen Fragen trifft er nunmehr die Entscheidungen alleine. So fasst er auch im Jahre 907 den selbstständigen Entschluss, die Ungarn im Osten offensiv anzugreifen. Die Schlacht bei Pressburg (heutiges Bratislava), bei der Luitpold mit dem Großteil des bayerischen Adels und den führenden Bischöfen Bayerns die endgültige Auseinandersetzung sucht, führt zu einer der vernichtendsten Niederlagen der Bayern in ihrer Geschichte. Luitpold, der an der Spitze des Heeres steht, fällt zusammen mit dem Erzbischof Titmar von Salzburg, dem Bischof Udo von Freising und dem Bischof Zacharias von Säben. In diesem Kampf bleibt fast der gesamte bayerische Adel auf dem Schlachtfeld. Nach einer zeitgenössischen Mitteilung ist »der bayerische Stamm beinahe vernichtet worden«. Die Ungarn können, auch wenn immer wieder Gefechte mit unterschiedlichem Ausgang stattfinden, erst nach einem knappen halben Jahrhundert auf dem Lechfeld bei Augsburg 955 endgültig geschlagen und zurückgedrängt werden.

Luitpolds Sohn Arnulf der Böse kann ihm nach seinem Tod in der Herrschaft in Bayern ohne Widerstand folgen und das frühere Stammesherzogtum wieder zu einer Blüte führen. Sein Sohn leitet damit eine Entwicklung ein, die für die weitere Geschichte Bayerns wichtig werden sollte.

Während der Regentenzeit Luitpolds entwickelt sich um 900 die spanische Mark des bisherigen Frankenreiches zu dem selbstständigen Königreich Leon sowie zu dem Königreich Navarra und Barcelona. Etwa in dieser Zeit beginnt der europäische Hochadel in befestigten Höhenburgen zu wohnen. 904 muss als Tiefstand des Papsttums angesehen werden: Die Geliebte Sergius III., Marozia, wird Mutter und Großmutter zweier Päpste.

Arnulf der Böse (907–937)

Päpste:		Deutsche Könige und Kaiser:	
Sergius III.	904–911	Ludwig IV. das Kind	899–911
Anastasius III.	911–913	Konrad I.	911–918
Lando	913–914	Heinrich I. der Vogler	919–936
Johann X.	914–928	Otto I. der Große	936–973
Leo VI.	928		
Stephan VII.	928–931	*Könige Frankreichs:*	
Johann XI.	931–935	Karl III. der Einfältige	898–923
Leo VII.	936–939	Rudolph von Burgund	923–936
		Ludwig IV. der Überseeische	936–954

Herzog Arnulf, mit dem Beinamen »der Böse«, regiert in Bayern von 907 bis 937. Den Beinamen legen ihm kirchliche und klösterliche Kreise zu, weil er zahlreiche bayerische Kirchengüter einzieht, um mit diesen Mitteln das Heer gegen die Ungarn aufzustellen und zu erhalten. Das Geburtsdatum ist nicht bekannt, er stirbt am 14. Juli 937 in Regensburg und ist nach allerdings unbewiesenen Angaben im Kloster St. Emmeram* in Regensburg bestattet. Seine Eltern sind Markgraf Luitpold, der Begründer des Geschlechts der Luitpoldinger, und Kunigunde von Schwaben, die Schwester der beiden Pfalzgrafen Erchanger und Berthold.

Arnulf ist mit einer Judith verheiratet. Aus dieser Ehe stammen die Söhne Herzog Eberhard, sein Nachfolger, Berthold, Markgraf im Nordgau († 980), Arnulf, Pfalzgraf († 954), sowie die Söhne Heinrich, Hermann und Ludwig († nach 974). Außerdem hat Arnulf zwei Töchter, eine namens Judith († nach 985), verheiratet mit Herzog Heinrich I. von Bayern aus dem Geschlecht der sächsischen Ottonen, und eine Tochter mit unbekanntem Namen, die einen Mark-

---

* Kloster Niederaltaich, das von einigen als letzte Ruhestätte Arnulfs angenommen wird, dürfte aber ausscheiden. Denn die Mönche von Niederaltaich, die Arnulfs Politik stark kritisieren, hätten dies kaum getan, wäre Arnulf in ihren Mauern bestattet worden.

grafen Burchard heiratet. Angeblich heiratet Arnulf nach seiner Flucht nach Ungarn im Jahre 914 eine ungarische Prinzessin, eine eher unglaubwürdige Episode, die den Kern der Nibelungensage mit dem bayerischen Nationalhelden Dietrich von Bern bilden könnte.

Arnulf wird nach dem Tod seines Vaters in der auch für den gesamten bayerischen Adel vernichtenden Niederlage bei Pressburg (dem heutigen Bratislava) gegen die Ungarn ohne Widersprüche in Bayern zum Herzog gewählt, nachdem seine Familie mit dem Besitz von mehreren Grafschaften zu den mächtigsten Adelsfamilien zählt. Der Hinweis in einigen Quellen, er sei seinem Vater »im Herzogtum« nachgefolgt, könnte allerdings auch die Deutung zulassen, dass auch bereits sein Vater Luitpold Herzog in Bayern war. Feststehen dürfte aber, dass Arnulf nicht von dem offiziell herrschenden König Ludwig IV. ernannt wird, sondern in der Tradition eines eigenständigen Stammesherzogtums von den Adeligen gewählt wird.

Schon kurz nach seiner Amtseinführung als Herzog muss Arnulf gegen die Ungarn zu Felde ziehen. Am 11. August 909 besiegt er die Ungarn an der Rott. Im Juli 910 kann er die Ungarn erneut bei Neuching schlagen, nachdem sie zuvor das Aufgebot Ludwigs IV. überwältigt hatten. Im Jahre 913 gelingt es Arnulf noch einmal, zusammen mit seinen Oheimen Erchanger und Berthold die Ungarn am Inn zurückzuschlagen.

Arnulf, der sich von Anfang an in einigen Urkunden, zum Beispiel in einer vom 13. September 908, als Herzog der Bayern bezeichnet, zieht sich gänzlich vom Hof Ludwigs IV. zurück und beginnt eine sehr eigenständige Innen- und Außenpolitik. Er ist in der Lage, aus eigener Machtbefugnis Bischöfe einzusetzen und vor allem seine eigenen Münzen schlagen zu lassen. Außerdem kann er ein eigenes Siegel führen und sich so genannter Herzogsboten bedienen, mit deren Hilfe er die Regierung im Lande ausüben kann.

Nach dem Tod Ludwigs IV. 911 scheint das Verhältnis mit dem neuen König des ostfränkischen (deutschen) Reiches, Konrad I., noch gut zu sein. Arnulf beteiligt sich zwar nicht an dessen Wahl 911 in Forchheim, erscheint aber im folgenden Jahr am Hof des Königs in Ulm, der im Jahre 913, sicherlich mit Zustimmung Arnulfs, dessen Mutter Kunigunde, die Witwe des Markgrafen Luitpold, heiratet. Kunigunde ist die Schwester der Grafen Erchanger und Berthold, die kurze Zeit später Arnulf in seinem Kampf gegen König Konrad unterstützen. Denn Konrad wendet sich 914 gegen seinen immer mächtiger werdenden Stiefsohn Arnulf, der daraufhin aus Bayern nach Ungarn fliehen muss. Konrads beide Schwager, Erchanger und Berthold, werden 916 gefangen genommen, auf der Synode zu Hohenaltheim (im Ries) wegen Aufruhrs zunächst zu lebenslanger Kerkerhaft verurteilt, dann aber auf Anweisung Konrads am 21. Januar 917 beide enthauptet.

Arnulf, 916 aus Ungarn zurückgekehrt, um seinen Verwandten Erchanger und Berthold zu Hilfe zu kommen, wird von Konrad in Regensburg belagert und besiegt und muss wiederum nach Ungarn fliehen. Trotzdem kehrt Arnulf 917 wieder zurück, kann sein Herzogtum zurückerobern und Eberhard, den Sohn König Konrads, vom Vater in Bayern als Herrscher eingesetzt, schließlich vertreiben. Im folgenden Jahr, 918, kann Arnulf einen erneuten Angriff König Konrads zurückschlagen. In dieser Schlacht wird der König schließlich schwer verletzt und stirbt.

In der nun stattfindenden Königswahl lässt sich Arnulf zunächst von den bayerischen und schwäbischen Adeligen zum König ausrufen, während die Franken und Sachsen Heinrich den Vogler aus dem Geschlecht der Ottonen zum König küren. Beide Kandidaten bekämpfen sich zunächst, führen jedoch vor Regensburg schließlich ein Gespräch unter vier Augen. Arnulf anerkennt die Königsherrschaft Heinrichs im Reich, während Heinrich dem Herzog Arnulf weitgehende Zugeständnisse für seine Herrschaft in Bayern macht.

Im Jahre 922 zieht Arnulf gegen die Böhmen zu Felde in der Absicht, dessen Abhängigkeit von Bayern zu erneuern. Einen weiteren Kriegszug unternimmt Herzog Arnulf zusammen mit König Heinrich I. Als die Ungarn im Jahre 926 erneut in Bayern einfallen, gelingt es Arnulf, mit den Ungarn einen Friedensschluss herbeizuführen.

Arnulf steht nun auf der Höhe seiner Macht. Im Jahre 932 lässt Arnulf in Regensburg und Dingolfing unter seinem Vorsitz Kirchensynoden abhalten, die kirchliche wie ebenso politische Entscheidungen zu treffen haben. Die enorme Machtposition Arnulfs zeigt sich dadurch eindrucksvoll, dass allein in Dingolfing 117 Grafen und Bischöfe anwesend sind.

Im Herbst 933 zieht Arnulf nach Italien, besetzt Verona und versucht dabei, seinen Sohn und Nachfolger Eberhard zum König der Langobarden ausrufen zu lassen, allerdings ohne Erfolg. Denn Hugo von der Provence, Markgraf von Vienne (französisches Departement) und seit 926 auch König von Italien, besiegt Arnulf, der daraufhin nach Bayern zurückkehrt.

Arnulf setzt seinen Bruder Berthold, der nach der Vertreibung Arnulfs Sohn Eberhard Herzog von Bayern wird, als Markgraf an der Etsch ein, ebenso die Grafen Ratbold von der Sempt in Karantanien (Kärnten) und Rüdiger von Pechbarn im Land unter der Enns. Dadurch werden das Gebiet Südkärnten, der Nordgau und ein Teil von Ostfranken bayerisches Hoheitsgebiet. 935 kann Arnulf, ohne notwendige Zustimmung des Königs, seinen Sohn Eberhard in Reichenhall zum Nachfolger im Herzogsamt im Beisein des Salzburger Erzbischofs bestimmen lassen.

Arnulf kann die von seinem Vater ererbte Macht wesentlich vergrößern. Unter ihm erreicht die Herzogsmacht in Bayern ihren Höhepunkt im Mittelalter, nicht nur unter den Luitpoldingern. In dieser Zeit wird auch das Kloster St. Emmeram in die Stadt Regensburg einbezogen und liegt damit nun innerhalb der Stadtmauern.

Nachfolger Arnulfs wird sein Sohn Eberhard, der sich allerdings nur ein Jahr in seiner Herrschaft halten kann.

Während der Regierungszeit Arnulfs wird 910 die Benediktinerabtei Cluny gegründet, von der die großen kirchlichen Reformbewegungen im elften Jahrhundert ausgehen. 914 erhebt Theodora, die Gattin eines römischen Konsuls, ihren früheren Geliebten zum Papst Johann X. Diese Papstherrschaft erhält die Bezeichnung »Pornokratie«. Im Jahre 928 kann König Heinrich I. das von den Slawen besetzte Brandenburg erobern.

Eberhard (937–938)

Papst:
Leo VII. 936–939

König Frankreichs:
Ludwig IV. der Überseeische 936–954

Deutscher König und Kaiser:
Otto I. der Große 936–973

Herzog Eberhard aus dem Geschlecht der Luitpoldinger regiert in Bayern von 937 bis zu seiner Vertreibung im Jahre 938. Geburtsdatum und Todesdatum sind nicht bekannt. Seine Eltern sind Herzog Arnulf der Böse und eine Judith, deren Herkunft nicht bekannt ist. Verheiratet soll er mit einer Tochter des Herzogs Friedrich I. von Lothringen sein.

Herzog Eberhard kann zunächst die Nachfolge in Bayern ohne Schwierigkeiten und ohne Einwände des zu dieser Zeit regierenden deutschen Königs antreten. Als ältesten Sohn hatte ihn sein Vater Arnulf im Jahre 935 am 22. Juli in Reichenhall in Gegenwart des Erzbischofs von Salzburg zum Nachfolger im Herzogtum Bayern ausrufen lassen, ohne dass auch Einwände seitens des bayerischen Adels laut geworden wären. Sein Vater hatte bereits im Jahre 933 versucht, seinen Sohn Eberhard in Pavia zum König von Italien krönen zu lassen, nachdem der Bischof Rather und der Graf Milo von Verona mit der Herrschaft des 926 zum König von Italien ausgerufenen Hugo von der Provence nicht einverstanden waren. Beide riefen Herzog Arnulf um Hilfe, worauf dieser daraufhin zusammen mit seinem Sohn Eberhard im Herbst 933 nach Italien zieht. Arnulf kann zwar Verona in Besitz nehmen, aber Hugo von der Provence, der sich gerade auf dem Weg nach Rom befindet, kehrt um und wendet sich gegen das Aufgebot Arnulfs. Arnulf hatte in das Kastell Gossolengo eine bayerische Besatzung gelegt, die von Hugo von der Provence niedergeworfen wird. Arnulf zieht sich daraufhin sofort nach Bayern zurück, zumal mit der Besetzung des Kastells die Nachschubwege Arnulfs von Bayern nach Italien unmittelbar gefährdet sind.

Das Verhältnis der Luitpoldinger zu den Ottonen ist auch nach dem Tod Heinrichs I. und der Inthronisation seines Sohnes Otto I. im August 936 noch sehr gut. Arnulf führt bei den Krönungsfeierlichkeiten Ottos des Großen in Aachen das Amt des Erzmarschalls aus. Als Arnulf im Juli 937 stirbt und der bereits als Herzog ernannte Eberhard die Herrschaft antritt, kommt es zu Auseinandersetzungen zwischen ihm und König Otto. Ob sich Otto der Große einfach nicht mehr an die Abmachungen zwischen seinem Vater Heinrich I. und Arnulf halten will oder ob Eberhard womöglich noch größere Selbstständigkeitsbestrebungen durchzusetzen versucht, ist ungewiss.

Vermutlich verlangt Otto von Herzog Eberhard bei dessen Herrschaftsantritt die im Reich übliche Huldigung gegenüber dem König des Reiches. Eberhard, durch die Machtentfaltung seines Vaters offensichtlich verblendet, weigert sich, Otto zu unterwerfen. Auch Eberhards Brüder Berthold, Markgraf im Nordgau, und Arnulf, Pfalzgraf, sowie die jüngeren Brüder Heinrich, Hermann und Ludwig weigern sich, die Oberherrschaft Ottos des Großen anzuerkennen.

Otto ist nun, vor allem am Beginn seiner Königsherrschaft im Reich, bereits aus Machterhaltungsgründen gezwungen, demonstrativ gegen Eberhard kriegerisch vorzugehen. In der ersten Hälfte des Jahres 938 greift er Bayern an, muss sich aber zunächst erfolglos wieder zurückziehen. Bei einem erneuten Angriff gegen Bayern ist Otto erfolgreich. Die Söhne Arnulfs des Bösen geben sich geschlagen und unterwerfen sich. Herzog Eberhard verliert seine Herzogswürde und wird von Otto in die Verbannung geschickt. Was mit Eberhard anschließend passiert, ob er sich daraufhin nach Lothringen oder eventuell auch zu den Ungarn begibt, ist nicht bekannt.

Unter der Herrschaft Eberhards ist Bayern im Wesentlichen ein mit den vom Vater übernommenen Rechten selbstständiges Herzogtum. Eberhard hat damit eine autonome Herrschaft angetreten, die er in nur einem Jahr endgültig verspielt.

Eberhard hinterlässt keine bekannten Nachkommen.

Nachfolger Eberhards als Herzog in Bayern wird sein Oheim Berthold, der jüngere Bruder seines Vater.

Berthold (938–947)

Päpste:		*König Frankreichs:*	
Leo VII.	*936–939*	*Ludwig IV. der Überseeische*	*936–954*
Stephan VIII.	*939–942*		
Martin III.	*942–946*	***Deutscher König und Kaiser:***	
Agapetus II.	*946–955*	*Otto I. der Große*	*936–973*

Herzog Berthold aus dem Geschlecht der Luitpoldinger regiert in Bayern von 938 bis zu seinem Tod 948. Seine Eltern sind der Markgraf Luitpold und Kunigunde von Schwaben, eine Schwester der schwäbischen Grafen Erchanger und Berthold. Bertholds Geburtsdatum ist nicht bekannt, er stirbt am 23. November 947. Verheiratet ist Berthold mit einer Bilitrud, deren Herkunft nicht bekannt ist und die nach dem Jahr 976 stirbt. Aus dieser Ehe geht der Sohn Heinrich hervor, der zunächst Herzog von Karantanien und von 983 bis 985 als Heinrich III. der letzte Herzog Bayerns aus dem Geschlecht der Luitpoldinger wird.

Otto der Große, der nach der Verbannung Eberhards, des Neffen und Vorgängers Bertholds, die Verbindung zu den Luitpoldingern offensichtlich wieder verbessern möchte, bietet dem bayerischen Herzog Berthold seine Schwester Gerberga, die Witwe des Herzogs Giselbert von Lothringen, oder die Tochter Gerbergas zur Frau. Ob es tatsächlich zur Eheschließung mit einer der beiden Frauen kommt, ist nicht bekannt, aber unwahrscheinlich, nachdem Berthold mit einer Bilitrud verheiratet ist und diese erst nach dem Tod Ottos des Großen stirbt.

Als Berthold nach der Verbannung seines Neffen Eberhard im Jahre 938 mit Billigung Ottos des Großen die Herrschaft in Bayern antritt, ist er bereits Herzog von Karantanien. Außerdem ist Berthold Graf im Vintschgau und Engadin, ein Gebiet, das noch König Heinrich I. bei der Verkleinerung des Herzogtums Schwaben den Luitpoldingern übergeben hat. Berthold verfügt damit über Machtverhältnisse, die Otto der Große offensichtlich nicht einfach übergehen kann.

Als bayerischer Herzog hat Berthold nicht mehr dieselben Rechte in Bayern wie sein Bruder Arnulf. Er gerät in Abhängigkeit zum König, auch wenn er noch eine gewisse Machtstellung besitzt. Bayerische Bischöfe werden nicht mehr von ihm selbstständig eingesetzt, sondern von Otto dem Großen bestellt. Selbst Schenkungen an die Kirche oder an bayerische Vasallen nimmt Berthold nicht mehr selbst aufgrund eigener Machtbefugnisse vor. Derartige Schenkungen können nur noch im Auftrag Ottos des Großen durchgeführt werden, der offensichtlich eine Verkleinerung des Herzogtums Bayern zulasten der Nachfolger verhindern will. In dieser Zeit geht auch das von Arnulf erlangte Recht im Herzogtum Bayern verloren, eigene Münzen zu schlagen.

Die Regierungsmacht Bertholds wird am empfindlichsten dadurch geschwächt, dass Bethold nicht mehr in der Lage ist, die Nachfolge im Herzogtum selbst zu regeln. Die Machtreduzierung bekommen auch andere Luitpoldinger zu spüren. Berthold, ein jüngerer Sohn Arnulfs des Bösen, von diesem als Markgraf im Nordgau eingesetzt, verliert dieses Gebiet. Dieses Territorium wird vom Herzogtum Bayern getrennt und an den gleichnamigen Babenberger Markgraf Berthold übergeben. Gleichzeitig gelangen aber Gebiete bis zum Main und Spessart an Bayern.

Andere Familienmitglieder der Luitpoldinger, die sich gegenüber Otto dem Großen königstreu verhalten, können aber auch mit bedeutenden Ämtern in Bayern betraut werden. So wird Arnulf dem Jüngeren, einem Sohn Arnulfs des Bösen, das wichtige Pfalzgrafenamt in Bayern übertragen.

Bertholds Nachfolger in Bayern wird nach seinem Tod nicht sein Sohn Heinrich. Otto der Große setzt stattdessen seinen bisher rebellisch agierenden Bruder Heinrich I. ein, der damit die Herrscherreihe der bayerischen Herzöge aus dem Geschlecht der Ottonen beginnt. Erst eine Generation später, im Jahre 983, kann Bertholds Sohn Heinrich III. noch einmal für zwei Jahre als Letzter aus dem Geschlecht der Luitpoldinger die bayerische Herzogswürde erringen.

Während der Regierungszeit Bertholds unterwirft Markgraf Gero 940 die Wenden im Gebiet der Mark Brandenburg. 941 wehrt die Stadt Konstantinopel einen russischen Flottenangriff durch das explosive und auf dem Wasser brennende »griechische Feuer« ab.

Bayern unter den Ottonen
(948–982/985–1004/1009–1018)

Die Ottonen, das sächsische Geschlecht der Liudolfinger nach ihrem Stammvater Graf Liudolf benannt, führen ihre spätere Bezeichnung nach ihrem bedeutendsten Vertreter, Kaiser Otto I. dem Großen. Graf Liudolf († 866) besitzt im östlichen Teil Sachsens, also in der Gegend um den Harz und in Thüringen, zahlreiche Güter und verfügt bereits über großen politischen Einfluss. Zentraler Mittelpunkt der Ottonen wird ihr Hausstift Gandersheim, berühmt geworden vor allem durch die Dichterin Rhoswitha von Gandersheim.

Die bereits anfängliche Bedeutung der Ottonen unter den deutschen Adelsfamilien wird in der zweiten Hälfte des neunten Jahrhunderts eindrucksvoll dokumentiert durch die Eheschließung Liudolfs Tochter Liutgard mit dem ostfränkischen (deutschen) König und bayerischen Herzog Ludwig III. dem Jüngeren aus der Familie der Karolinger, dessen Urgroßvater Karl der Große die Sachsen noch wegen des Widerstands zu Tausenden hinrichten ließ.

Die Ottonen zeichnen sich vor allem im Kampf gegen die Slawen und Normannen aus. Bei einem solchen Gefecht fällt Liudolfs Sohn und Nachfolger Bruno im Jahre 880. Dessen jüngerer Bruder Otto der Erlauchte, bereits ausdrücklich als sächsischer Herzog genannt, kann während der Auseinandersetzungen der Konradiner mit dem fränkischen Geschlecht der Babenberger den Machteinfluss seiner Familie im sächsischen Raum nach Westen ausdehnen. Das Ansehen der Familie erhöht sich noch durch die Heirat Odas, der Tochter Ottos des Erlauchten, mit dem lotharingischen Herzog Zwentibold, einem illegitimen Sohn des deutschen Kaisers Arnulf von Kärnten aus dem Geschlecht der Karolinger.

Nachdem die Babenberger 906 den Konradinern unterliegen, ziehen sich die mit den Babenberger verbündeten Ottonen klugerweise aus den Auseinandersetzungen zurück, um den erworbenen Besitzstand zu konsolidieren. Ihre ablehnende Haltung zu den Konradinern vernachlässigend, stimmen sie 911 der Wahl des fränkischen Herzogs Konrad aus der bisher bekämpften Familie zum deutschen König zu, können mit diesem Einverständnis aber nicht den wieder aufflammenden Konflikt vermeiden. Denn König Konrad I. versucht nach seiner Wahl die zentrale Reichsgewalt und damit letztlich auch die eigene Hausmacht auf Kosten der Stammesherzöge zu erweitern. Er möchte nämlich nach dem Tod Ottos des Erlauchten dessen Nachfolger Herzog Heinrich mit den außersächsischen Ländereien aus den genannten Gründen nicht belehnen.

Die Ottonen nehmen nun den Kampf auf und können sich in der Auseinandersetzung gegen Konrad auch behaupten. Im Jahre 918 ist die Familie der Ottonen jetzt so mächtig, dass auch Konrad I. kurz vor seinem Tod – er wird im Kampf gegen seinen anderen Widersacher Herzog Arnulf von Bayern tödlich verwundet – in realer Einschätzung der Machtverhältnisse seinen Bruder Eberhard beauftragt, die Reichsinsignien (und damit die Machtinsignien) seinem mächtigen Rivalen Herzog Heinrich von Sachsen zu überbringen. Damit beginnt, vor allem mit Heinrichs Sohn Otto dem Großen, die glanzvolle Reihe der deutschen Kaiser aus diesem Geschlecht, die über ein Jahrhundert, bis 1024, das Reich regieren und mit dem Herzogtum Bayern eine Erweiterung ihrer Hausmacht finden.

Die Ottonen sind die eigentlichen Begründer des Heiligen Römischen Reiches. Kaiser Otto I. gelingt es, 936 selbst an die Macht gelangt, die erbliche Nachfolge in seinem Königshaus zu begründen und damit eine Stabilisierung im Innern des Reiches durchzuführen, die der Vorgänger seines Vaters vergeblich angestrebt hatte. Die Machtbasis der Ottonen ist damit im Wesentlichen gefestigt, nachdem sie neben ihrem bisherigen Stammesherzogtum Sachsen ab 948 auch noch das Herzogtum Bayern erhalten. Denn Otto der Große belehnt seinen rebellischen Halbbruder Heinrich mit dem Herzogtum Bayern und schafft damit die Grundlage für eine Erweiterung der ottonischen Hausmacht.

Die Reichsgewalt wird zulasten der einzelnen Stammesherzöge wieder verstärkt, die Bestrebungen der Herzöge und Grafen auf Erblichkeit in ihren Ländereien bekämpft und gleichzeitig die Geistlichkeit, vor allem die Bischöfe, für staatliche Verwaltungsaufgaben herangezogen, womit das Reich erste Ansätze eines Verwaltungsapparats erhält.

Auch außenpolitisch sind die Ottonen erfolgreich: Lothringen wird für das Reich zurückgewonnen, über Hochburgund (Teile der heutigen Schweiz) kann eine deutsche Schutzherrschaft errichtet werden. Die immer wieder angreifenden und einfallenden Ungarn können schließlich in der Schlacht auf dem Lechfeld im Jahre 955 endgültig gestoppt und damit auf ihr Ausgangsland beschränkt werden.

Die ottonische Herrschaft in Bayern wirkt sich in ihrem Ergebnis insgesamt weniger ungünstig auf die Eigenständigkeit des Landes aus als die karolingische Zeit im achten und neunten Jahrhundert. Zwar betrachten auch die Ottonen das Herzogtum Bayern als Königsgut zur Stütze der Reichsgewalt und zur Verfolgung ihrer eigenen Interessen, wie etwa Herzog Heinrich IV. (= Kaiser

Heinrich II.), der zulasten des Herzogtums sein bevorzugtes, von ihm gegründetes Bistum Bamberg großzügig beschenkt.

Aber Bayern erfährt gerade unter Herzog Heinrich I., dem Halbbruder Ottos des Großen, und seinem Sohn Heinrich II. dem Zänker die bedeutendste territoriale Ausdehnung in seiner gesamten Geschichte überhaupt. Die Markgrafschaften Istrien, Aquileja, Trient und Verona – bis an den Golf von Venedig – gelangen in den Besitz des Herzogtums Bayern. Andererseits erleidet Bayern unter Kaiser Otto II., bedingt durch die immer größer werdende Macht seines Vetters Heinrich des Zänkers, 976 mit der Abtrennung einiger Markgrafschaften beziehungsweise Herzogtümer (Ostmark, Friaul, Aquileja und Kärnten) auch wieder entscheidende Gebietseinbußen.

Nachdem die Ottonen mit Hilfe ihres Verwaltungsapparats einen wirtschaftlichen Wohlstand im Reich begründen, entsteht in den Abteien und Bistümern eine kulturelle Blüte, die sich vor allem im handwerklichen Bereich, aber auch in den Geisteswissenschaften auswirkt. Abgesehen von der nur kurzfristigen enormen Gebietserweiterung erfährt die Entwicklung Bayerns durch den Ottonen aber keine entscheidenden Impulse, sieht man einmal von der Gründung und dem großzügigen Ausbau des Bistums Bamberg durch Kaiser Heinrich II. ab.

Genealogische Übersicht der Ottonen (Liudolfinger)

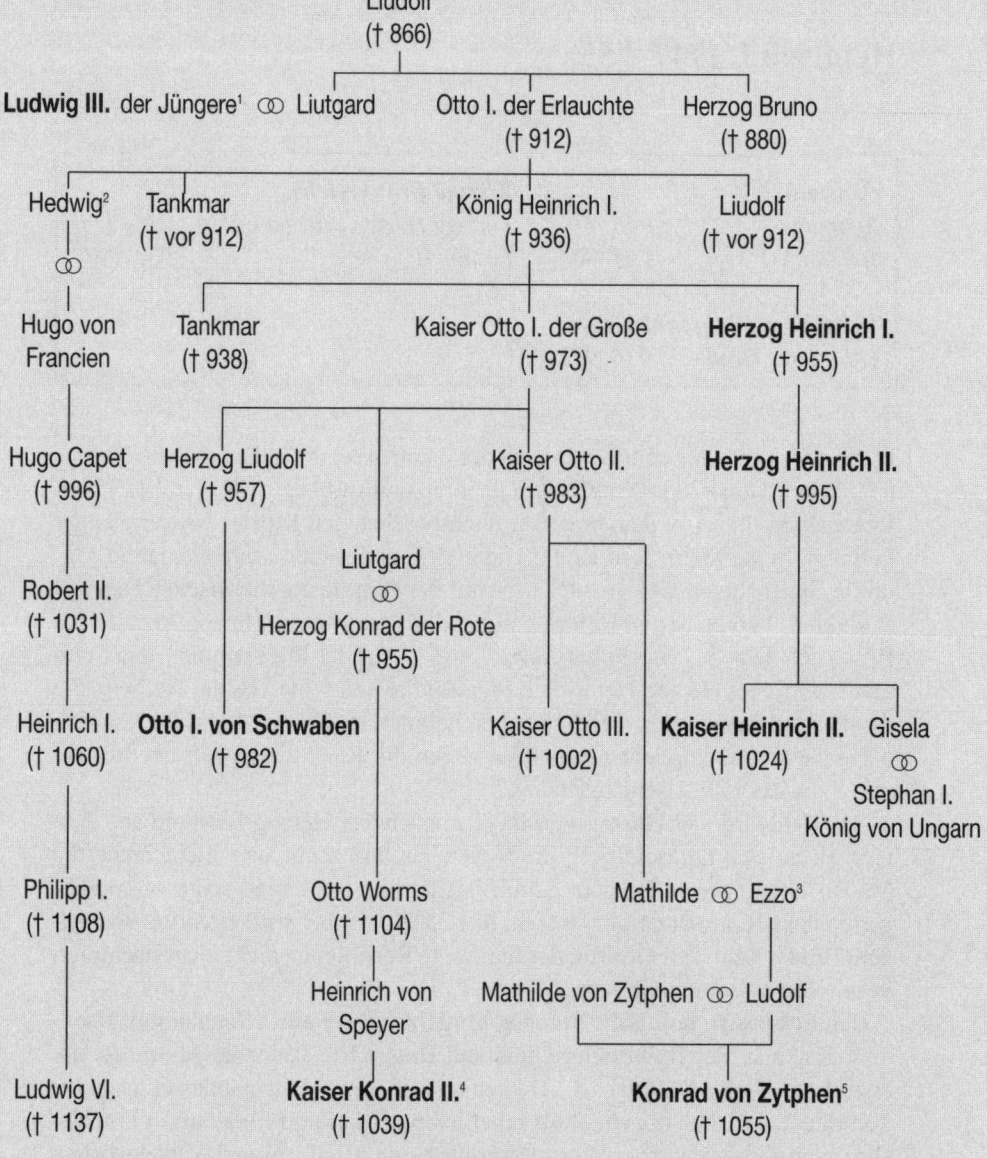

[1] Aus dem Geschlecht der Karolinger, siehe Seite 52.
[2] Stammmutter des französischen Königsgeschlechts der Kapetinger.
[3] Aus dem Geschlecht der Ezzonen, siehe Seite 130.
[4] Aus dem Geschlecht der Salier, siehe Seite 119.
[5] Einziger bayerischer Herzog aus dem Geschlecht der Ezzonen.

Heinrich I. (947–955)

Päpste:		*Könige Frankreichs:*	
Agapetus	946–955	Ludwig IV. der Überseeische	936–954
Johann XII.	955–963	Lothar II.	954–986
Deutscher König und Kaiser:			
Otto I. der Große	936–973		

Herzog Heinrich aus dem Geschlecht der Ottonen regiert in Bayern von 947 bis 955. Er wird um 920 in Nordhausen geboren und stirbt am 1. November 955 in Regensburg. Er ist in dem von ihm reich beschenkten Kloster Niedermünster bestattet. Seine Eltern sind König Heinrich I. und seine zweite Gemahlin Mathilde, die Tochter des Grafen Dietrich aus der Familie des sächsischen Herzogs Widukind. Verheiratet ist Heinrich mit Judith, der Tochter Herzog Arnulfs des Bösen aus dem Geschlecht der Luitpoldinger. Aus der Ehe stammen sein Sohn und Nachfolger Herzog Heinrich II. der Zänker und seine Tochter Hedwig, die den Herzog Burchard II. von Schwaben heiratet. In den Quellen wird Heinrich wegen seiner anfänglichen Rebellion gegen die Reichsherrschaft ebenso wie sein Sohn der »Zänkische« genannt.

Heinrich wird 947 Herzog von Bayern, nachdem Herzog Berthold aus dem Geschlecht der Luitpoldinger im November 947 stirbt und nicht mehr die Machtstellung seines Bruders Arnulf besitzt, die Nachfolge seines unmündigen Sohnes Heinrich durchzusetzen. Am 23. November wird Heinrich von seinem Bruder Otto dem Großen, der ihm seine Rebellionen nicht mehr nachträgt, in sein Herzogsamt eingesetzt.

Heinrich besitzt politische Energie, Ehrgeiz und vor allem Tatendrang. Nachdem Tankmar, der Halbbruder Ottos und Heinrichs (Tankmars Mutter ist die erste Frau König Heinrichs I., Hatheburg), in einer Auseinandersetzung den Tod findet, will sich der ebenfalls rebellierende Markgraf Eberhard in Franken Otto dem Großen unterwerfen. Heinrich beginnt jedoch eine Verschwörung gegen seinen Bruder Otto, obwohl er für Graf Eberhard eigentlich vermitteln soll. Heinrich strebt vermutlich die Königskrone im Reich an. Otto der Große kann jedoch diese Verschwörung niederschlagen und trägt seinem Bruder diesen Aufstand nicht nach. Im Zusammenhang damit steht offensichtlich die Bezeichnung Heinrich als »der Zänkische«. Nach der Unterwerfung wird Heinrich ein treuer Gefolgsmann seines Bruders Ottos des Großen.

Heinrich übernimmt außenpolitisch die ungarnfeindliche Politik seines Vorgängers Herzog Berthold und seines königlichen Bruders Otto. 948 erringt er einen Sieg gegen die Ungarn bei Floß (östlich von Weiden/Oberpfalz), muss jedoch im folgenden Jahr an der Luhe (Lüneburger Heide) von den Ungarn eine Niederlage hinnehmen. 950 kann Heinrich aber zweimal die Ungarn in einem offensiven Vorgehen an der Theiss (Ungarn) bezwingen und durch zahlreiche Gefangennahmen und die Erbeutung reicher Schätze sein Ansehen steigern. Nach der Unterwerfung Herzog Boleslavs von Böhmen durch Otto den Großen wird Böhmen dem Herzog von Bayern unterstellt. 952 erhält Heinrich auf dem Reichstag zu Augsburg außerdem das Herzogtum Friaul, bestehend aus den Markgrafschaften Trient, Verona, Aquileja und Istrien. Das Herzogtum Bayern erstreckt sich damit vom Lech bis zum Wienerwald und vom Fichtelgebirge bis an die Adria. Damit erhält Bayern eine enorme territoriale Ausdehnung, die für kurze Zeit nur noch unter der Herrschaft Heinrichs Sohn Heinrich II. eine Steigerung erfährt. Heinrich erhält diese Gebiete als Dank für die Unterstützung Kaiser Ottos des Großen in Oberitalien.

Als sich 953 Otto der Große mit seinem Sohn Liudolf wegen angeblicher Bevorzugung Heinrichs überwirft, kommt es erneut zu einem Familienstreit unter den Ottonen. Heinrich unterstützt seinen kaiserlichen Bruder Otto uneingeschränkt und vertraut dem Luitpoldinger Pfalzgrafen Arnulf die Verwaltung in Bayern an. Arnulf und seine Brüder Hermann und Heinrich und auch seine Tante Bilitrud, die Gemahlin Herzog Bertholds, schließen sich aber dem aufständischen Liudolf an, wobei offensichtlich auch der größte Teil des bayerischen Adels auf der Seite der rebellischen Luitpoldinger steht. Während eines weiteren Ungarneinfalls im Jahre 954 lassen die streitigen Parteien die Auseinandersetzung bis zum 15. Juni 954 ruhen. Auf dem Reichstag in Langenzen bei Fürth am 16. Juni 954 werfen sich die Gegner Ottos des Großen gegenseitig Bündnisse mit den Ungarn vor. Dieser ottonische Hausstreit wird in der Schlacht bei Mühldorf am 1. Mai 955 durch die endgültige Unterwerfung der Königsgegner beendet. Den rebellischen Erzbischof Herold von Salzburg, einen eifrigen Parteigänger Liudolfs, lässt Heinrich nach der Gefangennahme blenden und ins Kloster Säben bringen. Den Bischof Engelfried von Aquileja lässt er entmannen.

Nach der endgültigen Niederwerfung Liudolfs und Bertholds, des Sohnes des Pfalzgrafen Arnulf, sind die bayerischen und die übrigen Heeresaufgebote unter Otto dem Großen endgültig vereinigt und stehen den Ungarn am 9. August 955 auf dem Lechfeld bei Augsburg in der großen, alles entscheidenden Schlacht gegenüber. Die Ungarn werden vernichtend geschlagen. Die Ungarngefahr an der Ostgrenze ist damit endgültig gebannt. Arnulfs Sohn Berthold wird wegen seiner Kühnheit in dieser Schlacht von Otto dem Großen zum Pfalzgrafen erhoben.

Nachfolger in Bayern wird Heinrichs vierjähriger Sohn Heinrich II. der Zänker, für den seine Mutter Judith zusammen mit Bischof Abraham von Freising die Regentschaft führt.

Während der Regierungszeit Heinrichs wird 948 das Bistum Brandenburg gegründet. Um 950 entstehen die ersten Glasfenster im Kloster Tegernsee – in deutschen Wohnhäusern werden Glasfenster erst ab dem 14. Jahrhundert verwendet. Ab 950 beginnt der Burgenbau aus Stein.

Heinrich II. der Zänker (955–976/985–995)

Päpste:		Könige Frankreichs:	
Agapetus II.	946–955	Lothar II.	954–986
Johann XII.	955–963	Ludwig V. der Faule	986–987
Leo VIII.	963–965	Hugo Kapet	987–996
Benedikt V.	964		
Johann XIII.	965–972	**Deutsche Könige und Kaiser:**	
Benedikt VI.	973–974	Otto I. der Große	936–973
Benedikt VII.	974–983	Otto II.	973–983
Johann XIV.	983–984	Otto III.	983–1002
Bonifazius VII.	984–985		
Johann XV.	985–996	**Markgrafen Österreichs:**	
		Leopold (Luitpold) I.	976–994
		Heinrich I.	994–1018

Herzog Heinrich II. der Zänker aus dem Geschlecht der Ottonen regiert in Bayern von 955 bis 976 und nach seiner Absetzung und Wiedereinsetzung von 985 bis 995. Er wird 951 geboren und stirbt am 28. August 995 in Gandersheim und ist in St. Emmeram in Regensburg bestattet. Den Beinamen »der Zänker«, der in den zeitgenössischen Quellen nicht belegt ist, erhält er erst in späterer Zeit. Wegen seiner Strenge und seinem gleichzeitigen Einsatz für den Frieden wird er auch »pacificus« (Friedensstifter) genannt. Seine Eltern sind Herzog Heinrich I. und dessen Gemahlin Judith, die Tochter Herzog Arnulfs des Bösen aus der Familie der Luitpoldinger, die sich wahrscheinlich nach dem Aufstandsversuch Heinrichs 976 in das von ihr reich beschenkte Kloster Niedermünster zurückzieht.

Verheiratet ist Heinrich mit Gisela von Burgund, der Tochter Konrads von Hochburgund. Aus der Ehe stammen sein Sohn und Nachfolger Herzog Heinrich IV., als Kaiser Heinrich II. ab 1002 der letzte Reichsherrscher aus dem Geschlecht der Ottonen. Ein weiterer Sohn ist Bruno, der Bischof von Augsburg wird. Heinrichs Tochter Gisela heiratet König Stephan I. von Ungarn und fördert nachhaltig die Christianisierung der nun sesshaft gewordenen Ungarn.

Für den vierjährigen Heinrich, ab 955 offiziell Herzog von Bayern, führt seine Mutter Judith zusammen mit Bischof Abraham von Freising die Regentschaft. Die tatsächliche Regierungsgewalt erhält Heinrich wohl 968, als er mit 17 Jahren mündig wird.

974 beteiligt sich Heinrich an einer Verschwörung gegen Kaiser Otto II., an der sich nicht nur die Familie der Luitpoldinger einschließlich Heinrichs Mutter, ebenfalls eine Luitpoldingerin, wieder beteiligt, sondern auch der Bischof Abraham von Freising. Die Verschwörung wird verraten, Heinrich wird 974 in Haft genommen und kommt nach Ingelheim (westlich von Mainz), bleibt aber noch Herzog von Bayern. Von hier aus kann er allerdings Anfang 976 wieder entfliehen, findet in Bayern zwar wiederum Anhänger, doch Kaiser Otto II. bekämpft ihn energisch, sodass Heinrich nun nach Böhmen fliehen muss.

Der Kaiser bestraft nun die Verschwörer: Heinrich wird als Herzog von Bayern abgesetzt, das Herzogtum erhält der Enkel Ottos des Großen, Herzog Otto von Schwaben, der damit Inhaber zweier großer Herzogtümer wird. Vom Herzogtum Bayern wird Karantanien (Kärnten) abgetrennt, das der Herzog Heinrich aus dem Geschlecht der Luitpoldinger erhält, der ab 983 für zwei Jahre auch noch einmal das Herzogtum Bayern erhalten sollte. Der Markgraf Burchard, der Schwiegersohn Arnulfs des Bösen, mit Sitz in der Ostmark, wird abgesetzt. An seine Stelle kommt Markgraf Luitpold aus dem Geschlecht der Babenberger, der damit zum Begründer seiner Familie im späteren Herzogtum Österreich wird.

Der Kaiser zieht nun gegen Boleslav von Böhmen, der den abgesetzten und geflohenen Heinrich von Bayern aufgenommen hat. Ein bayerisches Aufgebot erleidet dabei eine schwere Niederlage. Im folgenden Jahr, 977, versucht Heinrich, das Herzogtum Bayern zurückzugewinnen. Er besetzt zu diesem Zweck mit Hilfe Herzog Heinrichs von Kärnten, der sich wiederum dem Aufstand gegen Kaiser Otto II. angeschlossen hat, die Stadt Passau, einen wichtigen Stützpunkt für den Weg nach Böhmen. Der Kaiser kann dennoch Böhmen unterwerfen. Herzog Otto von Schwaben und nunmehr auch Herzog von Bayern nimmt Passau ein und lässt die Stadt völlig zerstören. Heinrich wird wieder gefangen genommen und kommt jetzt in die strenge Haft des Bischofs nach Utrecht. Herzog Heinrich von Kärnten muss ebenfalls in die Verbannung gehen, das Herzogtum Kärnten erhält Herzog Otto von Worms, der Großvater des späteren Kaisers Konrad II. aus der Familie der Salier. Als Herzog Otto von Schwaben und Bayern auf einem Feldzug in Italien stirbt, ist der Kaiser offensichtlich gezwungen, sich mit den Luitpoldingern wieder zu versöhnen, und belehnt daraufhin Herzog Heinrich von Kärnten 982 mit dem Herzogtum Bayern. Heinrich selbst bleibt jedoch auch weiterhin in der Haft in Utrecht.

Als Kaiser Otto II. am 7. Dezember 983 überraschend stirbt, kann Heinrich, mittlerweile aus der Haft entlassen, den Sohn des verstorbenen Kaisers Otto II., den jungen Otto III., gefangen nehmen. Ob er damit die Nachfolge im Reich anstrebt oder nur das Herzogtum Bayern zurückgewinnen will, ist nicht sicher. Jedenfalls gibt er den jungen Otto III. 984 an dessen Mutter Theophano zurück und kämpft aber nunmehr um die Rückgewinnung seines Herzogtums Bayern, das bekanntlich Heinrich von Kärnten zwischenzeitlich erhalten hatte. Durch Vermittlung eines Grafen Hermann, vermutlich der Sohn des Luitpoldinger Herzogs Arnulf des Bösen, verzichtet Heinrich von Kärnten auf das Herzogtum Bayern und wird wieder mit dem Herzogtum Kärnten belehnt. Der bisherige Inhaber des Herzogtums Kärnten, Herzog Otto von Worms, verzichtet auf die Herrschaft in Kärnten, allerdings darf er den Titel »Herzog« weiterführen.

Auf dem Reichstag in Frankfurt im Januar 985 werden die Besitzverhältnisse neu festgelegt, Heinrich und Herzog Heinrich von Kärnten versöhnen sich wieder mit dem Kaiserhaus und treten am Osterfest 986 in Quedlinburg auf, Heinrich als Truchsess und Heinrich von Kärnten als Mundschenk. In Zukunft ist Heinrich ein treuer Verbündeter des Kaisers, beteiligt sich an den Kämpfen gegen die Ungarn, kann 991 einen Sieg gegen die Ungarn erringen und unterstützt Kaiser Otto III. bei seinem Zug gegen Brandenburg. Nach dem Tod Herzog Heinrichs von Kärnten 989 erhält Heinrich zum Dank auch das abgetrennte Herzogtum Kärnten wieder zurück.

In seinem Herzogtum Bayern kümmert sich Heinrich besonders um das Rechtswesen, er erlässt die Ranshofer Gesetze und stärkt die richterliche Funktion des Herzogs aufgrund der königlichen Bannleihe. 991 beruft er zusammen mit Markgraf Luitpold I. von Österreich eine Versammlung der Bischöfe und Grafen ein, damit Einzelansprüche auf Besitzgüter geprüft werden können. Mit Unterstützung des Bischofs Wolfgang von Regensburg erneuert Heinrich die Regensburger Frauenklöster. Gleichzeitig fördert Heinrich das kulturelle Leben im Herzogtum. Er stärkt Bayern damit allgemein nach innen und nach außen.

Unter seiner Regierung erfährt das Herzogtum Bayern, allerdings nur bis zum Jahre 976, die größte territoriale Ausdehnung. Bayern umfasst zu diesem Zeitpunkt das Gebiet vom Thüringer Wald bis an die Adria und vom Lech bis zur Leitha im heutigen Ungarn.

Damit besitzt Bayern die größte territoriale Ausdehnung in seiner Geschichte. Nach seinem zweiten Regierungsantritt 985 erhält Heinrich nur ein stark verkleinertes Bayern zurück. Die Markgrafschaften Kärnten und Friaul erhebt Kaiser Otto II zu einem eigenen Herzogtum. Die Ostmark vergibt er 976 an den Babenberger Markgrafen Luitpold. Damit beginnt die Entwicklung des späteren Österreich. Den bayerischen Nordgau gibt Kaiser Otto II. an den Babenberger Berthold. Mit diesen Verselbstständigungen, insbesondere der Ostmark, aber auch dem Gebiet zur Adria, wird damit die territoriale Ausdehnung Bayerns und damit die weitere Entwicklung Bayerns zu einer Großmacht für die Zukunft beschränkt.

Heinrichs Nachfolger wird nach 995 sein Sohn Herzog Heinrich IV., der 1002 als Kaiser Heinrich II. als letztes Mitglied aus dem Geschlecht der Ottonen die Reichsherrschaft erringen kann. In der Zeit seiner Verbannung von 976 bis 985 erhalten Heinrichs Vetter Herzog Otto von Schwaben bis 982 und anschließend bis 985 der Luitpoldinger Heinrich III. von Kärnten das Herzogtum Bayern aus der Hand Kaiser Ottos II.

Während der Regierungszeit Heinrichs wird 962 Otto I. der Große zum Kaiser gekrönt, womit das »Heilige Römische Reich Deutscher Nation« beginnt, auch wenn der Begriff »Deutscher Nation« erst viel später geprägt wird. Um 975 wird die Mark Schleswig errichtet, die 1026 an Dänemark gelangt. In dieser Zeit erlebt die arabische Wissenschaft in Spanien ihre Blütezeit. 976 erhält Leopold (Luitpold) I. aus dem Geschlecht der Babenberger als Markgraf die bayerische Ostmark und begründet damit das spätere Österreich. Die Babenberger – die erste österreichische Dynastie – sterben 1246 mit Friedrich dem Streitbaren aus.

Größte Ausdehnung Bayerns 976

Bayern grenzt bis zu diesem Zeitpunkt im Osten mit der Ostmark und Karantanien im Südosten fast an den Neusiedler See (Ungarn), im Süden mit der Mark Krain und der Markgrafschaft Verona direkt an die Adria.

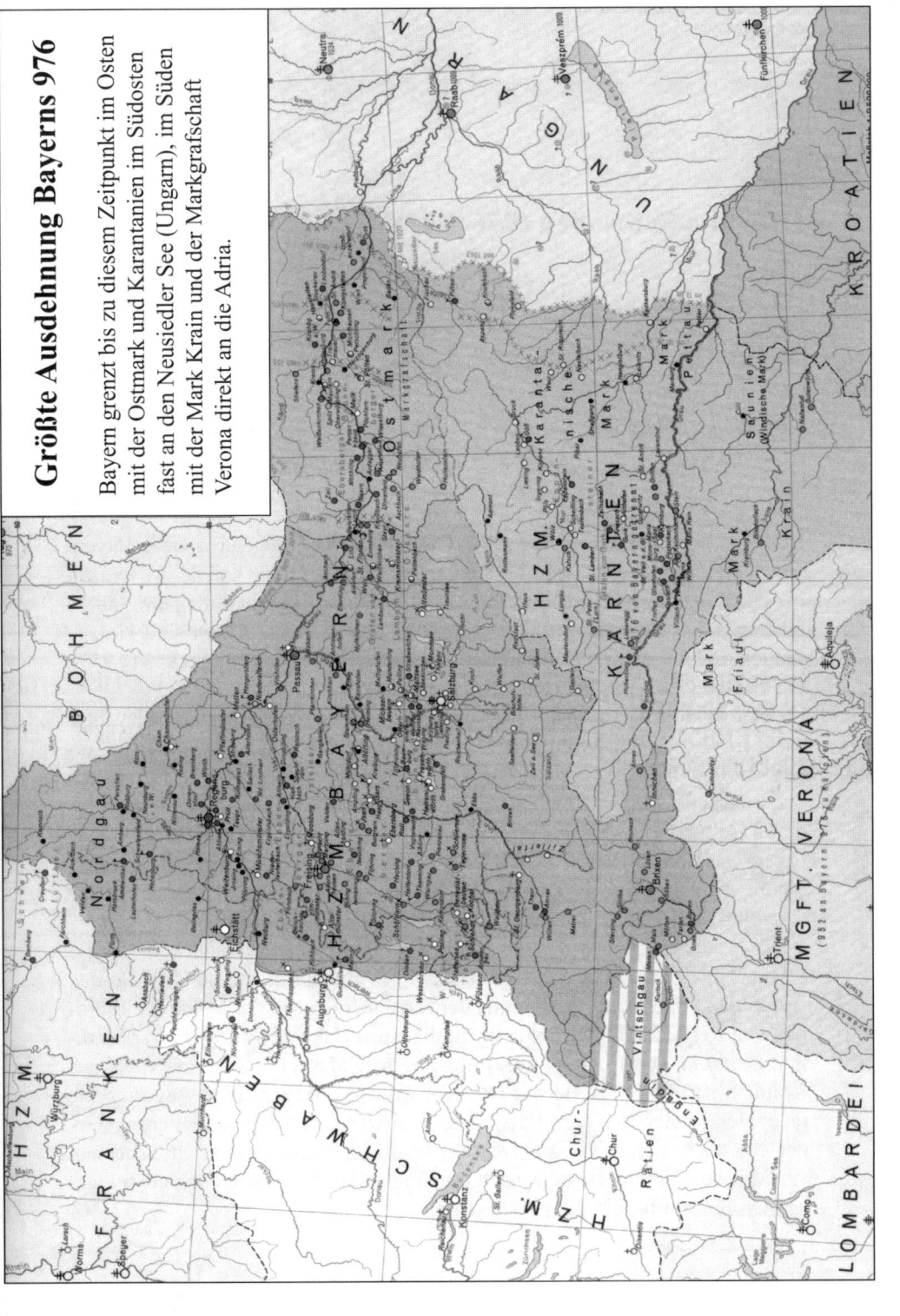

Otto von Schwaben (976–982)

Papst:		*König Frankreichs:*	
Benedikt VII.	*974–983*	*Lothar II.*	*954–986*
Deutscher König und Kaiser:		*Markgraf von Österreich:*	
Otto II.	*973–983*	*Leopold (Luitpold) I.*	*976–983*

Herzog Otto von Schwaben aus dem Geschlecht der Ottonen regiert in Bayern von 976 bis zu seinem Tod 982. Otto ist gleichzeitig Herzog von Schwaben, daher der Beiname. Sein Geburtsdatum ist unbekannt, er stirbt auf einem Italienfeldzug am 1. November 982 in Lucca in Italien. Seine Eltern sind Herzog Liudolf, Sohn Kaiser Ottos I. und Herzog von Schwaben von 948 bis 953 († 953), und dessen Gemahlin Ida von Schwaben († 986).

Herzog Otto erhält im Jahre 973 von Kaiser Otto II. das Herzogtum Schwaben, nachdem Herzog Burchard II. von Schwaben im gleichen Jahr ohne Erben gestorben war und der Kaiser wieder einen Ottonen, seinen Neffen, in das Herzogtum Schwaben einsetzen will. Otto behält das Herzogtum Schwaben bis zu seinem Tode. 974 kommt es zum Familienstreit unter den Ottonen, nachdem der regierende bayerische Herzog Heinrich der Zänker einen Aufstand gegen den Kaiser unternimmt, der ihm 976 schließlich den Verlust Bayerns einbringt. Der Kaiser belehnt daraufhin seinen Neffen Otto in Regensburg auch mit dem Herzogtum Bayern.

Der Kaiser verkleinert nun das Herzogtum Bayern ganz erheblich:

Die Ostmark übergibt er als selbstständiges Territorium an den Markgrafen Leopold (Luitpold) aus der Familie der Babenberger. Mit der Nordmark (nördlich von Regensburg) belehnt er ebenfalls einen Babenberger, und zwar Markgraf Berthold. Das Herzogtum Kärnten, bestehend aus der Steiermark und aus Krain, erhält der Salier Herzog Otto von Worms. Damit verliert Bayern seine unter Herzog Heinrich dem Zänker bis 976 erworbene Gebietserweiterung wieder. Nachdem sich später im Osten die Habsburger ihre Großmacht errichten, sind die Ausdehnung Bayerns nach Osten und damit die Errichtung einer eigenen Großmacht für die Zukunft beschränkt.

Otto ist ein treuer Anhänger des Kaisers. Im Sommer 977 unterstützt er den Kaiser mit einem schwäbisch-bayerischen Aufgebot bei dessen Angriff gegen Boleslav von Böhmen und gegen den rebellischen Herzog Heinrich den Zänker, der das Herzogtum Bayern verloren hat und nach Böhmen zu Herzog Boleslav fliehen muss. Heinrich der Zänker und sein Verbündeter Heinrich von Kärnten besetzen Passau, um ihren Verfolgern den Weg nach Böhmen abzuschneiden. Otto belagert daraufhin die Stadt und lässt Passau nach der Einnahme völlig zerstören.

Auch bei dessen Plänen in Italien unterstützt Otto den Kaiser tatkräftig. Der Kaiser zieht im Oktober 980 nach Italien, weil ihn der Papst, von dem Adelsführer Crecentius aus Rom vertrieben, um Hilfe bittet. Nach einem glänzenden Osterfest in Rom gedenkt der Kaiser, die gesamte oströmische Besatzung aus Süditalien zu vertreiben. Im Jahre 982 rückt er mit einem großen Heeresaufgebot, bei dem auch Herzog Otto mit einem großen Heer beteiligt ist, nach Kap Colonna vor. Südlich von Cotrone (Calabrien in Süditalien) kommt es am 13. Juli 982 zur Schlacht. Die deutschen Truppen erleiden eine schwere Niederlage gegen die mit den Sarazenen verbündeten oströmischen Truppen. Kaiser Otto muss heimlich fliehen. Otto zieht sich nach Deutschland zurück und stirbt auf der Rückkehr am 1. November dieses Jahres in Lucca.

Auf die früheren Bitten Ottos schenkt Kaiser Otto II. an das Stift Aschaffenburg eine Anzahl von Gütern im östlichen Teil von Franken. Dieses Stift haben vermutlich die Eltern Ottos um das Jahr 955 gegründet. Die Bitte um Schenkung zeigt, dass Otto in Bayern und auch in Schwaben kein eigenes Hausgut besitzt und im Übrigen nur eine beschränkte Herrschaftsgewalt ausübt. Insgesamt ist Ottos Regierungszeit als Herzog von Bayern von dem ständigen Kampf gegen Heinrich den Zänker geprägt, der seinerseits um die Zurückgewinnung des Herzogtums Bayern kämpft.

Nach dem Tod Ottos belehnt der Kaiser den Luitpoldinger Herzog Heinrich III., genannt Hezilo mit dem Herzogtum Bayern.

Während der Regierungszeit Ottos von Schwaben erlebt die arabische Wissenschaft in Spanien um 976 ihre Blütezeit. Um 980 ist der Baubeginn des Mainzer Doms.

Bayern unter den Luitpoldingern

Heinrich III. Hezilo (983–985)

Päpste:		Deutsche Könige und Kaiser:	
Benedikt VII.	974–983	Otto II.	973–983
Johann XIV.	983–984	Otto III.	983–1002
Bonifazius VII.	984–985		
Johann XV.	985–996	*Markgraf Österreichs:*	
		Leopold (Luitpold) I.	976–994
König Frankreichs:			
Lothar II.	954–986		

Herzog Heinrich III. Hezilo, der letzte Herrscher aus dem Geschlecht der Luitpoldinger, regiert in Bayern von 983 bis 985. Den Beinamen »Hezilo« (der kleine Heinrich) könnte er in einer Zeit, in der die Herrscher noch nicht nummeriert wurden, zur Unterscheidung von seinen Vorgängern Heinrich I. »der Zänkische« und Heinrich II. »der Zänker« für seine kurze Regierungszeit erhalten haben. In der Geschichtsschreibung wird Heinrich auch mit dem Zusatz »von Kärnten« geführt, weil Heinrich zunächst als Herzog in Kärnten eingesetzt wird, einem Gebiet, in welchem bereits sein Vater eine Reihe von Eigengüter hatte.

Das Geburtsdatum Heinrichs ist nicht bekannt, liegt jedoch auf jeden Fall nicht nach 947, da sein Vater in diesem Jahr gestorben ist. Heinrich stirbt am 5. Oktober 989 und ist wahrscheinlich in Kloster Niederaltaich bestattet. Seine Eltern sind Herzog Berthold* und dessen Gemahlin Bilitrud, die nach 976 stirbt.

---

* Siehe Seite 92.

Heinrich ist 947 beim Tod seines Vaters Berthold, der bis 947 Herzog von Bayern ist, noch so jung, dass schon wegen des Alters seine Nachfolge im Herzogtum ausscheidet, da die Luitpoldinger zu diesem Zeitpunkt nicht mehr die Macht besitzen, über ihre Nachfolger selbst entscheiden zu können. Es ist darüber hinaus wahrscheinlich, dass Otto der Große 947 den jungen Luitpoldinger Heinrich ganz bewusst zugunsten seines eigenen rebellischen Bruders Heinrich I. übergeht, um diesen mit dem Herzogtum Bayern endlich zufrieden stellen zu können.

Heinrich III. Hezilo, 976 mindestens um die 30 Jahre alt, hat als Familienangehöriger des Geschlechts der Luitpoldinger und Sohn eines Herzogs trotzdem noch eine erhebliche, für das Kaiserhaus aber auch riskante Machtstellung. Dies veranlasst Kaiser Otto II., der seinen aufständischen Vetter Heinrich II. den Zänker wegen dessen Rebellion im Jahre 976 in Haft nehmen muss, den Luitpoldinger Heinrich Hezilo zunächst mit dem von Bayern abgetrennten und neu gebildeten Herzogtum Kärnten zu belehnen. Außerdem erhält Heinrich die seit 952 zum Herzogtum Bayern gehörenden Markgrafschaften Istrien, Aquileja, Verona und Trient, womit ein vergrößertes, selbstständiges Herzogtum Kärnten entsteht.

Auch Heinrichs Mutter Bilitrud erhält 976 ihre Eigenbesitzungen zurück, die ihr wegen der Beteiligung an Aufständen und Verschwörungen von 953 bis 957 gegen Otto I. den Großen und 974 gegen Otto II. entzogen werden. Heinrich erhält vermutlich auch deswegen das Herzogtum Kärnten, weil er hier durch die Erbschaft von seinem Vater Berthold, der in Kärnten unter Herzog Arnulf dem Bösen das Amt des Präfekten bekleidete, über reichen Eigenbesitz verfügt. Kaiser Otto II. glaubt, damit einen potenziellen Kontrahenten zufrieden gestellt zu haben, unterliegt damit aber einem folgenschweren Irrtum.

Denn Heinrich fällt von Kaiser Otto II. ab, verbündet sich mit dem 976 entmachteten Herzog Heinrich dem Zänker, Kaiser Ottos Vetter, und besetzt mit ihm zusammen die Stadt Passau. Beide unterliegen aber dem Kaiser und dem zu dieser Zeit in Bayern regierenden Herzog Otto von Schwaben*. Heinrich der Zänker und Heinrich Hezilo werden vom Kaiser verbannt. Heinrich der Zänker wird in Utrecht gefangen gesetzt, der Aufenthalt Heinrichs ist unbekannt, vermutlich geht er nach Kärnten. Das Herzogtum Kärnten erhält Herzog Otto von Worms, der Großvater Konrads II., der 1024 die Reichsherrschaft erringt und das Zeitalter der salischen Kaiser begründet.

Als Kaiser Otto II. im Jahre 982 in Italien der Übermacht Byzanz unterliegt und der amtierende Herzog Otto von Schwaben und Bayern am 1. November desselben Jahres auf der Rückkehr nach Deutschland stirbt, sieht sich der Kai-

---
* Siehe Seite 106.

ser gezwungen, den noch immer mächtigen Luitpoldinger Heinrich Hezilo auf dem Reichstag in Verona im Mai 983 mit dem Herzogtum Bayern zu belehnen. Das Herzogtum Kärnten behält der bereits eingesetzte Otto von Worms. In dieser Zeit ist das Fürstengeschlecht der Luitpoldinger offensichtlich doch noch so stark, dass es sich Kaiser Otto II. nach seiner Niederlage in Unteritalien nicht leisten kann, einen anderen mit dem Herzogtum Bayern zu belehnen und die Familie der Luitpoldinger zu übergehen.

Als Heinrich 983 das Herzogtum Bayern erhält, wird er nun zu einem treuen Anhänger Kaiser Ottos II. und über dessen Tod (7. Dezember 983) hinaus auch ein treuer Verbündeter des sächsischen Kaiserhauses. Im Jahre 983 ist er gezwungen, gegen Heinrich den Zänker zu kämpfen, der, aus der Haft in Utrecht entlassen, den jungen Otto III. in Köln gefangen nimmt und vielleicht sogar versucht, die Herrschaft im Reich zu gewinnen. Heinrich unterliegt Heinrich dem Zänker und verzichtet durch Vermittlung seines Verwandten, des Grafen Hermann, auf das Herzogtum Bayern. Auf dem Reichstag in Frankfurt wird Heinrich 985 wieder mit dem Herzogtum Kärnten belehnt, während Otto von Worms seinerseits auf seine Rechte in Kärnten verzichtet und lediglich den Titel »Herzog« behält. Darüber hinaus söhnt sich Heinrich mit seinem Widersacher Heinrich dem Zänker aus, der das Herzogtum Bayern wieder erhält. Beide treten beim Osterfest 986 in Quedlinburg auf, Heinrich als Mundschenk und Heinrich der Zänker als Truchsess.

Nach dem Tod Heinrichs im Jahre 989 kommt das Herzogtum Kärnten noch einmal zu Bayern unter dem amtierenden bayerischen Herzog Heinrich dem Zänker.

Während der Regierungszeit Heinrichs in Bayern wird der verstorbene Kaiser Otto II. als einziger deutscher Herrscher in der Peterskirche in Rom beigesetzt. 984 gibt der Normanne Erik der Rote Grönland den Namen und besiedelt die Westküste des Landes.

Bayern unter den Ottonen

Heinrich IV. der Heilige (995–1004/1009–1018)

Päpste:		*Könige Frankreichs:*	
Johann XV.	*985–996*	*Hugo Kapet*	*987–996*
Gregor V.	*996–999*	*Robert II. der Fromme*	*996–1031*
Johann XVI.	*996–998*		
Silvester II.	*999–1003*	*Deutsche Könige und Kaiser:*	
Johann XVII.	*1003*	*Otto III.*	*983–1002*
Johann XVIII.	*1003–1009*	*Heinrich II. der Heilige*	*1002–1024*
Sergius IV.	*1009–1012*		
Benedikt VIII.	*1012–1024*	*Markgrafen Österreichs:*	
		Heinrich I.	*994–1018*
		Adalbert I.	*1018–1055*

Herzog Heinrich IV. der Heilige, der letzte Herrscher aus dem Geschlecht der Ottonen, regiert in Bayern von 995 bis 1004. In diesem Jahr übergibt er das Herzogtum an seinen Schwager Heinrich V. aus dem Geschlecht der Luxemburger. Nach dessen Absetzung übernimmt er das Herzogtum Bayern von 1009 bis 1018 noch einmal selbst, um es anschließend wieder dem Luxemburger Heinrich V. zu überlassen, der bis 1026 als sein Nachfolger im Herzogtum Bayern regiert. Seinen Beinamen erhält er durch die Heiligsprechung im März des Jahres 1146. Heinrich wird am 6. Mai 973 in Abbach (Bad Abbach bei Kelheim) geboren, er stirbt am 13. Juli 1024 in der Pfalz Grone (Göttingen-Grone) und liegt im Bamberger Dom bestattet. Seine Eltern sind Herzog Heinrich II. der Zänker und dessen Gemahlin Gisela von Burgund, eine Schwester des Königs Rudolph III. von Hochburgund. Verheiratet ist Heinrich mit Kunigunde, der Tochter des Grafen Siegfried von Luxemburg. Kunigunde stirbt am 3. März

1033 und wird im Jahre 1200 ebenfalls heilig gesprochen. Die Ehe bleibt kinderlos.

Nach der Verbannung und Inhaftierung seines Vaters 976 wird der dreijährige Heinrich nach Hildesheim gebracht und soll Geistlicher werden. Er wird in den Quellen als einsam, schwermütig, düster, verschlossen und misstrauisch, andererseits jedoch auch väterlich zu den Untertanen beschrieben. Später wird er in dem von ihm gegründeten Bamberger Domkapitel Mitglied der Gebetsgemeinschaft und gleichzeitig Kanoniker, das heißt Mitglied des Domkapitels.

Heinrich wird noch zu Lebzeiten seines Vaters 995 Mitregent in Bayern. Der bayerische Adel wählt ihn zum Herzog, und der Kaiser bestätigt diese Wahl und belehnt Heinrich mit dem Herzogtum Bayern. Nach dem Tode Kaiser Ottos III. am 23. Januar 1002 strebt Heinrich, als sich der Leichnam des toten Kaisers auf dem Rückweg von Italien nach Deutschland befindet, sofort selbst nach der Königsherrschaft im Reich. Während des Trauerzugs für den verstorbenen Kaiser bemächtigt er sich zur Durchsetzung seines Anspruchs der Reichsinsignien und lässt sich außerdem von Erzbischof Heribert von Köln die Mauritiuslanze, ein sehr wichtiges Herrschaftssymbol, herausgeben. Am 7. Juni 1002 wird Heinrich schließlich von Erzbischof Wiligis von Mainz zum König gekrönt. Sein Mitbewerber Herzog Hermann von Schwaben unterwirft sich, Markgraf Ekkehard von Meißen kommt Ende April 1002 ums Leben.

Heinrich verspricht zunächst dem Markgrafen Heinrich aus dem Geschlecht der Babenberger die Nachfolge im Herzogtum Bayern, will aber später offensichtlich eine zu große Machtstellung der Babenberger vermeiden, die bereits in Ostfranken und in Österreich regieren. Am 21. März 1004 übergibt er daher das Herzogtum an seinen Schwager Heinrich V. den Lützelburger*, den Bruder seiner Gemahlin Kunigunde. Heinrich lässt bei dieser Belehnung den bayerischen Adel schwören, drei Jahre keinen anderen Herzog zu wählen.

Da sich sein Schwager Heinrich V. 1009 an einem Aufstand gegen ihn beteiligt, vertreibt ihn Heinrich und übernimmt die Herrschaft im Herzogtum selbst wieder bis zum Jahre 1018. Im Juni dieses Jahres belehnt er seinen Schwager, wieder mit ihm ausgesöhnt, noch einmal mit dem Herzogtum Bayern.

Im Gegensatz zu seinen Vorgängern verfolgt Heinrich eine ausgesprochen ungarnfreundliche Politik. Seine Schwester Gisela verheiratet er mit dem ungarischen Arpadenfürsten Geza.

Das Herzogtum Bayern nimmt während seiner gesamten Königsherrschaft eine zentrale Rolle ein, unabhängig von der zweimaligen Amtsübergabe an seinen Schwager. Hier konzentriert Heinrich seine Macht, und von hier wählt er

---

* Siehe Seite 117.

seine führenden Mitarbeiter aus. Unter ihm erlangt Bayern erstmals die Stellung eines zentralen Königslandes im Reich.

1002 unterwirft er den Schweinfurter Grafen im Nordgau und verhindert damit eine in diesem Gebiet sich entwickelnde Machtkonzentration. Überhaupt gelingt es Heinrich, den Einfluss des Adels zurückzudrängen und gleichzeitig die Macht der Bischöfe zu stärken. Damit bildet er vor allem ein Gegengewicht zu den mächtigen Stammesherzögen. Gleichzeitig wird Passau zur Reichsabtei erhoben, und bayerische Mönche werden nach Franken und Sachsen entsandt.

Heinrich bricht mit der bisherigen Gewohnheit, nur Adelige zu Bischöfen zu erheben. Den Bischofsstuhl in Eichstätt besetzt er zweimal mit einem Unfreien. Sein eigener Bruder Bruno wird Bischof in der Stadt Augsburg, in der er zahlreiche Reichsversammlungen abhält. Sein Halbbruder Arnold wird Bischof von Ravenna.

Heinrichs Name ist untrennbar mit der Gründung des Bistums Bamberg nach dem Sturz der Babenberger verbunden. Er errichtet einen Dom auf dem Platz, auf dem die frühere Burg Babenberg (»Babenberg« – »Bamberg«) stand.

Das Bistum Bamberg entsteht aus Teilen des Würzburger und Eichstätter Bischofssprengels, insbesondere aber, zusammen mit Herzogs- und Königsgut der Babenberger, aus Gebieten des bayerischen Nordgaus. Heinrich verfolgt sogar die Absicht, Bamberg zur Residenz des gesamten Reichs zu machen. Hier legt er den Grundstock für eine Bibliothek und beschenkt überhaupt das neue Bistum sehr großzügig, so zum Beispiel mit Ländereien im Riesgau und bei Neuburg an der Donau.

Mit Heinrich, dessen Ehe kinderlos bleibt, stirbt das Geschlecht der Ottonen aus. Nachfolger im Herzogtum Bayern ist sein Schwager Heinrich V.

Während der Regierungszeit Heinrichs entsteht um die Jahrtausendwende eine verbreitete Angst vor dem Weltuntergang und vor dem Jüngsten Gericht. Um diese Zeit erlangt auch Venedig die Herrschaft über die dalmatinische Küste und kontrolliert damit die Adria. Gleichzeitig bilden sich in den Städten die Handwerksberufe aus. Es entstehen außerdem steinerne Wohntürme für die gehobenen Stände als Stadtwohnungen, wenn auch in Mitteleuropa im Übrigen noch der Holzbau vorherrschend bleibt. 1009 erschlagen die Pruzzen (Preußen) bei einem Bekehrungsversuch den Bischof und Missionar Bruno von Querfurt.

Bayern unter den Luxemburgern
(1004–1009/1018–1026/1042–1047)

Im Herrschergeschlecht der Luxemburger sind die ältere Familie der Lützelburger und das jüngere Geschlecht der Luxemburger vereinigt. Das Geschlecht der Lützelburger mit dem Stammsitz Lützelburg (kleine Burg) an der deutsch-französischen Grenze zwischen Mosel und Maas wird begründet von einem Grafen Siegfried († 988). Die Vorfahren dieses Grafen Siegfried lassen sich auf den Markgrafen Eberhard von Friaul zurückführen, der, verheiratet mit Gisela, einer Tochter Kaiser Ludwigs des Frommen, seine Machtstellung derart ausbauen kann, dass sein Sohn Berengar I. 915 zum Kaiser gekrönt wird, 924 aber ermordet wird.

Siegfrieds Enkel Giselbert bezeichnet sich bereits als Graf von Salm und Lützelburg. Dessen Sohn wird der Begründer des Hauses Luxemburg. Ein Nachfahre dieser Linie wird Heinrich, der als Kaiser Heinrich VII. für kurze Zeit die Reichsherrschaft erringen kann und über seinen Enkel Kaiser Karl IV. der Begründer der Herrscher in Böhmen aus dem Hause Luxemburg wird. 1437 stirbt diese Linie aus, das Herrschaftsgut der Luxemburger geht zum Teil in der immer stärker werdenden Dynastie der Habsburger auf.

Ein Sohn des genannten Grafen Giselbert von Salm und Lützelburg ist Graf Hermann von Salm und Lützelburg, der in der Zeit der Salier unter Kaiser Heinrich IV. für kurze Zeit zum Gegenkönig aufsteigt, selbst jedoch sich keine Machtstellung aufbauen kann, sondern nur als »König Knoblauch« (gewählt in Eisleben in Thüringen, einem Hauptanbaugebiet von Knoblauch im Mittelalter) in die Geschichte eingeht. Er ist auch der Begründer der Familie der Fürsten von Salm, von der heute noch Nachkommen leben.

Die Tochter des Grafen Siegfried, Kunigunde, wird durch die Heirat mit Kaiser Heinrich II., dem letzten Herrscher aus dem Geschlecht der Ottonen, Mitglied des Hochadels, als Kaiserin gekrönt und im Jahre 1200 heilig gesprochen. Ihr Bruder Heinrich verdankt seinem Schwager Kaiser Heinrich II., dem Gemahl seiner Schwester Kunigunde, den Aufstieg im Jahre 1004 als Herzog von Bayern und damit in den Hochadel. Er verliert durch Beteiligung an einem Aufstand wieder diese Machtstellung im Jahre 1009 und kann sie, vermutlich wiederum auch durch die Fürsprache seiner Schwester, im Jahre 1018 noch einmal bis zu seinem Tod, 1026, zurückgewinnen. Sein eigner Neffe, Herzog Heinrich VII., kann ebenfalls durch die Gunst Kaiser Heinrichs III. aus dem Geschlecht der Salier im Jahre 1042 für fünf Jahre die Herrschaft im Herzogtum Bayern erringen, die er bis zu seinem Tod 1047 behält.

Für das Herzogtum Bayern hat die Herrschaft der beiden Herzöge aus dem Geschlecht der Lützelburger nur geringe Auswirkungen, da es den beiden Herzögen Heinrich V. und Heinrich VII. sowie deren Familie nicht gelingt, in Bayern Fuß zu fassen und sich hier sesshaft zu machen.

Das jüngere Haus der Luxemburger kommt in Bayern selbst nicht mehr an die Macht. Die Familie der Luxemburger nimmt aber durch die Auseinandersetzung der beiden Herrscherhäuser, der Luxemburger und der Wittelsbacher, einen bedeutsamen Einfluss auf die Entwicklung der Geschichte Bayerns. Altbayern verliert durch die vom Luxemburger Kaiser Karl IV. geschaffene Goldene Bulle 1356 endgültig die Kurstimme und ist damit bis zum Jahre 1623 von der wichtigen Machtstellung der Kurfürsten zur Wahl der Könige vollkommen ausgeschlossen.

Als die Familie der Luxemburger 1437 ausstirbt, wird dem Wittelsbacher Herzog Albrecht III. dem Frommen von Bayern-München die böhmische Königskrone angeboten, die Albrecht jedoch ablehnt. Auf diese Weise hätten die Wittelsbacher nach dem Kampf im 14. Jahrhundert die Luxemburger beinahe beerbt.

TAFEL 5

Genealogische Übersicht der Luxemburger (Lützelburger)

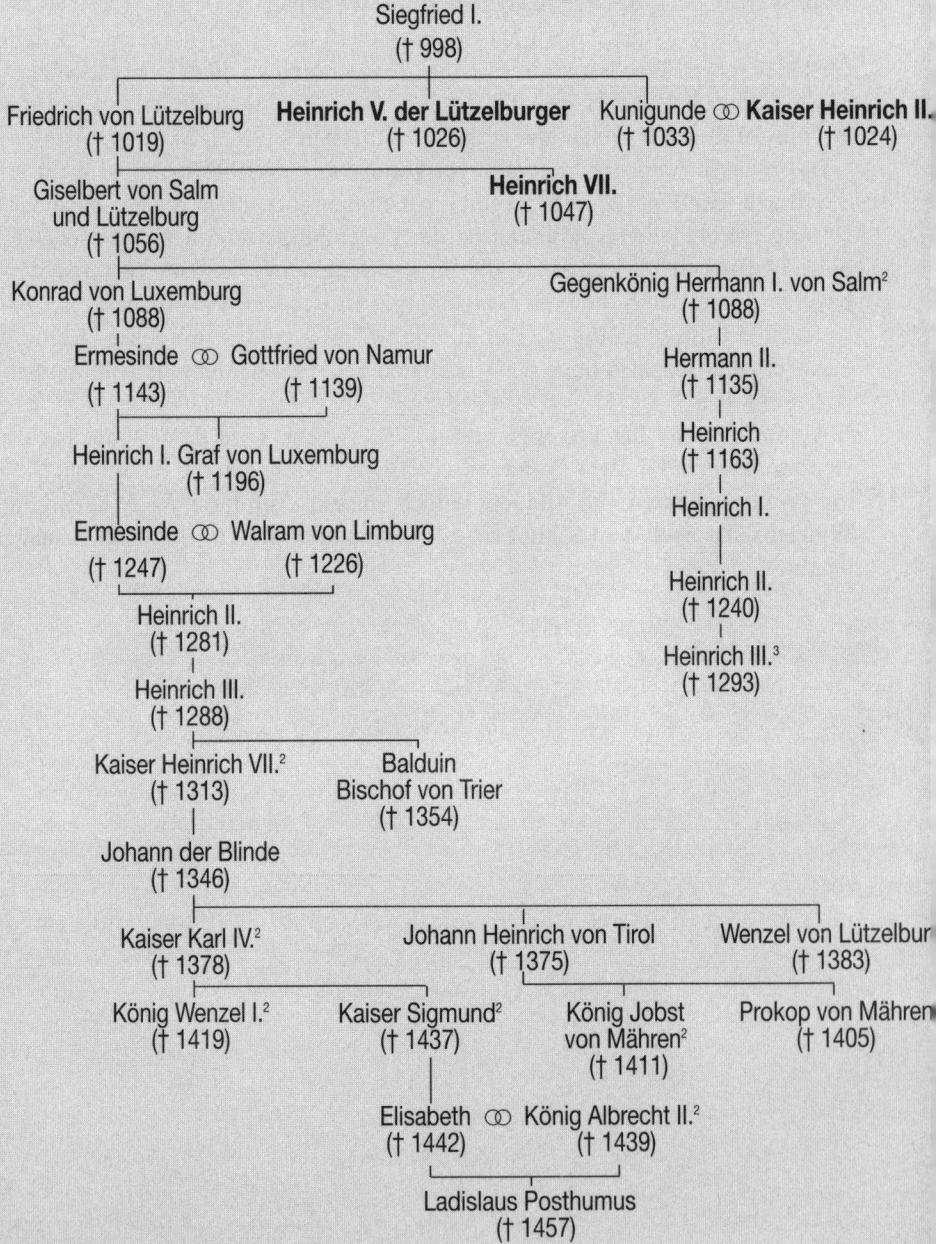

[1] Aus dem Geschlecht der Ottonen, siehe Seite 94.
[2] Die deutschen Könige und Kaiser.
[3] Begründer des Geschlechts der heutigen Fürsten von Salm.

Heinrich V. der Lützelburger (1004–1009/1018–1026)

Päpste:		*Deutsche Könige und Kaiser:*	
Johann XVIII.	*1003–1009*	*Heinrich II. der Heilige*	*1002–1024*
Sergius IV.	*1009–1012*	*Konrad II.*	*1024–1039*
Benedikt VIII.	*1012–1024*		
Johann XIX.	*1024–1033*	*Markgrafen Österreichs:*	
		Heinrich I.	*994–1018*
König Frankreichs:		*Adalbert I.*	*1018–1055*
Robert II. der Fromme	*996–1031*		

Herzog Heinrich V., genannt der Lützelburger, aus dem Geschlecht der Lützelburger (Luxemburger), regiert in Bayern von 1004 bis 1009. Anschließend von seinem Schwager Kaiser Heinrich wegen eines Aufstands abgesetzt und vertrieben, versöhnt er sich wieder mit ihm und wird erneut Herzog von Bayern von 1018 bis zu seinem Tod 1026. Den Beinamen »der Lützelburger« hat er von seiner Familie und der Stammburg an der deutsch-französischen Grenze zwischen Mosel und Maas. Auch der Beiname »der Moseler« wird genannt wegen seiner Herkunft aus der Moselgegend. Sein Geburtsdatum ist nicht bekannt, muss aber vor 998 liegen. Er stirbt am 27. Februar 1026 und liegt in Osterhofen (im heutigen Landkreis Vilshofen) bestattet. Sein Vater ist Graf Siegfried im Moselgau († 998), der Begründer der Familie Lüzelburger, der Name seiner Mutter ist nicht bekannt. Heinrich hat mindestens drei Geschwister: seine Schwester Kunigunde die Heilige, die Gemahlin seines Schwagers, des Kaisers Heinrich II., sein Bruder Dietrich, Bischof von Metz von 1005 bis 1047, und sein ältester Bruder Friedrich († 1019). Friedrichs Sohn Heinrich kann unter den Saliern 1042 für fünf Jahre ebenfalls die Herrschaft im Herzogtum Bayern erringen. Verheiratet ist Heinrich mit einer Luitgard. Beide gründen das Benediktinerkloster Osterhofen, das Kaiser Heinrich II. nach der Umwandlung in ein Chorherrenstift seinem Bistum Bamberg angliedert.

Am 21. März 1004 erhält Heinrich das Herzogtum Bayern auf dem Reichstag in Regensburg aus der Hand Kaiser Heinrichs II., der ihm symbolisch eine Fahnenlanze überreicht. Nach der Überlieferung stimmen alle Adeligen dieser Belehnung zu. Kaiser Heinrich lässt die Adeligen in Bayern schwören, dass sie mindestens drei Jahre lang keinen anderen Bewerber zum Herzog von Bayern wählen werden.

Im Jahre 1009 beteiligt sich Heinrich an einer Revolte gegen den Kaiser. Dieser setzt daraufhin Herzog Heinrich ab und vertreibt ihn aus Bayern. Im Jahre 1018 versöhnen sich Heinrich und der Kaiser wieder, vermutlich auch mit Unterstützung der Kaiserin Kunigunde, Heinrichs Schwester. Daraufhin wird Heinrich erneut mit dem Herzogtum Bayern belehnt, das er nun bis zu seinem Tod 1026 behält.

Schon nach seiner ersten Einsetzung als Herzog in Bayern nimmt Heinrich an den Feldzügen seines Schwagers unmittelbar nach seiner Belehnung teil. Der Polenfürst Boleslav Chrobry, der seit 1002 gleichzeitig Herrscher von Böhmen ist, weigert sich, die deutsche Lehenshoheit anzuerkennen. Außerdem beteiligt sich der Polenfürst an einem Aufstand des Markgrafen Heinrich von Schweinfurt. Der Kaiser greift daraufhin Böhmen mit einem Aufgebot an, an dem sich neben dem Babenberger Markgrafen Heinrich auch der bayerische Herzog Heinrich beteiligt. Diese Kämpfe mit den Polen können erst erfolgreich im Jahre 1018 durch den Frieden von Bautzen zwischen dem Kaiser und Boleslav Chrobry abgeschlossen werden. Dies dürfte auch mit dafür ausschlaggebend gewesen sein, dass der Kaiser den Lützelburger Heinrich wieder mit dem Herzogtum Bayern im Jahre 1018 belehnt. Heinrich arbeitet fortan eng mit seinem Schwager, dem Kaiser, und dessen Gemahlin Kunigunde zusammen und sorgt auch nach dem Tod des Kaisers 1024 für eine geordnete Nachfolge im Reich.

An der Wahl des neuen deutschen Herrschers, des Königs Konrad II. aus dem Adelsgeschlecht der Salier, die im Wormsgau reich begütert sind, ist Heinrich unmittelbar beteiligt.

Nachfolger im Herzogtum wird dieser neue König Konrad, der Bayern als ein willkommenes Herrschaftsgebiet für seine Machterweiterung im Reich ansehen sollte.

Während der Regierungszeit Heinrichs wird im Jahre 1007 das Bistum Bamberg gegründet, um das Gebiet der Slawen zu missionieren. 1009 erschlagen Pruzzen (Preußen) Bruno von Querfurt bei einem Bekehrungsversuch. 1020 entsteht in Unteritalien ein christlicher Normannenstaat. Im Jahre 1026 tritt der deutsche König die Mark Schleswig an König Knut den Großen von England und Dänemark ab.

Bayern unter den Saliern
(1026–1042/1047–1049/1053–1061/1077–1095)

Die Salier sind ein fränkisches Adelsgeschlecht, das nachweisliche verwandtschaftliche Beziehungen mit den austrasischen Hochadelsfamilien der Widonen und der Lambertiner hat, die seit dem siebten Jahrhundert im Umfeld der Mosel ansässig sind. Die Herkunft der Bezeichnung »Salier« ist nicht ganz geklärt und könnte aber durchaus mit dem altgermanischen Stamm der Salier identisch sein. Nachdem die Namensnennung erstmalig im zwölften Jahrhundert auftaucht, spricht jedoch vieles für die Ableitung vom althochdeutschen Wort »sal« (= Herrschaft).

Diese Familien der Widonen und Lambertiner sind bereits unter den Karolingern so bedeutend und einflussreich, dass ihr Machtbereich bis in das Gebiet der Bretagne und bis nach Italien reicht.

Die Familie der Salier selbst ist hauptsächlich im Großraum Worms mit zahlreichen Gütern und Besitzungen angesiedelt.

Konrad der Rote, Sohn und Nachfolger des Stammvaters Graf Werner, gilt als der erste bedeutende Vertreter dieses Dynastengeschlechts. Durch seine Heirat mit Liutgard, der Tochter Kaiser Ottos des Großen, kann er die Verbindung zum europäischen Hochadel herstellen und damit an die frühere Bedeutung der Familie anknüpfen.

Diesem Konrad gelingt nun auch der Sprung in die Herzogswürde. Er erhält von Otto dem Großen das Herzogtum Lothringen. Seine Machtbasis offensichtlich überschätzend, will sich Konrad mit anderen Rebellen der Reichsregierung unter Otto dem Großen entziehen und beteiligt sich daher 953/954 an einem Aufstand gegen den König. Herzog Konrad der Rote versöhnt sich aber in der Stunde der Gefahr mit Otto dem Großen und trägt durch seinen tatkräftigen und mutigen Einsatz in der Schlacht auf dem Lechfeld bei Augsburg 955, wo er sein Leben verliert, gegen die Ungarn entscheidend zum erfolgreichen Ausgang bei. Sein Sohn Otto von Worms bleibt Graf im Nahe-, Speyer- und Wormsgau und kann trotz des Aufstands seines Vaters die Familiengüter in Franken behalten.

Ottos Enkel Konrad tritt bereits nach dem Tod Kaiser Ottos III. 1003 ins politische Rampenlicht, weil viele bereits zum jetzigen Zeitpunkt eine Königskandidatur von ihm erwarten. Konrad fühlt sich aber dieser Aufgabe noch nicht gewachsen und stellt sich erst nach dem Tod Heinrichs des Heiligen 1024 zur Wahl, in der er gegen seinen Vetter Konrad den Jüngeren († 1039) kandidiert und schließlich auch mit dessen Zustimmung deutscher König wird. Durch die Heirat König Konrads mit Gisela aus dem Geschlecht der Konradiner gelingt es den Saliern zusätzlich, erheblichen Grundbesitz in Schwaben und schließlich das gesamte Herzogtum Schwaben zu erwerben. Dennoch bleibt der Schwerpunkt ihrer Hausmacht neben den rheinischen Gebieten vor allem das Territorium um den Harz und Goslar.

Unter den Saliern wird in noch stärkerem Maß als unter den Ottonen das Herzogtum Bayern zum Kern- und Zentralland und damit auch zum Königsgut der deutschen Herrscher. Insbesondere der letzte salische Herrscher, Herzog Heinrich VIII., der als tragischer Kaiser Heinrich IV. mit dem Gang nach Canossa in die Geschichte eingeht, erfreut sich während seiner Auseinandersetzung mit dem Papsttum gerade in Bayern großer Sympathien und findet vor allem hier die entscheidende Stütze im Investiturstreit.

TAFEL 6

Genealogische Übersicht der Salier

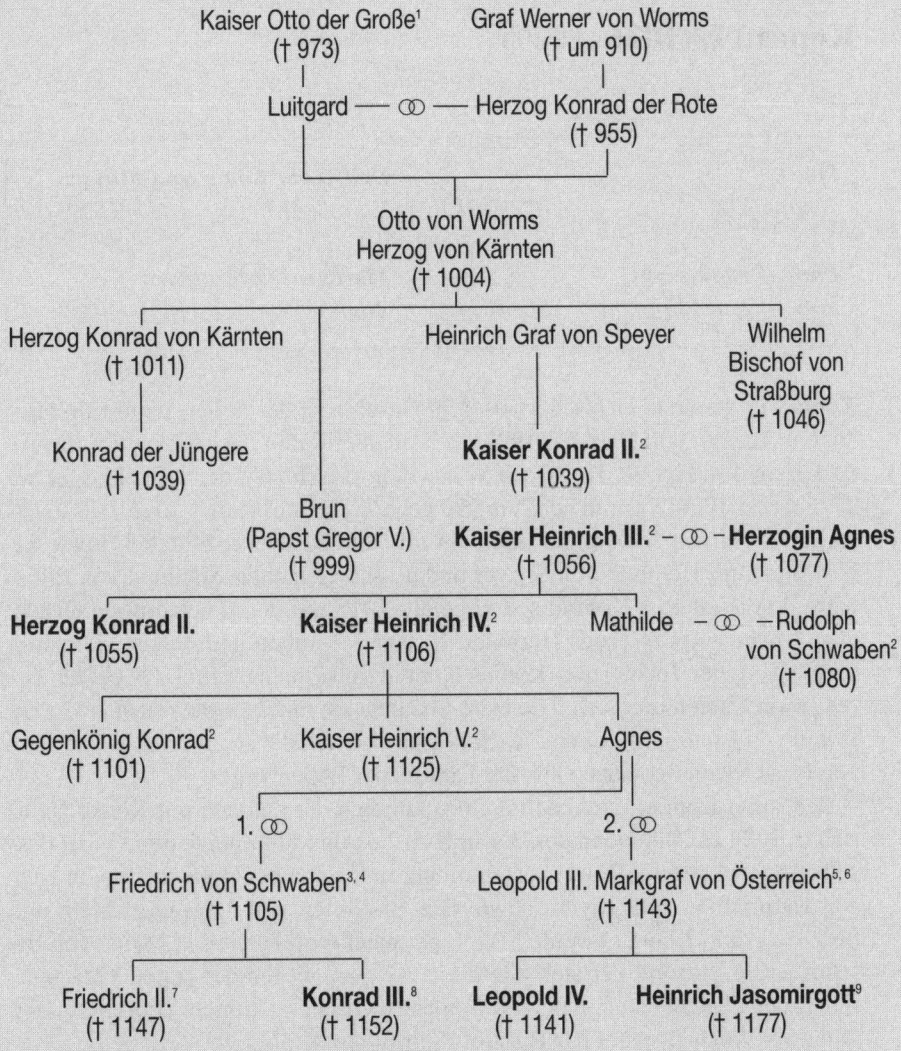

[1] Aus dem Geschlecht der Ottonen, siehe Seite 94.
[2] Deutsche Kaiser und Könige (Gegenkönige).
[3] Aus dem Geschlecht der Hohenstaufer, siehe Seite 167.
[4] Erste Ehe der Kaisertochter Agnes.
[5] Aus dem Geschlecht der Babenberger, siehe Seite 174.
[6] Zweite Ehe der Kaisertochter Agnes.
[7] Vater Kaiser Friedrich Barbarossas.
[8] Begründer der staufischen Herrscherdynastie im Reich.
[9] Begründer des Herzogtums Österreich.

Konrad I. (1026–1027)

Papst:		*Deutscher König und Kaiser:*	
Johann XIX.	*1024–1032*	*Konrad II.**	*1024–1039*
König Frankreichs:		*Markgraf Österreichs:*	
Robert II. der Fromme	*996–1031*	*Adalbert I.*	*1018–1055*

Konrad I., der erste Herrscher aus dem Geschlecht der Salier, regiert im Herzogtum Bayern von 1026 bis 1027. Konrad übernimmt das Herzogtum Bayern nach dem Tod Herzog Heinrichs V. aus dem Geschlecht der Lützelburger am 27. Februar 1026. Konrad wird um 990 geboren. Er stirbt am 4. Juni 1039 in Utrecht nach einem Gichtanfall und liegt im Dom zu Speyer bestattet. Seine Eltern sind Graf Heinrich von Speyer und dessen Gemahlin Adelheid von Eigisheim. Verheiratet ist Konrad seit ungefähr 1015 mit der gleichaltrigen Gisela, einer Tochter des Herzogs Hermann II. von Schwaben und dessen Gemahlin Gerberga, einer Tochter des Königs Konrad von Hochburgund. Gisela hat bereits zwei Ehen hinter sich. Die erste Ehe geht sie mit dem sächsischen Grafen Bruno von Braunschweig ein. Nach dessen Tod heiratet sie in zweiter Ehe Herzog Ernst I. von Schwaben aus der Familie der Babenberger.

Der Salier Konrad wird nach dem Aussterben der Ottonen mit Kaiser Heinrich II. 1024 auf Betreiben des Bischofs Aribo von Mainz am 4. September desselben Jahres auf der Reichsversammlung in Kamba bei Oppenheim von Herzog Heinrich V. von Bayern sowie den Bischöfen von Augsburg, Metz und Straßburg zum König gewählt. Vier Tage später wird Konrad in Mainz von Bischof Aribo gekrönt, der sich allerdings weigert, wegen der nahen Verwandtschaft der Eheleute auch Konrads Gemahlin Gisela zu krönen. Diese Krönung holt zwei Wochen später der Bischof Pilgrim von Köln nach.

Im Jahre 1025 beginnt Konrad mit seinem Königsumritt im Reich. Das Osterfest feiert er in diesem Jahr in Augsburg, wo er auch den Hoftag abhält.

---

* Identisch mit dem bayerischen Herrscher Konrad I.

Bereits im Februar 1026 befindet sich Konrad wieder in Augsburg und stellt hier das Reichsheer zum Krönungszug nach Italien für die beabsichtige Kaiserkrönung in Rom zusammen.

Im Februar 1026 stirbt der bayerische Herzog Heinrich der Lützelburger aus dem Geschlecht der Grafen von Luxemburg. Konrad tritt daraufhin die Nachfolge in Bayern selbst an, zumal er im Augenblick niemanden mit diesem Herzogtum belehnen will. Anschließend zieht er mit seinem Krönungszug nach Italien. Sein achtjähriger Sohn Heinrich, der spätere Kaiser Heinrich III., zieht unter der Obhut des Bischofs Bruno mit nach Italien. Im selben Jahr wird Konrad mit der Krone der Langobarden gekrönt. Am 26. März des folgenden Jahres wird Konrad in Rom zum Kaiser gekrönt.

Während seiner Abwesenheit erheben sich sein Stiefsohn Herzog Ernst II. von Schwaben zusammen mit dem Grafen Welf II. aus dem Geschlecht der Welfen und sein Vetter Konrad der Jüngere gegen die Herrschaft des Kaisers Konrad. Der Kaiser kehrt nach Deutschland zurück und kann den Aufstand rasch niederschlagen.

Im Jahre 1027 wird Konrads junger Sohn Heinrich zum Nachfolger im Reich bestimmt. Im Juli desselben Jahres erhält der neunjährige Heinrich, vom Adel gewählt, das Herzogtum Bayern von seinem Vater Konrad. Herzog Ernst von Schwaben und Graf Welf müssen ihren Widerstand gegen Kaiser Konrad aufgeben. Die Verschwörer, die das Hochstift Bischof Brunos zerstört haben, werden auf der Fürstenversammlung in Ulm bestraft. Herzog Ernst von Schwaben verliert das Herzogtum Schwaben und die Abtei Kempten, Graf Welf muss den Augstgau abgeben. Schwaben wird damit zum Kronland der Salier.

Das Jahr 1027 ist für Konrad auch sonst sehr bewegt. Es kommt zum Krieg mit den Ungarn, nachdem Konrads Vorgänger im Reich, Kaiser Heinrich II., bekanntlich ein gutes Verhältnis zu den östlichen Nachbarn aufgebaut hatte. Hintergründe der Kämpfe sind vermutlich die Ansprüche auf das Herzogtum Bayern nach dem Tod Heinrichs des Lützelburgers, die der Ungarnkönig Stephan und seine Gemahlin, die bayerische Prinzessin Gisela, die Schwester Kaiser Heinrichs II., für ihren Sohn Emmerich wegen seiner ottonischen Abstammung auf dem Regensburger Landtag im Jahre 1027 erheben. Konrad betrachtet das Herzogtum Bayern aber ebenfalls als salisches Kronland, das deswegen im Besitz der Familie bleiben muss. Im selben Jahr bestätigt Konrad auch dem Bischof von Trient die bis dahin zur Mark Verona gehörende Grafschaft Trient und übergibt ihm außerdem das bis dahin zu Bayern gehörende Bozen und den zu Schwaben gehörenden Vintschgau. Zusätzlich übergibt Konrad dem Bischof von Brixen die dem Graf Welf entzogenen Grafschaften Eisachtal und Inntalweg. Mit diesem Schritt leitet Konrad die Abtrennung Tirols vom Herzogtum Bayern in der Geschichte ein.

1028, am 14. April, erreicht Konrad, dass sein Sohn in Aachen zum deutschen König gekrönt wird und damit endgültig Nachfolger im Reich werden kann. In der Folgezeit muss Konrad Kriege gegen Polen und Ungarn führen, die nur teilweise erfolgreich enden. Der Kriegszug 1030 gegen die Ungarn ist erfolglos, da der ungarische König Stephan die Stadt Wien einnehmen kann. Konrads Sohn Heinrich, gerade 14 Jahre alt, schließt mit den Ungarn Frieden, bei dem Bayern Gebietsverluste bis zur March und Leitha akzeptieren muss. Dafür kann Konrad 1034 Böhmen zum Lehenseid auf das Deutsche Reich zwingen. Im folgenden Jahr setzt er den Markgrafen Adalpero von Eppenstein wegen angeblichen Hochverrats ab und dies auch gegen den Willen seines Sohnes Heinrich. Im Jahre 1036 versöhnt sich Konrad wieder mit seinem aufständischen Vetter Konrad dem Jüngeren und belehnt ihn mit den früheren bayerischen Markgrafschaften, jetzt Herzogtümern Kärnten und Istrien.

Dem Bischof von Bamberg verleiht Konrad das Marktrecht in Amberg. Eichstätt erhält das Münzrecht, und das Benediktinerkloster von Tegernsee wird erneuert. Unter Konrads Regierung gewinnt die Stadt Augsburg zunehmend an politischem Gewicht.

Nachfolger im Herzogtum Bayern wird 1027 sein Sohn und Nachfolger im Reich, Heinrich, der das Herzogtum wiederholt weiter vergeben sollte.

Während der Regierungszeit Konrads führt Guido von Arezzo im Jahre 1026 die Notenbezeichnungen und das Vierliniensystem mit Notenschlüsseln ein.

Heinrich VI. der Schwarze (1027–1042/1047–1049)

Päpste:		Könige Frankreichs:	
Johann XIX.	1024–1032	Robert II. der Fromme	996–1031
Benedikt IX.	1032–1045	Heinrich I.	1031–1060
Silvester III.	1045–1046		
Gregor VI.	1045–1046	**Deutsche Könige und Kaiser:**	
Klemens II	1047	Konrad II.	1024–1039
Damasus II.	1048	Heinrich III.	1039–1056*
Leo IX.	1049–1054		
		Markgraf Österreichs:	
		Adalbert I.	1018–1055

Herzog Heinrich VI.* aus dem Geschlecht der Salier ist offizieller Herzog von Bayern von 1027 bis 1042 und von 1047 bis 1049. Wegen seiner schwarzen Haare und seiner dunklen Augen wird er auch als »der Schwarze« bezeichnet. Heinrich wird am 28. Oktober 1017 geboren, er stirbt am 5. Oktober 1056 in Goslar und liegt im Dom zu Speyer bestattet. Seine Eltern sind Kaiser Konrad II. und dessen Gemahlin Gisela. Verheiratet ist Heinrich in erster Ehe mit Gunhild von Dänemark, der Tochter König Knuts des Großen. Nach deren Tod (1038) heiratet er 1043 die aquitanische Herzogstochter Agnes von Poitou. Aus dieser Ehe stammen sein Sohn und Nachfolger Kaiser Heinrich IV. und sein Sohn Konrad, der bereits im Alter von drei Jahren, 1055, stirbt. Außerdem hat Heinrich drei Töchter. Seine Tochter Mathilde heiratet später den Gegenkönig Rudolph von Rheinfelden, seine Tochter Judith in erster Ehe den ungarischen König Salomo, in zweiter Ehe Herzog Wladislav von Polen. Die dritte Tochter Adelheid wird Äbtissin der Stifte Quedlinburg und Gandersheim.

Heinrich erfährt im Gegensatz zu seinem Vater eine sehr sorgfältige Ausbildung, was auch auf den Einfluss seiner sehr gebildeten Mutter Gisela zurückzuführen ist. Heinrichs Erzieher ist der Bischof Egilobert von Freising.

---
* Identisch.

Bereits zu Lebzeiten seines Vaters wird Heinrich als Neunjähriger auf dem Landtag in Regensburg von den bayerischen Adeligen zum Herzog von Bayern gewählt, nachdem sein Vater bis zu diesem Zeitpunkt das Herzogtum als Kronland selbst regiert.

1038 wird Heinrich auch noch Herzog von Schwaben und gleichzeitig König von Burgund. Obwohl er 1042, zu diesem Zeitpunkt bereits deutscher König, den Grafen Heinrich aus dem Geschlecht der Luxemburger als Herzog Heinrich VII. mit Bayern belehnt, gibt er nach seinem Regierungsantritt als deutscher König (1039) das Herzogtum Bayern nicht mehr vollständig aus der Hand. Bayern bleibt unter seinem starken Einfluss eine Stütze für seine Reichsherrschaft, sodass es nur zwingend ist, dass er nach dem Tod des Luxemburgers Heinrich VII. 1047 wieder die Herzogsgewalt in Bayern übernimmt. Zwei Jahre später belehnt er den Grafen Konrad von Zytphen aus der Familie der Ezzonen mit dem Herzogtum Bayern, vertreibt ihn aber nach dessen Ächtung 1053 und setzt zunächst seinen Sohn und Nachfolger Heinrich, den späteren Kaiser Heinrich IV., ein Jahr später seinen zweiten Sohn Konrad II. als Herzog, sowie nach dessen Tod 1055 seine zweite Gemahlin, die Kaiserin Agnes, als Herzogin in Bayern ein, die schließlich über Heinrichs Tod 1056 hinaus das Herzogtum Bayern bis zum Jahre 1061 verwalten sollte.

Im Jahre 1030 nimmt Heinrich, noch nicht 13 Jahre alt, zusammen mit seinem Vater an einem Feldzug gegen die Ungarn teil. Heinrich handelt dabei erstmalig selbstständig und schließt mit den Ungarn einen Frieden, mit welchem das Herzogtum Bayern Gebietsverluste bis zur March und zur Leitha hinnehmen muss. Die Beziehungen Bayerns zu Ungarn haben sich zu diesem Zeitpunkt gegenüber der Regierungszeit Kaiser Heinrichs II. erheblich wieder verschlechtert, die bayerischen Ostgrenzen sind unsicher geworden. 1039 besteht eine bayerische Mark vom Pulkautal bis zur Thaya. Etwa um 1041 errichtet Heinrich zwei Markgrafschaften um Cham und um Nabburg. Ab 1042 besteht die Neumark an der Leitha bis zur March, sodass die Besiedlung dieses Gebiets, des so genannten Waldviertels, beginnen kann.

In einem Vorstoß gegen Böhmen und die Stadt Prag 1041 wird Herzog Rastislav von Heinrich unterworfen, Böhmen gerät damit für lange Zeit unter deutsche Lehenshoheit. Zwischen 1042 und 1044 unternimmt Heinrich zusammen mit seinem Nachfolger in Bayern, Herzog Heinrich VII., wiederum drei Feldzüge gegen die Ungarn und erringt bei Menfö einen Sieg, der es ihm nun erlaubt, die Grenze wieder bis zur March, Leitha und Lafnitz hinauszuschieben. 1052 wird auch Pressburg (das heutige Bratislava) belagert.

Heinrich baut die Burg Nürnberg zu einer Stadt aus, überträgt ihr das bis dahin zu Fürth gehörende Marktrecht und setzt in Nürnberg einen adeligen Burggrafen als seinen Interessenvertreter ein. Damit beginnt der spätere Aufstieg der Burggrafen von Nürnberg. Heinrich, der 1045 seinen Kanzler Suidger zum Bischof von Bamberg ernennt, ein Jahr später alle drei Päpste auf einer Synode absetzt und Suidger zum Papst Klemens II. ernennt, trifft auch sonstige kirchliche Entscheidungen in Bayern. So gibt er 1053 Bischof Gebhard III. von Regensburg das Marktrecht und außerdem Zoll und Bann für Beilngries. Dem Hochstift Eichstätt schenkt er im selben Jahr Forst und Forstbann in Teilen des Riesgaus und des Sualafeldgaus. Vor allem aber überschreibt Heinrich Schenkungen der Domkirche und dem Domkapitel in Speyer, dem von seinem Vater begonnenen größten Gotteshaus nördlich der Alpen, das Heinrich auch bereits als seine Grabstätte bestimmt hat.

Nach dem Tod des bayerischen Herzogs Heinrich VII. (1047) aus dem Geschlecht der Luxemburger übernimmt Heinrich wieder selbst das Herzogtum. Zwei Jahre später belehnt er Konrad von Zytphen mit Bayern. Dieser Herzog Konrad aus dem mächtigen und einflussreichen Geschlecht der Ezzonen ist wie Heinrich selbst mit der ausgestorbenen Kaiserfamilie der Ottonen verwandt. Da Heinrich zu diesem Zeitpunkt (1049) keine männlichen Erben hat (sein Sohn Heinrich wird erst ein Jahr später, 1050, geboren), muss er sich auch über die Nachfolge in der Reichsherrschaft Gedanken machen. Der Ezzone Konrad käme durchaus als Nachfolger im Reich infrage.

Im Jahre 1050 ändert sich jedoch die Sachlage. Heinrich hat nun einen männlichen Nachfolger. Dadurch erlahmt Heinrichs Interesse am bayerischen Herzog Konrad von Zytphen. Außerdem benötigt er für seinen Sohn Heinrich ein Land als Herrschaftsgebiet. Konrad von Zytphen wird daraufhin auf dem Hoftag zu Merseburg wegen angeblichen Verrats gegenüber den Ungarn angeklagt und seines Amtes als bayerischer Herzog enthoben. Konrad muss nach Ungarn fliehen und stirbt zwei Jahre später, einige behaupten sogar an Vergiftung, veranlasst durch Heinrich.

Während der Regierungszeit Heinrichs wird 1028 Knut der Große von Dänemark und England auch Herrscher von Norwegen und errichtet damit das größte Reich in diesem Gebiet. 1034 wird Heinrichs Vater auch König von Burgund. 1037 erlässt Kaiser Konrad ein Gesetz, wonach die kleinen mittelbaren Lehen erblich werden. In dieser Zeit entwickeln sich auch die ritterlichen Ideale: Zucht, hohe Minne, Treue und christliche Barmherzigkeit. 1042 kann sich England von der dänischen Vorherrschaft befreien. Das Jahr 1046 ist mit der Absetzung von drei Päpsten und der Einsetzung des deutschen Bischofs Suidger von Bamberg als Papst Klemens II. durch Kaiser Heinrich als der Höhepunkt der kaiserlichen Macht gegenüber dem Papsttum anzusehen.

Bayern unter den Luxemburgern

Heinrich VII. (1042–1047)

Päpste:		König Frankreichs:	
Benedikt IX.	1033–1045	Heinrich I.	1031–1060
Silvester III.	1045–1046		
Gregor VI.	1045–1046	*Deutscher König und Kaiser:*	
Klemens II.	1046–1047	Heinrich III.	1039–1056
		Markgraf Österreichs:	
		Adalbert I.	1018–1055

Herzog Heinrich VII. aus dem Geschlecht der Lützelburger (Luxemburger) regiert als Herzog von Bayern von 1042 bis 1047. Sein Geburtsdatum ist nicht bekannt. Er stirbt, als junger Graf überraschend an die Macht gekommen, bereits im Jahre 1047. Sein Vater ist Graf Friedrich von Lützelburg, gestorben 1019. Seine Mutter ist nicht bekannt. Ob Heinrich verheiratet ist und ob er Nachkommen hat, ist ebenfalls nicht bekannt, aber eher unwahrscheinlich.

Kaiser Heinrich III. wird von seinem Vater Kaiser Konrad II. selbst 1027 als bayerischer Herzog eingesetzt. Im Jahre 1042 übergibt er das Herzogtum Bayern an den Grafen Heinrich aus dem Geschlecht der Luxemburger, wahrscheinlich deswegen, nachdem die Familie der Luxemburger zu diesem Zeitpunkt offensichtlich so bedeutsam ist, dass Kaiser Heinrich diese Entscheidung für politisch opportun hält. Denn der Kaiser hat zurzeit große Schwierigkeiten an der Ostgrenze Bayerns und des Reiches mit den Ungarn. So ist es nur verständlich, dass er den Grafen Heinrich mit Bayern belehnt, zumal die Familie der Luxemburger bereits mit dem Oheim Heinrichs, Herzog Heinrich dem Lützelburger († 1026), die herzogliche Macht in Bayern von 1004 bis 1009 und von 1018 bis 1026 innehatte.

Trotz dieser Belehnung Heinrichs mit dem Herzogtum behält der Kaiser aber die Oberhoheit in Bayern, sodass Heinrich damit praktisch auf die Stellung eines Amtsherzogs herabgedrückt wird.

Im Jahre 1042 unternimmt Heinrich mit Heinrich III., zu diesem Zeitpunkt noch deutscher König, eine Reihe von Feldzügen gegen die Ungarn. Bei Menfö erringen die deutschen Aufgebote 1044 unter den beiden Herrschern einen bedeutsamen Sieg. Diese Niederlage der Ungarn erlaubt es den Siegern, die Ostgrenze wieder bis zur March, Leitha und Lafnitz vorzuschieben. Gleichzeitig schafft diese Unterwerfung die Voraussetzung, Peter Orseolo als König von Ungarn wieder in seine Herrschaftsrechte einzusetzen, der daraufhin die Lehenshoheit gegenüber dem Deutschen Reich anerkennen muss. Im Jahre 1042 können der König und der bayerische Herzog Heinrich noch bis Grau vorstoßen, im folgenden Jahr gelangen sie bis Wien. Die Ungarn sind dadurch ihrerseits gezwungen, ihre Grenzbefestigungen um zirka 40 bis 50 Kilometer weiter nach Osten zu verschieben.

Nachfolger im Herzogtum Bayern wird zunächst wieder Kaiser Heinrich III., der das Herzogtum zunächst zwei Jahre nicht mit einem Herzog besetzt, bis er 1049 den Grafen Konrad von Zytphen aus dem Geschlecht der Ezzonen mit dem Herzogtum Bayern belehnt.

Während der Regierungszeit Heinrichs muss Böhmen 1042 den Lehenseid dem Kaiser schwören und damit die Lehenshoheit gegenüber dem Deutschen Reich anerkennen. Im selben Jahr kann sich England von der dänischen Herrschaft befreien. Im Jahre 1046 setzt der deutsche Kaiser auf der Synode von Sutri Papst Gregor VI. und die Gegenpäpste Silvester III. und Benedikt IX. ab; gleichzeitig ernennt er den Bischof Suidger von Bamberg zum Papst, der sich Klemens II. nennt. Papst Klemens ist auch der letzte deutsche Kirchenfürst als Papst in Rom bis zu Papst Benedikt XVI. im Jahre 2005. Mit der Absetzung und Einsetzung der Päpste in Rom steht das deutsche Kaisertum im Mittelalter auf dem Höhepunkt seiner Machtstellung in der Auseinandersetzung mit dem Papsttum, die es niemals mehr erreichen sollte. 1047 werden die normannischen Ritter in Unteritalien mit Apulien und mit Aversa (bei Neapel) belehnt.

Bayern unter den Ezzonen (1049–1053)

Die Ezzonen sind ein rheinisches Grafengeschlecht, das seine Anfänge bis in die Zeit der Karolingerdynastie zurückführen kann. Erster in der Geschichte bekannter Vertreter dieser Familie ist ein Graf Erenfrid, der nachweislich um 897 im Rheingau lebt. Er besitzt unter anderem die Grafschaften Zülpichgau (in der Nähe von Köln), Bonngau, Eifelgau und Mühlgau im Rheinland. Diese Territorien erhält Graf Erenfrid wegen seiner großen Tapferkeit in der siegreichen Schlacht auf dem Lechfeld bei Augsburg gegen die Hunnen im Jahre 955 von Kaiser Otto I. dem Großen. Erenfrids Sohn Graf Hermann wird sein Nachfolger im Pfalzgrafenamt, erbt eine Reihe dieser Grafschaften und kann seine Stellung durch den Erwerb der wichtigen Pfalzgrafschaft in Lothringen vor 990 noch bedeutsam erweitern und ausbauen. Als Pfalzgraf in diesem Gebiet überwacht er die Fiskalgüter für die Einnahmen des Staates und die Forsten zwischen Mosel und Rhein, die in dieser Zeit noch unter dem alleinigen Nutzungsrecht der Könige beziehungsweise Kaiser stehen.

Als der Sohn Ottos des Großen, Kaiser Otto II. aus dem Geschlecht der Ottonen, im Jahre 983 überraschend stirbt, wächst die politische Bedeutung der Grafenfamilie der Ezzonen noch weiter. Graf Hermann als Pfalzgraf ist an der Vormundschaftsregierung für den unmündigen, erst drei Jahre alten Nachfolger König Otto III. beteiligt. Durch seine guten Beziehungen zum Kaiserhaus kann Graf Hermann erreichen, dass eine eheliche Verbindung zwischen seinem Sohn Ezzo und der Prinzessin Mathilde, der Tochter des verstorbenen Kaisers Otto II., zustande kommt. Damit wird der junge Graf Ezzo Schwager des jungen Königs Otto III. und schafft somit eine enge verwandtschaftliche Verbindung zum Herrscherhaus der Ottonen, die schon in zahlreichen Fällen, so auch für das Geschlecht der Salier mit ihrer Verbindung zu den Ottonen, die Voraussetzungen für eine eigene Kandidatur für das höchste Herrscheramt im Reich werden.

Das Grafengeschlecht der Ezzonen erhält damit eine weitere, ganz erhebliche politische Aufwertung, die verständlicherweise verbunden ist mit einem umfangreichen Zugewinn an Allodialgütern (frei verfügbarer Eigenbesitz, getrennt vom Lehensbesitz), Vogteien, Hofämtern und auch vor allem weiteren Grafschaften. Graf Ezzo wird damit nach dem Tod seines Vaters Hermann im Jahre 996 nicht nur zu einem der mächtigsten, sondern auch reichsten Grafen im ganzen Deutschen Reich und somit auch wie in vielen anderen Beispielen (zum Beispiel bei den Karolingern oder Ottonen) zum späteren Nanemsgeber seiner Familie.

Die Grafenfamilie kann diese Machtstellung aber nur für einen relativ kurzen Zeitraum von zirka 50 Jahren behaupten. Ezzos Töchter heiraten entweder in europäische Fürstenhäuser oder übernehmen die Leitung von Abteien und scheiden damit als Machthalter und Besitzwahrer aus. Ezzos Tochter Richeza heiratet den polnischen König Mieszko II. und wird damit die Mutter des Königs Kasimir I. von Polen, der mit Hilfe der Salier das polnische Reich reformieren kann. Richeza hat auch zwei Töchter, von denen die eine König Bela I. von Ungarn heiratet, eine andere Tochter Richezas die Gemahlin des Großfürsten Izjaslav von Kiew wird.

Weitere Töchter des Grafen Ezzo werden Äbtissinnen von zum Teil sehr bedeutsamen Klöstern, so unter anderem die Tochter Adelheid in Nivelles (Provinz Brabant im heutigen Belgien), die Tochter Sophie im Marienstift in Mainz und die Tochter Ida in Gandersheim (Bad Gandersheim, Harzvorland im heutigen Niedersachsen).

Ezzos jüngster Sohn Otto wird Nachfolger seines Vaters im lothringischen Pfalzgrafenamt und kann sogar ab 1045 das Herzogtum Schwaben als Herzog übernehmen, das er bis 1047 behält. Ezzos älterer Sohn Hermann wird von 1036 bis 1056 Erzbischof von Köln und übernimmt damit zusätzlich das wichtige politische Amt des Reichskanzlers für das Reichsgebiet in Italien. Der älteste Sohn Ezzos, Ludolf, heiratet eine Mathilde, die Tochter aus der bedeutenden niederländischen Grafenfamilie der Grafen von Zytphen, die im zwölften Jahrhundert aussterben und deren Besitz auf die Grafen von Geldern übergeht.

Der Ezzone Ludolf hat aus seiner Ehe mit Mathilde von Zytphen zwei Söhne. Der eine ist Graf Heinrich, der bereits 1033 ohne Nachkommen stirbt. Der zweite, um 1020 geborene Sohn ist Konrad (auch Kuno genannt) von Zytphen, der für kurze Zeit noch einmal die politische Bedeutung der Grafenfamilie steigern kann. 1049 wird Konrad (Kuno) von Zytphen von Kaiser Heinrich III. zum Herzog von Bayern ernannt, eine Stellung, die Konrad nur kurze Zeit behaupten kann. 1053 kommt es zum Bruch mit dem salischen Kaiserhaus, Konrad muss nach Ungarn zu seinen Verwandten fliehen und stirbt dort zwei Jahre später ohne Erben.

Nachdem die Grafenfamilie der Ezzonen keine männlichen Nachfolger hat, geht der reiche Familienbesitz der Ezzonen an verschiedene Besitzer über. Durch die häufigen kriegerischen Unternehmungen des Erzbischofs Anno II. von Köln (1056–1075), der der Nachfolger des Erzbischofs Hermann aus der Familie der Ezzonen im Bistum Köln wird, gelangt ein großer Teil des Grundbesitzes der reichen Grafenfamilie der Ezzonen in den Besitz der Kirche.

TAFEL 7

Genealogische Übersicht der Ezzonen

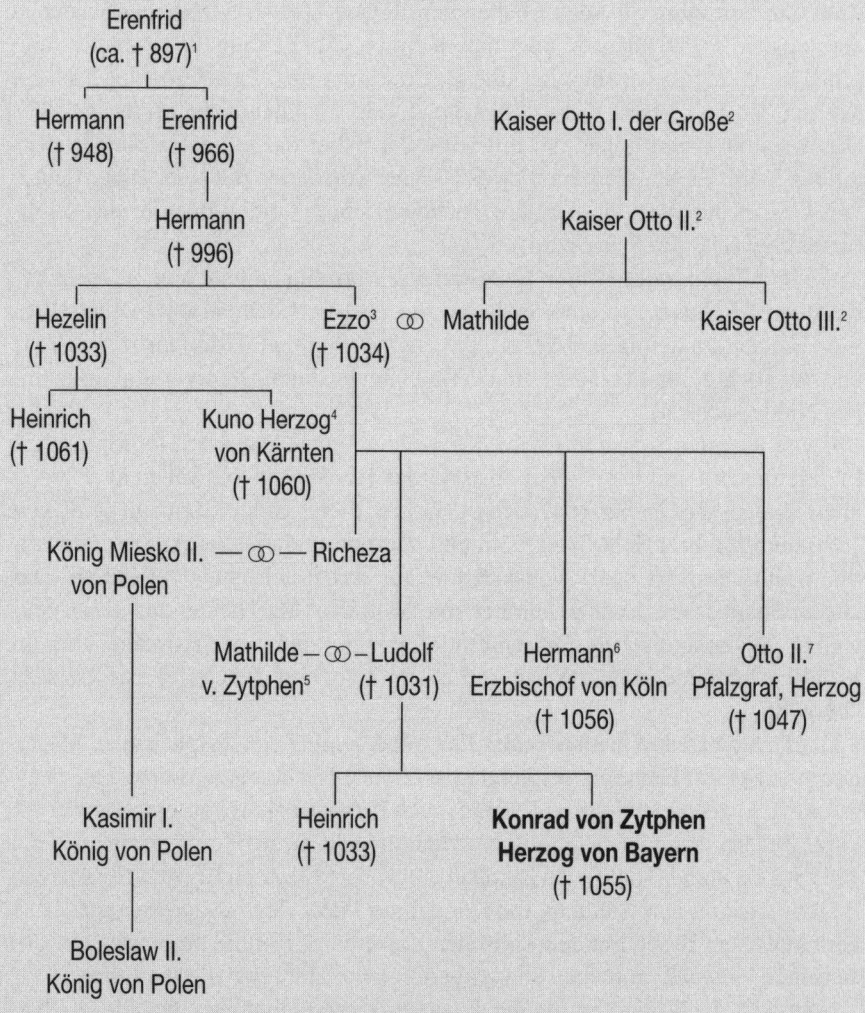

[1] Diese (ungewisse) Jahreszahl gibt die ungefähre Mitte der Lebenszeit wieder.
[2] Aus dem Geschlecht der Ottonen, siehe Seite 94.
[3] Namensgeber der Familie der Ezzonen.
[4] Stirbt vor Beginn des Herzogamts.
[5] Namensgeber für den bayerischen Herzog Konrad von Zytphen.
   Gräfin aus dem niederländischen Geschlecht der Grafen von Zytphen.
[6] Gleichzeitig Reichskanzler für das Gebiet Italien.
[7] Pfalzgraf von Lothringen, Herzog von Schwaben (1045–1047).

Konrad von Zytphen (1049–1053)

Papst:	*Deutscher König und Kaiser:*
Leo IX. 1049–1054	Heinrich III. 1039–1056
König Frankreichs:	*Markgraf Österreichs:*
Heinrich I. 1031–1060	Adalbert I. 1018–1055

Herzog Konrad aus dem Geschlecht der Ezzonen mit dem Beinamen »von Zytphen«, der auch unter dem Namen Kuno geführt wird, regiert als Herzog in Bayern von 1049 bis 1053. Seinen Beinamen erhält er von der gleichnamigen Stadt und Grafschaft Zytphen der Provinz Geldern in den Niederlanden und dem Hauptort der Grafschaft, die Konrad ebenfalls besitzt. Geboren ist Konrad um 1020. Er stirbt am 5. Dezember 1055 vermutlich in Kärnten, angeblich an der Pest. Einige behaupten sogar, Kaiser Heinrich habe ihn persönlich vergiften lassen, was bei der religiösen Einstellung des Kaisers aber sehr unwahrscheinlich ist. Erzbischof Anno II. von Köln lässt Konrads Gebeine 1063 nach Köln überführen, wo er in St. Maria ad gradus bestattet liegt. Seine Eltern sind Graf Ludolf aus dem Geschlecht der Ezzonen, einem sehr bedeutenden lothringischen Pfalzgrafengeschlecht, und dessen Gemahlin Mathilde von Zytphen aus dem Grafengeschlecht von Zytphen. Verheiratet ist Konrad nach 1049 mit Jutta, der Tochter des Grafen Otto von Schweinfurt aus dem Geschlecht der fränkischen Babenberger. Die Ehe bleibt ohne Nachkommen.

Bevor Herzog Konrad mit dem Herzogtum Bayern belehnt wird, verwaltet es Kaiser Heinrich III. ab dem Jahr 1047 selbst, nachdem der bayerische Herzog Heinrich VII. aus dem Geschlecht der Lützelburger (Luxemburger) 1047 stirbt. Im Jahre 1049 hat Kaiser Heinrich noch keinen männlichen Nachfolger, sondern nur drei Töchter, sodass die Nachfolge im Deutschen Reich ungewiss ist. Der mächtige und einflussreiche Graf Konrad von Zytphen, durch die Heirat seines Großvaters Ezzo mit der Fürstentochter Mathilde unmittelbar von den Ottonen (wie Kaiser Heinrich) abstammend, kommt daher als möglicher Nachfolger im Reich infrage. Der Kaiser erwägt eine verwandtschaftliche Bindung durch Verheiratung Konrads mit seiner Tochter Mathilde. Außerdem liegt der Kaiser im Westen im Streit mit Herzog Gottfried dem Bärtigen von Lothringen, sodass ein möglicher Verbündeter dieses Rebellen, nämlich Konrad, neutralisiert werden muss. Darüber hinaus benötigt der Kaiser auch Hilfe im Kampf gegen die Ungarn. Deshalb ernennt er im Jahre 1049 in Regensburg den Grafen Konrad von Zytphen zum Herzog von Bayern.

In den Jahren 1050 und 1051 unternimmt Kaiser Heinrich einen erneuten, allerdings nicht erfolgreichen Feldzug gegen die Ungarn, an dem sich auch Konrad beteiligt. 1052 wird Pressburg (das heutige Bratislava) belagert. Kaiser Heinrich beendet allerdings die Belagerung, nachdem der ungarische König Andreas den Papst um Hilfe gegen die Deutschen bittet. Papst Leo IX. begibt sich daraufhin persönlich nach Pressburg und beendet den Streit.

Konrad erhält nach seiner Einsetzung als bayerischer Herzog zusätzliche Machterweiterungen. Durch die Heirat mit der Grafentochter aus dem Geschlecht der fränkischen Babenberger erlangt er die Anwartschaft auf einen erheblichen Erbschaftsanspruch, wenn sein Schwiegervater ohne männliche Nachkommen stirbt. Dieser Graf Otto von Schweinfurt ist 1048 zum Herzog von Schwaben ernannt worden, sodass sich auch die Machtstellung seines Schwiegervaters erweitert. Außerdem erhält Konrad noch zu Lebzeiten seines Schwiegervaters umfangreiche Güter in Franken und durch die Heirat mit Jutta zusätzlich auch einen bedeutenden Alodialbesitz in Franken und Thüringen.

Auf dem Hoftag in Merseburg im Mai/Juni 1053 kommt es zu einer Auseinandersetzung zwischen Konrad und Bischof Gebhard von Regensburg. Der unmittelbare Anlass ist wohl der Überfall Konrads auf die bischöfliche Burg Parkstein in der Oberpfalz, die Konrad zerstört. Auch der Kaiser steht nicht mehr hinter Konrad. Denn einerseits hat Kaiser Heinrich III. nun (seit 1050) einen eigenen männlichen Nachfolger. Andererseits wird ihm der bayerische Herzog Konrad in seiner Machtfülle nun auch zu stark und damit gefährlich für die eigene Machtposition. Dem bayerischen Herzog Konrad wird auf dem Hoftag seine Haltung gegenüber dem Gegner in den Feldzügen gegen die Ungarn vorgeworfen, nachdem der Verdacht besteht, dass Konrad politische Verbindungen zu König Andreas von Ungarn unterhält. Diese Auseinadersetzung nimmt der Kaiser zum Anlass, Konrad das Herzogtum Bayern zu entziehen. Tatsächlich will aber auch Kaiser Heinrich das bayerische Herzogtum als das Kronland für die Salier und für seinen eigenen Sohn und Nachfolger Heinrich zurückhaben. Konrad verliert damit nicht nur Bayern, er wird auch mit der Acht und dem Bann belegt. Nachfolger wird der dreijährige Sohn des Kaisers.

Damit sind aber die Grafen von Scheyern und auch die Welfen keineswegs einverstanden. Sie rufen deshalb Konrad aus Ungarn zurück, der nach seiner Ächtung zum ungarischen König, dem Gegner des Reichs, geflüchtet war. Konrad solle in Bayern anstelle des unmündigen Herzogs Heinrich VIII. wieder in seine Machtstellung eingesetzt werden. Dies kann aber Bischof Gebhard von Eichstätt verhindern, der Konrad zurückschlagen kann. Konrad muss wieder nach Ungarn fliehen.

Konrad wird wiederum geächtet. Er versucht nunmehr, von Ungarn aus mit Unterstützung des ungarischen Königs Andreas das Herzogtum Kärnten zu erobern, zumal er in diesem Territorium über zahlreiche Anhänger verfügt. In dieser Zeit befindet sich der Kaiser in Italien. Die Rebellen in Bayern, denen sich nun auch der Oheim des Kaisers, Bischof Gebhard von Regensburg, überraschend angeschlossen hat, beabsichtigen nichts weniger als die Absetzung und Ermordung des Kaisers, nachdem dieser den Adeligen im Reich allmählich selbst zu mächtig geworden ist. Der Aufstand bricht schließlich dadurch von selbst zusammen, dass die beiden führenden Rebellen, Konrad von Zytphen und Graf Welf, im Jahre 1055 überraschend versterben.

Nachfolger Herzog Konrads von Zytphen bleibt somit der unmündige Sohn Kaiser Heinrichs, Herzog Heinrich VIII., der ab 1056 als designierter König Heinrich IV. im Reich offiziell die Herrschaft übernehmen sollte.

Während der Regierungszeit Konrads dringen die Normannen in England ein, das bisher von Kelten, Angelsachsen, Wikingern und Dänen besetzt gehalten wird. Ab diesem Zeitpunkt entwickelt sich auch im deutschen Raum die mittelhochdeutsche Sprache. In der Zeit ab 1050 entsteht der romanische Baustil, wie er sich vor allem in der Errichtung des Speyerer Doms durch die Salier manifestiert. In dieser Zeit beginnt schließlich auch der europäische Fernhandel, der bis in die Mitte des 15. Jahrhunderts zu einem engen Handelsnetz über ganz Europa führt.

Bayern unter den Saliern

Heinrich VIII. (1053–1054/1077–1095)

Päpste:		Könige Frankreichs:	
Leo IX.	1049–1054	Heinrich I.	1031–1060
Viktor II.	1055–1057	Philipp I.	1060–1108
Stephan IX.	1057–1058		
Benedikt X.	1058	**Deutsche Könige und Kaiser:**	
Nikolaus II.	1058–1061	Heinrich III.	1039–1056
Alexander II.	1061–1073	Heinrich IV.	1056–1106
Honorius	1061–1064	Rudolph von Schwaben	1077–1080
Gregor VII.	1073–1085	Hermann von Salm	1081–1088
Klemens III.	1080–1100		
Viktor III.	1086–1087	**Markgrafen von Österreich:**	
Urban II.	1088–1099	Adalbert I.	1018–1055
Paschalis II.	1099–1118	Ernst	1055–1075
		Leopold II.	1075–1095

Herzog Heinrich VIII. aus dem Geschlecht der Salier ist, von seinem Vater Kaiser Heinrich III. 1053 eingesetzt, zunächst Herzog von Bayern bis 1054. Danach wird sein jüngerer Bruder Konrad (II.) als Herzog von Bayern eingesetzt. Nach dessen Tod (1055) übernimmt Heinrichs Mutter, die Kaiserin Agnes, die Herrschaft in Bayern und übergibt 1061 das Herzogtum Bayern an Otto von Northeim. 1070 erhält Welf I. das Herzogtum Bayern, wird jedoch 1077 von Heinrich, seit 1056 deutscher König, abgesetzt. Heinrich behält Bayern als Herzogtum und Kronland bis 1095 und übergibt es 1095 wieder an Welf I. Heinrich wird am 11. November 1050 vermutlich in Goslar geboren. Er stirbt am 7. August 1106 in Lüttich. Seine Eltern sind Kaiser Heinrich III. und dessen zweite

Gemahlin Agnes, die Tochter des Herzogs Wilhelm von Poitou. Verheiratet ist Heinrich in erster Ehe mit der schönen und gebildeten Bertha von Turin, der Tochter Ottos von Savoyen. Aus dieser Ehe stammen die Söhne Konrad, der spätere Gegenkönig Konrad (III.), der spätere Kaiser Heinrich V. und die Tochter Agnes. Diese bringt als Gemahlin Friedrichs von Schwaben das Erbe der Salier den Hohenstaufern ein. In zweiter Ehe ist Agnes mit Leopold von Babenberg verheiratet. Heinrich heiratet in zweiter Ehe Praxedis, die Tochter eines Großfürsten aus Kiew, die Witwe des Markgrafen Heinrich III. der Nordmark. Praxedis, zu Deutsch Adelheid genannt, selbst der ehelichen Untreue verdächtigt, belastet ihren zweiten Gemahl schwer mit moralischen Vorwürfen, weswegen Synoden in Konstanz und Piacenza abgehalten werden.

Heinrich wird, 1053 vom Vater mit dem Herzogtum Bayern belehnt, im November desselben Jahres in Tribur zum König gewählt und 1054 in Aachen gekrönt. Mit zwölf Jahren wird Heinrich, der unter der Vormundschaft seiner verwitweten Mutter steht, von Erzbischof Anno II. von Köln aus Kaiserwerth entführt, der damit in die Reichsherrschaft Einfluss zu nehmen sucht. Aber Erzbischof Adalbert von Hamburg-Bremen kann ab dem folgenden Jahr durch Einflussnahme auf den jungen Heinrich die Reichsregierung in seinem Sinne lenken. Auf Betreiben der Fürsten muss Heinrich seinen lieb gewonnenen Ratgeber Erzbischof Adalbert 1066 in Tribur entlassen.

Heinrich steht in dauerndem Kampf vor allem mit dem Grafen Welf und dem mächtigen Herrscher aus Sachsen, Otto von Northeim, der sich bereits 1069, zu diesem Zeitpunkt durch die Einsetzung Heinrichs Mutter Agnes noch Herzog von Bayern, gegen Heinrich erhebt. 1076 setzt Heinrich in Verkennung seiner Machtverhältnisse den Papst ab. Darauf belegt dieser Heinrich mit dem Kirchenbann, worauf Heinrich als Gebannter seine Herrschergewalt praktisch verliert. Anstatt diese päpstliche Entscheidung mit Militärgewalt zu bekämpfen, versteht es Heinrich geschickt, im eiskalten Winter 1076/77 unter größten Strapazen mit seiner Gemahlin Berta und seinem kleinen Sohn Konrad in Eilmärschen dem nach Augsburg reisenden Papst entgegenzukommen. Papst Gregor VII. flüchtet sich vor der vermeintlichen Gewaltanwendung auf die Burg Canossa zu Mathilde von Tuszien. Am 28. Januar 1077 muss der Papst Heinrich schließlich vom Kirchenbann wieder lossprechen.

In den Schlachten von Mellrichstadt 1078 und Flarchheim 1080 gelingt es Heinrich, die starke Opposition des Babenberger Markgrafen Leopold II. mit einem großen bayerischen Aufgebot zu besiegen. In diesem Jahr wird Heinrich aber auch erneut mit dem Kirchenbann belegt und muss sogar im Oktober gegen die beiden ärgsten Feinde, den Gegenkönig Rudolph von Rheinfelden und Otto von Northeim, in einer offenen Feldschlacht an der Elster bei Hohenmölsen eine Niederlage hinnehmen. Rudolph von Schwaben verliert in dieser

Schlacht allerdings seine rechte Hand (die Schwurhand) und stirbt schließlich an seinen schweren Verletzungen. Dieses Ereignis empfinden die Zeitgenossen als ein Gottesurteil, nachdem Rudolph dem Schwager mit dieser Hand Treue geschworen hatte. Heinrichs Machtstellung festigt sich wieder.

Ostern 1079 hatte er seinem Schwiegersohn Friedrich von Staufen für seine Unterstützung das Herzogtum Schwaben übergeben, durch dessen Enkel Friedrich Barbarossa die Staufer in der Folge zur mächtigen europäischen Dynastie aufsteigen sollten. 1082 wird Herzog Wratislav von Böhmen zum Dank für seine Treue zum König von Böhmen ernannt.

Im Kampf gegen den ehemaligen Herzog Welf I., seit 1077 von Heinrich als Herzog von Bayern abgesetzt, kann Heinrich 1084 Augsburg besetzen und Markgraf Leopold II. unterwerfen, der die Ostmark vorübergehend an Wratislav von Böhmen verliert.

1085 erlässt Heinrich von Mainz aus im Reich einen Gottesfrieden, der die allgemeine Fehde an bestimmten Tagen verbietet. 1099 verkündet er außerdem in Bamberg den allgemeinen Landfrieden, wodurch Heinrich einerseits eine umfassende Rechtssicherheit im Reich zu schaffen versucht, andererseits durch eine günstige Politik zugunsten der Städte, die am meisten von dem Frieden profitieren, sich eine Stütze gegen die Fürsten aufbauen kann.

Das Jahr 1093 schafft für Heinrich politisch eine besonders kritische Situation. Einerseits muss er erneut den Welfen Welf I. bekämpfen, der vor allem die Pässe nach Deutschland kontrolliert, andererseits erhebt sich auch sein ältester Sohn Konrad gegen ihn, sodass er sich vorübergehend nur auf den Burgen der ihm treu ergebenen Grafen von Eppenstein aufhalten kann. Auch die lombardischen Städte verbünden sich in diesem Jahr gegen Heinrich.

Das Jahr 1095 bringt jedoch für Heinrich die Wende. Die Welfen söhnen sich nun mit ihm aus. Der spätere bayerische Herzog Welf II. erfährt nämlich, dass seine 23 Jahre ältere Gemahlin Mathilde von Tuszien ihre reichen Güter bereits dem Papst vermacht hat, sodass die für die Welfen nunmehr uninteressant gewordene Ehe mit Welf II. aufgelöst wird. Dessen Vater Welf I. wird daraufhin von Heinrich wieder mit dem Herzogtum Bayern belehnt.

Um die Jahrhundertwende beginnt auch Heinrichs jüngerer Sohn Heinrich (der spätere Kaiser Heinrich V.) in Verbindung mit dem bayerischen Adel gegen den Vater zu rebellieren. Nachdem Heinrichs ältester Sohn Konrad nach zahlreichen Aufständen gegen seinen Vater 1101 stirbt, führt Konrads jüngerer Bruder Heinrich (V.) die Auseinandersetzungen in beschämender Weise gegen seinen Vater fort und zwingt ihn, in Haft gehalten, zur Abdankung. Heinrich kann entfliehen und sucht die Entscheidung in einer Feldschlacht, stirbt aber vorher.

Heinrichs Nachfolger im Amt des bayerischen Herzogs wird 1054 sein jüngerer Bruder Konrad, der, erst drei Jahre alt, bereits nach einem Jahr stirbt. In der Zwischenzeit regieren die Kaiserin Agnes (1055 bis 1061),[1] Otto von Northeim (1061 bis 1070)[2] und Welf I.[3] das Herzogtum Bayern. 1096 belehnt Heinrich erneut Welf I. mit dem Herzogtum Bayern, der daraufhin zu einem treuen Anhänger Heinrichs wird.

Während der Regierungszeit Heinrichs ist 1077 der Höhepunkt des Investiturstreits zwischen dem Kaiser und dem Papsttum, die um die Macht kämpfen, wer den Bischof in sein Amt einsetzen darf. Das Papsttum steht zu diesem Zeitpunkt auf einem Höhepunkt seiner Macht. 1095 löst der Papst auf dem Konzil von Clermont die Kreuzzugsbewegung aus, die mit insgesamt sieben Kreuzzügen im Wesentlichen erfolglos verläuft, die abendländische Kultur aber mit der geistigen, kulturellen und wirtschaftlichen Welt des Orients in Berührung bringt.

---

[1] Siehe Seite 142.
[2] Siehe Seite 146.
[3] Siehe Seite 152.

Konrad II. (1054–1055)

Päpste:		*Deutscher König und Kaiser:*	
Leo IX.	*1049–1054*	*Heinrich III.*	*1039–1056*
Viktor II.	*1055–1057*		
		Markgraf Österreichs:	
König Frankreichs:		*Adalbert I.*	*1018–1055*
Heinrich I.	*1031–1060*		

Konrad II. aus dem Geschlecht der Salier ist der offizielle Herzog von Bayern in der Zeit von 1054 bis zu seinem frühen Tod 1055. Konrad wird 1052 geboren, er stirbt bereits mit drei Jahren am 10. April 1055. Seine Eltern sind Kaiser Heinrich III. und dessen zweite Gemahlin, die aquitanische Fürstentochter Agnes, Tochter des Herzogs Wilhelm von Poitou.

Weitere persönliche Daten über Konrad sind nicht bekannt.

Konrad, zu diesem Zeitpunkt ein Kind von zwei Jahren, wird von seinem Vater Kaiser Heinrich im Juni 1054 mit dem Herzogtum Bayern belehnt. Denn Konrads ältester Bruder Heinrich, mit drei Jahren ein Jahr zuvor ebenfalls mit dem Herzogtum Bayern belehnt, soll im Juni 1054 in Aachen zum König gekrönt werden. Weil Heinrich (der spätere Kaiser Heinrich IV.) als Nachfolger im Reich bestimmt ist, andererseits die Familie der Salier mit dem Herzogtum Bayern ein wichtiges Kronland behalten wollen, soll der junge Konrad die Nachfolge in Bayern antreten.

Die Regentschaft für den unmündigen Herzog Konrad führt, ebenso wie für den unmündigen Herzog Heinrich von 1053 bis 1054, der Bischof Gebhard von Eichstätt. Dieser Bischof von Eichstätt besitzt das uneingeschränkte Vertrauen des Kaisers. Denn Bischof Gebhard ist ein vom Kaiser sehr geachteter Berater in Regierungsangelegenheiten, der von Kaiser Heinrich 1042 zum Dank als Anerkennung den Bischofssitz Eichstätt erhält. Bischof Gebhard ist an dem Ausbau und der Weiterentwicklung dieser Diözese sehr viel gelegen. Aus diesem Grund behält er dieses Bischofsamt noch, als er im April 1055 vom Kaiser als Papst Viktor II. in Rom eingesetzt wird. Er verwaltet es auch von Rom aus weiter als strenger Verfechter gegen Simonie, die Priesterehe und gegen Entziehung von Kirchengut.

Nachfolger Konrads im Herzogtum Bayern wird nach seinem Tod seine Mutter Agnes, die Kaiser Heinrich, Gemahl der Agnes im Jahre 1055, ein Jahr vor seinem Tod selbst als Herzogin in Bayern einsetzt.

Während der offiziellen Regierungszeit Konrads als Herzog von Bayern kann Polen im Jahre 1054 Schlesien vom Herzogtum Böhmen wieder zurückgewinnen. In diesem Zeitraum erfolgt auch die endgültige Trennung der morgenländischen (orthodox-anatolischen) christlichen Kirche von der römisch-katholischen Kirche.

Agnes (1055–1061)

Päpste:		Deutsche Könige und Kaiser:	
Viktor II.	1055–1057	Heinrich III.	1039–1056
Stephan IX.	1057–1058	Heinrich IV.	1056–1106
Benedikt X.	1058		
Nikolaus II.	1058–1061	Markgrafen Österreichs:	
Alexander II.	1061–1073	Adalbert I.	1018–1055
Honorius	1061–1064	Ernst I.	1055–1075
Könige Frankreichs:			
Heinrich I.	1031–1060		
Philipp I.	1060–1108		

Agnes aus einem aquitanischen Fürstengeschlecht, durch Heirat verbunden mit dem Geschlecht der Salier, regiert als Herzogin von Bayern von 1055 bis 1061. Sie wird um 1025 geboren und stirbt am 14. Dezember 1077 in Rom.

Ihr Vater ist Herzog Wilhelm von Burgund, ihre Mutter ist nicht bekannt. Verheiratet ist Agnes seit 1043 mit dem verwitweten Kaiser Heinrich III. Aus dieser Ehe stammen die Söhne Kaiser Heinrich IV. und der offizielle Herzog Konrad II. von Bayern, der im Alter von drei Jahren stirbt. Außerdem hat Agnes aus dieser Ehe die Töchter Mathilde, die den Gegenkönig Rudolph von Rheinfelden heiratet, Judith, die in erster Ehe mit König Salomo von Ungarn, in zweiter Ehe mit Herzog Wladislav von Polen verheiratet ist, sowie Adelheid, die Äbtissin der Stifte Gandersheim und Quedlinburg. Agnes wird 1046 zusammen mit ihrem Gemahl in Rom zur Kaiserin gekrönt.

1055 wird sie von ihrem Gemahl mit dem Herzogtum Bayern belehnt, nachdem ihr Sohn Konrad, Herzog von Bayern 1055, mit drei Jahren stirbt. Der Kaiser will das wichtige Herzogtum nicht aus der Hand zu geben. Ihr politischer Ratgeber ist Bischof Heinrich von Augsburg, für den sie an Allerheiligen 1059 einen Streit mit dem bayerischen Grafen Diepold und dessen Sohn Ratpoto schlichten kann. Mit Bischof Gunter von Bamberg gerät Agnes jedoch in Streit, weil sie entgegen der letztwilligen Verfügung ihres Mannes die früheren Güter des Bistums Bamberg einbehalten will.

Nach dem Tod ihres Gatten 1056 ist Agnes, die nun auch die Regentschaft im Reich für ihren unmündigen Sohn Heinrich führen muss, ganz auf sich allein gestellt. Sie bemüht sich noch im selben Jahr, die laufenden Auseinandersetzungen mit den Ungarn durch einen Friedensschluss zu beenden, was ihr 1058 auch gelingt. Dabei verzichtet sie, vermutlich wegen der Ehe ihrer Tochter Judith mit dem ungarischen Königssohn Salomo, auf den Lehenseid des Königs Andreas von Ungarn gegenüber dem deutschen Herrscher.

1057 begeht sie einen folgenschweren Fehler und übergibt ihrem Schwiegersohn Rudolph das Herzogtum Schwaben. Damit ermöglicht sie dem späteren Gegner ihres Sohnes Heinrich die Machtstellung als schwäbischer Herzog und die kraftvolle Stellung eines Gegenkönigs. Agnes versucht auch, König Andreas von Ungarn in dessen Kampf gegen seinen Bruder Bela zu unterstützen. Dabei kommt es jedoch zu der großen Niederlage des bayerischen und thüringischen Aufgebots bei Wieselburg.

1061 wird ihr Sohn Heinrich von Erzbischof Anno von Köln in Kaiserwerth entführt. Infolge der Niederlage bei Wieselburg und auch durch die Opposition ihres Widersachers Erzbischof Anno II. von Köln ist Agnes nun gezwungen, auf dem Reichstag in Regensburg 1061 auf Bayern zu verzichten und das Herzogtum dem mächtigen Grafen Otto von Northeim zu übergeben. Nachdem sie auch noch das Herzogtum Kärnten an Berthold von Zähringen übergibt, besitzen die Salier, unter Kaiser Heinrich III. noch ein mächtiges und begütertes Herschergeschlecht mit einer Reihe von Herzogtümern, nach kurzer Zeit kein eigenes Herzogtum mehr.

Agnes, Mitbegründerin des Augustiner-Chorherrenstifts St. Nikola in Passau, geht nach ihrem Verzicht auf das Herzogtum Bayern nach Rom und wird Nonne. Sie kehrt später noch einige Male nach Deutschland zurück, um in dem großen Investiturstreit zwischen dem Papst und ihrem Sohn Heinrich IV. sowie im Kampf zwischen Heinrich und seinem Schwager Rudolph von Schwaben zu vermitteln, vertritt dabei aber immer die offizielle Meinung der Kirche.

Nachfolger im Herzogtum Bayern wird der von Agnes selbst eingesetzte mächtige Graf von Sachsen, Otto von Northeim.

Während der Regierungszeit Agnes' überträgt 1059 Papst Nikolaus II. die Papstwahl dem Kardinalskollegium. Im Jahre 1060 ist der Dom zu Speyer, die Grabstätte der salischen Kaiser, im Wesentlichen fertig gestellt.

Bayern unter den Grafen von Northeim
(1061–1070)

Das Geschlecht der Grafen von Northeim ist ein sächsisches Adelsgeschlecht, das mit seinem Stammvater Graf Otto um 950 erstmalig erwähnt wird. Die Familie führt ihre Bezeichnung nach ihrem Stammsitz in Northeim (nördlich des heutigen Göttingen). Das Adelsgeschlecht besitzt in der Gegend um die Leine (heutiges Niedersachsen) zahlreiche Güter, außerdem die Vogteirechte in den Reichsstiften Helmarshausen und Gandersheim.

Ein Enkel des Stammvaters ist Otto, der der führende und bekannteste Vertreter dieser Adelsfamilie der Grafen von Northeim wird. Diesem Grafen Otto von Northeim gelingt es 1061, den Anschluss an den Hochadel zu gewinnen und von Kaiserin Agnes mit dem Herzogtum Bayern belehnt zu werden. Durch seine Heirat mit Richenza, vermutlich aus der rheinischen Pfalzgrafenfamilie der Ezzonen abstammend, können die Grafen von Northeim umfangreichen Besitz im Gebiet Westfalen zuerwerben.

Mit dem bekanntesten Vertreter des Geschlechts, Otto von Northeim, teilt sich die Familie in die Nachkommenslinien des Grafen Heinrich des Fetten, des Grafen Kuno von Beichlingen und des Grafen Siegfried von Boyneburg. Außerdem hat Graf Otto von Northeim eine bekannte Tochter namens Ethelinde, die in die Grafenfamilie der Welfen heiratet. Diese Ehe wird aus politischen Gründen aber wieder gelöst.

Das Geschlecht der Grafen von Northeim stirbt mit Graf Siegfried, dem Sohn Siegfrieds von Boyneburg, im Jahre 1144 im Mannesstamm aus. Über die Tochter Heinrichs des Fetten, Richenza, werden die zahleichen Familiengüter weitervererbt. Richenza heiratet den Sachsenherzog und späteren deutschen Kaiser Lothar von Supplinburg. Als Erbin des reichen Besitzes bringt sie eine große Mitgift in die Ehe. Ihre Tochter aus dieser Ehe, Gertrud, wird wiederum Alleinerbin und heiratet 1127 den Welfenherzog Heinrich den Stolzen, womit der gesamte Territorialbesitz der Grafen von Northeim an die Familie der Welfen übergeht.

TAFEL 8

Genealogische Übersicht der Grafen von Northeim

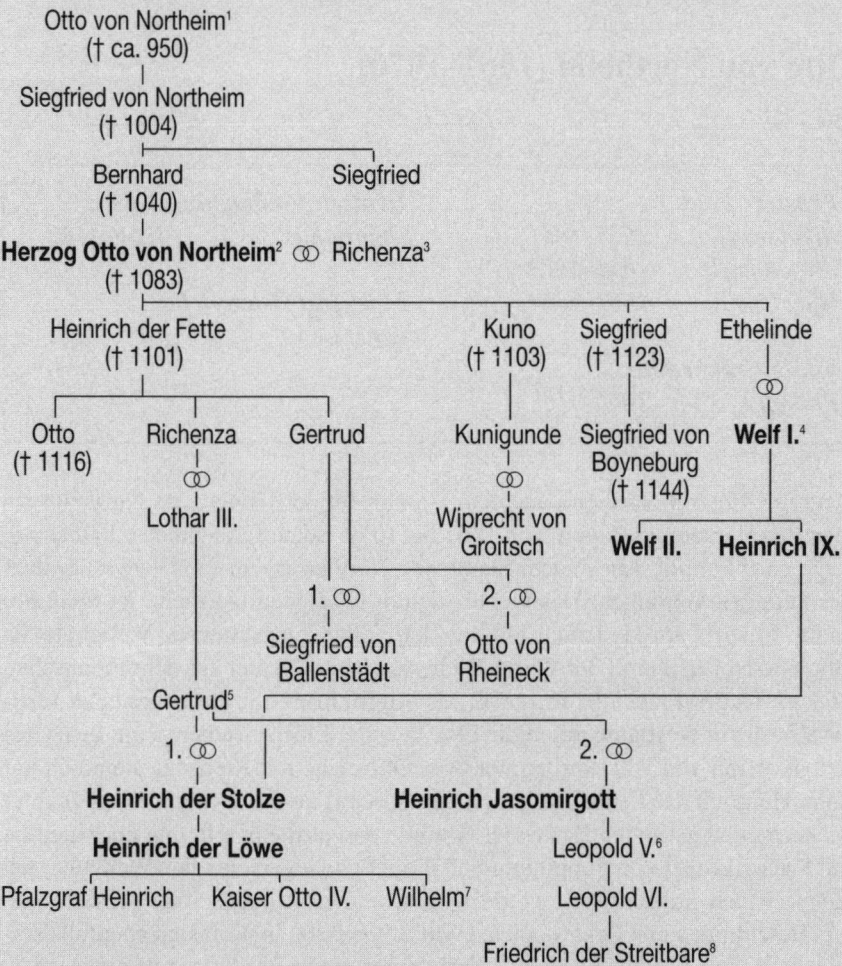

[1] Erster bekannter Graf aus dem Geschlecht der Grafen von Northeim.
[2] Bayerischer Herzog, bedeutendster Vertreter des Geschlechts.
[3] Grafentochter aus dem Geschlecht der Ezzonen, siehe Seite 130.
[4] Bayerischer Herzog aus dem Geschlecht der Welfen, siehe Seite 149.
[5] Gertruds erste Ehe mit dem Welfen, die zweite Ehe mit dem Babenberger, siehe Seite 162.
[6] Nachfolger Heinrichs aus seiner zweiten Ehe mit Theodora von Byzanz.
[7] Begründer der heute noch lebenden Linie Braunschweig-Lüneburg.
[8] Mit ihm sterben die Babenberger 1246 aus.

Otto von Northeim (1061–1070)

Päpste:		Deutscher König und Kaiser:	
Nikolaus II.	1058–1061	Heinrich IV.	1056–1106
Alexander II.	1061–1073		
Honorius	1061–1064	Markgraf Österreichs:	
		Ernst I.	1055–1075
König Frankreichs:			
Philipp I.	1060–1108		

Herzog Otto von Northeim aus dem Geschlecht der Grafen von Northeim regiert das Herzogtum Bayern von 1061 bis 1070. Seinen Beinamen erhält er wie seine ganz Familie von seinem Stammsitz Northeim, seinem Hausgut nördlich des heutigen Göttingen. Das Geburtsdatum Ottos von Northeim ist nicht bekannt. Er stirbt am 11. Januar 1183 an den Folgen eines Sturzes. Verheiratet ist Otto von Northeim mit der Witwe Richenza, einer Tochter aus dem rheinischen Pfalzgrafengeschlecht der Ezzonen. Als Mitgift bringt sie umfangreichen Territorialbesitz in Westfalen mit in die Ehe. In erster Ehe ist Richenza mit dem Grafen Hermann von Werl verheiratet. Aus Ottos Ehe mit Richenza stammen der Sohn Heinrich der Fette, Titularherzog und Graf an der Weser, dessen Tochter Richenza den gesamten Besitz der Grafen von Northeim erbt und über die Ehe mit Kaiser Lothar von Supplinburg an ihren Schwiegersohn, den Welfenherzog Heinrich den Stolzen, weitervererben wird. Zwei weitere Söhne, Graf Kuno von Beichlingen und Graf Siegfried von Boyneburg, hinterlassen ebenfalls keine männlichen Erben. Die einzige Tochter aus dieser Ehe Ottos mit Richenza ist Ethelinde, verheiratet mit dem Welfenherzog Welf I., der sie nach seiner Versöhnung mit König Heinrich IV. verstößt.

Otto von Northeim, zu diesem Zeitpunkt bereits ein mächtiger und einflussreicher Graf in Sachsen, wird 1061 auf dem Reichstag von Regensburg von der Kaiserin Agnes, die die Regentschaft für ihren unmündigen Sohn, den deutschen König Heinrich IV., ausübt, mit dem Herzogtum Bayern belehnt. Zunächst war Agnes von ihrem Gemahl Kaiser Heinrich III. 1055 als Herzogin in

Bayern eingesetzt worden. Im Jahre 1061 muss Agnes auf Bayern verzichten, nachdem die Adeligen im Reich ihr die Niederlage bei Wieselburg gegen die Ungarn im Jahre 1060 anlasten.

Otto von Northeim drängt nach der Übernahme des Herzogtums Bayern im Jahre 1061 die Regentin und den jungen König Heinrich, einen neuen Waffengang gegen die Ungarn zu unternehmen, der schließlich auch zwei Jahre später zustande kommt. Bei diesem Feldzug übernehmen Otto von Northeim und der junge König Heinrich die Führung des militärischen Aufgebots und können es schließlich erreichen, dass nach der Niederlage vor drei Jahren nunmehr die Ungarn unterliegen und Wieselburg eingenommen wird.

Im Jahr 1063 stirbt der ungarische König Bela, sodass es dem jungen König Heinrich IV. gelingt, seinen Schwager Salomon als König von Ungarn an die Macht zu bringen.

Während weitere Aktionen Ottos von Northeim in Bayern nicht nachgewiesen sind, spielt er aber in der folgenden Zeit bis zu seiner Absetzung als bayerischer Herzog in der Reichspolitik eine entscheidende und eine für den jungen König Heinrich verhängnisvolle Rolle. 1064 ist er mit dem Erzbischof Anno von Köln in Italien unterwegs, um das päpstliche Schisma in Mantua beizulegen. 1066 erreicht es Otto auf dem Fürstentag zu Tribur, dass der Erzbischof von Hamburg-Bremen, Adalbert I., als Ratgeber und Vertrauensmann des jungen Königs entlassen wird. Denn Adalbert, ein ehrgeiziger Fürstbischof, steht mit dem Geschlecht der Billunger in territorialen Auseinandersetzungen und versucht sogar die Reichsabteien Corvey und Lorsch sich anzueignen. Die fortlaufenden Konflikte Ottos mit dem Kaiserhaus stehen offensichtlich auch mit dem Wunsch des jungen Königs in Zusammenhang, den Familienbesitz der Salier mit Territorien abzurunden, die an die Gebiete Ottos in Sachsen angrenzen.

Im Jahre 1070 wird Otto von Northeim wegen Hochverrats angeklagt, ein Attentat auf König Heinrich IV. geplant zu haben. Auf dem Hoftag zu Goslar wird er als Herzog von Bayern abgesetzt, außerdem all seiner Güter und Würden für verlustig erklärt und sogar zum Tode verurteilt, anschließend jedoch begnadigt. Gleichzeitig verfällt er jedoch der Acht. Otto von Northeim kämpft nun zusammen mit Herzog Magnus von Sachsen aus der Familie der Billunger offen gegen den König. 1071 muss er sich aber unterwerfen und kann so seine Reichslehen und Eigengüter teilweise wieder zurückerlangen. Auch in der Folgezeit ist Otto immer an Aufständen gegen Heinrich als führende Kraft beteiligt. Im Jahre 1073 gelingt es ihm fast, vom König wieder mit dem Herzogtum Bayern belehnt zu werden. Denn Welf I., der 1070 Herzog von Bayern geworden ist, verbündet sich nun im Investiturstreit mit dem Papst gegen den König. Um diese nun drohende Wiedereinsetzung Ottos von Northeim als bayerischer Herzog zu verhindern, geben die Welfen ihren Widerstand gegen König Heinrich auf und beteiligen sich auf dessen Seite 1075 am Sachsenkrieg gegen Otto.

Diese Kontroverse zwischen Heinrich und Otto von Northeim veranlasst Herzog Welf I. sogar, seine Gemahlin Ethelinde, die Tochter Ottos von Northeim, dem Schwiegervater zurückzuschicken und daraufhin Judith, die Tochter des Grafen Balduin von Flandern, zu heiraten. Den Seitenwechsel belohnt Heinrich IV. mit der erneuten Bestätigung des Herzogtums Bayern an die Welfen. Otto, in Ungnade gefallen, wird noch einmal begnadigt und daraufhin zum Reichsverweser von Sachsen ernannt.

In den folgenden Jahren bleibt Otto jedoch immer der führende Rebell im Widerstand gegen den König. Vor allem unterstützt Otto von Northeim die Gegenkönige Rudolph von Schwaben und Hermann von Salm. Diese Gegnerschaft gegen den deutschen Herrscher behält Otto von Northeim, auch weiterhin der mächtige Graf in Sachsen, bis zu seinem Tod 1083 bei.

Nachfolger im Herzogtum Bayern wird sein zeitweiliger Partner und Gegner Welf I.

Während der Regierungszeit Ottos von Northeim dringen die Normannen, die sich in Unteritalien aufhalten, ab 1061 allmählich in das von den Arabern besetzte Sizilien ein.

1066 besiegt Wilhelm der Eroberer, Herzog aus der Normandie, in der Schlacht bei Hastings den Angelsachsen Harald II. und erringt in England die Herrschaft; dadurch verbreitet sich die französische Sprache in England, vor allem beim Adel. Kaufleute aus Amalfi gründen 1070 in Jerusalem den Johanniterorden mit Rittern, Priestern und Dienern zur Krankenpflege.

Bayern unter den Welfen
(1070–1077/1096–1138/1156–1180)

Die Welfen sind ein deutsches Adelsgeschlecht, dessen Herkunft nicht völlig geklärt ist. Möglicherweise sind sie mit dem bayerischen Geschlecht der Huosi aus der Agilolfingerzeit verwandt, führen aber ihre Herkunft auf die Gegend um Metz, das Zentrum der merowingisch-fränkischen Zeit, zurück. Auf jeden Fall ist die Familie der Welfen im östlichen Schwaben um das Jahr 800 mit Besitzungen aus dem Raum um Weingarten nachweisbar und führt ihren Namen auf den Grafen Welf zurück, der um 825 stirbt. Die Welfen sind auch mit den Karolingern verwandt. Kaiser Ludwig der Fromme und sein Sohn Ludwig der Deutsche heiraten jeweils eine Fürstentochter aus dem Geschlecht der Welfen. Diese beiden Schwestern, verheiratet jeweils mit Vater und Sohn, sollten somit beide jeweils zur Stammmutter der westlichen und östlichen Karolingerlinie werden. Außerdem gehören die Welfen seit 876 zur Linie der Könige von Burgund, die 1032 ausstirbt. Adelheid von Burgund, die Tochter König Rudolphs II., heiratet Kaiser Otto den Großen und wird damit zur Stammmutter der Ottonen. Daneben gibt es die so genannte ältere welfische Linie, die mit dem Grafen Welf III. 1055 endet.

Welf IV. ist der Sohn der Kunigunde, einer Schwester Welfs III., und deren Gemahl Markgraf Azzo, eines italienischen Adeligen. Dieser Neffe des Grafen Welf III., Welf IV. aus dem italienischen Geschlecht der Este, gilt als der Begründer des jüngeren welfischen Hauses (Haus Welf-Este), das seinen Hauptsitz in dem Gebiet um Ravensburg begründet. Welf IV. wird 1070 von König Heinrich IV. als Herzog Welf I. mit dem Herzogtum Bayern belehnt, womit die Dynastie der Welfen nicht nur in Bayern, sondern auch im Reich (wieder) Fuß fassen kann.

Heinrich dem Schwarzen, der seinem kinderlosen Bruder Herzog Welf II. als bayerischer Herzog nachfolgen kann, gelingt es bereits durch die Heirat mit Wulfhilde, der Tochter des sächsischen Herzogs Magnus aus dem Geschlecht der Billunger, weiträumigen Territorialbesitz in Sachsen zu erwerben. Mit seinem Sohn Heinrich dem Stolzen, bereits in dritter Generation Herzog von Bayern und Schwiegersohn Kaiser Lothars III. von Supplinburg, können die Welfen eine bedeutende und machtvolle Stellung im Reich erlangen. Als Herzog von Bayern und Sachsen und Besitzer der reichen Gebiete der Mathilde von

Tuszien ist Heinrich der Stolze mitlerweile so stark geworden, dass die Reichsfürsten an seiner Stelle lieber den Staufer Konrad III. zum deutschen König wählen. Der erhebliche Machtzuwachs bringt die Welfen auch frühzeitig in Konflikt mit dem Königtum und den Staufern, die ab 1137 mit Konrad die Reichsherrschaft erringen. Heinrich verliert die beiden Herzogtümer und seinen Eigenbesitz. Erst sein Sohn Heinrich der Löwe kann die alte Machtstellung wieder zurückerlangen. Der Staufer Kaiser Friedrich Barbarossa, ein Neffe des Welfen Heinrichs des Stolzen, versucht zwar, den Ausgleich zwischen Welfen und Staufern zu erreichen. Aber Heinrich der Löwe bewirkt durch seine starre und sich selbst überschätzende Haltung schließlich 1180 den endgültigen Bruch, der zur Niederlage der Welfen und zur Beschränkung ihres Herrschaftsbereichs auf den Eigenbesitz zwischen Elbe und Weser mit dem Mittelpunkt um Braunschweig führt.

Aus diesem Kernland Braunschweig entsteht durch Belehnung des Stauferkaisers Friedrich II. das Herzogtum Braunschweig-Lüneburg als unmittelbares Reichslehen. Die Linie der Braunschweiger Welfen teilt sich in der folgenden Zeit mehrfach, eine der Nebenlinien regiert bis 1884 im Herzogtum Braunschweig-Wolfenbüttel. Der andere Familienzweig, der von 1714 bis 1837 den englischen Thron innehat, herrscht bis 1866 im Königreich Hannover, bis dieses Land, nach dem Bruderkrieg zwischen Preußen und Österreich 1866 von Preußen annektiert, eine preußische Provinz wird. Von dem Familienzweig der Welfen Braunschweig-Lüneburg stammt schließlich das letzte welfische Herzogtum Braunschweig-Wolfenbüttel ab, aus dem durch die Verbindung zwischen Viktoria Luise von Preußen, der einzigen Tochter Kaiser Wilhelms II., und Herzog Ernst von Braunschweig unter anderem Friederike Luise, die Königin von Griechenland, abstammt.

Das Geschlecht der Welfen kann zwar aufgrund von Territorialbesitz im schwäbischen Raum um Weingarten, Ravensburg und Augsburg auch im Herzogtum Bayern Fuß fassen. Ihre Hauptaufgabe sehen die Welfen aber immer in der Ausgestaltung ihres sächsischen Herzogtums und in dessen Ausdehnung nach Osten und Norden. Trotz einer gewissen Bindung an Bayern (Gründung Münchens und Förderung des bayerischen Handels) erreichen sie es nicht, hier größere zusammenhängende Besitzungen zu erwerben und damit in Bayern ansässig zu werden. Auch die Zusammenarbeit mit dem bayerischen Adel gelingt durch die Haltung Heinrichs des Löwen nicht, weswegen er schließlich als letzter Welfenherzog, vom bayerischen Adel im Kampf mit den Staufern allein gelassen, das Herzogtum Bayern endgültig an das Pfalzgrafengeschlecht der Wittelsbacher verliert.

TAFEL 9

Genealogische Übersicht der Welfen

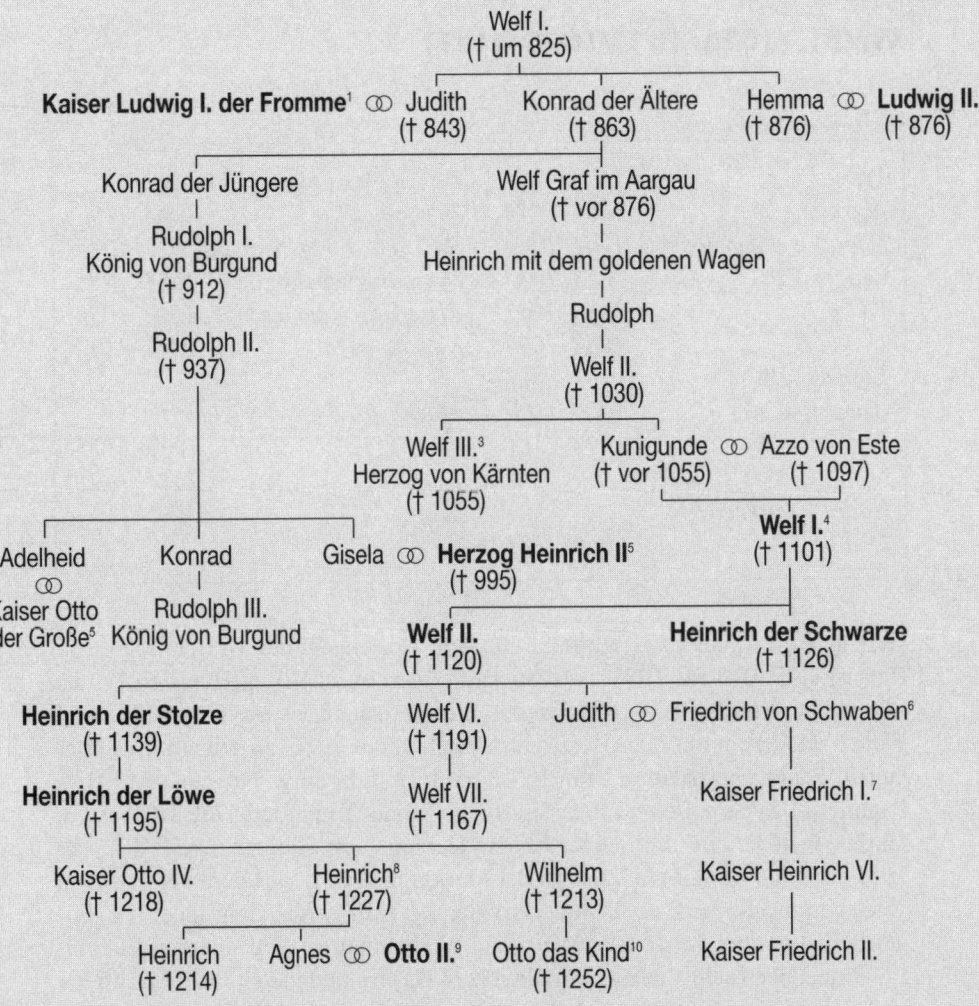

[1] Aus dem Geschlecht der Karolinger, siehe Seite 52.
[2] Begründer des ostfränkischen (deutschen) Reichs.
[3] Letzter männlicher Vertreter der älteren Welfenlinie.
[4] Begründer der jungen Welfenlinie, erster bayerischer Herzog.
[5] Aus dem Geschlecht der Ottonen, siehe Seite 94.
[6] Aus dem Geschlecht der Hohenstaufer, siehe Seite 167.
[7] Kaiser Friedrich Barbarossa.
[8] Inhaber des Pfalzgrafenamts bei Rhein.
[9] Aus dem Geschlecht der Wittelsbacher, siehe Seite 181.
[10] Begründer des heutigen Hauses Braunschweig-Lüneburg.

Welf I. (1070–1077/1096–1101)

Päpste:		Deutsche Könige und Kaiser:	
Alexander II.	1061–1073	Heinrich IV.	1056–1106
Honorius (Gegenpapst)	1061–1064	Rudolph von Schwaben*	1077–1080
Gregor VII.	1073–1085	Hermann von Salm*	1081–1088
Viktor III.	1086–1087	Ekbert von Meißen*	1088–1090
Urban II.	1088–1099	Konrad (III.)*	1093–1101
Klemens III.			
(Gegenpapst)	1080–1100	**Markgrafen Österreichs:**	
Paschalis II.	1099–1118	Ernst I.	1055–1075
		Leopold II.	1075–1095
König Frankreichs:		Leopold III.	1095–1136
Philipp I.	1060–1108		

Herzog Welf I., der erste Vertreter aus dem Geschlecht der Welfen, regiert in Bayern von 1070 bis 1077. Anschließend übernimmt König Heinrich IV. als bayerischer Herzog bis 1095 wieder die Herrschaft in Bayern. 1096 wird Welf I. wiederum mit dem Herzogtum belehnt, das er bis zu seinem Tod 1101 behält. Sein Geburtsdatum ist nicht bekannt, er stirbt am 8. November 1101 in Paphos auf Zypern. Seine Eltern sind seine Mutter Kunigunde, die Tochter des Grafen Welf II. und die Schwester des Herzogs von Kärnten, Welfs III., der 1055 erbenlos stirbt. Sein Vater ist der Markgraf Azzo II. aus dem italienischen Adelsgeschlecht der Este. Damit wird Herzog Welf I. zum Begründer der jüngeren Welfenlinie des Hauses Welf-Este. Verheiratet ist Welf in erster Ehe mit Ethelinde, der Tochter seines Vorgängers in Bayern und gleichzeitig mächtigen sächsischen Grafen und Verbündeten Otto von Northeim. Welf verstößt Ethelinde, als er sich mit Heinrich IV. 1070 aussöhnt, und schickt seine Gemahlin seinem Schwiegervater zurück. In zweiter Ehe heiratet er Judith (gestorben 1094),

---

* Gegenkönige.

die verwitwete Tochter des Grafen Balduin von Flandern. Aus dieser Ehe stammen die Söhne Welf II., Herzog von Bayern von 1101 bis 1120, und Heinrich IX., der Schwarze, bayerischer Herzog von 1120 bis zu seiner Abdankung 1126.

Herzog Welf wird Weihnachten 1070 auf dem Reichstag zu Goslar von König Heinrich IV. mit dem Herzogtum Bayern belehnt. Der Grund für die Belehnung liegt darin, dass Welf nach dem Hochverratsprozess gegen seinen Schwiegervater und Parteigänger Otto von Northeim, seinen Vorgänger im Herzogtum Bayern, auf die Seite des Königs wechselt und gleichzeitig seine Gemahlin Ethelinde, die Tochter Ottos von Northeim, zu ihrem Vater zurückschickt. In den kommenden Feldzügen gegen die Sachsen und vor allem ihren Anführer Otto von Northeim unterstützt Herzog Welf den König, insbesondere im Jahre 1073, um die drohende Machtübernahme und erneute Belehnung seines früheren Schwiegervaters Otto von Northeim mit Bayern zu verhindern. Welf ist dabei an der für den König erfolgreichen Schlacht bei Homburg im Jahre 1075 ebenso wie an dem Gefecht bei Langensalza im selben Jahr beteiligt.

Herzog Welf wechselt aber 1076 wieder auf die Seite der Gegner seines Förderers und Gönners Heinrich IV. Auf dem Fürstentag zum Tribur am 16. Oktober 1076 stimmt er ebenfalls für die Absetzung des Königs, falls dieser sich nicht binnen eines Jahres vom päpstlichen Bann lösen kann. Auf dem Fürstentag in Forchheim im März des folgenden Jahres, auf welchem der Schwabenherzog Rudolph von Rheinfelden als Gegenkönig aufgestellt wird, gehört Welf wieder zu den Gegnern Heinrichs IV. Als König Heinrich nach seinem erfolgreichen Gang nach Canossa, vom Kirchenbann befreit, nach Deutschland zurückkehrt, spricht der König Welf deswegen auf dem Reichstag zu Ulm 1077 das Herzogtum Bayern ab. Herzog Welf kann sich dagegen nicht wehren, nachdem seine Anhängerschaft in Bayern zu gering ist.

Der König vergibt das Herzogtum nicht neu, sondern behält es als Kronland, nachdem er bereits 1053 von seinem Vater Kaiser Heinrich III. als Herzog Heinrich VIII. eingesetzt wurde und bis 1054 offizieller Herzog blieb. Während Heinrich 1080 in Sachsen gegen seinen Schwager und Widersacher Rudolph von Schwaben kämpft, greift Welf zweimal die Stadt Augsburg an, worauf die Anhänger des Bischofs von Augsburg ihrerseits Siebnach, Welfs Burgsitz über der Wertach, zerstören. Im Jahre 1084 flammen die kriegerischen Handlungen zwischen Welf und Heinrich, nunmehr zum Kaiser gekrönt, erneut auf. Welf überfällt in diesem Jahr noch einmal die Stadt Augsburg und lässt sie plündern. In einem abermaligen Überfall auf Augsburg 1088 lässt Welf neben der Plünderung der Stadt auch deren Stadtmauern schleifen. Den Bischof Siegfried von Augsburg nimmt er gefangen und hält ihn in seiner Welfenfeste Ravensburg neun Jahre fest.

Der Kaiser ist in der Zwischenzeit bestrebt, an das reiche Erbe der Mathilde von Tuszien zu kommen. Aber auch die Welfen sind an diesem umfangreichen

Territorialbesitz interessiert. Deswegen verheiratet Welf seinen siebzehnjährigen Sohn, den späteren Herzog Welf II. von Bayern, mit der vierzigjährigen Mathilde von Tuszien. In der Folgezeit bleibt Welf der große Gegner des Kaisers, verbündet sich mit Heinrichs Sohn Konrad, der sich von der Papstpartei zum König der Lombardei ausrufen lässt, und er ist auch daran beteiligt, dass für den Kaiser, der sich in Italien aufhält, die Pässe nach Deutschland gesperrt bleiben. Im Jahre 1095 erfahren Welf und sein Sohn, dass die Gräfin Mathilde von Tuszien ihr gesamtes Vermögen dem Papst vermacht hat. Daraufhin wird die Ehe zwischen Welf II. und der Gräfin nicht nur gelöst, die Welfen geben nun ihren Widerstand gegen den Kaiser auf und versöhnen sich wieder mit ihm.

Herzog Welf wird daraufhin im folgenden Jahr in Verona erneut mit dem Herzogtum Bayern belehnt.

Es kennzeichnet die realen Machtverhältnisse dieser Jahre, dass der Kaiser den Welfen nur mit Zustimmung des ansässigen bayerischen Adels wieder als Herzog in Bayern einsetzen kann. Welf zeichnet sich in der Folgezeit durch seine unbedingte Treue zum Kaiser aus.

Dafür erhält er vom Kaiser 1098 auch das Recht, dass er seinen Sohn Welf II. zum Nachfolger im Herzogtum Bayern bestimmen kann.

Mit der Aussöhnung bleibt Welf ein treuer Anhänger des Kaisers bis zu seinem Tod 1101. An dem ersten Kreuzzug (1096–1099) nimmt Welf teil und stirbt auf der Rückkehr auf der Insel Zypern.

Nachfolger in Bayern wird Welfs Sohn Welf II.

Während der Regierungszeit Welfs beginnt 1075 der Investiturstreit, der erst 1122 durch das Wormser Konkordat beendet wird, wonach Kaiser Heinrich V. auf die eigentliche Investitur der Bischöfe verzichtet. 1096 beginnt der erste Kreuzzug zur Eroberung Jerusalems. 1099 kann das Kreuzfahrerheer unter Gottfried von Boullion Jerusalem erobern und das Königreich Jerusalem errichten. Um 1100 entwickelt sich in Deutschland die städtische Gemeindeverfassung mit eigener Gerichtsbarkeit, Marktrecht und teilweiser Mitverwaltung der Einwohner. Ab dieser Zeit entsteht auch das Wort »deutsch« (»diutsch«), womit Sprache, Land und Leute gekennzeichnet werden.

Welf II. (1101–1120)

Päpste:		*Könige Frankreichs:*	
Paschalis II.	*1099–1118*	*Philipp I.*	*1060–1108*
Gelasius II.	*1118–1119*	*Ludwig VI. der Dicke*	*1108–1137*
Kalixtus II.	*1119–1124*		
		Deutsche Könige und Kaiser:	
Markgraf Österreichs:		*Heinrich IV.*	*1056–1106*
Leopold III.	*1095–1136*	*Heinrich V.*	*1106–1125*

Herzog Welf II. aus dem Geschlecht der Welfen regiert als Herzog von Bayern von 1101 bis zu seinem Tod 1120. Er wird 1072 geboren und stirbt am 24. September 1120 auf seiner Burg Kaufring am Lech. Seine Eltern sind der bayerische Herzog Welf I. und dessen zweite Gemahlin Judith, die verwitwete Tochter des Grafen Balduin von Flandern. Verheiratet ist Welf mit der Gräfin Mathilde von Tuszien. Die Heirat des siebzehnjährigen Welf mit der vierzigjährigen Mathilde vermittelt Welfs Vater im Jahre 1089. Mathilde stirbt 1115. Grund für die Eheschließung sind die reichen Güter der Gräfin von Tuszien. Als die Familie der Welfen jedoch 1095 erfährt, dass die Gräfin ihre gesamten italienischen Besitzungen testamentarisch bereits dem Heiligen Stuhl vermacht hat, wird die Ehe aufgelöst. Welf hinterlässt keine Kinder. Wegen seiner Statur wird er auch »der Dicke« genannt.

Welf erregt bei den Zeitgenossen durch seine persönliche Erscheinung große Aufmerksamkeit. Als anmaßend und kriegerisch veranlagt, lässt er sich als Zeichen seiner Herrschaft stets sein Schwert vorantragen. Er gilt als ein Prunk liebender Herrscher, der seine außergewöhnliche Körperkraft mit persönlichem Mut und Charme verbindet. Nicht zuletzt dadurch gewinnt er die Zuneigung seiner bayerischen Untertanen, bei denen er sehr beliebt ist.

Welf erhält 1101 das Herzogtum Bayern nach dem Tod seines Vaters, der nach seiner Versöhnung mit dem Kaiser 1098 die Nachfolgeregelung zugunsten seines Sohnes erreicht. Zu Beginn seiner politischen Tätigkeit steht Welf im Investiturstreit zwischen dem Kaiser und dem Papst auf der päpstlichen Seite. Noch im

Jahre 1093, als die Welfen den Kaiser bekämpfen, bezeichnet sich Welf selbst als einen Vasall des Heiligen Stuhls.

Nach seinem Regierungsantritt 1101 ist er ein treuer Anhänger des Kaisers im Investiturstreit. In der Auseinandersetzung zwischen Kaiser Heinrich IV. und dessen Sohn Heinrich V. bleibt er auf der Seite des Kaisers, wechselt aber nach dessen Tod auf die Seite des Nachfolgers. 1107 begleitet er Heinrich V. nach Chalon sur Marne, wo die Verhandlungen trotz des Vermittlungsversuchs des französischen Königs zu keinem erfolgreichen Abschluss der Gespräche über die Investitur führen.

Als 1111 der König, der wegen des Protests der deutschen Bischöfe auf sein Investiturrecht nicht verzichten kann, nach Rom zieht, um den Investiturstreit gewaltsam zu lösen, und den Papst gefangen nimmt, ist auch Herzog Welf bei dieser Romfahrt dabei. Er beteiligt sich aber nicht an der Gefangennahme des Papstes. Stattdessen ist Welf vielmehr bemüht, einen Ausgleich zwischen Heinrich und dem Papst zu erreichen. Der deutschen Delegation gelingt es dabei, dem Papst zunächst die Zustimmung abzuringen, dass dem Kaiser die Einsetzung des Bischofs in sein Amt zusteht. Nach der Abreise der Delegation widerruft allerdings der Papst seine gegebene Zustimmung, die offensichtlich unter Druck erfolgte, wieder. Die Übereinstimmung zwischen dem Kaiser und Welf geht mittlerweile so weit, dass er nicht einmal widerspricht, als der Kaiser 1115 nach dem Tod Welfs früherer Gemahlin, der Gräfin Mathilde von Tuszien, deren Güter einzieht.

Im Jahre 1119 erhält Welf vom Kaiser den Auftrag, an den Verhandlungen mit dem Papst zur Lösung des nach wie vor strittigen Problems der Investitur in Mouzon teilzunehmen, wobei auch diese Verhandlungen noch nicht zu einem Erfolg führen sollten.

Nachfolger Welfs im Herzogtum Bayern wird 1120 sein Bruder Heinrich.

Während der Regierungszeit Welfs erfolgt 1103 von Mainz aus ein weiterer von Kaiser Heinrich IV. beschlossener Landfriede, der insbesondere die Juden in Schutz nimmt, die von nun an immer mehr aus den »ehrlichen« Berufen (gemeint ist das Handwerk) verdrängt werden. 1106 gründen die Schiffer in Worms die erste Zunft. 1113 kann der Großfürst Wladimir II. von Kiew große Teile Russlands vereinigen. 1119 wird zum Schutz des Heiligen Grabs in Jerusalem der Templerorden gegründet.

Heinrich IX. der Schwarze (1120–1126)

Päpste:	*Deutsche Könige und Kaiser:*	
Kalixtus II	*1119–1124* *Heinrich V.*	*1106–1125*
Honorius II.	*1124–1130* *Lothar III. von Supplinburg*	*1125–1137*
König Frankreichs:	*Markgraf Österreichs:*	
Ludwig VI. der Dicke *1108–1137*	*Leopold III.*	*1095–1136*

Herzog Heinrich IX. der Schwarze aus dem Geschlecht der Welfen regiert als Herzog von Bayern von 1120 bis zu seiner Abdankung 1126. Den Beinamen »der Schwarze« erhält er, weil er nach seiner Abdankung im Kloster Weingarten das (schwarze) Laienbrudergewand anlegt. Heinrich wird 1073 geboren. Er stirbt am 13. Dezember 1126 in Ravensburg. Seine Eltern sind Herzog Welf I. und dessen Gemahlin Judith, eine verwitwete Tochter des Grafen Balduin von Flandern. Verheiratet ist Heinrich mit Wulfhilde, der Tochter des Herzogs Magnus, des letzten Herrschers aus dem Geschlecht der Billunger.

Diese Heirat mit Wulfhilde, der Erbtochter, bringt dem Geschlecht der Welfen zahlreiche Güter der Billunger, vor allem aus dem Raum um Lüneburg, ein. Aus der Ehe stammen die Söhne Heinrich der Stolze, Welf VI., Herzog von Spoleto, und Konrad, ein Angehöriger des Zisterzienserordens, der später heilig gesprochen wird. Weiterhin hat Heinrich die Töchter Judith, die durch die Heirat mit Herzog Friedrich von Schwaben die Mutter Kaiser Friedrich Barbarossas wird, sowie die Töchter Sophie, Mathilde und Wulfhilde.

Heinrich kann im Jahre 1120 ungehindert der Nachfolger seines in diesem Jahr mit 48 Jahren verstorbenen Bruders, des Herzogs Welf II. in Bayern, werden. Ihr Vater Welf I. hatte im Jahre 1098 mit Kaiser Heinrich IV. erreichen können, dass er, seit 1096 wieder mit dem Herzogtum Bayern belehnt, die Herrschaft an seine beiden Söhne Welf II. und Heinrich uneingeschränkt vererben darf. Der Vater war fast 20 Jahre (von 1077 bis 1096) der erbitterte Gegner des Kaisers und ein Anhänger des Papstes. Ab 1096 wurde er ein treuer Verbündeter des salischen Kaiserhauses. Damit steht auch Heinrich aufseiten der Träger der Reichsgewalt und wird ein treuer Verbündeter Kaiser Heinrichs V.

Nach seinem Regierungsantritt wird Heinrich sogleich von Kaiser Heinrich V. mit wichtigen Reichsaufgaben betraut. Auf kaiserlicher Seite ist er an den Verhandlungen um die Bischofseinsetzungen in Würzburg und Regensburg beteiligt, als deren Ergebnis am 22. September 1122 mit dem Papst das Wormser Konkordat abgeschlossen werden kann. Damit ist endlich der seit 1074 schwelende Investiturstreit entschieden. Die Kirche bestimmt mit Einverständnis des Kaisers den Bischof und setzt ihn ein, der Kaiser belehnt ihn mit den weltlichen Gütern. Außerdem muss Heinrich die in Regensburg versammelten bayerischen Adeligen über den Ausgang des Würzburger Reichstags informieren, die dort gefassten Beschlüsse durchführen, alle Beschwerden abstellen sowie Fragen der Regierungsausübung bei der Abwesenheit des Kaisers regeln.

Unter Heinrichs Regierungszeit beginnt der folgenschwere Konflikt zwischen den Staufern und den Welfen. Nach dem Tod Kaiser Heinrichs V. 1125 bewerben sich nämlich auf der Wahlversammlung der Staufer Herzog Friedrich von Schwaben, der sächsische Herzog Lothar von Supplinburg und der Babenberger Markgraf Leopold von Österreich um die Nachfolge im Reich. Nachdem Leopold verzichtet, setzt sich Heinrich zunächst engagiert für die Wahl seines Schwiegersohns Friedrich von Schwaben ein. Später stimmt er aber doch für Herzog Lothar von Sachsen, vermutlich deswegen, um seine in Sachsen durch die Heirat mit Wulfhilde erworbenen Besitzungen nicht zu gefährden. Um das Bündnis mit dem neuen Reichsherrscher zu festigen, wird die Ehe zwischen Heinrichs Sohn Heinrich dem Stolzen und der einzigen Tochter Lothars, Gertrud, vereinbart, die 1127 geschlossen wird.

Nach der Königswahl Lothars III. von Supplinburg zum deutschen König wird Heinrich von dem neu gewählten König beauftragt, die Reichsacht gegen seinen weiter opponierenden Schwiegersohn Friedrich von Schwaben durchzuführen. Friedrich solle seiner Ämter enthoben werden. Heinrich gerät hierbei in einen persönlichen Konflikt. Er entzieht sich dieser Verpflichtung, indem er ins Kloster geht.

Nachfolger im Herzogtum Bayern wird sein Sohn Heinrich X. der Stolze.

Während der Regierungszeit Heinrichs nimmt 1124 Herzog Wratislav I. von Pommern-Stettin das Christentum an; seine Söhne werden ab 1170 deutsche Herzöge.

Heinrich X. der Stolze (1126–1138)

Päpste:		Deutsche Könige und Kaiser:	
Honorius II.	1124–1130	Lothar III.	
Innozenz II.	1130–1143	von Supplinburg	1125–1137
		Konrad III.	1138–1152
Könige Frankreichs:			
Ludwig VI. der Dicke	1108–1137	Markgrafen Österreichs:	
Ludwig VII. der Jüngere	1137–1180	Leopold III.	1095–1136
		Leopold IV.	1136–1141

Herzog Heinrich X. der Stolze aus dem Geschlecht der Welfen regiert als Herzog von Bayern von 1126 bis zu seiner Absetzung 1138. Den Beinamen erhält er als eine herrische, harte Persönlichkeit, die sich wegen des schroffen Auftretens keine Sympathien bei den Untertanen erwerben kann. Heinrich wird um 1100 geboren, er stirbt am 20. Oktober 1139 in Quedlinburg, vermutlich an Gift, und ist in Königslutter bestattet. Seine Eltern sind Herzog Heinrich IX. der Schwarze und Wulfhilde, die Tochter des mächtigen Herzogs Magnus von Sachsen aus dem Geschlecht der Billunger. Verheiratet ist Heinrich seit 1127 mit Gertrud, der Tochter Kaiser Lothars III. von Supplinburg, die als einzige Erbin ihres Vaters umfangreichen Territorialbesitz in Sachsen in die Ehe mitbringt. Nach dem Tod Heinrichs 1139 heiratet Gertrud in zweiter Ehe 1142 Herzog Heinrich Jasomirgott aus dem Geschlecht der Babenberger. Sie stirbt bereits 1143. Aus der Ehe zwischen Heinrich und Gertrud stammt der berühmteste Vertreter des Welfengeschlechts, Heinrich der Löwe.

Heinrich kann 1126 nach der Abdankung seines Vaters Heinrich die Nachfolge in Bayern mühelos antreten. In diesem Jahr erlässt er in Regensburg einen bayerischen Landfrieden. Auf seine Anregung schreibt ein Regensburger Kleriker eine Kaiserchronik, eine Biografie der Herrschergestalten von Cäsar bis zum Stauferkönig Konrad III. In der Stadt Regensburg erbaut Heinrich die steinerne Donaubrücke und gründet das Schottenkloster. Außerdem errichtet er die Klöster Berchtesgaden und Steingaden. 1131 unternimmt er eine Pilgerfahrt nach Paris, um die Sitten fremder Völker und Herrscher kennen zu lernen. Dabei bringt er (vermutlich) das französische Rolandslied mit, das er durch den Pfaffen Konrad ins Deutsche übertragen lässt.

Heinrich eröffnet zu Beginn seiner Regierungszeit den Kampf gegen die Staufer, die in der Folgezeit nach wie vor bestrebt sind, die Herrschaft im Reich zu erlangen. In dieser Auseinandersetzung unterliegt zunächst Heinrich in einem Gefecht an der Wörnitz bei Donauwörth 1127 den Staufern. Er rächt sich aber für diese Niederlage und verwüstet 1131 das den Staufern gehörende Ulm. Im selben Jahr belagert Heinrich das von den Staufern besetzt gehaltene Nürnberg, das von Kaiser Lothar als Reichsbesitz von den Staufern zurückverlangt wird. Nürnberg kann zwar von den Staufern verteidigt werden, wird aber vom Kaiser als Lehen an Heinrich übertragen. 1129 unternimmt Heinrich einen wiederum erfolglosen Anschlag auf Friedrich von Staufen in Zwiefalten. Im selben Jahr unterstützt er auch den Kaiser bei der Eroberung von Speyer. 1134 kann Heinrich die beiden führenden Staufer Friedrich und den späteren König Konrad besiegen.

Auch im Herzogtum Bayern gelingt es Heinrich, seine Gegner zu unterwerfen. Zunächst schaltet er den Markgrafen Diepold von Vohburg und den mächtigen Grafen Friedrich von Bogen, der das einträgliche Amt eines Vogtes der Regensburger Kirche innehat, aus. Gleichzeitig erobert und besetzt er die Burg Falkenstein. Außerdem zieht er die Besitzungen der Kirche in Regensburg und die Güter der Wolfratshausener ein, wobei er auch Wolfratshausen selbst belagert. Bevor es jedoch zur Einnahme der Stadt Wolfratshausen kommt, kann der Pfalzgraf Otto von Wittelsbach 1135 den Streit zwischen den Kontrahenten schlichten.

Heinrich ist auch bestrebt, seine außerbayerischen Besitzungen zu erweitern. Mit Hilfe des Kaisers wird zunächst der Besitz der Markgrafschaft Tuszien in Italien bestätigt. Nach dem Tod des Kaisers 1137 kann er auch den sächsischen Besitz der Supplinburger übernehmen. Seine Macht erstreckt sich damit von der Nordgrenze des Reiches bis an das toskanische Bergland.

Als Kaiser Lothar 1137 aus Italien zurückkehrt und in Reutte in Tirol am 13. Dezember stirbt, übergibt er vor seinem Tod seinem Schwiegersohn Heinrich die Reichsinsignien und designiert ihn damit zum Reichsnachfolger. Heinrich hat damit die Chance, auf dem Reichstag in Augsburg zum König gewählt zu werden. Er geleitet den Leichnam des toten Kaisers nach dem sächsischen Kloster Königslutter, lässt sich als Sachsenherzog huldigen und glaubt, damit auch seine Königswahl gesichert zu haben. Die Machtkonzentration des Welfenherzogs ist aber den Fürsten mittlerweile zu stark, sodass sie den Staufer Konrad, seinen schärfsten Rivalen, wählen. Heinrich begeht den Fehler, die bei ihm befindlichen Reichsinsignien herauszugeben, bevor der König Heinrichs Lehen (Bayern und Sachsen) neu bestätigt.

König Konrad III. verweigert tatsächlich Heinrich die Belehnung mit Sachsen und Nürnberg. Damit leitet der Staufer den Sturz des Welfen ein, obwohl ihm zunächst nur daran gelegen ist, die Macht der Welfen zu reduzieren. 1138 erklärt der König von Würzburg aus Herzog Heinrich zum Reichsfeind und entzieht ihm Sachsen, das er dem Askanier Albrecht dem Bären, dem Markgrafen von Brandenburg, übergibt. Im Dezember desselben Jahres entzieht Konrad dem Welfen Heinrich auch das Herzogtum Bayern. Bayern erhält Konrads Halbbruder Leopold (Konrad und Leopold stammen von derselben Mutter Agnes ab), der Markgraf von Österreich. Heinrich selbst verfällt der Reichsacht. Sein Bruder Welf, Herzog von Spoleto, versucht, wenigstens die im schwäbischen Raum gelegenen Besitzungen der Welfen zu behalten. Bevor Heinrich selbst den Kampf aufnehmen kann, stirbt er. Seine Witwe Gertrud führt den Kampf weiter und erreicht schließlich 1142, seit dieser Zeit mit dem Babenberger Markgrafen Heinrich Jasomirgott verheiratet, dass ihr Sohn Heinrich (der Löwe) wenigstens das Herzogtum Sachsen wieder erhält.

Nachfolger im Herzogtum Bayern wird der Babenberger Leopold, Markgraf von Österreich.

Während der Regierungszeit Heinrichs wird 1130 mit dem Bau der Kathedrale von Chartre begonnen. 1136 verlieren die Wenden in langen Kämpfen Prignitz und Havelland an den Markgrafen Albrecht den Bären. 1137 wird im Wesentlichen der romanische Kaiserdom in Mainz fertig gestellt. Im selben Jahr wird mit dem Bau der Kirche S. Denis bei Paris mit französischer Frühgotik aus Spitzbogen und Rippengewölbe begonnen.

Bayern unter den Babenbergern
(1139–1141/1143–1156)

Das Geschlecht der Babenberger gliedert sich in die ältere Linie der Popponen, auch ältere Babenberger genannt, und den jüngeren Babenberger Familienzweig. Die Familie der älteren Babenberger leitet sich von ihrem ersten benannten Vertreter Poppo I. ab, der um 840 stirbt. Die Popponen sind mit den ostfränkischen Karolingern verbündet, vor allem mit Ludwig dem Deutschen sowie mit dessen Söhnen Ludwig dem Jüngeren und Karlmann. Sie sind ein ostfränkisches Adelsgeschlecht, als deren Stammesburg allgemein Schweinfurt gilt. Der Name »Babenberger« stammt vermutlich von der Burg Babenberg, die an der Stelle stand, an der sich jetzt der Bamberger Dom befindet (Babenberg → Bamberg). Das Geschlecht der Babenberger besitzt bereits im neunten Jahrhundert mehrere Grafschaften in Ostfranken, zeitweise verwalten die Babenberger auch die sorbische Mark, eine Grenzgrafschaft gegen die Slawen.

Die Babenberger geraten nach 900 mit dem fränkischen Geschlecht der Konradiner, das verwandtschaftliche Beziehungen zum letzten ostfränkischen Kaiser Arnulf von Kärnten besitzt, wegen gegenseitiger territorialer Ausbreitungsversuche in Konflikt zueinander. Als die Burg Babenberg im Jahre 903 von den Konradinern belagert wird, fällt Graf Heinrich. Der gefangen genommene Graf Adelhard wird enthauptet. Der sich durch Flucht rettende Graf Adalbert muss sich drei Jahre später ergeben und wird ebenfalls hingerichtet. Seine Güter werden eingezogen. Von ihm soll die jüngere Linie der Babenberger abstammen.

Als Stammvater der jüngeren Linie der Babenberger gelten die Markgrafen Berthold und Luitpold. Graf Berthold, gestorben 980, erlangt die wichtige Stellung eines Markgrafen im Nordgau. Graf Luitpold wird im Jahre 976 von Kaiser Otto II. als Markgraf in der bayerischen Ostmark eingesetzt. Luitpold wird damit Begründer des österreichischen Herrschergeschlechts der Babenberger, das mit Friedrich II. dem Streitbaren 1246 ausstirbt. Friedrichs Schwester Margarete und seine Nichte Gertrud können sich in Österreich nicht halten. Gertruds Sohn Friedrich wird 1268 zusammen mit dem jungen Staufer Konradin auf dem Marktplatz in Neapel hingerichtet.

Die fränkischen Babenberger unterliegen nach der Jahrtausendwende den

Ottonen unter Kaiser Heinrich II. in dessen Kampf um die Gründung und Territorialerweiterung des Bistums Bamberg. Dabei werden sie auch zum Teil von den Grafen von Andechs beerbt.

Die Linie der jüngeren Babenberger erlangt 1139 mit Markgraf Leopold (Luitpold) von Babenberg erstmalig die bayerische Herzogswürde, mit Heinrich Jasomirgott 1156 in Österreich die Herzogswürde und das Erbrecht auch in weiblicher Linie, ja sogar das Recht der freien Vererbung.

Dieses besondere Privileg, das so genannte »Privilegium Minus«, wird Heinrich Jasomirgott von Kaiser Friedrich I. Barbarossa verliehen. Heinrich gelingt es dadurch, sein österreichisches Territorium in vorbildlicher Weise auszubauen, eine rasche Entwicklung zum Territorialstaat einzuleiten und gleichzeitig das Herzogtum Österreich, die ehemalige bayerische Ostmark, um die Gebiete Oberösterreich und die Steiermark zu erweitern.

Nach der Absetzung des bayerischen Herzogs Heinrich des Stolzen aus dem Geschlecht der Welfen im Jahre 1138 werden die Babenberger, Halbbrüder des Stauferkönigs Konrad III. über die gemeinsame Mutter Agnes, vom König ab 1139 mit dem Herzogtum Bayern belehnt. Damit ist die ab 976 verselbstständigte Ostmark (das Ursprungsland des späteren Österreich) mit dem Mutterland Bayern noch einmal in Personalunion vereinigt.

Ab 1156 erfolgt die endgültige Trennung und damit eine ganz unterschiedliche Entwicklung der beiden Länder. Während sich Bayern im Mittelalter und auch zu Beginn der Neuzeit gebietsmäßig kaum verändert, sieht man von der Erwerbung von Franken und Schwaben Anfang des 19. Jahrhunderts einmal ab, entwickelt sich Österreich mit den Habsburgern durch Verschiebung der Grenzen nach Süden, Osten und Norden in der Neuzeit zur europäischen Großmacht.

Die nur kurze Herrschaft der Babenberger in Bayern (17 Jahre) hinterlässt hier keine Spuren, da das hauptsächliche Interesse dieses Herrschergeschlechts, in der Auseinandersetzung mit den Welfen unter Heinrich dem Löwen 1156 die Machtverhältnisse richtig einschätzend, auf den Ausbau des Herzogtums Österreich gerichtet ist.

TAFEL 10

Genealogische Übersicht der Babenberger

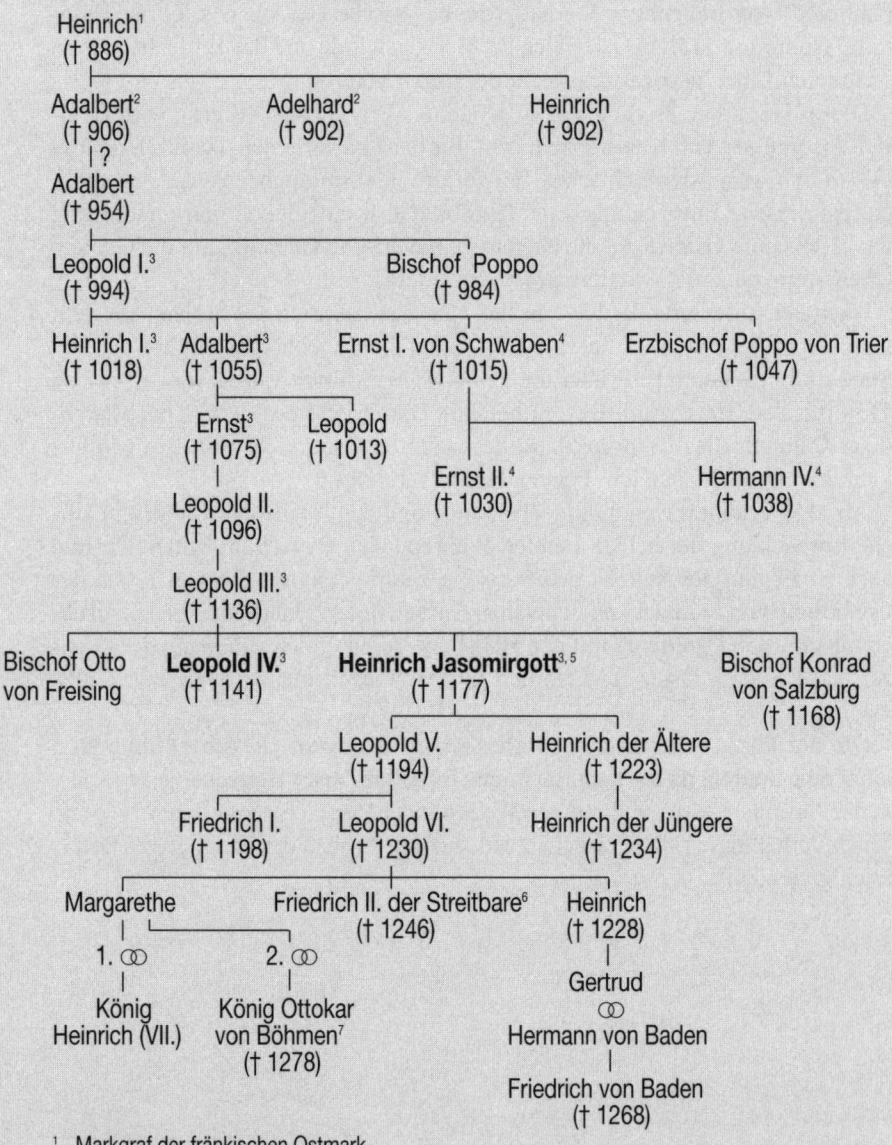

[1] Markgraf der fränkischen Ostmark.
[2] Im Kampf gegen die Konradiner enthauptet.
[3] Markgraf von Österreich.
[4] Herzog von Schwaben.
[5] Herzog von Österreich ab 1156.
[6] Letzter babenbergischer Herzog Österreichs.
[7] Fällt im Kampf um Österreich gegen Rudolph von Habsburg.

Leopold von Babenberg (1139–1141)

Papst:	*Deutscher König:*	
Innozenz II. 1130–1143	Konrad III.	1137–1152

König Frankreichs:	*Markgraf Österreichs:*	
Ludwig VII. der Jüngere 1137–1180	Leopold IV.*	1136–1141

Herzog Leopold (auch Luitpold genannt) von Babenberg aus dem Geschlecht der Babenberger regiert als Herzog von Bayern von 1139 bis zu seinem Tod 1141. Das Geburtsdatum Leopolds ist nicht bekannt. Er stirbt am 18. Oktober 1141. Seine Eltern sind Markgraf Leopold (Luitpold) III. der Heilige von Österreich und seine Gemahlin Agnes, die Tochter Kaiser Heinrichs IV., in erster Ehe mit Friedrich von Hohenstaufen, Herzog von Schwaben (gestorben 1105), verheiratet. Aus der Ehe der Eltern Leopolds stammen insgesamt 18 Kinder, darunter Herzog Heinrich II. Jasomirgott, Bischof Otto von Freising, Leopold selbst sowie Erzbischof Konrad von Salzburg und Bischof von Passau.

Leopold wird im Jahre 1136 Nachfolger seines Vaters, des Markgrafen Leopold III., und übernimmt die Markgrafschaft Österreich. Als dritter männlicher Nachkomme wird er von seinen Eltern begünstigt und bevorzugt, sodass er die Ostmark (Österreich) als Herrschaftsgebiet erhält. Seine beiden älteren Brüder Adalbert und Heinrich Jasomirgott versteht Leopold geschickt von der Mitherrschaft in Österreich zu verdrängen.

Als nach dem Tod Kaiser Lothars 1137 die Neuwahl des Herrschers ansteht und alles nach der Wahl des mächtigen Welfenherzogs von Sachsen und Bayern, Heinrich des Stolzen, aussieht, unterstützt Leopold seinen Halbbruder Konrad, den zukünftigen König Konrad III., bei dessen Auseinandersetzung mit den Welfen. 1138 verfällt Heinrich der Stolze der Reichsacht und verliert neben Sachsen und seinen Eigengütern im August desselben Jahres auch das

---

* Identisch mit dem bayerischen Herzog Leopold.

Herzogtum Bayern. Im Frühjahr 1139 wird daraufhin Leopold vom deutschen König, seinem Halbbruder, mit dem Herzogtum Bayern belehnt.

Leopold kann aber die Herrschaft in Bayern 1139 nicht unangefochten antreten. Denn zunächst lebt noch der Welfe Heinrich der Stolze, der sich nicht geschlagen gibt und erst im Oktober dieses Jahres im sächsischen Quedlinburg vermutlich einem Giftanschlag zum Opfer fällt. Aber auch dessen Bruder Welf setzt den Kampf um das bayerische Herzogtum im Süden des Landes konsequent und zunächst auch sehr erfolgreich fort. Denn dieser Welfe will wenigstens Bayern für seine Familie und den jungen Sohn seines Bruders, den späteren Heinrich den Löwen, retten. Graf Welf besiegt den Babenberger Leopold im August 1140 bei Vallei. Am 21. Dezember des gleichen Jahres kann Leopold zusammen mit König Konrad seinen Gegner Welf aber in der Schlacht bei Weinsberg bei Heilsbronn besiegen. Als sich die Burgbesatzung darauf ergeben muss und der König den Frauen erlaubt, alles, was sie tragen können, aus der Burg zu retten, tragen diese (Weiber von Weinsberg) ihre Männer auf dem Rücken aus der Burg. Während Leopold dagegen protestieren will, bleibt der König bei seinem gegebenen Wort. In diesen Auseinandersetzungen steht der Adel in Bayern angeblich aufseiten Leopolds. Von den Untertanen allgemein wird Leopold aber nicht geschätzt, da er sich diesen gegenüber offensichtlich häufig ungerecht verhält.

Nach seinem Regierungsantritt als Herzog von Bayern gelingt es Leopold nur unter großem Einsatz, die Stadt Regensburg einzunehmen und den Widerstand der Bürger zu brechen, nachdem sich die Bürger der Stadt heftig gegen die Einnahme wehren.

Als Herzog in Bayern gelingt es ihm jedoch nicht, eine kontinuierliche und nachhaltige Regierungstätigkeit zu entfalten, da er sich in der kurzen Zeit seiner Herrschaft in einem fortwährenden Kampf um die Bewahrung und Sicherung seines Herzogtums Bayern befindet.

Nachfolger in Bayern wird 1141 sein Halbbruder König Konrad III.

Während der Regierungszeit Leopolds zwingt König Roger II. von Sizilien 1139 Papst Innozenz II. durch dessen Gefangennahme zur Anerkennung des normannischen Königreichs auf Sizilien. Ab 1141 siedelt König Geza II. von Ungarn Deutsche in Oberungarn (Zips) und in Siebenbürgen an.

Bayern unter den Staufern
(1141–1143)

Das Adelsgeschlecht der Staufer, benannt nach dem Stammsitz der Familie, der Höhenburg Staufen in der Nähe von Göppingen, ist eine schwäbische Adelsfamilie, die als Pfalzgrafengeschlecht ihren Ursprung wohl im schwäbischen Ries hat. Als Stammvater gilt ein Friedrich, dessen Sohn sich Friedrich von Büren (gestorben 1094) nach dem Herrensitz des gleichnamigen Ortes in Wäschenbeuren benennt. Dieser Ort liegt unweit der im elften Jahrhundert von Herzog Friedrich von Schwaben erbauten Stammburg Staufen, die aus Prestigegründen später in »Hohenstaufen« unbenannt wird. Der erstgeborene Sohn wird nach Familientradition später immer »Friedrich« genannt.

Friedrich von Büren, ein schwäbischer Graf, kann durch seine Heirat mit Hildegard, einer Tochter aus der Familie Egisheim-Dagsburg, Besitzungen im Elsass gewinnen. Sein Sohn, der spätere Herzog Friedrich I. von Schwaben, steht fest auf der Seite der Salier, insbesondere des Kaisers Heinrich IV. in dessen erbitterten Auseinandersetzung im Investiturstreit mit dem Papst. Dieses Bündnis zahlt sich dadurch aus, dass Friedrich I. nicht nur mit dem Herzogtum Schwaben belehnt wird, sondern auch die einzige Tochter des Kaisers, Agnes, zur Frau erhält. Nach dem Tod des kinderlosen Kaisers Heinrich V. 1125 erben die Staufer damit den gesamten Territorialbesitz der Salier.

Nach dem Tod Herzog Friedrichs I. ist sein Sohn und Nachfolger Konrad bei der Königswahl 1125 den Reichsfürsten bereits zu mächtig, da er selbst seit 1115 durch seinen Oheim Kaiser Heinrich V. auf Kosten des Bischofs von Würzburg Herzog von Franken wird und sein älterer Bruder Friedrich II. seit 1105 nach dem Tod des Vaters als Herzog von Schwaben regiert. Der sächsische Herzog Lothar von Supplinburg wird daraufhin zum König gewählt, der wiederum das mächtige Adelsgeschlecht der Welfen durch die Verheiratung seiner einzigen Tochter Gertrud mit dem bayerischen Herzog Heinrich dem Stolzen an sich zu binden weiß.

Dieser Konrad bewirbt sich ab 1127 als Gegenkönig um die Reichsherrschaft, versucht ab 1128 in Italien Fuß zu fassen, scheitert aber und muss sich

1134 schließlich dem deutschen Kaiser Lothar III. unterwerfen. Als der Kaiser Lothar 1137 im Dezember stirbt, ziehen die Reichsfürsten den Staufer Konrad dem nunmehr zu mächtig gewordenen Welfenherzog Heinrich dem Stolzen vor. Nachdem der Welfe sich dem neu gewählten König, Konrad III., nicht unterwerfen will, verfällt er der Reichsacht und verliert beide Herzogtümer Sachsen und Bayern, sodass nun auch die Staufer das von den Welfen in Beschlag genommene salische Haus- und Reichsgut übernehmen können. Aufgrund dieses Machtzuwachses steigen die Staufer zu einem europäischen Dynastengeschlecht auf, übernehmen 1138 die Herrschaft im Reich und die Königswürde und mit Konrads Nachfolger, seinem Neffen Friedrich Barbarossa, schließlich die Kaiserwürde.

Damit beginnt aber auch die folgenschwere Rivalität um die Reichsherrschaft einerseits, andererseits aber auch der Kampf zwischen den Familien der Staufer und der Welfen. Schon Konrad sucht die Einigung zwischen den verfeindeten Familien wieder herzustellen, allerdings vergeblich. Nach einer zunächst wiederum gütlichen Einigung unter Kaiser Friedrich I. Barbarossa (1156) unterliegen die Welfen mit der Entmachtung Heinrichs des Löwen 1180 und werden später auf ihre Eigengüter in Sachsen beschränkt.

Unter Kaiser Friedrich I. Barbarossa erreicht das Herrschergeschlecht der Staufer, insbesondere wegen der erfolgreichen Politik mit dem Papsttum und den lombardischen Städten, aber auch durch die erfolgreiche Innenpolitik und die Ausschaltung der Welfen, den Zenit seiner Macht, symbolisiert unter anderem durch das große Pfingstfest in Mainz 1184.

Friedrichs Sohn Kaiser Heinrich VI. kann durch seine Heirat mit Konstanze, der Tochter des normannischen Königs Roger II. von Sizilien, 1186 das Reich noch um Süditalien und Sizilien vergrößern. Heinrichs Absicht ist es sogar, von hier aus nach dem oströmischen Kaiserreich zu greifen, jedoch der frühe Tod Kaiser Heinrichs VI. macht diese Machtpläne zunichte.

Unter Kaiser Barbarossas weiterem Sohn Philipp von Schwaben beginnt aber bereits der Abstieg des Staufergeschlechts. In seiner kurzen Regierungszeit (1198–1208) beginnen die deutschen Landesfürsten allmählich an Macht zu gewinnen und die Reichsherrschaft an Bedeutung zu verlieren. Diese Entwicklung wird von Kaiser Friedrich II., der sich vornehmlich als Herrscher eines auf Süditalien und Sizilien beschränkten Potentaten sieht, noch verstärkt, der den Landesfürsten nunmehr weitgehende Rechte einräumt. In der Regierungszeit des letzten Stauferkaisers Friedrich II. erlebt das mittelalterliche Europa unter den Staufern noch einmal einen geistigen und kulturellen Höhepunkt, aber die Reichsherrschaft verliert allmählich an Ansehen, bedingt durch den gnadenlosen Kampf zwischen den Staufern und dem Papsttum.

Mit dem Tod Friedrichs II. im Jahre 1250 kann sein zweiter Sohn Konrad als

König Konrad IV. nicht mehr an die Machtfülle seiner Vorfahren anknüpfen, letztlich auch verursacht durch seinen frühen Tod 1254. Sein Sohn Konradin will noch einmal die glanzvolle Stauferzeit zurückholen, verpfändet die meisten staufischen Güter seinem Oheim Herzog Ludwig dem Strengen von Bayern zur finanziellen Unterstützung seiner Unternehmungen und wird schließlich mit seinem Freund, dem Babenberger Friedrich, und zahlreichen Gefolgsleuten mit 16 Jahren auf dem Marktplatz in Neapel enthauptet, womit das Staufergeschlecht endet.

In Bayern regieren die Staufer lediglich unter Konrad III. von 1141 bis 1143. Dabei ist für die Staufer das Herzogtum im Wesentlichen nur ein Königsland, das als Stütze der Reichsherrschaft dazu bestimmt ist, die politische Macht des Königs zu stärken.

Die Herrschaft der Staufer im Reich hat aber für Bayern in dreifacher Hinsicht erhebliche Auswirkungen:

Zum einen wird das Herzogtum Bayern durch die endgültige Abtrennung der Ostmark, Oberösterreichs und der Steiermark sehr stark verkleinert und damit insgesamt geschwächt.

Darüber hinaus wird die im Osten gelegene Ostmark durch das Privileg Kaiser Friedrich Barbarossas zum selbstständigen Herzogtum Österreich, das die Ausdehnung und Weiterentwicklung Bayerns nach Osten in Zukunft verhindern sollte. Bayern wird damit – im Gegensatz zu Österreich – der Weg zur Großmacht versperrt.

Andererseits ist das auf den bayerischen Kern reduzierte verkleinerte Stammland Bayern auch der Ausgangspunkt für die von den Staufern eingesetzten Wittelsbacher, die durch zähe und kontinuierliche Arbeit ein von einem einzigen Adelsgeschlecht beherrschtes Herzogtum gestalten und weiterentwickeln können. Auseinandersetzungen zwischen verschiedenen Adelsgeschlechtern sollten in Zukunft nicht mehr stattfinden.

TAFEL 11

Genealogische Übersicht der Staufer

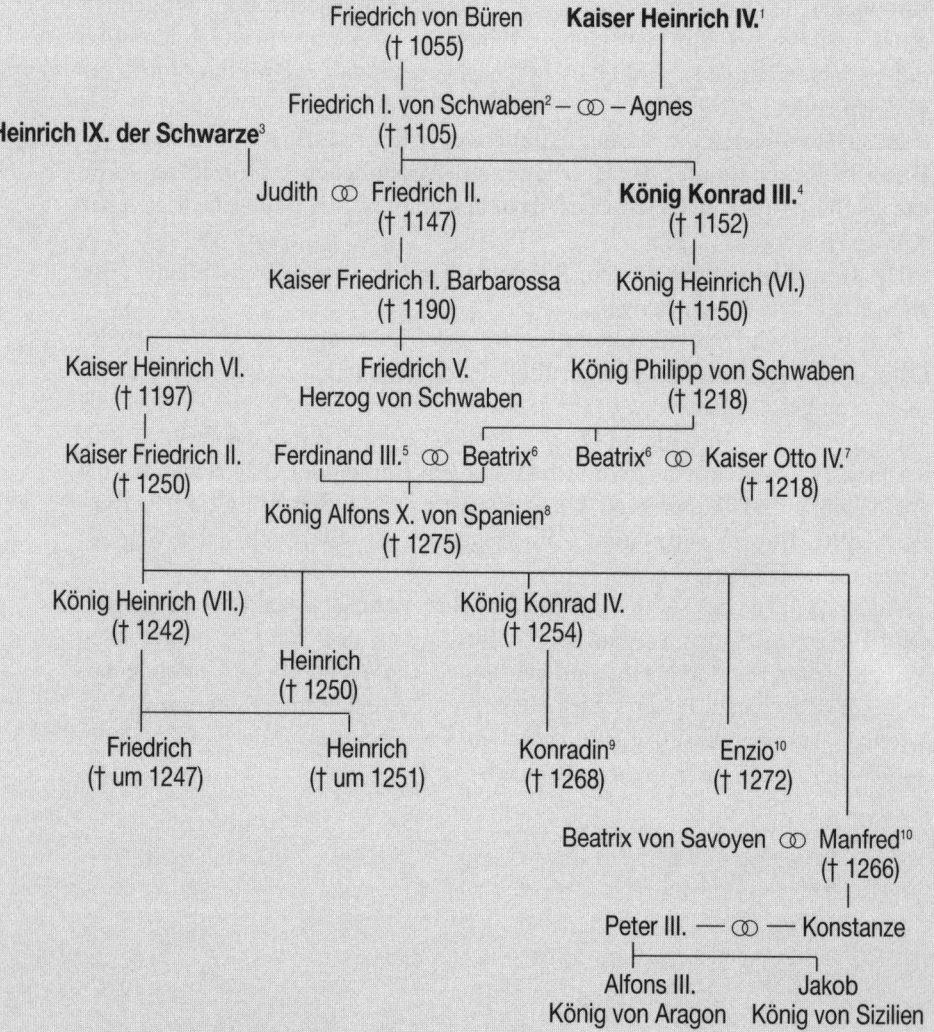

[1] Aus dem Geschlecht der Salier, siehe Seite 119.
[2] Erster Herzog der Staufer in Schwaben.
[3] Aus dem Geschlecht der Welfen, siehe Seite 149.
[4] Einziger Herrscher Bayerns aus dem Geschlecht der Staufer.
[5] König von Kastilien.
[6] Zwei Töchter Philipps mit Namen Beatrix.
[7] Sohn Heinrichs des Löwen aus dem Geschlecht der Welfen.
[8] Deutscher König von 1257 bis 1275.
[9] Der letzte legitime Staufer wird 1268 in Neapel enthauptet.
[10] Illegitime Nachkommen Kaiser Friedrichs II.

Konrad III. (1141–1143)

Päpste:		Deutscher König:	
Innozenz II.	1130–1143	Konrad III.[1]	1138–1152
Cölestin II.	1143–1144		
		Markgraf/Herzog Österreichs:	
König Frankreichs:		Heinrich II. Jasomirgott[2]	1141–1177
Ludwig VII. der Jüngere	1137–1180		

Konrad III. aus dem Geschlecht der Staufer regiert als Herzog von Bayern von 1141 bis 1143.

Konrad wird 1093 geboren, er stirbt am 15. Februar 1152 in Bamberg und liegt im Bamberger Dom bestattet. Seine Eltern sind der Staufer Friedrich I., Herzog von Schwaben, und dessen Gemahlin Agnes, die Tochter Kaiser Heinrichs IV. aus dem Geschlecht der Salier. Aus dieser Ehe gehen die beiden Söhne Herzog Friedrich II. von Schwaben und Konrad hervor. Nach dem Tod von Konrads Vater Friedrichs I. 1105 heiratet Agnes in zweiter Ehe den Babenberger Leopold III., Markgraf von Österreich. Aus dieser zweiten Ehe Konrads Mutter Agnes stammen die Söhne Markgraf Leopold IV., Herzog Heinrich Jasomirgott, beide Herzöge von Bayern und Letzter auch Herzog von Österreich, sowie Bischof Otto von Freising.

Verheiratet ist Konrad mit Gertrud von Sulzbach. Aus dieser Ehe stammen die beiden Söhne Friedrich, Herzog von Rothenburg (gestorben 1167), und Heinrich (gestorben 1150). Angeblich entspricht das Reiterstandbild des »Bamberger Reiters« dem Aussehen Konrads (andere wollen allerdings darin den Gründer des Bamberger Bistums, Kaiser Heinrich II., sehen). Konrad gilt als eine fröhliche, umgängliche Persönlichkeit, gleichzeitig aber auch als ein tatkräftiger Politiker.

Konrad ist seit 1138 deutscher König. 1139 hatte er nach der Ächtung des

---

[1] Identisch mit Herzog Konrad von Bayern.
[2] Ab 1156 Herzog.

Welfenherzogs Heinrich des Stolzen seinen eigenen Halbbruder Leopold IV. mit dem Herzogtum Bayern belehnt. Nachdem Leopold 1141 stirbt, übernimmt nunmehr Konrad das Herzogtum Bayern als Königsgut.

Konrad erhält bereits 1116 von Kaiser Heinrich V. die bisherigen weltlichen Rechte des Bischofs von Würzburg und wird mit der Übergabe der zum Bistum gehörenden Grafschaften und Forstrechte gleichzeitig zum Herzog von Ostfranken. 1119 muss er zwar die Gebiete an den Würzburger Bischof zurückgeben, behält allerdings das zu Nürnberg gehörende Reichsland und kann somit in den östlichen Maingebieten Fuß fassen und sich eine Machtposition schaffen. 1127 versucht er, das Bistum Bamberg einzunehmen, bleibt dabei jedoch erfolglos.

Nach dem Tod seines Oheims, des Kaisers Heinrich V., lässt sich Konrad, obwohl der Sachsenherzog Lothar schon gewählter und gekrönter deutscher König geworden ist, am 18. Dezember 1127 zum Gegenkönig erheben. Zur Erweiterung seiner Machtverhältnisse geht er 1128 nach Italien, wird dort zum König von Italien gekrönt, unterliegt aber 1130 in Nürnberg dem Welfenherzog Heinrich dem Stolzen und dessen Schwiegervater Kaiser Lothar. Im Jahre 1135 unterwirft sich Konrad endgültig dem Reichsherrscher und verzichtet auf seinen Königstitel.

Nach dem Tod Kaiser Lothars am 4. Dezember 1137 wird Konrad am 7. März des folgenden Jahres in Koblenz von seinen Anhängern zum deutschen König gewählt und kurz danach in Aachen am 13. desselben Monats durch Erzbischof Albero von Trier gekrönt. Damit kommt er seinem Konkurrenten, dem kaiserlichen Schwiegersohn Herzog Heinrich dem Stolzen, zuvor, den der Kaiser zu seinem Nachfolger bestimmt hatte und der noch die Reichsinsignien in seinem Besitz hat. Die Reichsfürsten schließen sich Konrad an, sodass Heinrich der Stolze in Regensburg gezwungen ist, die Reichsinsignien schließlich an Konrad auszuliefern.

Konrad weigert sich als neuer Reichsherrscher, den Welfen Heinrich den Stolzen mit dem Herzogtum Sachsen und mit Nürnberg zu belehnen. Da Herzog Heinrich diese durchaus legale Machtbeschränkung nicht hinnehmen will, wird ihm nun auch das Herzogtum Bayern abgesprochen. Konrad muss sich während dieser Zeit fortlaufend der Welfen erwehren, die den Machtverlust nicht hinzunehmen gedenken. In der Schlacht bei Weinsberg im Dezember 1140 muss sich die Burg Weinsberg ergeben; die »Weiber von Weinsberg« dürfen auf die Zusage Konrads ihre Männer auf dem Rücken tragend vor der Gefangenschaft retten. Mit dem Herzogtum Bayern belehnt der König zunächst seinen Halbbruder Leopold IV., den Babenberger Markgrafen von Österreich. Nach dessen Tod 1141 übernimmt Konrad das bayerische Herzogtum selbst und belehnt den Askanier Albrecht den Bären, Markgraf von Brandenburg, mit dem Herzogtum Sachsen.

Konrad hält sich häufig in den Städten Würzburg, Nürnberg und Bamberg auf und legt Wert auf ein gutes Verhältnis zu den deutschen Bischöfen. Besonders eng sind seine Beziehungen zum Bistum Würzburg. Bischof Embricho von Würzburg wird Konrads engster Vertrauter. Auch mit seinem Halbbruder Bischof Otto von Freising steht er in Verbindung; dem Ort Freising bewilligt er 1140 einen Jahrmarkt.

Trotz aller Gegensätze und Auseinandersetzungen mit den Welfen ist Konrad immer bestrebt, den Ausgleich zwischen den Staufern und Welfen herbeizuführen. Zwischen seinem Halbbruder Heinrich Jasomirgott, der von ihm 1139 als Markgraf mit der Ostmark belehnt wird, und Gertrud, der Witwe seines welfischen Rivalen Heinrich des Stolzen, kann Konrad eine Heirat vermitteln. Auf dieser Hochzeit an Ostern 1142 gelingt es ihm sogar, Gertruds Sohn, Heinrich den Löwen aus deren Ehe mit Heinrich dem Stolzen, zum Verzicht auf das Herzogtum Bayern zu überreden. Dafür belehnt Konrad den jungen Heinrich den Löwen ab diesem Jahr mit dem Herzogtum Sachsen. Mit dem Herzogtum Bayern wird 1143 Konrads Halbbruder Heinrich Jasomirgott belehnt. Konrad gilt als konsequent und beharrlich. Einmal getroffene Entscheidungen ändert Konrad nicht so schnell. Auf dem Würzburger Reichstag im Jahre 1150 weigert er sich, dem Drängen Heinrichs des Löwen nachzugeben und seinem Halbbruder Heinrich das Herzogtum Bayern wieder zu entziehen.

In der Schlacht bei Bopfingen kann Konrad 1150 den Welfen Welf VI., einen Vetter Heinrichs des Stolzen, besiegen, der immer noch um die bayerischen Besitzungen seines 1138 abgesetzten Verwandten kämpft. Die Gegner schließen jedoch Frieden, tauschen in ritterlicher Manier ihre Gefangenen aus, und Konrad belehnt Welf VI. daraufhin mit dem Ort Mertingen.

Nachfolger Konrads im Herzogtum Bayern wird sein Halbbruder, der Babenberger Heinrich II. Jasomirgott.

Während der Regierungszeit Konrads als Herzog von Bayern 1141 bis 1143 siedelt König Geza II. von Ungarn 1141 Deutsche in Oberungarn (Zips) und in Siebenbürgen an. In diesem Jahr erhebt der Markgraf von Österreich, Heinrich Jasomirgott, Wien zu seiner Residenz.

Bayern unter den Babenbergern

Heinrich XI. Jasomirgott (1143–1156)

Päpste:		Deutsche Könige und Kaiser:	
Innozenz II.	1130–1143	Konrad III.	1137–1152
Cölestin II.	1143–1144	Friedrich I. Barbarossa	1152–1190
Lucius II.	1144–1145		
Eugen III.	1145–1153	**Markgraf/Herzog Österreichs:**	
Anastasius IV.	1153–1154	Heinrich II. Jasomirgott	1141–1177
Hadrian IV.	1154–1159		

König Frankreichs:
Ludwig VII. der Jüngere 1137–1180

Markgraf Heinrich XI. Jasomirgott aus dem Geschlecht der Babenberger regiert als Herzog von Bayern von 1143 bis 1156, anschließend als Herzog von Österreich. Seinen Beinamen erhält er wegen des häufigen Gebrauchs dieser Redewendung. Er wird 1114 geboren und stirbt am 13. Januar 1177 in Wien.

Seine Eltern sind der Babenberger Markgraf Leopold III. und dessen Gemahlin Agnes, die Tochter Kaiser Heinrichs IV. Seine Geschwister aus dieser Ehe sind sein älterer Bruder Leopold (Luitpold IV., von 1139 bis 1141 ebenfalls bayerischer Herzog) sowie seine jüngeren Brüder Otto, Bischof von Freising, und Konrad, Bischof von Passau und Erzbischof von Salzburg. Verheiratet ist Heinrich in erster Ehe seit 1142 mit Gertrud, der Witwe des Welfenherzogs Heinrich des Stolzen. Gertrud stirbt bereits 1143. In zweiter Ehe heiratet Heinrich die byzantinische Prinzessin Theodora, Nichte des Kaisers Manuel I. aus Byzanz. Aus dieser Ehe, die offensichtlich während des Kreuzzugs zustande kommt, stammen seine Söhne Heinrich der Ältere und sein Nachfolger im Herzogtum Österreich, Herzog Luitpold V., seit 1192 auch Herzog der Steiermark. Heinrich ist der Stiefbruder des Stauferkönigs Konrad III. (sie haben beide die gemeinsame Mutter Agnes), der nach dem Tod Heinrichs Bruder Leopold (Luitpold) 1141 das Herzogtum Bayern selbst bis 1143 verwaltet. Im Jahre 1141 belehnt König Konrad Heinrich als Markgraf zunächst nur mit der bayerischen Ostmark. 1143 wird aber Heinrich nun auch mit dem Herzogtum Bayern belehnt, während sein Stiefsohn Heinrich der Löwe zunächst nur das Herzogtum Sachsen erhält.

Auch Graf Welf, der Onkel Heinrichs des Löwen, erhebt Ansprüche auf das Herzogtum Bayern, den Heinrich, mittlerweile bayerischer Herzog, laufend bekämpfen muss. Nach dem zweiten Kreuzzug (1147–1149) erhebt auch Heinrich der Löwe auf dem Reichstag zu Würzburg wiederum Ansprüche auf Bayern, die aber König Konrad entschieden zurückweist.

Nach dem Tod des Königs 1152 glaubt Heinrich der Löwe, von dessen Nachfolger Friedrich I. Barbarossa die Belehnung mit dem Herzogtum Bayern erreichen zu können. Und Friedrich Barbarossa, nicht so konsequent wie sein Vorgänger, aber um Ausgleich bemüht, ist auch tatsächlich bestrebt, das Herzogtum seinem Vetter Heinrich Jasomirgott zu entziehen und seinem Vetter Heinrich dem Löwen zu übertragen. Denn er hat bei seinem Regierungsantritt das Recht, die Herzogtümer neu zu vergeben. Heinrich (Jasomirgott) wird daher 1152 auf den Reichstag nach Würzburg geladen, allerdings vergeblich. An Pfingsten des folgenden Jahres kommt Heinrich zwar nach Worms, verwahrt sich jedoch gegen die aus seiner Sicht ungesetzliche Ladung. In Speyer bringt Heinrich im selben Jahr denselben Einwand vor. Friedrich Barbarossa spricht ihm deshalb schließlich 1154 auf dem Reichstag in Goslar in seiner Abwesenheit das Herzogtum Bayern ab und überträgt es formell an Heinrich den Löwen, gleichzeitig Herzog von Sachsen.

Daraufhin weigert sich Heinrich, im Winter 1154/55 an Barbarossas Italienfeldzug teilzunehmen. Er bereitet in Abwesenheit Barbarossas und Heinrichs des Löwen unter Beteiligung bayerischer und sogar sächsischer Adeliger einen Aufstand vor, unterlässt ihn aber, als Friedrich Barbarossa, zum Kaiser gekrönt, siegreich zurückkehrt. Ein nochmaliger Verhandlungsversuch Heinrichs mit dem Kaiser scheitert, sodass Heinrich der Löwe offiziell 1155 das bayerische Herzogtum erhält.

Aber Heinrich verzichtet zu diesem Zeitpunkt noch nicht auf das Herzogtum, sondern urkundet nach wie vor als Herzog von Bayern und Markgraf von Österreich. Er fühlt sich dazu mächtig genug, weil er einerseits den Herzog Wladislav von Böhmen als Verbündeten besitzt, andererseits mit dem König Geza II. von Ungarn verschwägert und außerdem der Schwiegersohn Kaiser

Manuels von Byzanz geworden ist. Vermutlich unterlässt der Kaiser auch deswegen eine Strafexpedition gegen Heinrich.

Im Juni 1156 kommt es auf den Wiesen von Barbing östlich von Regensburg noch einmal zu Verhandlungen um das Herzogtum Bayern. Heinrich erklärt sich am 8. September mit dem Verzicht auf Bayern einverstanden. Dafür wird die bisherige Markgrafschaft Österreich mit Zustimmung der Fürsten zum Herzogtum mit besonderen Rechten erhoben: Der Herzog besitzt die volle Gerichtsbarkeit, muss lediglich an den in Bayern stattfindenden Reichstagen teilnehmen, kann an die Töchter das Herzogtum vererben und bei Kinderlosigkeit testamentarisch frei darüber verfügen. Dieses so genannte »Privilegium minus«* wird am 17. September 1156 beurkundet.

Damit ist einerseits die Abtrennung Österreichs von Bayern endgültig vollzogen, andererseits kann sich Bayern nunmehr nicht weiter nach Osten ausdehnen, womit seine territoriale Entwicklung und damit eine Machtsteigerung in Zukunft begrenzt bleiben muss.

Im ersten Jahr seiner Regierungsübernahme als Herzog von Bayern muss Heinrich in der Gegend von Freising gegen die Parteigänger seines Gegners Welf, gegen den Erzbischof von Salzburg, den Bischof von Regensburg und Ottokar von Steyr, kämpfen. Ein weiterer Widersacher Heinrichs ist zu Beginn seiner Regierung zunächst König Geza II. von Ungarn, der ihn 1146 an der Leitha vernichtend schlägt. Später verbünden sich die beiden jedoch gegen Friedrich Barbarossa. Am Kreuzzug König Konrads III. nehmen die beiden Rivalen um das Herzogtum Bayern, Heinrich sowie Graf Welf, gemeinsam teil.

Der Schwerpunkt Heinrichs Regierungstätigkeit liegt auch während seiner Amtszeit als Herzog von Bayern in der Ostmark. Er verlegt seine Residenz von Kloster Neuburg (nördlich von Wien) nach Wien, gründet dort ein Kloster des heiligen Petrus und führt die byzantinische Kultur an seinem Hof in Wien ein.

Während der Regierungszeit Heinrichs wird 1146 die von Heinrich dem Stolzen begonnene steinerne Brücke in Regensburg fertig gestellt. 1147 erobert König Alfons von Portugal Lissabon von den Arabern und macht es zu seiner Hauptstadt. Um 1150 entsteht in Paris eine Universität und damit der Beginn des europäischen Universitätswesens. In etwa dieser Zeit entwickeln sich in Deutschland die Familiennamen aus Berufs- und Herkunftsbezeichnungen. Im gleichen Zeitraum treten neben den Klosterwerkstätten die bürgerlichen Handwerksberufe hervor. Um 1151 bringen die Kreuzfahrer die schwarze Ratte nach Europa, die später zur Ausbreitung der Pest beitragen wird.

---

* Siehe Anmerkung Seite 178 ff.

Bayern unter den Welfen

Heinrich XII. der Löwe (1156–1180)

Päpste:		*Könige Frankreichs:*	
Hadrian IV.		Ludwig VII. der Jüngere	1137–1180
der Engländer	1154–1159	Philipp II. August	1180–1223
Alexander III.	1159–1180		
Paschalis III.	1164–1178	*Herzöge Österreichs:*	
Innozenz III.	1179–1180	Heinrich II. Jasomirgott*	1141–1177
		Leopold (Luitpold) V.	1177–1194
Deutscher König und Kaiser:			
Friedrich I. Barbarossa	1152–1190		

Herzog Heinrich XII. der Löwe, der letzte bayerische Herrscher aus dem Geschlecht der Welfen, regiert in Bayern von 1156 bis zu seiner Absetzung 1180. Seinen Beinamen »der Löwe« erhält er für seinen tapferen Einsatz 1154 im Kampf Friedrich Barbarossas gegen die aufständischen Römer. Heinrich wird 1129, vermutlich in Ravensburg, geboren, er stirbt am 6. August 1195 in Braunschweig. Seine Eltern sind Herzog Heinrich der Stolze und dessen Gemahlin Gertrud, die Tochter Kaiser Lothars von Supplinburg. Gertrud heiratet nach dem Tod ihres Mannes 1139 im Jahre 1142 Herzog Heinrich Jasomirgott, Heinrichs Vorgänger in Bayern.

Verheiratet ist Heinrich in erster Ehe mit Clementia von Zähringen. Nach deren Tod heiratet er in zweiter Ehe Mathilde, die Tochter König Heinrichs II. von England. Aus dieser Ehe stammen seine Söhne Heinrich der Lange, Pfalzgraf von 1195 bis 1227, Wilhelm von Lüneburg, der Stammvater der

---
* Bis 1156 Markgraf von Österreich.

heutigen Herzöge von Hannover, und Otto, der 1198 deutscher König wird und 1209 die Kaiserwürde erringen kann. Sein Sohn Lothar stirbt 1190 in Augsburg, außerdem hat er eine Tochter Richenza, die auch Mathilde genannt wird.

Heinrichs Charakter ist von Selbstüberschätzung und Starrsinn geprägt. Mit seiner Unnachgiebigkeit, insbesondere gegenüber seinem versöhnlich gestimmten staufischen Vetter Kaiser Friedrich Barbarossa, schadet er sich selbst. Er verfügt zwar über politischen Weitblick und große Begabungen zum Herrscher, besitzt aber offensichtlich nicht die Fähigkeit, politische Freundschaften zu schließen. Durch seine Maßlosigkeit in guten Zeiten verscherzt er sich persönliche Bindungen in Notzeiten. Er versteht es allerdings, einen glänzenden Hof zu führen. 1172 zieht er mit 1000 Rittern ins Heilige Land und wird am byzantinischen Hof mit aller Pracht empfangen.

Nach der Heirat seiner verwitweten Mutter Gertrud mit dem Babenberger Herzog Heinrich Jasomirgott 1142 verzichtet Heinrich zunächst zugunsten seines Stiefvaters auf das Herzogtum Bayern, wird dafür aber von König Konrad III. mit Sachsen belehnt. Auf dem Würzburger Reichstag 1150 erneuert Heinrich jedoch seine Ansprüche auf Bayern, die der König jedoch entschieden ablehnt. Nach Friedrich Barbarossas Wahl 1152 zum deutschen König macht ihm dieser Hoffnung auf das Herzogtum Bayern. Er entzieht schließlich Heinrich Jasomirgott im Juni 1154 in dessen Abwesenheit auf dem Reichstag in Goslar das Herzogtum Bayern und belehnt damit Heinrich.

Heinrich Jasomirgott weigert sich zunächst, diese Belehnung anzuerkennen, und urkundet nach wie vor als Herzog von Bayern und Markgraf von Österreich, verzichtet aber schließlich 1156 auf Bayern. Auf den Wiesen von Barbing östlich von Regensburg wird im Juni 1156 in feierlicher Zeremonie die Übergabe Bayerns an Heinrich den Löwen vollzogen: Heinrich Jasomirgott übergibt zunächst sieben Fahnenlanzen als Symbol für Bayern an Kaiser Barbarossa, die dieser daraufhin an Heinrich aushändigt. Heinrich wiederum gibt zwei Lanzen als Symbol für die Markgrafschaft Österreich an Barbarossa zurück, der sie Heinrich Jasomirgott überreicht. Gleichzeitig wird die bisherige bayerische Ostmark mit Zustimmung der Fürsten zum Herzogtum Österreich erhoben. Heinrich Jasomirgott erhält zusätzlich das so genannte »Privilegium minus«*, womit der

---

* Das so genannte »Privilegium minus« ist ein von Kaiser Friedrich Barbarossa am 17. September 1156 in einer Urkunde Herzog Heinrich Jasomirgott gewährtes Sonderrecht, wonach der Herzog von Österreich die volle Gerichtsbarkeit besitzt, lediglich an den in Bayern stattfindenden Reichstagen teilnehmen muss, auch an die Töchter das Herzogtum Österreich vererben kann und bei Kinderlosigkeit sogar testamentarisch darüber verfügen darf. Dieses geschichtlich nachgewiesene »Privilegium minus« wird von dem Habsburger Herzog Rudolph IV., deswegen auch genannt »der Stifter«, um 1359 um das »Privilegium

neue Herzog von Österreich mit einer Reihe bedeutsamer Rechte ausgestattet ist.

Heinrich kann nunmehr ab 1156, als bayerischer Herzog formell anerkannt, seine Herrschaft in Bayern ausbauen. Heinrich ist bestrebt, seine Macht auch hier zu erweitern. 1158 zerstört er die dem Bischof Otto von Freising gehörende Brücke über die Isar bei Oberföhring, um eine neue Handelsbrücke auf seinem Gebiet bei dem Bauerndorf »bei den Mönchen« zu errichten, woraus sich binnen kurzer Zeit der Ort München entwickeln sollte. Durch den widerrechtlichen Eingriff gelingt es Heinrich, den lukrativen Salztransport über München zu leiten und damit den Aufstieg dieser zukünftigen Stadt entscheidend zu fördern.

Auch wenn Heinrich sein Machtzentrum durch das Herzogtum Sachsen im Norden sieht, verfolgt er in Bayern ebenfalls eigene Interessen. Er besitzt erhebliche Güter im Raum um München, und zwar zwischen Lech und Ammersee, im Augstgau (Raum großflächig um Augsburg), außerdem die Vogteien über Polling und Wessobrunn und in der Grafschaft im Unterinntal. Daneben gehören ihm die Burg und die Grafschaft Burghausen mit der Vogtei Ötting (Altötting) und Ranshofen sowie der Forst Weilhart und Reichenhall. Darüber hinaus besitzt Heinrich auch Lehen des Erzbistums Salzburg. Von Barbarossa erhält er dazu noch die bedeutsame Reichsburg Garda (am Gardasee). Als Herzog von Bayern betreibt er auch eine autonome Kirchenpolitik, indem er die neuen Bischöfe selbst einsetzt.

Am Italienfeldzug Friedrich Barbarossas 1154 beteiligt sich Heinrich ebenso wie am zweiten Italienfeldzug 1158. Dem Reichszug nach Süden im Jahre 1167 bis 1174 bleibt er jedoch mit Einwilligung des Kaisers fern. Als Barbarossa 1176 in arge Bedrängnis gerät und ihn in Chiavenna kniefällig um militärische Unterstützung bittet, verweigert sie ihm Heinrich. Kaiser Friedrich Barbarossa muss daraufhin bei Legnano eine vernichtende Niederlage hinnehmen und mit Papst Alexander III. einen ungünstigen Frieden schließen.

Diese unnachgiebige Haltung und Heinrichs Starrsinn im Streit um das schwäbische Erbe seines Oheims Welf IV. veranlassen den Kaiser schließlich, sich von Heinrich abzuwenden. Barbarossa ist nun nicht mehr bereit, die von mehreren Fürsten vorgetragenen Rechtsbrüche Heinrichs hinzunehmen und zu

---

maius«, eine später nachgewiesene Fälschung, erweitert. Danach sollen Kaiser Heinrich IV. (1058), Kaiser Friedrich Barbarossa (1156), König Heinrich (VII.) (1228), Kaiser Friedrich II. (1245) und König Rudolph von Habsburg (1283) zusätzliche Privilegien gewährt haben, wonach unter anderem der Herzog von Österreich als »Pfalz-Erzherzog« unmittelbar nach den Kurfürsten rangiert, oberster Fürst des deutschen Reiches ist, nur in Österreich belehnt werden kann und das Reich keine Lehen in Österreich besitzen darf. Der Habsburger Kaiser Friedrich III. bestätigt diese Privilegien und den Titel »Erzherzog« im Jahre 1453.

decken. Kaiser Friedrich Barbarossa leitet ein förmliches Verfahren gegen Heinrich ein. Zum Reichstag in Worms Mitte Januar 1179 erscheint Heinrich nicht, ebenso nicht auf dem Reichstag im Juni desselben Jahres in Magdeburg. Ein Versuch Heinrichs, sich nach dem Reichstag mit dem Kaiser in der Nähe von Haldensleben zu versöhnen, scheitert. Eine hohe Bußzahlung mit der Aussicht Barbarossas, sich bei den Fürsten für ihn einzusetzen, verweigert Heinrich. Nachdem Heinrich auch zum Reichstag in Würzburg Mitte Januar 1180 nicht erscheint, verliert er die beiden Herzogtümer Bayern und Sachsen. Da er sich nicht dem Urteil unterwerfen will, verfällt er im Juli desselben Jahres auf dem Reichstag in Regensburg der Oberacht und verliert damit auch seinen gesamten Eigenbesitz.

Heinrich ist damit völlig rechtlos und vogelfrei. Der bayerische Adel steht dem unbeliebten Herzog in dieser schweren Auseinandersetzung nicht bei. Im November 1181 unterwirft sich Heinrich dem Kaiser, erhält seinen Eigenbesitz um Braunschweig und Lüneburg wieder zurück und muss mit seiner Familie für drei Jahre ins Exil zu seinem Schwiegervater, dem englischen König, gehen. Im Jahre 1194 versöhnt er sich mit Barbarossas Sohn Kaiser Heinrich VI. An seinem Hauptsitz und Sterbeort Braunschweig erinnern das Löwendenkmal, die Burg Dankwarderode und der Blasiusdom an ihn.

Während seiner Regierungszeit lässt Heinrich eine Enzyklopädie, den »Lucidarius«, in deutscher Sprache erstellen, ein beliebtes Volksbuch, das bis in die Neuzeit fortlebt und als das älteste mittelhochdeutsche Prosawerk den Dialog zwischen Meister und Schüler über die Schöpfung, die Welt und die Heilslehre zum Inhalt hat. Im Jahre 1158 kann Kaiser Friedrich Barbarossa nach der Unterwerfung Mailands die kaiserliche Herrschaft in Italien wieder herstellen. 1162 zerstört der Kaiser den Mailänder Dom. 1168 entsteht im Kloster Tegernsee der »Antichrist« (»ludus de antichristo«).

Bayern unter den Wittelsbachern
(1180–1918)

Die Wittelsbacher sind ein bayerisches Pfalzgrafengeschlecht, das von den bayerischen Grafen von Scheyern abstammt. Angeblich bestehen auch genealogische Verbindungen zu den Luitpoldingern, dem bayerischen Herrschergeschlecht aus der Karolingerzeit. Die Wittelsbacher führen deshalb ihre Ahnenreihe unmittelbar auf den Markgrafen Luitpold (gefallen 907 in der Schlacht bei Pressburg gegen die Ungarn) zurück. Ihre Besitzungen liegen verstreut im Raum zwischen Donau, Lech und Amper, an der Isar, um Freising, Schwandorf und Burglengenfeld. Außerdem gehören dazu die Orte Valley und Dachau.

Zu Beginn des zwölften Jahrhunderts erhalten die Wittelsbacher die Pfalzgrafenwürde in Bayern und sind damit die Stellvertreter des jeweiligen Herzogs. Seit 1115 bezeichnen sich die bisherigen Grafen von Scheyern nach der Burg Witelinspach in der Nähe von Aichach als die Grafen von Wittelsbach. Diese Stammburg wird 1209 nach der Ermordung des Stauferkönigs Philipp von Schwaben durch den Grafen Otto von Wittelsbach von dem Wittelsbacher Herzog in Bayern, Ludwig dem Kelheimer, zerstört.

Nach zahlreichen Beschwerden gegen den Welfen und nach einem aufwändigen Verfahren entzieht Kaiser Friedrich Barbarossa seinem Vetter Heinrich dem Löwen auf dem Reichstag in Würzburg im Juli 1180 das Herzogtum Bayern und belehnt damit am 16. September desselben Jahres in Altenburg (Thüringen) den ihm treu ergebenen Wittelsbacher Pfalzgrafen Otto II. Gleichzeitig verkleinert Friedrich Barbarossa Bayern, indem er die Steiermark abtrennt und zu einem eigenen Herzogtum erhöht. Unter Ottos Sohn Ludwig dem Kelheimer können die Wittelsbacher durch Verheiratung Ottos II. mit Agnes, einer Enkelin Heinrichs des Löwen, 1214 die politisch bedeutsame Pfalzgrafschaft bei Rhein erwerben, womit sie nicht nur eine offizielle Kurstimme, sondern auch das Reichsvikariat, das heißt die Vertretungsmacht in Abwesenheit des Reichsherrschers, erhalten. Im neu erworbenen Herzogtum Bayern verstehen es die Wittelsbacher durch eine geschickte Politik, ihr eigenes Herrschaftsgut um die Gebiete aus dem Besitz der Grafen von Bogen, von Andechs und insbesondere der Staufer zu erweitern. Die Wittelsbacher fügen nun in ihr bisheriges Wappen nach Erwerbung der Rheinpfalz den Löwen und ab 1247 auch das Rautenmuster der Grafen von Bogen ein.

Nach der Teilung des Herzogtums in Niederbayern und in Oberbayern mit der Kurpfalz im Jahre 1255 verbleibt die Kurwürde ab 1356 infolge der Goldenen Bulle endgültig bei der Kurpfalz. Erst 1623 gelangt sie durch die Niederlage des pfälzischen »Winterkönigs« Friedrich V. wieder an Bayern. Sie ist zunächst an die Person des Kurfürsten Maximilian I. gebunden, gehört aber nach dem Ende des Dreißigjährigen Krieges 1648 zu den Privilegien aller bayerischen Herzöge. Dafür wird als Entschädigung für die Kurpfalz die achte Kurwürde neu geschaffen.

Die Landesteilung von 1255 und der spätere Hausvertrag von Pavia 1329 leiten nicht nur eine selbstständige Entwicklung der Rheinpfalz einerseits und Altbayerns andererseits ein, sie markieren auch den Beginn des langen Streits unter den Wittelsbacher Herzögen, den erst Albrecht der Weise mit der Wiedervereinigung von ganz Altbayern und der Einführung der Primogenitur nach vielen Teilungen in der Pfalz im Jahre 1506 beenden kann. 1777 erlischt die Linie der Herzöge (Kurfürsten) von Bayern, sodass die kurpfälzische Linie der Wittelsbacher, in der Person des Kurfürsten Karl Theodor abgesichert durch zahlreiche vorangegangene Hausverträge, in Bayern die Nachfolge antreten kann. Unter Kurfürst Maximilian IV. (= König Max I. Joseph ab 1806) aus der Linie Pfalz-Zweibrücken gelangt 1799 schließlich der gesamte Herrschaftsbereich der Wittelsbacher wieder in eine Hand.

Von 1654 bis 1718 haben die Wittelsbacher aus der Linie Pfalz-Zweibrücken den schwedischen Thron inne. Bedeutendster Vertreter dieses Zweigs wird dort König Karl XII., der im Nordischen Krieg von 1700 bis 1721 gegen Russland, Polen, Sachsen und Dänemark die schwedische Großmachtstellung verspielt. Von 1832 bis zu seiner Abdankung 1862 regiert Otto I., ein Sohn des bayerischen Königs Ludwig I., als König von Griechenland.

Die Wittelsbacher stellen im Verlauf der Geschichte drei deutsche Könige beziehungsweise Kaiser: Kaiser Ludwig IV. der Bayer (1314–1347), König Ruprecht von der Pfalz (1400–1410) und Kaiser Karl (Albrecht) VII. (1742–1745), seit 1741 auch König von Böhmen.

Das unermüdliche Streben der Wittelsbacher, sich als bedeutsames Herrschergeschlecht in der europäischen Politik durchzusetzen, ist für das Kernland Bayern nicht immer von Vorteil. Kurfürst Max II. Emanuel (der »Blaue König«) bleibt in seinem Bestreben, die Königswürde zu erreichen, nicht nur erfolglos; er muss vorübergehend sogar sein Land verlassen. Seinem Sohn Karl Albrecht gelingt es nur durch das Aussterben der Habsburger in männlicher Linie, für kurze Zeit die Reichsherrschaft zu erlangen.

In der Ära Napoleon gelangen schließlich die Wittelsbacher in Bayern ab 1806 zur Königswürde. Durch eine geschickte Politik ihres genialen Ministers Montgelas erreichen sie es daneben auch, den in dieser Zeit durch Napoleon erworbenen großen territorialen Zuwachs (Franken und Schwaben) zu behalten. 1871 wird Bayern Mitglied des Deutschen Kaiserreichs. 1918 verlässt der letzte Wittelsbacher Herrscher in Bayern, König Ludwig III., ohne offizielle Abdankung als erster Bundesfürst nach dem Ersten Weltkrieg sein Land. Auch danach bewahren große Teile der bayerischen Bevölkerung dem Hause Wittelsbach die Treue, die ihren Ausdruck vor allem in der Wertschätzung gegenüber Kronprinz Rupprecht findet. Chef des Hauses Wittelsbach wird nach dem Tod Rupprechts (1955) sein Sohn Albrecht, nach dessen Tod (1996) dessen Sohn Herzog Franz (* 1933).

Die große Bedeutung des Hauses Wittelsbach für Bayern liegt zunächst einmal in der fast 800 Jahre dauernden ununterbrochenen Herrschaft, die absolut einmalig in der Geschichte aller bekannten europäischen Dynastien ist. Die Kontinuität der wittelsbachischen Regierung ist wohl auch die Erklärung dafür, dass sich Bayern vom Stammesherzogtum zum Territorium der absolutistischen Zeit unter Kurfürst Maximilian I. und zu einem modernen Flächenstaat über das Ende der Monarchie hinaus bis zu dem heutigen Freistaat Bayern in etwa den gleichen Grenzen mit dem inneren Zusammenhalt entwickeln konnte. Dass die Wittelsbacher in ihrer langjährigen bayerischen Geschichte das Territorium als privates Herrschaftsgut betrachten und Max Emanuel sowie Karl Theodor zum Teil Bayern gegen andere Länder auszutauschen versuchen, ist als Ausdruck der damals üblichen Herrschaftsauffassung zu werten. Es ist des Weiteren selbstverständlich, dass die Wittelsbacher in ihrer sehr langen Ahnenreihe nicht nur Herrscher aufzuweisen haben, die nur das Wohl und Interesse ihres Landes verfolgt haben.

Diese Herrscherdynastie Bayern zeichnet sich aber gerade dadurch aus, dass sie in der Kunst und der Förderung der Wissenschaft Bedeutendes geleistet und vor allem in der Baukunst (der »Bauwurm« der Wittelsbacher) über alle Zeiten hinaus bleibende Werte geschaffen hat, die vor allem in der heutigen Zeit Bayern einen führenden kulturellen Status verleihen.

Genealogische Übersicht der Wittelsbacher

Kurpfalzlinien:

Kurfürst Otto II.[1] der

Rheinpfalz   MARIA VON BRABANT   ✕   **Kurfürst Ludwig II.**[2] der

Kurfürst Rudolph I. († 1319)
(nicht regierender) Pfalzgraf Adolf († 1327)
Kurfürst Ruprecht II. († 1398)
Kurfürst (deutscher König) Ruprecht III. († 1410)
Ludwig III. († 1436)
Pfalzgraf Stephan († 1459)   Ludwig IV. († 1449)
(Simmern-Zweibrücken)   Philipp († 1508)
Ludwig I. († 1489)   Ludwig V. († 1544)
(Zweibrücken)   Friedrich II. († 1556)
Alexander († 1514)   Ottheinrich († 1559)
Ludwig II. († 1532)
Wolfgang († 1569)   Friedrich III. († 1576)[5]
Ludwig VI. († 1583)
Karl († 1600)   Philipp August († 1614)   Friedrich IV. († 1610)
(Birkenfeld)   (Neuburg)   Friedrich V. († 1632)
Christian I. († 1654)   August († 1632)   Karl I. († 1680)
(Sulzbach)   Karl II. († 1685)
Christian II. († 1717)   Christian August († 1708)
Christian III. († 1735)   Theodor Eustach († 1732)   Philipp Wilhelm († 1690)[6]
Johann Wilhelm († 1716)
Friedrich Michael († 1767)   Johann Christian († 1733)   Karl III. Philipp († 1742)

Karl IV. Philipp Theodor

Maximilian I. Joseph   =

[1] Kurfürst der Rheinpfalz seit 1228.
[2] 1255 Teilung in Oberbayern mit Rheinpfalz und Niederbayern.
[3] 1392 Teilung in Oberbayern–München, Oberbayern–Ingolstadt, Niederbayern–Landshut und Niederbayern Straubing.
[4] 1505 Altbayern insgesamt vereinigt.
[5] Kurpfalzlinie Simmern.
[6] Kurpfalzlinie Sulzbach.
[7] Ende der altbayerischen Linie.
[8] Kurpfalz wird mit Bayern 1777 beziehungsweise 1799 endgültig vereinigt.

TAFEL 12

Bayern

Otto I. Graf von Scheyern († 1078)
Otto II. Graf von Scheyern († 1121)
Pfalzgraf Otto I. von Wittelsbach († 1156)
Herzog Otto I. von Bayern († 1183)
Herzog Ludwig I. der Kelheimer († 1231)
Erlauchte († 1253)

- **Strenge († 1294)** (Oberbayern)
- **Heinrich XIII. († 1290)[2]** (Niederbayern)

Kaiser Ludwig IV. der Bayer († 1347) — **Johann I. das Kind († 1340)**

Stephan II. († 1375) — **Albrecht I. († 1404)[3]** (Straubing-Holland)

- **Johann II. († 1397)[3]** (Oberbayern–München)
- **Friedrich der Weise († 1393)[3]** (Niederbayern–Landshut)
- **Stephan III. († 1413)** (Oberbayern–Ingolstadt)
- **Wilhelm II. († 1417)**
  - Jakobäa († 1436)

Ernst († 1438) — **Heinrich XVI. († 1450)** — **Ludwig VII. († 1447)**
  Ludwig IX. († 1479) — **Ludwig VIII. († 1445)**
Albrecht III. († 1460) — **Georg († 1503)**
  Elisabeth († 1504)[4]

AGNES BERNAUER

Albrecht IV. († 1508)[4]
Wilhelm IV. († 1550)
Albrecht V. († 1579)
Herzog Wilhelm V. († 1626)
Kurfürst Maximilian I. († 1651)
Ferdinand Maria († 1679)
Maximilian II. Emanuel († 1726)
Kaiser Karl VII. Albrecht († 1745)
Maximilian III. († 1777)[7]

= ——— **Kurfürst Karl Theodor von Bayern († 1799)[8]**
——— **König Max I. Joseph († 1825)[8]**
Ludwig I. († 1868)

König Maximilian II. († 1864) — **Prinzregent Luitpold († 1912)**

König Ludwig II. († 1886) — **König Otto († 1916)** — **König Ludwig III. († 1921)**
Kronprinz Rupprecht († 1955)
Herzog Albrecht († 1996)
Herzog Franz (geb. 1933)

Bayern bis zur endgültigen Wiedervereinigung

Bayern bis zur ersten Landesteilung von 1255

Die Belehnung der Wittelsbacher mit dem Herzogtum Bayern am 16. September 1180 in Altenburg (Thüringen) durch Kaiser Friedrich Barbarossa leitet eine Entwicklung Bayerns ein, die fast 800 Jahre bis 1918 andauert und untrennbar mit diesem Herrschergeschlecht verbunden ist. Obwohl der erste Wittelsbacher Herrscher Otto I. nur ganze drei Jahre regiert, kann er sich, selbst einem bedeutenden Pfalzgrafengeschlecht entstammend, gegenüber anderen ihm an Macht zumindest gleichkommenden Grafenhäusern in Bayern verhältnismäßig leicht durchsetzen. Es wirkt sich zum Vorteil der Wittelsbacher aus, dass in der Folgezeit unter anderem die Grafengeschlechter der Vornbacher, der Burghauser, der Wasserburger, der Vohburger und der Sulzbacher aussterben, sodass die Wittelsbacher die erledigten Lehen nicht mehr vergeben und durch den enormen Zugewinn an Grundbesitz deswegen am Anfang ihrer Regierungszeit einen entscheidenden Rückhalt im Herzogtum schaffen können, den sie für die Durchsetzung ihrer außenpolitischen Ziele später so dringend benötigen.

Ottos Sohn Ludwig der Kelheimer, beim Tod seines Vaters neun Jahre alt, kann dennoch die konsequente Hausmachtpolitik seines Vaters fortsetzen. 1204 heiratet er die Witwe des letzten Grafen von Bogen und erwirbt damit die Anwartschaft auf die große Donaugrafschaft. Nach der Ermordung des Staufers Philipp von Schwaben in Bamberg 1208 durch seinen eigenen Vetter, den Wittelsbacher Pfalzgrafen Otto IV., erhält Ludwig der Kelheimer, der dafür sogar ein Bündnis mit Kaiser Otto IV., dem Welfen und Gegner der Wittelsbacher, eingeht, die gesamten Besitzungen des geächteten Königsmörders und kann dadurch selbst auf Kosten der eigenen Verwandtschaft das wittelsbachische Hausgut vergrößern. Ganz entscheidend für die weitere Entwicklung des Hauses Wittelsbach ist jedoch das Anerkenntnis durch Kaiser Otto IV., dass die Wittelsbacher das Erbrecht auf das Herzogtum Bayern 1208 erwerben. Damit zeigt die mühevolle Schaukelpolitik Ludwigs bereits einen ersten wesentlichen Erfolg.

1214 gewinnen die Wittelsbacher durch Heirat die Pfalzgrafschaft bei Rhein hinzu. Ludwig der Kelheimer beauftragt seinen Sohn Otto II. den Erlauchten 1228 mit der Regierung dieses neu erworbenen Landes, womit das Territorium für die Linie der späteren Kurfürsten in der Rheinpfalz begründet wird. Damit wird aber auch gleichzeitig der Grundstein für die spätere Trennung der Herrschaft der Wittelsbacher in Altbayern und die Pfalz mit der Hauptstadt Heidelberg gelegt, eine Trennung, die von den Gegenspielern der Wittelsbacher zu Beginn des 14. Jahrhunderts politisch geschickt ausgenutzt wird.

Unter Ludwig dem Kelheimer und Otto II. setzt in Altbayern auch eine Periode der Städtegründungen ein. Gleichzeitig beschneiden die Wittelsbacher die Macht des heimischen Adels und der Bischöfe. Aufgrund der Politik Ludwigs des Kelheimers sind die Staufer zwar eine Zeit lang die Widersacher der Wittelsbacher, was sich insbesondere in der Einziehung der von Otto II. vergeblich gewünschten Steiermark für das Reich durch Kaiser Friedrich II. zeigt. Dennoch wird Otto der Erlauchte schließlich doch Parteigänger der Staufer, verheiratet seine Tochter mit dem Kaisersohn Konrad, sodass die Wittelsbacher später unter Ludwig dem Strengen beim Untergang der Staufer die Erben der verpfändeten staufischen Besitzungen am Lech und in der späteren Oberpfalz werden.

Die Konsolidierung und Festigung der Macht der Wittelsbacher in Bayern wird aber vor allem dadurch ganz entscheidet gefördert, dass sie die bayerischen Territorien der mächtigen Grafen von Bogen und der insbesondere auch der in der Reichspolitik mächtigen und einflussreichen Grafen von Andechs, seit 1180 auch Herzöge von Meranien (Dalmatien), die 1242 beziehungsweise 1248 aussterben, nicht mehr als Lehen vergeben. Otto II. der Erlauchte erreicht allerdings sein großes Ziel nicht, nach dem Aussterben der Babenberger Herzöge in Österreich im Jahre 1246 das Gebiet der früheren bayerischen Ostmark für Bayern zurückzugewinnen.

Ottos Söhne Ludwig der Strenge und Heinrich entzweien sich nach nur zweijähriger gemeinsamer Herrschaft in Bayern und teilen 1255 in der ersten großen Landesteilung das Herzogtum Bayern mit der Rheinpfalz auf, wodurch bereits der Keim für die späteren weiteren Aufteilungen in mehrere wittelsbachische Linien gelegt ist. Dadurch geschwächt, erleidet die Bedeutung Bayerns in der deutschen und europäischen Geschichte eine entscheidende Einbuße.

Otto I. (1180–1183)

Päpste:		Deutscher König und Kaiser:	
Alexander III.	1159–1181	Friedrich I. Barbarossa	1152–1190
Viktor IV.	1159–1164		
Lucius III.	1181–1185	**Herzog Österreich:**	
		Leopold (Luitpold) V.	1177–1194
Könige Frankreichs:			
Ludwig VII. der Jüngere	1137–1180		
Philipp II. August	1180–1223		

Herzog Otto I., von König Ludwig I. (1825–1848) auch »der Große« genannt, regiert als erster Herrscher aus dem Geschlecht der Wittelsbacher in Bayern von 1180 bis 1183. Otto wird um 1120 vermutlich auf der Burg Kelheim geboren. Er stirbt am 11. Juli 1183 auf der kaiserlichen Burg Pfullendorf bei Konstanz und liegt in der Familiengruft des Klosters Scheyern bestattet.

Seine Eltern sind der bayerische Pfalzgraf Otto I. und dessen Gemahlin Heilika, die Erbtochter des Grafen Friedrich von Burg-Lengenfeld. Otto heiratet mit 52 Jahren 1169 die neunzehnjährige Agnes, eine Tochter des Grafen Ludwig II. von Loon bei Lüttich, der gleichzeitig Burggraf von Mainz ist. Aus der Ehe stammen die Töchter Sophie, Heilika, Agnes, Richarde, Elisabeth und Mechthild, der früh verstorbene Sohn Otto sowie sein Nachfolger Ludwig der Kelheimer. Otto ist ein Mann von hohem Wuchs und kräftiger Gestalt. Er wird beschrieben als eine Erscheinung von frischer Röte im Gesicht und mit fast schwarzem Haar.

Am 16. September 1180 belehnt Kaiser Friedrich Barbarossa den Wittelsbacher Pfalzgrafen Otto in Altenburg in Thüringen mit dem Herzogtum Bayern. Otto ist bereits seit langer Zeit ein treuer Anhänger der Staufer, sodass der Kaiser den Wittelsbacher mit der Herzogswürde für die Treue belohnt, nachdem Barbarossa dem letzten Welfenherzog Heinrich dem Löwen die beiden Herzogtümer Bayern und Sachsen entzogen hat. Bei der Belehnung mit dem wichtigen Herzogtum Bayern, wenn auch verkleinert um die Gebiete Tirol und Steiermark, zieht der Kaiser, sicherlich auch aus machtpolitischen Gründen, den Wittelsbacher anderen mächtigen Grafen in Bayern wie beispielsweise Graf Berthold von Andechs-Meranien vor.

Otto übernimmt nach dem Tod seines Vaters Otto I. 1156 das Pfalzgrafenamt in Bayern. Schon vorher befindet er sich in Begleitung Barbarossas auf dessen erstem Italienfeldzug, bei welchem er dem Staufer 1155 eine ganz entscheidende Hilfe leistet, die schließlich 1180 mit zur Belehnung Ottos mit Bayern führen sollte. Auf dem Rückzug des Reichsheeres aus Italien soll Barbarossa in der Veroneser Klause überfallen werden. Otto, für seinen Mut bekannt, gelingt es, die Gebirgshöhen zu erstürmen und von oben herab zahlreiche Aufrührer des Raubritters Alberich gefangen zu nehmen und Barbarossa auszuliefern, der sie fast alle hinrichten lässt.

Auf dem Reichstag in Besançon 1157 befindet sich Otto ebenfalls im Gefolge des Kaisers. Dabei kommt es beinahe zu einer ähnlichen Tat wie dem Mord des Pfalzgrafen Otto IV. 1208 in Bamberg an Barbarossas Sohn Philipp von Schwaben. Als Kardinal Roland, der spätere Papst Alexander III., den Papst als Lehensherrn des Kaisers bezeichnet (Kanzler Rainhald von Dassel übersetzt provozierend das Wort »beneficium = Wohltat« des Papstes an den Kaiser bewusst mit dem Wort »Lehen«), stürzt sich Otto mit gezogenem Schwert auf den Kardinal, wobei nur durch die Geistesgegenwart des anwesenden Kaisers eine Bluttat verhindert werden kann.

Zusammen mit dem Kanzler des Reiches, Rainald von Dassel, zieht Otto 1158 im Auftrag des Kaisers wieder nach Italien, um dessen zweiten Italienfeldzug vorzubereiten, der zwischen 1158 und 1162 unter Ottos Teilnahme stattfindet. Auch nach dem Tod Papst Hadrians IV. und der anschließenden Doppelwahl der beiden Päpste Alexander III. und des kaiserfreundlichen Viktor IV. am 1. September 1159 hält sich Otto wiederum im Auftrag des Kaisers in Rom auf.

Otto ist zu Beginn seiner kurzen Regierungszeit als Herzog von Bayern von Anfang an bemüht, durch häufige Anwesenheit in Bayern seine Präsenz zu zeigen, ganz im Gegensatz zu seinen Vorgängern. Er hält zahlreiche Landtage ab und sitzt häufig persönlich zu Gericht. Seine Lage ist zu Beginn seiner Regierungstätigkeit insofern schwierig, als er selbst nur wenige Grafschaften in Bayern besitzt. Der Kaiser versucht durch seine negativen Erfahrungen die Macht der Herzöge, auch die der Wittelsbacher, zusätzlich zu beschränken. Zahlreiche staufische Rechte lässt er von Nürnberg aus verwalten. Otto hält aber von Anfang an die Herzogsverwaltung fest in seiner Hand. In über 20 Fällen bestätigt er Besitzrechte in Grafschaften und Klöstern, auch im Nordgau (etwa die heutige Oberpfalz) und in Regensburg, hält Landtage unter anderem in Amberg ab, wo er auch seine Söhne mit Rechten belehnt.

Sein Hauptaufenthaltsort ist die neue Burg Wittelsbach, die zwischen dem alten Königshof Neuburg an der Donau und dem Welfensitz Mering in der Nähe des Lechrains gelegen ist. Diese Burg wird im Zusammenhang mit dem Mordanschlag des Pfalzgrafen Otto auf den Stauferkönig Philipp von Schwaben im Jahre 1209 zerstört. Das Pfalzgrafenamt der Wittelsbacher in Bayern geht seit der Belehnung Ottos mit dem Herzogtum Bayern auf die jüngere Linie der Wittelsbacher über, deren letzter Vertreter Otto IV. 1209 stirbt.

Während der Regierungszeit Ottos wird das Herzogtum Sachsen aufgeteilt und 1180 das selbstständige Herzogtum Westfalen unter dem Erzbischof von Köln begründet. Um diese Zeit nimmt das ritterliche Liebesverhältnis die Form des Minnedienstes an. 1181 verliert Polen das Gebiet Pommern; Pommern wird Herzogtum unter Wratislav I. und schließt sich dem Deutschen Reich an. 1183 muss Kaiser Friedrich Barbarossa im Frieden von Konstanz die Selbstverwaltung der lombardischen Städte anerkennen.

Ludwig I. der Kelheimer (1183–1231)

Päpste:		*Deutsche Könige und Kaiser:*	
Lucius III.	*1181–1185*	*Friedrich I. Barbarossa*	*1152–1190*
Urban III.	*1185–1187*	*Heinrich VI.*	*1190–1197*
Gregor VIII.	*1187*	*Philipp I. von Schwaben*	*1198–1208*
Klemens III.	*1187–1191*	*Otto IV.*	*1208–1215*
Cölestin III.	*1191–1198*	*Friedrich II.*	*1215–1250*
Innozenz III. der Große	*1198–1216*		
Honorius III.	*1216–1227*		
Gregor IX.	*1227–1241*	*Herzöge Österreichs:*	
		Leopold (Luitpold) V.	*1177–1194*
Könige Frankreichs:		*Friedrich I.*	*1194–1198*
Philipp II. August	*1180-1223*	*Leopold VI.*	*1198–1230*
Ludwig VIII. der Löwe	*1223–1226*	*Friedrich II.*	*1230–1246*
Ludwig IX. der Heilige	*1226–1270*		

Ludwig I. der Kelheimer, aus dem Geschlecht der Wittelsbacher, ist Herzog von Bayern von 1183 bis 1231. Ludwig wird am 23. Dezember 1174 in Kelheim geboren, er kommt am 15. September 1231 auf der Donaubrücke bei Kelheim, von einem Unbekannten erdolcht, ums Leben (daher der Beiname). Der Täter kann nicht mehr identifiziert werden, weil ihn Ludwigs Begleiter sofort lynchen. Ludwig liegt im Kloster Scheyern bestattet. Seine Eltern sind Herzog Otto I. und dessen Gemahlin Agnes, die Tochter des Grafen Ludwig II. von Loon. Verheiratet ist Ludwig seit 1204 mit Ludmilla (geboren um 1170 in Olmütz), der Tochter des Böhmenherzogs Friedrich und der Witwe des Grafen Albert III. von Bogen. Ludmilla bringt zwei Söhne mit in die Ehe, Graf Berthold und Graf Albert IV. von Bogen, für deren Rechtsstellung als Grafen sich Ludwig bemüht. Deren Territorien erbt später Otto II. der Erlauchte, der Nachfolger und einzige Sohn Ludwigs.

Zunächst steht der unmündige Ludwig bis 1191 noch unter der Vormundschaft seiner Mutter und seiner Verwandten, dem Pfalzgrafen Otto III., dem Laienmönch Friedrich und Erzbischof Konrad von Salzburg und Mainz. Nach dem Tod seines Vaters bereist seine Mutter Agnes verschiedene Burgen, um sich der Zustimmung des ansässigen Adels zur eigenen Regentschaft ihres Sohnes zu versichern. Aber trotzdem kann Ludwig zu Beginn seiner Amtsübernahme nur unter erschwerten Bedingungen regieren, die zum Teil durch den aufsässigen Adel, zum Teil durch den unvorhergesehenen Regierungswechsel im Reich (Tod Kaiser Friedrichs 1190) bedingt sind. Barbarossas Nachfolger Heinrich VI. setzt sich jedoch für Ludwig ein, und der bayerische Herzog begleitet ihn 1193/94 nach Apulien und Sizilien und ist auch auf dem Reichstag von Würzburg und Mainz 1196 wieder anwesend. Auch an dem Italienfeldzug nach Sizilien 1197 nimmt Ludwig teil. Daraus entwickelt sich eine starke Bindung zwischen dem Staufer und dem Wittelsbacher Ludwig, der daraus politischen Nutzen ziehen kann.

Als Ludwigs Vetter, der Pfalzgraf Otto IV., im Jahre 1208 in Bamberg den Meuchelmord an dem Stauferkönig Philipp von Schwaben begeht, wird Ludwig mit der Durchführung der Reichsacht gegen den Attentäter, seinen eigenen Vetter, beauftragt. Ludwig hat keine Skrupel, gleichzeitig die Güter seines Vetters an sich zu ziehen. Zusätzlich zerstört er 1209 die eigene Familienburg Wittelsbach. Philipps Gegner, der Welfe Kaiser Otto IV., auf dessen Seite Ludwig sofort wechselt, belehnt ihn nicht nur mit dem Reichslehen des Königsmörders. Kaiser Otto IV. verzichtet auch auf die Welfenansprüche auf Bayern. Außerdem übergibt er Ludwig auch das Markgrafentum Istrien, wodurch der Wittelsbacher seinen Herrschaftsbesitz erheblich erweitern kann. Damit reicht sein Herzogtum nunmehr von der mittleren Isar bis zum mittleren Lech und bis zu den Alpen. Im Kernland der Grafen von Andechs erhält Ludwig Weilheim, Wolfratshausen, Starnberg und Landsberg. Den Grafen von Andechs gelingt es in Zukunft nicht mehr, ihre frühere Machtstellung zurückzugewinnen.

Nach der Wahl des Stauferherrschers Friedrich II. zum deutschen König 1211 wechselt Ludwig zunächst wieder zur Partei der Staufer, kehrt jedoch im März 1212 zu dem Welfenkaiser Otto IV. zurück. Als Garantie für das erneute Bündnis werden Ludwigs Sohn Otto II. der Erlauchte und die Nichte des Kaisers Otto IV., Agnes, verheiratet. Durch diese Verbindung erhält Ludwig für seinen Sohn die Pfalzgrafschaft bei Rhein. Mit diesem Territoriumzuwachs gelangt auch der pfälzische Löwe der Welfen in das Wappen der Wittelsbacher. In der Auseinandersetzung zwischen Otto IV. und Friedrich II. wechselt Ludwig schließlich noch einmal zu den Staufern über und bekämpft die niederrheinisch-welfische Fürstenopposition, wird dabei gefangen genommen und muss sich freikaufen.

Als Kaiser Friedrich II. 1215 als deutscher Herrscher seine Macht festigen kann – Kaiser Otto IV., der Welfe, stirbt 1215 –, wird Ludwig einer der treuesten Anhänger des Staufers Friedrich. Er führt für den Kaiser einen Feldzug nach Ägypten durch, wo er sich, auf dem Nil durch Hochwasser eingeschlossen, wiederum durch Lösegeldzahlung an seine Gegner freikaufen muss. Wegen seiner guten Beziehung zu Friedrich II. wird Ludwig 1226 Reichsverweser und der Vormund von dessen Sohn Heinrich (VII.), der sich jedoch gegen den bayerischen Herzog stellt, mit den Grafen von Andechs verbündet und 1229 in Bayern einfällt. Ludwig muss unter Heinrichs Druck andechsisches Gebiet zurückgeben und ist am Ende seiner Regierung (1231) den Grafen von Andechs fast unterlegen. Es ist nicht ganz ausgeschlossen, dass Heinrich (VII.), der rebellische Sohn Kaiser Friedrichs II., hinter dem Attentat auf Ludwig 1231 steht.

In seiner gesamten Regierungszeit ist Ludwig bestrebt, seinen Territorialbesitz in Bayern zu erweitern. Durch die Heirat mit Ludmilla erlangt Ludwig nicht nur Besitzungen der Grafen von Bogen, die bis in den Bayerischen Wald und in den Böhmerwald reichen, er gewinnt auch in Ottokar, dem Oheim Ludmillas, einen mächtigen Verbündeten gegenüber den Babenbergern in Österreich. Unter Ludwig werden die Städte Landshut (1204), Straubing (1218), Landau (1224) und Braunau gegründet und ausgebaut. In Landshut errichtet er seine Herzogskanzlei. Außerdem erhält er Reichenhall, Sulzbach, Riedenburg und Vohburg.

Ludwig gilt als eine kraftvolle, kämpferische Persönlichkeit. Er schätzt aber auch die schönen Künste. Bis zu seinem Tod hält sich der bekannte Dichter Neidhart von Reuental an seinem Hof auf, vornehmlich in Landshut auf der Burg Trausnitz. Nach seinem Tod gründet seine Witwe 1232 das Kloster Seligenthal vor den Toren der Stadt Landshut.

Während der Regierungszeit Ludwigs führt Barbarossa 1189 den dritten Kreuzzug durch und ertrinkt 1190 im Fluss Saleph in Kleinasien. Um 1200 bilden sich in den Städten Patriziergeschlechter in der Stadtherrschaft aus, das Rittertum steht in seiner kulturellen Blütezeit. In dieser Zeit wird auch der Hofnarr aus dem Orient infolge der Kreuzzüge an den deutschen Fürstenhöfen heimisch. Bei Rechtsstreitigkeiten zwischen Mann und Frau finden gerichtliche Zweikämpfe statt, bei denen man sich vertreten lassen kann. 1212 beginnt der Kinderkreuzzug, bei dem die meisten Kinder bereits in Europa umkommen und die übrig gebliebenen in Alexandria versklavt werden. Um 1230 wird die Lepra infolge der Kreuzzüge nach Europa eingeschleppt.

Otto II. der Erlauchte (1231–1253)

Päpste:		Deutsche Könige und Kaiser:	
Gregor IX.	1227–1241	Friedrich II.	1215–1250
Cölestin	1241	Heinrich Raspe	1246–1247
Innozenz IV.	1243–1254	Konrad IV.	1250–1254
König Frankreichs:		**Herzöge Österreichs:**	
Ludwig IX.		Friedrich II. der Streitbare	1230–1246
der Heilige	1226–1270	Hermann	1248–1250
		Ottokar	1251–1276

Herzog Otto II. aus dem Geschlecht der Wittelsbacher, gleichzeitig Pfalzgraf bei Rhein, wird auch »der Erlauchte« genannt. Dieser Beiname entsteht durch das lateinische Wort »illustris« (berühmt), das, im Laufe der Zeit nicht mehr richtig verstanden, in »der Erlauchte« umgedeutet wird. Er regiert von 1231 bis 1253. Geboren wird Otto am 7. April 1206 in Kelheim, er stirbt am 29. November 1253 in Landshut im Kirchenbann, obwohl er sich mit der Kirche vorher noch aussöhnt. Er ist im Kloster Scheyern bestattet. Seine Eltern sind Herzog Ludwig der Kelheimer und dessen Gemahlin Ludmilla, die Tochter des böhmischen Herzogs Friedrich aus dem Geschlecht der Premysliden und Witwe des Grafen Albert III. von Bogen. Verheiratet ist Otto mit Agnes, der Tochter des welfischen Pfalzgrafen Heinrich des Langen.

Aus der Ehe stammen die Töchter Sophie, Agnes und Elisabeth. Elisabeth heiratet den letzten Stauferkönig Konrad IV. Außerdem hat Otto seine beiden Söhne und Nachfolger Ludwig II. der Strenge und Heinrich XIII.

Noch während der Regierungszeit seines Vaters wird Otto zunächst 1214 nach dem Tod Heinrichs II., des kinderlosen Sohnes Heinrichs des Langen und Enkel des Welfen Heinrich des Löwen offizieller Pfalzgraf bei Rhein. Nach der Schwertleite 1228 wird Otto von Ludwig als amtierender Pfalzgraf mit Regierungssitz in Heidelberg eingesetzt, der Stadt, die von Otto besonders gefördert wird. Seine Regierungstätigkeit als Herzog von Bayern 1231 muss Otto mit kriegerischen Auseinadersetzungen gegen die Grafen von Andechs und die Babenberger beginnen. 1233 besetzt er Oberösterreich, unterliegt jedoch den Babenberger Herzögen von Österreich und muss seinen Sohn Ludwig II. als Geisel stellen. 1234 kämpft er gegen die Bischöfe von Salzburg, Regensburg, Augsburg, Tölz, Hohenburg und Freising, die seine Lehensherrschaft nicht anerkennen wollen. Sein großer Widersacher ist vor allem der Bischof von Freising, der Kirchenstrafen über ihn verhängt. Diese werden jedoch wieder vom Archidiakon in Passau widerrufen. Die Auseinandersetzungen mit den Bischöfen dauern in dieser Zeit an. 1239 kann Otto allerdings erreichen, dass ihn die Bischöfe ohne Zustimmung des Papstes nicht mehr mit Kirchenstrafen belegen dürfen.

Die Bindungen zu den Staufern sind getrübt, zumal Otto die Staufer hinter dem Attentat seines Vaters vermutet, was ihm allerdings der Kaiser ausreden kann. Seit 1238 verschlechtern sich die Beziehungen zum Kaiser noch dadurch, dass sich Otto mit König Wenzel von Böhmen und dem Herzog Friedrich dem Streitbaren von Österreich verbündet, um den Sturz des Kaiser Friedrich herbeizuführen. Er wechselt jedoch wieder zu den Staufern. Vier Jahre später ist Otto aber mit der päpstlichen Partei wieder verfeindet und muss deren Vertreter Albert Beham ebenso wie den Grafen Konrad von Wasserburg erneut bekämpfen, dessen Burg er schließlich 1247 einnehmen kann. Die Auseinandersetzung mit Papst Innozenz IV., dem großen Gegner Kaiser Friedrichs II., erreicht 1246 dadurch für Otto ihren Höhepunkt, dass der Papst den Erzbischof Philipp von Salzburg auffordert, die Geistlichkeit Bayerns zu versammeln und zum Abfall von Herzog Otto zu überreden.

Otto ist zwar, wie sein Vater zuletzt, mit den Staufern verbündet. Das Verhältnis zu den Staufern, zunächst durch die Heirat Ottos Tochter Elisabeth mit dem Staufer Konrad IV.1246 bekräftigt, verschlechtert sich jedoch, weil der Kaiser im selben Jahr das frei gewordene Herzogtum Österreich nach dem Aussterben der Babenberger als Lehen einzieht, als Königsgut behält und damit an der Ostgrenze Bayerns eine starke staufische Position schaffen kann. Nach dem Tod des Kaisers (1250) söhnt sich Otto jedoch mit dessen Sohn und Nachfolger, seinem Schwiegersohn, aus. Denn die Mongolen bedrohen die Ostgrenze Bayerns, haben Ungarn bereits überrannt und König Bela von Ungarn in einer Schlacht besiegt, in welcher der Herzog von Schlesien fällt. 1250 unterwerfen Otto und König Konrad gemeinsam die Stadt Regensburg und vertreiben Albert Beham, den großen Verfechter der päpstlichen Interessen in Deutschland.

Otto erreicht sein großes Ziel nicht, die ehemalige bayerische Ostmark, das jetzige Herzogtum Österreich, zurückzugewinnen. 1248 erhält er zwar vom Kaiser für kurze Zeit das Amt des Verwalters Österreichs. Sein Neffe, Markgraf Hermann von Baden, wird jedoch sein entschlossener Gegner in Österreich. In dieser Zeit beauftragt Otto seinen Sohn Ludwig, die Verbindung Bayerns mit Österreich zu festigen, da er selbst wegen der inneren Unruhen in Bayern und dem Kampf gegen die Kirchenfürsten an der eigenen Durchsetzung seiner Ziele verhindert ist. Als König Konrad nach dem Tod seines Vaters zur Übernahme der Herrschaft in Sizilien nach Italien zieht, nutzt Ottokar II. von Böhmen die Abwesenheit des deutschen Königs aus, fällt 1251 sogar in Bayern ein und zerstört die Mark Cham. Mit Ottokars Einzug in Wien im selben Jahr verliert Otto endgültig die Möglichkeit, Österreich zurückzugewinnen.

Otto ist während seiner gesamten Regierungszeit ständig bemüht, seinen Herrschaftsbesitz zu erweitern. In seiner Regierungszeit sterben die Geschlechter der Grafen von Bogen (seine beiden Stiefbrüder Berthold und Albert IV.) von Wasserburg und von Andechs aus. Deren Güter zieht Otto ein und gibt sie nicht mehr als Lehen aus. Außerdem kann er den Herrschaftsbesitz der Grafschaften Valley und Hohenbogen erwerben. Den Grafen von Ortenburg, seit 1208 Inhaber des bayerischen Pfalzgrafenamts, kauft er deren Herrschaftsgut ab und kann auch die Grafschaftsrechte im Rottal erwerben.

Bereits im Jahre 1244 hatte Otto auf dem Landtag in Regensburg einen auf drei Jahre befristeten Landfrieden durchgesetzt. Gleichzeitig kann er in Bayern das Fehdewesen zurückdrängen und das Waffentragen gesetzlich regeln. Er verbietet die eigenmächtige Pfändung sowie den bewaffneten Überfall auf Wohnstätten. Im Jahre 1251 legt er in München den Grundstein für das Spital vom Heiligen Geist. Außerdem gründet er Spitäler in Neumarkt und Landshut und wahrscheinlich auch in Regensburg.

In den letzten Jahren seiner Regierungszeit wird Otto wieder ein treuer Anhänger der Staufer. 1246 hatte er an der Wahl der beiden Gegenkönige Heinrich Raspe und Wilhelm von Holland nicht teilgenommen. Nach dem Untergang des staufischen Herrschergeschlechts gewinnen die Wittelsbacher aus dem verpfändeten Erbe der Staufer den größten Zuwachs ihres Hausguts. Zu Lebzeiten Ottos besteht das Herzogtum Bayern damit in etwa aus dem Gebiet des heutigen Oberbayern und Niederbayern, dem Innviertel und dem Kufsteiner Land, aus Teilen des Nordgaus (= Oberpfalz) und der Rheinpfalz. Seinen beiden Söhnen Ludwig und Heinrich vermacht er das Herzogtum Bayern zur gesamten Hand, das heißt, beide werden gemeinschaftlich Herzöge von Bayern, allerdings mit der Möglichkeit einer Erbauseinandersetzung.

Otto gilt auch – trotz seiner nur zwei Jahrzehnte dauernden Regierungszeit – als der große Städtegründer und als ein Förderer der ritterlichen Dichtung, der von Tannhäuser überschwänglich gelobt wird. Zusammen mit seiner Gemahlin Agnes beauftragt er den Dichter Reinbot von Durne, den Legendenroman »Der heilige Georg« zu verfassen. Obwohl strenggläubig, steht er durch sein Bündnis mit den Staufern bis zu seinem Tod mit der Kirche in Konflikt und befindet sich im Kirchenbann. Der große Wanderprediger Berthold von Regensburg sucht Otto noch wenige Tage vor seinem Ableben in Landshut auf und ist bestrebt, Otto in den Schoß der Kirche zurückzuführen.

Während der Regierungszeit Ottos erstellt Eipke von Repkow um 1235 den »Sachsenspiegel«, die Grundlage zahlreicher weiterer Rechtsbücher. Im selben Jahr feiert Kaiser Friedrich II. in Mainz das Pfingstfest, das mit seiner Prachtentfaltung als der Höhepunkt des Mittelalters schlechthin gilt. 1241 wird ein deutsch-polnisches Heer bei Liegnitz von den Mongolen angeblich durch Gasangriff, einer Technik der Chinesen, besiegt. 1242 wird die »Goldene Horde«, das mongolische Reich, gegründet. In diesem Jahr berichtet Roger Bacon von einem Schießpulver, das um 1246 allmählich in Europa verwendet wird. Um 1250 entstehen die »Carmina Burana«, die bekannten, von Carl Orff später vertonten Bauernlieder. Außerdem wird die lateinische Schriftsprache allmählich verdrängt. Die Juden fallen in Europa in dieser Zeit infolge der Kreuzzüge Verfolgungen zum Opfer und werden in Ghettos abgedrängt.

Die Landesteilungen und Wiedervereinigungen (1255–1628)

Erste Landesteilung 1255 in:

a) **Oberbayern mit Rheinpfalz**
(Ludwig II.)

b) **Niederbayern**
(Heinrich XIII.)

⟶ *1323 Erwerbung der Mark Brandenburg*
(Ludwig IV. der Bayer)

Zweite Landesteilung 1329 in:

a) **Oberbayern**
(Ludwig IV.)

b) **Rheinpfalz mit Oberpfalz**
(Rudolph II.)

1340 Wiedervereinigung von Oberbayern und Niederbayern
(Ludwig IV.)

⟶ *1342 Erwerbung Tirols*
(Ludwig IV.)

⟶ *1346 Erwerbung Hollands (Niederlande)*
(Ludwig IV.)

Dritte Landesteilung 1349 in:

a) **Oberbayern mit Tirol und Brandenburg**
(Ludwig V., Ludwig VI., Otto V.)

b) **Niederbayern mit den Niederlar**
(Stephan II., Wilhelm I., Albrecht I.)

Vierte Landesteilung 1353 in:

a) **Oberbayern mit Tirol**
(Ludwig V.)

b) **Niederbayern-Landshut**
(Stephan II.)

c) **Niederbayern-Straubing/Holland**
(Wilhelm I., Albrecht I.)

d) **Brandenburg**
(Ludwig VI., Otto V.)

> *1363 Wiedervereinigung Oberbayern und Niederbayern-Landshut*
> *(Stephan II.)*

1363 Verlust von Tirol an Österreich ⟶
(Meinhard, Stephan II.)

1373 Verlust von Brandenburg an Karl IV. ⟶
(Otto V.)

Fünfte Landesteilung 1392 in:

a) **Oberbayern-München**
(Johann II.)

    b) **Oberbayern-Ingolstadt**
    (Stephan III.)

        c) **Niederbayern-Landshut**
        (Friedrich der Weise)

            d) **Niederbayern-Straubing/Holland**
            (Albrecht I.)

> *Wiedervereinigung 1429 der Landesteile von Niederbayern-Straubing an:*
>
> a) **Oberbayern-München**
> (Ernst und Wilhelm III.)
>
>   b) **Oberbayern-Ingolstadt**
>   (Ludwig VII.)
>
>   c) **Niederbayern-Landshut**
>   (Heinrich XVI.)

1435 Verlust von Holland an Burgund ⟶

> *Wiedervereinigung 1447 von Oberbayern-Ingolstadt an Niederbayern-Landshut*
> *(Heinrich XVI.)*

> *Wiedervereinigung 1505 von Niederbayern an Oberbayern*
> *(Albrecht IV. der Weise)*

1505 Verlust von Kufstein, Rattenberg und Kitzbühel an Österreich ⟶
(Albrecht IV. der Weise)

1505 Schaffung der Pfalz Neuburg/Donau
(Ottheinrich, Philipp)

> ***Wiedervereinigung 1628 von Oberpfalz an Altbayern***
> ***(Maximilian I.)***

Bayern bis zum Hausvertrag von Pavia 1329

Mit der Teilung des Herzogtums Bayern 1255 übernimmt Ludwig der Strenge das an die Alpen grenzende »obere« Bayern mit Sitz in München und dazu die Rheinpfalz mit Sitz in Heidelberg. Sein Bruder Heinrich XIII. erhält das »niedere« Bayern mit Sitz in Landshut. Beide herzoglichen Brüder bleiben aber, obwohl nutzungsrechtlich auf ihre Gebiete beschränkt, rechtlich, wie alle Wittelsbacher seit 1214, auch jeweils Pfalzgrafen bei Rhein.

Ludwigs politische Zielrichtung ist – auch geografisch bedingt – auf das staufische Schwaben gerichtet. Heinrich sucht sein Territorium auf Kosten Böhmens, Österreichs und Ungarns zu erweitern, ohne dass er dabei nennenswert von seinem Bruder unterstützt wird. Der Lauf der bayerischen Geschichte wird entscheidend dadurch beeinflusst, dass Ludwig dem Grafen Rudolph aus dem Geschlecht der Habsburger 1273 zur Königswürde verhilft.

Als Nachfolger der 1246 in Österreich ausgestorbenen Babenberger Herzöge werden die Habsburger im Laufe der Geschichte wegen ihrer gegen die territorialen Interessen der Wittelsbacher gerichteten Ziele zu den entscheidenden Gegnern Bayerns. Das Konkurrenzverhältnis wird, trotz verwandtschaftlicher Beziehungen, schließlich im 18. Jahrhundert zu einem erbitterten Kampf um die Oberherrschaft des einen oder des anderen Geschlechts, der erst auf dem Wiener Kongress 1814/15 enden wird.

Herzog Heinrich XIII., der die Gefahr, die von den Habsburgern ausgeht, frühzeitig erkennt, wird von seinem Bruder Ludwig II. im Stich gelassen, sodass zuletzt sogar die Kurstimme, ein wesentlicher Machtfaktor in der Reichspolitik, dem Herzogtum Bayern verloren geht. Beide Brüder können die Entwicklung ihrer Herzogtümer dadurch fördern, dass sie nach dem Tod des letzten Staufers Konradin, des Sohnes ihrer Schwester Elisabeth, 1268 Erben von Teilen des staufischen Hausguts werden.

Heinrichs Sohn Otto III., der die antihabsburgische Politik seines Vaters fortführt, scheitert außenpolitisch trotz der erlangten Königswürde 1305 bei dem Versuch, Ungarn auf Dauer zu gewinnen. Innenpolitisch treibt er jedoch den Ausbau des Staates durch Erlass der ottonischen Handfeste in Niederbayern (1311) voran, worin er verfassungsrechtliche Zugeständnisse an die Klöster und den Adel macht. Das Gegenstück für Oberbayern ist die Schnaitacher Urkunde von 1302. Insoweit wirkt sich die Teilung auf die Entwicklung der beiden Teilherzogtümer Bayerns durchaus beschleunigend aus, da die Landstände (Adel, Prälaten und Bürger) in überschaubaren Gebieten an Einfluss gewinnen.

Die führende Herrscherpersönlichkeit im 14. Jahrhundert wird Kaiser Ludwig der Bayer, der Sohn Ludwigs II. von Oberbayern. Ludwig der Bayer legt allerdings durch seine übersteigerte Hausmachtpolitik auch gleichzeitig den Grundstein für die zunehmende Feindschaft zu anderen europäischen Mächten. Hinzu kommt die weitere Zersplitterung des bayerischen Herzogtums. Durch die Schlacht bei Gammelsdorf 1313 gelingt es Ludwig dem Bayer, die Königswürde 1314 und damit 1328 die Kaiserwürde zu erringen. 1323 belehnt er seinen Sohn Ludwig den Brandenburger mit der frei gewordenen Mark Brandenburg. Die Bedeutung dieser Erwerbung liegt neben dem territorialen Gewinn hauptsächlich in einer weiteren Kurstimme, der Berechtigung zur Teilnahme an der Wahl zum deutschen König und Kaiser. Die Mark Brandenburg verlieren die Wittelsbacher allerdings im Jahre 1373 endgültig wieder an die Luxemburger unter Kaiser Karl IV.

Der wesentliche Einschnitt Ludwigs des Bayern für das Herzogtum Bayern ist aber wohl der Abschluss des Hausvertrags von Pavia 1329. In diesem Vertrag zwischen Ludwig und seinem Neffen Rudolph II. setzt Ludwig den Sohn seines abgesetzten Bruders Rudolph I. (gestorben 1319) als Regenten in der Rheinpfalz ein, der neben der machtpolitisch wichtigen Kurstimme bei der Wahl auch das Recht der Stellvertretung des Königs im Reich bei dessen Abwesenheit übertragen erhält. Damit beginnt die selbstständige wittelsbachische Linie in der Pfalz, die sich erst 1777 nach dem Aussterben der altbayerischen Linie wieder mit den Stammländern verbindet. Zwar legt Ludwig der Bayer in diesem Vertrag fest, dass die Kurstimme abwechselnd von Bayern und der Rheinpfalz ausgeübt werden soll. Aber bereits neun Jahre nach seinem Tod (1347) bestimmt sein großer Gegenspieler und Nachfolger im Reich, Kaiser Karl IV., der die Wittelsbacher in Bayern schwächen will, in seiner von ihm erlassenen Goldenen Bulle 1356, dass die Kurstimme endgültig und ausschließlich bei der Rheinpfalz verbleibt.

Damit wird Bayern über ein viertel Jahrtausend (von 1356 bis zur Wiedererlangung der Kurwürde im Jahre 1623) eine wichtige Voraussetzung für die Einflussnahme auf die Reichspolitik vorenthalten. Dies sollte es schließlich auch den Habsburgern erleichtern, die Erblichkeit der Königswürde für das Haus Habsburg durchzusetzen.

Heinrich XIII. (1253–1290)

Päpste:		Könige Frankreichs:	
Innozenz IV.	1243–1254	Ludwig IX. der Heilige	1226–1270
Alexander IV.	1254–1261	Philipp III. der Kühne	1270–1285
Urban IV.	1261–1264	Philipp IV. der Schöne	1285–1314
Klemens IV.	1265–1268		
Gregor X.	1271–1276	**Deutsche Könige:**	
Innozenz V.	1276	Konrad IV.	1250–1254
Hadrian V.	1276	Wilhelm von Holland	1247–1256
Johann XXI.	1276–1277	Richard von Cornwall	1257–1272
Nikolaus III.	1277–1280	Alfons X. von Kastilien	1257–1282
Martin IV.	1281–1285	Rudolph I. der Habsburger	1273–1291
Honorius IV.	1285–1287		
Nikolaus IV.	1288–1292	**Herzöge Österreichs:**	
		Ottokar	1251–1276
		Albrecht I.	1282–1308

Vorgänger: Otto II.   *Nachfolger: Otto III., Ludwig III., Stephan I.*

Herzog Heinrich XIII. aus dem Geschlecht der Wittelsbacher regiert zusammen mit seinem Bruder Ludwig II. dem Strengen in Gesamtbayern einschließlich der Rheinpfalz von 1253 bis 1255, nach der Teilung von 1255 bis 1290 alleine nur in Niederbayern. Bis 1262 trägt Heinrich auch den Pfalzgrafentitel, obwohl sich sein Bruder Ludwig II. als alleiniger Inhaber des Pfalzgrafenamts (und damit der Kurstimme) betrachtet. Heinrich wird 1235 in Landshut geboren, er stirbt am 3. Februar 1290 in Burghausen. Seine Grabstätte ist das Zisterzienserkloster Seligenthal bei Landshut. Seine Eltern sind Herzog Otto II. und dessen Gemahlin Agnes, die Tochter des welfischen Pfalzgrafen Heinrich des Langen. Verheiratet ist Heinrich seit 1244 (vollzogen 1253) mit Elisabeth, der Tochter des ungarischen Königs Bela IV., einer Nichte der heiligen Elisabeth von Thüringen. Aus der Ehe stammen die Töchter Agnes, Elisabeth, Sophie, Katharina und seine Nachfolger Otto III., Ludwig III. und Stephan I.

Heinrich wird von seinem Vater frühzeitig in die Politik eingeführt. Nach dem Tod seines Vaters (1253) ist er neben seinem Bruder Ludwig gleichberechtigter Erbe des Herzogtums Bayern. 1253 versucht er, sich zu seinem Schwiegervater König Bela nach Ungarn durchzuschlagen, um Unterstützung für seinen Kampf um die Steiermark zu erhalten. König Ottokar II. von Böhmen versperrt ihm jedoch den Weg und zwingt ihn zur Umkehr. Mit Unterstützung Meinhards von Görz und Ezzelins von Treviso gelangt Heinrich schließlich doch nach Ungarn. Obwohl er im Sommer 1255 dieselbe Fahrt noch einmal unternimmt, bleiben seine bereits zu Lebzeiten seines Vaters unternommenen Bestrebungen erfolglos, auch das Land an der Enns zu gewinnen.

Die Brüder Heinrich und Ludwig sind zunächst bestrebt, Gesamtbayern einschließlich der Rheinpfalz einvernehmlich zu regieren, und bekräftigen diese Absicht nach ihrem Regierungsantritt 1253 noch einmal 1254. Aber bereits Ostern 1255 erfolgt die Teilung des Herzogtums in Oberbayern mit der Pfalz zugunsten Ludwigs und in Niederbayern für Heinrich.

Sein Territorium erstreckt sich zwischen Freising und Landshut im Westen, Cham im Norden und Reichenhall im Süden und umfasst die vier Bischofssitze Freising, Regensburg, Passau und Salzburg. Als Ottokar von Böhmen 1257 in Bayern einfällt, bekämpfen ihn die Brüder noch einmal gemeinsam, sodass Ottokar unter schweren Verlusten in Cham Frieden schließen und Neuburg, Schärding sowie Ried im Innviertel und Schüttenhofen aufgeben muss. 1260 lässt Heinrich vorsorglich Braunau befestigen und besetzt 1262 Salzburg, um Bischof Ulrich einzusetzen. Dabei wird der Stadtteil Salzburgs rechts der Salzach niedergebrannt. 1266 brechen erneut Kampfhandlungen mit Ottokar um Regensburg und Passau aus, in denen Heinrich erfolgreich bleibt. Im folgenden Jahr söhnen sich die beiden Kontrahenten jedoch aus, offensichtlich durch Vermittlung Kunigundes, der Gemahlin Ottokars, einer Nichte der Gemahlin Heinrichs. 1274 kommt es dann zu einem Treffen zwischen Heinrich und Ottokar in Pisek.

Heinrich nimmt 1273 an der Wahl des deutschen Königs Rudolph von Habsburg nicht teil, weil er ihn nicht anerkennen will. Auch auf dem Augsburger Tag im Mai 1275 lässt er sich vertreten, sodass er Gefahr läuft, das Herzogtum Niederbayern zu verlieren. Da der König einen Feldzug gegen ihn vorbereitet, begibt sich Heinrich notgedrungen 1276 nach Regensburg, empfängt von Rudolph sein Herzogtum als Lehen und bricht daraufhin die Beziehungen zu Ottokar ab. Er stellt jedoch Rudolph von Habsburg die Bedingung, dass sein ältester Sohn Otto III. Rudolphs Tochter Katharina heiraten und eine Mitgift von 40 000 Mark erhalten soll. Als Pfand für diesen Anspruch erhält Heinrich das Land an der

Enns. Jetzt kann Rudolph von Habsburg seinen bereits begonnenen Feldzug gegen Ottokar von Böhmen fortsetzen, nachdem Heinrich die Donausperren von Straubing und Passau öffnet, seine Streitmacht bereitstellt und selbst in das Land an der Enns einrückt. Ottokar ist über Heinrichs Frontwechsel zutiefst enttäuscht.

Heinrich kann nun, zumindest vorübergehend, ein wesentliches Ziel seiner Territorialpolitik erreichen: Er urkundet in Linz, Steyer und Wels, verleiht unter anderem Freiheiten und bestätigt Besitzungen. Mit der Niederlage und dem Tod Ottokars fällt aber ein wichtiger Gegner des Habsburgers aus, sodass Heinrich nunmehr plötzlich isoliert ist, von König Rudolph allerdings schonend behandelt wird. Trotzdem sind beide Wittelsbacher Brüder nach wie vor bestrebt, die Belehnung mit Österreich und der Steiermark zu erreichen.

Nachdem jedoch der Habsburger selbst diese von Ottokar eroberten Gebiete für seine Familie behält, zerbricht das Bündnis zwischen dem Habsburger und Heinrich wieder. Dabei entfremden sich auch die beiden Wittelsbacher Brüder, weil Ludwig den König gegen die Interessen Heinrichs unterstützt. Als seine Schwiegertochter Katharina am 4. April 1282 stirbt, muss sich Heinrich 1283 bereit erklären, die ihm verschriebenen Pfandgüter (das Land an der Enns) wieder herauszugeben. Damit gehen die territorialen Gewinne Heinrichs wieder verloren, sodass seine außenpolitischen Bemühungen, auch um die Kurstimme, als gescheitert anzusehen sind. Sein Verdienst bleibt aber, Ottokar von Böhmen in den Jahren 1257 und 1273 erfolgreich von Bayern abgewehrt zu haben.

Bei der Königswahl des Kandidaten Richard von Cornwall vor den Toren von Frankfurt am Main 1257 kann Heinrich noch einmal mitwählen. 1263 tritt er jedoch seinen Anspruch auf Mitbesitz an der Rheinpfalz und der Kurstimme an seinen Bruder ab, obwohl er eigentlich das Wahlrecht behalten möchte. Denn Heinrich ist während seiner gesamten Regierungszeit bestrebt, diesen Anspruch aufrechtzuerhalten, und schaltet zu diesem Zweck sogar 1273 (bei der Wahl Rudolphs von Habsburg) den Papst als Vermittler ein. Dennoch möchte er eine offene Auseinandersetzung mit seinem Bruder Ludwig vermeiden. Im Jahre 1285 entscheidet der König in der Frage der berechtigten Kurstimmen endgültig zugunsten Böhmens und damit gegen Heinrich.

Heinrich besitzt einen habsüchtigen Charakter und scheint bei seinen Untertanen wenig beliebt zu sein. Zwischen den Brüdern entstehen immer wieder Zwistigkeiten, vor allem auf dem Augsburger Tag 1275, wo es beinahe zu Kampfhandlungen gekommen wäre. Ein Waffenstillstand und Verhandlungen 1276 in Nürnberg führen jedoch zwischen beiden zu einem Vergleich in Regensburg. Dafür ist er in seiner Politik sehr konsequent. Sein großer Widersacher bleibt sein eigener Bruder Ludwig. Andererseits arbeiten beide Brüder auch wiederholt zusammen, so beispielsweise bei der Festlegung eines gemeinsamen Landfriedens in ihren Ländern. Heinrich hinterlässt ein geordnetes Finanzwesen und schafft damit praktisch einen wichtigen Grundstein für die späteren »reichen« Herzöge von Landshut. Seine Residenzstadt Landshut lässt er prächtig ausbauen. Besonders bemerkenswert ist der Erlass einer noch in späterer Zeit viel beachteten Polizei- und Marktordnung. Sein oberstes Ziel bleibt es in seiner Regierungszeit, die von seinem Vater eingeleitete Befriedung des Landes zu erhalten.

Während der Regierungszeit Heinrichs entsteht 1254 der Rheinische Städtebund. 1268 lässt Karl von Anjou den jungen Konradin, den Sohn des letzten Stauferkönigs Konrad IV., einen Neffen Heinrichs, hinrichten, womit das Geschlecht der Staufer erlischt. Um 1275 entsteht der »Schwabenspiegel«, ein süddeutsches Rechtsbuch in oberdeutscher Mundart. 1290 werden die Juden nach hundertjähriger Verfolgung aus England ausgewiesen.

Ludwig II. der Strenge (1253–1294)

Päpste:		Könige Frankreichs:	
Innozenz IV.	1243–1254	Ludwig IX. der Heilige	1226–1270
Alexander IV.	1254–1261	Philipp III.	1270–1285
Urban IV.	1261–1264	Philipp IV. der Schöne	1285–1314
Klemens IV.	1265–1268		
Gregor X.	1271–1276	**Deutsche Könige:**	
Innozenz V.	1276	Konrad IV.	1250–1254
Hadrian V.	1276	Wilhelm von Holland	1247–1256
Johann XXI.	1276–1277	Richard von Cornwall	1257–1272
Nikolaus III.	1277–1280	Alfons X. von Kastilien	1257–1282
Martin IV.	1281–1285	Rudolph I. von Habsburg	1273–1291
Honorius IV.	1285–1287	Adolf von Nassau	1291–1298
Nikolaus IV.	1288–1292		
Cölestin	1294		
Bonifazius VIII.	1294–1303		
Herzöge Österreichs:			
Ottokar	1251–1276		
Albrecht I.	1282–1308		

Vorgänger: Otto II. der Erlauchte   **Nachfolger: Rudolph I. der Stammler**

Herzog Ludwig II. der Strenge aus dem Geschlecht der Wittelsbacher regiert von 1253 bis 1255 mit seinem Bruder Heinrich XIII. gemeinsam Gesamtbayern, nach der Teilung des Landes 1255 nur noch Oberbayern und die Rheinpfalz. Seinen Beinamen »der Strenge«, der erst in späteren Jahrhunderten entsteht, erhält er wegen seines Verhaltens gegenüber seiner Gemahlin Maria von Brabant. Wegen angeblicher Untreue, die sich kurze Zeit später als unrichtig herausstellt, lässt er seine junge, hübsche Gemahlin Maria am 18. Januar 1256 in Donauwörth enthaupten. Bereits Zeitgenossen bezeichnen diese Tat als »rechten Mord«. Nachdem die Unschuld Marias feststeht, stiftet Ludwig, über Nacht ergraut, zur Sühne das Zisterzienserkloster in Fürstenfeld (Fürstenfeldbruck/Oberbayern). Ludwig wird 1229 in Heidelberg geboren, er stirbt dort auch in der Nacht vom 1. zum 2. Februar 1294 und liegt im Kloster in Fürstenfeldbruck begraben. Seine Eltern sind Herzog Otto II. der Erlauchte und dessen Gemahlin Agnes, die Tochter des Welfen Heinrich des Langen, Pfalzgraf bei Rhein und Herzog von Sachsen. Nach seiner ersten Ehe mit Maria heiratet er in zweiter Ehe 1260 die Herzogin Anna von Schleswig-Glogau. Aus dieser Ehe stammen die Töchter Maria und Agnes, die im Kindesalter sterben, sowie sein Sohn Ludwig, genannt Elegans, der 1290 bei einem Turnier in Nürnberg ums Leben kommt. In dritter Ehe ist Ludwig seit 1273 mit Mechthild verheiratet, der Tochter des Habsburger Königs Rudolph I. Als Mitgift erhält Ludwig 10 000 Mark und zusätzlich für seinen Sohn Ludwig (Elegans) 5 000 Mark, wofür der Schwiegervater die Städte Nürnberg, Ravensburg, Altdorf, Memmingen und Kaufbeuren verpfänden muss. Aus dieser Ehe stammen die Töchter Mechthild, Agnes und Anna sowie die Söhne Rudolph I. der Stammler, Begründer der Wittelsbacher Linie in der Kurpfalz, und Ludwig IV. der Bayer, Begründer der altbayerischen Wittelsbacher Linie, die 1777 ausstirbt.

Ludwig gilt als ein hervorragender Territorialfürst, der bei sämtlichen wichtigen politischen Entscheidungen im Reich bis zu seinem Tod mitbestimmt. Er ist in seiner Zeit einer der reichsten Fürsten Deutschlands. Er versteht es, seine Machtmittel politisch klug einzusetzen. Ludwig hat einen rauen und wilden Charakter, ist jähzornig und neigt zu Unüberlegtheiten. Wegen seiner politischen Klugheit und seiner erfolgreichen Herrschaft ist er aber auch allgemein geachtet. Ludwig hält sich oft in Worms und häufig auch in München auf, wo er den Alten Hof baut und mit der Errichtung der Stadtmauer beginnt. Sein Lieblingssitz wird jedoch Heidelberg.

Schon vor seinem Amtsantritt wird er von seinem Vater mit politischen Aufgaben betraut, vor allem in dessen Kampf um die Rückgewinnung Österreichs nach dem Aussterben der Babenberger 1246. Nach dem Tod des Vaters treten beide Brüder, Heinrich XIII. und Ludwig, das Erbe an, trennen aber bereits am 18. März 1255 die Herrschaft des Herzogtums in das »niedere« Bayern (Niederbayern) einerseits und andererseits das zu den Alpen gelegene »obere« Bayern (Oberbayern), das Ludwig zusammen mit der Rheinpfalz erhält. Zu seinen Residenzen gehören Wasserburg, Ingolstadt, das Burggrafentum Regensburg, München und die dazugehörigen Ländereien sowie Heidelberg in der Rheinpfalz. Zu Oberbayern gehört zu diesem Zeitpunkt das Gebiet vom südlichen Oberpfälzer Wald und der mittleren Naab bis zu den Kitzbühler Alpen, von Schwandorf bis nach Kufstein. Zwischen 1268 und 1272 erwirbt Ludwig durch

Kauf auch Murach und Oberviechtach, später auch die Güter der Familie Pappenheim aus der Donauebene. In seinem Streben nach Ländererwerb verpfändet er bei vorübergehendem Geldmangel auch Kleinodien, um jede Gelegenheit zum Territorialerwerb zu nutzen. Im heutigen Schwaben besitzt er unter anderem Neuburg, Höchstadt und Donauwörth. Aus dem konradinischen Erbe (des letzten Staufers) erhält er den Herrschaftsbesitz um Amberg und Neumarkt sowie am Lech. 1282 kauft er Besitzungen des Landgrafen von Leuchtenberg auf.

Nicht nur für den Ausbau seines Territoriums, sondern auch für die Erhaltung des Friedens setzt sich Ludwig tatkräftig ein. Als 1257 Ottokar von Böhmen in Niederbayern einfällt, wehren ihn die beiden Brüder gemeinsam ab. In der Folgezeit trübt sich aber das Verhältnis der Brüder zueinander ein. Sie verständigen sich allerdings in einem gemeinsamen Frieden, niedergelegt in der Handfeste von Vilshofen vom 23. Oktober 1278. Unabhängig von ihren nicht enden wollenden Streitigkeiten, die oft mehr von den Untergebenen ausgehen, betreiben sie aber im Allgemeinen eine kooperative Politik, wenn es um das Wohl Gesamtbayerns geht. Bei auftretenden Streitfällen unterwerfen sie sich dem Schiedsspruch des Bischofs von Regensburg und des Burggrafen Friedrich von Nürnberg. Ursache des Konflikts zwischen Ludwig und seinem Bruder Heinrich ist immer wieder das Königswahlrecht, das Ludwig als Pfalzgraf bei Rhein alleine beansprucht. 1262 bezeichnet sich zwar Heinrich noch als Pfalzgraf, in der Erfurter Urkunde wird jedoch sein Anspruch auf die Kurstimme verneint.

Ludwig ist in zahlreichen Reichsangelegenheiten tätig. Der letzte Stauferkönig Konrad IV. ernennt ihn zum Reichsverweser und zum Vormund seines kleines Sohnes Konradin. Letzterem versucht Ludwig bei der Durchsetzung seiner sizilianischen Ansprüche behilflich zu sein, stellt ihm große Geldsummen zur Verfügung und lässt sich dafür erhebliche Ländereien der Staufer verpfänden. Auf dem Hoftag zu Augsburg wird der Italienfeldzug Konradins beschlossen, der im September 1267 unter Beteiligung Ludwigs beginnt. Nachdem der Papst alle Teilnehmer mit dem Bann belegt, rät Ludwig erfolglos zum Abbruch des Vorhabens. In Verona wird Ludwig wegen der finanziellen Unterstützung von Konradin zum Erben des größten Teils seiner Ländereien eingesetzt. Nach dem Tod Konradins 1268 in Neapel erhält Ludwig das Truchsessamt von Bamberg sowie alle Ländereien Konradins zwischen der Donau, der Wertach und den Alpen, außerdem, allerdings gemeinschaftlich mit seinem Bruder Heinrich XIII., die Rechte der schwäbischen Herzöge in den Städten Augsburg, Nürnberg, Nördlingen und Lauingen.

In der Zeit des Interregnums (1254–1273) wird nach dem Tod des aus England stammenden deutschen Königs Richard von Cornwall im Jahre 1272 Ludwig als Kandidat für die Königswahl aufgestellt. Er verzichtet jedoch, zumal er von seinem Bruder keine Unterstützung erhält. Er setzt sich jedoch dafür ein, dass sein Bruder Heinrich eine Kurstimme erhält. 1273 wird der bis dahin unbekannte Graf Rudolph von Habsburg zum deutschen König gewählt. Ludwig ist die wichtigste Stütze des Königs, versucht aber mit seinem Bruder Heinrich vergeblich, den neuen König zur Belehnung der bayerischen Herzöge mit Österreich und der Steiermark zu überreden. Nach Rudolphs Tod tritt Ludwig zunächst für die Wahl von dessen Sohn Albrecht I. ein, wechselt dann aber zur Partei des erfolgreichen Kandidaten um die Königswahl, Adolf von Nassau. Zur Festigung dieses Bündnisses verheiratet er seinen Sohn Rudolph mit einer Tochter Adolfs.

Während der Regierungszeit Ludwigs schließt sich 1254 eine Reihe von Städten zum Rheinischen Städtebund zusammen. 1268 erlischt nach der Enthauptung Konradins das Herrschergeschlecht der Staufer. Um 1275 entsteht der »Schwabenspiegel«, ein süddeutsches Rechtsbuch in oberdeutscher Mundart. 1290 werden die Juden nach hundertjähriger Verfolgung aus England ausgewiesen. 1291 gilt als das Ende der (sieben) Kreuzzüge, durch die aus dem Orient unter anderem der Buchweizen, der Mais, der Reis, der Pfeffer, die Zitrone, die Aprikose, die Glas- und Seidenherstellung sowie die Spielkarte nach Mitteleuropa gelangen.

Otto III. (1290–1312)

Päpste:		Deutsche Könige und Kaiser:	
Nikolaus IV.	1288–1292	Rudolph I. der Habsburger	1273–1291
Cölestin V.	1294	Adolf von Nassau	1291–1298
Bonifazius VIII.	1294–1303	Albrecht I.*	1298–1308
Benedikt XI.	1303–1304	Heinrich VII.	1308–1313
Klemens V.	1305–1314		
		Herzöge Österreichs:	
König Frankreichs:		Albrecht I.*	1282–1308
Philipp IV.		Friedrich I.	
der Schöne	1285–1314	der Schöne	1308–1330

Vorgänger: Heinrich XIII.
Nachfolger: Heinrich XIV. der Ältere, Heinrich XV. der Jüngere, Otto IV.

Herzog Otto III. aus der Familie der Wittelsbacher regiert in Niederbayern von 1290 bis 1294 zunächst allein, anschließend zusammen mit seinen Brüdern Ludwig III. und Stephan I., ab 1309 bis zu seinem Tod wiederum allein. Nach seiner Königskrönung in Ungarn im Jahre 1305 führt er auch den Titel eines Königs von Ungarn. Otto wird am 11. Februar 1261 geboren, er stirbt am 9. September 1312 in Landshut (Niederbayern) und liegt im Kloster Seligenthal bei Landshut zusammen mit seiner Gemahlin Katharina bestattet. Otto ist der Sohn Herzog Heinrichs XIII. von Niederbayern und dessen Gemahlin, der ungarischen Prinzessin Elisabeth, der Tochter König Belas IV. von Ungarn. In erster Ehe ist Otto mit Katharina, der Tochter König Rudolphs von Habsburg, verheiratet, die 1282 stirbt. Seine zweite Gemahlin ist Agnes, die Tochter Herzog Heinrichs III. von Schlesien-Glogau, die er bei seinem Aufenthalt an dessen Hof 1307 kennen lernt. Diese Hochzeit findet Pfingsten 1309 in Straubing statt.

---
* Identisch.

Aus dieser Ehe stammen die Tochter Agnes und der Sohn Heinrich XV., auch genannt der Natternberger. Otto ist trotz seiner zahlreichen militärischen Misserfolge bei seinen Untertanen sehr angesehen und wird insbesondere bei seiner Rückkehr aus Ungarn mit großem Jubel und Geschenken von der Bevölkerung empfangen.

Zu Beginn seiner Regierung noch ohne jegliche politische Erfahrung, setzt Otto aber bereits die habsburgfeindliche Politik seines Vaters konsequent fort. Als Bundesgenosse König Wenzels II. von Böhmen richten sich seine militärischen Aktionen gegen die Habsburger, nachdem er entschlossen ist, die Steiermark um jeden Preis für die Wittelsbacher zurückzugewinnen. 1292 zieht er mit Bischof Konrad von Salzburg durch das Ennstal in die Steiermark bis Bruck, wird jedoch von den Österreichern wieder zurückgedrängt. Da sich Otto auf die Seite König Adolfs von Nassau stellt, verstärkt sich der Konflikt mit dem Rivalen um die Königsherrschaft, Herzog Albrecht von Österreich.

In der Entscheidungsschlacht bei Göllheim (Gemeinde im Donnersbergkreis in Rheinland-Pfalz) zwischen den Rivalen Adolf und Albrecht 1298 erleidet das Heer des Nassauers nicht nur eine vernichtende Niederlage, Adolf von Nassau fällt auch im Kampf, vermutlich durch die Hand Albrechts. Otto steht auch in dieser Schlacht auf der Seite des Verlierers, wird mehrmals verwundet und zieht sich mit seinem Vetter Rudolph I. von Oberbayern nach Heidelberg zurück. Der nunmerige neue König Albrecht von Österreich entzieht in der Folgezeit Otto unter anderem Parkstein und Weiden, ehemalige Besitzungen der Staufer, und überträgt sie an König Wenzel von Böhmen, der sich jetzt auf der Seite Albrechts befindet. Im Gegensatz zu Herzog Rudolph von Oberbayern, Inhaber der Kurstimme in der Pfalz und Schwiegersohn des gefallenen Königs Adolf, behandelt König Albrecht Herzog Otto nachsichtiger und versöhnt sich sogar mit ihm auf dem Hoftag zu Ulm im Februar 1300.

Als das ungarische Herrschergeschlecht der Arpaden 1301 ausstirbt, bieten die Ungarn die ungarische Krone Otto und seinem Bruder Stephan an, die zunächst beide ablehnen. In dieser Zeit unterstützt Albrecht von Österreich noch Otto finanziell und kann ihn so als Verbündeten gegen König Wenzel von Böhmen gewinnen. 1304 strebt nun aber Otto doch die ungarische Herrschaft und die ungarische Krone an. Er fordert gleichzeitig von Albrecht weitere finanzielle Unterstützung hinsichtlich der Kriegskosten, die dieser ihm allerdings verweigert.

Daraufhin wechselt Otto auf die Seite des Böhmenkönigs, zieht nach Prag und übernimmt die militärische Stellung eines obersten Kriegshauptmannes. Als nun Otto die ungarische Krone noch einmal angeboten wird, nimmt er das Angebot an, geht im Juli 1305 erneut an den Prager Hof, wo ihm Wenzel III. seinen Anspruch auf das ungarische Territorium abtritt. Albrecht versperrt jedoch Otto den Durchzug nach Ungarn, sodass sich dieser gezwungen sieht, sich als Kaufmann verkleidet unerkannt durch Österreich zu schlagen. Er kommt schließlich am 11. November 1305 in Ofen an. Am 6. Dezember desselben Jahres wird Otto daraufhin in Stuhlweißenburg zum ungarischen König Bela V. gekrönt.

Anfangs gelingt es Otto, sich in Ungarn zu behaupten. Er unterliegt jedoch seinem Rivalen um die Stephanskrone, Karl-Robert von Anjou, wird von dessen Anhängern gefangen genommen und seinem Gegner ausgeliefert, der ihn nur gefangen setzt. (Karl-Roberts Großvater Karl von Anjou hatte in ähnlicher Situation den jungen Staufer Konradin 1268 in Neapel hinrichten lassen.) Im Oktober 1307 muss Otto die Herrschaft Karl-Roberts anerkennen und erlangt dadurch seine Freiheit. Auf seiner Rückreise aus Ungarn nach Landshut wird Otto in Österreich von Albrecht gefangen genommen, der für die Freilassung eidliche und urkundlich abgesicherte Verpflichtungen zur Zahlung einer hohen Geldsumme verlangt. Da nun auch der böhmische König Wenzel den Weg durch Böhmen versperrt, flüchtet Otto zu seinem Vetter Herzog Heinrich III. von Schlesien-Glogau, bei dem er sich bis Anfang 1308 aufhält. Hier lernt er seine zweite Gemahlin kennen. Als Ottos finanzielle Mittel erschöpft sind, reist er im Februar 1308 wieder nach Landshut zurück.

Als Stephan I., Ottos zweiter Bruder, 1309 an der Pest stirbt (Ludwig III. war bereits 1296 gestorben), übernehmen Otto und sein Vetter Ludwig der Bayer von Oberbayern die Vormundschaft über Stephans beide unmündige Söhne Heinrich XIV,. auch genannt der Ältere, und Otto IV. Otto als Alleinherrscher in Niederbayern bemüht sich, das Land von der ungeheuren Schuldenlast zu befreien, die sich zum Teil durch die aufwändige Hofhaltung der (verstorbenen) Brüder in Straubing und in Burghausen, zum großen Teil aber auch durch Ottos eigene politische Ambitionen um die ungarische Krone ergeben hat. Zu diesem Zweck erlässt er 1311 für die Landstände die »ottonischen Handfeste«. In ihnen wird festgelegt, dass nun die Bischöfe, die niedere Geistlichkeit, die Klöster sowie sämtliche Grafen, Freiherrn und Ritter die niedere Gerichtsbarkeit über die eigenen Untertanen, die bisher nur den Landesherren zustand, käuflich erwerben können. Bisher stand diese Gerichtsbarkeit nur dem Landesherrn zu. 70 Adelige sowie 19 Städte und Märkte nutzen diese Möglichkeit. So erhalten Cham 1293, Amberg 1294, Nabburg 1296 und Sulzbach 1305 von Otto Privilegien. Denn das Herzogtum Niederbayern hat unter seiner Regierung hohe finanzielle Lasten zu tragen, sodass bereits 1295 Steuern erhoben werden und er nach seiner Rückkehr aus Ungarn 1308 wiederum eine Notsteuer erheben muss.

Vor seinem Tod lässt Otto die Bürger von Landshut und Straubing schwören, die Vormundschaft seines Vetters Ludwig des Bayern über Ottos Sohn Heinrich den Jüngeren und die Söhne Stephans anzuerkennen. Dadurch fühlt sich aber nun der niederbayerische Adel in seinen Rechten verletzt und ruft den Habsburger Friedrich den Schönen ins Land. Im Zuge dieser kriegerischen Auseinandersetzungen kann Ludwig der Bayer später seinen Machteinfluss vor allem in Bayern verstärken und schließlich 1340 nach dem Tod Johanns I., Stephans Enkel, die Herzogtümer Ober- und Niederbayern wieder vereinigen.

Während der Regierungszeit Ottos enden 1291 die seit 1096 laufenden (sieben) Kreuzzüge, durch die aus dem Orient der Buchweizen, der Mais, der Reis, der Pfeffer, die Zitrone, die Aprikose, die Glas- und Seidenherstellung und die Spielkarte nach Europa gelangen. Um 1295 entstehen in den Städten mehrstöckige, aus Platzgründen sehr schmale und tiefe Steinwohnhäuser. Um 1300 kommen aus Frankreich die »Bauhütten«, das heißt Handwerkerkolonnen mit geregelter Zusammengehörigkeit, nach Deutsachland, die schließlich 1731 in den Freimaurern aufgehen. Um 1300 findet der Sklavenhandel in Europa, mit Ausnahme in Spanien, ein Ende. 1303 nimmt der französische König den Papst gefangen, um 1305 die Wahl Klemens' V. zum Papst zu erzwingen; damit beginnt die »Babylonische Gefangenschaft« des Papsttums in Avignon. Um 1306 wird in Europa die Prostitution zunftartig zusammengeschlossen. 1312 wird der Templerorden nach blutiger Verfolgung in Frankreich aufgehoben.

Ludwig III. (1294–1296)

Päpste:		Deutscher König:	
Cölestin V.	1294	Adolf von Nassau	1291–1298
Bonifazius VIII.	1294–1303		
		Herzog Österreichs:	
König Frankreichs:		Albrecht I.	1282–1308
Philipp IV. der Schöne	1285–1314		

Vorgänger: Otto III.   *Nachfolger: Otto III., Stephan I.*

Herzog Ludwig III. aus der Familie der Wittelsbacher regiert in Niederbayern nach einer Periode der Alleinherrschaft seines älteren Bruders Otto III. von 1294 bis 1296 zusammen mit diesem und seinem jüngeren Bruder Stephan I. Ludwig wird 1269 geboren, er stirbt bereits am 13. Mai 1296 und liegt im Kloster Seligenthal bestattet. Ludwigs Eltern sind Herzog Heinrich XIII. von Niederbayern und dessen Gemahlin, die ungarische Prinzessin Elisabeth, die Tochter König Belas von Ungarn. Ludwig selbst bleibt unverheiratet.

Schon zu Lebzeiten des Vaters, der 1290 stirbt, müssen Ludwig und sein jüngerer Bruder Stephan I. dem Vater gegenüber den Eid ableisten, ihrem älteren Bruder Otto III. nach dem Tod des Vaters die Alleinherrschaft im Herzogtum Niederbayern für einen Zeitraum von vier Jahren zu überlassen.

Als der Vater Heinrich XIII. am 2. Februar 1290 auf Burghausen stirbt, hält sich Ludwig an diese eidlich versicherte Abmachung und mischt sich nicht in die Regierungstätigkeit des älteren Bruders ein. Im Sommer 1294 wird Ludwig zusammen mit seinem jüngeren Bruder Stephan I. neben Otto III. Mitregent im Herzogtum Niederbayern. Auch ab dieser Zeit ordnen sich Ludwig und Stephan ihrem älteren Bruder unter.

Als Otto III. nach seiner Regierungsübernahme ab 1290 verschiedene Schiedsverträge mit seinem Vetter Ludwig II. dem Strengen von Oberbayern abschließt, werden auch wichtige Vereinbarungen zwischen den brüderlichen

Herzögen von Niederbayern getroffen. Ludwig II. der Strenge hat zusammen mit dem Bischof von Regensburg, Heinrich II. Graf von Rotheneck und dem Grafen Gebhard von Hirschberg eine Hofordnung für die niederbayerischen Herzöge entworfen, die eine nicht unbeträchtliche finanzielle Einschränkung für die Hofhaltung der Herzöge beinhaltet:

Jeder Herzog, also auch Ludwig, darf nur noch einen Kämmerer beschäftigen, alle drei zusammen erhalten nur einen gemeinsamen Kammermeister mit einem Kammerschreiber. Außerdem erhält jeder nur einen Türhüter, Scherer (Frisör) und Schneider, einen Küchenmeister mit drei Köchen, dazu jeweils einen Kaplan, einen Hofmeister, einen Marschall, zwei Schützen und zwei Knappen, sowie einen Jägermeister und einen Falkner. Schließlich erhält Ludwig, ebenso wie seine Brüder, für sich zum Gebrauch nur insgesamt zwölf Pferde für seinen Marstall.

Am 30. Mai 1293 schließen Ludwig und seine Brüder Otto III. und Stephan I. diese einschneidende Hofordnung in Vilshofen ab, die das zukünftige Zusammenleben der drei Landesherren im Herzogtum Niederbayern regeln soll. Diese Hofordnung, die auch den Frieden am Hof regelt, schafft vor allem die Voraussetzung für einen möglichen Zusammenschluss der Teilherrschaften in Niederbayern.

Während der Regierungszeit Ludwigs werden in den Jahren um 1295 allmählich in den Städten die Häuser aus Stein erbaut. Diese Häuser weisen bereits mehrere Stockwerke aus, wobei die Häuser aus Platzgründen sehr schmal, dafür jedoch in die Tiefe gehend gebaut werden.

Stephan I. (1294–1309)

Päpste:		Deutsche Könige und Kaiser:	
Cölestin	1294	Adolf von Nassau	1291–1298
Bonifazius VIII.	1294–1303	Albrecht I.*	1298–1308
Benedikt XI.	1303–1304	Heinrich VII.	1308–1313
Clemens V.	1305–1314		
		Herzöge Österreichs:	
König Frankreichs:		Albrecht I.*	1282–1308
Philipp IV.		Friedrich III.	
der Schöne	1285–1314	der Schöne	1308–1330

Vorgänger und Nachfolger: **Otto III.**

Herzog Stephan I. aus der Familie der Wittelsbacher regiert in Niederbayern nach einer Periode der Alleinherrschaft seines älteren Bruders Otto III. von 1294 bis 1296 zusammen mit Otto und seinem anderen Bruder Ludwig III., der bereits 1296 stirbt. Anschließend regieren Otto III. und Stephan zusammen bis zum Tod Stephans 1309. Schließlich übernimmt Otto III. wieder die Alleinherrschaft in Niederbayern. Stephan wird 1271 geboren, er stirbt am 21. Dezember 1309 und liegt im Kloster Seligenthal bei Landshut begraben.

Stephans Eltern sind Herzog Heinrich XIII. von Niederbayern und dessen Gemahlin, die ungarische Prinzessin Elisabeth, die Tochter König Belas von Ungarn. Verheiratet ist Stephan mit Judith (Jutta) von Schweidnitz, einer Tochter des Herzogs Boleslav I. von Schlesien-Schweidnitz. Aus dieser Ehe stammen die Töchter Agnes, eine Nonne im Kloster Seligenthal, die mit 15 Jahren stirbt; die Tochter Beatrix, die zunächst 1327 mit dem Kurfürsten Ruprecht I. von der Pfalz verlobt ist und schließlich Herzog Heinrich II. von Görz heiratet, und die Tochter Elisabeth, seit dem Sommer 1325 mit dem nicht regierenden

---

* Identisch.

habsburgischen Herzog Otto von Österreich verheiratet. Außerdem hinterlässt Stephan seine beiden Söhne Heinrich XIV., genannt der Ältere, und Otto IV. Die Vormundschaft über diese beiden Söhne übernehmen nach dem Tod des Vaters (1309) gemeinsam sein Bruder Otto III. und der oberbayerische Vetter Ludwig IV. der Bayer.

Schon zu Lebzeiten des Vaters Heinrich XIII., der 1290 stirbt, müssen Stephan und sein älterer Bruder Ludwig III. dem Vater gegenüber den Eid ableisten, dem älteren Bruder Otto III. nach dem Tod des Vaters die Alleinherrschaft im Herzogtum Niederbayern für einen Zeitraum von vier Jahren zu überlassen.

Nachdem der Vater am 2. Februar 1290 auf Burghausen stirbt, hält sich auch der neunzehnjährige Stephan wie sein Bruder Ludwig III. an diese eidlich versicherte Vereinbarung und mischt sich nicht in die Regierungsgeschäfte des ältesten Bruders ein. Im Sommer 1294 werden die Brüder Stephan und Ludwig III. Mitregenten im Herzogtum, ohne eine eigene Verwaltungstätigkeit aufzunehmen. Vielmehr ordnen sich beide Brüder dem älteren Otto III. unter. Ludwig III. stirbt bereits nach zwei Jahren.

Als Otto III. nach seiner Regierungsübernahme 1290 zu Beginn seiner Alleinherrschaft in Niederbayern verschiedene Schiedsverträge abschließt, müssen auch einige wichtige Vereinbarungen zwischen den brüderlichen Herzögen von Niederbayern getroffen werden.

Ludwig II. der Strenge hat zusammen mit dem Bischof Heinrich von Regensburg und dem Grafen Gebhard von Hirschberg eine Hofordnung für die niederbayerischen Herzöge entworfen, die eine nicht beträchtliche finanzielle Einschränkung für die Herzöge beinhaltet:

Jeder Herzog, also auch Stephan, darf nur noch einen Kämmerer beschäftigen. Alle drei Herzöge erhalten nur einen gemeinsamen Kammermeister mit einem Kammerschreiber. Außerdem erhält jeder nur einen Türhüter, Scherer (Frisör) und Schneider, einen Küchenmeister mit drei Köchen, dazu jeweils einen Kaplan, einen Hofmeister, einen Marschall, zwei Schützen und zwei Knappen, sowie einen Jägermeister und einen Falkner. Schließlich erhält Stephan, ebenso wie seine Brüder, für sich zum Gebrauch nur insgesamt zwölf Pferde für seinen Marstall.

Als Söhne der ungarischen Prinzessin Elisabeth erhalten Stephan und sein älterer Bruder Otto III. 1301 die Stephanskrone von Ungarn angeboten. Dieses Angebot lehnen beide Brüder jedoch ab, Herzog Otto nimmt es aber später an und wird schließlich 1305 zum König von Ungarn gekrönt.

Als Herzog Albrecht von Österreich in der kriegerischen Auseinandersetzung mit König Wenzel in Böhmen einfällt, zieht er über Kuttenberg und Königsgrätz. Stephan stellt sich mit einer Streitmacht bei Neuburg ihm entgegen und kann Albrecht zunächst aufhalten. Schließlich muss Stephan aber am Ende der österreichischen Übermacht weichen. Herzog Albrecht von Österreich zieht daraufhin demonstrativ durch das niederbayerische Herzogtum seines Gegners Stephan nach Nürnberg. Dabei begleiten den Habsburger die Vettern Stephans, die Herzöge Rudolph I. und Ludwig IV. der Bayer von Oberbayern.

Als Stephan 1309 an der Pest stirbt, übernehmen sein älterer Bruder Otto III. und sein Vetter Ludwig der Bayer von Oberbayern gemeinsam die Vormundschaft über Stephans unmündige Söhne Heinrich XIV., auch genannt der Ältere, und Otto IV.

Während der Regierungszeit Stephans entstehen in den Städten um 1295 mehrstöckige, aus Platzgründen sehr schmale und tiefe Steinwohnhäuser. Um 1300 kommen aus Frankreich die »Bauhütten«, das heißt Handwerkerkolonnen mit fest geregelter Zusammengehörigkeit, die schließlich 1731 in den Freimaurern aufgehen. Um 1300 findet der Sklavenhandel in Europa mit Ausnahme in Spanien sein Ende. 1303 nimmt der französische König den Papst gefangen, um 1305 die Wahl Clemens V. zum Papst zu erzwingen. Dies ist der Beginn der »Babylonischen Gefangenschaft« in Avignon. Um 1306 wird in Europa die Prostitution zunftartig zusammengeschlossen.

Rudolph I. der Stammler (1294–1317)

Päpste:		Deutsche Könige und Kaiser:	
Cölestin V.	1294	Adolf von Nassau	1291–1298
Bonifazius VIII.	1294–1303	Albrecht I.*	1298–1308
Benedikt XI.	1303–1304	Heinrich VII.	1308–1313
Klemens V.	1305–1314	Ludwig IV. der Bayer	1314–1347
Johann XXII.	1316–1334		
		Herzöge Österreichs:	
Könige Frankreichs:		Albrecht I.*	1282–1308
Philipp IV. der Schöne	1285–1314	Friedrich III.	
Ludwig X. der Zänker	1314–1316	der Schöne	1308–1330
Philipp V.	1316–1322		

Vorgänger: Ludwig II. der Strenge   *Nachfolger: Ludwig IV. der Bayer*

Herzog Rudolph I., genannt der Stammler (Stotterer), aus der Familie der Wittelsbacher regiert in Oberbayern mit der dazugehörigen Rheinland-Pfalz zunächst von 1294 bis 1302 allein, von 1302 bis 1313 zusammen mit seinem Bruder Ludwig IV., ab 1313 bis 1317 dann nur noch in der Rhein-Pfalz. Rudolph wird am 4. Oktober 1274, vermutlich in Basel, geboren, er stirbt am 12. August 1319, vielleicht in England. Seine Eltern sind Herzog Ludwig II. der Strenge und seine dritte Gemahlin Mechthild, die Tochter König Rudolphs von Habsburg. 1294 beabsichtigt Rudolph, eine Grafentochter aus dem Geschlecht der Askanier in Brandenburg zu heiraten. Er heiratet dann aber am 1. September 1294 Mechthild, die Tochter des deutschen Königs Adolf von Nassau und dessen Gemahlin Imagina. Aus der Ehe stammen die Söhne Ludwig, Adolf, der Stammvater der kurpfälzischen Linie, Kurfürst Rudolph II., Kurfürst Ruprecht I. sowie die Tochter Mechthild. Im Jahre 1311 versucht

---

* Identisch.

Rudolph vergeblich, eine seiner Töchter mit dem Landgrafen Friedrich von Hessen zu verheiraten.

Aus der Ehe seines Vaters mit Anna von Schlesien-Glogau stammt Rudolphs Stiefbruder Ludwig, der noch während der Regierungszeit Ludwigs des Strengen 1288 vor König Rudolph dem Habsburger schwören muss, Rudolph und seinen jüngeren Bruder Ludwig IV. den Bayer gleichmäßig an der Herrschaft und dem Erbe zu beteiligen. Als dieser Ludwig 1290 bei einem Turnier in Nürnberg ums Leben kommt, beauftragt der Vater noch im selben Jahr Rudolph, die Regentschaft in Oberbayern zu übernehmen. Die Mutter setzt sich beim Regierungsantritt Rudolphs 1294 unermüdlich dafür ein, dass auch ihr zweitgeborener Sohn Ludwig der Bayer an der Regierung beteiligt wird. Wegen des gespannten Verhältnisses zwischen den Brüdern überfällt Rudolph 1302 die Burg Schiltberg bei Aichach, auf welcher sich die Mutter zusammen mit dem jungen Ludwig aufhält. Wegen angeblicher intimer Beziehung mit seiner Mutter lässt er den Hauptmann und Vitztum Konrad Öttlinger verhaften und hinrichten. Seine Mutter und seinen Bruder Ludwig setzt er in München gefangen.

Rudolph betreibt ebenso wie sein Vetter Otto III. von Niederbayern eine von Anfang an gegen das Haus Habsburg gerichtete Politik. Dazu verbündet er sich mit seinem Schwiegervater Adolf von Nassau, der ihm als König für drei Jahre seinen persönlichen Schutz und seine Hilfe verspricht. Dadurch gerät Rudolph in Abhängigkeit zu Adolf von Nassau, sodass er gezwungen ist, ihm Waffenhilfe zu leisten. Dies hindert aber Adolf von Nassau seinerseits wiederum nicht, gegen seinen Schwiegersohn vorzugehen, als dieser die Stadt Augsburg zu Unrecht angreift. Rudolphs Mutter, eine Schwester des Herzogs von Österreich, ist verständlicherweise andauernd bestrebt, das Bündnis ihres Sohnes mit König Adolf zu durchkreuzen. In dem Streit um die Königsherrschaft zwischen Adolf und Albrecht bleibt Rudolph aber auf der Seite seines Schwiegervaters, der in der Schlacht bei Göllheim den Kampf und sein Leben verliert. Rudolph und vor allem Otto III. von Niederbayern, der territoriale Ansprüche an den Habsburger erhebt, unterliegen in der Schlacht und ziehen sich nach Heidelberg zurück. Während aber Otto nach Landshut zurückkehren darf, muss sich Rudolph in der Nähe des Siegers Albrecht aufhalten, vor allem an der Wahl Albrechts zum deutschen König teilnehmen und ihn bei dem Treffen mit dem französischen König im Dezember 1298 in Quatrevaux begleiten.

1300 eilt Rudolph nach Heidelberg zurück, um in seiner Eigenschaft als Pfalzgraf wegen des Vorwurfs, Reichsrechte an Frankreich preisgegeben zu haben, über König Albrecht zu richten. Dieser zieht erneut gegen Rudolph zu Felde und erzwingt von ihm die Herausgabe von Gütern (unter anderem Neumarkt, Donauwörth, Schwabegg und Schongau), die Rudolph als Pfalzgraf von König Adolf von Nassau erhalten hatte. Bei diesen Kämpfen wird unter anderem die Burg

Donauwörth zerstört. Da der König zahlreiche Orte in der Rheinpfalz erobern kann und schließlich Heidelberg, die Residenz Rudolphs, belagert, muss sich Rudolph am 20. Juli 1301 im Frieden von Bensheim König Albrecht unterwerfen. Albrecht, der auf der Seite Ludwigs des Bayern steht, lädt 1303 beide Wittelsbacher Brüder nach Ulm und hält dort Rudolph fest, um seine Herausgabeansprüche gegen Rudolph durchsetzen zu können. Dabei behandelt Albrecht Rudolph schonungsloser als seinen wesentlich gefährlicheren Vetter Otto III. von Niederbayern. In Nördlingen zwingt der König Rudolph, sich mit Rudolphs Mutter auszusöhnen und die ihr entzogenen Besitzungen wieder zurückzugeben.

Bereits im Jahre 1302 muss Rudolph auf Drängen seiner Mutter und König Albrechts seinen Bruder Ludwig den Bayern als Mitregenten in Oberbayern anerkennen. Rudolphs Vetter Otto III. von Niederbayern setzt Ludwig den Bayer als Vormund für seinen eigenen Sohn und die beiden Söhne seines Bruders Stephan I. von Niederbayern ein. Doch die Witwe Stephans ist damit nicht einverstanden, ruft Friedrich von Österreich ins Land und überträgt diesem die Vormundschaft über ihre Söhne. Die Brüder Rudolph und Ludwig besetzen daraufhin Landshut und Straubing und können damit diesen Plan vereiteln.

Am 1. Oktober 1310 teilen die beiden Brüder Rudolph und Ludwig auf Drängen Ludwigs ihre Herrschaftsrechte auf. Rudolph erhält Oberbayern-München mit Burglengenfeld, Ludwig den Landesteil Oberbayern-Ingolstadt mit Amberg. 1313 werden die Herrschaftsteile wieder vereinigt. Zwei Jahre später zieht sich Rudolph, von Ludwig erzwungen, in die Rheinpfalz zurück und überlässt Ludwig ganz Oberbayern. Seinem Schwiegervater Adolf von Nassau hatte Rudolph versprechen müssen, bei einer Herrschaftsteilung in jedem Fall das Pfalzgrafenamt mit der Kurstimme zu behalten.

Rudolph, der sein ganzes Leben mit seinem jüngeren (und politisch klügeren) Bruder Ludwig im Streit liegt, steht auch 1313 auf der Seite der Gegner Ludwigs, als dieser wegen den fortlaufenden Einmischungen der Habsburger in Niederbayern Friedrich den Schönen von Österreich in der Schlacht bei Gammelsdorf besiegen kann. Rudolph, zu Lebzeiten seines Schwiegervaters Adolf von Nassau immer ein strikter Gegner der Habsburger, wechselt jetzt auf die Seite der Österreicher und bleibt bis zu seinem Tod Verbündeter der Habsburger, die wiederum die Gegner seines Bruders sind. So stimmt Rudolph auch bei der Königswahl Friedrichs des Schönen am 19. Oktober 1314 zusammen mit dem Erzbischof von Köln und dem Herzog von Sachsen-Wittenberg für den Habsburger. Einen Tag später wird Ludwig mit den Stimmen von Mainz, Trier, Böhmen, Brandenburg und Sachsen-Lauenburg ebenfalls zum König gewählt.

Zeit seines Lebens befindet sich Rudolph in finanziellen Schwierigkeiten. So verschlechtert er den Münzwert derartig, dass sich die Münchner Bürger dagegen zur Wehr setzen und die herzogliche Münzschmiede zerstören. Fortlaufend ist er gezwungen, sich von Klöstern, Städten, Adeligen und einzelnen Bürgern Geld auszuleihen und dafür teilweise Besitzgüter zu veräußern. Rudolph ist der erste Herrscher in Oberbayern und der Rheinpfalz, der von sämtlichen Untertanen des Herzogtums Steuern einzieht. So erhebt er im Jahre 1301 eine Notsteuer, die auf dem Rittertag zu Snaitpach vom oberbayerischen Adel anerkannt wird. Wegen des dauernden Geldmangels führt er Sparmaßnahmen am Hofe ein, ungebetene Gäste müssen sich, entgegen dem bisherigen Gastrecht, selbst verpflegen.

1317 verzichtet Rudolph auf seine Herrschaftsrechte zugunsten seines Bruders Ludwig, solange dieser Krieg gegen seinen Gegenkönig Friedrich den Schönen von Österreich führt. Dennoch verfügt Rudolph über Eigenbesitz, erhält von seinem Bruder eine Jahressumme von 5000 Pfund Pfennigen, hält sich 1317 in Regensburg, im Februar 1318 in Wien und im Juli 1319 wieder in Heidelberg auf, wo er jeweils Urkunden ausstellt.

Sein Enkel Ruprecht II. wird der Stammvater der pfälzischen Kurfürsten, die nach dem Aussterben der altbayerischen Wittelsbacher 1777 die Nachfolge in Bayern antreten.

Während der Regierungszeit Rudolphs entstehen 1295 in den Städten mehrstöckige, aus Platzgründen sehr schmale und tiefe Steinwohnhäuser. Um 1300 gelangen aus Frankreich die »Bauhütten« nach Deutschland, das heißt Handwerkerkolonnen, eine Art Arbeiterpartie, jedoch mit fest geregelter Zusammengehörigkeit, die schließlich 1731 in den Freimaurerlogen aufgehen. Um 1300 findet der Sklavenhandel in Europa eine Ende mit Ausnahme in Spanien, das zu dieser Zeit im südlichen Teil noch von den Arabern besetzt gehalten wird. Ende 1303 nimmt der französische König den Papst gefangen, um 1305 die Wahl Klemens' V. zum Papst zu erzwingen, und eröffnet damit eine Phase der Papstgeschichte, die als die Babylonische Gefangenschaft bezeichnet wird. Um 1306 wird in Europa die Prostitution zunftartig zusammengeschlossen. 1312 wird der Templerorden nach blutiger Verfolgung in Frankreich aufgehoben.

Ludwig IV. der Bayer (1302–1347)

Päpste:		Deutsche Könige und Kaiser:	
Bonifazius VIII.	1294–1303	Albrecht I.	1298–1308
Benedikt XI.	1303–1304	Heinrich VII.	1308–1313
Klemens V.	1305–1314	Ludwig IV.	
Johann XXII.	1316–1334	der Bayer	1314–1347
Nikolaus V.	1328–1330	Friedrich der Schöne	1325–1330
Benedikt XII.	1334–1342		
Klemens VI.	1342–1352	**Kurfürsten der Rheinpfalz:**	
		Rudolph I. der Stammler	1294–1317
Könige Frankreichs:		Ludwig IV. der Bayer	1317–1329
Philipp IV. der Schöne	1285–1314	Rudolph II.	1329–1353
Ludwig X. der Zänker	1314–1316		
Philipp V.	1316–1322	**Herzöge Österreichs:**	
Karl IV.	1322–1328	Albrecht I.	1282–1308
Philipp VI.	1328–1350	Friedrich der Schöne	1308–1330
		Leopold	1308–1330
		Albrecht II.	1330–1358

Vorgänger: **Rudolph I. der Stammler**
Nachfolger: **Ludwig V. der Brandenburger,**
Ludwig VI. der Römer, Stephan II. mit der Hafte,
Wilhelm I., Albrecht I., Otto V. der Faule

Herzog Ludwig IV. der Bayer aus der Familie der Wittelsbacher regiert von 1302 bis 1329 in Oberbayern und ab 1317 in der Pfalz bis 1329, bis 1340 nur in Oberbayern und ab 1340 bis zu seinem Tod in Gesamtbayern. Ludwig ist seit 1314 deutscher König und wird 1328 in Rom zum deutschen Kaiser gekrönt. Seinen Beinamen »der Bayer« erhält er von Papst Johann XXII., der ihm die Herrscherwürde aberkennt und verächtlich nur noch »ludovicus bavarus«

(»Ludwig der Bayer«) nennt. Ludwig wird im Februar/März 1282 in München geboren, er stirbt am 11. Oktober 1347 auf der Bärenjagd in der Nähe von Fürstenfeldbruck (Oberbayern) in den Armen eines Bauern. Seine letzten Worte sind überliefert: »Süzze Königin, unser fraue, bis pei meiner schidung!« (»Süße Königin, unsere Frau, sei bei meinem Ende!«) Ludwig ist zusammen mit seiner ersten Gemahlin Beatrix in der Münchner Pfarrkirche zu Unserer Lieben Frau, der Vorgängerin der Liebfrauenkirche in München, bestattet. Seine Eltern sind Ludwig II. der Strenge und dessen dritte Gemahlin Mathilde, die Tochter König Rudolphs von Habsburg.

Verheiratet ist Ludwig in erster Ehe mit Beatrix von Glogau, der Tochter Herzog Heinrichs von Schlesien-Glogau. Aus dieser Verbindung stammen die Tochter Mechthild (Mathilde), verheiratet mit Friedrich II., Landgraf von Thüringen, die Söhne Ludwig V. der Brandenburger und Stephan II. mit der Hafte sowie zwei Töchter Anna und Agnes. In zweiter Ehe heiratet Ludwig Margarethe, die älteste Tochter des Grafen Wilhelm III. von Holland-Hennegau. Aus dieser Ehe stammen die Söhne Ludwig VI. der Römer, Wilhelm I., »de dolle Graf«, Albrecht I. und Otto V. der Faule sowie die Töchter Margarethe, verheiratet mit Stefan von Kroatien, Anna, verheiratet mit Herzog Johann I. von Niederbayern, Elisabeth, verheiratet in erster Ehe mit Cangrande II. von Verona, in zweiter Ehe mit Ulrich von Württemberg, Beatrix, verheiratet mit König Erich XII. von Schweden, sowie die Tochter Agnes II. und Ludwig, die beide früh versterben.

Ludwig besitzt eine schlanke, hoch gewachsene Gestalt, hat rotblondes Haar und gilt als freundlich und leutselig. So nimmt er an seinem Hof in München so bedeutsame Zeitgenossen wie Michael von Cesena, Wilhelm von Occam, Bonagrata von Bergamo und Marsilius von Padua auf, wo sie vor Verfolgungen geschützt sind.

Nach dem Tod seines Vaters (1294) steht Ludwig zunächst unter der Vormundschaft seines älteren Bruders Rudolph I. und seiner Mutter. Seit 1298 ist er offiziell Mitregent in Oberbayern und der Rheinpfalz. Aber Rudolph will seinen jüngeren Bruder von der Mitherrschaft verdrängen. 1302 werden Ludwig und seine Mutter auf Schloss Schiltberg bei Aichach von Rudolph überfallen. Rudolph lässt den Hauptmann und Vitztum des Schlosses wegen angeblicher intimer Beziehungen mit seiner Mutter enthaupten und Ludwig und Mathilde als Gefangene nach München bringen. Dennoch muss Rudolph in diesem Jahr die Mitregentschaft seines Bruders Ludwig ausdrücklich noch einmal anerkennen. 1310 wird die Landesherrschaft unter den Brüdern aufgeteilt: Rudolph erhält Oberbayern-München mit Burglengenfeld, Ludwig das restliche Oberbayern mit Ingolstadt und Amberg. Die Rheinpfalz bleibt ungeteilt.

Aber schon ein Jahr später liegen die Brüder wieder im Streit, sodass Friedrich der Schöne auf dem Friedenstag in Passau den Streit schlichten muss. Anschließend zieht Ludwig mit dem deutschen Herrscher 1312 nicht auf dem Krönungszug nach Italien, sondern bemüht sich, die angetragenen Vormundschaften über Heinrich XV., den Sohn Ottos III., sowie über Heinrich XIV. und Otto IV., die Söhne Stephans I., in Niederbayern anzutreten. Aber als Stephans Witwe Friedrich den Schönen nach Niederbayern ruft, söhnen sich die Brüder Ludwig und Rudolph wieder aus und beseitigen auch gleichzeitig die 1310 erfolgte Herrschaftsteilung im Münchner Frieden vom 21. Juni 1313. Beide Brüder sind nunmehr gleichberechtigte Regenten in Oberbayern, die Kurstimme der Pfalz verbleibt aber bei Rudolph. Zur Sicherung der Vormundschaft über ihre Vettern in Niederbayern besetzen sie Landshut und Straubing und bemächtigten sich dabei auch der unmündigen Regenten in Niederbayern. Die Auseinandersetzung mit den Österreichern eskaliert. Im Kampf mit dem Habsburgern erringt Ludwig in der Schlacht von Gammelsdorf am 9. November 1313 einen glänzenden Sieg, der ihm großes Ansehen im Reich verschafft. Das österreichische Heer wird vernichtend geschlagen und sein Marschall Pilichdorf gefangen genommen. Mitstreiter Ludwigs ist der berühmte Ritter Schweppermann, den Ludwig nach der Schlacht mit den Worten auszeichnet: »Jeder ein Ei, der Schweppermann aber zwei.«

Vor den Wahlen zum neuen deutschen König unterstützt Ludwig zunächst noch seinen Vetter Friedrich den Schönen, der sich um die Krone bewirbt. Am 19. Oktober 1314 wird Friedrich tatsächlich zum deutschen König gewählt, allerdings nur mit den Stimmen des Erzbischofs von Köln, des Herzogs von Sachsen-Wittenberg und mit der pfälzischen Stimme Rudolphs, Ludwigs Bruder. Einen Tag später wird Ludwig überraschend daraufhin von den Erzbischöfen von Mainz und Trier, von dem König von Böhmen, von dem Herzog Johann von Sachsen-Lauenburg sowie von dem Markgrafen Waldemar von Brandenburg zum deutschen König gewählt. Die Nachricht erfährt Ludwig in München nach einer Unterredung mit Friedrich dem Schönen in Salzburg. Beide Kontrahenten werden am 25. November 1314 gekrönt, Ludwig in Aachen vom damals nicht zuständigen Erzbischof von Mainz, Friedrich am falschen Ort in Bonn vom Erzbischof von Köln.

Damit sind die Wittelsbacher Brüder wieder Gegner. Nach einer weiteren Auseinandersetzung kann Ludwig seinen Bruder 1315 zur Aufgabe der Mitregentschaft bewegen. Rudolph erhält einige Burgen im Nordgau (Oberpfalz) und in der Rheinpfalz sowie eine Jahressumme von 5000 Pfund Pfennigen. Ludwig ist damit auch Herrscher in der Rheinpfalz und urkundet wiederholt in Heidelberg. Um sein Territorium abzurunden, ist er, allerdings erfolglos, sogar bestrebt, Böhmen gegen die Rheinpfalz einzutauschen. Mit seinen niederbayerischen Vettern schließt er ein Schutz-und-Trutz-Bündnis.

Die Wahl beider Kandidaten zum deutschen König bringt Ludwig und Friedrich den Schönen, die in ihrer Jugend am Hof in Wien gemeinsam erzogen werden, auseinander und führt schließlich zu einer erbitterten Feindschaft. Die Auseinandersetzung um die Königsherrschaft muss schließlich zum militärischen Konflikt führen und gipfelt in der Schlacht bei Mühldorf am 28. September 1322, einer der letzten bedeutenden Ritterschlachten des Spätmittelalters, in der noch ohne Feuerwaffen gekämpft wird. Für Ludwig stehen dabei nicht nur die Königsherrschaft und sein Herzogtum Bayern, sondern vor allem sein Leben auf dem Spiel. Denn die Österreicher wollen ihn, entgegen der ritterlichen Ehre, unbedingt töten. Ludwig greift daher nicht selbst in die Schlacht ein, sondern bleibt, aus Täuschungsgründen ebenso wie seine Begleiter gekleidet, dem unmittelbaren Schlachtfeld fern. Der Burggraf von Nürnberg erringt durch sein Eingreifen schließlich die entscheidende Wende und den Sieg. Friedrich der Schöne und sein Bruder Leopold werden gefangen genommen. Nach der Schlacht begrüßt Ludwig seinen Vetter Friedrich mit den Worten: »Wir sehen Euch gerne, Vetter.«

Dieser glänzende Sieg Ludwigs vertieft auch die Feindschaft mit dem Papst in Avignon, der Ludwig »den Bayer« im Jahre 1323 für abgesetzt erklärt, weil Ludwig die päpstliche Bestätigung zur Königsherrschaft nicht abgewartet hatte. Am 23. März 1324 verkündet der Papst in der Kathedrale von Avignon gegen Ludwig den Bann. Auch die Auseinandersetzungen mit den Habsburgern, besonders mit Leopold, flammen im selben Jahr wieder auf. Friedrich der Schöne, der sich zu diesem Zeitpunkt in Ehrenhaft auf der Burg Trausnitz in der Oberpfalz befindet, erhält von Ludwig die Erlaubnis, zur Beilegung des Konflikts die Burg gegen sein Ehrenwort, wieder zurückzukommen, zu verlassen. Da Friedrich bei seinen Bemühungen, den Streit mit den Österreichern beizulegen, scheitert, kehrt er freiwillig zu Ludwig zurück, der ihn 1325 sogar zum Mitregenten im Reich ernennt, ohne allerdings die Alleinherrschaft aus der Hand zu geben.

Im Jahre 1328 erhält Ludwig in Mailand die eiserne Krone der Langobarden. Am 17. Januar 1328 wird er in Rom von dem Laien Sciarra Colonna zum Kaiser gekrönt. In Rom setzt er den Gegenpapst Nikolaus V. ein. 1329 regelt er auf dem Italienfeldzug in Pavia mit dem Abschluss eines umfassenden Hausvertrags die Herrschaftsrechte und gegenseitige Nachfolge im Hause Wittelsbach. Nach der Schlacht von Kolmar 1330 erkennen schließlich auch die Habsburger Ludwig als den rechtmäßigen Herrscher im Reich an, nachdem Friedrich im Januar desselben Jahres verstorben war. Ludwig kann seine Reichsherrschaft durch den Beschluss der Versammlung der Kurfürsten, des so genannten Kurvereins von Rhense, krönen. Dieser Wahlverein beschließt 1338, dass jeder von den Kurfürsten Gewählte auch ohne Zustimmung des Papstes rechtmäßiger deutscher König ist. Diese Bestätigung hat zur Folge, dass der englische König Eduard III. auf der Reichsversammlung in Koblenz das Königreich England freiwillig von Ludwig als Lehen annimmt.

Aber das Glück bleibt Ludwig nicht treu. 1343 nimmt der Papst erneut den Kampf gegen ihn auf, sodass sich Ludwig daraufhin bereit erklärt, unter der Bedingung auf die Kaiserkrone zu verzichten, dass sein ältester Sohn Ludwig der Brandenburger zum deutschen König gewählt wird. Diese nicht ganz ernst gemeinte Bedingung wird erwartungsgemäß nicht angenommen. Stattdessen wählen die Kurfürsten 1346 den Gegenkandidaten und Nachfolger Ludwigs, den Luxemburger Karl von Mähren (den späteren Kaiser Karl IV.) zum König.

Ludwig ist während seiner gesamten Herrschaft als Herzog um die Entwicklung des Herzogtums Bayern bemüht. Er schafft Ruhe und Ordnung im Innern des Landes, achtet auf die Unverletzlichkeit des Landfriedens und verbessert das Zollwesen. 1336 setzt er das Landrecht für Oberbayern fest, das in seiner endgültigen Fassung von 1346 bis zum Jahre 1518 gilt. Da Ludwig die lateinische Sprache nicht beherrscht, werden von seiner Regierungszeit an Verbriefungen und Rechtsbücher in deutscher Sprache abgefasst.

Seine intensive Territorialpolitik wirft aber auch für Bayern Probleme auf. Einerseits fördert sie die Konfrontation des Wittelsbacher Hauses zu den Reichsfürsten, andererseits leistet sie dem Zerfall Bayerns in die verschiedenen Herzogtümer nach seinem Tod Vorschub, durch die Bayern in der Folgezeit an Einfluss in der Reichspolitik verliert.

Nach dem Aussterben der Askanier in der Mark Brandenburg setzt Ludwig seinen Sohn Ludwig den Brandenburger als Herzog ein, der durch die Kurstimme als Kurfürst bei der Königswahl mitstimmen kann. 1342 erwirbt Ludwig durch die unrechtmäßig zustande gekommene Heirat seines Sohnes Ludwigs des Brandenburgers mit Margarete Maultasch das strategisch wichtige Gebiet Südtirol für den Zugang nach Italien. Darüber hinaus gewinnt er durch die Heirat mit seiner zweiten Gemahlin Margarethe nach dem Tod deren Bruder 1346 die Länder Holland, Seeland, Friesland und den Hennegau.

Ludwig fördert die Städte und kann so in seiner Landes- und Reichspolitik seinerseits mit der Hilfe der Städte rechnen. Er vergibt zahlreiche Privilegien und begünstigt vor allem München, deren Wiederaufbau er nach dem großen Brand von 1327 finanziell unterstützt. München erhält dabei die erste Bauordnung, die festlegt, welche Baulinien die Bürger beim Bau einzuhalten haben. Um eine Schuld an die Stadt Augsburg begleichen zu können, wenden sich Ludwig und Rudolph bereits 1303 an die Stadt München. Als Gegenleistung für die erhaltenen finanziellen Mittel gewähren die Wittelsbacher der Stadt München sechs Jahre Steuerfreiheit und das Stadtrecht. Außerdem erhält München das Münzregal und erwirbt, ebenso wie Ingolstadt, die bisher herzoglichen Münzen. Nach seiner Rückkehr aus Italien stiftet Ludwig 1330 das Kloster Ettal, ein Kloster, das neben 20 Benediktinern 13 Ritter mit ihren Frauen aufnehmen soll.

Während der Regierungszeit Ludwigs gelangen um 1300 aus Frankreich die »Bauhütten« nach Deutschland, das heißt Handwerkerkolonnen, eine Art Arbeiterpartie, jedoch mit fest geregelter Zusammengehörigkeit, die schließlich 1731 in den Freimaurern aufgehen sollten. Um 1300 endet in Europa der Sklavenhandel mit Ausnahme Spaniens, wo im Süden die Araber herrschen. 1303 nimmt der französische König den Papst gefangen, um im Jahre 1305 die Wahl Klemens' V. zum Papst zu erzwingen, und eröffnet damit eine Phase der Papstgeschichte, die als die Babylonische Gefangenschaft in die Geschichte eingeht. Um 1306 wird in Europa die Prostitution zunftartig zusammengeschlossen. 1312 wird der Templerorden nach blutiger Verfolgung in Frankreich aufgehoben. Um 1330 beginnt in den Pyrenäen die planmäßige Hexenverfolgung, die sich allmählich nach Mitteleuropa ausbreitet. 1333 überlässt König Kasimir III. von Polen dem Deutschen Orden das Gebiet Westpreußen, das später der Namensgeber der Mark Brandenburg werden sollte. 1339 beansprucht der englische König den französischen Thron des Herrschergeschlechts der Valois und eröffnet damit den hundertjährigen Krieg zwischen England und Frankreich (bis 1453).

Bayern bis zur Landesteilung von 1392

Der Hausvertrag von Pavia ist für das Dynastengeschlecht der Wittelsbacher in zweifacher Hinsicht von ganz erheblicher Bedeutung. Durch die am 4. August 1329 in Pavia getroffene Vereinbarung zwischen Ludwig dem Bayern und seinen beiden Neffen Rudolph II. und Ruprecht I., den Söhnen seines älteren Bruders Rudolph des Stammlers, sollten zunächst die Erbstreitigkeiten endgültig beigelegt und die Herrschaftsgebiete aufgeteilt werden.

Die Neffen erhalten die Rheinpfalz mit Heidelberg und die Städte Sulzbach, Neumarkt und Amberg mit den jeweils umliegenden Territorien im Nordgau, der später so genannten Oberpfalz (im Gegensatz zur niederen Pfalz am Rhein).

Damit wird gleichzeitig ein gegenseitiges Erb- und Vorkaufsrecht innerhalb der wittelsbachischen Verwandtschaft vereinbart. Die Kurstimme soll abwechselnd durch die Kurpfalz und Altbayern ausgeübt werden, was Kaiser Karl IV. 1356 aber verhindert und durch die Goldene Bulle endgültig auf die Rheinpfalz und damit gegen Altbayern festlegt.

Durch diese Teilung wird aber auch der bayerische Einfluss im Reich in Zukunft ganz erheblich geschwächt. Die Wittelsbacher sind in der kommenden Zeit vielfach mit gegenseitigen Auseinandersetzungen beschäftigt, die es ihnen nicht mehr erlauben, bei wichtigen reichspolitischen Fragen bedeutsam mitzuentscheiden.

Nach Abschluss des Hausvertrags kann Ludwig der Bayer nach dem Aussterben der niederbayerischen Linie das gesamte (Alt-)Bayern noch einmal für kurze Zeit (bis 1349, nach seinem Tod) vereinen. Darüber hinaus kann Bayern zu der bereits 1323 erworbenen Mark Brandenburg, mit der eine weitere Kurstimme verbunden ist, einen zusätzlichen bedeutsamen territorialen Besitz hinzugewinnen. 1342 erhalten die Wittelsbacher durch die Heirat Ludwigs des Brandenburgers mit Margarethe Maultasch das strategisch für den Zugang nach Italien wichtige Tirol. 1346 belehnt Ludwig der Bayer nach dem Tod seines Schwagers Wilhelm von Holland seine Gemahlin Margarethe mit den Gebieten Holland, Seeland, Friesland und dem Hennegau. Während diese erworbenen Gebiete durch ihren Reichtum in den Handelsstädten einen finanziellen Vorteil bringen, sind durch den Erwerb Tirols die lebensnotwendigen Interessen des Hauses Habsburg bedroht. Denn damit ist für die Habsburger einerseits die Verbindung zu ihren schweizerischen und oberrheinischen Gebieten, andererseits aber auch die reichspolitisch wichtige Verbindung nach Rom blockiert. Es ist daher nicht verwunderlich, dass die Österreicher alles daransetzen, Tirol in ihren Machtbereich zu bekommen, was ihnen 1363 auch gelingt. Bayern, das 1349 in der zweiten Landsteilung wieder in Ober- und Niederbayern getrennt und 1353 durch die Abspaltung Straubing/Holland noch weiter geschwächt wird, verbleiben in Tirol lediglich die Städte Rattenberg, Kitzbühel und Kufstein.

Der in dieser Zeit dominierende Stephan II., zweitältester Sohn Kaiser Ludwigs des Bayern, kann zwar 1363 noch einmal die Vereinigung der beiden Herzogtümer Oberbayern und Niederbayern-Landshut erzwingen. Aber auch Stephan kann nicht verhindern, dass die Mark Brandenburg 1373 verloren geht, nachdem sein Bruder Otto der Faule sich das Kurfürstentum mit Kurstimme von Kaiser Karl gegen eine sehr hohe Summe abkaufen lässt. Nach dem Tod Stephans II. im Jahre 1375 regieren zunächst seine drei Söhne Johann II., Stephan III. und Friedrich der Weise gemeinsam in Ober- und Niederbayern. Dieses mehr äußerliche Bündnis bricht aber, hauptsächlich auf Drängen des außenpolitisch wenig interessierten Johann II., im Jahre 1392 endgültig auseinander, nachdem der Landesvereinigung kein bleibender Wille der Wittelsbacher Brüder zum Zusammenschluss innewohnt.

Damit entstehen in der dritten großen Landesteilung die selbstständigen Herzogtümer Oberbayern-München, Oberbayern-Ingolstadt und der einflussreichste Teil, das Herzogtum Niederbayern mit dem Regierungssitz Landshut. Niederbayern-Straubing mit den »niederländischen« Besitzungen in Holland, Seeland, Friesland und dem Hennegau (im Gegensatz zu den »oberländischen« Gebieten um Straubing) besteht selbstständig bereits seit 1353.

Es existieren nunmehr, zählt man die Kurpfalz noch dazu, fünf verschiedene Herrschaftsgebiete auf dem einstmaligen Gesamtterritorium Ludwigs des Bayern nach 1340.

Die Wittelsbacher verstehen es in der Folgezeit, auch wenn sie sich gegenseitig Schwierigkeiten bereiten, trotzdem weniger aufgrund der realen Machtverhältnisse als vielmehr oft durch die Ausstrahlung einzelner Persönlichkeiten so nachhaltig auf die Reichspolitik einzuwirken, dass ein Friedrich der Weise, der mit Niederbayern-Landshut das reichste Teilherzogtum erwirbt, Chancen besitzt, unter Umständen deutscher König zu werden. Sein früher Tod 1393 macht jedoch Pläne in dieser Richtung zunichte.

Nach außen agieren die Teilherzogtümer mit ihren regierenden Fürsten als selbstständige Herrschaftsgebiete, die zum Teil auch eine gegenseitig negative Reichspolitik verfolgen.

Dennoch verstehen es alle Wittelsbachherzöge nicht, den allmählichen Niedergang des Hauses Luxemburg für sich auszunutzen. Andererseits ist es aber auch der in dieser Zeit schwachen Reichsgewalt zu verdanken, dass die Wittelsbacher über die Landesteilung hinaus nicht noch weiter in ihrer Machtposition, ausgelöst durch den Hausvertrag von Pavia, geschwächt werden.

Das Haus Wittelsbach und damit auch das Land Bayern selbst haben dieser Landestrennung von 1329 in Pavia aber auch einen nicht unerheblichen Vorteil zu verdanken:

Durch die Teilung und Etablierung in zum Teil auch kleinere, aber selbstständige Territorien hat sich im Laufe der langen wittelsbachischen Geschichte eine Vielzahl von verschiedenen Abzweigungen der Familie gebildet. Diese wittelsbachischen Ahnenreihen sterben, vor allem in der sehr zahlreich aufgeteilten Kurpfalz, mit der Zeit aus. Die noch verbliebenen einzelnen Abstammungen können, durch den Hausvertrag von Pavia und weitere Hausverträge in der späteren Zeit, ausgestorbene wittelsbachische Familienzweige beerben. Nur dadurch kann nach dem Aussterben der altbayerischen Linie im 18. Jahrhundert das schon längst wieder vollständig vereinte Kurfürstentum Bayern vor einer Aufteilung durch andere Mächte, vor allem vor dem Zugriff der begehrlichen Habsburger, gerettet werden.

Nur so können die Wittelsbacher, die sich auf ihren ersten Herzog Otto I. zurückführen lassen, das am längsten in ununterbrochener männlicher Nachfolge regierende Herrschergeschlecht in Europa werden. Das haben die Wittelsbacher ungewollt dem Hausvertrag von Pavia und damit ihrem bedeutendsten Herrscher, Kaiser Ludwig dem Bayern, zu verdanken.

Heinrich XIV. der Ältere (1312–1339)

Päpste:		Könige Frankreichs:	
Klemens V.	1305–1314	Philipp IV. der Schöne	1285–1314
Johann XXII.	1316–1334	Ludwig X. der Zänker	1314–1316
Nikolaus V.	1328–1330	Philipp V.	1316–1322
Benedikt XII.	1334–1342	Karl IV.	1322–1328
		Philipp VI.	1328–1350
Deutsche Könige und Kaiser:			
Heinrich VII.	1308–1313	**Kurfürsten der Pfalz:**	
Ludwig IV. der Bayer	1314–1347	Rudolph I. der Stammler	1294–1317
Friedrich der Schöne	1325–1330	Ludwig IV. der Bayer	1298–1329
		Rudolph II.	1329–1353
Herzöge Österreichs:			
Friedrich der Schöne	1308–1330		
Albrecht II.	1330–1358		

Vorgänger: Otto III.   **Nachfolger: Johann I. das Kind**

Herzog Heinrich XIV. der Ältere aus der Familie der Wittelsbacher regiert in Niederbayern von 1312 bis 1339. Den Beinamen »der Ältere« erhält er im Gegensatz zu seinem Vetter Herzog Heinrich XV. dem Jüngeren, der erst 1312 geboren wird. Heinrich selbst wird 1305 geboren, er stirbt am 1. September 1339 an Aussatz und liegt im Kloster Seligenthal bei Landshut bestattet. Seine Eltern sind Herzog Stephan I. und dessen Gemahlin Judith von Schweidnitz. Heinrich soll zunächst mit Guta, der Schwester der österreichischen Herzöge aus dem Hause Habsburg, verheiratet werden. 1328 heiratet er aber dann Margarethe, die Tochter König Johanns von Böhmen aus dem Geschlecht der Luxemburger. Diese Ehe vermittelt sein Vetter Ludwig der Bayer, obwohl zu diesem Zeitpunkt das Verhältnis der beiden Wittelsbacher untereinander nicht das beste ist. Aus dieser Ehe Heinrichs stammt der einzige Sohn Johann I., genannt das Kind, der bereits zehn Jahre nach dem Tod seines Vaters stirbt, womit die 1255 begründete Wittelsbacher Linie Herzog Heinrichs XIII. erlischt.

Heinrich gilt als ehrgeiziger, wenn auch nicht immer sehr entschlossener Herrscher.

Heinrich, sein Bruder Otto IV. und sein Vetter Heinrich XV. der Jüngere (der Sohn seines Onkels Otto III.) stehen bis 1319 alle zusammen unter der Vormundschaft ihres Vetters Ludwig des Bayern, der zusammen mit seinem Bruder Rudolph I. 1312 die Vormundschaft über seine Vettern gewaltsam an sich zieht. Noch während dieser Zeit nimmt Heinrich, offizieller Herzog von Niederbayern, am Feldzug der Wittelsbacher gegen den Österreicher Friedrich den Schönen bei Esslingen teil. Dabei ist Heinrich, zu diesem Zeitpunkt noch nicht einmal zwölf Jahre alt, erfolglos bemüht, zusammen mit dem Grafen von Württemberg die Stadt Esslingen aus der Gewalt Friedrichs zu befreien.

Zu Beginn seiner Regierungstätigkeit steht Heinrich eindeutig auf der Seite Ludwigs des Bayern, Herzog von Oberbayern. Durch sein Bündnis, dem auch sein Bruder und sein Vetter angehören, kann Heinrich zusammen mit Heinrich von Kärnten seinem Vetter Ludwig von Oberbayern eine große außenpolitische Hilfe leisten. Denn Ludwigs Politik zielt gegen den Erzbischof von Salzburg und vor allem gegen die Herzöge von Österreich. Als Friedrich der Schöne 1319 in Niederbayern einmarschiert, muss sich Heinrich der Übermacht beugen und zieht sich zurück, bleibt aber zunächst noch mit Ludwig dem Bayern verbündet. Dies ändert sich erst, als sich die Ehe Heinrichs mit Margarethe von Böhmen anbahnt. Dadurch gerät Heinrich zunehmend in die Abhängigkeit der Luxemburger, insbesondere König Johanns von Böhmen, einem Gegner Ludwigs des Bayern. Darauf wechselt Heinrich auch in das Lager Ludwigs Gegners, mit dem er sich 1330 bei dessen Rückkehr aus Italien allerdings wieder versöhnt.

Heinrich ist fortwährend um die Erringung der Alleinherrschaft in Niederbayern bemüht. 1326 gerät er wegen der Teilungswünsche mit seinem Bruder und seinem Vetter Heinrich dem Jüngeren in Streit. Der Landgraf von Leuchtenberg und der Graf von Hals können den Konflikt schließlich beilegen. Im folgenden Jahr zwingen die Landstände die drei Herzöge zur Verpflichtung, das Herzogtum Niederbayern zu ihren Lebzeiten nicht zu teilen. Am 20. März 1330 schließen die Herzöge mit ihrem Vetter Ludwig von Oberbayern ein Schutz- und-Trutz-Bündnis. Ludwig verspricht ihnen dafür, jedem ein jährliches Dienstgeld von 1000 Pfund Pfennigen zu zahlen, und verpfändet dafür die Festungen Kufstein, Kitzbühel, Werberg und Ebbs. Dennoch unternimmt Heinrich weiterhin alle Anstrengungen, die Alleinherrschaft in Niederbayern zu erhalten. Dies führt im Juli 1331 schließlich dazu, dass sich sein Bruder Otto und sein Vetter Heinrich der Jüngere mit Ludwig von Oberbayern gegen ihn verbünden und nun die Teilung des Herzogtums Niederbayern verlangen.

Heinrich ist nun gezwungen, sich mit Ludwig von Oberbayern am 12. Juli 1331 wieder auszusöhnen. Er stimmt, letztlich wohl auch infolge der Vermittlung seines Schwiegervaters Johann von Böhmen, Anfang August desselben Jahres der Teilung Niederbayerns zu. Heinrich erhält dabei die Städte Landshut, Straubing und Pfarrkirchen, sein Bruder Otto den südlichen Teil mit Burghausen und Heinrich der Jüngere Deggendorf, Cham und Regensburg mit den jeweiligen Nutzungen. Im Teilungsvertrag wird festgelegt, dass alle Beteiligten ein gegenseitiges Vorkaufsrecht erwerben. Außerdem soll außenpolitisch weiterhin die Einheit des Herzogtums Niederbayern gelten. Obwohl Heinrich nach wie vor gegen den Teilungsvertrag ist, muss er sich beugen. Im November 1332 empfiehlt sein Vetter Heinrich der Jüngere, auf die Teilung wieder zu verzichten und den alleinigen Herrschaftsanspruch Heinrichs anzuerkennen. Der Tod Heinrichs des Jüngeren im Juni 1333 und das Ableben seines Bruders Otto im Dezember 1334 schafft für Heinrich die Möglichkeit, sich der beiden Erbteile kampflos zu bemächtigen. Er kann nun die Alleinherrschaft in Niederbayern antreten, ohne von Ludwig aus Oberbayern daran gehindert zu werden.

1336 geraten Heinrich und Ludwig der Bayer erneut in Streit. Ihre beiden Heere stehen sich bei Schärding gegenüber. Ludwig verzichtet jedoch auf einen Kampf und zieht donauabwärts bis Linz, um sich den Habsburgern zu stellen, mit denen er sich im Krieg befindet. Nach seiner Rückkehr aus Österreich verwüstet Ludwig große Teile Niederbayerns. Daraufhin schließt Heinrich zwar notgedrungen mit ihm einen Waffenstillstand, bleibt aber auch weiterhin Bündnispartner seines Schwiegervaters aus Böhmen, mit dem er 1337 in Litauen die Pruzzen bekämpft und im November desselben Jahres zusammen mit dem König von Frankreich ein Bündnis gegen Ludwig schließt.

Heinrich, der nicht am Kurverein von Rhense beteiligt ist, gerät im Januar 1339 erneut mit Kaiser Ludwig in Streit. Der Kaiser hat allerdings zu diesem Zeitpunkt den Krieg mit den Habsburgern beendet. In dieser für ihn ungünstigen Position ist Heinrich gezwungen, mit Ludwig am 16. Februar 1339 Frieden zu schließen. In der Folgezeit kommt es endgültig zur Annäherung und Aussöhnung der beiden Vettern. Sie vereinbaren, dass Heinrichs einziger Sohn Johann I. Ludwigs Tochter Anna heiraten soll, obwohl bereits eine Verheiratung Johanns mit der Tochter König Kasimirs von Polen verabredet ist. Vor seinem Tod (1. September 1339) vereinbaren Heinrich und Ludwig außerdem noch, dass Ludwig die Vormundschaft und damit auch die Regentschaft für Heinrichs Sohn im Herzogtum Niederbayern übernehmen soll.

In Reichsangelegenheiten steht Heinrich fast immer aufseiten der politischen Gegner Ludwigs des Bayern. An der Schlacht bei Mühldorf 1322 nimmt er offensichtlich teil, kämpft aber ausnahmsweise auf der Seite seines Vetters gegen Friedrich von Österreich und erhält im März 1330 zusammen mit seinem Bruder und seinem Vetter mehrere Pfänder für die Hilfsleistungen in dieser Schlacht. Zu Papst Johann XXII., dem ärgsten Gegner Ludwigs, hält Heinrich gute Verbindungen. 1329 schließt er mit den Habsburgern und den Bischöfen von Konstanz und Straßburg ein Bündnis gegen Ludwig. Wenn sich auch nach dessen Rückkehr aus Italien 1330 beide wieder versöhnen, geht Heinrich ein erneutes Bündnis mit seinem Schwiegervater ein, das letztlich bis zum Friedensschluss zwischen den beiden Wittelsbachern am 16. Februar 1339 andauert. Auch mit Ruprecht I. von der Pfalz, Ludwigs Neffen, verbündet sich Heinrich gegen Ludwig und den Kurfürsten von der Pfalz, Rudolph II.

Während der Regierungszeit Heinrichs wird 1312 der Templerorden in Frankreich nach blutiger Verfolgung aufgehoben. Nach der Schlacht bei Gammelsdorf 1313 wird Heinrichs Vetter Ludwig der Bayer 1314 deutscher König. 1329 erfolgt durch den Hausvertrag von Pavia die Teilung der wittelsbachischen Herrscherlinie in einen bayerischen und eine pfälzischen Zweig. Um 1330 beginnt, von den Pyrenäen ausgehend, die planmäßige Hexenverfolgung, die sich allmählich nach Mitteleuropa ausbreitet. 1333 überlässt König Kasimir III. von Polen dem Deutschen Orden das Gebiet Westpreußen. 1339 beansprucht der englische König den französischen Thron der Valois und löst damit den hundertjährigen Krieg zwischen England und Frankreich aus, der bis 1453 andauern sollte.

Heinrich der XV. der Jüngere, der Natternberger (1312–1333)

Päpste:		Deutsche Könige und Kaiser:	
Klemens V.	1305–1314	Heinrich VII.	1308–1313
Johann XXII.	1316–1334	Ludwig IV. der Bayer	1314–1347
Nikolaus V.	1328–1330	Friedrich der Schöne	1325–1330
Benedikt XII.	1334–1342		
		Kurfürst der Pfalz:	
Könige Frankreichs:		Rudolph II.	1329–1353
Philipp IV. der Schöne	1285–1314		
Ludwig IX. der Zänker	1314–1316	**Herzöge Österreichs:**	
Philipp V.	1316–1322	Friedrich der Schöne	1308–1330
Karl V.	1322–1328	Albrecht II.	1330–1358
Philipp VI.	1328–1350		

Vorgänger: Otto III.   *Nachfolger: Heinrich XIV. der Ältere und Otto IV.*

Herzog Heinrich XV. aus der Familie der Wittelsbacher regiert als Mitregent seiner Vettern, des Herzogs Heinrich des Älteren und dessen Bruder Otto IV., als Herzog von Niederbayern von 1312 bis 1333. Seinen Beinamen »der Jüngere« erhält er im Gegensatz zu seinem Vetter Heinrich dem Älteren, der 1305 geboren und damit sieben Jahre älter ist. Seinen weiteren Beinamen »der Natternberger« bekommt er durch die gleichnamige Burg, einen früheren Besitz der Grafen von Bogen in Niederbayern, auf der Heinrich aufwächst.

Heinrich wird am 26. August 1312 geboren, er stirbt bereits am 18. Juni 1333 und liegt im Kloster Seligenthal bei Landshut bestattet. Seine Eltern sind Herzog Otto III. von Niederbayern und dessen Gemahlin Agnes, die Tochter Herzog Heinrichs III. von Schlesien-Glogau. Verheiratet ist Heinrich seit 1325 mit Anna, der Tochter Friedrichs des Schönen.

Als Heinrichs Vater Otto III. 1312 in Landshut stirbt, übernehmen Heinrichs

Vettern Ludwig und Rudolph von Oberbayern die Vormundschaft, die bis 1319 andauert. Mit sieben Jahren ist Heinrich ab 1319 bereits bestrebt, sich dem Einfluss Ludwigs zu entziehen, dem er sich erst wieder ab 1330 nähern sollte.

Heinrich der Ältere setzt alles daran, seinen jüngeren Bruder Otto und seinen Vetter Heinrich zu entmachten und als alleiniger Herzog in Niederbayern zu regieren. Dies wiederum veranlasst beide Mitregenten, eine Teilung des Herzogtums Niederbayern durchzusetzen, auch gegen den Wunsch Heinrichs des Älteren. Dadurch kommt es zwangsläufig zu fortwährenden Streitigkeiten zwischen den Herzögen, die immer wieder durch Schiedsgerichte – vermittelt durch den Landgraf von Leuchtenberg und den Grafen von Hals – schließlich geschlichet werden können. Die Landstände sind gegen eine Teilung Niederbayerns, da hierdurch einerseits das Herzogtum geschwächt wird, andererseits bestehende Bindungen auseinander gerissen werden. Im Juli 1329 zwingen sie daher alle drei Herzöge zu der Verpflichtung, das Herzogtum Niederbayern, solange die Herzöge leben, nicht zu teilen.

Heinrich, mittlerweile alt genug, am Romzug Ludwigs des Bayern teilzunehmen, schließt sich ebenso wie seine Vettern diesem Unternehmen nicht an, da alle drei Herzöge die Politik ihres Vetters aus Oberbayern nicht unterstützen. Als Ludwig 1330 als gekrönter Kaiser aus Italien zurückkehrt, sind Heinrich und seine Vettern aber nun bereit, in Regensburg mit ihm ein Schutz-und-Trutz-Bündnis zu schließen. Denn Ludwig hat 1329 im Hausvertrag von Pavia die Streitigkeiten zwischen ihm und seinen Neffen, den Söhnen seines verstorbenen Bruders Rudolph, bereinigt und eine für alle befriedigende Regelung geschaffen. Deswegen sollen auch die Auseinandersetzungen mit den niederbayerischen Herzögen ein Ende finden. Ludwig verspricht daher Heinrich und dessen beiden Vettern zur Einhaltung des Friedens ein jährliches Dienstgeld von 1000 Pfund Pfennigen und verpfändet ihnen dafür die Orte Kufstein, Kitzbühel, Werberg und Ebbs. Dies soll auch eine Gegenleistung für die Beteiligung an der Schlacht bei Mühldorf im Jahre 1322 sein, für die Heinrich aus Altersgründen – er ist damals zehn Jahre alt – mehr symbolische Hilfe durch ein Bündnis der niederbayerischen Herzöge leistet. Dieses nunmehr abgeschlossene Bündnis stellt für Heinrich aber auch eine Einschränkung dar. Denn es sichert Ludwig von Oberbayern in Zukunft einen so entscheidenden Einfluss auf Niederbayern, dass ohne Ludwigs Zustimmung im Herzogtum Niederbayern keine wesentlichen Entscheidungen mehr getroffen werden können.

Im Jahre 1330 ist Heinrich, sicherlich auch durch das Schutz-und-Trutz-Bündnis gestärkt, erneut mit seinem Vetter Otto IV. bestrebt, eine Teilung des Herzogtums Niederbayern zu erreichen. Aus diesem Grund verbünden sich Heinrich und sein Vetter Otto mit Ludwig von Oberbayern gegen Heinrich den Älteren und erreichen schließlich die Teilung. Im Vertrag von 1331 erhält Heinrich die Waldgebiete mit den Orten Deggendorf, Cham, Landau, Dingolfing, Vilshofen und die dazugehörigen Regensburger Nutzungen. Gleichzeitig legen die Herzöge von Niederbayern in diesem Teilungsvertrag fest, dass jeder von ihnen in Bezug auf die Teilherzogtümer ein Vorkaufsrecht erhält, Niederbayern aber außenpolitisch in jedem Erbfall als eine Einheit behandelt werden soll.

Da Heinrich der Ältere aber nach wie vor seinen hartnäckig verfolgten Anspruch auf die Alleinherrschaft in Niederbayern nicht fallen lässt, bricht 1332 erneut ein Konflikt zwischen den Herzögen in Niederbayern aus. Ludwig von Oberbayern unterstützt dabei Heinrich und dessen Vetter Otto IV. mit Truppen. Heinrich und Otto marschieren daraufhin gegen Straubing und sind entschlossen, den Widerstand Heinrichs des Älteren gegen den Teilungsvertrag notfalls mit Waffengewalt zu entscheiden. Aber König Johann von Böhmen, der Schwiegervater Heinrichs des Älteren, vermittelt zwischen den streitenden Parteien, sodass es zunächst bei der Teilung verbleibt.

Auf Anraten Ludwigs des Bayern empfiehlt Heinrich nun im November 1332 überraschend seinem Vetter Otto IV., auf die erfolgte Teilung zu verzichten und Heinrich dem Älteren die Alleinherrschaft in Niederbayern zu überlassen. Die Entscheidung zieht sich hin, bis Heinrich im Juni 1333 und Otto IV. im Dezember 1334 sterben.

Während der Regierungszeit Heinrichs wird 1312 der Templerorden in Frankreich nach blutiger Verfolgung aufgehoben. Nach der Schlacht bei Gammelsdorf (1313) wird Ludwig der Bayer 1314 deutscher König. 1329 erfolgt durch den Hausvertrag von Pavia die Teilung der Wittelsbacher Linie in einen bayerischen und einen pfälzischen Zweig. Um 1330 beginnt von den Pyrenäen ausgehend die planmäßige Hexenverfolgung, die sich allmählich nach Mitteleuropa ausbreitet. 1333 überlässt König Kasimir III. von Polen dem Deutschen Orden das Gebiet um Westpreußen.

Otto IV. der Abbacher (1312–1334)

Päpste:		Deutsche Könige und Kaiser:	
Klemens V.	1305–1314	Heinrich VII.	1308–1313
Johann XXII.	1316–1334	Ludwig IV. der Bayer	1314–1347
Nikolaus V.	1328–1330	Friedrich der Schöne	1325–1330
Benedikt XII.	1334–1342		
		Kurfürst der Pfalz:	
Könige Frankreichs:		Rudolph II.	1329–1353
Philipp IV. der Schöne	1285–1314		
Ludwig IX. der Zänker	1314–1316	**Herzöge Österreichs:**	
Philipp V.	1316–1322	Friedrich III. der Schöne	1308–1330
Karl V.	1322–1328	Albrecht II.	1330–1358
Philipp VI.	1328–1350		

Vorgänger: Otto III.   *Nachfolger: Heinrich XIV.*

Herzog Otto IV., auch genannt »der Abbacher«, regiert in Niederbayern offiziell von 1312 bis 1334. Er ist Mitregent seines Bruders, des Herzogs Heinrich XIV. des Älteren, und seines Vetters, des Herzogs Heinrich XVI. des Jüngeren, in Niederbayern. Seinen Beinamen »der Abbacher« erhält er offensichtlich wegen seines häufigen Aufenthalts im heutigen Bad Abbach bei Kelheim.

Otto wird 1307 geboren, er stirbt am 14. Dezember 1334 und liegt im Kloster Seligenthal bei Landshut bestattet. Seine Eltern sind Herzog Stephan I. von Niederbayern und dessen Gemahlin Judith von Schweidnitz. Verheiratet ist Otto mit einer Fürstentochter namens Richardis aus dem Geschlecht der Grafen von Jülich. Die Ehe kommt auf Vermittlung Ludwigs von Oberbayern zustande, der durch seine eigene Ehe mit Margarethe von Holland-Hennegau mit Richardis verschwägert ist. Aus der Ehe stammt ein Sohn, der bereits im Kindesalter stirbt.

Noch kurz vor seinem Tod nimmt Ottos Onkel Herzog Otto III. (gestorben

1312) den Bürgern von Landshut und Straubing die eidliche Verpflichtung ab, dass keinem anderen Fürsten als Ludwig IV. von Oberbayern die Vormundschaft über Otto, seinen Bruder Heinrich XIV. den Älteren und Ottos Vetter Heinrich XV. den Jüngeren, dem Sohn Ottos III., anvertraut werden soll. Aus diesem Grund übernehmen im Jahre 1309 Herzog Otto III. und Ludwig von Oberbayern die Vormundschaft über die jungen Wittelsbacher Fürsten, nachdem der Vater Stephan I. in diesem Jahr stirbt und dessen Witwe Judith von Schweidnitz offensichtlich andere Pläne verfolgt. Nach dem Tod Herzog Ottos III. (1312) bemächtigen sich die beiden oberbayerischen Herzöge Rudolph und Ludwig gewaltsam der unmündigen Herzöge gegen den ausdrücklichen Willen Friedrichs des Schönen von Österreich, dem die Witwe Stephans die Vormundschaft ihrer beiden Söhne anvertrauen will.

Otto, im Jahre 1313 erst ganze sechs Jahre alt, verbündet sich bereits mit seinem Bruder Heinrich dem Älteren und seinem Vetter Heinrich dem Jüngeren sowie Herzog Heinrich von Kärnten gegen den Erzbischof von Salzburg und vor allem gegen die Habsburger in Österreich. Im Jahre 1313 urkundet Otto sogar bereits selbstständig.

In den Auseinandersetzungen zwischen seinem Bruder Heinrich dem Älteren und Ludwig von Oberbayern um die Alleinherrschaft Heinrichs steht Otto zunächst aufseiten Ludwigs des Bayern und unterstützt ihn auch in der Folgezeit, in der sich sein Bruder Heinrich ebenso wie sein Vetter Heinrich gegen Ludwig wenden. Im Jahre 1326 werden die andauernden Zwistigkeiten um die Mitregentschaft und Alleinherrschaft Heinrichs des Älteren zwischen den niederbayerischen Herzögen durch ein Schiedsgericht bereinigt. Die Herzöge selbst müssen den Landständen geloben, in den nächsten drei Jahren das Herzogtum Niederbayern nicht zu teilen. Zwei Jahre später können die erneut ausbrechenden Streitigkeiten vom Landgrafen von Leuchtenberg und dem Grafen von Hals geschlichtet werden. 1329 zwingen die Landstände alle drei Herzöge von Niederbayern wiederum, zu geloben, dass das Herzogtum Niederbayern, solange die Herzöge leben, nicht aufgeteilt wird.

Am Italienfeldzug Ludwigs des Bayern 1328 nimmt Otto nicht teil. Als Ludwig von Oberbayern, deutscher König, 1330 als gekrönter Kaiser aus Italien zurückkehrt, schließt er mit Otto in Regensburg ein Schutz-und-Trutz-Bündnis zum Schutz der beiderseitigen Rechte. Gleichzeitig überschreibt Ludwig seinem Vetter Otto und den anderen niederbayerischen Herzögen für die in der Schlacht bei Mühldorf (1322) geleistete Hilfe ein jährliches Dienstgeld von jeweils 1000 Pfund Pfennigen und die Pfänder Kufstein, Kitzbühel, Werberg und Ebbs. Durch diesen Vertrag sichert sich Ludwig der Bayer so viel Einfluss und Macht auf Otto, dass von dieser Zeit ab ohne Ludwigs Zustimmung in Niederbayern keine Entscheidungen von wesentlicher Bedeutung mehr getroffen werden können.

Im selben Jahr erneuert Otto sein Verlangen, das Herzogtum Niederbayern unter die drei Herzöge aufzuteilen, was sein älterer Bruder Heinrich der Ältere unbedingt verhindern möchte. Otto und sein Vetter Heinrich der Jüngere sehen daher keine andere Möglichkeit, als sich im Juli 1331 zusammen mit Ludwig dem Bayer gegen Ottos Bruder Heinrich den Älteren zu verbünden. Dadurch gerät Heinrich der Ältere unter Druck und muss sich schließlich bereit erklären, der Teilung Niederbayerns zuzustimmen. Dabei vermittelt der Schwiegervater Heinrichs des Älteren, König Johann von Böhmen, und rät offensichtlich zur Teilung.

Otto erhält aufgrund des Teilungsvertrags den südöstlichen Teil Niederbayerns mit Burghausen als dem Zentrum. Alle Herzöge Niederbayerns vereinbaren ein gegenseitiges Vorkaufsrecht. Darüber hinaus wird festgelegt, dass das Herzogtum in allen eventuellen Erbfällen als Einheit behandelt werden muss.

Aber Ottos Bruder Heinrich der Ältere gibt seine Bestrebungen nicht auf, die Alleinherrschaft im Herzogtum Niederbayern zu erhalten. Um sich gegen diese Bestrebungen zur Wehr setzen zu können, sucht Otto Schutz beim Bischof von Regensburg und schließt mit ihm ein Bündnis gegen Heinrich den Älteren. Im Sommer 1332 erhält Otto auch noch Unterstützung von Ludwig von Oberbayern, der ihn mit Hilfstruppen unterstützt, als Otto zusammen mit seinem Vetter Heinrich dem Jüngeren bei Straubing gegen seinen Bruder Heinrich den Älteren vorgeht. Dieser sucht nämlich zur Durchsetzung seines Verlangens, den Teilungsvertrag zu beseitigen, die militärische Entscheidung. Im August desselben Jahres findet sich aber Heinrich der Ältere endlich mit der Landesteilung ab.

Kurze Zeit später gibt nun aber Ottos Bündnispartner, sein Vetter Heinrich der Jüngere, überraschend zu verstehen, dass er nun doch mit der Alleinherrschaft seines Vetters Heinrich des Älteren als Herzog von Niederbayern einverstanden ist. Vielleicht war die Tatsache ausschlaggebend, dass er keine Nachkommen hat und vielleicht durch Krankheit mit seinem Ableben rechnet. Als Heinrich der Jüngere im Juni 1333 stirbt, bemächtigt sich Heinrich der Ältere des herrscherlosen Landesteiles seines verstorbenen Vetters und übergeht dabei seinen jüngeren Bruder Otto völlig. Otto vermacht daraufhin seinen niederbayerischen Landesteil seinem Vetter Ludwig von Oberbayern. Otto verstößt mit dieser Missachtung des Vorkaufsrechts seines Bruders gegen die getroffene Vereinbarung über die Einheit des Herzogtums Niederbayern im Erbfall.

Eine mögliche Auseinandersetzung um die Alleinherrschaft Heinrichs des Älteren erledigt sich durch den Tod Ottos im Dezember 1334. Heinrich nimmt das gesamte Herzogtum in Besitz, ohne auf Widerspruch oder Widerstand Ludwigs des Bayern zu stoßen.

Während der Regierungszeit Ottos wird 1312 der Templerorden in Frankreich nach blutiger Verfolgung aufgehoben. Nach der Schlacht bei Gammelsdorf (1313) wird Ludwig IV. von Oberbayern 1314 zum deutschen König gewählt. 1329 vereinbart Ludwig mit seinen wittelsbachischen Neffen, den Söhnen seines verstorbenen Bruders Rudolph I., im Hausvertrag von Pavia die Teilung der Wittelsbacher Linie in einen bayerischen und in einen pfälzischen Zweig. Um 1330 beginnt von den Pyrenäen ausgehend die planmäßige Hexenverfolgung, die sich allmählich nach Mitteleuropa ausbreitet. 1333 überlässt König Kasimir III. dem Deutschen Orden das Gebiet des späteren Westpreußen.

Johann I. das Kind (1339–1340)

Papst:		*Kurfürst der Pfalz:*	
Benedikt XII.	1334–1342	Rudolph II.	1329–1353
König Frankreichs:		*Herzog Österreichs:*	
Philipp VI.	1328–1350	Albrecht II.	1330–1358
Deutscher König und Kaiser:			
Ludwig IV. der Bayer	1314–1347		

Vorgänger: **Heinrich XIV. der Ältere**
Nachfolger: **Ludwig IV. der Bayer**

Herzog Johann I. erhält wegen der Tatsache, dass er mit zehn Jahren die Nachfolge seines verstorbenen Vaters antreten muss und ein Jahr später bereits stirbt, den Beinamen »das Kind«. Er ist offizieller Herzog von Niederbayern von 1339 bis zu seinem frühen Tod 1340. Johann wird 1329 geboren, er stirbt bereits mit elf Jahren am 20. Dezember 1340 und liegt im Kloster Seligenthal bei Landshut bestattet. Seine Eltern sind der niederbayerische Herzog Heinrich XIV. der Ältere und dessen Gemahlin Margarethe, die Tochter König Johanns von Böhmen aus dem Geschlecht der Luxemburger. Eine Verheiratung Johanns beschließt sein Vater zunächst mit einer Tochter des Königs von Polen. Heinrich der Ältere ändert aber dann diesen Plan und verabredet eine Verheiratung seines Sohnes mit Anna, der Tochter Ludwigs des IV. von Oberbayern, die allerdings nicht mehr zustande kommt.

Johanns Vater Herzog Heinrich der Ältere steht in einem dauernden Konflikt mit seinem Vetter Ludwig dem Bayern. Umso erstaunlicher ist es, dass Heinrich der Ältere nach einer fast ununterbrochenen Auseinandersetzung in einer Friedensvereinbarung am 16. Februar 1339 mit Ludwig die Heirat ihrer beiden Kinder beschließt. Zusätzlich verabreden beide, dass Ludwig im Falle des Todes Heinrichs des Älteren die Vormundschaft über den Sohn Johann übernimmt. Außerdem soll er im Falle der Nachfolge die Regentschaft im Herzogtum Niederbayern ausüben, nachdem Heinrichs Bruder Otto IV. und auch Heinrich XV. der Jüngere keine Nachkommen hinterlassen haben und bereits verstorben sind. Denn das Herzogtum Niederbayern kann, wenn es überhaupt durch eine eigene Wittelsbacher Linie in Zukunft regiert werden soll, nur durch einen Abkömmling Heinrichs des Älteren weiterhin selbstständig regiert werden.

Als Heinrich der Ältere im September 1339 an einem Aussatz stirbt, tritt der Herzog von Oberbayern und nunmerige deutsche Kaiser Ludwig der Bayer sofort in die ihm von Herzog Heinrich übertragene Rechtsstellung ein. Um die Vormundschaft für den unmündigen Johann ordnungsgemäß auszuüben, ist Ludwig offensichtlich bestrebt, nach der langen Periode der fortlaufenden kriegerischen Auseinandersetzungen und sonstigen Streitigkeiten unter den Wittelsbachern in Niederbayern zunächst einmal die Verwaltung völlig neu zu ordnen und zu organisieren.

Infolge der eingerissenen Nachlässigkeit, die im Laufe der Regierungszeit der drei niederbayerischen Herzöge Heinrich des Älteren, Otto des Abbachers und Heinrichs des Jüngeren entstanden ist, soll nun eine straffe Verwaltung im Herzogtum Niederbayern aufgebaut werden. Zu Beginn seiner Regentschaft erlässt Ludwig der Bayer daher an die Viztume, das heißt die obersten Verwaltungsbeamte im Land umfassende Verwaltungsanweisungen. Die Viztume sind aufgefordert, ihre Ämter in Zukunft ordnungsgemäß zu verwalten. Außerdem sollen sie die hohe Gerichtsbarkeit auch tatsächlich ausüben. Vor allem aber werden sie angewiesen, den amtierenden Richtern bei der Vollstreckung der erlassenen Urteile behilflich zu sein. Darüber hinaus werden die Verwaltungsbeamten aufgefordert, die Gerichte mit ordnungsgemäßen Richtern, Schergen und den übrigen Amtsleuten zu besetzen. Ludwig der Bayer belässt es aber nicht bei den alleinigen Befehlen. Damit seine Anordnungen auch tatsächlich befolgt werden, droht Ludwig ihnen an, dass sie bei Dienstversäumnissen den entstandenen Schaden aus eigener Tasche zu tragen haben.

Ludwig der Bayer geht, auch solange Johann das Kind lebt, davon aus, dass eine Personalunion zwischen Oberbayern und Niederbayern besteht. Beide Herzogtümer werden von Ludwig in gleicher Weise regiert und verwaltet. Als Johann im Dezember 1340 stirbt, werden die beiden Länder sofort vereinigt. Damit ist Bayern wieder ein Gesamtherzogtum, das von Johanns Urgroßvater Heinrich XIII. zusammen mit dessen Bruder Ludwig II. dem Strengen vor der Teilung im Jahre 1255 noch gemeinschaftlich und einvernehmlich regiert wurde. Lediglich die Oberpfalz, der frühere Nordgau, bleibt ein Teil der von den Wittelsbachern selbstständig regierten Rheinpfalz.

Diese Vereinigung Bayerns wird allerdings nur ganze neun Jahre andauern. Danach werden nach dem Tod Ludwigs des Bayern seine zahlreichen Nachkommen das Erbe trennen und das Herzogtum Bayern in eine Vielzahl von einzelnen Herrschaften aufteilen, die teilweise eine gegensätzliche feindliche Politik betreiben sollten.

Während der offiziellen Regierungszeit Johanns I. beansprucht im Jahre 1339 der englische König Eduard III. den französischen Thron der Valois und eröffnet damit den hundertjährigen Krieg zwischen England und Frankreich, der bis 1453 andauern sollte.

Ludwig V. der Brandenburger (1347–1361)

Päpste:		Kurfürsten der Pfalz:	
Klemens VI.	1342–1352	Rudolph II.	1329–1353
Innozenz VI.	1352–1362	Ruprecht I.	1353–1390
Könige Frankreichs:		**Kurfürsten von Brandenburg:**	
Philipp VI.	1328–1350	Ludwig V.[2]	1323–1351
Johann der Gute	1350–1364	Ludwig VI.	1351–1365
		Otto V. der Faule	1351–1373
Deutsche Könige und Kaiser:			
Karl IV. (Kaiser)	1347–1378	**Herzöge Österreichs:**	
Günter		Albrecht II. der Weise	1330–1358
von Schwarzburg[1]	1349	Rudolph III. der Stifter	1358–1365

Vorgänger: Ludwig IV. der Bayer   *Nachfolger: Meinhard*

Herzog Ludwig V. der Brandenburger aus der Familie der Wittelsbacher regiert in Oberbayern von 1347 bis 1361. Seinen Beinamen »der Brandenburger« führt er, nachdem er seit 1323 Kurfürst von Brandenburg ist. Er wird auch als Ludwig »der Ältere« im Gegensatz zu seinem jüngeren Bruder Ludwig der Römer genannt. Zunächst regiert er von 1347 bis 1349 zusammen mit seinen Brüdern Stephan II., Ludwig VI. dem Römer, Wilhelm I., Albrecht I. und Otto V. dem Faulen in Gesamtbayern einschließlich der Mark Brandenburg, den holländischen Gebieten und Tirol. Von 1349 bis 1353 regiert Ludwig nur noch zusammen mit seinen Brüdern Ludwig VI. und Otto V. in Oberbayern, der Mark Brandenburg und Tirol. In den holländischen Gebieten regieren seine Brüder, die Herzöge Wilhelm I. und Albrecht I. von Niederbayern-Straubing. Ab 1353

---

[1] Gegenkönig.

[2] Identisch mit Herzog Ludwig dem Brandenburger.

ist Ludwig Alleinherrscher in Oberbayern, während seine beiden Brüder Ludwig und Otto in Brandenburg regieren.

Ludwig wird Mitte Mai 1315 geboren, er stirbt am 18. September 1361 in Zorneding bei Ebersberg/Oberbayern und liegt im Münchner Dom bestattet. Seine Eltern sind Kaiser Ludwig IV. der Bayer und dessen erste Gemahlin Beatrix, die Tochter Herzog Heinrichs III. von Schlesien-Glogau. Verheiratet ist Ludwig seit 1324 in erster Ehe mit Margarethe, der Tochter König Christophs II. von Dänemark, die 1340 in Berlin stirbt und in der Franziskanerkirche in Berlin bestattet liegt. Aus dieser Ehe stammt die Tochter Elisabeth, die um 1345 noch lebt.

1342 heiratet er auf ausdrücklichen Wunsch seines Vaters Margarethe Maultasch, die Herzogin von Tirol, die im November 1341 ihren Gemahl Johann von Luxemburg aus dem Land jagt. Ludwig widersetzt sich zunächst ausdrücklich dieser Ehe, zieht dann aber mit seinem Vater in Begleitung der Bischöfe von Regensburg, Augsburg und Freising sowie William von Occam nach Tirol. Diese Begleiter erklären auf Wunsch des Kaisers, die Ehe Margarethes mit Johann von Luxemburg sei nicht vollzogen worden, sodass die Hochzeit mit Ludwig am 10. Februar 1342 durchgeführt werden kann. Aus dieser Ehe stammen der Sohn Hermann, geboren 1343, der 1360 noch lebt, sein Sohn und Nachfolger Meinhard sowie zwei unbekannte Töchter.

Ludwig gilt als lebensfroher Ritter, aber auch als rastloser Feldherr und Politiker, der sich bis zur Erschöpfung für seine politischen Ziele einsetzt. Seine Affären untergraben sein Ansehen in der Mark Brandenburg, sodass er erst nach dem Eingreifen Karls IV. in der Auseinandersetzung mit dem »falschen Waldemar« Erfolg hat.

Ludwig der Bayer belehnt seinen ältesten Sohn Ludwig 1323 mit der Mark Brandenburg, als das Markgrafengeschlecht der Askanier ausstirbt. Ludwig erhält dazu noch Pommern und die Lausitz. Im Jahre 1334 wird er außerdem zusammen mit seinen Brüdern Stephan II., Ludwig dem Römer sowie Wilhelm I. zur gesamten Hand mit den wittelsbachischen Gütern, die unter anderem auch in Franken und Schwaben liegen, von seinem Vater belehnt.

Als Ludwig der Bayer 1347 stirbt und Ludwig mit seinen Brüdern die Nachfolge in den wittelsbachischen Gebieten antritt, müssen die Wittelsbacher mit dem Hause Luxemburg um die Erhaltung ihres Territoriums kämpfen. Denn der Vater hat keine eindeutige Erbfolgeregelung hinterlassen, sondern nur festgelegt, dass innerhalb von 20 Jahren nach seinem Tod keine Teilung vorgenommen werden dürfe. Dabei steht vor allem Ludwig im Abwehrkampf gegen die Visconti in Mailand, die Gonzaga in Montia, die Carrara in Padua sowie gegen die Grafen Meinhard und Albert von Görz, die sowohl der Luxemburger Karl IV. als auch der Papst zum Kampf gegen Ludwig anstiftet. Im Landsberger Teilungsvertrag vom 12. September 1349 wird daher zwischen Ludwig, seinen Brüdern sowie der Kaiserinwitwe Margarethe Folgendes vereinbart: Ludwig und seine Brüder Ludwig VI. und Otto übernehmen Oberbayern mit Brandenburg und Tirol, während die anderen Brüder Niederbayern-Straubing mit den holländischen Territorien erhalten.

Sobald die Gefahr in Brandenburg mit der Auseinandersetzung um den »falschen Waldemar« (der behauptet, ein Verwandter der ausgestorbenen Askanier zu sein) vorüber ist, übergibt Ludwig die Markgrafschaft Brandenburg sowie Landsberg (in Brandenburg) und die Lausitz an seine Brüder Ludwig VI. und Otto. Diese Gebiete beherrschen die Wittelsbacher allerdings noch lange nicht, sondern müssen erst von den Anhängern des »falschen Waldemar« zurückerobert werden. Im Frieden von Bautzen am 14. Februar 1350 versöhnt sich Ludwig außerdem mit dem Nachfolger seines Vaters, Karl IV. Dieser unterstützt den »falschen Waldemar« nun nicht mehr länger, belehnt Ludwigs Brüder mit Brandenburg, Landsberg und der Lausitz und bestätigt Ludwig selbst die Rechte in Tirol und Kärnten. Darüber hinaus werden die Kurstimmen der Wittelsbacher Herrscher in Brandenburg und der Rheinpfalz festgeschrieben. Dafür übergibt Ludwig die seit 1323 im Alten Hof in München verwahrten Reichskleinodien an Karl IV. heraus. Im Vertrag vom 10. November 1350 werden Ludwig VI. und Otto zunächst für sechs Jahre mit Brandenburg belehnt, im Luckauer Vertrag vom 24. Dezember 1351 erfolgt dann die endgültige Übergabe an Ludwigs Brüder. Stephan II., Ludwigs zweitältester Bruder, unterstützt seinen ältesten Bruder Ludwig in dessen aufwändigem Kampf um Brandenburg überhaupt nicht.

Nach der Übergabe der Mark Brandenburg an seine Brüder und die Aussöhnung mit Karl IV. gerät Ludwig erneut in Konflikt mit dem Luxemburger. Ludwig weigert sich deshalb auch, am Italienfeldzug teilzunehmen. Das Verhältnis bessert sich aber wieder trotz des Erlasses der Goldenen Bulle durch Kaiser Karl im Jahre 1356, wodurch die Wittelsbacher zwar noch beide Kurstimmen (in Brandenburg und der Rheinpfalz) behalten, die bayerische Kurstimme in Zukunft aber ausschließlich bei der Rheinpfalz verbleibt. Im Jahre 1359 kann sich Ludwig schließlich auch mit der Kirche aussöhnen, nachdem er sich infolge des Kirchenbannes seines Vaters ebenfalls im Kirchenbann befindet.

Ludwig ist im Laufe seiner Regierungszeit in der Lage, seine Herrschaft in Tirol, wo er sich in den späteren Jahren vorwiegend aufhält, auf die drei südlichen Bistümer auszudehnen. Außerdem erlässt er eine Reihe von Gesetzen und regelt das Verhältnis zwischen den Grundherren und ihren Dienern, den so genannten Holden. Ludwig fördert darüber hinaus im Herzogtum Oberbayern die Wirtschaft und den Handelsverkehr. Bei seinem Tod hinterlässt er ein wirtschaftlich geordnetes Herzogtum.

Während der Regierungszeit Ludwigs beginnt in Europa 1348 die große Pestepidemie, die bis zirka 1350 andauert und zirka 25 Millionen Tote fordert. Etwa um die Mitte des 14. Jahrhunderts vollzieht sich der Übergang von der mittelhochdeutschen zur neuhochdeutschen Sprache, bedingt durch die Kanzleisprache. Um diese Zeit entwickelt »Berthold der Schwarze« die Feuerwaffen. In Frankreich ist bereits die Papierherstellung bekannt, die im übrigen Europa allmählich das Pergament zurückdrängt. Um 1353 wird die Todesstrafe durch Hängen, Enthaupten, Rädern und Pfählen vollstreckt. Leichtere Vergehen werden mit Leibesstrafen wie Verstümmelung oder mit Geldstrafe geahndet. Die Freiheitsstrafen gelten als äußerst selten. 1356 bestätigt Kaiser Karl IV. in der Goldenen Bulle die sieben Kurfürsten: die Erzbischöfe von Mainz, Trier und Köln, der König von Böhmen, der Pfalzgraf bei Rhein, der Herzog von Sachsen und der Markgraf von Brandenburg.

Ludwig VI. der Römer (1347–1365)

Päpste:		*Kurfürsten der Pfalz:*	
Klemens VI.	*1342–1352*	Rudolph II.	*1329–1353*
Innozenz VI.	*1352–1362*	Ruprecht I.	*1353–1390*
Könige Frankreichs:		*Kurfürsten von Brandenburg*	
Philipp VI.	*1328–1350*	Ludwig V.	*1323–1351*
Johann der Gute	*1350–1364*	Ludwig VI.[2]	*1351–1365*
		Otto V. der Faule	*1351–1373*
Deutsche Könige und Kaiser:			
Karl IV.	*1346–1378*	*Herzöge Österreichs:*	
Günter von		Albrecht II. der Weise	*1330–1358*
Schwarzburg[1]	*1349*	Rudolph IV. der Stifter	*1358–1365*

Vorgänger: Ludwig IV. der Bayer *Nachfolger: Otto V. der Faule*

Herzog Ludwig VI. der Römer aus der Familie der Wittelsbacher, Herzog von Oberbayern und Kurfürst von Brandenburg, erhält seinen Beinamen »der Römer«, nachdem er nach der Kaiserkrönung seines Vaters in Rom geboren wird. Ludwig regiert ab 1347 zusammen mit seinen Brüdern Ludwig V., Stephan II., Wilhelm I., Albrecht I. und Otto V. in Gesamtbayern, der Mark Brandenburg und in den holländischen Gebieten. Von 1349 bis 1353 regiert er mit seinem ältesten Bruder Ludwig V. und seinem jüngsten Bruder Otto nur noch in Oberbayern und in Brandenburg. Ab 1353 ist er Kurfürst von Brandenburg zusammen mit seinem Bruder Otto V., für den er wegen dessen jugendlichen Alters die Vormundschaft übernimmt.

Ludwig wird am 7. Mai 1328 in Rom geboren, er stirbt am 17. Mai 1365 in

---

[1] Gegenkönig.
[2] Identisch mit Herzog Ludwig dem Römer.

Berlin und liegt in der Franziskanerkirche in Berlin bestattet. Seine Eltern sind Kaiser Ludwig IV. der Bayer und dessen zweite Gemahlin Margarethe, die Tochter des Grafen Wilhelm III. von Holland. Verheiratet ist Ludwig in erster Ehe mit Kunigunde, der Tochter König Kasimirs III. von Polen, die ebenfalls in der Franziskanerkirche in Berlin bestattet liegt. In zweiter Ehe heiratet Ludwig 1360 Ingeburg, die Tochter Herzog Albrechts I. von Mecklenburg. Nach dem Tod Ludwigs wird Ingeburg 1366 den Grafen Heinrich den Eisernen von Holnstein heiraten. Ludwig gilt als ein willensschwacher Herrscher, der sich im Wesentlichen seinem älteren Bruder Ludwig V. unterordnet. In Oberbayern ist er nicht sehr beliebt, nachdem er mit den Menschen in Bayern und deren Problemen infolge seiner langen Abwesenheit von Oberbayern wenig vertraut ist.

Im Jahre 1334 vereinbart sein Vater mit ihm, mit Ludwig dem Brandenburger, Stephan und Wilhelm, dass das wittelsbachische Territorium nach seinem Tod als Erbe zur gesamten Hand auf alle Söhne gleichmäßig übergeht und im Falle des erbenlosen Todes eines Nachfolgers dessen Besitzungen wieder der Gemeinschaft zufallen sollen. Diese Vereinbarung hält nach dem Tod Kaiser Ludwigs ganze zwei Jahre. Denn bereits im Landsberger Vertrag vom 12. September 1349 einigen sich Ludwig und seine Brüder auf eine Teilung des Herzogtums Bayern in Ober- und Niederbayern. Ludwig erhält dabei zusammen mit seinem ältesten Bruder Ludwig V. und dem jüngsten Bruder Otto V. Oberbayern mit den zusätzlich erworbenen Herrschaftsgebieten Brandenburg und Tirol.

Seit Abschluss dieses Vertrags hält sich Ludwig hauptsächlich in der Mark Brandenburg auf, nachdem der »falsche Waldemar« (ein Betrüger, der behauptet, ein Verwandter der ausgestorbenen Askanier zu sein) abgesetzt ist. Der Luxemburger Karl IV. lässt den »falschen Waldemar«, den er zunächst gegen die Wittelsbacher unterstützt, endgültig fallen und bestätigt im Vertrag von Bautzen vom 14. Februar 1350 die Belehnung Ludwigs und Ottos mit Brandenburg. Im Vertrag vom 10. November 1350 zwischen den Wittelsbachern erfolgt die Übergabe der Herrschaft über die Mark Brandenburg an Ludwig zunächst auf die Dauer von sechs Jahren, im Luckauer Vertrag vom 24. Dezember 1351 dann endgültig. Ludwig wird zusammen mit seinem Bruder Otto mit Brandenburg, Landsberg (in Brandenburg) und der Lausitz belehnt, wobei diese Gebiete allerdings noch mühsam von den Anhängern des »falschen Waldemar« wieder zurückerobert werden müssen.

Ludwigs Stellung in Brandenburg bleibt lange Zeit sehr schwach. Denn die Ritterschaft im Lande hält zu den Anhängern der ausgestorbenen Askanier und damit auch zu dem abgesetzten »falschen Waldemar«. Nach zahlreichen Kämpfen kann Ludwig erst 1355 die tatsächliche Herrschaftsanerkennung in der Mark Brandenburg erzwingen, sodass die Stadt Brandenburg ihm schließlich huldigt. Für die Herrschaft in Brandenburg verzichten Ludwig und sein Bruder Otto auf die Mitausübung der Regierungsgewalt in Oberbayern. Sein Bruder Ludwig der Brandenburger beschränkt seine Herrschaft auf Oberbayern und Tirol, behält sich allerdings die Mitbestimmung an der brandenburgischen Kurstimme ausdrücklich vor.

Als es im Jahre 1351 in Holland zu Auseinandersetzungen zwischen seinem Bruder Wilhelm I. und seiner Mutter kommt, greift Ludwig in den Konflikt zugunsten seiner Mutter unterstützend ein. Seine Herrschaft in Brandenburg bleibt im Übrigen weiter angespannt. Denn seine finanziellen Verhältnisse sind zerrüttet, nachdem er von den Ständen des Landes, die über die Gelder zu entscheiden haben, nur geringe Mittel erhält. Die tatsächliche Regierungsgewalt in der Mark liegt hauptsächlich in der Hand des Landeshauptmanns Hasso von Wedel und bei den ritterschaftlichen Räten.

In der Reichspolitik wechselt Ludwig, als sein Bruder Ludwig der Brandenburger 1361 stirbt, zusammen mit seinem Bruder Otto in das Lager des Luxemburger Kaisers Karl IV. Denn der nunmehr älteste Bruder Stephan II. hat Ober- und Niederbayern wieder vereinigt, ohne Ludwig an der Herrschaft von Gesamtbayern zu beteiligen, worauf Ludwig aufgrund der getroffenen Vereinbarung einen Rechtsanspruch hätte. Dieser Konflikt innerhalb der Wittelsbacher Familie hindert die streitenden Parteien, sich in der Folgezeit gegen die Habsburger zu erwehren, die nach dem Tod Ludwigs des Brandenburgers und dessen Sohnes Meinhard im Januar 1363 Tirol besetzen und später den Wittelsbachern im Frieden von Schärding am 29. September 1369 den endgültigen Verzicht auf Tirol aufzwingen werden. Die Wittelsbacher können lediglich die Orte Kufstein, Kitzbühel und Rattenberg noch retten.

Nachdem sich Ludwig mit seinem Bruder Stephan II. überworfen hat, einigt er sich am 18. März 1363 mit Kaiser Karl IV., dem er in der politischen Auseinandersetzung offensichtlich nicht gewachsen ist, dass die Mark Brandenburg an den zu der Zeit zwei Jahre alten Sohn Wenzel fallen soll, wenn Ludwig und sein Bruder Otto V. kinderlos sterben. Damit bereitet Karl IV. den endgültigen Verlust der Mark Brandenburg für die Wittelsbacher vor, der zehn Jahre später endgültig durch den Vertrag mit Otto dem Faulen besiegelt werden sollte. Otto der Faule wird 1373 mit einer riesigen Geldsumme abgefunden und wird sich ins Privatleben zurückziehen. Nach dem Tod Ludwigs 1365 regiert sein Bruder Otto der Faule bis zum Verkauf dieses Territoriums in der Mark Brandenburg.

Während der Regierungszeit Ludwigs beginnt in Europa um 1348 die große Pestepidemie, die bis zirka 1350 andauert und etwa 25 Millionen Tote fordert. Um die Mitte des 14. Jahrhunderts vollzieht sich der Übergang von der mittelhochdeutschen zur neuhochdeutschen Sprache, bedingt durch die Kanzleispra-

che. Um diese Zeit entwickelt »Berthold der Schwarze« die Feuerwaffen. In Frankreich ist bereits die Papierherstellung bekannt, die im übrigen Europa allmählich das Pergament zurückdrängt. Um 1353 wird die Todesstrafe durch Hängen, Enthaupten, Rädern, Ertränken, Vierteilen, Verbrennen und Pfählen vollstreckt. Leichtere Vergehen werden mit Körperstrafen wie der Verstümmelung oder mit Geldstrafe geahndet. Die Freiheitsstrafen gelten bei der niederen Bevölkerung als äußerst selten. 1356 bestätigt Kaiser Karl IV. in der Goldenen Bulle die sieben Kurfürsten: die Erzbischöfe von Mainz, Trier und Köln, der König von Böhmen, der Pfalzgraf bei Rhein, der Herzog von Sachsen und der Markgraf von Brandenburg.

Stephan II. mit der Hafte (1347–1375)

Päpste:		Kurfürsten der Pfalz:	
Klemens VI.	1342–1352	Rudolph II.	1320–1353
Innozenz VI.	1352–1362	Ruprecht I.	1353–1390
Urban V.	1362–1370		
Gregor XI.	1370–1378	**Kurfürsten von Brandenburg:**	
		Ludwig V.	1323–1351
Könige Frankreichs:		Ludwig VI.	1351–1365
Philipp VI.	1328–1350	Otto V. der Faule	1351–1373
Johann der Gute	1350–1364	Wenzel	1373–1378
Karl V.	1364–1380		
		Herzöge Österreichs:	
Deutsche Könige und Kaiser:		Albrecht II. der Weise	1330–1358
Karl IV.	1346–1378	Rudolph IV. der Stifter	1358–1365
Günter von		Albrecht III.	1365–1395
Schwarzburg*	1349		

Vorgänger: **Ludwig IV. der Bayer**
Nachfolger: **Johann II., Stephan III., Friedrich der Weise**

Herzog Stephan II. mit der Hafte erhält seinen Beinamen wegen einer Art Modespange, die er offensichtlich besonders gerne trägt. Er regiert in Gesamtbayern einschließlich Brandenburg, Tirol und den holländischen Gebieten zunächst von 1347 bis 1349 zusammen mit seinen Brüdern Ludwig V., Ludwig VI., Wilhelm I., Albrecht I. und Otto V. Von 1349 bis 1353 regiert Stephan zusammen mit seinen beiden jüngeren Brüdern Wilhelm I. und Albrecht I. in Niederbayern mit den holländischen Gebieten. Nach der Abtrennung des Herzogtums Niederbayern-Straubing/Holland im Jahre 1353 herrscht Stephan alleine im Herzog-

---

* Gegenkönig.

tum Niederbayern-Landshut. Nach dem Tod Herzog Meinhards 1363 vereinigt er Ober- und Niederbayern als Alleinherrscher und regiert in Bayern bis 1375, ohne seine jüngeren Brüder Ludwig VI. und Otto V. an der Herrschaft zu beteiligen.

Stephan wird im Herbst 1319 geboren, er stirbt am 19. Mai 1375 in Landshut und liegt in der Vorgängerin der Frauenkirche in München bestattet. Seine Eltern sind Kaiser Ludwig IV. der Bayer und dessen erste Gemahlin Beatrix, die Tochter Herzog Heinrichs III. von Schlesien-Glogau. In erster Ehe ist Stephan verheiratet mit Elisabeth, der Tochter des Königs Friedrich II. von Sizilien aus dem Hause Aragon. Aus dieser Ehe stammen seine drei Söhne, die Herzöge Stephan III., Friedrich der Weise und Johann II. sowie eine Tochter Agnes, die den König Jacob I. von Cypern und Jerusalem heiratet. Nach dem Tod Elisabeths heiratet Stephan Margarethe, die Tochter des Burggrafen Johann II. von Nürnberg.

Im Jahre 1334 vereinbaren sein Vater, er und seine Brüder, dass das gesamte bayerische Territorium, die Besitzgüter in Franken und Schwaben sowie die Mark Brandenburg im Erbfall zur gesamten Hand an alle Nachkommen gemeinschaftlich übergehen sollen. In dieser Zeit hält sich Stephan hauptsächlich in Schwaben, vor allem in der Reichsstadt Ravensburg, später in Ulm auf.

Als sein Vater 1347 stirbt, ist es zunächst die Hauptaufgabe Stephans und seiner Brüder, das gesamte wittelsbachische Territorium zu bewahren. Entgegen der Abmachung erfolgt im Landsberger Vertrag vom 12. September 1349 die erste Landesteilung. Stephan erhält mit seinen Brüdern Wilhelm I. und Albrecht I. gemeinsam Niederbayern und die holländischen Lehen. Seine jüngeren Brüder Wilhelm und Albrecht bestehen aber 1353 auf einer weiteren Teilung, die im Regensburger Vertrag vom 3. Juli 1353 festgelegt wird. Danach erhalten Stephan das Herzogtum Niederbayern mit Landshut, und seine Brüder erhalten Niederbayern mit der Hauptstadt Straubing und den Ländern Holland, Seeland, Friesland und dem Hennegau.

Stephan betrachtet die Niederlande und Brandenburg mehr als Ländereien zur Versorgung für seine Brüder denn als eigentlichen Herrschaftsbereich. Nach dem Tod seines Vaters verliert Stephan die Reichslandvogteien in Oberschwaben und im Elsass, die der neue deutsche König nicht anzuerkennen gedenkt. Erst unter der Herrschaft seiner (Stephans) Nachfolger können die Wittelsbacher diese Gebiete für das Herzogtum Bayern zurückerlangen.

Als nach dem Tod Ludwigs des Brandenburgers 1361 dessen Sohn und Nachfolger Herzog Meinrad in Oberbayern und Tirol regiert, kommt es zwischen Stephan und Meinhard zu Auseinandersetzungen. Stephans Sohn Friedrich der Weise gründet nämlich gegen den Willen seines Vaters eine Turniergesellschaft zur Beaufsichtigung Meinhards. Darauf gründet Stephan einen Gegenbund und beendet diese Auseinandersetzung, indem er Meinhard in Vohburg gefangen nimnt und ihm befiehlt, sich in Zukunft in München aufzuhalten.

Friedrich opponiert deswegen gegen seinen Vater, weil er sich wegen unzureichender Ausstattung für seine Heirat von seinem Vater benachteiligt fühlt.

Friedrich und Stephan versöhnen sich zwar wieder, Herzog Meinhard gelingt es dennoch, nach Tirol zu fliehen, wo er im Januar 1363 stirbt.

Nach Meinhards Tod vereinigt Stephan die Teilherzogtümer Ober- und Niederbayern-Landshut und übergeht dabei verabredungswidrig seine beiden jüngeren Brüder Ludwig VI. und Otto V. Dieser interne wittelsbachische Hauskonflikt beschäftigt Stephan und seine Brüder so sehr, dass sie es nicht verhindern können, als sich die Habsburger des Herzogtums Tirol bemächtigen. Stephan bemüht sich zwar in der Folgezeit noch, Tirol zurückzugewinnen, er wird aber später im Frieden von Schärding am 29. September 1369 vom Herzogtum Tirol lediglich die Orte Kufstein, Kitzbühel und Rattenberg noch retten können.

Nach der Wiedervereinigung von Ober- und Niederbayern huldigen die bayerischen Stände, die die Wiedervereinigung ausdrücklich begrüßen, Stephan am 26. Februar 1363 in Freising. Als zwei Jahre später sein Bruder Ludwig der Römer stirbt, ist die Auseinandersetzung unter den Wittelsbachern im Wesentlichen beendet. Einen Widerspruch seines jüngsten Bruders Otto des Faulen hat er kaum mehr zu befürchten. Stephan kann seine Herrschaftsgewalt weiter festigen, nachdem auch sein politischer Gegner, der habsburgische Erzherzog Rudolph, am 27. Juli 1365 in Mailand stirbt. Er kann damit seinen Söhnen Johann II., Stephan III. und Friedrich dem Weisen ein wirtschaftlich geordnetes und befriedetes Herzogtum Bayern (ohne Straubing/Holland) hinterlassen. Denn zwei Jahre vor seinem Tod vereinbart er mit den Städten und der Ritterschaft einen Landfrieden, der für die Zukunft das Sengen und Brennen bei einer Fehde verbietet.

Während der Regierungszeit Stephans beginnt um 1348 in Europa die große Pestepidemie, die bis zirka 1350 andauert und etwa 25 Millionen Tote fordert. Um 1350 tritt in Europa eine Agrarkrise ein und bewirkt den Rückgang der ländlichen Besiedlung. Um die Mitte des 14. Jahrhunderts vollzieht sich der Übergang von der mittelhochdeutschen zur neuhochdeutschen Sprache, bedingt durch die Kanzleisprache. In dieser Zeit entwickelt »Berthold der Schwarze« die Feuerwaffe. In Frankreich ist bereits die Papierherstellung bekannt, die im übrigen Europa allmählich das Pergament zurückdrängt. Um 1370 steht die deutsche Hansa auf ihrem Höhepunkt und erhält im Krieg gegen Dänemark die Küste von Stralsund und zusätzlich ein Mitbestimmungsrecht bei der Nachfolgeregelung der dänischen Könige.

Otto V. der Faule (1347–1379)

Päpste:		Kurfürsten der Pfalz:	
Klemens VI.	1342–1352	Rudolph II.	1329–1353
Innozenz VI.	1352–1362	Ruprecht I.	1353–1390
Urban V.	1362–1370		
Gregor XI.	1370–1378	**Kurfürsten von Brandenburg:**	
Klemens VII.	1378–1394	Ludwig V.	1323–1351
Urban VI.	1378–1389	Ludwig VI.	1351–1365
		Otto V.[2]	1351–1373
Könige Frankreichs:		Wenzel	1373–1378
Philipp VI.	1328–1350	Sigmund	1378–1388
Johann der Gute	1350–1364		
Karl V. der Weise	1364–1380	**Herzöge Österreichs:**	
		Albrecht II. der Weise	1330–1358
Deutsche Könige und Kaiser:		Rudolph IV. der Stifter	1358–1365
Karl IV.	1347–1378	Albrecht III.	1365–1395
Günter von Schwarzburg[1]	1349		
Wenzel	1378–1400		

Vorgänger: Ludwig IV. der Bayer   *Nachfolger: Friedrich der Weise*

Herzog Otto V. aus der Familie der Wittelsbacher hat auch den Beinamen »der Faule«, weil er nicht um die ihm übertragene Herrschaft in der Mark Brandenburg kämpft, sondern sich für eine sehr hohe Summe abkaufen lässt, nach Bayern umzieht und mit seiner Gretl ein sorgenfreies Leben führt. Otto, der sich selbst Herzog von Bayern, Graf von Tirol und Kurfürst von Brandenburg nennt, ist von 1347 bis 1349 Mitregent seiner Brüder Ludwig V., Ludwig VI., Stephan II., Wilhelm I. und Albrecht I. in Gesamtbayern einschließlich Tirol und Bran-

---
[1] Gegenkönig.
[2] Identisch mit Otto V. von Bayern.

denburg. Nach der Aufteilung 1349 ist er mit seinen Brüdern Ludwig V. und Ludwig VI. Herzog von Oberbayern. Bis 1365 ist er Mitregent seines Bruders Ludwig VI. in Brandenburg und anschließend bis 1373 alleiniger Kurfürst von Brandenburg. Ab 1375 ist Otto Mitregent seines Neffen Friedrich des Weisen in Niederbayern-Landshut. Otto wird 1341 in München geboren, er stirbt am 15. November 1379 auf Burg Wolfstein an der Isar und liegt im Kloster Seligenthal bei Landshut bestattet.

Seine Eltern sind Kaiser Ludwig IV. der Bayer und dessen zweite Gemahlin Margarethe, die Tochter des Grafen Wilhelm III. von Holland. Im Oktober 1366 heiratet er Katharina, die Tochter des Kaisers Karl IV., die es allerdings vorzieht, später bei ihrem Vater in Prag zu bleiben.

Beim Tod seines Vaters 1347 ist die Erbfolge nicht geregelt, Ludwig der Bayer hatte lediglich festgelegt, dass das gesamte wittelsbachische Territorium 20 Jahre lang nicht geteilt werden solle. 1349 teilen jedoch die Söhne im Landsberger Vertrag vom 12. September 1349 das Erbe des Vaters auf. Oberbayern mit Brandenburg und Tirol erhalten Ludwig V., Ludwig VI. und Otto. Niederbayern mit den holländischen Gebieten fällt an Stephan II., Wilhelm I. und Albrecht I. Der älteste Sohn Ludwig der Brandenburger übergibt die Markgrafschaft Brandenburg im Vertrag vom 10. November 1350 an seine Brüder Ludwig VI. und Otto, zunächst befristet auf sechs Jahre, im Luckauer Vertrag vom 24. Dezember 1351 dann endgültig. Ludwig der Brandenburger behält sich aber die Mitbestimmung bei Ausübung der Kurstimme vor. Dafür müssen beide, Ludwig VI. und Otto, auf die Herrschaftsrechte auf Oberbayern verzichten. Im Frieden von Bautzen erkennt Kaiser Karl die Brüder Ludwig VI. und Otto als rechtmäßige Lehensträger der Mark Brandenburg mit Landsberg (in Brandenburg) und der Lausitz an, nachdem er den »falschen Waldemar« (ein betrügerischer Müllerssohn, der sich als Verwandter der ausgestorbenen Askanier ausgibt) fallen lässt. Die Wittelsbacher müssen dies übertragene Lehen aber erst noch mühsam von den restlichen Anhängern des »falschen Waldemar« zurückerobern.

Nach dem Tod Herzog Meinhards, des Sohnes Ludwigs des Brandenburgers, im Januar 1363 nimmt Stephan II. verabredungswidrig das Herzogtum Oberbayern in Besitz, ohne seine Brüder Ludwig VI. und Otto an der Herrschaft zu beteiligen. Dies veranlasst beide übergangenen Brüder, sich mit dem Kaiser zu verbünden. Die Streitigkeiten unter den wittelsbachischen Brüdern bietet den Habsburgern die beste Gelegenheit, sich nach der Überredung der Gräfin Margarethe Maulasch dieser Grafschaft Tirol zu bemächtigen. Stephan II. versucht zwar noch, diese Annexion rückgängig zu machen, kann aber im Frieden von Schärding am 29. September 1369 lediglich noch die Orte Kufstein, Kitzbühel und Rattenberg für die Wittelsbacher retten.

Otto, der sich in dauernder finanzieller Notlage befindet, verliert 1364 das Gebiet der Niederlausitz als Pfand an Kaiser Karl. Ein Jahr später sichert sich der Kaiser, nachdem Ottos Bruder Ludwig VI. gestorben ist, auf sechs Jahre die Regentschaft in der Niederlausitz und außerdem die Verwaltung in allen Landesteilen der Markgrafschaft. 1367 verkauft Otto die gesamte Lausitz an den Kaiser und behält lediglich die südliche Hälfte »Neuböhmens« (Lauf, Hersbruck, Sulzbach und Hirschau). Den nördlichen Teil »Neuböhmens« verwaltet der Landrichter von Auerbach für Kaiser Karl.

Die immer größer werdende Verschuldung Ottos führt im Jahre 1368 zu einer offenen Rebellion in der Mark Brandenburg. Otto ist daher bestrebt, den vom Kaiser bereits erreichten Einfluss auf die einzelnen Landesteile wieder zu beseitigen. Otto begreift jetzt, dass Kaiser Karl auf den Erwerb seines gesamten Besitzes zielt. Er löst deshalb sein Bündnis mit Karl und versöhnt sich auf dem Nürnberger Reichstag im September 1370 mit seinen wittelsbachischen Verwandten, nachdem sich die Brüder durch die eigenmächtige, verabredungswidrige Inbesitznahme von Oberbayern durch Stephan II. verfeindet hatten.

Unter Berufung auf die unter seinem Vater Ludwig dem Bayer geschlossenen Hausverträge der Wittelsbacher von 1334 und 1338 ruft Otto seinen Neffen Friedrich den Weisen, den Sohn Stephans II., als Erben in die Mark Brandenburg. Otto veranlasst die Stände des Landes, seinem Neffen zu huldigen. Darauf rückt Kaiser Karl IV. in Brandenburg ein. Trotz eines Waffenstillstands zwischen den streitenden Parteien überfällt Kaiser Karl im Sommer 1373 erneut die Mark Brandenburg. Otto und sein Neffe Friedrich können der Luxemburger Übermacht nur noch vier Wochen standhalten. Im Frieden von Fürstenwald sind Otto und Friedrich gezwungen, Karl die Markgrafschaft zu verkaufen. Die Wittelsbacher erhalten eine Abfindung von 200 000 Gulden in bar, eine Schuldverschreibung über 100 000 Gulden und für Otto zusätzlich noch einmal 100 000 Gulden in Form des westlichen »Neuböhmens« (Oberpfälzer Gebiet mit Sulzbach) sowie außerdem ein Jahresgehalt von 3000 Mark. Dazu kann Otto die Kurstimme der Mark Brandenburg auf Lebenszeit behalten.

Otto, nun zwar mit großen finanziellen Mitteln ausgestattet, aber ohne ein selbstständiges Reichsfürstentum, wird 1375 Mitregent seines Neffen Friedrich des Weisen im Herzogtum Niederbayern-Landshut. Von diesem Zeitpunkt an teilen sich die Brüder Stephan III. und Johann II. mit Friedrich die gemeinsame Herrschaft in Ober- und Niederbayern, wobei Otto nur der Form nach Mitregent in Niederbayern-Landshut ist.

Vor seinem Tod söhnt sich Otto mit Kaiser Karl IV. aus. Am 10. Juni 1376 wählt Otto zusammen mit seinem wittelsbachischen Vetter Kurfürst Ruprecht I. in Frankfurt den Sohn Karls IV., Wenzel, zum deutschen König. Bis zu seinem Tod bleibt Otto jetzt auch in enger Verbindung zu allen seinen wittelsbachischen Neffen, vor allem aber zu Friedrich dem Weisen. Die Neffen werden schließlich seine Erben in »Neuböhmen«.

Während der Regierungszeit Ottos beginnt um 1348 in Europa die große Pestepidemie, die bis zirka 1350 andauert und etwas 25 Millionen Tote fordert. Um 1350 vollzieht sich der Übergang von der mittelhochdeutschen zur neuhochdeutschen Sprache, bedingt durch die Kanzleisprache. In dieser Zeit entwickelt »Berthold der Schwarze« die Feuerwaffen. In Frankreich ist bereits die Papierherstellung bekannt, die im übrigen Europa allmählich das Pergament zurückdrängt. Um 1353 wird die Todesstrafe durch Hängen, Enthaupten, Rädern, Ertränken, Vierteilen, Verbrennen und Pfählen vollstreckt. Leichtere Vergehen werden mit Körperstrafen wie Verstümmelung oder Geldstrafen geahndet, die Freiheitsstrafen gelten als äußerst selten. 1356 bestätigt Kaiser Karl IV. in der Goldenen Bulle die sieben Kurfürsten: die Erzbischöfe von Mainz, Trier und Köln, der König von Böhmen, der Pfalzgraf bei Rhein, der Herzog von Sachsen und der Markgraf von Brandenburg. Um 1370 steht die deutsche Hanse auf ihrem Höhepunkt und erhält im Krieg gegen Dänemark die Küste von Stralsund und außerdem ein Mitbestimmungsrecht bei der Nachfolgeregelung der Könige Dänemarks. 1376 ist das Ende der »Babylonischen Gefangenschaft« der Päpste, Papst Gregor XI. kehrt von Avignon nach Rom zurück. Ab 1378 beginnt das »Schisma«, bei dem zwei, zeitweilig drei Päpste gleichzeitig gewählt werden.

Wilhelm I. »de dolle Graf« (1347–1389)

Päpste:		Kurfürsten der Rheinpfalz:	
Klemens VI.	1342–1352	Rudolph II.	1329–1353
Innozenz VI.	1352–1362	Ruprecht I.	1353–1390
Könige Frankreichs:		**Kurfürsten von Brandenburg:**	
Philipp VI.	1328–1350	Ludwig V.	1323–1351
Johann der Gute	1350–1364	Ludwig VI.	1351–1365
Karl V. der Weise	1364–1380	Otto V.	1351–1373
Karl VI.	1380–1422	Wenzel	1373–1378
		Sigmund	1378–1388
Deutsche Könige und Kaiser:		Jobst von Mähren	1388–1411
Karl IV.	1346–1378		
Günter von		**Herzöge Österreichs:**	
Schwarzburg*	1349	Albrecht II.	1330–1358
Wenzel	1378–1400	Rudolph IV. der Stifter	1358–1365
		Albrecht der Weise	1365–1395

Vorgänger: Ludwig IV. der Bayer   *Nachfolger: Albrecht I.*

Herzog Wilhelm I. »de dolle Graf« aus der Familie der Wittelsbacher regiert als Herzog von Niederbayern-Straubing und Graf von Holland offiziell von 1347 bis zu seinem Tod 1389. Seinen Beinamen erhält er, weil er Ende 1357 in unheilbaren Wahnsinn verfällt und ab 1358 nicht mehr offiziell regiert. Bis 1349 ist er Mitregent seiner Brüder Ludwig V. des Brandenburgers, Ludwig VI. des Römers, Stephan II., Otto V. und Albrecht I. in Gesamtbayern einschließlich Tirol und Brandenburg. Bis 1353 ist Wilhelm Mitregent seiner Brüder Stephan II. und Albrecht I. im gesamten Niederbayern. Nach der Teilung Niederbayerns in die Ländereien Niederbayern-Landshut und Nieder-

---

* Gegenkönig.

bayern-Straubing regieren er und sein jüngster Bruder Albrecht nur noch im Teilherzogtum Niederbayern-Straubing mit den dazugehörigen holländischen Gebieten.

Wilhelm wird am 12. Mai 1330 in Frankfurt am Main geboren, er stirbt am 15. April 1389 in Quesnoy und liegt in der Minoritenkirche in Valenciennes (heutiges Frankreich) bestattet. Seine Eltern sind Kaiser Ludwig IV. der Bayer und dessen zweite Gemahlin Margarethe, die Tochter des Grafen Wilhelm III. von Holland. Im Sommer 1352 heiratet Wilhelm in London Mathilde, die Tochter des Herzogs Heinrich I. von Lancaster und Grafen von Derby und Lincoln. Die Ehe bleibt kinderlos.

Wilhelm wird noch von seinem Vater im September 1346 als Statthalter mit den Grafschaften Holland, Seeland und Friesland belehnt, nachdem diese Gebiete durch den Tod Ludwigs Schwiegervater an das Reich wieder zurückfallen. Nach dem Tod des Vaters regieren alle Brüder zunächst gemeinsam, teilen dann aber im Landsberger Vertrag vom 12. September 1349 das gesamte Erbe auf, wonach Wilhelm und seine Brüdern Stephan und Albrecht Niederbayern und Straubing und die reichen holländischen Besitzungen erhalten, während sich die anderen Brüder Oberbayern mit Brandenburg und Tirol teilen. Vor dieser Teilung und während des Vertragsabschlusses hält sich Wilhelm mit seiner Mutter bereits in den Niederlanden auf, die sein Bruder Stephan als reine Versorgungsgebiete für seine Brüder betrachtet.

Am 20. Januar 1349 wird Wilhelm von seiner Mutter zum alleinigen Landesherrn in den niederländischen Ländereien ernannt. Wilhelm übernimmt damit die Herrschaft über eines der reichsten Länder Europas. Für diese Regierungsübernahme soll Wilhelm seiner Mutter einen jährlichen Unterhalt von 10 000 Dukaten bezahlen. Da er diese vereinbarte Summe nicht bezahlt, kommt es 1351 zum Streit zwischen Mutter und Sohn. Dieser Konflikt weitet sich schließlich zu einem Bürgerkrieg aus zwischen der Partei der Seestädte, genannt die Kabeljaus, unter Führung Wilhelms, und der Adelspartei der Hoeks, die Wilhelms Mutter unterstützen. In dieser Auseinandersetzung bleibt Wilhelm im Wesentlichen erfolgreich und kann seine Mutter zur Aufgabe des Hennegaus zwingen, obwohl sie sowohl von den Engländern als auch von ihrem zweitältesten Sohn Ludwig VI. dem Römer unterstützt wird.

Aufgrund der guten finanziellen Situation ist es verständlich, dass Wilhelm und sein jüngerer Bruder Albrecht am 3. Juni 1353 den älteren Bruder Stephan II. drängen, in eine erneute Erbteilung einzuwilligen. Nach zweijährigem Zögern stimmt Stephan im Regensburger Vertrag dieser Trennung zu. Stephan II. behält danach Niederbayern mit dem Hauptsitz Landshut. Wilhelm und Albrecht I. werden Herzöge des Teilherzogtums Niederbayern-Straubing mit den angeschlossenen holländischen Territorien. Die Residenzstadt wird Straubing.

Ein Jahr später, am 7. Dezember 1354, versöhnen sich Wilhelm und seine Mutter wieder dank der Vermittlung des englischen Königs, nachdem Wilhelm mit der Herzogin Mathilde von Lancaster, der Nichte des englischen Königs, verheiratet ist. Als seine Mutter am 25. Juni 1356 stirbt, bemüht sich Wilhelm, auch mit der gegnerischen Adelspartei der Hoeks Frieden zu schließen, indem er versucht, sie durch Konzessionen auf seine Seite zu ziehen.

Eine weitere Herrschaft und Amtsführung wird aber für Wilhelm unmöglich, nachdem er Ende 1357 in einen unheilbaren Wahnsinn verfällt und schließlich in Quesnoy in Gewahrsam genommen wird. Wilhelm wird nun gegen seinen Willen von seinem jüngeren Bruder Albrecht abgelöst, nachdem die Adelspartei der Hoeks Albrecht in die Niederlande ruft. Albrecht muss daher 1358 zusammen mit seiner Gemahlin Margarethe nach dem Haag ziehen. Gegen den Widerstand Wilhelms Anhänger der Kabeljaupartei wird Herzog Albrecht I. sogar von Mechthild (Mathilde), der Gemahlin Wilhelms, sowie der Ständemehrheit im Lande 1358 als Statthalter der Niederlande offiziell anerkannt. Albrecht I. führt im Haag von nun an die Regierungsgeschäfte in den holländischen Territorien für seinen erkrankten Bruder und bezeichnet sich bis zu dessen Tod 1389 lediglich als »ruward« (Ruhebewahrer).

Während dieser Zeit muss Albrecht I. auch noch die Regierungsgeschäfte in Niederbayern-Straubing wahrnehmen, weil sein Sohn Albrecht II. erst zehn Jahre später (1368) geboren wird und erst 1387 die Verwaltung im »Straubinger Ländchen« für seinen Vater übernehmen kann.

Unter der Regierung Wilhelms und seiner Brüder nimmt in den bayerischen Städten die Judenverfolgung zu. Die Stadt Regensburg schützt jedoch die Juden mit ausdrücklicher Billigung Wilhelms und der anderen bayerischen Herzöge.

In den Niederlanden wird Wilhelm in der Geschichte nach Wilhelm IV., dem Bruder seiner Mutter, als Wilhelm V. »de dolle Graf« bezeichnet und gezählt.

Während der Regierungszeit Wilhelms beginnt um 1348 in Europa die große Pestepidemie, die bis zirka 1350 andauert und etwa 25 Millionen Tote fordert. Um 1350 vollzieht sich der Übergang von der mittelhochdeutschen zur neuhochdeutschen Sprache, bedingt durch die Kanzleisprache. In dieser Zeit entwickelt »Berthold der Schwarze« die Feuerwaffen. In Frankreich ist bereits die Papierherstellung bekannt, die im übrigen Europa allmählich das Pergament zurückdrängt. Um 1353 wird die Todesstrafe durch Hängen, Enthaupten, Rädern, Ertränken, Vierteilen, Verbrennen und Pfählen vollstreckt. Leichtere Vergehen werden durch Körperstrafen wie Verstümmelung und mit Geldstrafen geahndet, die Freiheitsstrafen gelten als äußerst selten.

Albrecht I. (1347–1404)

Päpste:		Kurfürsten der Rheinpfalz:	
Klemens VI.	1342–1352	Rudolph II.	1329–1353
Innozenz VI.	1352–1362	Ruprecht I.	1353–1390
Urban V.	1362–1370	Ruprecht II.	1390–1398
Gregor XI.	1370–1378	Ruprecht III.	1398–1410
Klemens VII.	1378–1394		
Urban VI.	1378–1389	**Kurfürsten von Brandenburg:**	
Bonifaz IX.	1389–1404	Ludwig V.	1323–1351
		Ludwig VI.	1351–1365
Könige Frankreichs:		Otto V.	1351–1373
Philipp VI.	1328–1350	Wenzel	1373–1378
Johann der Gute	1350–1364	Sigmund	1378–1388
Karl V. der Weise	1364–1380	Jobst von Mähren	1388–1411
Karl VI.	1380–1422		
		Herzöge Österreichs:	
Deutsche Könige		Albrecht II.	
und Kaiser:		der Weise	1330–1358
Karl IV.	1346–1378	Rudolph IV.	
Günter von Schwarzburg	1349	der Stifter	1358–1365
Wenzel	1378–1400	Albrecht III.	1365–1395
Ruprecht von der Pfalz	1400–1410	Albrecht IV.	1395–1404

Vorgänger: Ludwig IV. der Bayer   *Nachfolger: Wilhelm II.*

Herzog Albrecht I. aus der Familie der Wittelsbacher regiert mit seinen Brüdern in Gesamtbayern, der Mark Brandenburg, Holland und Tirol von 1347 bis 1404. Von 1358 bis 1389 ist er Statthalter in Holland für seinen erkrankten Bruder Wilhelm. Anschließend regiert er als Alleinherrscher neben dem Herzogtum Niederbayern-Straubing in den holländischen Gebieten. Nach dem Tod seines Bruders 1389 nennt sich Albrecht auch Pfalzgraf bei Rhein. Albrecht wird am 25. Juli 1336 in München geboren, er stirbt am 13. Dezember 1404 im Haag (Den Haag) und liegt in der Hof- und Kollegiatkapelle im Haag bestattet. Seine Eltern sind Kaiser Ludwig IV. der Bayer und dessen zweite Gemahlin Margarethe, die Tochter des Grafen Wilhelm III. von Holland. Verheiratet ist Albrecht in erster Ehe mit Margarethe, der Tochter Herzog Ludwigs I. von Schlesien-Brieg. Dieser Ehe entstammen sieben Kinder: die Töchter Johanna (I.), die König Wenzel von Böhmen, den späteren deutschen König, heiratet; Katharina, die den englandfreundlichen Herzog Wilhelm von Jülich-Geldern heiratet; Margarethe, die den Herzog Johann Ohnefurcht, auch genannt der Kühne, von Burgund heiratet; Johanna (II.), die den Herzog Albrecht III. von Österreich heiratet, sowie die Söhne Johann III. der Erbarmungslose, Albrecht II. und Wilhelm II.

Nach dem Tod seiner ersten Gemahlin 1386 nimmt Albrecht Aleida von Poelgeest als Geliebte an seinen Hof, die am 21. September 1392 einem Mordanschlag zum Opfer fällt. Diese Tat ahndet Albrecht mit einer Rache gegenüber den Verschwörern, der beinahe auch sein Sohn Wilhelm II. zum Opfer fällt. Im Jahre 1394 heiratet Albrecht in Köln wieder eine Margarethe, die Tochter des Grafen Adolf V. von Kleve. Diese Ehe bleibt kinderlos. Albrecht gilt als ein romantisch veranlagter und kulturell interessierter Herrscher. Er stiftet Ritterorden und hält sich gerne in Gesellschaften von Sängern und Literaten auf.

Nach dem Tod seines Vaters 1347 regiert Albrecht zunächst mit seinen fünf Brüdern Ludwig V., Ludwig VI., Stephan II., Wilhelm und Otto V. in Gesamtbayern einschließlich Tirol, Brandenburg und den holländischen Gebieten. Nach der Teilung des Erbes im Landsberger Vertrag vom 12. September 1349 regiert er nur noch mit seinen Brüdern Stephan II. und Wilhelm I. in Niederbayern mit Holland. Im Regensburger Vertrag vom 3. Juli 1353 können er und Wilhelm I. erreichen, dass das niederbayerische Teilherzogtum noch einmal geteilt wird. Stephan II. erhält Niederbayern mit Sitz in Landshut, Albrecht und sein Bruder Wilhelm bekommen das restliche Niederbayern mit Straubing und den holländischen Gebieten. Sein Bruder Stephan II. nimmt nach dem Tod Herzog Meinhards, des Sohnes Ludwigs V., 1363 das Herzogtum Oberbayern einfach in Beschlag und übergeht dabei Albrecht und seine anderen Brüder. Die Brüder verfeinden sich vorübergehend, versöhnen sich aber am 21. November desselben Jahres wieder.

Zu Beginn seiner Regierungstätigkeit residiert Albrecht in Straubing im alten Straubinger Herzogsschloss »in der Burg«, bis er aber 1358 nach Holland geht und bis 1382 nur noch alle paar Jahre nach Straubing zurückkommt. Das Straubinger Gebiet lässt er im Wesentlichen durch Pfleger und Viztume verwalten, sodass das »Straubinger Ländchen« an Bedeutung verliert. In Straubing erhebt sich sein oberster Beamter, Peter Ecker, gegen Albrecht. Dieser Peter Ecker arbeitet als Verbündeter mit Kaiser Karl IV. bei der Einnahme von Donaustauf zusammen, die der Kaiser von Bischof Friedrich von Regensburg gekauft hat. Als Albrecht den Aufstand niederschlägt, kann sich Peter Ecker auf die Burg Natternberg zurückziehen. Die Burg wird von Albrecht 1357 belagert, sodass Ecker sie herausgeben und sich auf die Burg Hiltgarsberg zurückziehen muss.

Am Ende des Jahres 1357 fällt sein älterer Bruder Wilhelm I. in geistige Umnachtung und wird in Quesnoy gewaltsam in Gewahrsam genommen. Die Hoeks-Partei der Adeligen ruft deshalb Albrecht gegen den Widerstand seines Bruders und der Partei der Seestädte im Jahre 1358 nach Holland. Albrecht kommt daraufhin nach dem Haag mit seiner Frau und wird von den Ständen mit ausdrücklicher Unterstützung von Mathilde, der Gemahlin Wilhelms, als Statthalter der Niederlande anerkannt. Albrecht kann den noch bestehenden Widerstand der Partei der Kabeljaus (der Seestädte) in Delft 1359 und in Midelberg 1363 brechen und beide Parteien, die Partei Kabeljaus und die Hoeks-Partei, miteinander versöhnen.

Über seine Geliebte Aleida von Poelgeest, die Albrecht nach dem Tod seiner ersten Gemahlin Margarethe 1386 an den Hof holt, gewinnt die Partei der Kabeljau verstärkten Einfluss am Hof. Dies führt zu erneuten Kämpfen mit der sich benachteiligt fühlenden Partei der Hoeks. Anführer dieser adeligen Rebellen wird Albrechts Sohn Wilhelm II., der insbesondere versucht, gegen seinen Vater die Mitregentschaft durchzusetzen. Nach der Ermordung seiner Geliebten unterwirft Albrecht die Aufständischen. Sein Sohn Wilhelm II. kann fliehen.

Die Tätigkeit als »ruward« (Ruhebewahrer) und Statthalter in den Niederlanden nimmt Albrecht so in Anspruch, dass er sich um das Teilherzogtum Niederbayern-Straubing nicht mehr ausreichend kümmern kann, auch wenn er immer noch einige Entscheidungen selbst trifft. Deshalb setzt er 1387 seinen zweiten Sohn Albrecht II. als Statthalter im Herzogtum Niederbayern-Straubing ein. Mit seinem ältesten Sohn Wilhelm II., der als sein Nachfolger und Haupterbe vorgesehen ist, versöhnt er sich im Jahre 1395 wieder aus, ernennt ihn zum Grafen von Osterbant und setzt ihn als Statthalter im Hennegau ein. Sein Sohn Albrecht II. stirbt auf der Rückreise von Holland nach Straubing am 21. Januar 1397. Daraufhin beruft Albrecht seinen dritten Sohn Johann III., genannt der Erbarmungslose, zum Statthalter im Herzogtum Niederbayern-Straubing.

Albrecht fördert die Entwicklung der Städte in Holland, indem er die Stadtverfassungen verbessert. Mit Unterstützung englischer Kaufleute kann er die Stadt Dordrecht in Holland zu einer starken Konkurrentin der Handelsstadt Brügge ausbauen. Aber trotz seiner Abwesenheit vernachlässigt Albrecht auch das niederbayerische Gebiet nicht gänzlich. Der Stadt Straubing verhilft er von

Holland aus zu einem wirtschaftlichen Aufschwung. 1356 hatte er noch während seiner Anwesenheit ein neues Herzogsschloss gebaut. In seiner Regierungszeit wird mit dem Bau der Karmelitenkirche sowie mit dem Neubau eines Rathauses und der Kirche St. Jakob in Straubing begonnen.

In der Regierungszeit Albrechts handeln die Wittelsbacher Herzöge in allen Fragen von wesentlicher Bedeutung größtenteils gemeinsam. Dies äußert sich sichtbar auf den Reichstagen, wo häufig vier oder mehr bayerische Herzöge gemeinsam auftreten.

Während der Regierungszeit Albrechts beginnt um 1348 in Europa die große Pestepidemie, die bis zirka 1350 andauert und etwa 25 Millionen Tote fordert. Um 1350 vollzieht sich der Übergang von der mittelhochdeutschen zur neuhochdeutschen Sprache, bedingt durch die Kanzleisprache. In dieser Zeit entwickel »Berthold der Schwarze« die Feuerwaffen. In Frankreich ist bereits die Papierherstellung bekannt, die im übrigen Europa allmählich das Pergament zurückdrängt. Um 1353 wird die Todesstrafe durch Hängen, Enthaupten, Rädern, Ertränken, Vierteilen, Verbrennen und Pfählen vollstreckt. Leichtere Vergehen werden durch Körperstrafen wie Verstümmelung oder durch Geldstrafen geahndet. Freiheitsstrafen gelten als äußerst selten. 1356 bestätigt Kaiser Karl IV. in der Goldenen Bulle die sieben Kurfürsten: Die Erzbischöfe von Mainz, Trier und Köln, der König von Böhmen, der Pfalzgraf bei Rhein, der Herzog von Sachsen und der Markgraf von Brandenburg. Um 1370 steht die Deutsche Hanse auf ihrem Höhepunkt und erhält im Krieg gegen Dänemark die Küste von Stralsund und außerdem ein Mitspracherecht bei der Nachfolgeregelung der Dänenkönige. 1376 ist das Ende der »Babylonischen Gefangenschaft« der Päpste, Papst Gregor XI. kehrt von Avignon nach Rom zurück. 1380 beginnen die erfolgreichen Feldzüge des türkisch-mongolischen Timurs, unter anderem gegen Persien und Ägypten. Um diese Zeit wird in Deutschland der Wein durch das Bier abgelöst. Um 1400 verlieren die Ritterheere allgemein durch die aufgekommenen Feuerwaffen ihre Bedeutung.

Meinhard (1361–1363)

Päpste:		*Deutscher König und Kaiser:*	
Innozenz VI.	1352–1362	Karl IV.	1346–1378
Urban V.	1362–1370		
		Herzöge Österreichs:	
König Frankreichs:		Albrecht II. der Weise	1330–1358
Johann der Gute	1350–1364	Rudolph IV. der Stifter	1358–1365
		Kurfürst der Pfalz:	
		Ruprecht I.	1353–1390

Vorgänger: **Ludwig V. der Brandenburger**
Nachfolger: **Stephan II. mit der Hafte**

Herzog Meinhard aus der Familie der Wittelsbacher, Herzog von Oberbayern und Graf von Tirol, regiert von 1361 bis zu seinem Tod 1363 in Oberbayern und Tirol.

Meinhard wird am 9. Februar 1344 in Landshut geboren, er stirbt am 13. Januar 1363 auf Schloss Tirol in Tirol und liegt in Meran bestattet. Seine Eltern sind Herzog Ludwig V. der Brandenburger und dessen zweite Gemahlin Margarethe Maultasch, Gräfin von Tirol.

Die Gräfin Margarethe Maultasch ist die Tochter des Grafen Heinrich aus dem Geschlecht der Meinhardiner und dessen Gemahlin Adelheid von Braunschweig. Sie wird bereits mit zwölf Jahren 1330 mit dem achtjährigen Johann Heinrich aus dem Geschlecht der Luxemburger verheiratet. Nach Trennung und Annullierung dieser Ehe heiratet Margarethe am 10. Februar 1342 den Wittelsbacher Ludwig V. Außer Meinhard sterben alle Kinder aus dieser Ehe frühzeitig. Ihr Beiname »Maultasch« ist nicht geklärt. Teilweise wird der Beiname als Kompliment für gutes Aussehen, teilweise auch als Schimpfwort angesehen.

Meinhard heiratet auf dem Fürstentreffen am 4. September 1359 in Passau

Herzogin Margarethe von Österreich, die Tochter Herzog Albrechts II. des Weisen von Österreich. Die bei der Hochzeit dreizehnjährige Margarethe stirbt am 14. Januar 1366 in Brünn.

Als der junge Herzog Meinhard zehn Jahre alt ist, vereinbart sein Vater Ludwig der Brandenburger mit Herzog Albrecht II. dem Weisen von Österreich, dass dieser im Erbfall Ludwigs des Brandenburgers die Vormundschaft über seinen minderjährigen Sohn Meinhard und außerdem die Regentschaft in Oberbayern und in Tirol für drei Jahre übernehmen solle.

Als Meinhards Vater 1361 stirbt, ist Meinhard 17 Jahre alt. Der Beginn seiner Regierung fällt, nicht zuletzt auch bedingt durch die zahlreichen Auseinandersetzungen unter den Wittelsbacher Herzögen bezüglich der Nachfolge- und Teilungsregelungen, in eine Zeit der zunehmenden Erstarkung der Adelsparteien in Oberbayern. Die Adeligen machen immer mehr Rechtsansprüche geltend. Einerseits verlangen sie, dass der bayerische Einfluss in der Grafschaft Tirol ausgeweitet wird. Andererseits wollen sie aber nicht dulden, dass der Herzog von Oberbayern seine Regierungsgeschäfte nicht von München, sondern von Tirol aus wahrnimmt. Denn Meinhard bevorzugt es, sich bei seiner Mutter, der Markgräfin Margarethe Maultasch, in Tirol aufzuhalten.

Nicht nur der bayerische Adel, auch die angrenzenden Nachbarn, vor allem die Habsburger in Österreich, versuchen, sich in die Regierungsgeschäfte des jungen Herzogs einzumischen. Dabei können sich die Österreicher und vor allem der junge Herzog Albrecht II. auf die getroffene Vereinbarung über die Vormundschaft über Meinhard und die Ausübung der Regentschaft in Oberbayern berufen.

Nach den Beisetzungsfeierlichkeiten für den verstorbenen Ludwig den Brandenburger im September 1361 wollen die Wittelbacher ihre Einflussmöglichkeiten auf den jungen Herzog verstärken. Deshalb gründet Meinhards Vetter, Herzog Friedrich der Weise, der Sohn des regierenden Herzogs Stephan II. von Niederbayern-Landshut, zusammen mit 55 bayerischen Adeligen eine Turniergesellschaft, die die Aufsicht über den jungen Herzog Meinhard und damit die Abwehr fremder Einflüsse bezwecken soll. Gegen diese direkte bayerische Einflussnahme wehrt sich allerdings Meinhards Mutter Margarethe von Tirol. Sie bittet Herzog Stephan, Friedrichs Vater, und auch den Kaiser Karl IV. in Prag, sie gegen diesen bayerischen Plan zu unterstützen. Margarethe reist aus diesem Grund sogar persönlich nach Nürnberg, als sich der Kaiser in der Stadt aufhält.

Auch Stephan II. ist daran interessiert, auf Meinhard und seine Regierungsgeschäfte Einfluss nehmen zu können. Er gründet deshalb selbst einen eigenen Gegenbund. Dies führt zu militärischen Auseinandersetzungen zwischen Stephan und Meinhard. Meinhard wird dabei von seinem Vetter Friedrich dem Weisen, Herzog von Niederbayern, unterstützt. Friedrich hat sich nämlich mit seinem Vater Stephan II. überworfen, weil sich Friedrich wegen unzureichender Ausstattung für seine Heirat von seinem Vater benachteiligt fühlt. Am 16. Juni 1362 macht Stephan II. dem ganzen Konflikt ein Ende, setzt Meinhard in Vohburg gefangen und befiehlt ihm, von jetzt ab in München vom Alten Hof aus seine Regierungsgeschäfte für Oberbayern und Tirol auszuüben. Die von Friedrich gegründete Turniergesellschaft bleibt aber weiter bestehen, der nun auch Herzog Rudolph IV. von Österreich beitritt.

Mit dieser Entwicklung sind aber nun die Stände Tirols wiederum nicht einverstanden. Sie fordern jetzt ihrerseits Herzog Meinhard auf, nach Tirol zurückzukehren. Im Oktober 1362 gelingt es Meinhard, vermutlich mit Hilfe seiner Mutter, aus München zu fliehen und sich damit dem Druck Stephans II. zu entziehen.

In seiner Residenz im Schloss Tirol zieht Meinhard Räte und Vertraute Herzog Rudolphs IV. von Österreich an seinen Hof. Diesem sollte es nach dem Tod Meinhards im Januar 1363 schließlich gelingen, Meinhards Mutter zu überzeugen, dass sich die Grafschaft Tirol an das Haus Habsburg anschließen sollte. Damit wird Tirol von Bayern abgetrennt und geht den Wittelsbachern verloren.

In der Reichspolitik tritt Meinhard lediglich dadurch in Erscheinung, dass er im April 1362 einem Bündnis Rudolphs IV. von Österreich zusammen mit König Ludwig dem Großen von Ungarn gegen Kaiser Karl IV. beitritt.

Während der Regierungszeit Meinhards wird für die Frauenkirche in Nürnberg eine Kunstuhr hergestellt. Im selben Jahr stirbt Johannes Tauler, ein deutscher Mystiker und Volksprediger, ein Schüler Meister Ekkarts.

Bayern bis zur teilweisen Wiedervereinigung

Herzog Stephan II., der Sohn Kaiser Ludwigs des Bayern, kann nach der Trennung des gesamten wittelsbachischen Herrschaftsgebiets infolge der Aufteilung auf die sechs Söhne des Kaisers im Jahre 1363 gewaltsam die Herzogtümer Oberbayern und Niederbayern-Landshut wieder vereinen, nachdem der junge Herzog Meinhard von Oberbayern und Graf von Tirol im Januar ohne Erben stirbt. Im Jahre 1375 kann Stephan II. seinen Söhnen Stephan III., Friedrich dem Weisen und Johann II. ein ungeteiltes Herzogtum Bayern überlassen, von dem nur das Herzogtum Niederbayern-Straubing mit den holländischen Gebieten selbstständig bleibt. Die gemeinsame Regierung der Söhne Stephan, Friedrich und Johann dauert aber nur 17 Jahre.

Im Jahre 1392 wird das Herzogtum Bayern zum dritten Mal geteilt.

Im südlichen Oberbayern mit dem Sitz in München regiert der im Stillen wirkende Johann II., der bedächtigste unter den Wittelsbacher Brüdern. Er ist es, auf dessen Initiative und unermüdlichen Druck die Teilung zustande kommt. Sein Bruder Stephan III. der Prächtige, der, wie der Beiname schon zeigt, einen aufwändigen Lebensstil betreibt, residiert im nördlicheren Oberbayern mit dem Mittelpunkt Ingolstadt. Friedrich der Weise, der politisch markanteste unter den Brüdern, regiert in Niederbayern mit Sitz in Landshut, dem größten Teilherzogtum.

Mit Niederbayern-Straubing, dem fälschlicherweise so genannten »Straubinger Ländchen«, existieren damit auf dem ursprünglichen gesamtbayerischen Territorium nun vier Herzogtümer, mit der seit dem Hausvertrag von Pavia von 1329 selbstständigen Kurpfalz sogar fünf völlig selbstständige wittelsbachische Herrscherlinien.

Diese dritte große Landesteilung bewirkt eine entscheidende Schwächung der Wittelsbacher in der Reichspolitik. Lediglich Friedrich der Weise kann sie zumindest teilweise durch seine Persönlichkeit ausgleichen. Es ist nicht ausgeschlossen, dass Friedrich der Sprung in die Reichsherrschaft als deutscher König geglückt wäre, hätte er länger gelebt. Aber Friedrich stirbt bereits ein Jahr nach der Teilung und hinterlässt die Nachfolge seinem unmündigen Sohn Heinrich XVI., später genannt »der Reiche«.

Während Oberbayern-München ab 1397 von zwei Herzögen (Ernst und Wilhelm III.) einträchtig regiert wird, verzetteln sich im Herzogtum Oberbayern-Ingolstadt Herzog Stephan III. der Prächtige und sein nicht minder extravaganter Sohn Ludwig VII. der Gebartete in politischen Eskapaden. Die führende politische Kraft unter den wittelsbachischen Teilherzogtümern wird für ein Jahrhundert das Herzogtum Niederbayern unter Herzog Heinrich dem Reichen und seinen Nachfolgern.

Wenn Herzog Heinrich auch die aufkommenden Bestrebungen der Landshuter Bürger um mehr Selbstverwaltung brutal unterdrückt, so baut er doch andererseits das niederbayerische Herzogtum zu einem gut verwalteten und im Innern gesicherten Territorialstaat aus. Nach dem Aussterben der Straubinger Herrschaftslinie im Jahre 1425 teilen sich die vier Wittelsbacher Herzöge (Ernst, Wilhelm III., Ludwig VII. und Heinrich XVI.) das »Straubinger Ländchen« in annähernd gleiche Teile, wobei Herzog Heinrich von Niederbayern auf seine Ambitionen, das herrscherlos gewordene Teilherzogtum alleine zu übernehmen, verzichten muss.

Den »Bürgerkrieg« im Herzogtum Oberbayern-Ingolstadt zwischen Ludwig dem Gebarteten und seinem Sohn Ludwig dem Buckligen verfolgt Heinrich von Landshut aus vordergründig neutral. Seinen Vetter Herzog Albrecht III. von Oberbayern-München fordert er sogar zur Neutralität auf. Er selbst aber ist an der Annexion des Teilherzogtums lebhaft interessiert. Im Jahre 1445 kann er seinen größten politischen Gegner und persönlichen Feind, seinen Vetter Ludwig den Gebarteten, in seine Gewalt bringen und in Burghausen gefangen setzen. Nach dem Tod Ludwigs des Gebarteten 1447, der in der Gefangenschaft stirbt – Ludwigs Sohn Ludwig der Bucklige ist bereits seit zwei Jahren tot –, zögert Heinrich nicht, die Unentschlossenheit Albrechts III. des Frommen auszunutzen, Ingolstadt zu besetzen und sich vom Rat der Stadt huldigen zu lassen.

Die dritte bayerische Landesteilung von 1392 unterscheidet sich von den vorangegangenen Teilungen vor allem durch eine zunehmende Konfrontation der einzelnen Teilherzogtümer und ihrer Herrscher. In der Schlacht bei Alling 1422 tragen die Wittelsbacher der Teilherzogtümer Oberbayern-München und Oberbayern-Ingolstadt den innerbayerischen Konflikt unter sich aus. Ludwig der Gebartete will München besetzen. Die Münchner Herzöge Ernst und sein Sohn Albrecht III. können den Angriff, unterstützt von der Münchner Bürgerschaft und den Zünften, bei Alling erfolgreich zurückschlagen und Ludwig besiegen. Dies bleibt zwar neben einigen früheren gegenseitigen Verwüstungen die einzige nennenswerte kriegerische Auseinandersetzung in diesem Zeitraum. Es wird aber immer deutlicher, dass die wittelsbachischen Vettern nicht gewillt sind, bei Konflikten zunächst einmal friedliche Lösungen zumindest zu versuchen.

Das Teilherzogtum Niederbayern mit dem seit 1447 annektierten Gebiet Oberbayern-Ingolstadt, das auch in den folgenden Jahren von den »reichen Herzögen« regiert wird, gewinnt nach 1447 die größte politische Bedeutung in Bayern. Dafür kann eine Reihe von günstigen Faktoren angeführt werden: Ein wichtiger Grund für das Aufblühen Niederbayerns dürfte die günstige Nachfolgeregelung sein, die bis zu Georg dem Reichen jeweils dem einzigen Sohn ohne Bestreiten des Herrschaftsanspruchs die Übernahme des Herzogtums sichert. Dazu besitzt Niederbayern aber auch über ein Jahrhundert lang die fähigsten und tatkräftigsten Herrscherpersönlichkeiten der Wittelsbacher. Schließlich darf nicht unberücksichtigt bleiben, dass Niederbayern ein reiches Land ist, bedingt nicht nur durch die vorbildliche wirtschaftliche Verwaltung und seinen landwirtschaftlichen Reichtum, sondern auch durch die Heirat der niederbayerischen Herzöge mit Töchtern aus reichen Fürstenhäusern.

Nachdem Oberbayern-München als einziger Konkurrent zu Niederbayern übrig geblieben ist, ist es nur noch eine Frage der Zeit, bis sich die mächtigen Herzöge von Niederbayern nach der gewaltsamen Besetzung von Oberbayern-Ingolstadt auch das restliche Teilherzogtum Oberbayern-München einverleiben und damit die Führung in Gesamtbayern übernehmen.

Dennoch sollte schließlich Oberbayern-München, dank seines befähigten und tatkräftigen Herzogs Albrecht IV. des Weisen, die Oberhand behalten und die Führung in Bayern übernehmen.

Friedrich der Weise (1375–1393)

Päpste:		Kurfürsten der Pfalz:	
Gregor XI.	1370–1378	Ruprecht I.	1353–1390
Klemens VII.	1378–1394	Ruprecht II.	1390–1398
Könige Frankreichs:		**Kurfürsten von Brandenburg:**	
Karl V. der Weise	1364–1380	Wenzel*	1373–1378
Karl VI.	1380–1422	Sigmund	1378–1388
		Jobst von Mähren	1388–1411
Deutsche Könige und Kaiser:			
Karl IV.	1346–1378	**Herzog Österreichs:**	
Wenzel*	1378–1400	Albrecht III.	
		der Weise	1365–1395

Vorgänger: Stephan II. mit der Hafte
Nachfolger: Heinrich XVI. der Reiche

Herzog Friedrich der Weise, hauptsächlich wohl wegen seiner diplomatischen Fähigkeiten so benannt, ist zusammen mit seinen Brüdern Johann II. und Stephan III. Mitregent in Ober- und Niederbayern mit Ausnahme des selbstständigen Teilherzogtums Niederbayern-Straubing mit den holländischen Gebieten. Nach der Teilung Bayerns 1392 regiert er noch ein Jahr als Herzog von Niederbayern-Landshut.

Friedrich wird 1339 geboren, er stirbt am 4. Dezember 1393 in Budweis und liegt im Kloster Seligenthal bei Landshut bestattet. Seine Eltern sind Herzog Stephan II. und dessen zweite Gemahlin Prinzessin Elisabeth, die Tochter König Friedrichs II. von Sizilien aus dem Hause Aragon.

Verheiratet ist Friedrich in erster Ehe mit Anna, Gräfin von Neuffen, Grais-

---

* Identisch.

bach und Marstetten, die 1382 stirbt. Diese Ehe vermittelt noch Friedrichs Großvater Kaiser Ludwig der Bayer, der den wittelsbachischen Herrschaftsbereich in Schwaben um Besitzungen des Grafen Berthold von Neuffen erweitern möchte. Aus dieser Ehe stammt die Tochter Elisabeth, die den Marco Visconti von Mailand heiratet.

In zweiter Ehe ist Friedrich mit Magdalena aus dem reichen italienischen Adelsgeschlecht der Visconti verheiratet. Ihre Mitgift verschafft Niederbayern den Reichtum, der die regierenden Wittelsbacher zu den »reichen Herzögen« macht. Aus dieser Ehe stammt die (zweite) Tochter Elisabeth, die den Burggrafen von Nürnberg heiratet und die Stammmutter der Hohenzollern in Brandenburg wird. Neben den Töchtern Margarethe und Magdalene, verheiratet mit Graf Johann Meinhard von Görz und Tirol, einem Sohn Johann, der mit sechs Jahren stirbt, stammt aus dieser Verbindung sein Sohn und Nachfolger Heinrich XVI., der später der erste »reiche« Herzog von Niederbayern wird. Friedrich gilt als der befähigste Wittelsbacher seiner Zeit. Er ist ein ehrgeiziger, aber auch eitler Diplomat. Vor allem in Reichsangelegenheiten hält er sich viel im Ausland auf. Seine politischen Leistungen beruhen auf seiner Fähigkeit, die realen Möglichkeiten richtig einzuschätzen und Risiken sowie Abenteuer im Gegensatz zu seinem Bruder Stephan III. zu vermeiden.

Während der Regierungszeit Stephans II. kommt es zu Spannungen zwischen Vater und Sohn. Als Ludwig V., Herzog von Oberbayern, 1361 stirbt, versucht Friedrich auf dessen jungen Sohn und Nachfolger Herzog Meinhard Einfluss zu nehmen. Deshalb gründet er mit 55 bayerischen Adeligen eine Turniergesellschaft, die das Ziel verfolgt, den jungen Herzog Meinhard zu beaufsichtigen. Friedrichs Vater Stephan II. gründet ebenfalls einen Bund mit dem gleichen Ziel. Friedrich und Meinhard werden von Stephan II. besiegt, Meinhard wird in Vohburg gefangen genommen und angewiesen, in Zukunft seine Regierungsgeschäfte von München aus zu führen. Friedrich ist mit dem Vater auch deswegen überworfen, weil er glaubt, von ihm wegen eines zu geringen Heiratsguts benachteiligt zu sein. Beide söhnen sich aber wieder aus.

1371 setzt Otto der Faule seinen Neffen Friedrich als Erben der Mark Brandenburg ein. Die Stände in Brandenburg huldigen Friedrich. Daraufhin marschiert Kaiser Karl IV. in die Mark Brandenburg ein. Der militärische Widerstand dauert vier Wochen. Dann einigen sich Otto V. und Friedrich mit Kaiser Karl darauf, die Rechte auf die Mark Brandenburg gegen die hohe Kaufsumme von 200 000 Gulden in bar sowie eine Schuldverschreibung über weitere 100 000 Gulden an Karl zu verkaufen.

Nach der Einigung gibt der Kaiser die 1375 eingezogenen Reichslandvogteien in Oberschwaben und im Elsass wieder an Friedrich zurück, die dessen Vater verloren hatte. Friedrich erhält außerdem noch die Vogtei über Augsburg.

Nach dem Tod seines Vaters (1375) wird Ober- und Niederbayern wie seit 1363 nun gemeinsam von den Brüdern regiert. Johann II. und Stephan III. regieren als Herzöge in Oberbayern, Friedrich zusammen mit seinem Oheim Otto V. in Niederbayern-Landshut und in dem »Land vor dem Wald«, dem Gebiet Ottos um Sulzbach in der Oberpfalz. Ein zweijähriger turnusmäßiger Regierungswechsel zwischen Ober- und Niederbayern ist zwar vereinbart, wird aber nicht durchgeführt. Die Benachteiligung der Vettern in Oberbayern bei der Aufteilung der Territorien gleich Friedrich mit einer jährlichen Zahlung von 4000 Gulden aus.

Kaiser Karl kann nun die diplomatische Unterstützung der Wittelsbacher nach der Einigung in Brandenburg nutzen. In dem Krieg zwischen dem von 14 schwäbischen Städten am 4. Juli 1376 gegründeten Städtebund und dem Kaiser kann Friedrich zusammen mit seinem Bruder Stephan III. einen Waffenstillstand zwischen Karl und der Stadt Ulm vermitteln. Bei dem erneut ausbrechenden Konflikt stellen sich die Wittelsbacher auf die Seite des Kaisers. Während Stephan III. mit seinem bayerischen Heeresaufgebot bei Albeck unterliegt, nimmt Friedrich an den Kämpfen nicht teil, ist aber maßgebend am Frieden von Rothenburg am 31. Mai 1377 zwischen dem Kaiser und den Städten beteiligt. Dafür erhält er vom Kaiser auch die Landvogteien in Niederschwaben, die mit Billigung der Städte dem Grafen Eberhard entzogen werden.

Seit dieser Zeit vertritt Friedrich eine städtefreundliche Politik. Am 8. Februar 1379 erhält er von König Wenzel die schwäbischen Landvogteien für weitere drei Jahre. Gleichzeitig erhält er das Amt eines königlichen Rates und wird damit in Süddeutschland zu einer entscheidenden Stütze König Wenzels. 1383 unternimmt er im Auftrag des Königs eine Reise nach Frankreich, hält sich beim französischen Heer in Flandern auf und bekommt vom französischen König eine Pension von 4000 Franken jährlich zugesprochen. Mit dieser Reise bereitet Friedrich auch die Heirat Karls VI. von Frankreich mit seiner Nichte Elisabeth (Isabeau de Baviere) vor, die am 17. Juli 1385 stattfindet.

1382 bekämpft Friedrich die Propstei Berchtesgaden, muss aber trotz militärischer Hilfe seiner Brüder am 5. Dezember 1382 einen Frieden mit den Bündnispartnern Berchtesgadens, Österreich und Salzburg, abschließen. Im November 1387 beginnt Friedrich diesen Krieg von neuem, indem er den Bischof Pilgrim von Salzburg zu einer Aussprache mit seinem Bruder Stephan III. nach Raitenhaslach bittet, dort gefangen setzt und anschließend einen Teil des Salzburger Landes besetzt. Die daraufhin erfolgte Reichskriegserklärung König Wenzels an Bayern am 8. Januar 1388 sowie der Durchzug und die Verwüstung Niederbayerns durch das Bundesheer veranlassen Friedrich, Bischof Pilgrim wieder freizulassen.

Einen erneuten Krieg zwischen den Fürsten und dem Städtebund kann Friedrich in Verhandlungen verhindern, die schließlich zur Verlängerung des Landfriedensbundes in Mergentheim am 5. November 1387 führen. Als der König nunmehr eine städtefreundliche Politik betreibt, sind die Fürsten im Reich, die dies ablehnen, enttäuscht. Sie wollen sogar den König absetzen und Friedrich als Nachfolger im Reich bestimmen. In der Folgezeit wird das Verhältnis der Wittelsbacher zu den Luxemburgern enger. König Wenzel heiratet die dreizehnjährige Sophie, die Tochter Friedrichs Bruder Johann II. von Oberbayern-München. Der König setzt nun einen Sechserausschuss ein, der in seiner Abwesenheit die Regierungsgeschäfte übernehmen soll. Den Vorsitz führen bis 1390 Friedrich und sein Vetter Ruprecht I. von der Pfalz. Anschließend übernimmt den Vorsitz Friedrich allein. In dieser Stellung ist Friedrich während der Regierungsvakanz quasi das Haupt einer Art provisorischen Reichsregierung.

Am 19. November 1392 erfolgt auf Drängen Johanns II. die Landesteilung zwischen Ober- und Niederbayern. Friedrich erhält mit Niederbayern-Landshut den größten Teil Gesamtbayerns und gibt zum Ausgleich die neuböhmische Hinterlassenschaft seines Oheims Ottos des Faulen, Sulzbach in der Opferpfalz, an seine Brüder Johann II. und Stephan III. ab. Johann erhält bei der Gebietsteilung Oberbayern-München, Stephan III. Oberbayern-Ingolstadt. Friedrich behält somit das bayerische Teilherzogtum, das wegen seiner wirtschaftlichen Kraft, seiner Fruchtbarkeit und seines Reichtums über ein Jahrhundert die führende Rolle in der bayerischen Politik übernehmen sollte.

Nach einer nicht bestätigten Überlieferung soll sich die zweite Frau Friedrichs auf ein Verhältnis mit einem Koch auf Burghausen eingelassen haben. Deswegen soll Friedrich diesen Mann lebendig habe einmauern lassen. Wegen dieser Episode wirft Ludwig der Gebartete Friedrichs Sohn Heinrich dem Reichen auf dem Konzil von Konstanz 1415 vor, er (Heinrich) »nenne« sich Herzog, das heißt, Heinrich sei unter Umständen nur ein illegitimes Kind aus dieser Verbindung.

Während der Regierungszeit Friedrichs wird 1376 die »Babylonische Gefangenschaft« der Päpste beendet. Papst Gregor XI. kehrt von Avignon nach Rom zurück. 1380 beginnt Timur seine Feldzüge unter anderem gegen Persien und Ägypten.

Johann II. (1375–1397)

Päpste:		Kurfürsten der Pfalz:	
Gregor XI.	1370–1378	Ruprecht I.	1353–1390
Urban VI.	1378–1389	Ruprecht II.	1390–1398
Bonifaz IX.	1389–1404		
		Kurfürsten von Brandenburg:	
Könige Frankreichs:		Wenzel*	1373–1378
Karl V. der Weise	1364–1380	Sigmund	1378–1388
Karl VI.	1380–1422	Jobst von Mähren	1388–1411
Deutsche Könige und Kaiser:		Herzöge Österreichs:	
Karl IV.	1346–1378	Albrecht III. der Weise	1365–1395
Wenzel*	1378–1400	Albrecht IV.	1395–1404

Vorgänger: Stephan II. mit der Hafte   *Nachfolger: Ernst, Wilhelm III.*

Herzog Johann II. aus der Familie der Wittelsbacher regiert zusammen mit seinen Brüdern Stephan III. und Friedrich dem Weisen in dem von seinem Vater wieder vereinigten Herzogtum Oberbayern und Niederbayern-Landshut von 1375 bis 1392. Ab 1392 regiert er nach der Teilung im Teilherzogtum Oberbayern-München bis 1397 alleine.

Johann wird 1341 geboren, er stirbt am 8. August 1397 in München und wird in der Vorgängerkirche der Münchner Liebfrauenkirche bestattet. Seine Eltern sind Herzog Stephan II. von Nieder- und Oberbayern und dessen Gemahlin Elisabeth, die Tochter König Friedrichs II. von Sizilien aus dem Hause Aragon.

Verheiratet ist Johann seit 1372 in Treviso mit der hübschen Katharina von Görz, der jüngsten Tochter des Grafen Meinhard VII. von Görz. Sie stirbt 1391.

Die Verlobung der beiden vereinbart sein Vater 1365 in Gastein. Aus der Ehe

---
* Identisch.

stammen die Söhne Ernst und Wilhelm III. sowie die Tochter Sophie, die König Wenzel von Böhmen heiratet. Nach dem Tod seiner Frau hat Johann ein Verhältnis, dem sein unehelicher Sohn Johann Grünwalder entstammt. Dieser wird, als Freisinger Generalvikar von Papst Felix V. zum Bischof von Freising (1448–1452) ernannt und von Kaiser Friedrich III. mit Gütern belehnt, als Kardinal ein bedeutender Kirchenfürst.

Herzog Johann II. gilt als ein stiller, frommer, lauterer und friedliebender Herrscher. Seine wenig ehrgeizigen Pläne kommen dem Wohl des Landes zugute. Seine persönliche Leidenschaft gilt der Jagd.

Nach dem Tod seines Vaters 1375 regieren Johann und seine Brüder Stephan und Friedrich in Gesamtbayern zunächst gemeinschaftlich. Ein Jahr später beschließen sie jedoch eine Verwaltungsteilung: Johann und Stephan amtieren in Oberbayern, Friedrich der Weise regiert mit seinem Oheim Otto V. in Niederbayern mit Ausnahme des selbstständigen Teilherzogtums Niederbayern-Straubing. Ein turnusmäßig alle zwei Jahre durchzuführender Wechsel in der Landesverwaltung erfolgt nicht. Friedrich gewährt seinen Brüdern Johann und Stephan stattdessen als Ausgleich für die Benachteiligung bei der Aufteilung der Territorien eine jährliche Zahlung von 4000 Gulden.

Johann, dessen politischer Ehrgeiz und Einsatz hinter dem seiner beiden tatkräftigen Brüder erheblich zurücksteht, beteiligt sich an deren ehrgeiziger und kostspieliger Politik nur widerstrebend. Deswegen versucht er auch bereits im Jahre 1384 eine weitere Teilung des Landes durchzusetzen, allerdings zunächst ohne Erfolg.

Im Jahre 1385 macht er eine bedeutende Erbschaft. Denn er erhält nach dem Tod seines Schwiegervaters, des Grafen Meinhard VII. von Görz, das Erbteil seiner Frau Katharina von Görz mit dem Hauptort Lienz. Diesen Ort besucht er wiederholt, setzt 1388 dort den Jägermeister Hans Kummersprucker als Landeshauptmann ein, verwaltet das Gebiet aber ab 1390 schließlich doch von Bayern aus. Am 25. Juli 1392 verkauft er das gesamte ererbte Territorium für den Kaufpreis von 100 000 Gulden an den habsburgischen Erzherzog Albrecht III. von Österreich.

An dem schwäbischen Städtekrieg des Kaisers und der deutschen Fürsten, der ab 1377 beginnt und an dem sich vor allem seine beiden Brüder Friedrich und Stephan engagiert beteiligen, nimmt Johann nicht teil. In die erneut ausgebrochenen Konflikte mit den schwäbischen Städten im Jahre 1388 lässt er sich, allerdings nur sehr widerwillig, mit hineinziehen. Seine Interesse läuft während dieser Zeit ausschließlich auf das Ziel, endlich eine endgültige Landesteilung in Bayern herbeizuführen. Diese Bemühungen intensiviert Johann ab 1387 in zunehmendem Maße.

Im Jahre 1392 gelingt es ihm dann endlich, seinen Bruder Stephan III., der den aufwändigsten Lebensstil führt und nicht umsonst »der Prächtige« heißt, aus München zu verdrängen. Am 19. November 1392 kann er mit seinen Brüdern die Vereinbarung durchsetzen, wonach Friedrich der Weise das Herzogtum Niederbayern-Landshut behält und Oberbayern in die Teilherzogtümer Oberbayern-München und Oberbayern-Ingolstadt getrennt werden. Durch Losentscheidung bekommt Stephan Oberbayern-Ingolstadt und Johann Oberbayern-München.

Zusätzlich zum Teilungsvertrag schließt Johann im Jahre 1393 noch einen Zusatzvertrag über die böhmischen Pfandsachen Sulzbach, Rosenberg und andere, die Kaiser Karl IV. im Jahre 1353 von den Wittelsbachern bekommen und 1374 an die Wittelsbacher Herzöge Stephan II. und seine Vettern verpfändet hatte.

Diese bayerische Landesaufteilung bleibt auch, als Friedrich der Weise von Niederbayern-Landshut überraschend im folgenden Jahr in Budweis stirbt. Die Brüder Stephan III. und Johann kommen lediglich in einer Vereinbarung im Mai 1394 überein, sich alle zwei Jahre in der Vormundschaft über den unmündigen Sohn Friedrichs, Heinrich XVI., abzuwechseln. Eine dauerhafte Einigung über die Durchführung dieser Vereinbarung kommt zwischen den Brüdern allerdings nicht zustande, nachdem sich die Brüder mit unterschiedlichen Bündnispartnern verbinden, Stephan III. mit König Wenzel und Johann mit Giandaliazzo Visconti, der wiederum ein erbitterter Gegner Stephans ist.

Der Streit zwischen den Brüdern eskaliert, sodass es im Dezember 1394 sogar zu einem bewaffneten Konflikt kommt, weil Stephans Sohn, der ehrgeizige Ludwig VII. der Gebartete, das im Besitz Johanns befindliche Freising überfällt. Johann und seine Söhne Ernst und Wilhelm III. gehen zum Gegenschlag über und bekämpfen das auf Stephans Territorium gelegene Aichach und Friedberg und brennen außerdem den Ort Markt Schwaben nieder. Während dieses Bruderkriegs werden auch noch zahlreiche andere Dörfer in Bayern von beiden Kontrahenten durch Feuer zerstört. Erst am 15. November 1395 versöhnen sich die verfeindeten Wittelsbacher wieder. Jetzt gehen sie in ihrer Versöhnung so weit, wieder eine gemeinsame Regierung in Oberbayern zwischen Ingolstadt und München zu vereinbaren. Diese gemeinsame Regierung hat aber nur vorübergehend Bestand und entfällt mit dem Tod Johanns 1397.

In der Reichspolitik tritt Johann kaum in Erscheinung. Auf dem Fürstentag zu Frankfurt am Main im Mai 1397 erscheint er aber mit seinen Brüdern, wobei die Wittelsbacher unter der Führung Stephans des Prächtigen auftreten.

Während der Regierungszeit Johanns wird 1376 die »Babylonische Gefangenschaft« der Päpste beendet. Papst Gregor XI. kehrt von Avignon nach Rom zurück. 1380 beginnt Timur seine erfolgreichen Feldzüge unter anderem gegen Persien und Ägypten.

Die Pfalz, Ober- und Niederbayern vor dem Landshuter Erbfolgekrieg

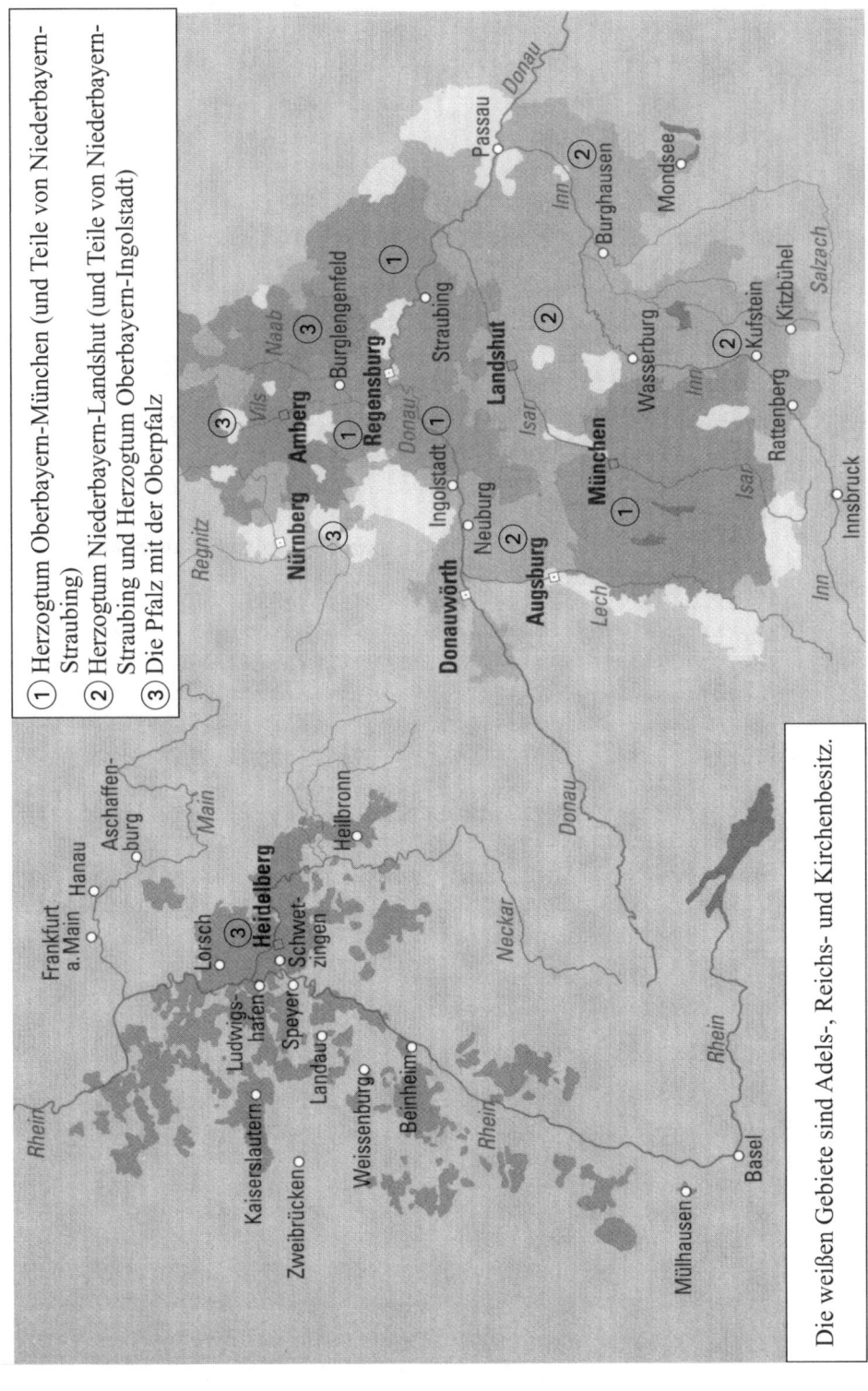

Stephan III. der Prächtige (1375–1413)

Päpste:		Kurfürsten der Pfalz:	
Gregor XI.	1370–1378	Ruprecht I.	1353–1390
Urban VI.	1378–1389	Ruprecht II.	1390–1398
Bonifaz IX.	1389–1404	Ruprecht III.[2]	1398–1410
Innozenz VII.	1404–1406	Ludwig III.	1410–1436
Gregor XII.	1406–1415		
		Kurfürsten von Brandenburg:	
Könige Frankreichs:		Wenzel[1]	1373–1378
Karl V. der Weise	1364–1380	Sigmund[4]	1378–1388
Karl VI.	1380–1422	Jobst von Mähren[3]	1388–1411
		Sigmund[4] (2. Mal)	1411–1415
Deutsche Könige und Kaiser:			
Karl IV.	1346–1378	**Herzöge Österreichs:**	
Wenzel[1]	1378–1400	Albrecht III. der Weise	1365–1395
Ruprecht von der Pfalz[2]	1400–1410	Albrecht IV.	1395–1404
		Albrecht V.	1404–1439
Jobst von Mähren[3]	1410–1411		
Sigmund[4]	1411–1437		

Vorgänger: Stephan II. mit der Hafte
Nachfolger: Ludwig VII. der Gebartete

Herzog Stephan III., genannt »der Prächtige«, »der Prachtliebende«, »der Kneissl«, »der Knäufel«, aus der Familie der Wittelsbacher regiert zunächst als

---
[1] Identisch.
[2] Identisch.
[3] Identisch.
[4] Identisch.

Herzog von Gesamtbayern zusammen mit seinen Brüdern Johann II. und Friedrich dem Weisen von 1375 bis 1392. Ab 1392 ist er Herzog von Oberbayern-Ingolstadt und wird der Stammvater der wittelsbachischen Linie in Ingolstadt, die allerdings bereits mit dem Tod seines Sohnes Ludwig VII. des Gebarteten 1447 ausstirbt. Stephan wird 1337 geboren, er stirbt am 26. September 1413 in Niederschönenfeld bei Donauwörth und liegt in der Liebfrauenkirche in Ingolstadt bestattet. Seine Eltern sind Herzog Stephan II. mit der Hafte und dessen Gemahlin Elisabeth, die Tochter des Königs Friedrich II. von Sizilien aus dem Hause Aragon.

Stephan ist seit 1364 mit Thaddäa verheiratet, der Tochter des Signore Barnabas Visconti von Mailand. Aus dieser Ehe stammen sein Sohn und Nachfolger Ludwig VII. der Gebartete und seine Tochter Elisabeth (Isabeau de Baviere), die 1385 in Amiens den französischen König Karl VI. heiratet. Nach dem Tod seiner ersten Gemahlin 1381 heiratet Stephan 1401, zum Ärger seines Sohnes Ludwig, der offensichtlich seine Erbfolge gefährdet sieht, in Köln die jugendliche Elisabeth, die Tochter des Grafen Adolf V. von Kleve, die Witwe Reinolds von Valkenburg.

Stephan besitzt eine kleine und zierliche Gestalt. Er neigt zu politischen Abenteuern und wird vor allem durch seine privaten Affären mit Frauen bekannt. In den Quellen wird er übereinstimmend als volkstümlich beschrieben. Seine Vorliebe für prächtige modische Gewänder bringt ihm seine Beinamen ein. Als Schwiegersohn des Mailänder Adelsgeschlechts der Visconti lernt er während seines Aufenthalts in Mailand die Renaissancefürsten kennen, die wegen ihrer rücksichtslosen Herrschaftsausübung immer um ihr Leben bangen müssen. Stephan äußert im Zusammenhang mit der Furcht vor möglichen Attentaten, dass es im Gegensatz zu Oberitalien in seinem Land keinen gäbe, in dessen Schoß er nicht sorglos schlafen könne.

Schon zu Lebzeiten seines Vaters erhält Stephan ebenso wie seine Brüder Johann II. und Friedrich seine Herrschaftsgebiete zugeteilt. Nach dem Tod des Vaters (1375) übernehmen alle drei Brüder als Herzöge die Regierungsgewalt in Gesamtbayern. Am 24. März 1376 tritt eine zwischen den Wittelsbachern vereinbarte Verwaltungsteilung in Kraft. Danach erhalten Stephan und Johann II. das Gebiet Oberbayern, Friedrich und sein Oheim Otto V. Niederbayern-Landshut (Niederbayern-Straubing ist ein selbstständiges Teilherzogtum). Da das Herzogtum Niederbayern auch ohne das selbstständige Herzogtum Niederbayern-Straubing das reichste Teilgebiet ist, zahlt Friedrich als Ausgleich seinen Brüdern jährlich 4000 Gulden. Johann II., der mit dem aufwändigen Regierungsstil Stephans nicht einverstanden ist, drängt schon von Anfang an auf eine Landesteilung, zunächst allerdings ohne Erfolg.

Auf Druck Johanns kommt dann die dritte Landesteilung am 19. November 1392 endlich zustande. Aus Oberbayern entstehen die zwei selbstständigen

Teilherzogtümer Oberbayern-München und Oberbayern-Ingolstadt, die fiskalisch zwar gleichwertig, territorial aber insofern ungleich sind, als der Landesteil Bayern-Ingolstadt sehr lang gestreckt und unübersichtlich ist. Durch Losentscheid erhält Stephan Oberbayern-Ingolstadt und zusätzlich die Gerichte Rattenberg, Kufstein und Kitzbühel sowie Wasserburg, Falkenberg und Kling. Da Stephan durch diese Regelung immer noch benachteiligt ist, verzichtet Friedrich von Niederbayern außerdem zugunsten Stephans auf seinen Anteil an der böhmischen Erbschaft Ottos V.

Im Jahre 1380 zieht Stephan im Auftrag des Königs nach Oberitalien und Rom, um den Italienfeldzug des Königs vorzubereiten und die Kaiserkrönung mit dem Papst auszuhandeln. Als Gegenleistung für die Krönung unterstützt er den Papst mit einem großen Aufgebot eigener Reiter und leistet dem Kirchenstaat militärische Dienste, indem er die rebellische Stadt Todi in Umbrien befriedet und dort einen bayerischen Pfleger einsetzt.

Außenpolitisch schließt sich Stephan zu Beginn seiner Regierungszeit seinem Bruder Friedrich an. Im Krieg des schwäbischen Städtebundes gegen König Wenzel ist er – im Gegensatz zu Friedrich – unnachgiebig, sodass er 1386 zweimal fast in eine militärische Auseinandersetzung verwickelt wird, die er nur durch Erneuerung des Landfriedenbundes am 5. November 1386 in Mergentheim abwenden kann.

Im Juni 1390 zieht Stephan mit seinem Sohn Ludwig wieder nach Oberitalien, überrennt Padua, ist aber erfolglos in seinem Bestreben, eine Familienverbindung mit den Anjous von Neapel-Sizilien herzustellen. In dieser Zeit wird Stephan florentinischer Condotierre, will aber in der sich verschärfenden Auseinandersetzung nicht mehr weiter kämpfen und entlässt zur maßlosen Enttäuschung der Bürger von Florenz seine Truppen. Er zieht weiter nach Rom und wird vom Papst am 6. November 1390 mit der Herstellung eines zusammenhängenden Kirchenstaates beauftragt.

Im folgenden Jahr sendet er seinen Sohn Ludwig für mehrere Jahre nach Paris, der die außenpolitisch wichtige Verbindung zwischen den Valois und den Wittelsbachern festigen soll, nachdem Stephans Tochter Elisabeth seit 1385 mit dem französichen König verheiratet ist. Stephan selbst unterstützt seinen Bruder Friedrich von Niederbayern in dessen Kampf gegen den Bischof Pilgrim von Salzburg, mit dem sich Friedrich wegen der Einsetzung des Propstes in der Propstei Berchtesgaden im Konflikt befindet.

Mit seinem Bruder Johann vereinbart Stephan 1394 die Vormundschaft über den unmündigen Heinrich, den Sohn des verstorbenen Friedrich des Weisen, im zweijährigen Wechsel zu übernehmen. Da Johann jedoch Anschluss an das Familiengeschlecht der Visconti in Oberitalien sucht, Stephan andererseits ein Bündnis mit dem Luxemburger Jobst von Mähren, mit Johann von Görlitz und

Wilhelm von Meißen schließt, geraten die Brüder in gegenseitigen Konflikt. Im folgenden Jahr versöhnen sie sich allerdings wieder und richten vorübergehend sogar eine gemeinsame Regierung in Oberbayern ein. Außerdem beabsichtigen sie, eine gemeinsame Ordnung über den Landfrieden, den Zoll und die Münzen zu erlassen sowie eine Sondersteuer über den »zwanzigsten Pfennig« einzuführen. Auf den Fürstentag in Frankfurt im Mai 1397 tritt Stephan nach Beendigung des Bruderzwistes erstmals wieder mit seinem Bruder Johann gemeinsam auf. Dabei beendet er seine Unterstützung König Wenzels und propagiert einen wittelsbachischen Gegenkönig. Seine Aktivitäten führen schließlich zur Wahl des Wittelsbachers Ruprecht von der Pfalz zum deutschen König am 21. August 1400 in Rhense (das heutige Rhens). Anschließend zieht er im Auftrag Ruprechts nach Paris und kann den französischen König zur politischen Neutralität überreden, nachdem die Reichsfürsten König Wenzel abgesetzt haben.

Als Johann 1397 stirbt, versucht Stephan jedoch gegen seine Neffen Ernst und Wilhelm III., die Söhne Johanns, den Führungsanspruch über das Teilherzogtum Oberbayern-München durchzusetzen. Im Münchner Aufstand der Handwerker und Zünfte gegen die Patrizier und die Herzöge unterstützen Stephan und sein Sohn die Gegner seiner Neffen. Stephan will die Herzöge Ernst und Wilhelm außerdem zwingen, Ingolstadt gegen München einzutauschen. Es kommt jedoch am 6. Dezember 1402 zwischen den streitenden Parteien eine Vereinbarung zustande, in der die bestehende Aufteilung bestätigt wird.

Als Ruprecht von der Pfalz, pfälzischer Kurfürst und deutscher König, 1410 stirbt, erhebt Stephan anlässlich der Wahl zu einem neuen König Ansprüche auf eine bayerische Kurstimme. Seine Münchner Neffen Ernst und Wilhelm III. unterstützen ihn dabei jedoch nicht. Um diese Pläne aber weiterzuverfolgen, bleibt Stephan in Frankfurt, mischt sich dort sogar bei Tanzveranstaltungen unter die Frankfurter Bürger, wird allerdings anschließend aus der Stadt verwiesen.

Gegen Ende seines Lebens muss sich Stephan auch noch mit seinem Sohn Ludwig dem Gebarteten auseinander setzen. Um 1400 tritt er aus Sorge um seine Entmachtung die im Teilungsvertrag von 1392 von Friedrich dem Weisen zugesagten Ausgleichsansprüche an seinen Sohn ab. In dieser Zeit zettelt der überaus streitbare Ludwig eine Auseinandersetzung mit seinem Vetter Heinrich XVI. von Niederbayern an, die zu einem Krieg führen muss, den Stephan nur durch seine energischen Friedensverhandlungen verhindern kann. Im Jahre 1406 richtet sich der Sohn eine eigene Herrschaft mit der Residenzstadt Neuburg an der Donau ein. Am 7. Mai 1408 muss sein Sohn Ludwig die Freisinger Schiedssprüche zur Beilegung des Konflikts mit Heinrich von Niederbayern annehmen.

Wegen seiner ehrgeizigen politischen Pläne befindet sich Stephan sein ganzes Leben hindurch in finanziellen Schwierigkeiten. Er ist ein gefürchteter, jedoch auch geliebter Herrscher, der bis zur Schwäche freigiebig ist. Seine Reiselust führt ihn nicht nur viel in Europa umher, er zieht auch im eigenen Land gern von Burg zu Burg. Bis ins hohe Alter pflegt er einen höfischen Lebensstil und veranstaltet Turniere und Tanzfeste in Anwesenheit schöner Frauen. Seinen Zeitgenossen gilt er als Verkörperung des Ritterwesens. Politisch ist er immer bemüht, den Frieden zu erhalten, was er notfalls auch gegen den eigenen Sohn durchsetzt. Auf seine Initiative erhält Gesamtbayern 1412 zum letzten Mal eine Landfriedensordnung, die für alle Teilherzogtümer gilt. Wirtschaftlich ist er bestrebt, seinem Land fremde Geldwährungen fern zu halten und den innerbayerischen Geldwechselkurs zu stabilisieren, um eine einheitliche bayerische Währung einzuführen. Seit 1373 benützt er zur Geldherstellung die Münzen in Lauf und Sulzbach.

Vom Papst erhält Stephan die Erlaubnis, das Ave-Maria-Läuten in Bayern einzuführen.

Während der Regierungszeit Stephans wird 1376 die »Babylonische Gefangenschaft« der Päpste beendet, Papst Gregor XI. kehrt von Avignon nach Rom zurück. 1380 beginnt Timur seine erfolgreichen Feldzüge unter anderem gegen Persien und Ägypten. Im letzten Jahrzehnt des 14. Jahrhunderts wird in Deutschland der Wein allmählich durch das Bier abgelöst. Um 1400 verdrängen die Feuerwaffen die Ritterheere, es entstehen gleichzeitig armbrustähnliche Handfeuerwaffen. 1410 besiegen die Polen den Deutschen Orden in der Schlacht bei Tannenberg.

Albrecht II. der Jüngere (1389–1397)

Päpste:		*Kurfürsten der Pfalz:*	
Urban VI.	1378–1389	Ruprecht I.	1353–1390
Bonifaz IX.	1389–1404	Ruprecht II.	1390–1398
König Frankreichs:		*Kurfürst von Brandenburg:*	
Karl VI.	1380–1422	Jobst von Mähren	1388–1411
Deutscher König:		*Herzöge Österreichs:*	
Wenzel	1378–1400	Albrecht III.	1365–1395
		Albrecht IV.	1395–1404

Vorgänger und Nachfolger: Albrecht I.

Herzog Albrecht II. der Jüngere aus der Familie der Wittelsbacher erhält den Beinamen im Gegensatz zu seinem Vater Albrecht I. (dem Älteren). Albrecht II. ist als Herzog von Niederbayern-Straubing seit 1387 Mitregent seines Vaters Herzog Albrecht I., der in Holland residiert. Albrecht regiert von 1387 bis zu seinem Tod 1397 für seinen Vater als Statthalter in Straubing.

Albrecht wird 1368 geboren, er stirbt am 21. Januar 1397 auf der Rückreise von Holland nach Straubing in Kelheim. Sein Leichnam ist vor dem Hochaltar der Karmelitenkirche in Straubing, der Hofkirche der Herzöge von Straubing, bestattet.

Seine Eltern sind Herzog Albrecht I. und dessen Gemahlin Margarethe von Schlesien-Brieg. Albrecht selbst bleibt unverheiratet.

Als Herzog Stephan II. mit der Hafte, Herrscher von Niederbayern und Oberbayern, 1375 stirbt, übernehmen seine Söhne Johann II., Stephan III. und Friedrich das bayerische Territorium mit Ausnahme des Teilherzogtums Niederbayern-Straubing, das Herzog Albrecht I. zusammen mit den ererbten holländischen Ländereien verwaltet.

Nachdem der Vater (Albrecht I.) sich hauptsächlich in den »niederländischen« (im Gegensatz zu den höher gelegenen niederbayerischen) Gebieten aufhält, sein Bruder und Mitregent Wilhelm I. seit längerer Zeit wegen unheilbarer Geisteskrankheit ausfällt, setzt er den Sohn Albrecht II. ab 1387 als Verwalter und regierenden Herzog im Herzogtum Niederbayern-Straubing ein.

Albrecht kann in den fortwährenden Auseinandersetzungen und Streitigkeiten, die sich zwischen seinen Vettern in München, Ingolstadt und Landshut ergeben, trotz seines jugendlichen Alters die Konflikte ausgleichen. Albert ist von Anfang an bemüht, diese Streitigkeiten unter den Wittelsbachern zu schlichten. Johann II., der in München im Alten Hof sitzt und fortwährend auf die Landesteilung hinarbeitet, kann die Trennung in einzelne Teilherzogtümer schließlich 1392 gegen seine Brüder durchsetzen. Dabei erhält Friedrich der Weise Niederbayern mit dem Sitz in Landshut, Stephan III. Oberbayern mit seinem Hauptsitz in Ingolstadt und Johann die andere Hälfte Oberbayerns mit der Residenz in München. Diese Aufteilung ist vor allem für Stephan III., genannt »der Prächtige«, sehr unvorteilhaft. Gerade er, der einen aufwändigen Lebensstil pflegt, hat durch Losentscheid den unattraktivsten Teil mit Oberbayern-Ingolstadt erhalten. Albrecht kann es erreichen, dass Stephan und Johann von dem reichen Herzog Friedrich dem Weisen aus Niederbayern eine jährliche Zahlung von 4000 Gulden erhalten. Außerdem bewirkt er es, dass Friedrich der Weise bezüglich seiner böhmischen Erbschaft, die er von Otto V. erhalten hat, zugunsten des benachteiligten Stephan in Ingolstadt verzichtet.

Nachdem Albrecht von seinem Vater als Verwalter im Straubinger Land eingesetzt ist, ist es nur verständlich, dass Albrecht nun auch daran interessiert ist, Straubing als wittelsbachische Residenz auszubauen. Am 14. Juli 1393 bricht in Straubing ein großer Brand aus, der große Schäden anrichtet. Dies bietet Albrecht die günstige Gelegenheit, die Stadt neu und schöner aufzubauen. Albrecht kümmert sich daher besonders intensiv um den Wiederaufbau der Stadt Straubing.

Die Residenz Straubing ist verständlicherweise auch der Anlaufort für die Wittelsbacher, die sich zurzeit in den holländischen Territorien aufhalten. Im Jahre 1395 zieht Herzog Johann Ohnefurcht von Burgund mit einem Aufgebot von den Niederlanden nach Ungarn, um den seit 1387 zum ungarischen König gekrönten Luxemburger Sigmund, einen Bruder des deutschen Königs Wenzel, im Kampf gegen die Türken zu unterstützen. Herzog Johann Ohnefurcht ist mit Margarethe, einer der Schwestern Albrechts, verheiratet. Es ist daher verständlich, dass Albrecht zu Ehren seines Schwagers große Feierlichkeiten in Straubing veranstaltet und ihn mit großer Festlichkeit empfängt.

Viele Adelige aus dem Herzogtum Niederbayern schließen sich dem Aufgebot des Herzogs Johann Ohnefurcht an und nehmen an der Schlacht bei Nikopolis am 15. September 1396 teil. In dieser Schlacht erleiden die Anhänger Sigmunds eine vernichtende Niederlage, bei der insbesondere auch viele Gefallene aus Niederbayern zu beklagen sind.

Albrecht hat sich an dem Feldzug gegen die Türken glücklicherweise nicht beteiligt. Er zieht zu diesem Zeitpunkt (1396) im ausdrücklichen Auftrag seines Vaters nach Norden, um gegen die aufständigen Friesen zu kämpfen. Bei diesen Kämpfen zeichnet sich der junge Albrecht durch Mut und große Tapferkeit aus.

An dem Krieg der Reichsfürsten unter Führung des deutschen Königs gegen den schwäbischen Städtebund beteiligt sich Albrecht ebenfalls und unterstützt dabei den deutschen König.

Albrecht wird von den Zeitgenossen als ein sanfter, gutmütiger Herrscher geschildert. Seine stattliche Erscheinung ist bildlich auf seinem Grabmahl in Straubing überliefert.

Während der Regierungszeit Albrechts beginnt im letzten Jahrzehnt des 14. Jahrhunderts in Deutschland die Bevölkerung allmählich, statt Wein mehr Bier zu konsumieren.

Heinrich XVI. der Reiche (1393–1450)

Päpste:		**Kurfürsten der Rheinpfalz:**	
Urban VI.	1378–1389	Ruprecht II.	1390–1398
Bonifazius IX.	1389–1404	Ruprecht III.[1]	1398–1410
Innozenz VII.	1404–1406	Ludwig III.	1410–1436
Gregor XII.	1406–1415	Ludwig IV.	1436–1449
Martin V.	1417–1431	Friedrich I.	1449–1476
Eugen IV.	1431–1447		
Nikolaus V.	1447–1455	**Kurfürsten von Brandenburg:**	
		Jobst von Mähren[2]	1388–1411
Könige Frankreichs		Sigmund[3]	1411–1415
Karl VI.	1380–1422	Friedrich I.	1415–1440
Karl VII.	1422–1461	Friedrich II.	1440–1470
Deutsche Könige und Kaiser:		**Herzöge Österreichs:**	
Wenzel	1378–1400	Albrecht III.	1365–1395
Ruprecht von der Pfalz[1]	1400–1410	Albrecht IV.	1395–1404
		Albrecht V.[4]	1404–1439
Jobst von Mähren[2]	1410–1411	Ladislaus I. Posthumus	1439–1457
Sigmund[3]	1411–1437		
Albrecht II.[4]	1438–1439		
Friedrich III.	1440–1493		

Vorgänger: Friedrich der Weise   *Nachfolger: Ludwig IX. der Reiche*

---

[1] Identisch.
[2] Identisch.
[3] Identisch.
[4] Identisch.

Herzog Heinrich XVI. der Reiche aus der Familie der Wittelsbacher regiert in Niederbayern-Landshut von 1393 bis 1450. Heinrich wird 1386 geboren, vermutlich auf Burghausen, er stirbt am 30. Juli 1450 in Landshut und liegt im Kloster Seligenthal bei Landshut bestattet. Seine Eltern sind Herzog Friedrich der Weise von Niederbayern-Landshut und dessen zweite Gemahlin Magdalena aus dem reichen italienischen Adelsgeschlecht der Visconti. Verheiratet ist Heinrich seit dem 25. November 1412 in Landshut mit Margarethe, der Tochter Herzog Albrechts IV. von Österreich. Er zwingt seine Gemahlin, sich fern vom Landshuter Hof auf Burghausen aufzuhalten, wo sie sich am Ende ihres Lebens in Gesellschaft des gefangenen wittelsbachischen Vetters Ludwig VII. des Gebarteten von Oberbayern-Ingolstadt befindet. Sie stirbt im gleichen Jahr wie Ludwig VII. (1447) auf Burghausen und wird auf ihren ausdrücklichen Wunsch wie ihr Leidensgenosse im Kloster Raitenhaslach bestattet.

Aus dieser Ehe stammen seine Töchter Johanna, die den Pfalzgrafen und Herzog Otto I. von Moosbach heiratet, die Tochter Elisabeth, die die Frau des Grafen Ulrich V. von Württemberg wird, sowie eine Tochter Margarethe, die in frühen Jahren verstirbt. Sein Sohn Ludwig IX. der Reiche wird sein Nachfolger. Zwei Söhne, Albrecht und Friedrich, versterben mit jeweils zwei Jahren.

Heinrich ist von kleiner Statur und dunkler Hautfarbe, weswegen er auch »der Schwarze« genannt wird. Er ist ehrgeizig, energisch, konsequent und gilt auch als gewalttätig. Vor allem seine Gemahlin und sein Sohn Ludwig haben unter ihm zu leiden. Kalt, berechnend und skrupellos in der Politik, verkörpert er den Herrschertyp der Renaissance. Im Alter neigt er zur Milde, seine Verschwendungssucht wandelt sich zur Sparsamkeit und im Alter zum Geiz. Auf dem linken Flügel des Hauptaltars der Burg Trausnitz in Landshut ist Heinrich zu Füßen der heiligen Elisabeth als Stifter abgebildet.

Zu Beginn seiner offiziellen Regierungszeit steht Heinrich wegen seines Alters bis 1404 unter der Vormundschaft seiner oberbayerischen Oheime Stephan III. und Johann II., nach dem Tod Johanns 1397 unter der seiner Söhne Ernst und Wilhelm III. Sobald er aber die Regierungstätigkeit aufgenommen hat, trifft er Entscheidungen, die seine Machtstellung festigen sollen. So erlässt er eine Stadtverfassung, nach der Beschlüsse von seiner Genehmigung abhängig sind. Damit reagiert er auf die zunehmenden Selbstständigkeitsbestrebungen der Bürgerschaft. Die Richter, Kämmerer und Stadträte ernennt er selbst, die Handwerkszünfte verbietet er gänzlich. 1408 gerät er mit den Bürgern von Landshut in Streit, weil er die bestehenden Privilegien der Stadt einschränkt. Als der Rat der Stadt ihm droht, befiehlt er alle Ratsherren zu sich und lässt sie gefangen nehmen, enteignet sie und vertreibt sie aus dem Lande. Darauf kommt es 1410 zu einem Aufstand der Stadt, der ihm jedoch rechtzeitig verraten wird. Heinrich nimmt blutige Rache, indem er 50 Familien der Stadt und ihre Mitglieder bestraft, die zum Teil hingerichtet, zum Teil geblendet und aus dem Land verwiesen werden. Ihr Vermögen wird konfisziert. Andererseits setzt Heinrich aber auch seinen ganzen Ehrgeiz ein, Landshut in Konkurrenz zu München und Ingolstadt zu einer prächtigen Residenz auszubauen.

Als Stephan III., ein temperamentvoller, aber auch friedliebender Herrscher von Oberbayern-Ingolstadt 1413 stirbt, beginnen die schwerwiegenden Auseinandersetzungen zwischen dessen Sohn Ludwig VII. dem Gebarteten und Heinrich, die das ganze Leben dieser beiden wittelsbachischen Vettern beschäftigen sollten. Ludwig beruft sich auf die Ansprüche seines Vaters an Heinrichs Vater Friedrich auf Herausgabe der Besitzungen Ottos V., die Friedrich bei der Landesteilung 1392 als Ausgleich für seine eigene Bevorzugung seinen Brüdern Johann II. und Stephan III. ausdrücklich zugesagt hatte. Ludwig ist zwar im Recht, muss sich aber den Freisinger Schiedssprüchen vom 7. Mai 1408 beugen. Heinrich ist dennoch seinem Vetter gegenüber zu großen Zugeständnissen bereit. Als sich aber nun Ludwig darum bemüht, auch noch die Münchner Herzöge Ernst und Wilhelm III. gegen Heinrich aufzuhetzen, lehnt Heinrich eine Einigung strikt ab und arbeitet nun selbst darauf hin, alle bedeutenden Nachbarfürsten als seine Bundesgenossen zu gewinnen. Es gelingt ihm, neben den Münchner Vettern auch die Konstanzer Liga, einen am 8. Juli 1415 gegen Ludwig geschlossenen Bund vieler Nachbarfürsten, auf seine Seite zu ziehen.

Im Oktober 1417 verschlechtern sich die Beziehungen der beiden verfeindeten wittelsbachischen Vettern weiter. Denn Ludwig spielt öffentlich auf eine möglicherweise illegitime Herkunft Heinrichs an, indem er von ihm behauptet, dass er sich Herzog »nennet«. Heinrichs Mutter soll auf Burghausen angeblich ein Verhältnis mit dem Koch gehabt haben, den Heinrichs Vater Friedrich daraufhin nach der Überlieferung lebendig habe einmauern lassen. Aus dieser Verbindung soll Heinrich nach den Angaben Ludwigs abstammen. Heinrich selbst fühlt sich durch diese Behauptung Ludwigs zutiefst beleidigt und überfällt mit 15 Gefolgsleuten Ludwig auf dem Konzil in Konstanz auf dessen Weg ins Quartier. Anstatt nun einsichtig zu werden, geht Ludwig zum verbalen Angriff über und bezeichnet daraufhin Heinrich nur noch als den »fahrigen Mörder, der sich nennet Herzog von Bayern«.

Nach dem Aussterben der Wittelsbacher Linie der Straubinger Herzöge mit Johann III. im Jahre 1425 flammt innerhalb der wittelsbachischen Verwandtschaft erneut der Streit um die Ansprüche auf das Teilherzogtum Niederbayern-Straubing auf. Ludwig von Ingolstadt beansprucht das Gesamterbe dieses Gebiets. Im Schiedsspruch zu Amberg vom 17. September 1426 einigen sich die Wittelsbacher Fürsten zuerst auf eine Dreiteilung des Straubinger Gebiets zugunsten Oberbayern-Münchens, Oberbayern-Ingolstadts und Niederbayern-

Landshuts. Kaiser Sigmund legt jedoch im Pressburger Schiedsspruch vom 26. April 1429 eine Vierteilung für die Herzöge Ernst, Wilhelm III., Ludwig und Heinrich fest. Heinrich, der seinerseits das ganze Straubinger Territorium beansprucht, lehnt die kaiserliche Entscheidung zwar ab, sein Vetter Wilhelm III. zwingt ihn aber in einem Femeprozess am 1. Januar 1434 in Basel zur Annahme des kaiserlichen Urteils. In diesem Jahr stehen sich auch Heinrich und Ludwig wegen des Überfalls Heinrichs auf dem Konzil von Konstanz vor dem westfälischen Femegericht in Köln wieder gegenüber. Ludwig lehnt erneut eine Einigung mit Heinrich ab. Am 22. März fällt der Kaiser daraufhin ein Urteil gegen Heinrich.

Heinrich hat nicht nur Probleme mit seinem Vetter Ludwig von Ingolstadt; Ludwig selbst steht auch in massivem Konflikt mit seinem eigenen Sohn Ludwig VIII. Dieser Sohn Ludwig macht seinem Vater die Herrschaft in Oberbayern-Ingolstadt streitig, sodass beide gegeneinander Krieg führen. Heinrich hält sich in diesem Streit nach außen hin neutral, ist aber insgeheim bestrebt, das Teilherzogtum Oberbayern-Ingolstadt zu annektieren, wenn sich die Gelegenheit dazu bieten sollte. Auch das Erbe des jungen Herzogs Adolf, des 1441 verstorbenen Sohnes Wilhelm III. von München, verlangt Heinrich.

Am 13. August 1446 kann Heinrich seinen großen Widersacher Ludwig den Gebarteten von Ingolstadt von den Markgrafen Achilles von Brandenburg gegen Zahlung eines hohen Lösegeldes auslösen und ihn damit in seinen Gewaltbereich bringen. Er setzt den über achtzigjährigen Ludwig den Gebarteten gefangen und hält ihn bis zu dessen Tod 1447 auf Burghausen fest. Ludwigs Sohn Ludwig der Bucklige ist bereits seit zwei Jahren tot. Heinrich zwingt unter Umgehung des unentschlossenen Albrecht III. von Oberbayern-München die Landstände von Oberbayern-Ingolstadt, ihm zu huldigen und damit seine Herrschaft anzuerkennen. Durch diesen Schritt wird das Herzogtum Niederbayern zur stärksten Macht in Süddeutschland.

In Reichsangelegenheiten ist Heinrich bemüht, gute Beziehungen zu den Nachbarstaaten herzustellen und zu pflegen. So geht er durch seine Heirat mit der Habsburgerin verwandtschaftliche Beziehungen zu den Österreichern ein, die er nach seiner Heirat im Jahre 1407 mit einem Bündnisvertrag besiegelt. Mit seinem Vetter Albrecht dem Frommen von Oberbayern-München hält er sich im Januar 1420 in Breslau zur Vorbereitung des ersten Zuges gegen die Hussiten auf.

Sein gutes Verhältnis zum Münchner Vetter Albrecht wird vorübergehend dadurch getrübt, dass Heinrich den Vetter zur Jagd nach Niederbayern einlädt, damit Albrechts Vater, Herzog Ernst, die Möglichkeit hat, in Straubing 1435 der Baderstochter Agnes Bernauer, Albrechts unstandesgemäßer Ehefrau, nach der Gefangennahme einen kurzen Prozess machen zu können, um sie anschließend sofort in der Donau ertränken zu lassen.

Im Innern seines Herzogtums Niederbayern schafft Heinrich ein von Überfällen sicheres Territorium. Niederbayern wird von den durchziehenden Kaufleuten als »Rosengarten« bezeichnet, denn Heinrich achtet streng auf die Einhaltung des gesetzten Rechts und des Landfriedens. Außerdem betreibt er eine aktive Wirtschaftspolitik. Mit der drastischen Erhöhung der Zölle auch an der Grenze zu Oberbayern, ebenso mit der Einführung einer eigenen Landshuter Münze (1433), die eine Auflösung der gesamtbayerischen Währungseinheit bedeutet, erschwert er zwar einerseits den wirtschaftlichen Austausch mit den Nachbarstaaten, fördert aber gleichzeitig den Geldkreislauf in Niederbayern, weil er die Juden, die Finanziers der Wirtschaft, schützt und damit besonders den Ausbau einer aktiven Judengemeinde in seiner Hauptstadt Landshut begünstigt. Heinrich setzt seinen ganzen Ehrgeiz ein, Landshut in Konkurrenz zu München und Ingolstadt zu einer prächtigen Residenz auszubauen.

Während der Regierungszeit Heinrichs wird im letzten Jahrzehnt des 14. Jahrhunderts in Deutschland der Wein allmählich durch das Bier abgelöst. Um 1400 verdrängen die aufkommenden Feuerwaffen die Ritterheere, es entsteht gleichzeitig eine armbrustähnliche Handfeuerwaffe. 1410 besiegt Polen den Deutschen Orden in der Schlacht bei Tannenberg. 1414 beginnt in Konstanz das Reformkonzil, das bis 1418 dauert, auf dem das Schisma beendet und Jan Hus 1415 als Ketzer verbrannt wird. Um 1427 wird als allgemeine Reichssteuer der »gemeine Pfennig« eingeführt. 1431 wird die Jungfrau von Orleans in englischer Gefangenschaft als Hexe verbrannt. Um 1445 schafft Gutenberg in Mainz den ersten Druck mit gegossenen beweglichen Metallbuchstaben. Um 1450 wird im Handwerk allmählich das Meisterstück eingeführt.

Wilhelm II. (1404–1417)

Päpste:		**Kurfürsten der Rheinpfalz:**	
Bonifazius IX.	1389–1404	Ruprecht III.[1]	1398–1410
Innozenz VII.	1404–1406	Ludwig III.	1410–1436
Gregor XII.	1406–1415		
Martin V.	1417–1431	**Kurfürsten von Brandenburg:**	
		Jobst von Mähren[2]	1388–1411
König Frankreichs:		Sigmund[3]	1411–1415
Karl VI.	1380–1422	Friedrich I.	1415–1440
Deutsche Könige und Kaiser:		**Herzöge Österreichs:**	
Ruprecht von der Pfalz[1]	1400–1410	Albrecht IV.	1395–1404
Jobst von Mähren[2]	1410–1411	Albrecht V.	1404–1439
Sigmund[3]	1411–1437		

Vorgänger: Albrecht I.   *Nachfolger: Johann III. der Erbarmungslose*

Herzog Wilhelm II. aus der Familie der Wittelsbacher ist Herzog von Niederbayern-Straubing und Graf von Holland in der Zeit von 1404 bis 1417. Wilhelm wird 1365 geboren, er stirbt am 31. Mai 1417 unerwartet an den Folgen eines Hundebisses.

Seine Eltern sind Herzog Albrecht I. von Niederbayern-Straubing und dessen Gemahlin Margarethe, die Tochter Herzog Ludwigs I. von Schlesien-Brieg.

Im Jahre 1374 wird der neunjährige Wilhelm auf Veranlassung seines Vaters mit Maria von Frankreich verlobt. Maria von Frankreich stirbt bereits drei Jah-

---

[1] Identisch.
[2] Identisch.
[3] Identisch.

re später im Jahre 1377. Der Vater Albrecht I. möchte daraufhin eine verwandtschaftliche Beziehung mit dem englischen Königshaus herstellen. Aus diesem Grund wird eine Verbindung Wilhelms mit einer englischen Prinzessin ins Auge gefasst. Auch diese Pläne scheitern. Stattdessen heiratet Wilhelm Margarethe von Burgund, die Tochter Herzog Philipps des Kühnen von Burgund.

Am selben Tag wie Wilhelm wird auch seine Schwester, ebenfalls mit Namen Margarethe, vermählt. Sie heiratet Herzog Johann Ohnefurcht von Burgund und wird damit die Stammmutter der Herzöge von Burgund; ihre Urenkelin Maria von Burgund wird durch die Heirat mit Kaiser Maximilian I. den Reichtum Burgunds den Habsburgern weitervererben. Die beiden Ehen werden am 12. April 1385 in einer prunkvollen Doppelhochzeit in Cambrai geschlossen, die auf Vermittlung der beiden Bräute zustande kommt.

Aus der Ehe Wilhelms mit Margarethe von Burgund entstammt das einzige Kind, die Tochter Jacobäa, die ein aufregendes Schicksal erleben sollte. Mit fünf Jahren wird sie mit dem neunjährigen französischen Kronprinzen verlobt und im Jahre 1415 verheiratet. Diese Ehe endet jedoch bereits 1417 mit dem Tod des französischen Kronprinzen. Damit haben sich die hochfliegenden Erwartungen der Wittelsbacherin Jacobäa, Königin von Frankreich zu werden, zerschlagen.

Nach der Letztwilligen Verfügung ihres Vaters, der in der Zwischenzeit an den Folgen des Hundebisses verstorben ist, wird Jacobäa unter dem Einfluss der holländischen Adelspartei der Hoeks nun mit dem Herzog Johann von Brabant und Limburg verheiratet. Der Adel der Niederlande will mit diesem Schritt einen möglichen Anspruch von Wilhelms jüngerem Bruder Johann III. dem Erbarmungslosen, zurzeit Bischof von Lüttich, auf die Herrschaft in Holland vereiteln.

Als Wilhelms Vater Albrecht I. aus dem Herzogtum Niederbayern-Straubing nach Holland kommt, um für seinen erkrankten Bruder Wilhelm I. die Statthalterschaft und ab 1389 die Nachfolge anzutreten, wütet in diesen Jahren des letzten Jahrzehnts des 14. Jahrhunderts in den Niederlanden der blutige Bürgerkrieg zwischen der Adelspartei der Hoeks und der Kabeljaus, der Partei der holländischen Seestädte. In diesen politischen Auseinandersetzungen sympathisiert Wilhelm mit der Adelspartei der Hoeks. Aus diesen Kreisen stammt auch der Mörder, der die Geliebte seines Vaters, Aleida von Poelgeest, umbringt. Albrecht I. hatte diese Frau nach dem Tod seiner ersten Gemahlin an seinen Hof im Haag geholt. Wilhelm ist an den Vorbereitungen zu diesem Mord im Jahre 1394 beteiligt. Sein Vater bestraft in einem Rachefeldzug die Beteiligten an dieser Tat. Dabei fällt beinahe auch Wilhelm der Rache seines Vaters zum Opfer.

Wilhelm kann sich gerade noch rechtzeitig ins Ausland retten. Er geht daraufhin zunächst nach England, später dann nach Frankreich, und zwar an den Königshof in Paris. Im Jahre 1395 kommt es zur Versöhnung zwischen Vater und Sohn. Wilhelm kehrt nach Holland zurück und wird von seinem Vater, der ihn als seinen Nachfolger vorbereitet, als Mitregent in der Herrschaft des Landes eingesetzt. Albrecht I. ernennt Wilhelm zum Grafen von Osterbant. Dabei werden Wilhelm bereits selbstständige Regierungsaufgaben übertragen, auch wenn Wilhelm nach wie vor unter der Oberhoheit seines Vaters steht.

Nach dem Tod seines Vaters im Jahre 1404 übernimmt Wilhelm offiziell die Herrschaft im Herzogtum Niederbayern-Straubing und in den holländischen Besitzungen. Wilhelm bleibt in Holland, wo er zunächst einen letzten Aufstand der Kabeljaus, der Partei der Seestädte, niederwerfen kann. Neben der Niederschlagung dieses Aufstands muss sich Wilhelm außerdem noch einer adeligen Rebellion erwehren, die offensichtlich das Ziel verfolgt, die wittelsbachischen Herrscher aus den Niederlanden zu vertreiben. Es handelt sich dabei um die Adelshäuser Arcel und Egmond.

Wilhelm gelingt es in dieser Zeit nicht, in den holländischen Gebieten geordnete Verhältnisse zu schaffen. Die Länder befinden sich während der Regierungszeit Wilhelms in einem anarchischen Zustand. Dem gegenseitigen Kampf der Bürgerkriegsparteien sowie ihren Gräueltaten und Verwüstungen muss Wilhelm tatenlos zusehen, zumal er selbst die Adelspartei der Hoeks, mit der er in der Regierungszeit seines Vaters sympathisierte, auch nach seinem Regierungsantritt 1404 nicht befrieden kann.

Während seines jahrelangen Aufenthalts in Holland verliert auch das Herzogtum Niederbayern-Straubing zunehmend an Bedeutung. Die Verwaltung des bayerischen Teilherzogtums, die Wilhelm infolge seiner Abwsesenheit nicht selbst durchführen kann, liegt in den Händen von Pflegern und Viztumen in Straubing. Diese Stellvertreter Wilhelms verhalten sich allerdings ihm gegenüber absolut loyal und stehen in ständigem Kontakt zum Hof in Den Haag.

Während der Regierungszeit Wilhelms besiegen die Polen im Jahre 1410 den Deutschen Orden in der großen Schlacht bei Tannenberg. 1414 beginnt das Reformkonzil in Konstanz, das bis 1418 andauert und das Schisma, die Doppelherrschaft von Päpsten, beendet. Im Jahre 1415 wird der Reformator Jan Hus, obwohl er vom Kaiser freies Geleit zugesagt bekommen hatte, auf dem Konzil zu Konstanz als Ketzer verbrannt.

Wilhelm III. (1397–1435)

Päpste:		***Kurfürsten der Rheinpfalz:***	
Bonifazius IX.	*1389–1404*	*Ruprecht II.*	*1390–1398*
Innozenz VII.	*1404–1406*	*Ruprecht III.*[1]	*1398–1410*
Gregor XII.	*1406–1415*	*Ludwig III.*	*1410–1436*
Martin V.	*1417–1431*		
Eugen IV.	*1431–1447*	***Kurfürsten von Brandenburg:***	
		Jobst von Mähren[2]	*1388–1411*
Könige Frankreichs		*Sigmund*[3]	*1411–1415*
Karl VI.	*1380–1422*	*Friedrich I.*	*1415–1440*
Karl VII.	*1422–1461*		
		Herzöge Österreichs:	
Deutsche Könige und Kaiser:		*Albrecht IV.*	*1395–1404*
Wenzel	*1378–1400*	*Albrecht V.*	*1404–1439*
Ruprecht von der Pfalz[1]	*1400–1410*		
Jobst von Mähren[2]	*1410–1411*		
Sigmund[3]	*1411–1437*		

Vorgänger: Johann II.   ***Nachfolger: Ernst***

Herzog Wilhelm III. aus der Familie der Wittelsbacher regiert in Oberbayern-München von 1397 bis 1435 zusammen mit seinem Bruder Ernst. Wilhelm wird 1375 in München geboren, er stirbt hier auch am 12. September 1435 und wird in der Vorgängerin der Münchner Frauenkirche bestattet. Seine Eltern sind Herzog Johann II. von Oberbayern-München und dessen Gemahlin Katharina

---

[1] Identisch.
[2] Identisch.
[3] Identisch.

von Görz und Tirol. Mit 58 Jahren heiratet Wilhelm 1433 in Basel die siebzehnjährige Prinzessin Margarethe, die Tochter Herzog Adolfs IV. von Kleve und der Mark. Aus dieser Ehe stammt sein einziger legitimer Sohn Adolf, der, 1434 geboren, bereits 1441 stirbt. Daneben hat Wilhelm unter anderem noch einen unehelichen Sohn namens Konrad von Egenhofen aus der Liaison mit der schönen Adelheid Schymlin aus einer Weinwirtschaft in der Burggasse in München.

Die Zeitgenossen schätzen Wilhelm sehr. Er wird als ein Muster eines christlichen Fürsten angesehen, ausgezeichnet durch Intelligenz, vornehme Haltung, Redlichkeit, Festigkeit, Friedfertigkeit und verständnisvolle Hilfsbereitschaft für die Armen, Witwen und Waisen.

Nach dem Tod des Vaters 1397 übernehmen die beiden Brüder Wilhelm und Ernst die Herrschaft im Teilherzogtum Oberbayern-München. Ihr Oheim Herzog Stephan III. von Oberbayern-Ingolstadt, der sich seit der Teilung des Herzogtums Oberbayern benachteiligt fühlt, versucht die Führung ganz Oberbayerns an sich zu reißen. Die Brüder Wilhelm und Ernst befürchten, dass ihr Oheim von seinem ehrgeizigen und streitsüchtigen Sohn Ludwig dem Gebarteten beeinflusst wird. Kurfürst Ruprecht III. von der Pfalz zwingt am 4. Juli 1398 seine wittelsbachischen Vettern in München und Ingolstadt, die Herzöge Wilhelm, Ernst, Stephan und Ludwig, seinen Schiedsspruch anzuerkennen, wonach die gemeinsame Regierung in Oberbayern zwischen München und Ingolstadt wieder hergestellt wird.

Im folgenden Jahr müssen sich die beiden Münchner Herzöge Wilhelm und Ernst mit dem rebellischen Rat der Stadt München herumstreiten. In München hat sich nämlich eine revolutionäre Stadtratsregierung aus Handwerkerzünften gebildet, die die Patrizier, die ehemaligen Herren der Stadt, aus München vertreiben. Im Jahre 1399 müssen Wilhelm und Ernst nach viermonatigem erfolglosem militärischem Widerstand den Stadtrat anerkennen. Die beiden Herzöge kehren allerdings vorläufig nicht in den Alten Hof in München zurück, nachdem die Stadt München nach wie vor einerseits den Wittelsbachern gegenüber feindlich eingestellt ist, die Herzöge andererseits immer noch mit den vertriebenen Patriziergeschlechtern sympathisieren. Erst am 1. Juni 1403 unterwirft sich die Stadt den beiden Herzögen, nachdem diese es nun geschafft haben, sich mit ihren Vettern aus Ingolstadt wieder auf die Teilung in Oberbayern-München und Oberbayern-Ingolstadt zu einigen.

Vor allem Wilhelm engagiert sich stark in der Reichspolitik. Beide Münchner Herzöge stehen zunächst politisch aufseiten der Luxemburger und damit des deutschen Königs Wenzel, wechseln aber 1401 zu ihrem Vetter Ruprecht von der Pfalz, der seit 1400 zum deutschen König gewählt wurde. Als nach dessen Tod 1410 und der kurzen Reichsherrschaft des Luxemburgers Jobst von Mähren im Jahre 1411 Sigmund deutscher König wird, wechselt Wilhelm wieder auf die Seite des Luxemburgers Sigmund und schließt sich auch dessen Aufgebot in Böhmen gegen die rebellischen Hussiten an. Zum Dank dafür wird Wilhelm später zum kaiserlichen Protektor des Konzils von Basel ernannt. Dabei vertritt Wilhelm die politischen Anliegen des Kaisers loyal, versteht es aber nicht, in dieser politischen Stellung für sich persönlichen Nutzen zu ziehen.

Dank seiner politischen Fähigkeiten steht er im Reich in so hohem Ansehen, dass bayerische Chronisten ihn für den möglichen Nachfolger Kaiser Sigmunds halten.

Mit Ludwig dem Gebarteten von Ingolstadt liegen die Münchner Herzöge nach wie vor im Streit, nachdem der Ingolstädter das Teilherzogtum Oberbayern-München gerne übernehmen möchte. Ludwig will München überfallen und zieht daher über Aichach heran. Die Münchner Herzöge stellen sich, unterstützt von den Münchner Bürgern und Zünften, in den Weg. In der Schlacht bei Alling (heutiger Landkreis Fürstenfeldbruck) am 19. September 1422 treffen die Kontrahenten aufeinander. Ludwig wird erfolgreich zurückgeschlagen. Zum Andenken an die Rettung des in Bedrängnis geratenen Sohnes Herzog Ernsts, Albrechts des Frommen, lässt Ernst in Hoflach bei Alling ein Kapelle errichten und ein großes Fresko im Innern erstellen.

Als die Wittelsbacher Linie des Teilherzogtums Niederbayern-Straubing 1425 ausstirbt, erhebt Ludwig von Ingolstadt Ansprüche auf dieses Gebiet. Auch der Herzog von Niederbayern erhebt einen Alleinanspruch auf dieses Territorium. In einem zu Amberg erlassenen Schiedsspruch erfolgt zunächst eine Dreiteilung des Straubinger Gebiets zugunsten der drei Teilherzogtümer Oberbayern-München, Oberbayern-Ingolstadt und Niederbayern. Kaiser Sigmund, Wilhelm für dessen fortwährende Hilfeleistungen ihm gegenüber zugetan, entscheidet jedoch im Pressburger Spruch vom 26. April 1429 auf eine Vierteilung des aufzuteilenden niederbayerischen Gebiets mit Straubing. Danach erhält Wilhelm als nunmehr gleichberechtigter Begünstigter unter anderem Kelheim, Dittfurt, Eschlkam, Furth im Walde und Kötzing. Heinrich der Reiche von Niederbayern, der bereits vollendete Tatsachen geschaffen hat, muss diesen Spruch im Juli 1432 anerkennen und die in der Zwischenzeit bereits gewonnenen Mehreinnahmen nach der Besetzung von Niederbayern-Straubing wieder herausgeben. Die holländischen Lehen, wichtigster Teil des Herzogtums Niederbayern-Straubing, gehen im Jahre 1425 endgültig an Johann von Burgund verloren.

Wilhelm amtiert auch als kaiserlicher Statthalter für Kaiser Sigmund, wenn sich der Kaiser im Ausland aufhält. Am 3. Februar 1432 trifft Wilhelm in Basel ein und kann in zähen Verhandlungen im Einzugsbereich des Konzils von Basel den notwendigen Landfrieden erhalten. Voraussetzung dafür ist, dass er die Herzöge von Österreich und von Burgund in ihrer kriegerischen Auseinandersetzung am Oberrhein zu einem Waffenstillstand überreden kann.

Im selben Jahr kann Wilhelm das Konzil von Basel dazu bewegen, mit einer Delegation der Hussiten aus Prag in Basel zu verhandeln. Aus diesen Verhandlungen entstehen schließlich die Prager Beschlüsse vom 30. November 1433, die die Hussitenkriege beenden. Wegen dieses glanzvollen Erfolgs in einer so wichtigen Reichsangelegenheit verspricht ihm der Kaiser das Herzogtum Oberbayern-Ingolstadt des mit der Reichsacht bedrohten Ludwig des Gebarteten. Wilhelm erhält aber weder dieses Herzogtum noch die bereits früher vom Kaiser versprochenen schwäbischen Landvogteien.

Die beiden Wittelsbacher Brüder Wilhelm und Ernst arbeiten einträchtig in München zusammen. Für die Stadt München erlassen sie gemeinsam eine neue Stadtverfassung. Während der ersten kirchlichen Reformwelle von 1426 bis 1428 führen Wilhelm und der Sohn seines Bruder, Herzog Albrecht, Visitationen in den Klöstern und Kirchen ihres Teilherzogtums durch.

Während der Regierungszeit Wilhelms wird im letzten Jahrzehnt des 14. Jahrhunderts in Deutschland der Wein allmählich durch das Bier abgelöst. Um 1400 verdrängen die aufkommenden Feuerwaffen die Ritterheere, es entsteht gleichzeitig eine armbrustähnliche Handfeuerwaffe. 1410 besiegt Polen den Deutschen Orden in der Schlacht bei Tannenberg. 1414 beginnt das zweite Reformkonzil, das bis 1418 dauert, auf dem das Schisma beendet und Jan Hus 1415 als Ketzer verbrannt wird. Um 1427 wird als allgemeine Reichssteuer der »gemeine Pfennig« eingeführt. 1431 wird die Jungfrau von Orleans in englischer Gefangenschaft als Hexe verbrannt.

Ernst (1397–1438)

Päpste:		*Kurfürsten der Rheinpfalz:*	
Bonifazius IX.	1389–1404	Ruprecht II.	1390–1398
Innozenz VII.	1404–1406	Ruprecht III.[1]	1398–1410
Gregor XII.	1406–1415	Ludwig III.	1410–1436
Martin V.	1417–1431	Ludwig IV.	1436–1449
Eugen IV.	1431–1447		
		Kurfürsten von Brandenburg:	
Könige Frankreichs		Jobst von Mähren[2]	1388–1411
Karl VI.	1380–1422	Sigmund[3]	1411–1415
Karl VII.	1422–1461	Friedrich I.	1415–1440
Deutsche Könige und Kaiser:		*Herzöge Österreichs:*	
Wenzel	1378–1400	Albrecht IV.	1395–1404
Ruprecht von der Pfalz[1]	1400–1410	Albrecht V.[4]	1404–1439
Jobst von Mähren[2]	1410–1411		
Sigmund[3]	1411–1437		
Albrecht II.[4]	1438–1439		

Vorgänger: Johann II.   **Nachfolger: Albrecht III. der Fromme**

Herzog Ernst aus der Familie der Wittelsbacher regiert im Teilherzogtum Oberbayern-München zusammen mit seinem Bruder Wilhelm III. von 1397 bis zu dessen Tod 1435, anschließend bis 1438 alleine. Ernst wird 1373 geboren, er stirbt am 2. Juli 1438 in München und wird in der Vorgängerin der Liebfrauen-

---

[1] Identisch.
[2] Identisch.
[3] Identisch.
[4] Identisch.

kirche in München bestattet. Seine Eltern sind Herzog Johann II. von Oberbayern-München und dessen Gemahlin Katharina von Görz und Tirol. Am 24. Februar 1396 heiratet er in Pfaffenhofen an der Ilm Elisabeth, die Tochter des Signore Barnabas von Mailand aus dem Hause Visconti. Aus dieser Ehe stammt sein einziger legitimer Sohn Albrecht III. der Fromme. Daneben hat Ernst noch mehrere außereheliche Kinder aus der Verbindung mit der Münchner Bürgerstochter Anna Winzer.

Ernst gilt als eine stattliche, ritterliche Erscheinung, er ist heißblütig, und in den Anfangsjahren seiner Herrschaft neigt er auch zu Gewalttätigkeiten. Darüber hinaus wird er als ein sehr tapferer und unerschrockener Kriegsmann gelobt, der furchtlos seinen Sohn in der Schlacht bei Alling aus einer sehr ernsthaften Gefahr rettet. In politischen Fragen ist er hart und konsequent, was sich insbesondere gegenüber seiner Schwiegertochter Agnes Bernauer zeigt. Als kluger und erfolgreicher Politiker besitzt er aber nicht die diplomatischen Fähigkeiten seines Bruders Wilhelm III.

Bereits zu Lebzeiten des Vaters wird Herzog Ernst zusammen mit seinem Bruder mit wichtigen Aufgaben betraut. So sind sie beide an dem internen Hausstreit innerhalb der Wittelsbacher Familie beteiligt, den sein Vater Johann II. gegen den eigenen Bruder Stephan III. und dessen Sohn Ludwig VII. von Ingolstadt führen muss. In dieser Auseinandersetzung können die Herzöge von München die Orte Aichach und Friedberg erobern und brennen Markt Schwaben nieder. Aber schon 1395 versöhnen sich die streitenden Herzöge von Oberbayern wieder mit ihrem Vetter Ludwig und vereinbaren, dass ab 15. November 1395 eine gemeinsame Ordnung über den Landfrieden, den Zoll und das Münzwesen gilt. Außerdem legen sie eine gemeinsame Sondersteuer des »zwanzigsten Pfennig« für ihre Teilherzogtümer fest.

Nach dem Tod ihres Vaters Johann 1397 weigern sich Herzog Ernst und Wilhelm III. als die regierenden Herzöge von Oberbayern-München, die Herrschaftsansprüche Stephans III. von Oberbayern-Ingolstadt über das gesamte vereinigte Oberbayern anzuerkennen. Sie befürchten vor allem, dass der streitbare Ludwig der Gebartete, der Sohn Stephans III., seinen Vater zu stark beeinflussen wird. Ludwig fordert für sich allein die Mitregentschaft in Oberbayern-München, was die Münchner Vetter ebenfalls ablehnen. Tatsächlich versuchen Ludwig und sein Vater, München zu erobern, während sich Ernst und Wilhelm nicht in München befinden. Bei einem Weihnachtsvespertrunk im Jahre 1397 kommt es im schymlischen Weinhaus in München zu einer tätlichen Auseinandersetzung zwischen den Vettern, bei der ein Anhänger der Herzöge von Ingolstadt verwundet wird.

Die Ingolstädter Herzöge geben aber nicht auf. Im Bürgerkrieg zwischen den Patriziern und den Zünften in München unterstützen Stephan III. und sein Sohn Ludwig die aufständischen Handwerker. Die Patrizier der Stadt werden nach wie vor von Ernst und Wilhelm anerkannt. Die Handwerkszünfte bilden einen »Rat der Dreihundert«, der in Zukunft die Stadt regieren soll und der mit Hilfe der Ingolstädter Herzöge die Patrizierfamilien aus der Stadt vertreibt und ihr Vermögen konfisziert. Ernst und Wilhelm belagern daraufhin zusammen mit ihren Vettern aus Straubing die Stadt München. Ernst und Wilhelm müssen aber nach einjährigem erfolglosem Kampf die revolutionäre Handwerkerregierung anerkennen, worauf nunmehr die Stadt den Münchner Herzögen huldigt. Nachdem die Herzöge von Oberbayern eine Verwaltungszusammenlegung durchgeführt haben, erzwingen Ernst und Wilhelm im Herbst 1402 die Rückkehr zur Teilung des Herzogtums in Oberbayern-München und Oberbayern-Ingolstadt. Im Juni 1403 legen daraufhin Ernst und Wilhelm für München eine fortschrittliche Stadtverfassung fest.

Trotzdem ist eine dauerhafte Verständigung mit Ingolstadt, insbesondere mit Ludwig dem Gebarteten, nicht möglich. Die Klage Ludwigs gegen seinen Vetter Heinrich von Niederbayern-Landshut wegen der von Heinrichs Vater Friedrich dem Weisen zugesagten Ausgleichansprüche für die oberbayerischen Herzöge entscheidet Ernst als Schiedsrichter in einem Schiedsspruch im Jahre 1406 zugunsten Heinrichs und gegen Ludwig den Gebarteten.

Ludwig gibt aber nicht auf. 1422 will er – der ausgleichende Vater Stephan ist seit neun Jahren tot – das Herzogtum Oberbayern-München gewaltsam einnehmen. Er marschiert mit seinem Aufgebot in Richtung München. Bei Alling, südöstlich von Fürstenfeldbruck, stoßen die Münchner Herzöge auf die Angreifer. In dieser Schlacht können die Wittelsbacher aus München, unterstützt von den Münchner Handwerkern, Ludwig am 19. September 1422 eine Niederlage zufügen. Herzog Ernst rettet in dieser Schlacht seinem Sohn Albrecht III. das Leben, indem er ihn mit der Streitaxt aus der Umzingelung seiner Angreifer befreit. Zum Dank für den glücklichen Ausgang und die Errettung seines Sohnes errichtet Ernst in Hoflach bei Alling eine Gedenkkapelle mit einem großen Fresko als Wandgemälde.

Nach dem Aussterben der Wittelsbacher Linie der Herzöge von Niederbayern-Straubing beginnt ein erneuter Streit zwischen den bayerischen Herzögen um die Erbschaft. Ludwig von Ingolstadt und Heinrich von Landshut beanspruchen das Erbe jeweils allein. Alle Kontrahenten treffen sich Anfang Juni 1427 in Peuerbach zwischen Schärding und Efferding, ohne den Streit schlichten zu können. Der Schiedsspruch zu Amberg vom 17. September 1426 lautete auf eine Dreiteilung des Erbes zugunsten Münchens, Ingolstadts und Landshuts. Kaiser Sigmund legt jedoch in seinem Schiedsspruch vom 26. April 1429 in Pressburg eine Aufteilung in vier Teile fest, womit auch Wilhelm III. einen gleich hohen Anteil erhalten soll. Ernst erhält dabei unter anderem Straubing, Mitterfels, Bogen, den Regensburger Herzogshof sowie alle herzoglichen Rechte, die mit dem Territorium verbunden sind.

Die Herrschaft der beiden Münchner Wittelsbacher Ernst und Wilhelm III. ist, obwohl doch gerade Herzog Ernst oft sehr aufbrausend ist, sehr friedlich und reibungslos untereinander. Beide regieren auch in ihrem Herzogtum Oberbayern-München betont maßvoll zum Wohl der Bewohner. Die Interessen Ernsts gelten hauptsächlich dem Erhalt eines ungeschmälerten Bestands und vor allem einer eigenständigen Regierung in München. Von der Reichspolitik hält er sich im Allgemeinen fern, dennoch nimmt er an manchen Treffen, zum Beispiel dem Fürstentag zu Frankfurt unter der Führung seines Vetters Stephans III. im Mai 1397, teil.

Zu Beginn seiner Regierung betreibt er mit seinem Bruder Wilhelm eine luxemburgerfreundliche Politik zugunsten König Wenzels, wechselt aber ab 1401 zu seinem Vetter Ruprecht von der Pfalz über, der zum deutschen König gewählt wurde. Im Jahre 1430 wechselt Ernst wieder in das Lager des Luxemburger Kaisers Sigmund, der ihn im gleichen Jahr mit der ehrenvollen und sehr bedeutsamen Mission beauftragt, gemeinsam mit Bischof Agrau den Großfürsten Witold von Litauen zum König zu krönen, wozu es allerdings wegen des vorzeitigen Tods von Witold nicht kommt. Ernst, der insgesamt wenig zur Aussöhnung der Wittelsbacher untereinander beiträgt, zeigt sich allerdings unentschlossen, als er 1434 mit der Durchführung der Reichsexekution gegen seinen Vetter Ludwig den Gebarteten beauftragt wird.

Mit seinem einzigen Sohn Albrecht, dem er in der Schlacht bei Alling das Leben rettet, gerät Ernst wegen dessen unstandesgemäßer Ehe mit der Baderstochter aus Augsburg, Agnes Bernauer, 1435 in einen folgenschweren Konflikt. Als Geliebte seines Sohnes hätte er sie mit Sicherheit akzeptiert. Aber als sein einziger Sohn und Nachfolger für Oberbayern-München kann Ernst diese Verbindung nicht dulden. Der junge Albrecht wird auf Veranlassung Ernsts von Heinrich dem Reichen in Landshut zur Jagd eingeladen. In Abwesenheit seines Sohnes kommt Ernst in Albrechts Residenz nach Straubing und führt einen Prozess gegen die heimlich mit seinem Sohn getraute Agnes im Straubinger Schloss durch. Ernst verurteilt Agnes zum Tode und lässt sie, weil sie beharrlich ihre Verbindung nicht aufgeben will, anschließend in der Donau bei Straubing ertränken. Wegen dieser verräterischen Tat verwüstet Albrecht in ohnmächtigem Zorn Gebiete des Herzogtums Niederbayern. Vater und Sohn versöhnen sich allerdings später wieder. Ernst empfindet wegen seiner Tat selbst Reue. Er stiftet auf dem Straubinger Petersfriedhof eine Gedächtniskapelle für die »ehrsame und ehrbare Frau Agnes, die Bernauerin«.

1426 hatte die vom Kloster Melk ausgehende Reform eingesetzt. Ihr Vertreter ist Petrus von Rosenheim. In der Folgezeit wird das Kloster Tegernsee zum Zentrum des Frühhumanismus und dieser Klosterreform. Den religiösen Erneuerungsbestrebungen seiner Zeit gegenüber ist Ernst überhaupt sehr aufgeschlossen. Er ist allerdings unnachgiebig gegenüber den Hussiten und macht auch seiner Schwester Sophie, der Witwe König Wenzels, schwere Vorwürfe, weil sie mit der hussitischen Lehre sympathisiert. 1438 errichtet Ernst die Propstei in Andechs.

Ernst überlässt während der gemeinsamen, sehr harmonischen Regierung seinem Bruder Wilhelm III. einen nicht abgegrenzten Anteil am gemeinsamen Besitz und an sämtlichen politischen Geschäften. Er selbst arbeitet mit dem hohen, aber auch mit dem niederen ansässigen Adel zusammen. Er besitzt auch gute Verbindungen zum finanzkräftigen Bürgertum Münchens und Landsbergs. Ernst ist auch ein aktiver Förderer der Kunst. So gewährt er beispielsweise dem Orgelbauer Erhard Schmid von Peyssenberg wegen dessen Geschicklichkeit Steuerfreiheit. Den bekannten Historiker Andreas von Regensburg zeichnet er durch eine öffentliche Umarmung und durch ein Gespräch über seine historischen Arbeiten aus.

Während der Regierungszeit Ernsts wird im letzten Jahrzehnt des 14. Jahrhunderts der Wein allmählich durch das Bier abgelöst. Um 1400 werden die Ritterheere von den aufkommenden Feuerwaffen verdrängt, es entsteht eine armbrustähnliche Handfeuerwaffe. In dieser Zeit stehen die Zünfte in ihrer Blüte. 1410 besiegt Polen den Deutschen Orden in der Schlacht bei Tannenberg. 1414 wird im Reformkonzil zu Konstanz das Papst-Schisma beendet. 1415 wird Jan Hus auf dem Konzil von Konstanz trotz zugesagten freien Geleits als Ketzer verbrannt. 1427 wird der »gemeine Pfennig« als allgemeine Reichssteuer eingeführt. 1431 wird die Jungfrau von Orleans in englischer Gefangenschaft als Hexe verbrannt. 1436 enden die Hussitenkriege. 1438 wird Albrecht von Habsburg deutscher König und begründet die Quasi-Erbmonarchie des Hauses Habsburg bis 1806.

Ludwig VII. der Gebartete (1413–1447)

Päpste:		**Kurfürsten der Rheinpfalz:**	
Gregor XII.	1406–1415	Ludwig III.	1410–1436
Martin V.	1417–1431	Ludwig IV.	1436–1449
Eugen IV.	1431–1447		
Felix V. (Gegenpapst)	1440–1449	**Kurfürsten von Brandenburg:**	
Nikolaus V.	1447–1455	Sigmund[1]	1411–1415
		Friedrich I.	1415–1440
Könige Frankreichs:		Friedrich II.	1440–1470
Karl VI.	1380–1422		
Karl VII.	1422–1461	**Herzöge Österreichs:**	
		Albrecht V.[2]	1405–1439
Deutsche Könige und Kaiser:		Ladislaus Posthumus	1439–1457
Sigmund[1]	1411–1437		
Albrecht II.[2]	1438–1439		
Friedrich III.	1440–1493		

Vorgänger: Stephan III. der Prächtige
Nachfolger: Heinrich XVI. der Reiche

Herzog Ludwig VII. der Gebartete aus der Familie der Wittelsbacher regiert im Teilherzogtum Oberbayern-Ingolstadt von 1413 bis 1447. Gleichzeitig bezeichnet er sich seit seiner zweiten Ehe auch Graf von Mortagne. Seinen Beinamen »der Gebartete«, auch »im Bart« oder »der Bärtige« erhält er durch seine Barttracht, nachdem in seiner Zeit das glatt rasierte Gesicht Mode ist. Ludwig wird am 20. Dezember 1365 geboren, er stirbt am 2. Mai 1447 auf Burghausen in der Gefangenschaft seines Vetters Heinrich des Reichen von Niederbayern.

---

[1] Identisch.
[2] Identisch.

Er liegt im Kloster Raitenhaslach bei Burghausen bestattet. Seine Eltern sind Herzog Stephan III. von Oberbayern-Ingolstadt und dessen erste Gemahlin Thaddäa, die Tochter des Signore Barnabas Visconti von Mailand.

Verheiratet ist Ludwig in erster Ehe seit dem 1. Oktober 1402 in Paris mit Anna, der Witwe Johanns II. von Berry, des Grafen von Montpensier, Tochter des Grafen Johann I. de la Marche aus dem Hause Bourbon. Aus dieser Ehe stammen sein Sohn und Nachfolger Ludwig der Bucklige, der bereits zwei Jahre vor ihm stirbt, sowie ein Sohn Johann, der nur ein Jahr alt wird. Nach dem Tod seiner Gemahlin Anna 1408 heiratet Ludwig wiederum am 1. Oktober des Jahres 1413 in Paris Katharina, die Witwe Peters von Evreux aus dem Hause Navarra, die Tochter des Grafen Peter II. von Alencon. Aus dieser Ehe stammen ein Sohn namens Johann und eine Tochter, die beide im Kindesalter in Paris sterben.

Ludwig wird als ein gut aussehender, geistig aufgeschlossener Fürst, als ein Spötter und Zyniker beschrieben, unbeherrscht in der Wahl seiner Worte, hervorragender Diplomat in fremden Angelegenheiten, in eigenen Problemen starr und unbeweglich. Von sich behauptet er, der älteste und würdigste Fürst in Bayern zu sein.

Bereits während der Regierungszeit seines Vaters ist Ludwig mit vielen Aufgaben betraut. Im Juni 1390 zieht er im Aufgebot seines Vaters mit über 3000 Reitern nach Oberitalien. Die Wittelsbacher können zwar Padua einnehmen, scheitern letztlich aber in ihrem Versuch, eine Familienverbindung mit den Anjous in Neapel-Sizilien herzustellen. Im folgenden Jahr schickt ihn sein Vater für mehrere Jahre nach Frankreich, wo ihn seine Aufenthaltsjahre am Pariser Hof prägen. 1394 eröffnet er die Reihe der wittelsbachischen Bruderkriege mit einem erfolglosen Handstreich gegen Freising, wobei Neustadt an der Donau geplündert wird.

Auf dem Fürstentag in Frankfurt am Main im Mai 1397, auf dem er sich mit seinem Vater befindet, tritt er für eine Kandidatur eines wittelsbachischen Gegenkönigs gegen den amtierenden Luxemburger Wenzel ein, der schließlich abgesetzt wird. Am 21. August 1400 kommt es tatsächlich zur Wahl des wittelsbachischen Kandidaten Ruprecht von der Pfalz zum deutschen König. In der Folgezeit unterstützt Ludwig seinen königlichen Vetter auf dessen Feldzügen in die Lombardei, indem er selbst mit einem großen Aufgebot nach Italien zieht und selbst nach der Niederlage von Brescia am 24. Oktober 1401 den Krieg fortsetzt. 1404 überwirft er sich allerdings mit König Ruprecht, wechselt in das Lager dessen Gegner und schließt sich dem Grafen von Orleans, dem Grafen von Öttingen sowie 1407 dem Marbacher Bund an, einem Bündnis gegen den König.

1407 ist für Ludwig auch das Jahr, in welchem er sich durch seine verwandtschaftliche Stellung zur Königsfamilie zunehmend in die französische Innenpolitik hineinziehen lässt. Als Bruder der französischen Königin Isabeau de Baviere ist er auch deren Vertrauter und gleichzeitig Mitglied des königlichen Rates in Paris. In Paris stehen sich die beiden Parteien der Burgunder und Orleanisten, die um ihren politischen Einfluss kämpfen, gegenüber. Ludwig steht zwischen den beiden rivalisierenden Parteien und ist im Jahre 1412 sogar gezwungen, vorübergehend ins Exil in die holländische Grafschaft Hennegau, die von seinen wittelsbachischen Vettern verwaltet wird, zu gehen. In der von der Metzgerzunft in Frankreich angezettelten Rebellion vom 22. Mai und 4. August 1413 gerät er in Gefangenschaft und muss sogar um sein Leben fürchten.

Im Jahre 1406 beginnt Ludwigs Auseinandersetzung mit seinem Vetter Heinrich dem Reichen von Niederbayern. Es geht um Rechtsansprüche, die Heinrichs Vater Friedrich bei der Teilung Oberbayerns 1392 zugesagt hatte. Herzog Ernst von Oberbayern-München legt in den Freisinger Schiedssprüchen vom 7. Mai 1408 zugunsten Heinrichs fest, dass Ludwig keinerlei Ansprüche gegen Heinrich geltend machen kann. Auf Druck seines Vaters muss Ludwig diesen Spruch akzeptieren. Im Jahre 1410 ist Heinrich noch bereit, in dem Streit einzulenken. Doch Ludwig versucht, seine Münchner Vettern Ernst und Wilhelm III. gegen Heinrich aufzuhetzen. Damit ist aber jegliche Verhandlungsbasis zwischen Ludwig und Heinrich beseitigt. Heinrich erreicht es 1415, dass alle Gegner Ludwigs sich zu einem Verteidigungsbund auf Lebenszeit gegen Ludwig zusammenschließen.

Nach dem Tod seines Vaters 1413 kehrt Ludwig aus seiner von ihm errichteten Residenz in Neuburg an der Donau nach Ingolstadt, der Hauptresidenz der Herzöge von Oberbayern-München, zurück, wo er in Zukunft einen aufwändigen und kostspieligen Hof führen wird. Der mit Heinrich von Niederbayern bestehende Konflikt weitet sich auf dem Konzil von Konstanz zur offenen Feindschaft aus. Ludwig wird auf dem Konzil aufgefordert, die gegen ihn erhobene (angeblich) »falsche« Klage durch Eid zu entkräften. Doch anstatt sich zu verteidigen, beleidigt er Heinrich den Reichen tödlich, indem er auf dessen möglicherweise illegitime Herkunft anspielt. Danach soll Heinrich aus einer Verbindung seiner Mutter mit einem Koch auf Burghausen entstammen. Heinrich rächt sich dafür und überfällt zusammen mit 15 Gefolgsleuten Ludwig am 20. Oktober 1417 in Konstanz auf dem Weg in sein Quartier. Ludwig, schwer, aber nicht lebensgefährlich verletzt, bezeichnet daraufhin Heinrich nur noch als den »fahrigen Mörder, der sich nennet Herzog von Bayern«.

Auf dem Konzil von Basel tritt Ludwig, der Bruder der französischen Königin Isabeau de Baviere, als Oberhaupt der französischen königlichen Konzilsgesellschaft auf. Hierdurch kann er entscheidenden Einfluss auf das Konzil nehmen. So geleitet er den Papst Johannes XXIII.* zum Konzilsort nach Konstanz. Als der Papst am 20. März 1415 aus Konstanz flieht, kann Ludwig ihn

---

[1] Dieser Papst wird in der Reihe der Päpste nicht geführt.

auf Gewaltritten nach Schaffhausen und Breisach einholen und wieder nach Konstanz zurückbringen. Dieses Konzil, das sich mit schwierigen kirchlichen Fragen beschäftigen muss, ist im Übrigen auch mehrere Jahre mit den Streitigkeiten der Wittelsbacher untereinander beschäftigt.

Ludwig ist wie sein Vater daran interessiert, das Teilherzogtum Oberbayern-Ingolstadt gegen Oberbayern-München einzutauschen. Aus diesem Grund will er die Münchner Vettern Ernst und Wilhelm III. überfallen. Aus Richtung Aichach kommend, marschiert Ludwig mit seinem Aufgebot Richtung München. Die Münchner Herzöge Ernst und sein Sohn Albrecht III. ziehen ihm entgegen. Bei Alling in der Nähe von Fürstenfeldbruck treffen die Kontrahenten am 19. September 1422 aufeinander. Ludwig unterliegt und verliert seine nordgauischen Stützpunkte an den Pfalzgrafen Johann und an Markgraf Friedrich von Brandenburg.

Auch mit dem Hohenzoller Friedrich von Brandenburg gerät Ludwig in Streit. Ludwig verlangt von ihm 23 000 ungarische Gulden und fordert ihn am Ende sogar zum Zweikampf heraus. Im September 1422 erklärt Kaiser Sigmund gegen Ludwig den Reichskrieg. In Regensburg wird am 2. Oktober 1422 auf die Dauer von vier Jahren ein Waffenstillstand geschlossen. Ludwig begibt sich daraufhin an den Königshof in Ungarn, wo er auch weiterhin bemüht ist, seinen Streit mit Heinrich von Niederbayern vor das königliche Hofgericht zu bringen. Sein Herzogtum lässt er in der Zwischenzeit von dem ihm nahe stehenden Brunorio della Scala in der Eigenschaft als königlicher Landeshauptmann verwalten.

Ein neuer Konflikt bricht aus, als die Wittelsbacher Linie der Herzöge von Niederbayern-Straubing ausstirbt. Die Herzöge Ernst aus München, Heinrich aus Landshut und Ludwig aus Ingolstadt treffen sich Anfang Juni 1427 in Peuerbach zwischen Schärding und Efferding, ohne den Streit schlichten zu können. Der in Amberg am 17. September 1426 erlassene Schiedsspruch lautet auf Dreiteilung des Herzogtums Niederbayern-Straubing. Im Pressburger Schiedsspruch vom 26. April 1429 ordnet Kaiser Sigmund jedoch eine Teilung in vier Teile (der vierte Teil zugunsten Herzog Wilhelms III. von Oberbayern-München), die Ludwig schließlich akzeptieren muss. Heinrich von Niederbayern ist bestrebt, sich mit Ludwig auszusöhnen, was jedoch auch in dem in Köln stattfindenden Femeprozess nicht gelingt, weil Ludwig erneut eine Versöhnung und jede gütliche Einigung 1430 ablehnt.

Im Jahre 1438 beginnt Ludwigs Konflikt auch mit seinem Sohn Ludwig dem Buckligen, den er wegen seiner äußeren Gestalt hasst und von der Erbfolge auszuschließen sucht. Als Ludwig sein ganzes Besitztum in Stiftungen einzubringen versucht, um es damit seinem Sohn zu entziehen, erhebt dieser in Basel Klage gegen ihn. In dem Krieg Vater gegen Sohn nimmt Letzterer seinen Vater in Neuburg an der Donau gefangen und liefert ihn zur Finanzierung der Kriegskosten für 6000 Gulden an den Markgrafen von Ansbach.

Bei der Gefangennahme verweigert Ludwig das übliche Lösegeld zur Freilassung mit den Worten: »Ich will dir nichts geben, so lange, bis mir die Seele aushaucht.«

Heinrich der Reiche von Niederbayern löst schließlich Ludwig für 18 000 Gulden vom Markgrafen aus und setzt ihn auf Burghausen gefangen, wo Ludwig schließlich in der Gefangenschaft stirbt.

Trotz seiner fortwährenden Streitigkeiten mit seinen Vettern ist Ludwig um die Einheit der Familie der Wittelsbacher bemüht. 1421 beschwört er seinen Vetter Johann von Neumarkt in der Oberpfalz, den Krieg gegen ihn zu unterlassen und zur Einheit des Hauses Wittelsbach beizutragen, wenn es ihm ernst sei, »dass wir mit unserem geslecht und namen fürstlich leben«.

In Ingolstadt schafft Ludwig die Anfänge eines modernen Verwaltungsstaates. Französische Vorstellungen über Recht und die Position des Fürsten dienen ihm dabei als Vorbild. Sämtliche Ämter müssen geordnet Rechnung legen, in neuen Salbüchern werden die grundherrschaftlichen Rechte erfasst und systematisiert. Sachregister, eine doppelte Buchführung – doppelt belegt durch Auftrag und Quittung in den Hofämtern – sind die Grundlage einer modernen Behördenordnung in seiner herzoglichen Kanzlei in Ingolstadt. Ludwig beschäftigt dabei auch Landesfremde als Räte, Amtsleute und Pfleger. Zur Kontrolle dürfen Urkunden die Kanzlei nur noch mit Unterschrift verlassen. Ludwig ist dabei selbst sehr gründlich und engagiert und entwirft notfalls eigenhändig Instruktionen und Brieftexte.

Trotz Zurückdrängung der bürgerlichen Stadtrechte gibt er eine Reihe von Privilegien für Städte und Märkte. Von Andreas von Mang lässt er den wittelsbachischen Stammbaum anfertigen, der leider nicht mehr existiert. Er unterstützt die besten Historiker, stellt bedeutende Juristen an seinem Hof an, beschäftigt Baumeister, Bildhauer und Goldschmiede im Rahmen seiner Residenzbauten und lässt Hans Multscher das Modell eines Grabmals gestalten, das er selbst entwirft und auf dem er verewigt ist. In Ingolstadt errichtet er das neue Schloss, die Hallenkirche und das weitläufige Pfründnerhaus, das später der Sitz der ersten bayerischen Universität wird.

Während der Regierungszeit Ludwigs wird 1414 das Schisma auf dem Konzil von Konstanz beendet, auf dem 1415 der Reformator Jan Hus als Ketzer verbrannt wird. 1427 wird der »gemeine Pfennig« als Reichssteuer eingeführt. 1431 wird die Jungfrau von Orleans in englischer Gefangenschaft als Hexe verbrannt. Um 1445 erstellt Johann von Gutenberg in Mainz den ersten Buchdruck mit beweglichen gegossenen Metalllettern. In dieser Zeit wird im Handwerk allmählich das anzufertigende Meisterstück üblich.

Johann III. der Erbarmungslose (1417–1425)

Papst:		*Kurfürst von der Rheinpfalz:*	
Martin V.	*1417–1431*	Ludwig III.	*1410–1436*
Könige Frankreichs:		*Kurfürst von Brandenburg:*	
Karl VI.	*1380–1422*	Friedrich I.	*1415–1440*
Karl VII.	*1422–1461*		
		Herzog Österreichs:	
Deutscher König und Kaiser:		Albrecht V.	*1405–1439*
Sigmund	*1411–1437*		

Vorgänger: **Wilhelm II.**
Nachfolger in Niederbayern-Straubing: **Heinrich XVI., Ernst, Wilhelm III., Ludwig VII.**
Nachfolger in den Niederlanden: **Jakobäa, Philipp der Gute von Burgund**

Herzog Johann III., genannt »der Erbarmungslose«, aus der Familie der Wittelsbacher regiert in Niederbayern-Straubing mit den holländischen Gebieten von 1417 bis 1425. Seinen Beinamen, auch »ohne Gnad«, französisch »Jean sans pitie«, erhält er wegen des furchtbaren Strafgerichts über die Stadt Lüttich während seiner Amtszeit als Bischof.

Johann wird 1374 geboren, er stirbt am 6. Januar 1425 in Gravenhage, vermutlich durch Gift aus der Hand seines Hofmarschalls Jan van Vliet.

Seine Eltern sind Herzog Albrecht I. von Niederbayern-Straubing und dessen erste Gemahlin Margarethe, die Tochter Herzog Ludwigs I. von Schlesien-Brieg. Verheiratet ist Johann seit 1418 mit Elisabeth, der verwitweten Herzogin von Brabant, der Tochter des Herzogs Johann von Luxemburg und Görlitz, Markgraf von Brandenburg und Lausitz. Die Ehe bleibt kinderlos.

Als dritter Sohn Herzog Albrechts I. ist Johann, nachdem sein ältester Bruder

Wilhelm II. als Herzog und Nachfolger in Holland und der zweitälteste Bruder Albrecht II. als Herzog in Niederbayern-Straubing vorgesehen sind, in der üblichen Weise eines Herrscherhauses für den geistlichen Stand bestimmt. Johann fühlt sich allerdings zum geistlichen Amt eines Kirchenfürsten nicht hingezogen. Das Amt eines Bischofs entspricht ganz und gar nicht seinem Charakter. Er ist vielmehr ein glänzender Ritter, er liebt die Wissenschaften und die Künste, zieht Maler, Dichter und Musiker an seinen Hof und fördert unter anderem vor allem den holländischen Maler Jan van Eyck. Johann gilt als ein Politiker mit Mut und politischem Weitblick.

Während seiner Regierungstätigkeit versucht Johann, die Stadt Straubing zu fördern, auch wenn er sich größtenteils in den Niederlanden aufhält. So holt er unter anderem die Handwerksberufe wieder in die Stadt Straubing und verleiht der Stadt einen vierten Jahrmarkt.

Dem Giftanschlag fällt er angeblich deswegen zum Opfer, weil sein Mörder, der Ritter Jan van Vliet, bei ihm in Ungnade gefallen ist. Nach der Überlieferung soll Jan van Vliet das Gebetbuch Johanns angeblich mit Gift bestrichen haben.

Johann wird im Jahre 1390, gerade 16 Jahre alt, zum Bischof von Lüttich gewählt. Sowohl König Wenzel als auch der Papst (Bonifaz IX.) bestätigen die Amtseinsetzung. Johann besitzt allerdings nur die Subdiakonsweihen, die lediglich eine Durchgangsstufe zum eigentlichen Priestertum darstellen, zwar mit der Zölibatsverpflichtung verbunden sind, aber nur die unterste Stufe des Weihesakraments bezeichnen. Die Stadt Lüttich ist von Anfang an nicht damit einverstanden, dass Johann als Bischof ihrer Stadt eingesetzt wird, ohne die kirchlichen Voraussetzungen für dieses Amt zu besitzen.

Noch zu Lebzeiten seines Vaters Albrecht I. stirbt sein zweitältester Bruder Albrecht II. auf dem Weg von den Niederlanden ins Herzogtum Niederbayern-Straubing in Kelheim im Jahre 1397. Daraufhin wird Johann von seinem Vater in Straubing als sein Statthalter eingesetzt. Johann führt in dieser Zeit erneut das Amt des Pflegers und des Viztums ein, der als Verwaltungsbeamter vom Landesherrn mit administrativen Aufgaben, so unter anderem mit der Finanzverwaltung, beauftragt ist. Sein Vater, der auch weiterhin in Holland im Haag residiert, schränkt den Sohn in seinen Regierungs- und Verwaltungsrechten weitgehend ein und legt unter anderem fest, dass Johann ohne die Zustimmung des Vaters kein Schloss verkaufen darf.

Unter der Herrschaft seines Vaters übernimmt Johann für seinen Vater wichtige Aufgaben, führt Kriegszüge gegen Friesland und Geldern durch und unterstützt Herzog Johann von Burgund gegen Paris. Außerdem ist er, der immer noch das Amt des Bischofs in Lüttich ausübt, auch bemüht, die immer aufsässiger werdende Bürgerschaft in seinem Bistum zu beruhigen. Nicht nur in seinem Bistum, auch in anderen Städten bildet sich eine offene Opposition gegen ihn. In der Stadt Lüttich bricht sogar ein offener Aufstand gegen Johann aus. Die Städte seines Bistums wählen für ihn einen Stellvertreter, die Stadt Lüttich im Jahre 1406 einen Gegenbischof, sodass das gesamte Bistum Johanns nur noch mit Hilfe seines Bruders Wilhelm II. und des Herzogs Johann Ohnefurcht von Burgund in der Schlacht bei Othee gehalten werden kann.

Nachdem die aufständischen Bürger nicht bereit sind zu kapitulieren, sieht sich Johann gezwungen, aus England, Frankreich und auch aus Deutschland Freunde zu rufen. Er errichtet in Maastricht ein Kriegslager und belagert die Stadt Lüttich. Aus der Schlacht vom 23. September 1409 geht Johann als Sieger hervor. Lüttich muss sich ergeben. Von den 16 000 Lütticher Bürgern werden insgesamt 13 000 Bürger erschlagen. In den folgenden Tagen nach der Schlacht lässt Johann zusätzlich noch 168 Rädelsführer öffentlich hinrichten; sie werden entweder enthauptet oder in der Maas ertränkt. Für diese grausame Tat erhält Johann seinen Beinamen »der Erbarmungslose«.

1392 wird das Herzogtum Bayern in die Teilherzogtümer Niederbayern-Landshut, Niederbayern-Straubing, Oberbayern-München und Oberbayern-Ingolstadt aufgeteilt. Bei dieser Landesteilung unterstützen Johann und sein ältester Bruder Wilhelm II. die Auffassungen und Ansprüche ihres Vetters Stephan III. von Oberbayern-Ingolstadt. In den übrigen Kämpfen der Wittelsbacher untereinander in Bayern verhalten sich aber Johann und Wilhelm II. neutral. Als Ludwig der Gebartete, der Sohn Stephans III., für die Kandidatur eines Wittelsbachers zum deutschen König kämpft, unterstützt ihn Johann und steht nach der Wahl auch auf der Seite des neuen Königs Ruprecht von der Pfalz. Diese Hilfe erfolgt nicht nur politisch und verbal, sondern auch durch militärische Hilfestellung.

Als sein zweitältester Bruder Wilhelm II. am 31. Mai 1417 überraschend an einem Hundebiss stirbt, wird unter dem Einfluss der Adelspartei der Hoeks die Nichte Johanns, die sechzehnjährige Tochter Wilhelms II., als Regentin in den Niederlanden ausgerufen und bestätigt. Die andere Partei der holländischen Seestädte, die so genannten Kabeljaus, verweigern jedoch Jakobäa die Anerkennung und wünschen stattdessen Johann als Herzog. 1418 verlässt daraufhin Johann sein Bistum Lüttich, heiratet die Luxemburger Erbin Elisabeth und wird vom Kaiser mit der Grafschaft Holland offiziell belehnt. Dadurch kommt es zwischen beiden Parteien und den beiden Regenten Johann und seiner Nichte zum Krieg, der schließlich in dem Kompromissfrieden von Warkum am 13. Dezember 1419 beendet werden kann. Danach verzichtet Johann auf die Belehnung und erklärt sich bereit, lediglich als Mitregent mit dem Titel »Sohn und Erbe von Hennegau, Holland und Seeland« weiter in Holland zu regieren.

Johann kann jedoch einige Zeit später vom Gemahl Jakobäas dessen Anteil an der gemeinsamen Regierung käuflich erwerben. Außerdem erhält Johann die

Küstengebiete als Pfand. Damit besitzt er eine weitaus stärkere Machtstellung als lediglich die eines Stellvertreters. Im Kampf gegen die Adelspartei der Hoeks, die nach wie vor seine Nichte Jakobäa unterstützt, überrennt Johann die noch nicht unterworfenen Adelssitze und Städte, so die Stadt Leiden am 18. August 1420, und kann somit schließlich das gesamte Land besetzen. Jakobäa muss, auch von ihrem Gemahl im Stich gelassen, alleine nach England fliehen. Erst im Jahre 1424 kehrt sie, nun mit dem Bruder des englischen Königs Heinrich V. verheiratet, in den Hennegau zurück.

Am 6. Januar 1425 endet die Herrschaft Johanns durch den bereits genannten Giftanschlag.

Mit Johann stirbt die Linie der Wittelsbacher im Teilherzogtum Niederbayern-Straubing und in Holland in männlicher Linie aus. In Straubing wird zunächst eine Reihe von Pflegern als Verwalter eingesetzt. Im Pressburger Schiedsspruch vom 26. April 1429 legt der Kaiser schließlich fest, dass das Herzogtum Niederbayern-Straubing in vier Teile aufgeteilt wird.

Nach dem Tod Johanns versucht Jakobäa zunächst, die Grafschaft Holland zu halten, obwohl der verstorbene Johann bereits Herzog Philipp den Guten von Burgund als Erben für Holland eingesetzt hatte. Jakobäa, von ihrem neuen Gemahl wieder im Stich gelassen, schließt mit Philipp von Burgund Frieden und muss sich dabei verpflichten, einerseits ihn als ihren Erben von Holland, Seeland und dem Hennegau anzuerkennen, andererseits ohne die ausdrückliche Erlaubnis Philipps des Guten nicht erneut zu heiraten.

Aber Jakobäa handelt anders als erwartet. Sie verliebt sich auf der Burg Grafenstein bei Gent in den Ritter Frank von Borselen und heiratet ihn in aller Heimlichkeit. Ob dieser Ritter im Auftrag des Herzogs von Burgund handelt, ist nicht bekannt. Jedenfalls erfährt dieser von der erneuten Verheiratung, sodass nunmehr die vereinbarte Bedingung eintritt und die gesamte Grafschaft an Burgund fällt.

Jakobäa stirbt im Jahre 1436 an Schwindsucht.

Während der Regierungszeit Johanns wird 1422 Konstantinopel (das heutige Istanbul) von den Türken belagert, die die Stadt schließlich 1453 erobern, womit das alte byzantinische Reich untergeht und das Mittelalter (nach der Auffassung der Historiker) sein Ende findet.

Albrecht III. der Fromme (1438–1460)

Päpste:		*Kurfürsten der Rheinpfalz:*	
Eugen IV.	*1431–1447*	Ludwig IV.	*1436–1449*
Felix V.	*1440–1449*	Friedrich I.	
Nikolaus V.	*1447–1455*	der Siegreiche	*1449–1476*
Kalixtus III.	*1455–1458*		
Pius II.	*1458–1464*	*Kurfürsten von Brandenburg:*	
		Friedrich I.	*1415–1440*
König Frankreichs:		Friedrich II.	*1440–1470*
Karl VII.	*1422–1461*		
		Herzöge/Erzherzöge Österreichs:	
Deutsche Könige und Kaiser:		Albrecht V.[1]	*1405–1439*
Albrecht II.[1]	*1438–1439*	Ladislaus Posthumus[3]	*1439–1457*
Friedrich III.[2]	*1440–1493*	Friedrich V.[2,3]	*1457–1493*

Vorgänger: Ernst   *Nachfolger: Johann IV., Sigismund*

Herzog Albrecht III. der Fromme aus dem Geschlecht der Wittelsbacher regiert im Teilherzogtum Oberbayern-München von 1438 bis 1460. Seinen Beinamen erhält er wegen seiner persönlichen Frömmigkeit und seines Einsatzes für die Kirche. Er nennt sich auch Graf von Vohburg. Albrecht wird am 27. März 1401 in München geboren, er stirbt hier auch am 29. Februar 1460 und liegt in der Klosterkirche von Andechs bestattet. Seine Eltern sind Herzog Ernst von Oberbayern-München und dessen Gemahlin Elisabeth, die Tochter des Signore Barnabas von Mailand aus dem Hause Visconti.

In erster Ehe ist Albrecht seit 1432 heimlich mit der bürgerlichen Agnes Ber-

---

[1] Identisch.
[2] Identisch.
[3] Friedrich III. bestätigt 1453 den Titel »Erzherzog«. Siehe auch Anmerkung Seite 178 ff.

nauer verheiratet. Er lernt sie als besonders hübsch beschriebene Magd in einer Augsburger Baderstube kennen und holt sie auf seine Schlösser nach Vohburg, später auf Schloss Straubing sowie Bogen und Mitterfels. Die nicht standesgemäße Verbindung ist der Anlass, dass Albrecht bei einem Turnier in Regensburg im September 1434 mit Schimpf aus der Turnierbahn gewiesen wird. Der Vater missbilligt die Ehe, auch Margarethe von Kleve, die Witwe Herzog Wilhelms III. von Oberbayern-München, und auch Albrechts Tante Sophie, die Witwe des deutschen und böhmischen Königs Wenzel, sind dagegen. Lediglich sein Oheim Wilhelm III. (gestorben 1435) verteidigt Albrechts Gemahlin.

Im Oktober 1435 lädt Herzog Heinrich von Niederbayern nach Verabredung mit Albrechts Vater Ernst seinen Vetter Albrecht zur Hirschjagd nach Landshut ein. Während dieser Zeit kommt Herzog Ernst von München nach Straubing und führt im Schloss gegen Agnes einen Prozess durch, indem er sie mit dem Tod bedroht, falls sie nicht einwilligt, ins Kloster zu gehen. Agnes bleibt standhaft und weigert sich, ihre Ehe aufzugeben. Darauf wird sie von Ernst zum Tode und zu der für Frauen üblichen Art der Hinrichtung verurteilt und in der Donau ertränkt. Diese Tat veranlasst Albrecht anschließend zu Rachefeldzügen. Er verbündet sich mit Ludwig dem Gebarteten von Ingolstadt, und beide verwüsten weite Teile des Herzogtums Niederbayern. Später empfindet Herzog Ernst Reue über seine Tat und stiftet auf dem Straubinger Petersfriedhof eine Gedächtniskapelle für die »ehrsame und ehrbare Frau Agnes, die Bernauerin«. Vater und Sohn söhnen sich wieder aus. Am 21. Januar 1437, dem Tag der heiligen Agnes, heiratet Albrecht standesgemäß Anna, die Tochter des Herzogs Erich I. von Braunschweig-Grubenhagen, die 1474 stirbt und ebenfalls in der Klosterkirche von Andechs bestattet liegt. Aus dieser Ehe stammen seine Söhne Johann IV., Sigismund, Albrecht IV. der Weise sowie Christoph und Wolfgang. Die letzten drei Söhne sendet Albrecht zur Fortsetzung ihrer geistigen und geistlichen Studien nach Italien, da lediglich Johann IV. und Sigismund als Nachfolger im Herzogtum vorgesehen sind. Seine Tochter Margarethe heiratet den Markgrafen Friedrich von Mantua aus dem Hause Gonzaga, Albrechts Tochter Elisabeth wird mit dem Kurfürsten Ernst I. von Sachsen verheiratet.

Seine Jugendjahre verlebt er am Hof seiner Tante in Prag. Er wird als guter Sänger und Lautenspieler bezeichnet und gilt als Liebhaber zarter Frauen, in späteren Jahren vor allem als Verehrer der schönen Münchnerinnen. Albrecht ist friedfertig und gutmütig, besitzt keine willensstarke Persönlichkeit und zieht die Harmonie dem Rechtsanspruch vor. Die Zeitgenossen berichten, dass er als Liebhaber der Musik ein »maister von der musizirka fand, dadurch sein Verstand, den er verloren hätt, da man sein weyb (gemeint ist die Agnes Bernauerin) verträkt«.

Schon während der Regierungszeit seines Vaters beteiligt er sich an zahlreichen politischen Maßnahmen. Als Ludwig der Gebartete im Jahre 1422 München überfallen und das Herzogtum Oberbayern-München einnehmen will, ist er zusammen mit seinem Vater und den Münchner Bürgern aktiv in der Schlacht bei Alling in der Nähe des heutigen Fürstenfeldbruck am 19. September 1422 beteiligt. Sein Vater muss ihn im Gefecht vor der Gefangennahme und Verletzung heraushauen, wofür er später in Hoflach bei Alling eine Gedenkkapelle errichten lässt.

In den Auseinandersetzungen Ludwigs des Gebarteten mit dessen Sohn Ludwig dem Buckligen unterstützt Albrecht den Sohn, obwohl sein Oheim Heinrich von Niederbayern ihn auffordert, sich in diesem Streit neutral zu verhalten. Im Dezember 1438 nehmen dennoch Albrecht und Ludwig der Bucklige im Zuge dieses Konflikts die Orte Ingolstadt, Schrobenhausen, Aichach, Friedberg und Höchstadt ein. Weitere Unterstützung will Albrecht seinem Vetter nur zögernd und nur nach Überlassung der Pfänder von Baierbrunn und Lichtenberg sowie einiger Gerichte in Schwaben zukommen lassen. Als Ludwig der Bucklige 1443 Neuburg an der Donau belagert, wo sich dessen Vater verteidigt, tadelt Albrecht dies offen. Dennoch unterstützt er die Belagerung durch Materialhilfe. Albrecht ist, ebenso wie Heinrich von Niederbayern, darauf bedacht, nach dem Tod beider Ingolstädter Herzöge, die keine weiteren Erben haben, das Herzogtum Oberbayern-Ingolstadt zu annektieren. Als Ludwig der Gebartete am 2. Mai 1447 stirbt – sein Sohn ist schon seit zwei Jahren tot –, besetzt Heinrich von Niederbayern handstreichartig das Herzogtum Oberbayern-Ingolstadt. Er lässt sich von den Landständen huldigen, die von Albrecht keine Hilfe erwarten können. Albrecht hatte sie ihnen zugesagt, war aber im entscheidenden Augenblick unentschlossen geblieben.

Bei seinem Regierungsantritt 1438 kümmert sich Albrecht persönlich um die von Melk ausgehende Klosterreform in Bayern und stiftet unter Beistand von Nikolaus von Kues das Benediktinerkloster Andechs. Den Judenschutz in München kündigt er 1442 aus religiösen Gründen auf. Die Ziele des Konzils von Basel (1431–1437) mit deren Kirchenreform unterstützt er. Er übernimmt den ihm erteilten Auftrag, die Reform in Bayern durchzuführen. Auch dieser Einsatz bringt ihm den Beinamen »der Fromme«. Mit seinem Oheim Wilhelm III. hatte er persönlich vor 1435 mehrere Klöster visitiert. Die Klöster Tegernsee und Indersdorf werden zwischen 1438 und 1445 zu Zentren dieser von ihm durchgeführten Reform.

Albrecht kümmert sich auch um den Aus- und Aufbau seines Landes. Das Raubritterwesen bekämpft er unnachsichtig. Gegen bestechliche Beamte und gegen betrügerische Münzverschlechterungen schreitet er unnachgiebig ein. Für das »Straubinger Ländchen«, in welchem nach den Hussitenkriegen die Rechtssicherheit stark leidet, schließt Albrecht am 3. August 1444 ein Landfriedensbündnis mit den Nachbarstaaten und schafft damit weitgehend die Grundlage für die Ordnung im Landesinneren. Dabei lässt er eine Reihe von Burgen schleifen. Albrechts Absicht, eine gemeinsame Landfriedensordnung für ganz Oberbayern zu erlassen, scheitert jedoch am Nein des zu diesem Zeitpunkt noch regierenden Ingolstädter Vetters Ludwig des Gebarteten. Albrecht reagiert daraufhin mit Zollschranken gegen das Teilherzogtum Oberbayern-Ingolstadt. Dagegen kann er mit Ludwig dem Reichen von Niederbayern und Friedrich dem Siegreichen von der Rheinpfalz am 17. Dezember 1451 im Lauinger Vertrag ein umfassendes Landfriedensbündnis schließen.

In der Reichspolitik engagiert sich Albrecht nur wenig. Mit Heinrich dem Reichen von Niederbayern erscheint er im Januar 1420 auf dem Reichstag in Breslau, um sich an den Vorbereitungen gegen die Hussitenkriege zu beteiligen. Als der deutsche König Albrecht II. aus dem Hause Habsburg 1439 stirbt, bieten die böhmischen Landstände am 23. Mai 1440 Albrecht die böhmische Königskrone an. Albrecht verzichtet jedoch nach einigem Zögern zugunsten des legitimen drei Monate alten Erbprinzen Ladislaus, damit sein Herzogtum nicht in weitere Thronstreitigkeiten hineingezogen wird.

Am 16. Dezember 1450 schließt Albrecht mit seinem Vetter Ludwig dem Reichen von Niederbayern den Vertrag von Erding, in welchem die gewaltsame Besetzung des Herzogtums Oberbayern-Ingolstadt durch Ludwigs Vater 1447 legitimiert wird. Albrecht erhält allerdings endgültig die Pfänder zugesprochen, die er von Ludwig dem Buckligen von Ingolstadt erhalten hatte. Sonstige Forderungen Albrechts auf Gebietsabtretungen will Ludwig der Reiche nicht anerkennen. Er gibt Albrecht allerdings eine Anleihe von 32 000 Gulden, mit denen Albrecht von ihm verpfändete Besitzungen im Nordgau (Oberpfalz) einlösen kann. Damit erwirbt Albrecht zwischen 1452 und 1459 die Ämter Schwandorf, Burglengenfeld, Velburg und Rotteneck. Bereits seit 1440 konnten die Wittelsbacher außerdem die Herrschaft Hohenschwangau schrittweise erwerben (Abschluss 1567).

Am Ende seiner Regierungszeit wird Albrecht gichtkrank, sodass seine Gemahlin für ihn die Regierungsgeschäfte ausüben muss. Dennoch bleibt Albrecht wiederholt gezwungen, dabei persönlich einzugreifen.

Während der Regierungszeit Albrechts erstellt um 1445 Johann von Gutenberg den ersten Druck mit beweglichen Metallbuchstaben. 1453 endet das oströmische Reich in Konstantinopel unter Konstantin XI. Dieser Zeitpunkt gilt gleichzeitig als das Ende des Mittelalters und der Beginn der Neuzeit.

Ludwig VIII. der Bucklige (1443–1445)

Päpste:	*Kurfürst der Rheinpfalz:*	
Eugen IV. 1431–1447	*Ludwig IV.*	1436–1449
Felix V. 1440–1449		
	Kurfürst von Brandenburg:	
König Frankreichs:	*Friedrich II.*	1440–1470
Karl VII. 1422–1461		
	Herzog Österreichs:	
Deutscher König und Kaiser:	*Ladislaus Posthumus*	1439–1457
Friedrich III. 1440–1493		

Vorgänger und Nachfolger: Ludwig VII. der Gebartete

Herzog Ludwig VIII. der Bucklige aus dem Geschlecht der Wittelsbacher erhält seinen Beinamen, auch »der Höckerige«, durch seine Missgestalt. Ludwig ist Herzog von Oberbayern-Ingolstadt in der Zeit von 1443 bis 1445. In dieser Zeit verdrängt er vorübergehend seinen Vater Ludwig VII. von der Herrschaft.

Ludwig wird am 1. September 1403 in Paris geboren, er stirbt am 13. April 1445 in Ingolstadt und liegt im Münster in Ingolstadt bestattet. Seine Eltern sind Herzog Ludwig VII. der Gebartete des Teilherzogtums Oberbayern-Ingolstadt und dessen erste Gemahlin Anna, die Witwe des Grafen Johanns II. von Berry, Graf von Montpensier, eine Tochter des Grafen Johann I. de la Marche aus dem Hause Bourbon.

Ludwig plant zunächst eine Verbindung mit einer Tochter Herzog Heinrichs des Reichen von Landshut. Diese Heirat dürfte vor allem Heinrich der Reiche selbst verhindert haben. Im Jahre 1441 heiratet Ludwig dann Margarethe, die Tochter des Kurfürsten Friedrich I. aus dem Hause Hohenzollern. Diese Heirat erfolgt gegen den ausdrücklichen Willen Ludwigs Vater. Die Ehe Ludwigs bleibt kinderlos.

Ludwig wird von seinem Vater abgelehnt und sogar gehasst, vor allem wegen seiner verwachsenen Gestalt. Sein Vater überwirft sich aber auch deswegen mit ihm, weil Ludwig gegen den Willen seines Vaters eine Verbindung mit dem Markgrafen und Kurfürsten von Brandenburg eingeht, die letztlich dann auch zur Verheiratung Ludwigs mit dessen Tochter führt. Diese Abneigung seines Vaters nimmt auch nach der Beschwerde Ludwigs auf dem Konzil von Basel zu, welches über seinen Vater Ludwig den Gebarteten den Kirchenbann ausspricht, ohne dass dies Ludwig hätte verhindern können. Seine verwachsene Gestalt hat Ludwig nach der Überlieferung dadurch erhalten, dass er auf dem Transport von Frankreich nach Ingolstadt als Kleinkind in einem Korb befördert worden ist. Trotz dieser Behinderung ist Ludwig eine lebenslustige und positiv eingestellte Persönlichkeit. Ludwig gilt als klug und besitzt einen nüchternen politischen Verstand.

Im Jahre 1416 erhält Ludwig von seinem Vater die Grafschaft Graisbach als einen eigenen Herrschaftsbereich zugewiesen. Dieses zum Teilherzogtum Oberbayern-Ingolstadt gehörende Gebiet geht allerdings im bayerischen Hauskrieg von 1420/22 wieder verloren. Daraufhin erhält Ludwig von seinem Vater eroberte Gebiete, die die Münchner Herzöge Ernst und Wilhelm III. herausgeben müssen.

Ludwig muss seinen Vater auch auf dem Konzil von Basel vertreten, dessen Vorladung sein Vater Ludwig der Gebartete wegen Krankheit nicht Folge leisten kann. Nachdem Ludwigs Vater wegen Fernbleibens vom Konzil mit der Reichsacht bedroht wird, legt sein Sohn Ludwig Protest gegen das nach seiner Auffassung unstandesgemäß besetzte und im Übrigen auch parteiisch urteilende Gericht ein. Das Gericht ist nämlich mit Prälaten und Nichtadeligen sowie mit vier Ligamitgliedern als Richter besetzt, die über seinen Vater ein Urteil sprechen sollen.

Im Jahre 1438 beginnt der folgenschwere Konflikt zwischen Vater und Sohn. Sein Vater lehnt ihn, den ehelichen Sohn, nicht nur ab, er möchte auch seinen außerehelichen Sohn, den Kammermeister Wieland von Freyberg, begünstigen und dem ehelichen Sohn Ludwig vorziehen. Wieland soll fürstlich, das heißt standesgemäß, verheiratet werden, damit er Miterbe des Herzogtums Oberbayern-Ingolstadt werden kann. Daraufhin ist Ludwig bestrebt, seinen Vater gefangen zu nehmen. Dieser erfährt jedoch rechtzeitig von dieser Absicht seines Sohnes, weist ihn aus dem Land und beschwört damit den offenen Krieg zwischen Vater und Sohn herauf. Ludwig wird in dieser Auseinandersetzung von seinem Vetter Albrecht III. von Oberbayern-München unterstützt, der ihm, wenn auch ehe zurückhaltend, Hilfe gewährt. Die Belagerung von Neuburg an der Donau 1443 tadelt Herzog Albrecht sogar ausdrücklich, leistet dennoch auch hierbei Materialhilfe. Ludwigs Vater will daraufhin das gesamte Herzogsgut verbrauchen und erlässt deshalb Stiftungen, die jedoch nicht mehr zur Ausführung kommen.

Obwohl doch der außereheliche Sohn seines Vaters, Wieland von Freyberg, Anfang 1439 überraschend verstorben ist, dauert der Vater-Sohn-Konflikt noch weitere fünf Jahre an, wenn auch keiner den anderen vernichten will, weil nicht zuletzt beiden die Mittel dazu fehlen. Ludwig kann den Krieg nur durch Verpfändung zahlreicher Ländereien und durch den Verkauf von Kleinodien und von Teilen seiner französischen Erbschaft seiner Mutter finanzieren. Dabei ist er bestrebt, das Herzogtum Oberbayern-Ingolstadt von den Kriegswirren und den Truppen seines Vaters frei zu halten. Auch der König* steht auf seiner Seite, ist aber durch eigene Schwierigkeiten gehindert, Ludwig in diesem Kampf tatkräftig zu helfen.

Auch mit dem Markgrafen Friedrich von Brandenburg und dessen Söhnen schließt Ludwig ein Bündnis. Dabei kommt es nicht nur zu Verlobung Ludwigs mit Margarethe, Ludwig gelingt es auch, die im bayerischen Hauskrieg 1420/22 verloren gegangenen nordgauischen und graisbachischen Besitzungen zurückzuerwerben.

In dem Kampf mit seinem Vater ist Ludwig anfangs erfolgreich. Mit der Hilfe Albrechts von München nimmt Ludwig Ingolstadt ein und kann auch die Orte Schrobenhausen, Aichach, Friedberg und Höchstadt auf seine Seite ziehen. Danach schließt sich Ludwig auch der Ständeversammlung in Ingolstadt an. Lediglich das Land vor und im Gebirge hält weiterhin zu seinem Vater.

Am 2. Juli 1440 schließen die streitenden Parteien einen Waffenstillstand. Ludwig erlässt nunmehr am 4. November 1442 einen Landfrieden, der das ganze Teilherzogtum zur Ruhe kommen lässt und innerlich festigt. Die Stadt Neuburg an der Donau, in der sich sein Vater aufhält, belagert nun Ludwig vier Monate lang. Eine vorher von Ludwig angezettelte Verschwörung in Neuburg bleibt zunächst erfolglos. Nach der Einnahme Neuburgs an der Donau 1443 nimmt Ludwig seinen Vater gefangen und gibt ihn für 6000 Gulden an den Markgrafen von Ansbach, der ihn später seinerseits für 18 000 Gulden an Heinrich den Reichen von Niederbayern weitergibt. Herzog Heinrich, der eigene Vetter, hält Ludwig den Gebarteten bis zu dessen Tod auf Burghausen gefangen.

Ludwig selbst verfügt testamentarisch, dass sein Vater nicht länger auf Burghausen festgehalten werden solle, allerdings ohne Erfolg.

Während seiner kurzen Regierungszeit von 1443 bis 1445 betreibt Ludwig eine realistische Politik. Der harten und von vornherein aussichtslosen Politik seines Vaters gegenüber den wittelsbachischen Vettern schließt er sich nur widerstrebend an. In den Auseinandersetzungen von 1420 bis 1422 möchte er sich am liebsten mit den Vettern von Oberbayern-München verständigen, scheitert jedoch an der starren Haltung seines Vaters.

---

* König Friedrich III. wird erst 1452 zum Kaiser gekrönt.

Obwohl er offiziell einen eigenen Hof und einen selbstständigen Rat besitzt, verfügt er nicht über ausreichende Besitzungen, um aus eigener Machtvollkommenheit eine eigenständige Politik betreiben zu können.

Im Reich kann sich Ludwig auf dem Nürnberger Reichstag im Herbst 1444 mit dem König* versöhnen. Ludwig verspricht ihm bei dieser Gelegenheit seine Unterstützung gegen die Tiroler Landschaft. Der König* ernennt ihn daraufhin zum königlichen Rat. Am 2. Januar 1445 wird Ludwig Mitglied des Mergentheimer Fürstenbundes des Kurfürsten von Mainz. Dadurch wächst seine Bedeutung unter den Fürsten. Der Tod setzt seiner erfolgreichen Innen- und Außenpolitik am 13. April 1445 ein Ende.

Mit dem Tod Ludwigs beziehungsweise mit dem Tod seines Vaters zwei Jahre später stirbt die Wittelsbacher Linie der Herzöge von Oberbayern-Ingolstadt aus. Das Herzogtum geht auf Heinrich den Reichen von Niederbayern über.

Während der Regierungszeit Ludwigs wird um 1445 durch Johann Gutenberg in Mainz der erste Druck mit beweglichen Metallbuchstaben hergestellt.

Ludwig IX. der Reiche (1450–1479)

Päpste:		Kurfürsten der Rheinpfalz:	
Nikolaus V.	1447–1455	Friedrich I.	1449–1476
Kalixtus III.	1455–1458	Philipp der Aufrichtige	1476–1508
Pius II.	1458–1464		
Paul II.	1464–1471	*Kurfürsten von Brandenburg:*	
Sixtus IV.	1471–1484	Friedrich II.	1440–1470
		Albrecht Achill	1470–1486
Könige Frankreichs:			
Karl VII.	1422–1461	*Herzöge/Erzherzöge Österreichs:*	
Ludwig XI.	1461–1483	Ladislaus Posthumus[2]	1439–1457
		Friedrich V.[1,2]	1457–1493
Deutscher König und Kaiser:			
Friedrich III.[1]	1440–1493		

***Vorgänger:** Heinrich XVI. der Reiche*   ***Nachfolger:** Georg der Reiche*

Herzog Ludwig IX. der Reiche aus dem Geschlecht der Wittelsbacher regiert im Teilherzogtum Niederbayern von 1450 bis 1479. Neben seinem Vater und seinem Sohn gehört er zu den drei »reichen Herzögen« von Niederbayern. Ludwig wird am 23. Februar 1417 auf Burghausen geboren, er stirbt am 18. Januar 1479 in Landshut und liegt im Kloster Seligenthal bei Landshut bestattet. Seine Eltern sind Herzog Heinrich XVI. der Reiche von Niederbayern und dessen Gemahlin Margarethe, die Tochter des Erzherzogs Albrecht IV. von Österreich aus dem Hause Habsburg. Verheiratet ist Ludwig seit 1452 mit Amalia, der Tochter des Kurfürsten Friedrich II. des Sanftmütigen von Sachsen. Bereits diese Hochzeit feiert Ludwig in großem Stil. 22 000 Personen, darunter 1300 Rit-

---

[1] Identisch.
[2] Friedrich III. bestätigt 1453 den Titel Erzherzog.

ter, sind seine Gäste. Aus der Ehe stammen sein Sohn und Nachfolger Herzog Georg der Reiche und seine Tochter Margarethe, die mit dem Kurfürsten Philipp dem Aufrichtigen von der Rheinpfalz verheiratet wird. Die beiden anderen Töchter Elisabeth und Anna sterben im Kindesalter.

Ludwig erlebt eine harte, freudlose und entsagungsreiche Jugend mit seiner Mutter auf Burghausen. Diese fromme Frau erzieht ihn sorgfältig im christlichen Glauben. Sein Lehrmeister im ritterlichen Waffengang ist der Hofmeister Hans von Trenbeck, ein weit gereister Soldat, der nach der Überlieferung mit 97 Jahren ins Kloster geht und nach einem Sturz vom Pferd mit 116 Jahren stirbt.

Ludwig besitzt eine ritterliche Erscheinung, ist großherzig und treu und wird von den Untertanen und den Standesgenossen gleichermaßen verehrt. Einmal getäuscht, kann Ludwig nur schwer verzeihen. Er besitzt ein ausgeprägtes Gefühl für Ehre und Ruhm, ist politisch ehrgeizig, aber nicht skrupellos wie sein Vater. Persönlich tapfer und unerschrocken im Gefecht, ist er kein Anhänger von Kriegen und deren grausamem Begleiterscheinungen. Er liebt zwar den Prunk, ist aber auch ein guter Rechner und sparsamer Verwalter. Ludwig ist eine von den Zeitgenossen anerkannte Persönlichkeit. Für den Chronisten Hans Ebran von Wildenberg ist er »ein hochgepriester Fürst in allem römischen reich«. Wegen seines ausgleichenden Wesens kommt es zwischen ihm und den Landständen kaum zu Unstimmigkeiten.

Bei seinem Regierungsantritt am 4. August 1450 übernimmt Ludwig mit Niederbayern ein geordnetes Herzogtum, das zwei Drittel von Gesamtbayern mit den fruchtbarsten Landesteilen, außerdem die Bergwerke am tirolischen Inn und vor allem die vollen Schatzgewölbe von Burghausen umfasst. Seinem Vater richtet er ein prunkvolles Leichenbegängnis aus, bei dem auch das Volk vom Herzog bewirtet wird.

Einen zu Beginn der Regierung drohenden Aufstand der Bürgerschaft kann er durch rasches Eingreifen unterdrücken. Seine erste wichtige Amtshandlung ist der Abschluss des Erdinger Vertrags mit Herzog Albrecht III. dem Frommen von Oberbayern-München im Jahre 1450. Damit soll die gewaltsame Besetzung des Herzogtums Oberbayern-Ingolstadt durch Ludwigs Vater Heinrich im Jahre 1447 nach dem Aussterben der dortigen Wittelsbacher Linie geregelt werden. Ludwig findet Albrecht mit einem Darlehen von 32 000 Gulden ab, das es Albrecht ermöglicht, verpfändete Besitzungen im Nordgau (Oberpfalz) wieder einzulösen. Alle anderen Forderungen Albrechts auf weitere Gebietsabtretungen aus dem Teilherzogtum Oberbayern-Ingolstadt lehnt Ludwig aber strikt ab.

Ludwig nimmt auf den Gang der Ereignisse im Reich als kluger und gerechter Vermittler in Streitigkeiten zwischen den Fürsten großen Einfluss. Zur Absicherung seines Herzogtums schließt er verschiedene Bündnisse und überwacht im Innern die Einhaltung des Landfriedens. 1451 geht er mit Albrecht von München und dem Kurfürsten Friedrich von der Rheinpfalz im Lauinger Vertrag ein umfassendes Landfriedensbündnis ein. 1457 verpflichten sich Ludwig und der junge Herzog Ladislaus Posthumus von Österreich zur gegenseitigen Hilfeleistung und zur gütlichen Einigung in allen Streitigkeiten.

Im Städtekrieg um Nürnberg zwischen der Stadt und Markgraf Albrecht Achilles verhält sich Ludwig neutral. Er greift jedoch die Stadt Donauwörth 1458 an, muss aber am 9. Oktober 1458 kapitulieren und gerät sogar in die Reichsacht. Am 16. Juli 1459 übergibt er Donauwörth an den Bischof von Eichstätt, später kommt die Stadt Donauwörth wieder an das Reich. Wegen des Streits um das Nürnberger Landgericht wegen der Zuständigkeit für niederbayerische Streitigkeiten trifft Ludwig mit dem Markgrafen Albrecht Achilles die Nürnberger Abmachungen, die für Ludwig jedoch wertlos sind und daher auch die »Blinden Sprüche« genannt werden. Am 24. Juni 1460 verzichten jedoch die Hohenzollern endgültig auf die gerichtliche Vorladung bayerischer Untertanen vor das Landgericht Nürnberg.

Im Reichskrieg von 1460 gegen Ludwig, ausgelöst durch die erfolgte Reichsacht, stellt sich König Georg Podiebrad von Böhmen auf seine Seite, seine übrigen Verbündeten verlassen ihn jedoch. In der Schlacht bei Giengen am 19. Juli 1462 kann Ludwig den Markgrafen Albrecht Achilles, nunmehr sein Gegner, besiegen. Er behandelt ihn aber großzügig und schont die Bevölkerung. Im Frieden von Prag vom 22. August 1463 wird Ludwig endgültig gezwungen, auf Donauwörth zu verzichten. 1464 schließt er ein Landfriedensbündnis mit den Städten Ulm, Aalen, Giengen und auch ein Bündnis mit dem Bischof Peter, Graf von Schauenburg von Augsburg, dem sich auch die Reichsstädte Augsburg und Memmingen und die Herzöge von Württemberg anschließen. Seit 1463 ist Ludwig mit Kurfürst Friedrich dem Siegreichen von der Rheinpfalz verbündet. Außerdem vereinbart er mit Graf Ullrich von Württemberg einen Pakt, der durch den Beitritt weiterer Vertragspartner im Jahre 1465 sich zum großen Landfriedensbund ausweitet.

Im Gegensatz zur Politik seines Vaters kündigt Ludwig zu Beginn seiner Regierung 1450 in Niederbayern den herzoglichen Judenschutz auf. Die Juden werden gezwungen, aus Niederbayern auszuwandern. 1467 erlässt er die erste herzogliche Anerbenordnung für die zu Erbrecht ausgegebenen landesherrlichen Güter. Dem Ritter Ebran von Wildenberg gibt er den Auftrag, eine Chronik aller Fürsten Bayerns zu erstellen. Obwohl Ludwig persönlich an der Gelehrsamkeit nicht sonderlich interessiert ist, gründet er in Ingolstadt im Pfründnerhaus des früheren Herzogs Ludwig des Gebarteten 1472 die erste bayerische Universität, die später König Max I. nach Landshut und sein Sohn König Ludwig I. 1826 als Ludwig-Maximilians-Universität nach München verlegen sollten. Umso mehr kümmert sich Ludwig um die Herausgabe der Landesgesetze. 1474 bringt er mit einer detaillierten Landesordnung die erste Rechtskodifikation für Niederbayern heraus.

Groß sind allerdings Ludwigs künstlerischen Interessen und Neigungen. Im Schedelschen Liederbuch ist ein von ihm verfasstes Lied überliefert. Besonders ehrt er den blinden Musiker Konrad Paumann, der im Mai 1454 auf der Burg Trausnitz vor Ludwigs Gästen, Herzog Philipp dem Guten und Herzog Albrecht dem Frommen, mit virtuosem Spiel auf verschiedenen Instrumenten auftritt.

Im Jahre 1475 verheiratet er seinen einzigen Sohn und Nachfolger im Herzogtum Niederbayern, Herzog Georg, mit der Prinzessin Hedwig, der Tochter König Kasimirs von Polen. Diese Verbindung sollte als die berühmte Landshuter Fürstenhochzeit in die Geschichte eingehen. Die Anbahnung und Verwirklichung dieser Ehe ist für Ludwig und auch für Niederbayern ein glänzender politischer Erfolg. Selbst Kaiser Friedrich III. und Kurfürst Albrecht Achilles, seine früheren militärischen Gegner, geben dem Fest mit vielen anderen Fürsten die Ehre ihres Besuchs. Diese Landshuter Fürstenhochzeit sollte es aber nicht verhindern können, dass die Wittelsbacher Linie der Herzöge von Niederbayern mit Herzog Georg dem Reichen in männlicher Linie aussterben sollte.

Während der Regierungszeit Ludwigs wird um 1450 im Handwerk das Meisterstück allgemein üblich. 1452 wird der deutsche König Friedrich IIII. in Rom zum Kaiser gekrönt, die letzte konstitutive Kaiserkrönung in Rom. Mit dem Ende des oströmischen Reichs unter seinem Kaiser Konstantin XI. 1453 wird allgemein das Ende des Mittelalters und der Beginn der Neuzeit gesehen. Um 1455 erstellt Johann Gutenberg eine zweiundvierzigzeilige Bibel. In Italien entsteht um 1460 die Antiquaschrift. 1469 heiraten Ferdinand von Aragon und Isabella von Kastilien und begründen mit der späteren Vertreibung der Mauren aus Südspanien den spanischen Nationalstaat. 1477 unterwirft Iwan III. von Russland unter anderem Nowgorod, womit die Entwicklung des russischen Nationalstaats beginnt.

Johann IV. (1460–1463)

Papst:	**Kurfürst der Rheinpfalz:**
Pius II. 1458–1464	Friedrich I. 1449–1476
Könige Frankreichs:	**Kurfürst von Brandenburg:**
Karl VII. 1422–1461	Friedrich II. 1440–1470
Ludwig XI. 1461–1483	
	Erzherzog von Österreich:
Deutscher König und Kaiser:	Friedrich V.* 1457–1493
Friedrich III.* (Kaiser) 1440–1493	

Vorgänger: Albrecht III. der Fromme   **Nachfolger: Sigismund**

Herzog Johann IV. aus dem Geschlecht der Wittelsbacher regiert zusammen mit seinem jüngeren Bruder Sigismund im Teilherzogtum Oberbayern-München von 1460 bis 1463.

Johann wird am 4. Oktober 1437 in München geboren, er stirbt am 18. November 1463 in Haidhausen, einem damaligen Vorort von München, und liegt in der Klosterkirche in Andechs bestattet.

Seine Eltern sind Herzog Albrecht III. der Fromme von Oberbayern-München und dessen Gemahlin Anna, die Tochter Herzog Erichs I. von Braunschweig-Grubenhagen.

Johann bleibt unverheiratet.

Als Johanns Vater Albrecht der Fromme Ende Februar 1460 in München stirbt, ist es zunächst ungewiss, wie die Nachfolgeregelung tatsächlich erfolgen wird. Herzog Albrecht hatte vor seinem Tod bestimmt, dass nur die beiden ältesten Söhne, Johann und Sigismund, die Nachfolge im Herzogtum Bayern-München übernehmen sollten.

---

* Identisch.

Die anderen Söhne, Albrecht, Christoph und Wolfgang, sind vom Vater testamentarisch dazu bestimmt, den geistlichen Berufsweg und damit kirchliche Ämter zu wählen. Christoph, zwölf Jahre jünger als sein ältester Bruder Johann, fühlt sich an diese vom Vater getroffene Regelung schon deswegen nicht gebunden, weil er zu einem Zeitpunkt geboren wurde, als es diese Festlegung der Nachfolgeregelung durch den Vater noch nicht gab. Dennoch kann Johann zusammen mit seinem Bruder Sigismund die Regierungsgeschäfte unangefochten übernehmen. Die drei jüngeren Brüder sind zu diesem Zeitpunkt auch noch nicht volljährig, halten sich auf Veranlassung des Vaters derzeit zu Studienzwecken in Italien auf und können somit von den beiden ältesten Brüdern problemlos von der Mitherrschaft abgehalten werden.

Johann und Sigismund regieren einträchtig zusammen, zumal Johann als der bei weitem lebhaftere und tüchtigere der beiden Herzöge von Anfang an die Initiative zur Durchführung von Regierungsmaßnahmen ergreift, ohne dass sein Bruder Sigismund ihn dabei zu hindern oder einzuschränken versuchen würde. Herzog Johann ist zweifellos der eigentliche Herrscher in München. Er ist klug, eine aufrichtige Persönlichkeit, die jedoch von dem jüngeren Bruder in der Verwaltung so weit wie möglich tatkräftig unterstützt wird. Beide in München regierenden Herzöge einigen sich auf einen gemeinsamen Kanzler, den Domherr Thomas Pirkheimer aus Regensburg.

Als im Jahre 1463 in München die Pestepidemie ausbricht, versucht sich Johann der Gefahr von dieser um sich greifenden Krankheit durch Flucht aus München zu entziehen. Er begibt sich in die Bischofsstadt Freising, wo er sich bis zum Abklingen der Epidemie aufzuhalten gedenkt. Doch die Krankheit hat ihn schon befallen. Im November 1463 stirbt er in Haidhausen vor München. Der frühe Tod des sechsundzwanzigjährigen Johann beendet eine hoffnungsvoll begonnene Regierungstätigkeit, die im Herzogtum keine bleibenden Eindrücke hinterlässt.

Nach dem Tod Johanns führt zunächst sein jüngerer Bruder Sigismund die Regierungsgeschäfte im Herzogtum Oberbayern-München bis zum Jahre 1465 alleine weiter.

Während der Regierungszeit Johanns wählen 1460 die Stände des Herzogtums Schleswig-Holstein den dänischen König Christian I. zum Landesherrn, der die Untrennbarkeit dieser Länder gelobt. 1462 begründet Iwan III., Großfürst von Moskau, seine Herrschaft über die übrigen russischen Fürstentümer. 1463 erobern die Türken Bosnien.

Sigismund (1460–1467)

Papst:		*Kurfürst der Rheinpfalz:*	
Pius II.	*1458–1464*	*Friedrich I.*	*1449–1476*
Paul II.	*1464–1471*		
		Kurfürst von Brandenburg:	
Könige Frankreichs:		*Friedrich II.*	*1440–1470*
Karl VII.	*1422–1461*		
Ludwig XI.	*1461–1483*	*Erzherzog von Österreich:*	
		*Friedrich V.**	*1457–1493*
Deutscher König und Kaiser:			
Friedrich III. (Kaiser)*	*1440–1493*		

Vorgänger: Albrecht III. der Fromme   Nachfolger: Albrecht IV. der Weise

Herzog Sigismund aus dem Geschlecht der Wittelsbacher regiert im Teilherzogtum Oberbayern-München von 1460 bis 1463 zusammen mit seinem ältesten Bruder Johann IV., der 1463 stirbt. Danach herrscht Sigismund für zwei Jahre in München allein, bis er seinen jüngeren Bruder Albrecht IV. in die Regierung aufnehmen muss. 1467 dankt er zugunsten Albrechts ab. Sigismund wird am 26. Juli 1439 in Straubing geboren, er stirbt am 1. Februar 1501 in Schloss Blutenburg in München und liegt in der Liebfrauenkirche in München bestattet. Seine Eltern sind Herzog Albrecht III. der Fromme von Oberbayern-München und dessen Gemahlin Anna, die Tochter Herzog Erichs I. von Braunschweig-Grubenhagen. Sigismund bleibt unverheiratet.

Als Sigismunds Vater Albrecht der Fromme am 29. Februar 1460 in München stirbt, ist nicht sicher, wer von den fünf Söhnen Albrechts die Nachfolge im Teilherzogtum Oberbayern-München antreten wird. Der Vater hatte zwar vor seinem Tod in einer Erbfolgeregelung bestimmt, dass nur Sigismund und sein

---
* Identisch.

Bruder Johann IV., der älteste der Bruder, als Herzöge regieren sollten, während die anderen Brüder vom Vater testamentarisch für den geistlichen Beruf und für kirchliche Ämter bestimmt sind. Christoph, zehn Jahre jünger als Sigismund, sieht sich an die vom Vater festgelegte Nachfolgeregelung jedoch nicht gebunden. Denn er, Christoph, habe zu dem Zeitpunkt, als die Erbfolgeregelung aufgestellt wurde, bereits gelebt, sodass sie für ihn nicht gelten könne. Dennoch können zunächst Sigismund und sein älterer Bruder Johann IV. die Herrschaft im Herzogtum unangefochten übernehmen, zumal Christoph und seine Brüder Albrecht (IV.) und Wolfgang zu dieser Zeit noch nicht volljährig sind und auf Veranlassung des Vaters in Italien studieren, sodass sie von der Mitherrschaft problemlos abgehalten werden können.

Beide Herzöge, Sigismund und Johann, regieren einträchtig zusammen, wobei Sigismund nichts dagegen hat, dass sein bei weitem aktiverer älterer Bruder Johann im Wesentlichen die gesamten Regierungsgeschäfte durchführt, ohne von Sigismund Behinderungen oder Einschränkungen zu erfahren. Herzog Johann ist zweifellos der eigentliche Herrscher in München, Sigismund weiß um die politische Klugheit seines Bruders und unterstützt ihn in der Verwaltung des Herzogtums nach besten Kräften. Beide Herzöge haben sich auf einen einzigen gemeinsamen Kanzler in ihrer Herrschaft geeinigt, auf den Domherrn Thomas Pirkheimer aus Regensburg.

Als im Jahre 1463 Sigismunds Bruder Johann an der Pest stirbt, übernimmt Sigismund die Alleinherrschaft im Herzogtum. Sein jüngerer Bruder Albrecht will sich damit nicht abfinden und stellt trotz der Erbfolgeregelung des Vaters Ansprüche auf die Mitregentschaft. Sigismund gelingt es allerdings zunächst, den ehrgeizigen Albrecht für zwei Jahre bis 1465 noch hinzuhalten. Die Landstände in München sind aber nicht damit einverstanden, dass in der Regierung und Verwaltung viele Entscheidungen liegen bleiben, nachdem sich Sigismund mehr für seine privaten und persönlichen Belange als für die notwendigen politischen Maßnahmen interessiert und sich auch mehr um diese kümmert. Sigismund wird daher gezwungen, 1465 Albrecht IV. als mitregierenden Herzog in die Regierung aufzunehmen, zumal dieser seinen Anspruch auf Teilnahme an der Herrschaft energisch und tatkräftig fordert.

Unter Sigismunds Alleinherrschaft und auch in der Zeit der Mitregentschaft Albrechts reißt ein enormer Schlendrian im Land ein, auch wenn Sigismund gelegentlich gegen die Anstellung ungeeigneter Personen als Richter und Beamte vorgeht und dabei auch kritisiert, dass die »armen Leute« beim Richter kein Gehör finden. Wegen der zunehmenden Nachlässigkeiten in der Verwaltung sieht sich der agile und tatkräftige jüngere Albrecht nunmehr veranlasst, Sigismund am 3. September 1467 zum Rücktritt vom Amt des regierenden Herzogs zu zwingen. Sigismund leidet unter dieser erzwungenen Abdankung nicht, im

Gegenteil, er scheint dies zu befürworten, denn einerseits ist seine Gesundheit angeschlagen, andererseits hat er von jeher mehr Interesse an künstlerischen Dingen als an der Regierung und der Verwaltungsarbeit.

In seiner Abdankungsurkunde erkennt Sigismund die Tatkraft und auch die politischen Fähigkeiten seines Bruders Albrecht neidlos an, hält seinen eigenen Regierungsverzicht auch für einen positiven Entschluss zum Wohle des Landes und seiner Bürger und gibt in ebenso erfrischender wie seltener Offenheit die Gründe für seinen Schritt bekannt:

»Infolge Blödigkeit des Leibes nicht gerne Mühe und Arbeit tragend und mehr geneigt, mir ein geruhiges Wesen ohne alle Bekümmernisse zu machen, will ich mein Regiment in eine Hand stellen, in der für Land und Leute besser und fleißiger gesorgt ist.«

Danach zieht sich Sigismund völlig ins Privatleben zurück und lebt nur noch nach seinen Neigungen und Interessen. Er bleibt ein Liebhaber schöner Frauen, hält sich eine kleine Menagerie, in der ebenso Meerschweinchen wie weiße Tauben und Pfauen sowie »alle selczamen tierlein« gehalten werden. Die Zeit vertreibt er sich hauptsächlich mit Singen und Saitenspiel. Seine lebenslange Verschwendungssucht, die bereits sein Vater tadelt, zwingt ihn im Alter, sich fortwährend vor seinen Gläubigern zu verstecken.

Im Jahre 1467 lässt Sigismund die Blutenburg bei München zu einem Schlösschen ausbauen, wo 1488 die dortige Schlosskapelle errichtet wird. An der Innenausstattung der Schlosskapelle arbeiten unter anderem der Holzschnitzer Erasmus Grasser und der Maler Jan Pollak. 1468 legt er den Grundstein zur Münchner Liebfrauenkirche, mit deren Bau er den Meister Jörg von Halsbach, Maurermeister zu Polling, beauftragt. 1478 gibt er den Auftrag zum Bau der Kirche von Pipping, 1492 zum Bau der Kirche in Untermenzing, beide heute in München, sowie im Jahre 1499 noch den Auftrag zum Bau der Kirche in Aufkirchen am Starnberger See.

Während der Regierungszeit Sigismunds entsteht um 1460 in Italien die Antiquaschrift. In diesem Jahr begründet der Kurfürst Friedrich I. der Siegreiche im »Pfälzer Krieg« die Pfälzer Territorialmacht durch Erwerb von Lorsch und durch Rückgewinnung der entzogenen Landvogteien Hagenau und Lützelstein. 1462 begründet Iwan III., Großfürst von Moskau, seine Herrschaft über die übrigen russischen Fürstentümer. 1463 erobern die Türken Bosnien. 1465 treten die Generalstaaten in den Niederlanden erstmalig zusammen, um die Verfassung zu vereinheitlichen.

Bayern bis zur Wiedervereinigung von 1505

Das Herzogtum Niederbayern, mittlerweile um Teile des Teilherzogtums Niederbayern-Straubing und das gesamte Teilherzogtum Oberbayern-Ingolstadt flächenmäßig bedeutsam erweitert, gewinnt unter seinem Herrscher Ludwig IX. dem Reichen (1450 bis 1479) weiterhin an politischer Macht. Albrecht III., Herzog des schwächeren restlichen Teilherzogtums Oberbayern-München, muss es akzeptieren, dass sich Ludwigs Vater Heinrich der Reiche im Jahre 1447 das Gebiet Oberbayern-Ingolstadt nach dem Aussterben der dortigen Wittelsbacher Linie überfallartig aneignet, ohne auf den unentschlossenen Münchner Vetter Rücksicht zu nehmen. Drei Jahre später muss Albrecht im Erdinger Vertrag dieser gewaltsamen Annektierung auch noch seine Zustimmung geben. Wer jedoch Albrecht den Frommen wegen seines weichen Charakters für einen schwachen Herrscher hält, verkennt seine innerstaatlichen Leistungen als regierender Herzog. Denn Albrecht gelingt es in seinem Herzogtum auch, die Raubritter in seinem Lande im großen Stil zurückzudrängen und damit den Grundstein für einen innerlich gefestigten Flächenstaat zu legen.

Die große außenpolitische Chance der Wittelsbacher, das Angebot der böhmischen Königskrone anzunehmen und damit Herrscher eines reichen Landes mit einer Kurstimme zu werden, nützt Albrecht der Fromme allerdings nicht. Die Habsburger sind noch nicht lange böhmische Könige. Rudolph III., der Enkel Rudolphs des Habsburgers, konnte einst die Herrschaft in Böhmen nur über acht Monate halten, dann starb er 1307. Sein Nachfahre Albrecht V. behält die böhmische Königskrone ebenfalls nur etwas mehr als zwei Jahre bis zu seinem Tod 1439. Damit überlässt der Wittelsbacher Albrecht großmütig dem nachgeborenen unmündigen Sohn des Habsburgers Albrecht V., Ladislaus Posthumus, das Königreich Böhmen, das die Habsburger später zu ihrer Machterweiterung und ihrem Machtausbau verwenden, unter anderem auch gegen die Wittelsbacher selbst. Der Nachfahre Albrechts des Frommen, der Kurfürst von Bayern, Karl Albrecht, kann im Österreichischen Erbfolgekrieg 1741 lediglich für kurze Zeit bis zu seinem Tod 1745 die böhmische Königskrone erringen, mit der zu allen Zeiten auch eine maßgebliche politische Einflussmöglichkeit im Kurfürstenkollegium verbunden ist.

Eine Annahme der böhmischen Königskrone durch Albrecht den Frommen hätte Bayern nach der Wiedervereinigung 1505 durchaus die Möglichkeit zu einer europäischen Großmacht schaffen können.

Nach dem Tod Herzog Albrechts des Frommen 1460 verliert Oberbayern-München durch die häufigen Herrscherwechsel an politischer Bedeutung. Johann IV. kann seine hoffnungsvolle Herrscherpersönlichkeit nicht entfalten, da er bereits nach drei Jahren Regierung an der Pest stirbt. Sein jüngerer Bruder Sigismund interessiert sich mehr für seine privaten Belange und dankt mehr oder weniger freiwillig ab. Albrecht der Weise, der 1467 die Alleinherrschaft in München übernehmen kann, muss sich unter großen Schwierigkeiten gegen seine beiden jüngeren Brüder, vor allem gegen den abenteuerlichen Christoph, erst noch durchsetzen, was ihm schließlich auch gelingt. Es spricht für die große persönliche Integrität Herzog Ludwigs des Reichen von Niederbayern, dass er, im Gegensatz zu seinem skrupellosen Vater Heinrich dem Reichen von Niederbayern oder dem streitsüchtigen Vetter Ludwig dem Gebarteten von Oberbayern-Ingolstadt, diese inneren Zwistigkeiten im Hause Wittelsbach in München nicht zu seinem territorialen Vorteil auszunutzen versucht. Dann wäre die bayerische Geschichte wohl zugunsten der Metropole Landshut ausgegangen.

In der letzten großen innerbayerischen Auseinandersetzung zwischen den wittelsbachischen Vettern, dem Landshuter Erbfolgekrieg von 1503, sollte sich, wie so oft in der Geschichte, wieder einmal erweisen, dass eine überragende politische Persönlichkeit die real ungünstigeren Bedingungen einer historischen Situation überwinden und zu seinem Vorteil wenden kann. Albrecht dem Weisen, dem Herrscher des weitaus kleineren und finanziell schwächeren Oberbayern-München, gelingt es, dank seiner besonderen Qualitäten, nach einem Vierteljahrtausend die Teile Bayerns zu einem Gesamtstaat unter der Führung der oberbayerischen Linie der Wittelsbacher zusammenzufassen. Dabei muss Albrecht der Weise zwar territoriale Verluste wie Kitzbühel, Kufstein und Rattenberg zugunsten Habsburgs hinnehmen. Aber insgesamt gelingt es Österreich unter Albrechts Schwager Kaiser Maximilian I. nicht, von diesem innerbayerischen Hausstreit mehr zu profitieren. Dessen Plan, die Kontrahenten, nämlich Ruprecht von der Rheinpfalz, Elisabeth von Niederbayern und Albrecht von Oberbayern-München, gegeneinander auszuspielen, hat letztlich keinen Erfolg.

Es ist das große historische Verdienst Albrechts des Weisen, dass er von Anfang an die Interessen des gesamtbayerischen Herzogstaates über die eigenen persönlichen Interessen stellt und mit Herzog Georg dem Reichen von Niederbayern für den Fall des kinderlosen Aussterbens selbst der eigenen Linie die gegenseitige Erbfolge vereinbart. Andernfalls wäre die Gefahr nicht ausgeschlossen gewesen, dass sich beide Teilherzogtümer in Zukunft völlig eigenständig entwickelt hätten.

Als Georg der Reiche sich nicht an diese getroffene Abmachung halten will und stattdessen seinen Schwiegersohn Ruprecht von der Rheinpfalz als seinen Erben einsetzt, beginnt nach Georgs Tod 1503 der Landshuter Erbfolgekrieg. Unter einem weniger kraftvollen Herrscher als Albrecht IV., der ja eigentlich vom Vater nicht zum Regierungsamt vorgesehen war, hätten sich Österreich und auch andere Nachbarstaaten auf Kosten Bayerns bereichern können.

Um die Gefahr einer erneuten Spaltung und Teilung in einzelne selbstständige Territorien für alle Zeiten auszuschalten, verhilft Albrecht der Weise mit dem von ihm eingeführten Primogeniturgesetz dem staatspolitischen Grundsatz zum Durchbruch, dass in Bayern künftig ausschließlich die erstgeborenen männlichen Nachkommen und dessen Abkömmlinge die Herrschaft in Bayern übernehmen können. Jüngere Brüder sollen in Zukunft nur den Rang, den Titel und den Unterhalt eines Grafen* erhalten. Damit beginnt in Bayern jene Entwicklung, die dem Staatsvolk bis zum Ende der Monarchie im Jahre 1918 im Großen und Ganzen alle inneren Unruhen ersparen sollte.

---

* Später nennen sich die nichtregierenden Wittelsbacher »Herzöge **in** (anstatt **von**) Bayern.«

Albrecht IV. der Weise (1465–1508)

Päpste:		*Kurfürsten der Rheinpfalz:*	
Paul II.	1464–1471	Friedrich I.	1449–1476
Sixtus IV.	1471–1484	Philipp der Aufrichtige	1476–1508
Innozenz VIII.	1484–1492	Ludwig V.	1508–1544
Alexander VI.	1492–1503		
Pius III.	1503	*Kurfürsten von Brandenburg:*	
Julius II.	1503–1513	Friedrich II.	1440–1470
		Albrecht Achill	1470–1486
Könige Frankreichs:		Johannes Cicero	1486–1499
Ludwig XI.	1461–1483	Joachim I. Nestor	1499–1535
Karl VIII.	1483–1498		
Ludwig XII.	1498–1515	*Erzherzöge Österreichs:*	
		Friedrich V.[1]	1457–1493
Deutsche Könige und Kaiser:		Maximilian I.[2]	1493–1519
Friedrich III.[1]	1440–1493		
Maximilian I.[2]	1493–1519		

Vorgänger: Sigismund   *Nachfolger: Wilhelm IV. der Standhafte*

Herzog Albrecht IV. der Weise aus dem Geschlecht der Wittelsbacher erhält seinen Beinamen wegen seiner Vorliebe für die Gelehrsamkeit, aber auch, weil er als klug gilt. Albrecht regiert im Teilherzogtum Oberbayern-München zusammen mit seinem älteren Bruder Sigismund von 1465 bis 1467. Ab 1467 regiert er in München allein bis zu seinem Tod 1508. Seit 1505 kann er nach der Wiedervereinigung der Teilherzogtümer Niederbayern mit Oberbayern-München über ganz Bayern alleine herrschen.

---

[1] Identisch.
[2] Identisch.

Albrecht wird am 15. Dezember 1447 in München geboren, er stirbt hier auch am 18. März 1508 und liegt in der Liebfrauenkirche in München bestattet. Seine Eltern sind Herzog Albrecht III. der Fromme von Oberbayern-München und dessen Gemahlin Anna, die Tochter Herzog Erichs I. von Braunschweig-Grubenhagen.

1486 scheint Kaiser Friedrich mit einer Verheiratung seiner Tochter mit Albrecht noch einverstanden. Der Kaiser sagt die Herausgabe der besetzten Reichsgrafschaft Abensberg als Mitgift zu. Am 3. Januar 1487 heiraten Albrecht und die Habsburgerin Kunigunde in Innsbruck, jedoch ohne die Einwilligung des Kaisers, sodass es zum Bruch zwischen Albrecht und dem Kaiser kommt. Später erhält Albrecht die 32 000 Gulden als Entschädigung für die ausgefallene Mitgift. Aus Albrechts Ehe stammen der Sohn und Nachfolger Wilhelm IV., der Mitregent Ludwigs X., und der Sohn Ernst, der später Domherr in Passau wird. Albrecht hinterlässt daneben die Töchter Sidonie, die verlobt mit 17 stirbt; Sibille, verheiratet mit Kurfürst Ludwig V. von der Rheinpfalz; eine Tochter Sabine, die Herzog Ulrich von Württemberg heiratet; eine Tochter Susanne, die früh stirbt; und eine weitere Tochter namens Susanne, die in erster Ehe mit Markgraf Kasimir von Brandenburg-Kulmbach verheiratet ist, in zweiter Ehe Ottheinrich, den Pfalzgrafen und Herzog von Pfalz-Neuburg, den späteren Kurfürsten, heiratet.

Albrecht gilt als bescheiden. Er führt ein vorbildliches Familienleben. In seiner Körperfülle wird er allgemein als eine gutbürgerliche Erscheinung dargestellt, kann aber gerade in politischen Fragen sehr konsequent sein. Albrecht neigt seinem Wesen nach zur Gelehrsamkeit, vertraut Juristen und besitzt keine Neigung für ritterlichen Zeitvertreib, was ihm wohl auch seinen Beinamen einbringt. Er gilt als besonders sparsam und kümmert sich persönlich sehr intensiv um die Verwaltung des Landes. Als Politiker handelt er ohne Emotionen und nimmt die schlimmsten Kränkungen ungeahndet hin. Er ist von großem Pflichtgefühl durchdrungen und ein tüchtiger Finanzier. Albrecht ist sicherlich der bedeutendste Wittelsbacher seiner Zeit, und auch in der deutschen Geschichte gehört er zu den hervorragendsten Herrscherpersönlichkeiten. Die Haudegen unter den Rittern beschimpfen ihn als einen »Stubenschreiber und Federfuchser«, nachdem eine geistige Beschäftigung für Adelige noch immer als nicht standesgemäß gilt.

Albrechts Vater Albrecht der Fromme bestimmt vor seinem Tod durch Gesetz, dass die beiden ältesten Brüder Johann IV. und Sigismund die Regierung in Oberbayern-München gemeinsam übernehmen sollen. Als Johann IV. 1463 überraschend an der Pest stirbt, erhebt Albrecht, der vom Vater mit seinen beiden jüngeren Brüdern Christoph und Wolfgang für den geistlichen Stand bestimmt ist, sofort Anspruch auf eine gemeinsame Regentschaft mit seinem zweitältesten Bruder Sigismund. Sigismund kann diese Mitregentschaft zunächst noch verhindern. Ab 1465 verlangen die Landstände aber eine Beteiligung Albrechts an der Regierung, nachdem die Verwaltung unter dem unentschlossenen und mehr seinen privaten Neigungen frönenden Sigismund mittlerweile im Argen liegt. Am 3. September 1467 zwingt Albrecht seinen Bruder Sigismund, wegen dessen nachlässiger und verschwenderischer Regierungsführung auf die Herrschaft zu verzichten und abzudanken. Die Regentschaftsansprüche seiner jüngeren Brüder Christoph und Wolfgang kann Albrecht finanziell abgelten. Christoph wird aber in Zukunft noch weiter um die Mitherrschaft kämpfen.

Albrechts großes Ziel bleibt die Wiedervereinigung der beiden Teilherzogtümer Niederbayern und Oberbayern-München und wenn möglich der Erwerb Tirols. Dieses Gebiet hatte Kaiser Ludwig der Bayer 1342 erworben, Tirol war aber 1363 schon wieder verloren gegangen. Zunächst kann Albrecht Herzog Sigismund dem Münzreichen von Tirol, der sich permanent in finanziellen Schwierigkeiten befindet, in Zusammenarbeit mit Georg dem Reichen von Niederbayern im Juli 1487 für 50 000 Gulden die vorderen Lande Tirols abkaufen. Albrecht gelingt es allerdings nicht, in Tirol eine dauerhafte Herrschaft zu errichten. 1487 vertreiben die Tiroler Stände die bayerischen Räte aus Tirol und übernehmen für drei Jahre selbst die Verwaltung. Gegen die Annexionspolitik Albrechts sind auch die schwäbischen Städte, ab 1488 sogar der Schwäbische Bund, eine 1448 gegen die bayerischen Herzöge gerichtete Vereinigung, sowie der Löwlerbund, eine aus Adeligen und Rittern bestehende Gemeinschaft, die ebenfalls gegen Albrecht gerichtet ist. Die Besitzungen, die Sigismund von Tirol an Albrecht verpfändet hat, lösen die Tiroler Stände mit Hilfe von Krediten der Fugger aus Augsburg wieder ein.

Als Albrecht vom Kaiser beauftragt wird, gegen die Stadt Regensburg die Reichsacht zu vollstrecken, weigert er sich und verfällt daraufhin selbst der Reichsacht, sodass gegen ihn ein Reichskrieg erklärt wird, den erst Kaiser Maximilian friedlich beenden wird. Am 25. Mai 1492 fällt Maximilian in Augsburg einen Schiedsspruch, wonach Albrecht die annektierte Stadt Regensburg wieder zurückgeben muss. Albrechts Annexionspolitik ist damit gescheitert.

Mit Ludwig dem Reichen von Niederbayern befindet sich Albrecht ebenfalls vorübergehend in einem Konflikt, da er sein geschlossenes Bündnis mit Markgraf Albrecht Achilles von Brandenburg nicht aufgeben will. Dennoch kann er nach Ludwigs Tod 1479 mit dessen Sohn Georg dem Reichen eine bedeutsame testamentarische Erbregelung schließen. Danach vermacht Albrecht das Herzogtum Oberbayern-München seinem Vetter Georg dem Reichen von Landshut für den Fall, dass bei seinem Tod keine männlichen Nachfolger vorhanden sind. Dieselbe testamentarische Verpflichtung gilt für Georg den Reichen.

Georg der Reiche vermacht allerdings später sein Herzogtum entgegen der getroffenen Vereinbarung seiner Tochter Elisabeth und ihrem Gemahl Ruprecht von der Pfalz, nachdem Georgs Sohn Ludwig mit 24 Jahren 1500 stirbt. Als Georg der Reiche 1503 stirbt, erkennt Kaiser Maximilian das Erbrecht seines Schwagers Albrecht zunächst an. Auch das Reichskammergericht spricht Albrecht im April 1504 das gesamte Landshuter Erbe zu. Die eingesetzten Erben, Elisabeth von Niederbayern und ihr Gemahl Ruprecht von der Pfalz, akzeptieren diese Entscheidung jedoch nicht.

Damit beginnt der Landshuter Erbfolgekrieg. Aufseiten Albrechts stehen nun der Schwäbische Bund, dem er jetzt selbst angehört sowie weitere Reichsfürsten. Der Kaiser versucht aus dem Konflikt im Hause Wittelsbach doppelten Nutzen für das Haus Habsburg zu ziehen. Er bietet beiden Seiten seine Hilfe an. Von Albrecht verlangt er für seine Unterstützung die Abtretung der bayerischen Besitzungen Kufstein, Kietzbühel und Rattenberg. Von Kurfürst Ruprecht von der Pfalz verlangt Maximilian die Zusage, ihm ein Drittel des niederbayerischen Landes und die Hälfte der beweglichen Güter Georgs des Reichen zu überlassen. Der Kaiser führt aus diesem Grund mit Albrecht und mit Ruprecht jeweils Geheimverhandlungen. Zum Zwecke einer gütlichen Einigung werden die Kontrahenten eingeladen, Ruprecht erscheint allerdings nicht. Stattdessen bricht er den Landfrieden, besetzt mehrere Städte und gerät deswegen in die Reichsacht. Daraufhin wird Ruprecht seines Anspruchs auf das Herzogtum Niederbayern für verlustig erklärt. Der Kaiser spricht daraufhin Albrecht das niederbayerische Erbe im Kölner Spruch zu.

Als Ruprecht von der Pfalz und seine Gemahlin Elisabeth 1504 sterben, gehen zunächst die Kampfhandlungen noch weiter. Weil er die von Albrecht versprochenen Städte noch nicht erhalten hat, ist der Kaiser vorerst noch nicht an einem Friedensschluss interessiert. Er belagert nämlich das bayerische Kufstein, das Hans von Pienzenau, ein getreuer Anhänger Albrechts, vergeblich verteidigt. Maximilian lässt Pienzenau nach der Einnahme Kufsteins aus Rachsucht in einer unritterlichen Weise hinrichten.

Nachdem der Waffenstillstand am 5. Februar 1505 erfolgt ist, ist damit auch die Wiedervereinigung von Gesamtbayern vollendet. Albrecht muss jedoch neben den erwähnten Städten in Tirol auch das Zillertal und einige andere Gebiete an den Habsburger abtreten. Das Herzogtum Niederbayern erhält er unter der Bedingung, den Söhnen des Pfalzgrafen Ruprecht einen Teil Niederbayerns aus der Erbmasse Oberbayern-Ingolstadt mit der Hauptstadt Neuburg an der Donau zu überlassen. Dieses Gebiet wird die spätere Jungpfalz.

Nach dem endgültigen Verzicht seines Bruders Wolfgang auf die Miterbschaft (sein Bruder Christoph ist bereits 1493 auf Rhodos verstorben) ist Herzog Albrecht ab 1505 damit Alleinherrscher in Gesamtbayern.

Nach den Erfahrungen im Landshuter Erbfolgekrieg will Albrecht für die Zukunft Teilungen ausschalten. Deshalb erlässt er am 8. Juli 1506 das Primogeniturgesetz, wonach nur der älteste männliche Nachfolger die Herrschaft alleine übernehmen kann und alle weiteren Söhne automatisch von der Herrschaft ausgeschlossen sind. Dieses Gesetz sollte seinen Söhnen noch einige Probleme bereiten. Die Alleinherrschaft in Bayern ist damit aber für alle Zeiten gesichert.

Bereits in den Anfangsjahren seiner Alleinherrschaft in Oberbayern-München führt Albrecht eine umfassende Verwaltungsreform durch. Zur Unterstützung seiner Regierungstätigkeit beruft er erstmals einen Regentschaftsrat, bestehend unter anderem aus seinem Bruder Wolfgang und sechs Vertretern der Landstände, ein. Auf der Grundlage der alten Rentmeisterämter bildet er die so genannten Regierungen, die dem Rentmeister und mehreren Räten unterstellt sind und nach dem Kollegialprinzip entscheiden. 1484 erwirkt Albrecht auf der Frankfurter Messe eine partielle Zollfreiheit für die Münchner Kaufleute. Außerdem möchte er auswärtige Kaufleute auf die Märkte in Bayern ziehen. Zur Förderung des Transitverkehrs lässt er Alpenstraßen bauen. 1492 wird die große Kesselbergstraße, die Verbindungsstraße zwischen Mittenwald und München, fertig gestellt. Unter Albrecht entwickelt sich die Residenzstadt München zum unbestrittenen Mittelpunkt des Herzogtums, wobei sich die herzogliche Hofhaltung noch in relativ bescheidenem Rahmen bewegt.

Mit seinem Bruder Christoph befindet sich Albrecht in permanenten Auseinandersetzungen. Herzog Christoph ist das Abbild eines glänzenden Ritters, schlagfertig in der Tat wie auch im Wort. Auf der Landshuter Fürstenhochzeit 1475 kann der sechsundzwanzigjährige Wittelsbacher einen für unschlagbar gehaltenen polnischen Ritter so heftig aus dem Sattel heben, dass dieser kurze Zeit später stirbt. Ein schwerer Stein in der Münchner Residenz erinnert noch heute daran, welche Kräfte Christoph besessen haben muss, diesen Stein zu werfen. Auch seine sportlichen Leistungen als Hochspringer müssen phänomenal gewesen sein. 1466 gerät er in die Abhängigkeit der Gesellschaft der Böckler, die von Albrecht später bekämpft werden. 1471 lässt Albrecht seinen Bruder Christoph verhaften und festnehmen, da er befürchten muss, dass ihm der Bruder nach dem Leben trachtet. Wieder in Freiheit, tötet Christoph seinen Bewacher, den Grafen von Abendsberg. Daraufhin verzichtet Christoph auf die Mitregentschaft, schließt sich aber 1488 dem Ritterbund der Löwler an. 1493 stirbt Christoph auf der Rückreise einer Pilgerfahrt auf Rhodos.

Während der Regierungszeit Albrechts entdeckt Kolumbus 1492 Amerika. 1499 löst sich die Schweiz im Schwabenkrieg vom Deutschen Reich.

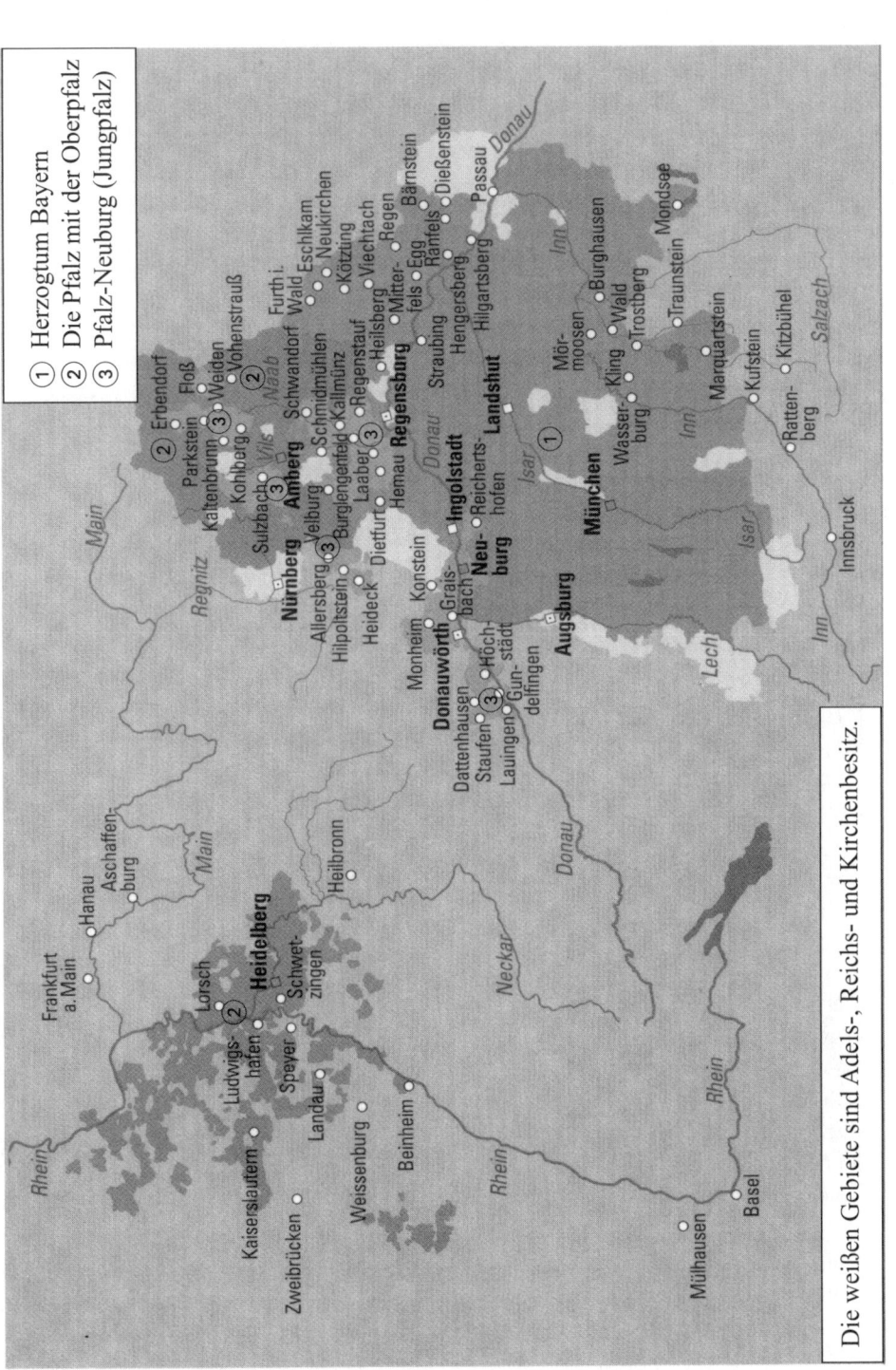

Georg der Reiche (1479–1503)

Päpste:		*Kurfürst der Rheinpfalz:*	
Sixtus IV.	1471–1484	Philipp	
Innozenz VIII.	1484–1492	der Aufrichtige	1476–1508
Alexander VI.	1492–1503		
Pius III.	1503	*Kurfürsten von Brandenburg:*	
Julius II.	1503–1513	Albrecht Achill	1470–1486
		Johannes Cicero	1486–1499
Könige Frankreichs:		Joachim I. Nestor	1499–1535
Ludwig XI.	1461–1483		
Karl VIII.	1483–1498	*Erzherzöge Österreichs:*	
Ludwig XII.	1498–1515	Friedrich V.[1]	1457–1493
		Maximilian I.[2]	1493–1519
Deutsche Könige und Kaiser:			
Friedrich III.[1]	1440–1493		
Maximilian I.[2]	1493–1519		

Vorgänger: Ludwig IX. der Reiche   *Nachfolgerin: Elisabeth*

Herzog Georg der Reiche aus dem Geschlecht der Wittelsbacher ist der dritte Herrscher mit dem Beinamen »der Reiche« aus Niederbayern-Landshut. Georg regiert in Niederbayern von 1479 bis 1503. Er wird am 15. August 1455 in Landshut geboren und stirbt am 1. Dezember 1503 in Ingolstadt; er liegt im Kloster Seligenthal bei Landshut bestattet. Seine Eltern sind Herzog Ludwig der Reiche von Niederbayern und dessen Gemahlin Amalia, die Tochter des Kurfürsten Friedrich II. von Sachsen.

Georg heiratet am 14. November 1475 in der berühmten Landshuter Fürsten-

---

[1] Identisch.
[2] Identisch.

hochzeit Hedwig (Jadwiga), die Tochter König Kasimirs IV. von Polen aus dem Hause der Jagellonen.

Diese Hochzeit, die einen politischen Höhepunkt für das Herzogtum Niederbayern darstellt und von seinem Vater mit einem riesigen Aufwand ausgerichtet wird, wird noch heute in regelmäßigen Abständen mit Laienschauspielern volksfestartig in Landshut nachgestellt.

Das Ausmaß des Festes ist ungeheuer: 9264 fremde Pferde müssen untergebracht werden. Tausende von Kälbern, Ochsen, Schweinen und Schafen sowie 40000 Eier werden verspeist. 146 Köche bereiten die insgesamt 34 verschiedenen Gänge der Mahlzeit vor. 1100 Trompeter und Pfeifer untermalen die Festlichkeiten musikalisch. Allein Markgraf Albrecht Achilles, der frühere Gegner Ludwigs des Reichen, kommt mit 1300 Rittern und über 100 Edelfrauen nach Landshut, die alle, wie auch die anderen Gäste, untergebracht werden müssen. Auch Kaiser Friedrich ist, ebenso wie sein Sohn, der spätere Kaiser Maximilian, zu Gast in Landshut, obwohl Friedrich noch kurz zuvor gegen Georgs Vater, den derzeit amtierenden Herzog von Niederbayern, kämpfte.

Aus dieser Ehe Georgs mit Hedwig stammen sein Sohn Ludwig, der bereits mit 24 Jahren 1500 stirbt, sowie zwei weitere Söhne, Ruprecht und Wolfgang, die im Kindesalter versterben. Seine Tochter Elisabeth heiratet den Kurfürsten Ruprecht von der Pfalz, beide sterben ein Jahr nach Georg, im Jahre 1504. Daneben hat Georg noch eine Tochter Margarethe, die mit 51 Jahren unverheiratet 1531 stirbt. Georg gilt als Freund von Lebensgenüssen aller Art, hält sich Geliebte und frönt seinen Neigungen, der Jagd und dem Turnier. Seine Gemahlin muss sich, wie bereits seine eigene Mutter und Großmutter, auf Burghausen aufhalten. Er ist geldgierig, verschlagen, aber auch zielstrebig, besitzt jedoch nicht die Größe seines Vaters und vor allem nicht den politischen Instinkt seines Großvaters Heinrich des Reichen. Im Gegensatz zu seinem Vetter Albrecht dem Weisen von Oberbayern-München geht es Georg hauptsächlich um den Fortbestand der wittelsbachischen Herrscherlinie in Niederbayern.

Mit Georgs Regierungsantritt im Jahre 1479 beginnen in Landshut wieder ähnlich harte Zeiten wie unter dem Großvater Heinrich dem Reichen. Dazu neigt Georg aber auch zu kriegerischen Auseinandersetzungen. 1485 versucht er, die Reichsstadt Nördlingen im Ries wegen Verletzung seiner niederbayerischen Gerichtshoheit zu bestrafen. Auch mit der Stadt Ulm beginnt er militärische Auseinandersetzungen. Später schließt er sich seinem Vetter Albrecht von Oberbayern-München an, der ihn in der Außenpolitik bei weitem überragt. Im Jahre 1486 kann Georg die Markgrafschaft Burgau mit der Stadt Günzburg für 52 000 Gulden käuflich erwerben. Im folgenden Jahr geht Georg mit seinem Vetter Albrecht eine Interessengemeinschaft ein, die dem Habsburger Herzog Sigismund dem Münzreichen von Tirol die vorderen Lande Tirols für eine Verwaltung auf zehn

Jahre zum Preis von 50 000 Gulden abkaufen kann. Die Landstände Tirols können diese Erwerbe aber nach kurzer Zeit wieder rückgängig machen.

Durch den Erwerb der Länderein in Tirol wird Georg zum Gegner der Habsburger, vor allem des Kaisers. 1489 kann er sich mit Kaiser Friedrich wieder arrangieren. Für den Friedensschluss, den er sich erkaufen muss, ist er gezwungen, 36 000 Gulden zu bezahlen. Dafür muss er zusätzlich auch noch auf die erworbene Markgrafschaft Burgau verzichten. Bei diesem Friedensschluss mit dem Kaiser kann Georg aber wenigstens die Grafschaften Öttingen und Kirchberg behalten. Auch mit dem verfeindeten Schwäbischen Bund, dessen Zweck und Ziel neben der Erhaltung des Friedens die Bekämpfung der bayerischen Herzöge ist, kann Georg am 10. Juli 1489 Frieden schließen. Gleichzeitig trennt er sich von seinem Vetter Herzog Albrecht dem Weisen von Oberbayern-München.

Schon bald nach seinem Regierungsantritt (1485) treffen die wittelsbachischen Vettern Georg und Albrecht IV., Herzog des verkleinerten Oberbayern, eine gegenseitige Erbeinsetzung. Derjenige, der ohne männliche Nachkommen stirbt, vermacht sein Herzogtum seinem Vetter. Georg hält sich jedoch nicht an diese Vereinbarung und vererbt ein Jahr später am 19. September 1486, testamentarisch sein Herzogtum Niederbayern seiner Tochter Elisabeth und ihrem künftigen Gemahl Ruprecht von der Pfalz. Seinen zukünftigen Schwiegersohn setzt Georg zu seinen Lebzeiten als Statthalter über die Städte Lauingen und Neuburg an der Donau ein, um ihm für die zu erwartenden Auseinandersetzungen mit Oberbayern Rückhalt zu verschaffen. Diese Einsetzung Ruprechts als Statthalter erfolgt gegen den Widerstand Albrechts von Oberbayern, aber auch der meisten Reichsfürsten und sogar des Kaisers. Georg zwingt außerdem die niederbayerischen Stände, seinem zukünftigen Schwiegersohn zu huldigen. Er übergibt ihm vorzeitig die Burgen in Landshut und Burghausen. In Burghausen verwahrt Georg den großen Schatz der niederbayerischen Herzöge, den er wegen des vorauszusehenden kommenden Konflikts noch erheblich aufstockt.

Georg verwaltet das Herzogtum Niederbayern trotz seiner charakterlichen Schwächen klug. Dabei achtet er vor allem auf die Weiterentwicklung der Rechtspflege. 1491 und 1501 verändert er die von seinem Vater geschaffene Landesordnung. Bei seinen Beamten achtet er mehr auf die juristische Bildung als auf deren Herkunft. Die Stellung Niederbayerns im Reich kann Georg wenigstens behaupten. Er versteht es, die außenpolitischen Erfolge Albrechts von Oberbayern für sich zu nutzen. Zur Stärkung der Wirtschaftskraft des Landes beginnt er die Salzsiederechte in Reichenhall aufzukaufen. Bereits zu Lebzeiten seines Vaters baut er als seinen zentralen Herrschaftsbesitz das mächtige Schloss in Lauingen aus. In seiner Regierungszeit wird die bereits riesige Burganlage von Burghausen mit großem Kostenaufwand erweitert.

Nach dem Tod Georgs im Jahre 1503 stehen sich die Teilherzogtümer Oberbayern (reduziert um Oberbayern-Ingolstadt) und das bei weitem größte Niederbayern im Landshuter Erbfolgekrieg gegenüber. Albrecht der Weise von München hat durch das Kammergericht endgültig das Erbe Niederbayern zugesprochen bekommen. Georgs Tochter Elisabeth und ihr Gemahl Ruprecht von der Pfalz, die diese Kammergerichtsentscheidung ablehnen, können sich noch ein Jahr in Landshut als Herrscher halten. Dann sterben sie beide, sodass als Vertragspartner eines Friedensschlusses, der 1505 erfolgt, die Enkel Georgs, Philipp und Ottheinrich, sich mit Albrecht von München einigen. Beide Enkel erhalten als Ausgleich die Gebiete um Neuburg an der Donau und Sulzbach, die später die »Jungpfalz« genannt wird. Mit dem endgültigen Verzicht der Nachkommen Georgs auf das Herzogtum Niederbayern ist damit die Grundlage für das Gesamtherzogtum Bayern geschaffen, das nach dem Erlass des Primogeniturgesetzes durch Albrecht den Weisen bis zum Ende der Monarchie 1918 keine Erbfolgestreitigkeiten mehr erleben sollte.

Während der Regierungszeit Georgs wird 1479 Ferdinand von Aragon durch Vereinigung der Gebiete Aragonien und Kastilien König von Spanien. 1480 verliert der Kaiser für zehn Jahre das Gebiet Niederösterreich an König Matthias I. Corvinus von Ungarn, der später auch Wien erobern kann. Im selben Jahr befreit Iwan III. Russland von der Tartarenherrschaft der »Goldenen Horde«. 1488 wird der Schwäbische Bund von den Fürsten, Rittern und Städten Schwabens gegründet, um den Landfrieden zu schützen; an seine Spitze tritt Graf Eberhard V. im Bart von Württemberg. Um 1489 entsteht der »Hexenhammer«, eine Schrift, die die großen Hexenverfolgungen einleitet. 1490 wird das aufgeteilte Österreich der Habsburger durch den Kaiser vereinigt und Wien von den Ungarn zurückerobert. 1492 verlieren die Araber mit Granada ihren letzten Stützpunkt, womit Spanien zur Großmacht aufsteigt. 1493 wird durch Schiedsspruch des Papstes die Neue Welt unter den Spaniern und Portugiesen aufgeteilt. 1495 wird auf dem Wormser Reichstag der »Ewige Landfrieden« verkündet. 1499 löst sich die Schweiz im Schwabenkrieg vom Deutschen Reich. Um 1502 setzt sich das römische Privatrecht gegen das uneinheitliche deutsche Recht durch. Im selben Jahr beginnt der erste Bauernaufstand in Speyer.

Elisabeth (1503–1504)

Päpste:		*Kurfürst der Rheinpfalz:*	
Alexander VI.	1492–1503	Philipp der Aufrichtige	1476–1508
Pius III.	1503		
Julius II.	1503–1513	*Kurfürst von Brandenburg:*	
		Joachim I. Nestor	1499–1535
König Frankreichs:			
Ludwig XII.	1498–1515	*Erzherzog Österreichs:*	
		Maximilian I.[1]	1493–1519
Deutscher König und Kaiser:			
Maximilian I.[1]	1493–1519		

Vorgänger: Georg der Reiche   *Nachfolger: Albrecht IV. der Weise*

Herzogin Elisabeth aus dem Geschlecht der Wittelsbacher regiert nach dem Tod ihres Vaters von 1503 bis zu ihrem Tod 1504 im Herzogtum Niederbayern. Elisabeth wird im Jahre 1478 geboren, sie stirbt am 15. September 1504 und liegt im Kloster Seligenthal bei Landshut bestattet. Ihre Eltern sind Herzog Georg der Reiche von Niederbayern und dessen Gemahlin Hedwig, die Tochter König Kasimirs IV. von Polen aus dem Geschlecht der Jagellonen. Verheiratet ist Elisabeth seit 1499 mit dem 1481 geborenen Pfalzgrafen Ruprecht, dem Sohn des Kurfürsten Philipp des Aufrichtigen. Aus der Ehe stammen zwei Söhne, die Zwillinge Georg und Ruprecht, die beide bereits 1504 sterben und im Kloster Seligenthal bei Landshut bestattet sind. Elisabeth hat noch zwei weitere Söhne, Philipp und Ottheinrich[2], die nach dem Landshuter Erbfolgekrieg die Jungpfalz mit der Residenzstadt Neuburg an der Donau erhalten sollten.

---

[1] Identisch.
[2] Der Name »Ottheinrich« (Otto-Heinrich) könnte eine Reminiszenz an Otto II., den ersten wittelsbachischen Pfalzgrafen bei Rhein, und an Heinrich XIII., den Begründer der Wittelsbacher Linie der Herzöge von Niederbayern, sein.

Elisabeth gilt als eine resolute Herrscherin, die sich aktiv in das Geschehen einschaltet und dabei durchaus männliche Züge in ihrem Verhalten erkennen lässt.

Elisabeth wird allgemein nicht als selbstständige Herrscherin und Herzogin in Niederbayern, sondern aufgrund der Erbansprüche Herzog Albrechts IV. von Oberbayern-München lediglich als Statthalterin im Herzogtum von 1503 bis 1504 bezeichnet. Dennoch muss sie aufgrund der ausdrücklichen Erbeinsetzung ihres Vaters als rechtmäßige Herzogin angesehen werden. Denn ihr Vater bestimmt sie nämlich als seine Erbin zu seiner Nachfolgerin, nachdem ihre Brüder Ruprecht und Wolfgang im Kindesalter und Ludwig mit 24 unverheiratet im Jahre 1500 sterben. Für den Fall, dass aus der Ehe Elisabeths mit Ruprecht von der Pfalz keine Erben hervorgehen, bestimmt Georg der Reiche, dass das Herzogtum Niederbayern an den Kurfürsten der Rheinpfalz, Philipp den Aufrichtigen, fallen soll.

Diese testamentarisch geschaffene Erbregelung Georgs verstößt gegen mindestens zwei bereits früher getroffene Abmachungen. 1392 hatten im Wittelsbacher Hausvertrag die Brüder Herzog Friedrich der Weise von Niederbayern-Landshut, Herzog Stephan III. von Oberbayern-Ingolstadt und Herzog Johann II. von Oberbayern-München nach der Teilung des Herzogtums Bayern vereinbart, dass eine gegenseitige Erbfolge für alle Vertragsschließende und ihre Nachfolger gelten sollte. Außerdem widerspricht die testamentarische Verfügung Georgs auch der mit Herzog Albrecht IV. von Oberbayern-München vereinbarten gegenseitigen Erbeinsetzung.

Kurz vor seinem Tod hat Georg der Reiche im Jahre 1503 seinen Schwiegersohn Ruprecht, den Gemahl seiner Tochter Elisabeth, noch als Statthalter im Herzogtum Niederbayern eingesetzt. Den Landständen in Niederbayern befiehlt Georg, seinem Schwiegersohn Ruprecht zu huldigen. Gleichzeitig übergibt Georg dem Pfalzgrafen Ruprecht die Burgen Trausnitz in Landshut und Burghausen. In Burghausen hat Georg wegen der nach seinem Tod zu erwartenden Auseinandersetzung um die Nachfolgeregelung sein ganzes Vermögen angesammelt.

Als Georg der Reiche am 1. Dezember 1503 stirbt, kommen in Landshut die Mitglieder der Landstände zusammen und wollen einen Regentschaftsrat der Landstände errichten. Für die konstituierende Sitzung haben sie sich im Rathaus von Landshut versammelt. Herzogin Elisabeth, die auf der Burg Trausnitz residiert, ist aber keinesfalls gewillt, im Rahmen ihrer Herrschaftsausübung die Macht mit anderen zu teilen. Sie fordert daher die Räte des Regentschaftsrats ultimativ auf, die Versammlung aufzulösen und nach Hause zu gehen. Elisabeth ist wild entschlossen, diese Forderung auch durchzusetzen. Um ihre Entschlossenheit zu demonstrieren, lässt sie in Landshut vor dem Rathaus eine Kanone auffahren und das Rathaus, in dem sich die Regentschaftsmitglieder befinden, beschießen. Nachdem sich die Versammlung auflöst, kommt sie, an der Spitze ihrer Burgbesatzung reitend, von der Burg Trausnitz nach Landshut herunter und beweist mit dem Streitkolben in der Hand, wer in Zukunft in Niederbayern das Sagen hat.

Damit beginnt der Landshuter Erbfolgekrieg. Herzog Albrecht von München besetzt Landshut und Burghausen. Er hat eine Reihe von wichtigen Bündnispartnern. Auf seiner Seite stehen Kaiser Maximilian, der Schwäbische Bund, der Markgraf Friedrich von Ansbach, Herzog Johann von Sachsen und Herzog Alexander von Zweibrücken. Albrechts Gegner Ruprecht von der Pfalz wird von seinem Vater, dem Kurfürsten Philipp, und vom König von Böhmen unterstützt.

Der Kaiser, offiziell Albrechts Bundesgenosse, versucht aus diesem wittelsbachischen Streit einen finanziellen Vorteil zu ziehen. Beiden Seiten bietet er seine Hilfe an. Von Albrecht verlangt er dafür die Abtretung der Städte Kufstein, Kitzbühel und Rattenberg mit ihren ertragreichen Bergwerken, Ruprecht von der Pfalz soll ihm dafür ein Drittel von Niederbayern und die Hälfte der beweglichen Güter Georgs des Reichen übertragen.

Maximilian lädt die Kontrahenten ein, um eine Vereinbarung zwischen den streitenden Parteien zu erreichen. Albrecht kommt, Ruprecht aber erscheint nicht. Stattdessen bricht er den Landfrieden und besetzt eigenmächtig einige Städte, sodass der Kaiser über ihn die Reichsacht verhängt. Am 20. August 1504 stirbt Ruprecht überraschend, wahrscheinlich wie seine Gemahlin etwas später an einer Seuche. Daraufhin schließt Ruprechts Vater am 10. September 1504 mit Albrecht einen Waffenstillstand. Auch Kaiser Maximilian greift noch einmal in diesen Konflikt ein, wobei ihm ein Sieg über das böhmische Aufgebot in der einzigen Schlacht des Krieges bei Schönberg gelingt.

Elisabeth ist, ebenso wie schon früher ihr Gemahl, bemüht, die niederbayerischen Landstände zur Unterstützung ihrer politischen Ziele zu gewinnen. Sie besetzt daher die Städte Landshut, Dingolfing und Moosburg. Deswegen verfällt auch sie der Reichsacht. Drei Tage nach der Schlacht bei Schönberg stirbt Elisabeth, vermutlich ebenfalls an der zu diesem Zeitpunkt in Niederbayern grassierenden Seuche.

Am 5. Februar 1505 schließen die Kriegsparteien einen Waffenstillstand. Die Wiedervereinigung von Gesamtbayern unter Albrecht dem Weisen ist damit vollendet.

Albrecht muss für sein erreichtes Ziel aber einen hohen Preis bezahlen. Er ist nicht nur verpflichtet, die erwähnten Städte an den Habsburger herauszugeben, er verliert auch noch das Zillertal, die Vogtei über das Erzbistum Salzburg und die schwäbischen Erwerbungen Ludwigs des Reichen. Das Herzogtum Niederbayern erhält Albrecht unter der Bedingung, dass Elisabeths Söhne einen Teil Niederbayerns aus der Erbmasse Oberbayern-Ingolstadt mit der Residenzstadt Neuburg an der Donau erhalten, nämlich Lauingen, Sulzbach, Hiltpoltstein und Burglengenfeld, das später das Herzogtum Pfalz-Neuburg oder auch »die junge Pfalz« genannt wird.

Elisabeths Söhne Ottheinrich und Philipp kommen nach dem Tod ihrer Eltern zunächst in die Obhut ihres Oheims, des Pfalzgrafen Friedrich, des Bruders ihres Vaters, der auch die Vormundschaft übernimmt. Ottheinrich wird nach dem Aussterben der Kurpfalzlinie in Heidelberg 1556 Kurfürst der Pfalz und siedelt nach Heidelberg um.

In dem Ottheinrich-Bau des Heidelberger Schlosses setzt sich Ottheinrich ein Denkmal.

Während der Regierungszeit Elisabeths wird im Landshuter Erbfolgekrieg auch die Stadt Landshut belagert. Daran beteiligt ist ua. auch der Heerführer Götz von Berlichingen. Diesem wird durch einen Kanonenschuss die rechte Hand weggerissen, die er später durch eine Prothese, die berühmte eiserne Faust, ersetzen lässt.

Bayern bis zum Westfälischen Frieden von 1648

Im Jahre 1505 ist das Herzogtum Bayern nach genau einem Vierteljahrtausend endlich unter einem allein regierenden Herzog wieder vereinigt. Das Primogeniturgesetz, wonach nur der Erstgeborene einen Anspruch auf die Herrschaft besitzt, ist von Herzog Albrecht dem Weisen in München erlassen und seit 1506 bereits in Kraft getreten.

Dennoch kommt es nach dem Tod Albrechts im Jahre 1508 noch einmal zum Streit um die Nachfolgeregelung. Denn Albrecht hinterlässt drei Söhne, von denen nur einer die Nachfolge antreten sollte, nämlich der älteste Sohn, Wilhelm IV.

Auf Drängen seiner Mutter Kunigunde, einer Habsburgerin, und deren Bruder, Kaiser Maximilian I., sieht sich der designierte Herzog des neuen Gesamtbayern gezwungen, seinem jüngeren Bruder Ludwig X. die Mitregentschaft mit Sitz in Landshut zuzuerkennen. Damit wird die ehemalige Haupt- und Residenzstadt des Herzogtums Niederbayern ein letztes Mal, bis zum Tod Ludwigs im Jahre 1545, Regierungssitz. Die im Primogeniturgesetz festgelegten Regelungen bleiben bestehen. Später wird die Stadt Landshut aber ein beliebter Aufenthaltsort der jeweiligen Erbprinzen von Bayern.

Während der Regierungszeit der beiden Brüder, die ab dem Jahre 1516 einvernehmlich regieren, auch wenn der ältere Wilhelm, nicht zu Unrecht »der Standhafte« genannt, die eigentliche Führung im Herzogtum Bayern innehat, beginnt ab 1517 in Deutschland sich Martin Luthers Reformation durchzusetzen. Diese Bewegung sollte über ein Jahrhundert lang die Reichspolitik entscheidend prägen.

Zunächst ist Wilhelm IV., der dominierendere Herrscher der beiden Herzöge, nicht grundsätzlich gegen Auffassungen und Bestrebungen des Mönchs Martin Luther eingestellt. Wilhelm ist vielmehr selbst bestrebt und daran interessiert, die innerlich immer mehr zerrüttete Kirche zu erneuern, was er schließlich auch im Jahre 1524 durchsetzt. Aber die starre und unnachgiebige Haltung Luthers irritiert die beiden Wittelsbacher Herzöge von Bayern im Laufe der Jahre und führt letzten Endes dazu, dass schließlich beide Herrscher, Ludwig in Landshut noch unnachgiebiger als Wilhelm in München, in Bayern für ihr Land den Standpunkt der katholischen Kirche vertreten und verfechten.

Nachfolger in Bayern wird Wilhelms Sohn Albrecht V. der Großmütige. Ludwig macht zwar mehrere Anläufe für eine Heirat, bleibt dann aber doch unverheiratet, sodass im Falle einer männlichen Nachkommenschaft mögliche Nachfolge- und Erbschaftskonflikte vermieden werden. Albrecht V. hält am katholischen Glauben fest, in der Frage des Abendmahls und des damit verbundenen Laienkelchs bleibt er aber zunächst unentschlossen. Diese Laienkelchbewegung wollte nach dem Reformationsbeginn 1517 beim Abendmahl den Kelch auch für Laien zulassen. Vom Papst 1556 abgelehnt, vom bayerischen Landtag und von Albrecht V. zunächst erlaubt, im Konzil von Trient noch einmal gefordert, 1564 vom Papst überraschend zugestanden, wird der Laienkelch im Jahre 1571, acht Jahre vor Albrechts Tod, vom Herzog selbst endgültig verboten.

Sein Sohn Wilhelm V. der Fromme wird der große Kämpfer der Gegenreformation, mit der die katholische Kirche nach dem Augsburger Religionsfrieden von 1555 die Rekatholisierung durchzusetzen versucht, die, 1568 in Bayern gegen lutherisch gesinnte Teile des Adels endgültig durchgesetzt, in den geistlichen Fürstentümern sowie unter den Habsburgern allgemein Nachahmer findet.

Unter Herzog Wilhelm V. sollte sich im 16. Jahrhundert auch die Außenpolitik Bayerns entscheidend verändern. Nach dem hundertjährigen Krieg in Frankreich zwischen den beiden Staaten England und Frankreich, der 1453 für die Franzosen erfolgreich mit der Vertreibung der Engländer endet, beginnt das Land zu erstarken und ist auf dem Weg zu einer europäischen Großmacht. Wilhelm V. nähert sich in seiner Regierungszeit dieser Macht im Westen, die als der große Gegenspieler des Hauses Habsburg verständlicherweise auch das Herzogtum Bayern gewinnen möchte.

Die überragende wittelsbachische Herrscherpersönlichkeit am Ende des 16. Jahrhunderts ist Maximilian I., der über ein halbes Jahrhundert bis 1651 regieren sollte und Bayern zur bestimmenden katholischen Macht im süddeutschen Raum und damit gleichzeitig zur eigentlichen Stütze der katholischen Reichsstände macht. Nach der Entstehung der Protestantischen Union im Jahre 1608, die sich aus südwestdeutschen und norddeutschen Reichsständen zur Abwehr von tatsächlichen oder vermeintlichen Rechtswidrigkeiten und Gewalttätigkeiten (der Protagonisten der Gegenreformation) bildet, wird unter Führung Maximilians als Gegenstück 1609 die katholische Liga geschaffen, der alle katholischen Reichsstände außer Österreich angehören. Damit stehen die zwei großen Richtungen des Dreißigjährigen Kriegs ab 1618 fest.

Das Herzogtum Bayern unter seinem Herzog Maximilian, dem Führer der katholischen Liga, kann sich zwar bis zum Jahre 1620 aus dem bereits begonnenen Krieg noch heraushalten. Maximilian wird aber immer mehr zur herausragenden Stütze des Kaisers im Kampf gegen die Protestanten. Sein Land wird nicht nur zum Angriffsziel der Gegner in den kriegerischen Auseinandersetzungen, Bayern unternimmt auch große finanzielle Anstrengungen, die zur Aufrechterhaltung der Katholische-Liga-Front notwendig sind. Diese Aufwendungen, die unmittelbaren Kriegseinwirkungen, die Seuchen und der hohe Verlust an Menschen in der Bevölkerung, die um die Hälfte reduziert wird, bringen das Herzogtum Bayern am Ende des großen europäischen Kriegs (1648) in erhebliche wirtschaftliche Schwierigkeiten.

Das Herzogtum Bayern erhält aber aus diesem Krieg auch einen beachtlichen politischen Erfolg. Aus der Schlacht am Weißen Berg bei Prag im Jahre 1620 geht die katholische Liga als klarer Sieger hervor. Der Gegner und Verursacher dieses Kriegs ist Friedrich V., Kurfürst der Rheinpfalz und Vetter Herzog Maximilians. Dieser Kurfürst Friedrich V. ist der Verlierer dieses Kriegs. Durch den erfolgreichen Ausgang der Schlacht kann der Herzog von Bayern vom Kaiser die Zusage erhalten, dass er, Maximilian, anstelle seines unterlegenen Vetters die Kurfürstenstellung erhält, eine Position, die die bayerischen Wittelsbacher immer wieder vergeblich angestrebt haben. Damit ist der neue Kurfürst Maximilian bei den Wahlen zum deutschen König und Kaiser stimmberechtigt.

Kurfürst Maximilian I. erhält außerdem noch die Oberpfalz, den früheren Nordgau Bayerns, den der Wittelsbacher Kaiser Ludwig der Bayer vor 300 Jahren (1329) im Hausvertrag von Pavia bei der Aufteilung des Gesamtterritoriums mit der Rheinpfalz verbindet.

Wilhelm IV. der Standhafte (1508–1550)

Päpste:		Kurfürsten der Rheinpfalz:	
Julius II.	1503–1513	Philipp der Aufrichtige	1476–1508
Leo X.	1513–1521	Ludwig V.	1508–1544
Hadrian VI.	1522–1523	Friedrich II.	1544–1556
Klemens VII.	1523–1534		
Paul III.	1534–1549	Kurfürsten von Brandenburg:	
Julius III.	1550–1555	Joachim I. Nestor	1499–1535
		Joachim II.	1535–1571
Könige Frankreichs:			
Ludwig XII.	1498–1515	Erzherzöge Österreichs:	
Franz I.	1515–1547	Maximilian I.[1]	1493–1519
Heinrich II.	1547–1559	Karl I.[2]	1519–1521
		Ferdinand I.	1521–1564
Deutsche Könige und Kaiser:			
Maximilian I[1]	1493–1519		
Karl V.[2]	1519–1556		

Vorgänger: Albrecht IV. der Weise   Nachfolger: Albrecht V. der Großmütige

Herzog Wilhelm IV. der Standhafte aus dem Geschlecht der Wittelsbacher erhält seinen Beinamen wegen seines Widerstands gegen Selbstständigkeitsbestrebungen der Landstände. Er regiert als Herzog des wieder vereinigten Gesamtbayern von 1508 bis 1550. Ab 1516 muss er seinen Bruder Ludwig X. als Mitregenten mit Sitz in Landshut in die Regierung aufnehmen. Wilhelm wird am 13. November 1493 in München geboren, er stirbt hier auch am 7. März

---

[1] Identisch.
[2] Identisch.

1550 nach schwerem Todeskampf und liegt zusammen mit seiner Gemahlin in der Liebfrauenkirche in München bestattet.

Seine Eltern sind Herzog Albrecht IV. der Weise und dessen Gemahlin Kunigunde, die Tochter des Habsburger Kaisers Friedrich III.

Kaiser Maximilian, sein Schwager, versucht ihn 1511 mit einer Schwester des polnischen Königs zu verheiraten. 1513 soll er die Königinwitwe Margarethe von Schottland, die spätere Großmutter Maria Stuarts, heiraten. 1515 ist eine Ehe Wilhelms mit Maria, der englischen Witwe des französischen Königs, angedacht. Alle diese Pläne, auch die beabsichtigte Verbindung mit einer spanischen Prinzessin, scheitern. Stattdessen heiratet Wilhelm am 5. Oktober 1522 in München Jakobäa Maria, die Tochter des Markgrafen Philipp von Baden. Aus der Ehe stammen sein Sohn Theodo, der, 1526 geboren, bereits 1543 stirbt; sein Sohn und Nachfolger Albrecht V.; sein Sohn Wilhelm, der 1530 im Alter von einem Jahr stirbt; und seine Tochter Mechthild, die den Markgrafen Philibert von Baden-Baden heiratet.

Im Gegensatz zu seinem Vater ist Wilhelm kein Freund der Gelehrsamkeit. Er liebt die angenehmen Seiten des Lebens, schätzt das Turnier und die Jagd und ist der Natur verbunden. Als erster Wittelsbacher zieht er vom Alten Hof in München in die nunmehr entstandene Neuveste, den Anfangsbau der Münchner Residenz.

Zu Beginn seiner offiziellen Regierung 1508 ist Wilhelm erst 15 Jahre alt. Bis 1511 steht er daher unter der Vormundschaft seines Oheims, des Herzogs Wolfgang, Vertreter der bayerischen Landstände im Regentschaftsrat. Am 13. November 1511, mittlerweile volljährig, versucht Wilhelm nun mit Hilfe des Leonhard von Eck, seines führenden Beraters und des Leiters der bayerischen Innenpolitik, den Einfluss der Stände zurückzudrängen. 1513 ist Wilhelm gezwungen, wegen Steuerbewilligung die Landstände erneut einzuberufen. Die Landstände, unterstützt von Wilhelms jüngerem Bruder Ludwig X. und der Mutter, opponieren zunehmend gegen Wilhelms Alleinherrschaft. 1514 kann der Landtag die herzoglichen Rechte beschränken, Wilhelm muss die Mitregentschaft seines Bruders und darüber hinaus die Mitherrschaft der Stände bis zu seinem 24. Lebensjahr anerkennen. Von Eck, der die Stände bekämpft, muss mit anderen Räten den Staatsrat verlassen.

In Rattenberg einigen sich die Brüder am 14. Oktober 1514 auf ihre gemeinsame Regentschaft. Ludwig erhält ein Drittel des Landes mit Landshut als Residenzstadt. Das Bestreben Maximilians, zwischen den Brüdern zu vermitteln, durchschauen Wilhelm und Ludwig als den Versuch, beide Wittelsbacher gegeneinander auszuspielen. Die Einmischung wird abgelehnt. Beide vereinbaren in ihrer Regelung, dass Wilhelm München und Burghausen, Ludwig neben Landshut auch Straubing erhält. Außerdem wird neben einer gemeinsamen Regierung mit den Regierungssitzen München und Landshut eine geteilte Landesverwaltung beschlossen.

Wilhelms zweiter Bruder Ernst macht dagegen keine Schwierigkeiten. Ernst, ebenso wie Wilhelm und Ludwig von dem Gelehrten Aventin erzogen und ausgebildet, wird später Fürstbischof von Salzburg. Beide regierenden Brüder müssen sich auch um ihre Schwester Sabine kümmern. Diese mit dem Herzog Ulrich von Württemberg verheiratet, wird von ihrem Gemahl so brutal behandelt, dass sie im Jahre 1515 zu ihren Brüdern nach Bayern flieht. Die beiden Brüder stellen sich öffentlich schützend vor ihre Schwester und treffen gleichzeitig militärische Vorbereitungen gegen das Herzogtum Württemberg. Allerdings kommt es nicht zum Krieg, da Herzog Ulrich nachgibt und einlenkt.

Im Februar 1521 treffen Wilhelm und Ludwig auf dem Reichstag in Worms zum ersten Mal mit Kaiser Karl V. zusammen. Wilhelm, der die Position des Kaisers gegen den Schwäbischen Bund vertritt, kümmert sich im Übrigen wenig um die Angelegenheiten des Reichstags und reist wieder ab. Im Jahre 1524 soll Wilhelm auf Betreiben der böhmischen Stände die Königskrone Böhmens erhalten. Zwei Jahre später lässt sich jedoch der Habsburger Ferdinand zum König von Böhmen krönen. Darauf verbündet sich Wilhelm mit dem Gegenkönig Johann Zapolya von Siebenbürgen. Wilhelm sucht dabei auch die Annäherung an den Papst, der Wilhelms Kandidatur unterstützt und für ein offensives Verhalten gegen den Kaiser eintritt.

Im Jahre 1525 brechen im Reichsgebiet die Bauernunruhen aus. Sie wirken sich in Bayern nicht so stark aus, weil sich hier die Bauern nicht so unterdrückt fühlen. Nur regional kommt es zu Unruhen. Am 10. Mai 1525 schließen sich die bayerischen Bauern den aufständischen Bauern im Niederallgäu nicht an mit der bemerkenswerten Feststellung, sie wollen bei ihrem »genedigen herrn von Bairn als ihrn Landsfürsten bis in den Tod beleiben, da sterben und genesen«. In den Nachbarländern, vor allem in Österreich, greift Wilhelm selbst in die bestehenden Bauernunruhen ein und unterstützt die bedrängten Fürsten mit seinen Truppen.

Bayern nähert sich in dieser Zeit, angeregt durch den wieder amtierenden Leonhard von Eck, Frankreich. Wilhelm glaubt damit, die Kurfürsten zugunsten seiner Wahl zum böhmischen König positiv beeinflussen zu können. Diesen Schritt veranlasst wiederum Kaiser Karl auf dem Reichstag in Augsburg 1530, die beiden Wittelsbacher Brüder durch die Gewährung eines sehr ertragreichen Zollprivilegs auf seine Seite zu ziehen, damit die Herzöge von Bayern in Zukunft finanziell von den Landständen weniger abhängig sind.

Die Landstände sind der große Gegner Wilhelms. Im Jahre 1516 kann sich Wilhelm, mit den Ständen in dauerndem Konflikt, aussöhnen. Im Laufe seiner späteren Regierungsjahre gelingt es ihm dann allmählich, den Einfluss der Stände mehr und mehr zurückzudrängen. Im Jahre 1526 setzt er eine Ständesteuer durch, mit der festgelegt wird, dass sie nicht nach unten abgewälzt werden darf. Im selben Jahr erzwingt er von den Landständen den Erlass einer Vermögenssteuer. In den Jahren 1536 und 1546 erhebt Wilhelm dann bereits Steuern aus eigener Machtvollkommenheit.

Für die Belange einer inneren Kirchenreform setzt sich Wilhelm schon frühzeitig ein. Schon vor Beginn der Reformation (1517) versucht er, Missstände in der katholischen Kirche abzubauen. Gegen Straftäter des geistlichen Standes darf er ohne Einmischung der Bischöfe vorgehen. Zu Beginn der Reformation ist Wilhelm zunächst nicht gegen Martin Luther eingestellt. Er selbst bleibt dem katholischen Glauben treu. Die Reformation findet in Bayern Anhänger, solange sie nicht bekämpft wird. Die katholische Kirchenzucht bleibt auch nach 1517 beklagenswert niedrig.

Allmählich verstärken Wilhelm und Ludwig ihre Aktivitäten gegen die Reformationsbewegungen, ausgelöst durch die Konferenz in Grünwald (bei München) 1522. Martin Luthers schärfster Gegner ist Johann Eck, Professor an der Universität in Ingolstadt. Trotz ihrer Aktivitäten für die katholische Kirche befürworten die Wittelsbacher Brüder zunächst nicht die Vollstreckung der päpstlichen Bannbulle gegen Luther. Wilhelm ist jedoch persönlich vom Auftreten Luthers in Worms und insbesondere von dessen unorthodoxen Glaubenssätzen enttäuscht. Am 25. Mai 1521 schwenken die bayerischen Herzöge um und verkünden das Wormser Edikt in München und Landshut. Lutheraner werden von jetzt an verhaftet und des Landes verwiesen. Später werden auch Ketzerprozesse durchgeführt. 1523 wird in München wegen des falschen Glaubens ein Todesurteil gegen einen Bäckergesellen, 1527 gegen einen Messerschmied ausgesprochen und vollstreckt.

Wilhelm ist bemüht, das Land durch Reformen weiterzubringen. 1516 erlässt er das noch heute in Bayern geltende Reinheitsgebot bei der Bierherstellung. 1518 veröffentlicht er die Landrechtsreform, die in Oberbayern gilt und den niederbayrischen Gerichten als Hilfsmittel empfohlen wird. Zwei Jahre später erhält ganz Bayern eine gemeinsame Gerichtsordnung, das älteste Gesetzbuch für ganz Bayern. Zwischen 1524 und 1532 werden die Förder- und Sudtechnik und damit die Produktion verbessert, nachdem bereits 1509 in Bayern das Salzmonopol erlassen wurde. 1542 führt Wilhelm in Bayern die Getränkesteuer, später auch eine Verbrauchssteuer für andere Waren, ein.

Außenpolitisch nähert sich Wilhelm wieder den Österreichern. 1545/46 werden die bayerisch-habsburgischen Bündnisverhandlungen geführt, die schließlich zur Vorbereitung des Schmalkaldischen Kriegs führen. Im Regensburger Vertrag vom 7. Juli 1546 wird zusätzlich vereinbart, dass Bayern die Kurwürde der Rheinpfalz erhalten soll, nachdem die Pfälzer Wittelsbacher zum lutherischen Glauben übertreten. Darüber hinaus sagen die Habsburger Wilhelm finanzielle Unterstützungen zu, damit er die hohen Schulden seines Bruders Ludwig begleichen kann, die dieser bei seinem Tod 1545 hinterlässt.

Für die Ausschmückung seiner Residenz bestellt Wilhelm bei dem Maler Albrecht Altdorfer mehrere Historienbilder, unter anderem 1528 die »Alexanderschlacht«. In München legt er vor der Neuveste einen Lustgarten mit Lusthaus an, außerdem einen Rosengarten. Für seine Bilderzyklen werden die Künstler Hans Burgkmair, Bartel Beham und Melchior Feselen nach München geholt. 1549 ruft er mit Le Jais Canisius und Salmeron aus Rom die ersten Jesuiten nach München.

Während der Regierungszeit Wilhelms beginnt 1509 der Handel mit Negersklaven nach Amerika, veranlasst durch den Dominikaner Las Casa. 1517 beginnt durch Luther die Reformation in Deutschland. In diesem Jahr gibt der Kaiser den Flamen das Monopol für den Negersklavenhandel. 1524 beginnen die Bauernkriege, die bis 1525 andauern. 1529 erfolgt die erste Türkenbelagerung vor Wien. Im selben Jahr wird auf dem Reichstag von Speyer das Wormser Edikt gegen die Reformation erneuert, was einen »Protest« der evangelischen Bevölkerung (»Protestanten«) hervorruft. 1534 löst sich Heinrich VIII. von England wegen seiner Ehescheidung von Rom und gründet die anglikanische Kirche. Um 1550 bestehen die Bauernabgaben in Deutschland östlich der Elbe etwa aus zwei Dritteln des Ertrags. Diese Zeit gilt auch als der Höhepunkt der wirtschaftlichen Macht Spaniens.

Ludwig X. (1516–1545)

Päpste:		Kurfürsten der Rheinpfalz:	
Leo X.	1513–1521	Ludwig V.	1508–1544
Hadrian VI.	1522–1523	Friedrich II.	1544–1556
Klemens VII.	1523–1534		
Paul III.	1534–1549	Kurfürsten von Brandenburg:	
		Joachim I. Nestor	1499–1535
König Frankreichs:		Joachim II.	1535–1571
Franz I.	1515–1547		
		Erzherzöge Österreichs:	
Deutsche Könige und Kaiser:		Maximilian I.[1]	1493–1519
Maximilian I.[1]	1493–1519	Karl I.[2]	1519–1521
Karl V.[2]	1519–1556	Ferdinand I.	1521–1564

Mitregent seines Bruders Wilhelm IV. des Standhaften

Herzog Ludwig X. aus dem Geschlecht der Wittelsbacher amtiert als Mitregent seines Bruders Wilhelm IV. des Standhaften in Bayern von 1516 bis 1545 mit Sitz in Landshut. Ludwig wird am 18. September 1495 in Grünwald bei München geboren, er stirbt am 22. April 1545 in Landshut und liegt im Kloster Seligenthal bei Landshut bestattet. Seine Eltern sind Herzog Albrecht IV. der Weise sowie dessen Gemahlin Kunigunde, die Tochter Kaiser Friedrichs III. aus dem Hause Habsburg.

Ludwig soll zunächst durch Vermittlung des Kaisers Maximilian mit der Witwe Ferdinands von Neapel verheiratet werden. Während der Fahrt Ludwigs 1508 nach Italien zu seiner Braut stirbt diese. Nunmehr versucht Maximilian, eine Ehe zwischen Ludwig und einer reichen Erbin aus dem spanischen Hochadel

---

[1] Identisch.
[2] Identisch.

zu vermitteln, allerdings vergeblich. Im Jahre 1536 bemüht sich Ludwig selbst um die Hand der Herzogin Christina, der Witwe des Francesco Sforza aus Mailand, eine Nichte Kaiser Karls V. Dabei spekuliert Ludwig gleichzeitig auch auf das Herzogtum Mailand. Auch diese Ehe kommt nicht zustande.

Ludwig bleibt schließlich unverheiratet.

Ludwig ist seinem Wesen nach für geistige Dinge nicht sehr aufgeschlossen. Sein Ziel ist es, das Leben zu genießen. Der Wunsch nach Mitregentschaft entspricht mehr dem Motiv, nicht zeitlebens lediglich Graf von Vohburg zu bleiben. Ludwig ist wohl einer der typischen »Renaissancefürsten« unter den Wittelsbachern, der die Freuden des Lebens liebt und dabei vor groben Derbheiten nicht zurückschreckt. Dank der Erziehung von Aventin ist Ludwig in politischen Geschäften ein geschickter Diplomat, der auch von Peter Apian ausgebildet wird.

Als Ludwigs Vater Albrecht IV. der Weise 1508 stirbt, übernimmt der ältere Bruder Wilhelm die Alleinherrschaft in Bayern. Albrecht IV. hatte 1506 das Primogeniturgesetz erlassen, wonach lediglich der erstgeborene Sohn regierender Herzog von Bayern werden sollte. Ludwig lehnt dieses Gesetz ab mit der Begründung, er sei 1495 geboren und damit zu einem Zeitpunkt, als das Gesetz noch nicht erlassen war, sodass es auf ihn nicht anwendbar sei. Auch seine Mutter, die Habsburgerin Kunigunde, unterstützt ihn bei seinem Anspruch auf die Mitherrschaft als Herzog. Sie erklärt nämlich, sie »habe Fürsten geboren und nicht Grafen oder anderen Bastarden das Leben gegeben«.

Bereits im Jahre 1514 erzwingen die Landstände gegen den Willen Herzog Wilhelms IV. in einem Vertrag mit ihm, dass Ludwig an der Regierung im Herzogtum Bayern beteiligt werde. Kaiser Maximilian, der Oheim der beiden Brüder, will in Innsbruck zwischen den beiden Wittelsbacher Brüdern vermitteln. Aber Ludwig und Wilhelm argwöhnen zu Recht, dass der Kaiser mit diesem Vermittlungsversuch lediglich seine eigenen finanziellen Interessen verfolgt, so, wie im Konflikt zwischen Ruprecht von der Pfalz und ihrem Vater Albrecht dem Weisen.

Am 14. Oktober 1514 verständigen sich die Brüder deshalb ohne Einmischung von dritter Seite in Rattenberg. In München schließen sie einen Vertrag, wonach Ludwig die Stadt Landshut als eigene Hofhaltung, außerdem die Stadt Straubing und dazu ein Drittel des Landes erhält. Wilhelm erhält München und Burghausen sowie das übrige Herzogtum Bayern. Diese Regelung wird 1516 auf dem Ingolstädter Landtag noch einmal bekräftigt. Außerdem wird hier am 8. April 1516 auf dem Salzmarkt in Ingolstadt Wilhelms Hofmeister Hieronymus von Stauf als der angebliche Schuldige des Streits zwischen den Brüdern öffentlich hingerichtet. Die Brüder vereinbaren, dass sie das Herzogtum gemeinsam regieren, aber getrennt verwalten, wobei auch Ludwig selbstständig handeln kann. Diese gemeinschaftliche Regierung durchbricht zum letzten Mal den von Albrecht IV. geschaffenen Grundsatz der Primogenitur. Nach Ludwigs Tod bleibt das Primogeniturgesetz für alle nachfolgenden Genarationen ausnahmslos in Kraft.

Der jüngere Bruder der beiden, Ernst, macht zwar nicht dieselben Schwierigkeiten wie Ludwig, versucht aber ebenfalls, das vom Vater erlassene Primogeniturgesetz abzulehnen. Dabei ist er ebenfalls bestrebt, den Konflikt zwischen den Wittelsbachern und dem Hause Habsburg politisch auszunutzen. Anders als Ludwig bleibt Ernst hierbei aber erfolglos. Ernst, ebenso wie seine beiden älteren Brüder von dem Gelehrten Aventin erzogen und ausgebildet, wird später Erzbischof von Salzburg.

Nach Beginn der Mitregentschaft kommen auf Ludwig die ersten schwierigen politischen Entscheidungen. Seit Beginn der Reformation 1517, ausgelöst durch Martin Luther in Wittenberg, breitet sich die Lehre auch in Bayern aus, wo sie anfänglich noch nicht von staatlicher Seite verfolgt wird. Im Unterschied zu seinem Bruder Wilhelm ist Ludwig aber konsequenter gegen die neue Lehre eingestellt, obwohl die katholische Kirchenzucht zu dieser Zeit und auch nach 1517 beklagenswert niedrig ist.

Allmählich verstärken die beiden Brüder Ludwig und Wilhelm ihre Aktionen gegen die Reformationsbewegungen, nachdem in der Konferenz von Grünwald (bei München) im Jahre 1522 dieses kirchenpolitische Aktionsprogramm der bayerischen Herzöge festgelegt ist. Beide Wittelsbacher Brüder befürworten zunächst nicht ein Einschreiten und die Vollstreckung der päpstlichen Bulle gegen Martin Luther. Am 25. Mai 1521 schwenken die beiden bayerischen Herzöge aber um und verkünden das Wormser Edikt auch in Landshut und in München. Lutheraner werden von nun an verhaftet und des Landes verwiesen. Später werden auch Ketzerprozesse durchgeführt. Die beiden Brüder gehen nun energisch gegen die Reformationsbewegung vor und vertreten dabei den katholischen Standpunkt, Ludwig noch mehr als Wilhelm.

In Begleitung Kaiser Karls V., in dessen Dienst Ludwig ab dem Jahre 1521 gegen ein festes jährliches Gehalt treten solle, zieht Ludwig mit einem eigenen Truppenkontingent nach Italien und nimmt vor allem am Feldzug Karls gegen den König von Frankreich in der Provence teil. Allerdings versteht es Ludwig nicht, aus dieser Aktivität politischen Nutzen für sich zu ziehen. Beide Brüder treten dem Nürnberger Bund bei. Dieser Bund ist das Gegenstück zum Schmalkaldischen Bund, der die Anerkennung des Augsburger Bekenntnisses zum Ziel hat und nach dem Schmalkaldischen Krieg 1547 aufgelöst wird. Bei diesen politischen Aktionen ist Ludwig wesentlich aktiver als sein Bruder Wilhelm.

Auch Ludwig will Reformen durchführen, auch wenn diese, nicht zuletzt infolge seiner zahlreichen reichspolitischen Aktionen, wesentlich geringer ausfallen als die seines Bruders. Im Jahre 1522 erlässt Ludwig mit Wilhelm IV. die Bergfreiheiten für Bodenmais, die der sächsischen Bergordnung nachgebildet sind. Dadurch kann sich das Eisenvitriolwerk im Gebiet Bodenmais zu einem der erfolgreichsten Unternehmen entwickeln.

Bereits 1516 lässt Ludwig die Burg Trausnitz bei Landshut vergrößern. Im Jahre 1536 errichtet er auf der Burg in der dortigen Kapelle die Fürstenempore mit dem herzoglichen »Betstüberl« und einem in der kalten Jahreszeit wärmenden Kachelofen.

Im selben Jahr lässt Ludwig die herzogliche Residenz in Landshut bauen, die nach dem ihn sehr beeindruckenden Vorbild des Palazzo del Te in Mantua errichtet wird. Die Innenausstattung der Residenz besorgen unter anderem die deutschen Maler Hermann Posthumus, Hans Bochsberger und Ludwig Rehfinger sowie der Bildhauer Thomas Hernick. Von Hans Wertinger lässt er sich, ebenso wie sein Bruder Wilhelm und dessen Gemahlin, porträtieren.

Ludwig hinterlässt wegen dieser umfangreichen Bauten, insbesondere der sehr kostspieligen Residenz in Landshut, bei seinem Tod eine hohe Schuldenlast, die sein Bruder Wilhelm in München nach und nach abtragen kann.

Während der Regierungszeit Ludwigs beginnt 1517 die Reformation in Deutschland. Im selben Jahr gibt der Habsburger Karl V. den Flamen das Monopol für den Negersklavenhandel. 1524 beginnen die Bauernkriege, die bis 1515 andauern. 1529 wird Wien erstmalig von den Türken belagert. Im selben Jahr wird auf dem zweiten Reichstag von Speyer das Wormser Edikt gegen die Reformation erneuert, wobei die evangelischen Bevölkerungsgruppen dagegen »protestieren« (»Protestanten«). 1534 löst sich Heinrich VIII. von England wegen seiner Ehescheidung von Katharina von Aragon von Rom und begründet damit die anglikanische Kirche.

Albrecht V. der Großmütige (1550–1579)

Päpste:		*Kurfürsten der Rheinpfalz:*	
Julius III.	1550–1555	Friedrich II.	1544–1556
Marcellus	1555	Ottheinrich	1556–1559
Paul IV.	1555–1559	Friedrich III.	1559–1576
Pius IV.	1559–1565	Ludwig VI.	1576–1583
Pius V.	1566–1572		
Gregor XIII.	1572–1585	*Kurfürsten von Brandenburg:*	
		Joachim II.	1535–1571
Könige Frankreichs:		Johann Georg	1571–1598
Heinrich II.	1547–1559		
Franz II.	1559–1560	*Erzherzöge Österreichs:*	
Karl IX.	1560–1574	Karl I.[1]	1519–1521
Heinrich III.	1574–1589	Ferdinand I.[2]	1521–1564
		Maximilian II.[3]	1564–1576
Deutsche Könige und Kaiser:		Rudolph II.[4]	1576–1608
Karl V.[1]	1519–1556		
Ferdinand I.[2]	1556–1564		
Maximilian II.[3]	1564–1576		
Rudolph II.[4]	1576–1612		

Herzog Albrecht V. der Großmütige aus dem Geschlecht der Wittelsbacher wird aufgrund seiner persönlichen Leutseligkeit so benannt. Albrecht regiert in Bayern von 1550 bis 1579. Er wird am 29. Februar 1528 in München geboren, er stirbt hier auch am 24. Oktober 1579 an einem Magen- und Nierenleiden und liegt zusammen mit seiner Gemahlin Anna, gestorben am 17. Oktober 1590, in

---

[1] Identisch.
[2] Identisch.
[3] Identisch.
[4] Identisch.

der Liebfrauenkirche in München bestattet. Seine Eltern sind Herzog Wilhelm IV. der Standhafte von Bayern und dessen Gemahlin Jakobäa Maria, die Tochter des Markgrafen Philipp von Baden.

Albrecht ist seit dem 4. Juli 1546 in München verheiratet mit der Habsburgerin Anna, der Tochter Kaiser Ferdinands I. In den bayerisch-habsburgischen Eheverträgen vom 19. Juni 1546 muss Anna ihren Verzicht auf das Erbe Österreich ausdrücklich erklären. Durch die falsche Interpretation unter anderem dieser Eheverträge wird später der bayerische Kurfürst Karl Albrecht im Jahre 1740 den Österreichischen Erbfolgekrieg auslösen. Aus der Ehe Albrechts stammen seine Söhne Karl und Friedrich, die jeweils im Alter von einem Jahr versterben, sein Sohn und Nachfolger Wilhelm V. und Ernst, der später als Erzbischof von Köln Kurfürst und Inhaber zahlreicher anderer kirchlicher Würden wird. Seine Tochter Maria heiratet den Erzherzog Karl II. von Innerösterreich, die Tochter Maximiliana Maria bleibt unverheiratet.

Sein Sohn Ferdinand, geboren am 20. Januar 1550 in Landshut, soll 1583 durch Vermittlung seines ab 1579 regierenden Bruders Wilhem V. mit der verwitweten Maria Stuart vermählt werden. Maria Stuart befindet sich zu diesem Zeitpunkt bereits in Gefangenschaft der englischen Königin. 1588 heiratet er dann aber unstandesgemäß Maria, die Tochter des Landrichters Georg Pettenbeck in Haag. Die 16 männlichen und weiblichen Nachkommen werden in den Grafenstand mit dem Titel »Grafen von Wartenberg« erhoben. In einem Wittelsbacher Hausvertrag wird festgelegt, dass die Nachkommen Ferdinands nach dem Aussterben der bayerischen Hauptlinie die herzoglichen Herrschaftsansprüche erben sollen. Im Jahre 1736 erlischt allerdings dieser Familienzweig der Grafen von Wartenberg.

Als einziger ehelicher Sohn seines Vaters übernimmt Albrecht nach dessen Tod die Alleinherrschaft im Herzogtum Bayern. Da auch sein 1554 in den Laienstand zurückgekehrte Oheim Ernst, früherer Bischof von Salzburg, die Ansprüche auf Mitregentschaft fallen lässt, regiert Albrecht nun unangefochten allein. Onkel und Neffe söhnen sich aus, und Ernst zieht sich in die Grafschaft Glatz (in der heutigen Tschechei) zurück, wo er 1560 stirbt.

Albrecht ist zu Beginn seiner Regierung bestrebt, aus dem Regensburger Vertrag von 1546 die zugesagte Kurwürde zu erlangen, was ihm jedoch ebenso wenig wie die Zurückgabe des Gebiets um Neuburg an der Donau, der Jungpfalz, gelingt, die nach Abdankung des Kurfürsten Ottheinrich an dessen Vetter Wolfgang fällt.

Albrecht kann einen gut funktionierenden Regierungs- und Verwaltungsapparat übernehmen. Seine engsten Berater sind Georg Stockhammer und Vigileus Thaddeus Eck. Seine Beamten berichten ihm über eine geplante Verschwörung protestantischer Adelskreise, die einen Umsturz der politischen und kirchlichen Ordnung erreichen wollen. 1566 wird der Hochverratsprozess gegen die Verschwörer durchgeführt.

In der Reichspolitik ist Albrecht zu Beginn seiner Regierungszeit ein Gegner Kaiser Karls V., vor allem, seit dieser seinen Sohn Philipp II. von Spanien zum deutschen König machen möchte. Albrecht verhindert die Bemühungen Kaiser Karls, einen kaiserlichen Bund im Reich zu gründen. 1553 tritt Albrecht deshalb dem protestantischen Heidelberger Bund bei, dessen Zielrichtung gegen die Politik Karls gerichtet ist. Die Aufnahme seines Schwiegervaters Ferdinand in diesen Bund setzt Albrecht gegen den Willen der evangelischen Fürsten durch. Nach der Abdankung Kaiser Karls 1556 eröffnet Albrecht im Namen des Nachfolgers, seines Schwiegervaters, den Regensburger Reichstag von 1556/57. Bei den Friedensvermittlungen zwischen Wien und Paris auf diesem Reichstag ist Albrecht maßgeblich beteiligt.

Wie sein Vater engagiert sich Albrecht in den zurzeit aktuellen Kirchenfragen. Als sich 1553 in Deutschland die Kelchbewegung mit ihrer Forderung nach Zulassung von Laien zum Abendmahl in beiderlei Gestalt (Laien sollen neben der Hostie auch den Kelch bekommen) als eine Art »Vermittlung« zwischen den Konfessionen formiert, lehnt Albrecht diese Bewegung nicht ab. Im Gegenteil, er schickt seinen Sekretär Heinrich Schweikert 1555 mit der Bitte zum Papst, den Laienkelch, aber auch die Ehe der Geistlichen und mildere Fastengebote für die Kirche in Bayern zu bewilligen. Albrecht, der durch die Beschlüsse der Mühldorfer Reformsynode Verbesserungen innerkirchlicher Zustände erreichen kann, verhandelt 1557/58 noch einmal mit dem Episkopat um die Sanktionierung des Laienkelchs, allerdings auch diesmal vergebens. Danach duldet er in seiner Umgebung die Utraquisten, die das Abendmahl in zweierlei Gestalt befürworten, nicht mehr. Daran ändert sich auch nichts, als der Papst am 16. April 1564 den Laienkelch überraschend doch zulässt, der dann 1571 endgültig verboten wird.

In der Durchsetzung der Gegenreformation in Bayern bleibt Albrecht unnachgiebig. So lässt er 1564 in Bayern die Augsburger Konfession, eine von Philipp Melanchton auf dem Augsburger Reichstag 1530 verfasste Bekenntnisschrift der Anhänger der Reformation, verbieten. Ab dem Jahre 1568 müssen die bayerischen Beamten auf das Tridentinische Glaubensbekenntnis, das die katholische Glaubenslehre bestätigt und die endgültige Glaubensspaltung zwischen Katholiken und Protestanten darstellt, ihren Berufseid leisten. 1569 wird in München das Religionstribunal ins Leben gerufen, das den katholischen Glauben in Bayern neu beleben soll. Gleichzeitig tritt die Gesellschaft Jesu (Jesuiten) auf, die bereits 1554 mit einigen Patres in Ingolstadt, dem Sitz der Universität, vertreten ist und 1559 ein Kolleg in München im alten Augustinerkloster, dem späteren Wilhelmsgymnasium, gründet.

Albrecht ist zweifelsohne das Haupt der Gegenreformation unter den katholischen Fürsten, zumal er großen Einfluss auf seinen Schwiegervater, Kaiser Ferdinand, hat. Außerdem besitzt er hohes Ansehen und Vertrauen bei der Kurie in Rom. Diese gute Vertrauen führt auch dazu, dass der Papst 1566 wegen der guten Beziehungen eine eigene süddeutsche Nuntiatur in Bayern errichtet. Diese Stellung Albrechts führt folgerichtig zur Belebung und zum Ausbau der Gegenreformation in Bayern und in Österreich.

Auch innenpolitisch erreicht Albrecht einiges. So kann er, gestützt auf die Vorarbeit seines Vaters, die Machtposition der Landstände weiter einschränken. Er zwingt sie sogar, eine Schuldenlast in Höhe von 2,5 Millionen Gulden mit Verzinsung und Tilgung zu übernehmen. An seinen Hof beruft er neue Regierungs- und Verwaltungsorgane. 1550 entsteht die Hofkammer, die sich durch Abspaltung aus dem Hofrat bildet. (Unter seinem Nachfolger sollte 1581 der Geheime Rat ins Leben gerufen werden, der für die Finanz- und Außenpolitik und für die persönlichen Belange der Herzogsfamilie zuständig sein wird.)

Auch für das Handwerk und die Kunst setzt sich Albrecht ein. 1554 beauftragt er Philipp Apian zur Erstellung einer Landkarte. 1560 kauft er mehrere bedeutende Bibliotheken auf, unter anderem die des großen Humanisten Johann Albrecht Widmannstetten und des Kaufmanns Jakob Fugger für seine Hofbibliothek, die der Grundstein der heutigen Bayerischen Staatsbibliothek werden. Zwischen 1559 und 1562 lässt er den Georgssaal in der Neuveste erbauen, der später nach dem Brand im 18. Jahrhundert durch die »reichen Zimmer« ersetzt wird. Zwischen 1563 und 1567 lässt er vom Baumeister Wilhelm Ekgel die staatliche Münze errichten. Ab 1569 bis 1571 erstellen Jacopo Strada und Wilhelm Ekgel für Albrecht das Antiquarium, den größten Renaissancebau nördlich der Alpen. Im Handwerk fördert er vor allem auch die Goldschmiedekunst in München. Albrecht scheut keine Ausgaben, um bedeutende Musiker an seinen Hof zu ziehen. Der in ganz Europa abgesehene Komponist Orlando di Lasso lebt und arbeitet in München. Er und seine Söhne genießen das volle Vertrauen Albrechts.

Während der Regierungszeit Albrechts müssen die Bauern östlich der Elbe um 1550 in Deutschland etwa zwei Drittel des Rohertrags abgeben. 1552 fällt Moritz von Sachsen von Kaiser Karl V. ab, wodurch die deutschen Städte Metz, Toul und Verdun an Frankreich fallen. 1553 werden die Protestanten unter Maria der Blutigen in England grausam verfolgt. 1555 legt der Augsburger Religionsfriede fest, dass die Religion des Herrschers auch die Religion seines Landes zu sein hat (»cuius regio, eius religio«). 1562 beginnen die Hugenottenkriege in Frankreich. Im selben Jahr erheben sich die Handwerkszünfte gegen die wachsende Gewerbefreiheit. 1571 können die Spanier in der Seeschlacht von Lepanto die türkische Vorherrschaft im Mittelmeer brechen, womit Spanien auch zur führenden Seemacht wird. 1572 lässt Katharina von Medici in der »Bartholomäusnacht« zirka 2000 Hugenotten in Paris ermorden.

Wilhelm V. der Fromme (1579–1597)

Päpste:		*Kurfürsten der Rheinpfalz:*	
Gregor XIII.	1572–1585	Ludwig VI.	1576–1583
Sixtus V.	1585–1590	Friedrich IV.	1583–1610
Urban VII.	1590		
Gregor XIV.	1590–1591	*Kurfürsten von Brandenburg:*	
Innozenz IX.	1591	Johann Georg	1571–1598
Klemens VIII.	1592–1605	Joachim Friedrich	1598–1608
Könige Frankreichs:		*Erzherzog Österreichs:*	
Heinrich III.	1574–1589	Rudolph II.*	1576–1608
Heinrich IV.	1589–1610		
Deutscher König und Kaiser:			
Rudolph II.*	1576–1612		

Herzog Wilhelm V. der Fromme aus dem Geschlecht der Wittelsbacher erhält seinen Beinamen für seinen Einsatz für die Gegenreformation in Bayern. Er regiert von 1579 bis 1595 allein, von 1595 bis zu seiner Abdankung 1597 zusammen mit seinem Sohn Maximilian. Wilhelm wird am 29. September 1548 in Landshut geboren, er stirbt am 7. Februar 1626 in Schleißheim bei München und liegt in der Michaelskirche in München bestattet. Seine Eltern sind Herzog Albrecht V. der Großmütige und dessen Gemahlin Anna, die Tochter des Habsburger Kaisers Ferdinand I.

Wilhelm heiratet am 22. Februar 1568 in München Renata, die Tochter Herzog Franz' I. von Lothringen, die mit 58 Jahren 1602 ebenfalls in München stirbt und auch in der Michaelskirche bestattet liegt. Auf der glanzvollen Hochzeit wird in einer prachtvollen Aufführung die Oper »Samson« von Orlando di Lasso urauf-

---

* Identisch; 1608 wird Rudolph als Erzherzog Österreichs von seinem Bruder Matthias verdrängt.

geführt. Seine Gemahlin Renata neigt später zur Melancholie und versammelt zu ihrer Aufmunterung Zwerge, Musikanten und Komödianten an ihrem Hof. Die Münchner haben an ihrem Rathaus ein Glockenspiel angebracht, das noch heute an die Festlichkeiten anlässlich der Hochzeit erinnern soll.

Aus der Ehe stammt sein Sohn und Nachfolger Maximilian I. Ihn lässt Wilhelm auf der Universität Ingolstadt sorgfältig ausbilden. Mit Maximilian studiert der habsburgische Erzherzog Ferdinand von Österreich, der spätere Kaiser Ferdinand II. an dieser Universität, der Hochburg der Gegenreformation. Durch dieses Studium werden beide Fürstensöhne im Sinne der Gegenreformation geformt und geprägt. Wilhelm hat weitere Söhne, seinen Sohn Philipp Wilhelm, der die geistliche Laufbahn einschlägt und bereits mit 21 Jahren stirbt, seinen Sohn Ferdinand, der nie zum Priester geweiht Erzbischof von Köln und damit Kurfürst wird, sowie seinen Sohn Albrecht, genannt der Leuchtenberger, der Landgraf von Leuchtenberg wird. Seine Töchter Christine und Eleonore Magdalena sterben bereits im Kindesalter, seine Tochter Maria Anna heiratet den späteren Kaiser Ferdinand II.

Ein weitere Tochter Magdalene wird die Gemahlin des Wittelsbachers Wolfgang Wilhelm von Pfalz-Neuburg, der auf Veranlassung Kurfürst Maximilians von Bayern wieder zum katholischen Glauben wechselt. Wilhelm ist fromm, hat eine starke Bindung zur Religion und neigt zur Schwermut. Auch wenn er ein durchaus fähiger Herrscher ist und über die notwendigen Kenntnisse für sein Amt verfügt, gilt sein maßgebliches Interesse doch mehr den Künsten. In politischen Fragen ist er zurückhaltend und vorsichtig. Er wird von Juristen erzogen, studiert nur kurze Zeit auf der Universität in Ingolstadt und erhält insgesamt keine umfassende Ausbildung. 1568 lässt sein Vater Instruktionen für Wilhelms Hofhaltung als Erbprinz in Landshut ausarbeiten.

Vor seinem Regierungsantritt hält sich Wilhelm von 1568 ab auf der Burg Trausnitz bei Landshut auf. Von dort unternimmt er Reisen nach Prag, Wien, Graz, Innsbruck und bis nach Nancy. Schon als Erbprinz ist er ein großzügiger Mäzen der Künstler. Mit dem bekannten Sänger und Komponisten Orlando di Lasso ist er befreundet. Die Burg Trausnitz wird zum Mittelpunkt der Renaissancekultur in Bayern. Er sammelt hier Kunstwerke, Münzen, Bücher und in der damaligen Zeit sehr beliebte Kuriositäten. Da ist es nicht verwunderlich, dass Wilhelm bereits 1575 seinem häufig kränkelnden Vater, den er oft in Regierungsgeschäften gezwungen ist zu vertreten, eine Schuldenlast von 300 000 Gulden beichten muss.

Es ist daher nur verständlich, dass sein Regierungsantritt 1579 durch einen chronischen Geldmangel überschattet wird. Von seinem Vater muss er eine Schuldenlast von 616 000 Gulden übernehmen, die bis 1588 auf insgesamt 1,9 Millionen Gulden ansteigt. Wegen dieser permanenten finanziellen Notsituation lässt er den berühmten »Goldmacher« Marco Bragadino nach München kommen, der ihm verspricht, künstlich Gold herstellen zu können. Als dieser nach seinen alchimistischen Misserfolgen fliehen will, wird er festgenommen und anschließend wegen Betrugs hingerichtet.

Im Jahre 1583 führt Wilhelm Krieg gegen den Erzbischof Gebhard von Köln, der sich ein Jahr zuvor vom Papsttum losgesagt hatte und wegen seiner Konkubine zum protestantischen Glauben übergetreten war. Wilhelms Bruder Ernst wird anschließend als erster Wittelsbacher Erzbischof von Köln und damit Kurfürst. Dieser Kurfürstensitz sollte den Wittelsbachern als Sekundogenitur bis 1761 erhalten bleiben. In dem mit dem Papst ausgehandelten Konkordat desselben Jahres erhält Wilhelm wesentliche Hoheitsrechte über die Kirche in Bayern. Wilhelm ist, ebenso wie sein Vater, der entscheidende Anführer der Gegenreformation im süddeutschen Raum. Dies zeigt sich auch in seiner ganz persönlichen Haltung. Als sein Jesuitenrektor auf ihn eine Laudatio halten will, unterbricht er ihn mit den Worten: »Betet lieber, dass ich das ewige Seelenheil erlange.« Im Jahre 1585 verleiht ihm König Philipp II. von Spanien, der Taufpate seines Sohnes Philipp Wilhelm, für seine Verdienste um die Erhaltung der katholischen Kirche den höchsten Orden des Hauses Habsburg, das Goldene Vlies.

Wilhelm fördert ganz wesentlich die Ausbreitung des Jesuitenordens in Bayern, dem er sich persönlich besonders verbunden fühlt. Er lässt unter anderem in Ebersberg, Altötting, Münchmünster, Biburg und Regensburg Häuser für den Orden bereitstellen und kümmert sich auch um den Einfluss der Jesuiten im bayerischen Schulwesen. Das bedeutendste Bauwerk, das Wilhelm errichten lässt, wird die Michaelskirche in München, die ebenfalls der Gesellschaft Jesu gewidmet ist. An Profanbauten lässt Wilhelm als Erbprinz die Arkaden auf der Burg Trausnitz und ab seinem Regierungsbeginn die Neuveste (der Ursprung der Münchner Residenz) in München auf- und ausbauen. Dazu holt er Künstler wie Peter Candid und Hans von Aachen sowie Hans Krumper an seinen Hof nach München. Ab 1586 lässt er das von seinem Vater errichtete Antiquarium umbauen.

Wilhelms Bruder Ferdinand ist seit 1588 mit der bürgerlichen Maria Pettenbeck verheiratet. Die Nachkommen aus dieser Verbindung erhalten später den Titel »Grafen von Wartenberg« und das Versprechen, im Falle des Aussterbens der wittelsbachischen Hauptlinie in Bayern die Erbfolge antreten zu können. Tatsächlich stirbt jedoch die Linie der Wartenberger selbst bereits im Jahre 1736 aus. Als in Bayern 1777 die altbayerische Wittelsbacher Linie ausstirbt, wird sie, durch die Wittelsbacher Hausverträge abgesichert, von den pfälzischen Vettern beerbt.

Im Jahre 1593 sieht sich Wilhelm, der freigiebige Mäzen, wieder mit einer erneuten Schuldenlast von 1,3 Millionen Gulden konfrontiert, nachdem er ohne Steuererhebungsmöglichkeit auf die Landstände angewiesen ist, die allein die

Steuernzahlungen beschließen können. Damit im öffentlichen Etat Einsparungen vorgenommen werden können, ist sogar daran gedacht, die enorm angewachsenen Kosten für die Söldner dadurch zu senken, dass ein milizartiges Landvolk aufgestellt wird. Wegen dieser fortwährenden Finanzmisere sieht sich Wilhelm nun gezwungen, die Landstände zur Huldigung seines Sohnes und Nachfolgers Maximilian I. aufzufordern. Am 11. Januar 1594 erfolgt die Huldigung, ein Jahr später, am 1. Januar 1595, wird sein Sohn Maximilian offiziell als Stellvertreter seines Vaters eingesetzt. Wilhelm behält sich allerdings noch die Aufsicht über seinen Sohn vor. In der folgenden Zeit gelingt es Wilhelm wiederum, sich Geld unter Umgehung der Landstände zu beschaffen. Damit häuft sich im Juli 1597 erneut eine Schuldenlast von 800 000 Gulden an. Daraufhin wird Wilhelm am 15. Oktober desselben Jahres nunmehr gezwungen abzudanken. Am 23. Dezember 1597 belehnt der Kaiser Wilhelms Sohn Maximilian mit dem Herzogtum Bayern, und Wilhelm erklärt bei dieser Gelegenheit, »aus freien, ungezwungenem Willen und wohl bedachtem Gemuet« die Regierungsgewalt an seinen Sohn übergeben zu wollen.

Nach seiner Abdankung residiert Wilhelm in der Münchner Maxburg und hält sich auch häufig auf seinem Gut, dem alten Schloss in Schleißheim, auf. Er führt ein frommes, beschauliches Leben, ist wohltätig, sammelt weiterhin Kunstgegenstände und ist nebenher auch noch bemüht, seinem Sohn fortlaufend politische Ratschläge zu geben. Nach seiner Abdankung tragen er und seine Gemahlin lediglich noch schwarze Kleider, speisen von »bürgerlichem« Geschirr und bedienen täglich zwölf alte Männer und Frauen bei Tisch. Bereits 1590 hatte Wilhelm nach seinen Jugendjahren, in denen er große Festlichkeiten veranstaltet, sich zum religiösen Fanatiker gewandelt und Vorschriften für eine prunkvolle Leichnamsprozession in München erstellt. Nach dem Tod seiner Gemahlin 1602 unternimmt Wilhelm noch zahlreiche Wallfahrten, unter anderem nach Tuntenhausen und Altötting.

Während der Regierungszeit Wilhelms schließen sich die Niederlande unter Wilhelm von Oranien in der Utrechter Union gegen die Spanier zusammen. Zwei Jahre später fallen sie von Spanien ab. Im Jahre 1587 lässt Elisabeth I. von England Maria Stuart, die Königin von Schottland, hinrichten. 1588 wird die spanische Armada vor der Küste Englands vernichtet. 1589 wird Heinrich IV. von Navarra, ein Protestant, als erster Herrscher aus dem Geschlecht der Bourbonen König von Frankreich. Vier Jahre später, 1593, tritt er zum Katholizismus über (»Paris ist eine Messe wert«).

Das Kurfürstentum Bayern (1623–1805)

Maximilian I. (1597–1651)

Päpste:		Kurfürsten der Rheinpfalz:	
Klemens VIII.	1591–1605	Friedrich IV.	1583–1610
Leo XI.	1605	Friedrich V.	1610–1623
Paul V.	1605–1621	Karl I. Ludwig[5]	1648–1680
Gregor XV.	1621–1623		
Urban VIII.	1623–1644	Kurfürsten von Brandenburg:	
Innozenz X.	1644–1655	Johann Georg	1571–1597
		Joachim Friedrich	1597–1608
Könige Frankreichs:		Johann Sigismund	1608–1619
Heinrich IV.	1589–1610	Georg Wilhelm	1619–1640
Ludwig XIII.	1610–1643	Friedrich Wilhelm	
Ludwig XIV.	1643–1715	der Große Kurfürst	1640–1688
Deutsche Könige und Kaiser:		Erzherzöge Österreichs:	
Rudolph II.[1]	1576–1612	Rudolph II.[1]	1576–1608
Matthias[2]	1612–1619	Mathias[2]	1608–1619
Ferdinand II.[3]	1619–1637	Ferdinand II.[3]	1619–1637
Ferdinand III.[4]	1637–1657	Ferdinand III.[4]	1637–1657

---

[1] Identisch; 1608 wird Rudolph von seinem Bruder Matthias als Erzherzog von Österreich verdrängt.
[2] Identisch.
[3] Identisch.
[4] Identisch.
[5] Die Rheinpfalz verliert 1623 die (5.) Kurwürde an Bayern und erhält im Frieden von Münster 1648 die 8. Kurwürde wieder.

Kurfürst Maximilian I. regiert als Herzog von Bayern und Mitregent seines Vaters von 1595 bis 1597, nach Abdankung seines Vaters als allein regierender Herzog bis 1651. 1623 erhält er die Kurfürstenwürde. Maximilian wird am 17. April 1573 in München geboren, er stirbt am 27. September 1651 in Ingolstadt an den Folgen einer Lungenentzündung, die er sich auf der Wallfahrt nach Bettbrunn bei Ingolstadt zuzieht. Er liegt zusammen mit seinen beiden Gemahlinnen in der Michaelskirche in München bestattet. Seine Eltern sind Herzog Wilhelm V. der Fromme und dessen Gemahlin Renata, die Tochter Herzog Franz' I. von Lothringen. Maximilian heiratet am 6. Februar 1595 in Nancy Elisabeth Renata, die Tochter Herzog Karls II. von Lothringen, die 1635 in Braunau am Inn stirbt. Die Ehe bleibt kinderlos. In zweiter Ehe heiratet Maximilian am 15. Juli 1635 in Wien die Habsburgerin Maria Anna, die Tochter Kaiser Ferdinands II.

Aus dieser Ehe stammen sein Sohn und Nachfolger Ferdinand Maria und sein Sohn Maximilian Philipp Hieronymus. Dieser zweite Sohn soll nach dem Willen des Vaters nicht ein kirchliches, sondern ein militärisches Amt übernehmen. Maximilian Philipp übernimmt später die ziemlich desolate Landgrafschaft Leuchtenberg in der Oberpfalz und kann die Herrschaft Schwabegg mit Türkheim und Schloss Altenberg in der Nähe von Landsberg käuflich erwerben. Nach dem Tod seines Bruders, des Kurfürsten Ferdinand Maria, 1679 führt er für ein Jahr die Regentschaft in Bayern für seinen noch unmündigen Neffen, den Kurfürsten Max Emanuel. Dabei gelingt es ihm, zwischen den Großmächten Frankreich und Österreich das Gleichgewicht zu wahren. Anschließend übernimmt er keine politischen Aufgaben mehr, obwohl dies von seinem regierenden Neffen erwünscht ist.

Maximilian ist mittelgroß, hager und oft kränkelnd. Er gilt als ziemlich humorlos, misstrauisch, nachtragend, aber auch als selbstbewusste Persönlichkeit. Im Privaten jähzornig, rachsüchtig, handelt er als Politiker besonnen und bedächtig. Von den Zeitgenossen wird er geachtet, aber nicht geliebt. Als Bürokrat liebt er das Aktenstudium. Maximilian ist fromm und geradezu missionarisch. Seinen Schwager, den lutherischen Wittelsbacher Wolfgang Wilhelm von Pfalz-Neuburg, den Gemahl seiner Schwester Magdalena, kann er in persönlichen Religionsgesprächen wieder zum katholischen Glauben zurückbringen. Den Jesuiten gewährt er jedoch keinen großen Einfluss auf seine Person, jedenfalls nicht in politischen Fragen.

Sein Vater ist um seine gute Ausbildung bemüht. Maximilian studiert auf der Universität in Ingolstadt zusammen mit seinem Vetter und späteren Schwager Ferdinand, dem künftigen Kaiser Ferdinand II. Bereits in dieser Zeit wird seine Sparsamkeit sichtbar, wenn er den Wert empfangener Geschenke nachrechnet. In seinem Studierzimmer lässt er sich Standbilder der römischen Kaiser aufstellen. Auf der Universität erhält er eine juristische Ausbildung mit praktischer Erfahrung in der Staatsverwaltung, erlernt neben Latein und Griechisch vor allem Französisch, Italienisch und auch sogar Tschechisch, was ihm auf seinen Kavaliersreisen nach Nancy, Rom, Prag und in die Schweiz sehr zugute kommt.

Nachdem der Vater immer mehr Schulden angehäuft hat, überträgt er dem jungen Maximilian am 17. Juli 1594 den Vorsitz im Geheimen Rat, der herzoglichen Regierung. Am 1. Januar 1595 wird Maximilian offiziell zum Mitregenten und Stellvertreter ernannt, allerdings noch unter der Aufsicht des Vaters. Als Herzog Wilhelm unter Umgehung der Landstände erneut Schulden macht, muss er am 15. Oktober 1597 abdanken. Am 4. Februar 1598 leisten die bayerischen Beamten den Eid auf den neuen Herzog Maximilian. Maximilian wird in seiner Regierungszeit einen modernen frühabsolutistischen Staat aufbauen, der von den Landständen unabhängig wird.

Auch in der Reichspolitik engagiert sich Maximilian entscheidend. 1606 stören die Protestanten in der freien Reichsstadt Donauwörth eine katholische Prozession. Maximilian vollstreckt daraufhin die vom Kaiser verhängte Reichsacht gegen die Stadt. Er besetzt Donauwörth am 17. Dezember 1607 und verlangt die Stadt am 3. Juni 1609 erfolgreich vom Kaiser als Pfand für seine Exekutionskosten. Donauwörth wird bayerisch und verliert damit vergleichsweise früh den Status einer freien Reichsstadt. Die Stadt Kaufbeuren entgeht demselben Schicksal nur, indem sie Maximilian von vornherein nachgibt. 1611 unterwirft Maximilian den mit einer Geliebten zusammenlebenden und daher protestantischen Neigungen verdächtigen Erzbischof Wolf-Dietrich von Salzburg, nimmt ihn gefangen und zwingt ihn mit päpstlicher Zustimmung zur Abdankung.

Für den Kaiser und seine Politik wird Maximilian in der ersten Hälfte des 17. Jahrhunderts zur tragenden Stütze. Vor allem ist er die treibende Kraft der katholischen Partei während des Dreißigjährigen Kriegs. Nachdem sich die Protestantische Union als Folge der Achtexekution gegen die Stadt Donauwörth im Jahre 1608 in Auhausen (im heutigen Landkreis Donau-Ries) konstituiert, schließt sich 1609 in München der katholische Gegenbund, die Liga, zusammen und bestimmt Maximilian zu ihrem Bundesobersten. 1617 wird diese Liga durch Maximilian neu geordnet.

Ferdinand II., Erzherzog von Österreich und seit 1617 König von Böhmen, wird am 19. August 1619 als böhmischer König abgesetzt. Maximilians Vetter, Kurfürst Friedrich V. von der Rheinpfalz, versucht ihn, Maximilian, für die Kandidatur zum deutschen Kaiser zu gewinnen, was dieser aber ablehnt. Am 28. August 1619 wird aber Maximilians Schwager, der Habsburger Ferdinand, zum deutschen Kaiser gewählt. Die böhmischen Stände erheben daraufhin den Wittelsbacher Friedrich V. zu ihrem König, der die Wahl sogar annimmt. Maximilian steht zwischen den Fronten. Sein Pfälzer Vetter wird geächtet. Im Münchner Vertrag vom 8. Oktober 1619 sagt Maximilian Kaiser Ferdinand seine volle Unterstützung im Kampf gegen Friedrich zu und gewährt ihm die notwendige Hilfe auch in dem ausbrechenden Bauernaufstand in Oberösterreich. Ferdinand verspricht ihm dafür die frei werdende Kurwürde der Kurpfalz.

Auf dem Ligatag von Würzburg im Dezember 1619 wird die katholische Liga neu geordnet und ein Heer mit 25 000 Mann aufgestellt. Der Papst und Spanien geben hierzu finanzielle Unterstützungen. Am 8. November 1620 gewinnt die katholische Liga die Schlacht am Weißen Berg bei Prag gegen die Protestanten. Friedrich V., der Winterkönig, verliert sein Königreich Böhmen und muss fliehen. Für diesen Sieg erhält Maximilian vom Kaiser 1623 die Kurfürstenwürde, offiziell auf die Person beschränkt, in einer Geheimabsprache aber unbeschränkt. 1628 bekommt Maximilian noch die seit 1329 zur Kurpfalz gehörende Oberpfalz dazu. Für die hohen Kriegskosten von zwölf Millionen Gulden werden Maximilian als Pfand auch noch Oberösterreich und 1628 gegen Rückerstattung dieses Landes an den Kaiser die rechtsrheinische Unterpfalz für sich und seine Erben zugesprochen. Maximilian will seinen Dank der Kurie zum Ausdruck bringen und schenkt deshalb dem Vatikan die berühmte Heidelberger Bibliothek seines geflohenen Vetters, die noch heute als »Palatina« Bestand der vatikanischen Bibliothek ist.

Der französische Kardinal Richelieu, der Berater des französischen Königs, errichtet in Europa eine Front gegen die immer mächtiger werdenden Habsburger in Spanien und in Österreich. Dabei beginnt sich Maximilian nunmehr Frankreich zu nähern. Am 31. Mai 1631 schließen Bayern und Frankreich im Vertrag von Fontainebleau einen Neutralitäts- und Beistandspakt auf acht Jahre. Maximilian will sich dabei aber nicht auf einen Neutralitätspakt mit den Schweden festlegen lassen, da er nach wie vor die Gemeinsamkeit mit dem Kaiser sucht.

Schon von 1626 an beginnt der Konflikt zwischen Maximilian und Wallenstein, dem großen Heerführer der katholischen Seite im Dreißigjährigen Krieg, der auf Druck Maximilians vom Kaiser 1630 entlassen wird. Nach der vernichtenden Niederlage Tillys, Maximilians General, bei Breitenfeld kann der Schwedenkönig Gustav Adolf am 24. April 1632 in Augsburg einziehen. Die Einnahme Ingolstadts scheitert aber an der hartnäckigen Gegenwehr der Bürger und der Soldaten unter Führung Maximilians und Tillys. Dafür können die Schweden am 16. Mai 1632 München besetzen. Die schwedischen Soldaten plündern die kurfürstliche Residenz, die Bibliothek und die Kunstkammer. Die Residenz selbst möchte Gustav Adolf am liebsten auf Rollen nach Schweden bringen lassen. Die Bürger der Stadt München können durch ein Lösegeld von 300 000 Reichstalern und die Stellung von Geiseln die Stadt vor der Plünderung bewahren.

Im August 1632 erringt Wallenstein, vom Kaiser notgedrungen wieder in seine Ämter eingesetzt, bei Zirndorf einen Erfolg gegen die Schweden. Dafür siegen die Schweden am 16. November desselben Jahres in der Schlacht bei Lützen, verlieren dabei aber ihren König Gustav Adolf. Am 25. Februar 1634 wird Wallenstein in Eger ermordet. Die Schweden kommen im Herbst 1633 noch einmal nach Bayern, doch nach ihrer Niederlage bei Nördlingen am 6. September 1634 neigt sich der Krieg scheinbar dem Ende zu.

Am 30. Mai 1635 wird der vorläufige Friede von Prag geschlossen. Die Zeit ab 1635, beherrscht durch die Dominanz und Gegnerschaft Frankreichs, übersteht Maximilian auch dank seines genialen Feldherrn Mercy. Dessen Niederlage und Tod in der Schlacht bei Alerheim (3. August 1645) sowie die Vorstoße der Franzosen und Schweden 1646 und 1648 verstärken aber nun die Friedensbemühungen Maximilians. Im Westfälischen Frieden in Münster vom 24. Oktober 1648 erfolgt der endgültige Friedensschluss des Dreißigjährigen Kriegs. Der wittelsbachische Pfalzgraf Karl Ludwig wird, nachdem Maximilian von Kaiser Ferdinand II. die Kürwürde anstelle der Rheinpfalz bereits erhalten hat, mit der neuen achten Kurwürde belehnt. Durch den Krieg verliert Bayern etwa die Hälfte seiner Bevölkerung, wobei die Menschen mehr den Seuchen als den unmittelbaren Kriegseinwirkungen zum Opfer fallen.

Auch im Innern kann Maximilian viele Neuerungen erreichen:

1616 erlässt er den Codex Maximilianeus, ein umfassendes Landrecht. Das Militärwesen in Bayern wird neu geordnet. Ausgewählte Soldaten werden gegen Entlohnung auch zu sonntäglichen Übungen verpflichtet. Damit versucht Maximilian die Kosten für die Söldner zu vermindern. Maximilian vertritt die merkantilistische Wirtschaftsform, das heißt Steigerung des Wohlstands, Subventionierung, Steuererleichterung, Erschwernis der Importe. Er verliert allerdings erhebliche Einnahmen dadurch, dass er die Protestanten aus der Oberpfalz, dem Gebiet der lukrativen Bergwerke, vertreibt. Gleichzeitig fördert Maximilian den Bauernstand und die Gewerbetreibenden, die auch von der Erhöhung der Zölle auf fremde Waren profitieren. Außerdem lässt er die Soleleitung von Reichenhall nach Traunstein legen.

Durch die Einführung von Rechnungen, die Kontrollen und damit die Ausschaltung der Korruption erreicht er infolge einer enormen Sparsamkeit, dass der Staatshaushalt nicht nur saniert wird, sondern er seinem Nachfolger auch einen Staatsschatz von 1,5 Millionen Gulden hinterlassen kann. Denn andererseits kürzt er die Ausgaben drastisch, fördert aber auch die Zentralisierung von Behörden und bildet darüber hinaus vor allem eine geordnete und gut funktionierende Beamtenschaft.

Schon vor Kriegsbeginn, zwischen 1600 und 1618, baut Maximilian die Münchner Residenz umfassend aus. Er lässt den Brunnenhof, die Hofkapelle und die reiche Kapelle errichten. An Kunstschätzen kauft er von der Stadt

Nürnberg Gemälde Albrecht Dürers, zum Beispiel »Die vier Apostel«, außerdem erwirbt er das Gebetbuch Kaiser Maximilians I. und beauftragt den Maler Rubens mit dem Bildnis »Die Löwenjagd«. Zur Verherrlichung seines kaiserlichen Ahnherrns gibt er Hans Krumper den Auftrag, in der Münchner Liebfrauenkirche für Ludwig den Bayern ein Hochgrab zu errichten, das heute noch zu bewundern ist. Peter Candid schafft für ihn Wandteppiche. Überhaupt hat Maximilian großes Interesse an Gobelins und unterstützt die einheimische Manufaktur kräftig. Maximilian, der große Förderer der katholischen Religion, baut Jesuitenkollegs und sorgt sich auch um die nach Bayern gerufenen Kapuziner.

Zum Gedenken an die Bewahrung der Stadt München während des Dreißigjährigen Kriegs lässt er auf dem Marienplatz eine Mariensäule errichten und spricht bei der Einweihung selbst das Weihegebet.

Während der Regierungszeit Maximilians wird 1600 die Englisch-Ostindische Handelskompagnie, 1602 die Niederländisch-Ostindische Kompagnie, 1604 die französische Gesellschaft für ostindischen Handel gegründet. 1607 wird in Nordamerika die erste englische Kolonie (Virginia) gegründet. 1618 gelangt das Herzogtum Preußen von Polen an das Kurfürstentum Brandenburg. 1619 beginnt die Einfuhr von Negersklaven in Nordamerika. 1620 wird in Nordamerika die Kolonie Neu-England gegründet. 1633 führt die Pestepidemie zu Passionsfestspielen, so zum Beispiel in Oberammergau. 1648 scheiden mit dem Ende des Dreißigjährigen Kriegs die Niederlande und die Schweiz endgültig aus dem Deutschen Reich und werden selbstständig. 1649 lässt Oliver Cromwell König Karl I. von England hinrichten, wodurch England bis 1660 zur Republik wird.

Bayern im Zeitalter des Absolutismus
(1648–1745)

Nach dem Ende des Dreißigjährigen Kriegs im Jahre 1648 ist das neue Kurfürstentum Bayern wirtschaftlich und vor allem bevölkerungsmäßig sehr stark geschwächt. Kurfürst Maximilian I., auf dessen entscheidenden Druck der Kaiser schließlich dem Friedensschluss in Münster und Osnabrück zustimmt, hat noch drei Jahre Zeit, um bis zu seinem Tod 1651 die Wunden seines Landes zu heilen. Maximilian, der mächtigste Fürst im süddeutschen Raum, der eine beherrschende Rolle in der europäischen Politik spielt, will den Frieden erhalten. Dies ist aber nur möglich mit einem wirtschaftlich geordneten und finanziell gefestigten Staatswesen, das mögliche Angreifer abschreckt. Maximilian schafft diese Voraussetzungen und kann seinem Nachfolger Ferdinand Maria sogar einen erheblichen Staatsschatz hinterlassen.

Kurfürst Ferdinand Maria, zu Beginn noch unter der Vormundschaft seines Oheims, unternimmt alles, damit sich Bayern auch weiterhin von den Leiden des großen europäischen Kriegs erholen kann. Ferdinand, der nur scheinbar von seiner ebenso ehrgeizigen wie resoluten Gemahlin beherrscht wird, unternimmt in seiner Regierungszeit trotz des Drängens seiner Gemahlin alle Anstrengungen, jegliche kriegerische Auseinandersetzungen zu vermeiden. Die von Frankreich im Jahre 1657 initiierten Pläne, ihn nach dem Tod des Habsburger Kaisers Ferdinand III. zum deutschen Kaiser wählen zu lassen, lehnt Ferdinand ab, allerdings deswegen, weil er noch keine Nachkommen hat. Im Innern des Landes fördert er die absolutistische Staatsidee, indem er wie sein Vater die Rechte des Landtags immer mehr zurückdrängt und die Ständeversammlung 1669 zum letzten Mal einberuft.

Mit dem Nachfolger Ferdinands, dem Kurfürsten Max Emanuel, steht Bayern ab 1680 am Beginn einer dramatischen Epoche. Zwei Wittelsbacher Herrscher fühlen sich als absolutistische Fürsten nicht mehr an steuerbewilligende Landstände gebunden und haben sich zum Ziel gesetzt, das Kurfürstentum Bayern in ein Königreich zu verwandeln und womöglich die deutsche Kaiserkrone zu erringen. Bereits 1696 schließt Kurfürst Max Emanuel mit dem derzeit noch als Kurfürst regierenden Friedrich III. von Brandenburg aus dem Hause Hohenzollern einen Vertrag, wonach sich die beiden Fürstenhäuser bei der Erreichung der Königswürde gegenseitig unterstützen wollen. Friedrich krönt sich 1701 in Königsberg (heute Kaliningrad) zum König in Preußen. Die Wittelsbacher erreichen dieses Ziel zunächst ebenso wenig wie den Aufstieg zur europäischen Großmacht.

Stattdessen setzt der »Blaue König« Max Emanuel die Existenz Bayerns aufs Spiel. Bayern gerät als Spielball zwischen die großen Rivalen Österreich und Frankreich. Max Emanuel muss nach der Niederlage bei Höchstädt gegen den englischen Herzog Marlborough sogar für zehn Jahre ins Exil gehen. Der Wittelsbacher überlässt damit Bayern den Österreichern, die dem einheimischen Widerstand mit einem Schreckensregiment begegnen, wodurch es zu blutigen Ausschreitungen und ebenso blutigen Unterdrückungsmaßnahmen (Sendlinger Mordweihnacht 1705) kommt. Seine großen Ziele verfehlt, darf der Kurfürst Max Emanuel auf Drängen Frankreichs nach Bayern wieder zurückkehren und ist von seinen imperialen Träumen im Wesentlichen geheilt. Vier Jahre vor Max Emanuels Tod (1726) schließen die bayerischen und die pfälzischen Wittelsbacher eine Reihe von Hausverträgen, damit in Zukunft wenigstens die Nachfolge eines fremden Herrscherhauses in Bayern ausgeschlossen wird.

Sein Sohn Karl Albrecht strebt aber dennoch die politischen Großmachtsideale an. Als der Habsburger Kaiser Karl VI., der nur Töchter als Nachkommen aufzuweisen hat, mit der Pragmatischen Sanktion die Nachfolge seiner Tochter Maria Theresia in Europa vertraglich absichern möchte, erhebt Karl bereits 1731 Einspruch gegen diese interne habsburgische Erbfolgeregelung. 1740 ist ein Schicksalsjahr in Europa. Kaiser Karl IV., gleichzeitig Erzherzog des Hauses Habsburg in Österreich, stirbt, sodass sich die Effizienz der Pragmatischen Sanktion erweisen muss. In Berlin stirbt der Soldatenkönig Friedrich Wilhelm, der einen auf kriegerische Abenteuer und eigenen Ruhm bedachten Nachfolger Friedrich II. hinterlässt, dem noch dazu eine prall gefüllte Kriegskasse und ein stehendes Heer von 80 000 Mann zur Verfügung stehen.

Diese Situation veranlasst den bayerischen Kurfürsten Karl Albrecht, den Österreichischen Erbfolgekrieg vom Zaun zu brechen, in der Hoffnung, mit Unterstützung Preußens und Frankreichs die Kaiserkrone zu erhalten und auch noch österreichische Gebiete erobern zu können. Tatsächlich wird ihm diese Aktion zwar die deutsche Kaiserkrone, dafür aber auch die Besetzung Bayerns durch die Österreicher einbringen. Das Kurfürstentum Bayern ist nach den militärischen Abenteuern, Fehlschlägen und jahrelangen Besatzungen durch die Österreicher in den Regierungszeiten der beiden Wittelsbacher viel zu geschwächt, als dass es sich auf die Dauer selbst mit europäischer Hilfe gegen die benachbarte Großmacht Österreich behaupten könnte. Karl Albrecht kann zwar kurz vor seinem Tod nach Bayern zurückkehren, er stirbt aber als gebrochener Mann. Sein Sohn und Nachfolger Max III. Joseph ist diesen politischen Abenteuern gänzlich abgeneigt und nur froh, dass er im Frieden von Füssen wenigstens keine territorialen Einbußen hinnehmen muss.

Bayern ist in dieser Zeit (1745), nicht einmal 100 Jahre nach der Regierung des großen Kurfürsten Maximilian I., am Tiefpunkt seiner Machtstellung in Europa angelangt. Das Land hat aber den enormen Vorteil, in seinem neuen Herrscher Max III. Joseph dem Vielgeliebten einen Kürfürsten zu erhalten, der frei von außenpolitischen Ambitionen ist und sich in Zukunft auf die Gesundung und den Ausbau des Staates konzentrieren sollte.

Ferdinand Maria (1651–1679)

Päpste:		*Kurfürst der Rheinpfalz:*	
Innozenz X.	1644–1655	Karl I. Ludwig	1648–1680
Alexander VII.	1655–1667		
Klemens IX.	1667–1669	*Kurfürst von Brandenburg:*	
Klemens X.	1670–1676	Friedrich Wilhelm	1640–1688
Innozenz XI.	1676–1689		
		Erzherzöge Österreichs:	
König Frankreichs:		Ferdinand III.[1]	1637–1657
Ludwig XIV.	1643–1715	Leopold I.[2]	1657–1705
Deutsche Könige und Kaiser:			
Ferdinand III.[1]	1637–1657		
Leopold I.[2]	1657–1705		

Kurfürst Ferdinand Maria aus dem Geschlecht der Wittelsbacher regiert in Bayern von 1651 bis 1679. Ferdinand wird am 31. Oktober 1636 in München geboren, er stirbt am 26. Mai 1679 in Schleißheim bei München und liegt zusammen mit seiner Gemahlin in der Theatinerkirche in München bestattet. Seine Eltern sind Kurfürst Maximilian I. und dessen zweite Gemahlin Maria Anna, die Tochter Kaiser Ferdinands II. aus dem Hause Habsburg. Ferdinand heiratet am 11. Dezember 1650 in Turin, vertreten durch einen Stellvertreter (Procurator), Henriette Adelheid, die Tochter Herzog Viktor Amadeus' I. von Savoyen. Die Eheleute begegnen sich erstmalig 1652 in München, wo Ferdinand seiner Braut bei ihrer Ankunft als Erkennungszeichen einen Brief ihrer Mutter übergibt. Am 25. Juni 1652 erfolgt die Eheschließung noch einmal in München.

Henriette Adelheid ist in der Folgezeit die beherrschende Figur am bayerischen Hof in München. Sie ist die Enkelin König Heinrichs IV. von Frankreich,

---
[1] Identisch.
[2] Identisch.

sodass sie von ihrer Mutter verständlicherweise zunächst einmal als Braut des Sonnenkönigs Ludwig XIV. von Frankreich vorgesehen ist. Der französische Hof bleibt zeitlebens das große Vorbild Henriettes. Sie ist zweifelsohne eine sehr willensstarke Persönlichkeit. Beim Brand der Residenz am 9. April 1674 rettet sie in Abwesenheit ihres Gemahls unter Einsatz ihres Lebens barfuß und lediglich mit einem Hemd bekleidet ihre Kinder. Sie zieht sich dabei eine Erkältung zu, die nach zweijährigem Leiden am 18. März 1676 zu ihrem frühen Tod führt. Nach ihrem Tod vereinsamt Ferdinand, lässt nur noch einmal in der Woche einen Kammermusikabend veranstalten und zieht sich immer mehr von den Regierungsgeschäften zurück.

Die Kurfürstin glaubt zunächst, keine Kinder bekommen zu können. Sie reist daher in Bäder, unter anderem auch nach Bad Heilbrunn in Oberbayern, wo bis heute zu ihrem Andenken die Adelheidquelle existiert. Außerdem wallfahren die Ehegatten auch nach Altötting und geloben im Falle der Geburt eines männlichen Nachkommens den Bau einer Kirche und eines Klosters für St. Cajetan von Theathe.

Die Fürbitten sind erfolgreich. Ferdinand hat eine Tochter Maria Anna Christine, die mit 20 Jahren 1680 den Dauphin Ludwig, den Sohn des Sonnenkönigs von Frankreich, heiratet, mit 30 Jahren aber schon stirbt. Eine weitere Tochter Louise Maragrete stirbt mit zwei Jahren. Drei Söhne versterben im Geburtsjahr. Außerdem hat Ferdinand seinen Sohn und Nachfolger Max Emanuel sowie dessen jüngeren Bruder Joseph Klemens, der später Erzbischof und damit Kurfürst von Köln werden sollte. Liselotte von der Pfalz, eine bekannte Wittelsbacherin mit loser Zunge, behauptet, der Nachfolger stamme wie seine Geschwister von dem italienischen Arzt Dr. Simeoni ab, der in Bad Heilbrunn (im heutigen Landkreis Bald Tölz) zur Schwangerschaft auf natürliche Weise nachgeholfen habe.

Ferdinand gilt als zurückhaltend, fast schüchtern, ohne das notwendige Selbstvertrauen. Dennoch zeigt er Mut und Entschlossenheit und regiert gelegentlich auch gegen den Rat bewährter Minister. Seine Entschlüsse trifft er mit Bedacht und ohne Beeinflussung. Anstelle seines Vaters beschränkt er sich auf die Lektüre von Aktenauszügen. Er ist tief religiös und besitzt ein ausgeprägtes Verantwortungsgefühl für seine Herrscherpflichten. Aber er liebt auch die Unterhaltungen seiner Zeit, Bälle, Ritterspiele, große Schlittenfahrten, Feuerwerke und vor allem repräsentative Jagden.

Die Organisation dieser Feste überlässt er vorwiegend seiner Gemahlin Henriette. Ferdinand ist auch musikalisch begabt, spielt Cembalo, liebt das Theaterleben und ist immer bestrebt, seiner lebhaften Gemahlin alle künstlerischen Wünsche zu erfüllen. In politischen Fragen geht er aber Auseinandersetzungen mit ihr aus dem Weg und versteht es erfolgreich, jeden kriegerischen Konflikt, den seine Gemahlin zur Durchsetzung politischer Ziele in Kauf nehmen würde, zu vermeiden.

Zu Beginn seiner offiziellen Regierung (1651) steht Ferdinand bis zu seinem 18. Lebensjahr Ende September 1654 zunächst noch unter der Vormundschaft seiner Mutter und des Herzogs Albrecht, eines Bruders seines Vaters. Als Ferdinand seine Regierungstätigkeit aufnimmt, beraten ihn seine Ratgeber Kurz und Öxl. Zu dieser Zeit beginnt der Ratgeber des französischen Königs, Kardinal Mazarin, den Sonnenkönig Ludwig XIV. als Kandidaten für das Amt des deutschen Kaisers vorzuschlagen, nachdem der deutsche König Ferdinand IV., 1653 zum König gewählt, bereits 1654 noch zu Lebzeiten seines Vaters Kaiser Ferdinand III. stirbt. Zunächst will Mazarin, dass der bayerische Kurfürst Ferdinand kandidiert. Ferdinand, dem die Kandidatur 1655 angetragen wird, bleibt zunächst unentschlossen und lehnt dann aber nach dem Tod Kaiser Ferdinands III. (2. April 1657) eine Kandidatur am 24. August desselben Jahres endgültig ab. Einerseits möchte er sich aus den daraus sich entwickelnden politischen Schwierigkeiten mit den Habsburgern heraushalten, andererseits hat er zu diesem Zeitpunkt noch keine Nachkommen.

Nach diesem Entschluss verpflichtet sich Ferdinand in einem Vertrag von Waldmünchen vom 12. Januar 1658 mit Österreich, die Wahl Leopolds I. von Österreich zum deutschen Kaiser zu unterstützen. Ferdinand erhält dafür von den Habsburgern die Zusicherung, in seinen Auseinandersetzungen mit dem wittelsbachischen Vetter Kurfürst Karl Ludwig von der Pfalz unterstützt zu werden. Zwischen Karl Ludwig und Ferdinand kommt es über die Ausübung des Reichsvikariats, eines sehr einflussreichen Amts, zu Meinungsverschiedenheiten*, die mit Hilfe der Habsburger zugunsten Bayerns entschieden werden. (In einer der Verhandlungen wirft der Kurfürst Karl Ludwig dem bayerischen Gesandten Öxl deswegen sogar ein Tintenfass an den Kopf.) Bayern beteiligt sich jedenfalls in den kommenden Jahren zwischen 1662 und 1664 an den Feldzügen Österreichs gegen die Türken mit Hilfstruppen.

In den folgenden Jahren kommt es aber zu einer Annäherung Bayerns an Frankreich.

Am 17. Februar 1670 schließt Ferdinand in München einen Bündnisvertrag mit Frankreich auf zehn Jahre. Darin sichert Ferdinand dem französischen Königshaus seine Unterstützung im Kampf um das spanische Erbe zu. Bayern erhält von Frankreich dafür 180 000 Taler sowie jährlich 400 000 Gulden, falls es sich an Kriegshandlungen beteiligt. Außerdem kommt noch eine weitere Unterstützung in Höhe von 50 000 Gulden hinzu. Treibende Kraft dieses Bündnisvertrags ist der Vizekanzler Kaspar Schmid, nachdem Frankreich auch mit dem

---

* Die Meinungsverschiedenheiten entzünden sich an der Frage, ob Bayern, als es im Jahre 1623 von der Rheinpfalz die Kurwürde erhält, auch das Amt des Reichsstellvertreters, das immer bei der Rheinpfalz beheimatet war, erhalten hat.

Großen Kurfürsten von Brandenburg einen Bündnisvertrag geschlossen hat. Mit dieser bayernfreundlichen Politik verfolgt Frankreich auch das Ziel, König Ludwig XIV. von Frankreich zum deutschen Kaiser des Heiligen Römischen Reichs und die Wahl Ferdinands zum König und Stellvertreter des deutschen Kaisers durchzusetzen. Ferdinand lehnt diese Konstellation als eine Zumutung ab, und Bayern bleibt 1672 trotz des Vertrags in dem Krieg Frankreichs gegen Holland neutral, obwohl Ferdinand durch seine ehrgeizige Gemahlin Henriette zum Eintritt in den Krieg gedrängt wird.

Ferdinand ist allerdings bestrebt, Bayerns Stellung im Innern auszubauen. Mit den französischen Geldern kann er ein Heer nach französischem Muster aufstellen.

Für die Gemeindeverwaltung lässt Ferdinand die erste bayerische Gemeindeverordnung ausarbeiten. Zusätzlich fördert er die Entwicklung eines fachkundigen Beamtentums, dessen Vertreter häufig aus dem verarmten Adel stammen. Der bereits von den Vorgängern installierte Geheime Rat wird zu einer Art übergeordneten Gesamtministeriums erweitert. In der Oberpfalz, die seit 1628 wieder ein Gebietsteil Bayerns geworden ist, erlässt er 1657 ein neues Gesetzbuch. Außerdem gründet er dort mehrere Klöster. Überhaupt ermuntert er die Orden der Ursulinerinnen und der Salesianerinnen, sich in Bayern niederzulassen.

1661 wird in München am Salvatorplatz das erste Opernhaus errichtet. Unter Leitung des Baumeisters Barelli entsteht nach der Geburt des Erbprinzen Max Emanuel als Geschenk für die Mutter der Mittelteil des Nymphenburger Schlosses, den Henriette »castello dele Nümfe« nennt. Außerdem erfüllen die Ehegatten ihr Gelöbnis und lassen die Theatinerkirche errichten. In der Residenz werden die päpstlichen Zimmer im neuen Stil ausgebaut. Seine Gemahlin bringt ihren umfangreichen italienischen Hofstaat mit nach München, sodass am Münchner Hof große Hoffeste und Theater- und Opernaufführungen wie nie zuvor inszeniert werden. Der Komponist Maccioni, der die Kurfürstin auch in Gesang, Harfe und Laute unterrichtet, führt seine Oper »L'Arpa festante« auf, eine Veranstaltung, die allgemein als der Beginn der Münchner Opernfestspiele gilt. Zahlreiche italienische Dichter kommen nach München. Von einer Italienreise bringt das Kurfürstenpaar den elfjährigen Kirchensänger Agostino Steffani mit, der später ein berühmter Opernkomponist wird. In dieser Zeit wirkt auch der berühmte Musiker und Komponist Johann Kaspar Kerll in München.

Während der Regierungszeit Ferdinands findet 1652 der Seekrieg zwischen den Niederlanden und England statt, der schließlich die englische Seeherrschaft begründet. 1676 wird in England der gesetzliche Schutz der Sonntagsruhe eingeführt, drei Jahre später die »Habeas-Corpus-Akte«, eine Art Grundrechte, in England erlassen.

Max II. Emanuel der »Blaue König« (1679–1726)

Päpste:		Kurfürsten der Rheinpfalz:	
Innozenz XI.	1676–1689	Karl I. Ludwig	1648–1680
Alexander VIII.	1689–1691	Karl II.	1680–1685
Innozenz XII.	1691–1700	Philipp Wilhelm	1685–1690
Klemens XI.	1700–1721	Johann Wilhelm	1690–1716
Innozenz XIII.	1721–1724	Karl III. Philipp	1716–1742
Benedikt XIII.	1724–1730		
		Kurfürsten von Brandenburg:	
Könige Frankreichs:		**(ab 1701 Könige in Preußen)**	
Ludwig XIV.	1643–1715	Friedrich Wilhelm	
Ludwig XV.	1715–1774	der Große Kurfürst	1640–1688
		Friedrich I.	1688–1713
Deutsche Könige und Kaiser:		Friedrich Wilhelm I.	1713–1740
Leopold I.[1]	1657–1705		
Joseph I.[2]	1705–1711	**Erzherzöge Österreichs:**	
Karl VI.[3]	1711–1740	Leopold I.[1]	1657–1705
		Joseph I.[2]	1705–1711
		Karl VI.[3]	1711–1740

Kurfürst Max II. Emanuel der »Blaue König« aus dem Geschlecht der Wittelsbacher hat seinen Beinamen nach seiner blauen Uniform in den Türkenkriegen. Max Emanuel ist Herrscher in Bayern von 1679 bis 1726. Er wird am 11. Juli 1662 in München geboren und stirbt hier auch am 26. Februar 1726 an einem Magenleiden. Er liegt mit seiner zweiten Gemahlin Therese Kunigunde in der Theatinerkirche in München bestattet. Seine Eltern sind Kurfürst Ferdinand Maria von Bayern und dessen Gemahlin Henriette Adelheid, die Tochter Herzog Viktor Amadeus' I. von Savoyen.

---

[1] Identisch.
[2] Identisch.
[3] Identisch.

Verheiratet ist Max Emanuel in erster Ehe seit dem 15. Juli 1685 in Wien mit Maria Antonia, der Tochter Kaiser Leopolds I. aus dem Hause Habsburg. Maria Antonia liegt in der Kapuzinergruft in Wien bestattet. Zunächst hatte er sich vergeblich um die Hand der schönen Tochter des Herzogs von Sachsen-Eisenach bemüht. In dem Ehekontrakt muss Maria Antonia dem Hause Habsburg ihren Verzicht auf Ungarn, Böhmen und Österreich erklären, sogar für den Fall, dass das Haus Habsburg im Mannesstamm erlischt. Zugunsten ihres Vaters Leopold verzichtet sie auch auf das habsburgische Spanien. Sie stirbt 1692 bei der Geburt ihres Sohnes Joseph Ferdinand. Die schlechten persönlichen Erfahrungen mit ihrem Gemahl veranlassen sie, ihn zu enterben. Sie bekräftigt außerdem ihren Erbverzicht auf Spanien.

Aus dieser Ehe stammen zwei Söhne, Leopold Ferdinand und Anton, die beide im Geburtsjahr versterben, sowie der Sohn Joseph Ferdinand Leopold. Dieser Joseph Ferdinand wird von dem kinderlosen spanischen König Karl II. als Erbe des gesamten riesigen spanischen Imperiums eingesetzt: Joseph Ferdinand stirbt aber bereits mit sieben Jahren vor Antritt des Erbes. Ohne Kenntnis Max Emanuels bestimmt übrigens der spanische König, dass Max Emanuel selbst Spanien erben soll, falls sein Sohn Joseph Ferdinand vorher stirbt. Als dieser Kurprinz am 6. Februar 1699 in Brüssel stirbt, löst dies den Spanischen Erbfolgekrieg aus. Max Emanuel bricht am Totenbett seines Sohnes zusammen, weil seine politischen Ziele, die Macht des Hauses Wittelsbach zu erweitern, damit gescheitert sind.

In zweiter Ehe heiratet Max Emanuel am 12. Januar 1695 in München Therese Kunigunde, die Tochter des Königs Johann III. Sobieski von Polen. Aus dieser Ehe stammen der Sohn und Nachfolger Karl Albrecht sowie die Söhne Philipp Moritz, Ferdinand Maria und Clemens August, der später Erzbischof von Köln wird. Letzterer wird damit Kurfürst und Inhaber anderer kirchlicher Würden. Alle vier Söhne befinden sich während der österreichischen Besatzungszeit in Bayern in der Stadt Klagenfurt, wo sie sorgfältig erzogen werden.

Von dem Franzosen Marquise Beaureau erzogen, bringt Max Emanuel gute Voraussetzungen für sein Herrscheramt mit. In der Jugend leichtlebig, arbeitet er im Alter hart und zielstrebig. In seinem Großvater Maximilian sieht er nur dessen politisch nachahmenswerte Größe, ohne dessen Pflichterfüllung zum Vorbild zu nehmen. Ein weiteres Vorbild ist der regierende französische Sonnenkönig und dessen Prachtentfaltung. Bekannt für seine zahlreichen Liebschaften beschäftigt er sich zwischen den Kriegszügen mit Jagd, Spiel und Tanz. Der künftige Ruhm ist die Antriebsfeder seines Handelns. Er sucht die äußere Anerkennung. Dafür setzt er notfalls in unbedenklicher Kühnheit das eigene Leben ein. Durch seine persönliche Ausstrahlung kann er als militärischer Führer die Truppen mitreißen. Die Ausdauer, die ein Stratege und Staatsmann benötigt, fehlt ihm jedoch gänzlich. Die Anfangserfolge seines Lebens, vor allem in der Schlacht bei Belgrad, erscheinen Max Emanuel als wiederholbar. Bei den Türken ist er als der »Blaue König« gefürchtet; in einem ungarischen Lied von 1685 heißt es über ihn:

Höret man mit Wunder sagen von der großen Waffentat,
wie Emanuel geschlagen abermal die Türken hat.
Bei Neuhäusl und gewonnen auch die Stadt mit Siegeshand,
dass dem Türk sein Mut zerronen und gemachet ganz zu Schand.

Zu Beginn seiner Regierungszeit steht Max Emanuel bis 1680 noch unter der Vormundschaft seines Oheims Max Philipp, des Bruders seines Vaters. Im Juli 1680 nimmt er als regierender Kurfürst die Huldigung der Stände entgegen und lässt sich mit Feuerwerk, kostbaren Ehrentempeln und Manövern feiern. Seine erste Amtshandlung wäre, den von seinem Vater 1670 abgeschlossenen Bündnisvertrag mit Frankreich zu verlängern. Dazu weigert er sich, weil er in seiner Haltung bezüglich des Abschlusses von Bündnisverträgen noch unschlüssig ist. Nach einer persönlichen Aussprache mit dem Habsburger Leopold in Altötting im März 1681, in der er sehr freundlich behandelt wird, entscheidet er sich für Österreich und schließt am 26. Januar 1683 mit dem Habsburger ein Defensivbündnis gegen Frankreich und die Türken. Österreich erhält von Max Emanuel ein Heeresaufgebot von 8000 Mann gegen Zahlung von 150 000 Gulden im Frieden sowie 450 000 Gulden im Kriegsfall. Als Pfand übergibt ihm der Kaiser Neuburg am Inn und dazu die Markgrafschaft Burgau.

1683 beteiligt sich Max Emanuel zusammen mit sächsischen und kaiserlichen Truppen mit einem eigenen Aufgebot von 11 300 Mann an der Vertreibung der Türken vor Wien. Er kann dabei den Feldherrnhügel des Großwesirs Kara Mustafa erobern, sein Erfolg zwingt die Türken zur Flucht. Obwohl er der zukünftige Schwiegersohn des Kaisers ist, erhält noch nicht den Oberbefehl, auch wenn er bei den Entscheidungen hinsichtlich der Belagerung von Wien mitwirkt.

1685 gelingt es Max Emanuel, das von den Türken besetzt gehaltene Neuhäusl zurückzuerobern. Jetzt erhält er vom Kaiser ein selbstständiges Kommando. In dem folgenden Feldzug von 1687 wird Max Emanuel in der Schlacht bei Mohacs verwundet. Den Österreichern gelingt es, ganz Ungarn zurückzuerobern. 1688 kann Max Emanuel mit 33 500 Mann Belgrad zurückerobern, wozu seine 6000 bayerischen Soldaten einen entscheidenden Beitrag leisten. Denn der Kurfürst bringt in einem entschlossenen persönlichen Einsatz den ins Stocken geratenen Angriff wieder in Bewegung. Trotz einer Verwundung kann er nach vier Stunden Belgrad einnehmen, das seit 1521 unter türkischer Herrschaft steht. Diese Schlacht begründet Max Emanuels persönlichen Ruhm und sein Ansehen als Kriegsherr.

Von 1688 an führt Max Emanuel nun auch ein Kommando am Rhein und in Italien. Ebenso beteiligt er sich am Pfälzer Krieg gegen Frankreich im selben Jahr. Drei Jahre später ernennt ihn Kaiser Leopold zum Generalstatthalter der Niederlande. Anfänglich arbeitet er sich ernsthaft in die Regierungsgeschäfte ein. Doch schon bald wird seine Neigung für eine luxuriöse Hofhaltung immer größer. Einen erheblichen Teil seiner Einkünfte aus Bayern verwendet er für ein prunkvolles Leben in den Niederlanden.

Als die Franzosen 1701 in den Niederlanden einmarschieren, gibt sich Max Emanuel sofort geschlagen und stellt sich auf die Seite Frankreichs, des möglichen Siegers in diesem europäischen Krieg um die Erbfolge Spaniens. Er verletzt damit klar die mit Habsburg getroffene Vereinbarung und schließt nun mit Frankreich am 9. März 1701 ein Bündnis. Er erhält 30 000 Taler und stellt damit ein Heer von 15 000 Mann auf.

Jetzt setzt in den Bündnisverträgen ein Umschwung ein. In einer Vereinbarung von Den Haag am 7. September 1701 bildet sich eine Allianz für die Habsburger, der auch die Kurfürstentümer Mainz und Trier beitreten. Damit bahnt sich ein Wechsel an. Bayern ist plötzlich von seinem Bündnispartner Frankreich abgeschnitten. Max Emanuel beginnt deshalb wieder Verhandlungen mit den Österreichern aufzunehmen. Für seinen Wechsel auf die habsburgische Seite fordert er 150 000 Gulden und für seinen Sohn Karl Albrecht die Enkelin des Kaisers als Gemahlin. Außerdem soll Bayern Königreich werden. Die Habsburger lehnen diese Forderungen insgeheim als zu hoch ab, lassen Max Emanuel aber darüber zunächst im Ungewissen.

Daraufhin bricht Max Emanuel die Verhandlungen mit dem österreichischen Gesandten Schick in München ab und beginnt einen Feldzug gegen Österreich. Er überfällt am 8. September 1701 die Stadt Ulm, einen für ihn wichtigen Verbindungsort zu Frankreich. Die Folge ist, dass der Kaiser am 8. Oktober desselben Jahres in Regensburg gegen Max Emanuel den Reichskrieg erklärt und weitere Verhandlungen ablehnt. Im Februar 1703 unternimmt Max Emanuel noch einen Feldzug gegen Tirol, muss sich aber nach anfänglichen Erfolgen wegen eines Aufstands der Tiroler wieder zurückziehen. Bei Höchstädt (unweit von Dillingen) gelingt ihm über die kaiserlichen Truppen am 20. September 1703 ein Sieg, der für ihn jedoch keinen strategischen Vorteil bringt.

Als die österreichischen und englischen Alliierten unter dem englischen Herzog Marlborough nach Bayern einrücken, möchte Max Emanuel noch einmal mit den Österreichern verhandeln, bricht aber selbst die Verhandlungen ab, als er von dem Erfolg des französischen Generals Tallard hört. Wieder militärisch aktiv, erleidet Max Emanuel am 13. August 1704 bei Höchstädt eine vernichtende Niederlage. Er hätte zwar noch die Möglichkeit, das Kurfürstentum Bayern zu behalten, geht aber mit den abrückenden Franzosen zurück nach

Frankreich. Vier Tage später, am 17. August 1704, überträgt er seiner Gemahlin Therese die Regentschaft in Bayern. Am 15. Mai 1705 besetzen die Österreicher München und führen eine Schreckensherrschaft ein, die zu Aufständen, unter anderem zur Sendlinger Mordweihnacht am 24. Dezember 1705, führt. Ein halbes Jahr später, am 29. April 1706, wird über Max Emanuel die Reichsacht erklärt. Auch sein Bruder Clemens, Kurfürst von Köln, verliert seine Rechte und Besitzungen. Bayern wird gebietsmäßig stark verkleinert.

Durch die Niederlage von Villeroy verliert Max Emanuel auch die Niederlande.

Er ist nun gezwungen, sich zunächst in der Festung Mons in Frankreich aufzuhalten, wechselt später nach Compiegne und residiert von 1711 bis 1714 in Namur. Seit dieser Zeit lässt ihn auch der französische Hof im Stich, sodass seine finanzielle Lage immer bedrohlicher wird, obwohl er laut Berichten der Liselotte von der Pfalz ein »Luderleben« führt. Am 20. Februar 1714 schließt Max Emanuel mit Frankreich den Vertrag von Fontainebleau, wonach er mit der Unterstützung Frankreichs bei der Beerbung des Hauses Habsburg rechnen könne. Im Frieden von Rastatt und Baden von 1714 erhält Max Emanuel das Kurfürstentum Bayern wieder zurück. Er selbst kann nach München zurückkehren.

Nach Beginn seiner Regierungstätigkeit lässt er zwischen 1684 und 1688 in Schleißheim das Schlösschen Lustheim errichten. Die von ihm beschäftigten Künstler Zukkali, Effner und Cuvillies erfahren seine Gunst und seine große Förderung. Zur Hebung seines Ansehens lässt Max Emanuel eine Reihe von Bauten errichten. 1701 legt er den Grundstein für das Schloss Schleißheim, eine großzügige Anlage, die für die angestrebte Königsherrschaft in Bayern gedacht ist. Das Nymphenburger Schloss wird ab 1702 weiter ausgebaut. Nach seiner Rückkehr nach Bayern entsteht zwischen 1715 und 1717 das Schloss Fürstenried. In der Münchner Residenz lässt er die »reichen Zimmer« ausbauen.

Als Statthalter der Niederlande kann er eine große Sammlung von Gemälden für München zusammentragen, die hauptsächlich aus bedeutenden Gemälden Rubens' besteht. Den berühmten Bildhauer Wilhelm de Groff ruft er an den Münchner Hof, der vergrößert und nach französischem Vorbild von Versailles ausgestattet wird. Um außenpolitisch flexibel zu sein, führt Max Emanuel außerdem ein stehendes Heer in Bayern ein. Unter seiner Regierung blutet das Land finanziell allmählich aus. Um innenpolitische Probleme kümmert er sich kaum, auch wenn er anfänglich merkantilistischen Projekten gegenüber durchaus aufgeschlossen ist. Seine gesamte Politik ist im Wesentlichen auf äußerliche Machtentfaltung ausgerichtet. Wie Brandenburg-Preußen strebt er die Königskrone für Bayern an, bleibt selbst aber erfolglos. Nach dem Frieden von Utrecht vom 11. April 1713 ist er sogar bereit, Bayern gegen das Königreich Neapel-Sizilien auszutauschen, was jedoch am Einspruch seines Bruders Josef Clemens,

Kurfürst von Köln, sowie letztlich auch an der Realisierung dieses Planes scheitert. Max Emanuel erkennt am Ende seines Lebens das Scheitern seiner politischen Träume. Er und die wittelsbachischen Kurfürsten von Trier, Köln und der Rheinpfalz schließen sich deshalb in der Wittelsbacher Hausunion zusammen und schaffen somit die Grundlage für die späteren Wittelsbacher Hausverträge.

Während der Regierungszeit Max Emanuels werden 1679 die »Habeas-Corpus-Acte« in England erlassen, die die persönliche Freiheit des Bürgers vor der königlichen Gewalt gewährleisten. 1687 wird Österreich mit Ungarn durch Personalunion vereinigt. 1688 führt Wilhelm von Oranien die »glorreiche Revolution« in England durch. 1689 werden die »Bill of rights« erlassen, die die konstitutive Monarchie in England begründen. Die Franzosen verwüsten in dieser Zeit im Pfälzer Krieg die Rheinpfalz und zerstören unter anderem das Heidelberger Schloss. Um 1697 gilt der Hof von Versailles allgemein als vorbildlich für die übrigen europäischen Höfe. 1713 ist der Spanische Erbfolgekrieg beendet, Karl VI., deutscher Kaiser und Erzherzog von Österreich, erlässt im selben Jahr die Pragmatische Sanktion, wonach unter anderem auch weibliche Nachfolger in Österreich die Herrschaft antreten können. 1721 geht der Nordische Krieg zu Ende, den Karl XII., ein Wittelsbacher auf dem schwedischen Thron, 1700 gegen Russland beginnt und damit den Niedergang der schwedischen Großmacht einleitet.

Karl Albrecht (1726–1745)

Päpste:		*Kurfürsten der Rheinpfalz:*	
Benedikt XIII.	*1724–1730*	Karl III. Philipp	*1716–1742*
Klemens XII.	*1730–1740*	Karl IV. Theodor³	*1742–1799*
Benedikt XIV.	*1740–1758*		
		Könige in Preußen:	
König Frankreichs:		Friedrich Wilhelm I.	*1713–1740*
Ludwig XV.	*1715–1774*	Friedrich II. der Große	*1740–1786*
Deutsche Könige und Kaiser:		*Erzherzöge Österreichs:*	
Karl VI.¹	*1711–1740*	Karl IV.¹	*1711–1740*
Karl VII.²	*1742–1745*	Maria Theresia	*1740–1780*

Kurfürst Karl Albrecht aus dem Geschlecht der Wittelsbacher regiert als Kurfürst von Bayern von 1726 bis 1745, ab 1741 als König von Böhmen und ab 1742 auch als deutscher Kaiser. Karl Albrecht wird am 16. August 1697 in Brüssel geboren, er stirbt am 20. Januar 1745 überraschend an einem Herzschlag in München. Seine letzten Worte sind: »Meine armen Kinder, mein armes Land, vergebt einem armen Vater.« Seine Eltern sind Kurfürst Max Emanuel von Bayern und dessen zweite Gemahlin Therese Kunigunde, die Tochter des polnischen Königs Johann III. Sobieski. Karl Albrecht ist seit dem 5. Oktober 1722 in Wien verheiratet mit Amalia Maria Josepha Anna, der Tochter Kaiser Josephs I. aus dem Hause Habsburg. Vor der Eheschließung muss Amalia einen vollständigen Erbverzicht auf Österreich unterzeichnen. Die Hochzeit erfolgt unter großer Prachtentfaltung. Amalia wird als eine begeisterte Jägerin geschildert, die vorzugsweise in Männerkleidung und mit einer weißen Perücke auftritt. Entgegen der höfischen Gepflogenheit ihrer Zeit spricht sie nicht Französisch, sondern nur

---

[1] Identisch.
[2] Identisch mit Kurfürst Karl Albrecht von Bayern.
[3] Identisch mit Kurfürst Karl Theodor von Bayern ab 1777.

ein österreichisches »Kauderwelsch«. Amalia stirbt am 11. Dezember 1756 in München. Beide Ehegatten liegen in der Theatinerkirche in München bestattet.

Aus der Ehe stammen die Söhne Maximilian III. Joseph, der Nachfolger Karl Albrechts, Joseph Ludwig Leopold, der im Alter von fünf Jahren stirbt, sowie die Töchter Antonia Maria Walpurga, die den Kurfürsten Friedrich Christian von Sachsen heiratet, Maria Anna Josepha, die den Markgrafen Ludwig Georg von Baden-Baden heiratet, Josepha Maria Antonia, die als zweite Gemahlin Kaiser Joseph II. aus dem Hause Habsburg heiratet, sowie die Töchter Maximilana Maria und Theresia Benedicte. Darüber hinaus hinterlässt Karl Albrecht angeblich noch über 40 uneheliche Kinder. Seine Tochter Josepha von Hohenfels wird mit dem ebenfalls unehelichen Sohn seines eigenen Vaters, Graf Emanuel von Bayern, vermählt. Ein weiterer unehelicher Sohn Karl Albrechts ist der Graf Holnstein.

Karl Albrecht ist ehrgeizig, aber weich, nachgiebig und liebenswürdig gegen jedermann. Er ist fromm und widmet seinem Glauben viel Zeit. In seiner Jugend wird er während des Exils seines Vaters und der österreichischen Besatzungsmacht zusammen mit seinen Brüdern nach Klagenfurt in Österreich, später nach Graz verbracht und dort standesgemäß erzogen. Goethe lernt ihn zwar nicht persönlich kennen, berichtet aber aus den Erzählungen seiner Mutter, dass die blauen Augen Karl Albrechts bei seiner Kaiserkrönung in Frankfurt im Januar 1742 offensichtlich großen Eindruck bei der Weiblichkeit in Frankfurt hinterlassen haben. Friedrich der Große von Preußen erwähnt Karl Albrecht als einen großherzigen und achtungswerten Charakter.

Im Alter von 20 Jahren nimmt er, noch unter der Herrschaft seines Vaters, zwischen 1717 und 1718 an einem österreichischen Feldzug gegen die Türken teil. Ab 1726 regiert er als Kurfürst in Bayern bis zu seiner Kaiserkrönung im Januar 1742. Anschließend muss er vor den Österreichern fliehen und Bayern verlassen. Erst im Sommer desselben Jahres kann er mit Hilfe französischer Truppen Bayern zurückerobern. Im Frühjahr des kommenden Jahres ist er erneut gezwungen, vor den Österreichern zu fliehen. Erst nach der Wiedereinsetzung in seine Rechte durch die Frankfurter Union vom 22. Mai 1744 kann er schließlich am 23. Oktober 1744 endlich in seine Residenzstadt nach München zurückkehren, wo er nicht einmal mehr drei Monate erleben wird.

Bei seinem Regierungsantritt am 26. Februar 1726 ist Karl Albrecht gezwungen, von seinem Vater eine Schuldenlast von 26 Millionen Gulden sowie ein schlecht verwaltetes Land zu übernehmen. Er schließt im selben Jahr, am 1. September 1726, zunächst einen Freundschaftsvertrag mit Österreich, dem auch sein wittelsbachischer Onkel Clemens, der Erzbischof und Kurfürst von Köln, beitritt. Ein Jahr später allerdings, am 27. November 1727, schließt er einen Bündnisvertrag mit Frankreich, nachdem damit zu rechen ist, dass das Haus Habsburg mit seiner Erb- und Nachfolge durch die Töchter Karls VI. in

Schwierigkeiten geraten wird. Kaiser Karl VI., deutscher Kaiser und Erzherzog von Österreich, der keine männlichen Nachkommen hat, setzt im Reich bei den Ländern für seine älteste Tochter Maria Theresia seine Erbfolgeregelung, die Pragmatische Sanktion, durch, ein Gesetz, das auch die weibliche Nachfolge in den Ländern der Habsburger anerkennt.

Karl Albrecht, dessen Gemahlin bei der Hochzeit ebenso wie andere Habsburgerinnen in gleicher Situation in früheren Zeiten auf sämtliche Rechte auf österreichische Territorien verzichten muss, erhebt hiergegen jedoch Einspruch. Er bricht aber noch nicht die Beziehungen zu den Österreichern endgültig ab, sondern versucht sich 1738 sogar mit den Habsburgern zu arrangieren und unterstützt Österreich auch im Krieg gegen die Türken mit einem Hilfskorps von 11 000 Mann. Bei diesem Feldzug darf jedoch die Frage einer möglichen Erbfolge in Österreich gegenüber dem Kaiser nicht erwähnt werden.

Nach dem Tod Kaiser Karls am 20. Oktober 1740 sieht Karl Albrecht seinen Erbanspruch auf Österreich nun als begründet an, auch wenn selbst das Testament des Habsburger Kaisers Ferdinand I. von 1543 die Erbberechtigung des Hauses Wittelsbach auf Österreich für alle Zeiten eindeutig ausgeschlossen hat. Auch Karl Albrecht ist sich der Zweifelhaftigkeit seiner Forderung durchaus bewusst und bespricht sich daher mit seinen juristischen Ratgebern, ob er überhaupt noch seinen Anspruch aufrechterhalten solle. Dennoch marschiert er im Herbst 1741 mit französischen Truppen in Österreich ein und lässt sich in Linz von den dortigen Ständen huldigen. Sein strategisches Ziel ist die Hauptstadt Wien. Er muss aber, von den Franzosen dazu veranlasst, nach Böhmen Richtung Prag schwenken. Nachdem er in Prag einzieht, wird er am 12. Dezember 1741 zum König von Böhmen gekrönt. Am 24. Januar des folgenden Jahres wählen ihn die deutschen Kurfürsten zum Kaiser des Heiligen Römischen Reichs. Am 12. Februar 1742 krönt ihn sein Bruder Clemens August, Erzbischof von Köln und gleichzeitig selbst Kurfürst, in Frankfurt zum deutschen Kaiser. Damit hat Karl Albrecht seine hoch gesteckten Ziel erreicht. Die Krönungsfeierlichkeiten in Frankfurt werden mit großer Pracht begangen, obwohl Karl Albrecht zu diesem Zeitpunkt bereits gesundheitlich sehr angeschlagen ist, denn er leidet unter Stein- und Gichtschmerzen und vergleicht sich selbst mit dem biblischen Hiob.

Zwei Tage nach Beginn der Krönungsfeierlichkeiten marschieren die Österreicher in München ein, das sie besetzen. In Bayern bricht wieder eine Schreckensherrschaft unter den Österreichern aus, vor allem unter den Panduren und deren General Trenck, der grausam unter der bayerischen Bevölkerung wütet. Karl Albrecht erkennt nun seine politisch aussichtslose Lage trotz seiner äußerlichen Machtentfaltung und zieht die Konsequenzen daraus. In Verhandlungen mit Österreich anerkennt er die Habsburgerin Maria Theresia als rechtmäßige Erzherzogin von Österreich. Die Österreicher ziehen sich aus Bayern zurück, und Karl Albrecht erhält sein bayerisches Stammland zurück. Die mit ihm verbündeten Mächte, unter anderem England, müssen Karl Albrecht in seiner neuen Funktion als deutscher Kaiser den notwendigen finanziellen Unterhalt gewähren. Drei Monate nach Karl Albrechts Tod wird der Österreichische Erbfolgekrieg im Frieden von Füssen am 22. April 1745 endgültig beendet. Kurfürst Max III. Joseph, Sohn und Nachfolger Karl Albrechts, muss in den Vertragsverhandlungen ausdrücklich für Bayern auf eine Kandidatur für die Kaiserwahl und auf den Anspruch auf die österreichischen Erblande verzichten.

Eine Reihe von Bauten innerhalb seiner kurzen Regierungszeit in Bayern lässt Karl Albrecht ausführen. Im Jahre 1728 entsteht im räumlichen Anschluss an den Pavillon des Schlosses Nymphenburg das Rondell, das als Zentrum einer von ihm geplanten »Carlstadt« geplant ist. Nach einem Brand am 14. Dezember 1729 in der Münchner Residenz, bei dem auch der Grottenhof der Residenz zerstört wird, lässt er von Cuvillies die »reichen Zimmer« in der Residenz ausbauen. Aus den fürstlichen Beständen werden durch das Feuer unter anderem die Madonna von Raffael und der hellersche Altar von Albrecht Dürer vernichtet. Karl Albrecht lässt in der Residenz die Galerie sowie das fürstliche Treppenhaus, die so genannte Kaisertreppe, von Cuvillies neu gestalten. Für seine Gemahlin lässt er im Nymphenburger Park das Schlösschen Amalienburg errichten.

Aus finanziellen Gründen muss er den aufwändigen Hofstaat, den er von seinem Vater übernommen hatte, verkleinern. Die so genannte Marstalltafel hebt er auf und kann somit die von seinem Vater verpfändeten Kleinodien nach und nach wieder einlösen. Wegen seiner andauernden Geldschwierigkeiten gründet er im Jahre 1735 eine Lotterie für die Untertanen.

Während der Regierungszeit Karl Albrechts lösen sich um 1731 die mittelalterlichen Bauhütten auf und gehen zum Teil in die Freimaurerlogen über. Zur selben Zeit werden in Preußen 17 000 Salzburger angesiedelt, die wegen ihres protestantischen Glaubens vertrieben wurden. 1740 werden in Preußen unter Friedrich dem Großen die Folter, in Österreich unter Maria Theresia die Hexenprozesse abgeschafft. 1742 erhält Preußen infolge des Ersten Schlesischen Kriegs Ober- und Niederschlesien. Maria Theresia gelingt es gleichzeitig, das Königreich Böhmen wieder zurückzubekommen. 1744 beginnt der Zweite Schlesische Krieg zwischen Preußen und Österreich.

Bayern in der Zeit der Aufklärung bis 1805

Mit dem ab 1745 regierenden Kurfürsten Max III. Joseph bricht für Bayern nicht nur außenpolitisch, sondern vor allem aber auch innenpolitisch eine neue Zeit an.

Im Frieden von Füssen 1745 muss der neue Kurfürst allen Hegemonieplänen für das Herrscherhaus in Bayern abschwören. Für die Zukunft müssen die Wittelsbacher auf jegliche Kandidatur zur Wahl des deutschen Kaisers verzichten, womit der Alleinanspruch des Hauses Habsburg auf diese Kandidatur gefestigt werden solle. Bayern ist gezwungen, auch seinen Verzicht auf die österreichischen Erblande zu erklären, obwohl dieser Verzicht bereits bei sämtlichen Eheschließungen von den Habsburgerinnen erklärt werden musste. Bayern gerät damit in eine nicht unbedeutende Abhängigkeit zu Österreich, sodass Bayern nichts anderes übrig bleibt, als auf der Seite der Habsburger am Krieg gegen Preußen, insbesondere im Siebenjährigen Krieg (1756–1763), teilzunehmen.

Der politische Schwerpunkt des jungen Kurfürsten richtet sich verständlicherweise daher auf die Innenpolitik. Max III. Joseph, der nicht zu Unrecht auch »der Vielgeliebte« genannt wird, widmet sich den inneren Angelegenheiten seines Landes und dessen Problemen, die er dank einer hervorragenden Ausbildung durch exzellente Lehrer bestens kennt. Zu Beginn seiner Regierungstätigkeit übernimmt Max III. in Absprache mit seinem pfälzischen Vetter und späteren Nachfolger Karl Theodor das Amt des Reichsvikars, das ihm in der Zeit der Vakanz bis zur Neuwahl eines neuen Herrschers im Reich kaiserliche Rechte verleiht. Es kann daher durchaus als Signalwirkung angesehen werden, dass er in dieser Eigenschaft den bedeutenden Philosophen der Aufklärung, Christian Wolff, zum Reichsfreiherrn ernennt.

Dieser Schritt ist bereits ein unübersehbarer Hinweis auf das Programm des neuen Herrschers, den Grundsätzen einer aufgeklärten Verwaltung in allen staatlichen Bereichen so weit wie möglich zum Durchbruch zu verhelfen. Das von dem Juristen Kreittmayr für Bayern konzipierte neue Strafrecht von 1751 muss zwar noch mit seinen drakonischen Strafen, die zur Aufrechterhaltung der inneren Ordnung erforderlich erscheinen, als Rückschritt angesehen werden. Im Jahre 1753 wird aber eine fortschrittlichere neue Prozessordnung eingeführt, die über 100 Jahre bis zum Jahre 1869 ihre Gültigkeit behält. Auch im Steuer- und Abgabenrecht schafft Max III. Neuerungen. 1757 wird in Bayern erstmals der Klerus, der mit Ausnahme der zu den Landständen gehörenden Klöster in Friedenszeiten noch nie Steuern zahlen musste, mit einer Abgabe belegt.

Auf wissenschaftlichem Gebiet werden ebenfalls bedeutende Akzente gesetzt. Im Jahre 1759 wird in München die Akademie der Wissenschaften gegründet. 1770 wird zur Steigerung der Allgemeinbildung der Bevölkerung eine umfassende Schulordnung eingeführt. In dieser Zeit der Aufklärung erscheint es daher nur folgerichtig zu sein, wenn 1776 Adam Weißhaupt von Ingolstadt aus den geheimen Illuminatenorden, eine Vereinigung führender Zeitgenossen, gründet, die zum Ziel hat, die Gesellschaft und die Kirche nach den Ideen der Aufklärung umzugestalten. Der Kurfürst Karl Theodor, Nachfolger Max' III., der selbst ein hoch gebildeter und der Aufklärung zugeneigter Fürst ist, wird diesen Orden allerdings später aus Angst vor denselben Revolutionsunruhen wie im benachbarten Frankreich verbieten.

Mit dem Aussterben der altbayerischen Wittelsbacher Linie im Jahre 1777 – die Ehe Max' III. bleibt kinderlos — kommt mit dem nachfolgenden Kurfürsten aus der Rheinpfalz, Karl Theodor, auch die in der Pfalz blühende Kultur nach München. Obwohl Karl Theodor lieber in seinem geliebten Mannheim als Residenz bleiben würde, er sogar Bayern gegen ein neu zu schaffendes Königreich mit der Rheinpfalz als Kernland tauschen möchte, wird der Kurfürst in den Münchner Regierungsjahren zu einer großen Herrscherpersönlichkeit, die über die Grenzen Bayerns hinaus mehr als bei der bayerischen Bevölkerung selbst großes Ansehen genießt.

Kurfürst Karl Theodor kann für die Entwicklung Bayerns viel erreichen. Er ist es, der den Weg vorzeichnet, auf dem ein Montgelas unter dem späteren König Max I. Joseph Bayern in die moderne Zeit führt. Bereits im Jahre 1779 werden in Bayern, lange vor anderen europäischen Ländern, die Bauern aus ihrer Abhängigkeit befreit, bevor 1808 die Leibeigenschaft auch de jure endgültig abgeschafft wird. Die zeitgemäße Ministerialverfassung eines Montgelas von 1799, die bei Regierungsantritt des neuen Kurfürsten und späteren bayerischen Königs eingeführt wird, geht ebenfalls auf die Ansätze einer von Karl Theodor begonnenen Behördenreform zurück.

Selbst die spätere Säkularisation, das heißt die Einziehung der Kirchengüter durch den Landesherrn, nimmt Karl Theodor in gewisser Weise bereits vorweg. Dank seines besonders guten Verhältnisses zum Heiligen Stuhl in Rom setzt er ein Jahr vor seinem Tod (1798) mit päpstlicher Genehmigung eine Abgabe von 15 Millionen Gulden zulasten des pfälzisch-bayerischen Klerus durch.

Die Epoche der Aufklärung steht zu Beginn der Regierung des ebenfalls aus der Rheinpfalz überwechselnden Kurfürsten Max IV. Joseph im Jahre 1799 auf dem Höhepunkt. Sie findet in der Zeit der napoleonischen Umwälzungen in Europa zu Beginn des 19. Jahrhunderts mit dem zum König ernannten Max I. Joseph auch ihren Abschluss.

Mit der Säkularisation der im Lande verteilten Klöster, mit der damit verbundenen Aneignung der großen, ehemaligen freien und selbstständigen Bistümern Bamberg, Würzburg, Augsburg, Freising, Eichstätt und Passau sowie der staatlichen Eingliederung der zahlreichen früheren freien Reichsstädte und Adelsherrschaften, vor allem im fränkischen und schwäbischen Raum, schaffen Montgelas und König Max I. die Grundlage für den modernen Territorialstaat (den Freistaat) Bayern von heute.

Maximilian III. Joseph der Vielgeliebte (1745–1777)

Päpste:		*Kurfürst der Rheinpfalz:*	
Benedikt XIV.	*1740–1758*	Karl IV. Theodor*	*1742–1799*
Klemens XIII.	*1758–1769*		
Klemens XIV.	*1769–1774*	*König von Preußen:*	
Pius VI.	*1775–1799*	Friedrich II.	
		der Große	*1740–1786*
Könige Frankreichs:			
Ludwig XV.	*1715–1774*	*Erzherzogin Österreichs:*	
Ludwig XVI.	*1774–1792*	Maria Theresia	*1740–1780*
Deutsche Könige und Kaiser:			
Franz I.	*1745–1765*		
Joseph II.	*1765–1790*		

Kurfürst Maximilian III. Joseph der Vielgeliebte aus dem Geschlecht der Wittelsbacher erhält seinen Beinamen, seit sich die Bevölkerung bei seiner Erkrankung im Dezember 1777 spontan zu Bittprozessionen zusammenfindet und in den Kirchen für seine Genesung gebetet wird. Er regiert von 1745 bis 1777 und übt in dieser Zeit in Absprache mit seinem Vetter Kurfürst Karl Theodor von der Pfalz auch das Amt des Reichsvikars, des Stellvertreters des Kaisers, aus. Maximilian wird am 28. März 1727 in München geboren, er stirbt hier auch am 30. Dezember 1777 an den Pocken, nachdem er sich trotz der Befürwortung der Pockenimpfung nicht dazu entschließen konnte, sich selbst impfen zu lassen. Seine Eltern sind der Kurfürst Karl Albrecht von Bayern, seit 1742 auch deutscher Kaiser, und dessen Gemahlin Amalia Maria, die Tochter Kaiser Josephs I. aus dem Hause Habsburg. Mit Maria Sophie, der Tochter König Friedrich Augusts III. von Polen, Kurfürst von Sachsen, ist er seit 9. Juli 1747 verheiratet. Maria Sophie stirbt am 17. Februar 1797. Die Ehegatten liegen in der Theatinerkirche in München

---

* Identisch mit Maximilians Nachfolger in Bayern ab 1777.

bestattet, das Herz Maximilians liegt in der Gnadenkapelle in Altötting. Die Ehe bleibt kinderlos.

Maximilian wird von Johann Adam Ickstatt, einem Schüler des Philosophen Christian Wolff, und von dem Jesuitenpater Daniel Stadler erzogen, die in ihm das hohe Verantwortungsgefühl für die Probleme der Untertanen wecken, das seinen Regierungsstil prägen sollte. Mit zehn Jahren erkrankt Max lebensgefährlich, sodass sein Vater nach der Wiedergenesung für die Gnadenkapelle in Altötting eine Abbildung seines Sohnes Max in Lebensgröße stiftet. Maximilian besitzt einen nüchternen und realistisch denkenden Verstand. Er ist von ausgeglichener Gemütsart, sparsam und hat vor allem für die Sorgen der ärmeren Bevölkerung stets ein offenes Ohr.

Die wahre Ehre des Fürsten sieht er darin, das Land aufzubauen und weit reichende, aufgeklärte Reformen durchzuführen. So verbietet er unter anderem 1774 alle Schriften für und wider Gassner, einen Teufelsaustreiber aus dem Vorarlberg. Aufgeschlossen für die Ideen der Aufklärung erhebt er als Reichsvikar den Philosophen Christian Wolff in den Reichsfreienstand. Der Dichter Lessing spricht von Max als einem Kurfürsten mit einer hellen Denkart, gesundem Verstand und einem unverbesserlichen Herzen. Während der großen Hungersnot in Bayern von 1771 auf 1772 lässt Max spontan Getreide in Italien aufkaufen und in seinen Jagdrevieren große Mengen Wild schießen, damit die Armen zu essen haben. Nicht zuletzt auch deswegen wird er für das Volk »der Vielgeliebte«. Max ist musikalisch begabt, spielt mit seiner Schwester Maria Antonia Walpurga, der Kurfürstin von Sachsen, sehr gut die Gambe und komponiert auch.

Mozarts Genie verkennt er allerdings. Nach der Aufführung der Oper »Gärtnerin aus Liebe« im Jahre 1777 sucht Mozart bei ihm eine Anstellung am Münchner Hof, die Max mit den Worten abschlägt: »... weil halt keine Vakatur (Leerstelle) da ist.«

Bei seinem Regierungsantritt 1745 befindet sich Bayern noch im Krieg mit Österreich.

Max muss im März 1745 vor dem vorrückenden Feind nach Augsburg fliehen. In einer wenig aussichtsreichen Situation für Bayern schließt Max schon im April 1745 mit Österreich den Sonderfrieden von Füssen, wozu ihm vor allem seine Mutter, eine Habsburgerin, und sein Onkel, der Erzbischof und Kurfürst von Köln, raten. Max erhält in diesem Friedenschluss Bayern ungeschmälert zurück, muss dafür aber für immer auf wittelsbachische Ansprüche auf die österreichischen Erblande und auf eine bayerische Kandidatur zur Kaiserwahl verzichten. Außerdem verpflichtet sich Max zum Einsatz für die Wahl Franz' I. von Lothringen, des Gemahls der Erzherzogin Maria Theresia, zum deutschen Kaiser. Am 2. Mai 1745 wird der endgültige Friede geschlossen, den Max' Nachfolger Kurfürst Karl Theodor 1778 zunächst nicht anerkennen will.

In der Regierungszeit Max' III. büßt Bayern im Reich an Machteinfluss ein. Am 31. Oktober 1746 erneuert Max das Schutz-und-Trutz-Bündnis von 1724 mit den wittelsbachischen Reichsfürsten Kurfürst Clemens August von Köln und Kardinal Johann Theodor von Freising. Wegen der Kinderlosigkeit seiner Ehe erneuert er dieses Bündnis noch einmal 1757. 1766 schließen Altbayern und die Kurpfalz nochmals einen Vertrag, wonach die Wittelsbacher von einem Gesamtbesitz der verschiedenen Herrscherlinien ihres Hauses ausgehen.

Am 26. August 1771 wird zwischen der Rheinpfalz und Altbayern in der zweiten Hausunion die gegenseitige Erbfolge festgelegt. In der dritten Hausunion vom 19. Juni 1774 wird noch einmal bekräftigt, dass der überlebende Herrscher nach dem Tod des erbenlosen Vertragspartners dessen Territorium erbt. Diese dritte Hausunion erkennen auch die Verwandten der Nebenlinie von Zweibrücken an. Zusätzlich wird noch bestimmt, dass bei der Vereinigung der beiden Gebiete Pfalz und Bayern München der Regierungssitz wird. In einem weiteren Familienvertrag kommen Karl Theodor und Karl August, der Bruder des späteren Königs Max I., am 5. August 1777 in Schwetzingen überein, keinerlei Verpflichtung über ein wittelsbachisches Gebiet ohne Zustimmung und Beitritt des Vertragspartners einzugehen.

In reichspolitischen Angelegenheiten ist Max seit dem Frieden von Füssen an Österreich gebunden. Bayern muss unter anderem Hilfsgelder aufbringen, da die Habsburger den Österreichischen Erbfolgekrieg nach dem mit ihm 1745 geschlossenen Sonderfrieden noch weiterführen. In der Folgezeit ist Max mit seinen Nachbarstaaten, insbesondere auch mit Österreich, zwar um eine ausgleichende Politik bemüht, bleibt aber zunächst noch unentschlossen. Aber dann entschließt er sich doch zu einem Freundschaftsvertrag mit Österreich am 21. Juli 1746 und lehnt einen Bündnisvertrag mit Frankreich 1749 ab.

Im Siebenjährigen Krieg von 1756 bis 1763, den Österreich und Preußen führen, steht Max offiziell auf der Seite Österreichs, beteuert aber beim Einmarsch der preußischen Truppen in die Oberpfalz 1757 ausdrücklich seine Neutralität. Nach der Niederlage Friedrichs des Großen am 8. Juni 1757 in der Schlacht bei Kolin sieht sich Max gezwungen, bayerische Truppen zur österreichischen Unterstützung zu entsenden, zieht diese aber im August 1758 wieder zurück. Um die wittelsbachische Hauspolitik wegen der Erbnachfolge nicht zu gefährden, ist Max ab 1763 sogar um engere verwandtschaftliche Beziehungen zu den Habsburgern bemüht. Seine Schwester Josepha verheiratet er 1765 mit Kaiser Joseph II. Die Wittelsbacherin muss bei dieser Eheschließung auf sämtliche Erbansprüche auf Bayern verzichten. Da Joseph II. nach Josephas Tod 1767 diesen Verzicht unberücksichtigt lässt und dennoch Erbansprüche auf Bayern erhebt, offensichtlich motiviert durch die erfolgreiche Annexionspolitik seines Vorbilds Friedrich des Großen bezüglich

Schlesien, beginnt nach dem Tod Max' III. ab dem Jahre 1778 der Bayerische Erbfolgekrieg, der Bayern wiederum einer starken Belastung aussetzt.

In der Innenpolitik setzt Max zahlreiche Reformen durch. 1752 lässt er ein gesamtbayerisches Güterverzeichnis über Landbesitz anlegen. 1753 schafft er das Amt eines Präsidenten des Hofkriegsrates neu, bestimmt sich selbst zum Oberbefehlshaber des Heeres und beruft den Grafen zu Seinsheim zum Kriegsminister. Seit 1761 lässt er so genannte Hofanlagebücher anlegen, 1769 beruft er ein Bücherzensurkollegium ein und errichtet einen Revisionsrat, eine obere Justiz- und Berufungsinstanz in allen bürgerlichen Rechtsstreitigkeiten. 1771 schafft er eine Real- und Personalstandsbeschreibung und führt 1776 ein Lehenskataster ein. In seiner Regierungszeit verfasst der Freiherr von Kreittmayr, der bei Max in hohem Ansehen steht, das bayerische Gesetzeswerk Codex juris Bavarici Criminalis, das Strafgesetzbuch, das bis 1813 gilt und das die bis dahin auch in Bayern geltende Peinliche Halsgerichtsordnung Kaiser Karls V. von 1532 beseitigt, wegen seiner drakonischen Strafen aber keinen entscheidenden Fortschritt darstellt. Außerdem wird die bis 1869 geltende Ordnung für Notare und Advokaten, der Codex juris Bavarici judiciarii und der Codex Maximilianeus Bavaricus civilis, eingeführt, ein bayerisches Zivilrecht, das bis 1900 gilt.

Max, der von seinem Vater Karl Albrecht eine hohe Schuldenlast übernehmen muss, erreicht, dass die bayerische Landschaft, die Ständevertretung, ihre Bereitschaft erklärt, Schulden von 32 Millionen Gulden zu übernehmen. 1757 kann Max mit dem Vatikan eine zehnprozentige Steuer auf das gesamte Kirchenvermögen in Bayern aushandeln. 1764 verbietet er, dass die Klöster Liegenschaften erwerben dürfen. Dieses Verbot gilt allerdings nicht für Karitative Einrichtungen. Zwei Jahre später wird festgelegt, dass ein Eheverlöbnis nicht mehr vor Geistlichen, sondern nur noch vor einem Gericht in Gegenwart von zwei Zeugen erklärt werden kann. Auch Streitigkeiten um die Fragen des Verlöbnisses werden den Kirchengerichten entzogen und den weltlichen Gerichten übergeben.

Im selben Jahr wird die Disziplinargewalt der Klöster eingeschränkt, der Klosterkerker sowie die meisten Kollekten werden verboten. Ein Klostergelübde darf erst mit dem vollendeten 21. Lebensjahr abgegeben werden. 1770 erfolgt ein strenges Verbot gegen die bisher üblichen volkstümlichen Passionen, insbesondere die Freitagspassionen. Trotz seiner Einstellung gegenüber der Kirche kann seine Haltung nicht als kirchenfeindlich bezeichnet werden. Am 28. März 1759 gründet er in München die Bayerische Akademie der Wissenschaften. 1770 folgt die Maler- und Bildhauerakademie. 1771 wird für ganz Bayern die allgemeine Schulpflicht eingeführt und bereits am 8. Oktober 1774 eine allgemeine Schulordnung erlassen.

Zwischen 1746 und 1748 lässt Max in der Residenz die Kurfürstenzimmer von Johann Gunetzrheiner ausbauen. Nach einem Brand des Georgensaals in der Residenz wird von Cuvillies das Residenztheater (das heutige Cuvilliestheater* erbaut, das einzige große Bauwerk, das Max errichten lässt. 1756/57 lässt er den steinernen Saal des Schlosses Nymphenburg von Johann Babtist Zimmermann dekorieren. Zwischen 1765 und 1768 beauftragt er Vater und Sohn Cuvillies, die Fassade der Theatinerkirche auszubauen.

Während der Regierungszeit Max' erhält Friedrich der Große im Frieden von Dresden 1745 ganz Schlesien. 1748 wird im Aachener Frieden der Österreichische Erbfolgekrieg beendet. 1750 werden in Deutschland die Hexenprozesse abgeschafft. 1756 beginnt der Siebenjährige Krieg zwischen Preußen und Österreich. Durch Erbschaft gelangt 1766 Lothringen an Frankreich. 1775 beginnt der nordamerikanische Unabhängigkeitskrieg gegen England, der bis 1783 andauert. 1776 werden im Kongress der USA die Menschenrechte erklärt.

---

* Das Cuvilliestheater wird an der Stelle des heutigen Residenztheaters (zwischen der Residenz und dem Nationaltheater) gebaut. Im Zweiten Weltkrieg wird das Innere des Theaters ausgebaut und ausgelagert. Nach dem Krieg wird das heutige Residenztheater (als Provisorium) errichtet. Das wieder erbaute Cuvilliestheater findet deshalb seinen neuen (jetzigen) Standort im Apothekentrakt der Münchner Residenz.

Bayern bis zum endgültigen Territorium
(1777–1946)

1777 ⟶ Wiedervereinigung Altbayerns mit der Rheinpfalz
außer Zweibrücken-Birkenfeld
(unter Kurfürst Karl Theodor)

1779 *Verlust von Innviertel und Hausruckviertel* ⟶
an Österreich
(unter Kurfürst Karl Theodor)

1799 ⟶ Wiedervereinigung Altbayerns mit der Rheinpfalz (Rest)
(unter Kurfürst/König Max I.)

1803 *Verlust der linksrheinischen Pfalz* ⟶
an Frankreich
Verlust der rechtsrheinischen Pfalz ⟶
an Baden
⟶ Erwerbung der sechs Bistümer (Würzburg bis Passau)
⟶ Erwerbung der 15 Reichsstifte, 13 Reichsstädte
(unter Kurfürst/König Max I.)

1805 ⟶ Erwerbung der Bistümer Eichstätt und Passau (Rest),
⟶ der Markgrafschaft Burgau, der Städte Lindau und Augsburg,
⟶ dazu Tirol und Vorarlberg
(unter Kurfürst/König Max I.)

1806 ⟶ Erwerbung von Ansbach und Nürnberg
(unter König Max I.)

1810 ⟶ Erwerbung von Salzburg, Berchtesgaden, Regensburg, Bayreuth,
dazu das Innviertel und Hausruckviertel
Verlust von Südtirol ⟶
an das Königreich Italien
(unter König Max I.)

1814 *Verlust von Tirol und Salzburg, Innviertel, Hausruckviertel* ⟶
an Österreich
⟶ Erwerbung von Würzburg und Aschaffenburg
(unter König Max I.)

1816 ⟶ Erwerbung der linksrheinischen Pfalz
(unter König Max I.)

1946 *Verlust der linksrheinischen Pfalz* ⟶
an den neuen Bundesstaat Rheinland-Pfalz

Karl Theodor (1777–1799)

Päpste:		Kurfürst der Rheinpfalz:	
Pius VI.	1774–1799	Karl Theodor[3]	1742–1799
Pius VII.	1799–1823		
		Könige von Preußen:	
König Frankreichs:		Friedrich II.	1740–1786
Ludwig XVI.	1774–1792	Friedrich Wilhelm II.	1786–1797
		Friedrich Wilhelm III.	1797–1840
Deutsche Könige und Kaiser:			
Joseph II.	1765–1790	Erzherzöge/Kaiser Österreichs:	
Leopold II.	1790–1792	Maria Theresia	1740–1780
Franz II.[1]	1792–1806	Joseph II.	1780–1790
		Leopold II.	1790–1792
Herzöge von Zweibrücken-Birkenfeld:		Franz I. (Kaiser)[1]	1792–1835
Karl II. August	1775–1795		
Max Joseph[2]	1795–1799		

Kurfürst Karl Theodor[3] aus dem Geschlecht der Wittelsbacher, seit 1733 Pfalzgraf von Sulzbach-Neuburg, seit 1742 Kurfürst der Rheinpfalz, regiert nach der Wiedervereinigung Bayerns mit der Rheinpfalz als bayerischer Kurfürst von 1777 bis 1799. In dieser Zeit ist er auch als Reichsvikar Stellvertreter des Kaisers. Karl Theodor wird am 11. Dezember 1724 in Drogenbusch bei Brüssel geboren, er stirbt am 16. Februar 1799 in München, nachdem er vier Tage vorher am Spieltisch einen Schlaganfall erleidet. Er liegt zusammen mit seiner ersten Gemahlin Elisabeth Maria in der Theatinerkirche in München bestattet. Seine Eltern sind Herzog Johann Christian Joseph von Pfalz-Sulzbach und dessen

---

[1] Identisch. Franz nimmt 1804 den Titel eines Kaisers von Österreich an.
[2] Nachfolger Karl Theodors in Bayern ab 1799.
[3] Identisch.

Gemahlin Maria Henriette Leopoldine, die Tochter des Markgrafen Franz Egon de la Tour zu Bergen op Zoom.

Karl Theodor heiratet am 17. Januar 1742 seine Base Elisabeth Maria, die Tochter seines verstorbenen Onkels Joseph Karl Emanuel, die älteste Enkelin des Kurfürsten Karl III. Philipp. Durch diese Verbindung erhält Karl Theodor nach dem Tod dieses pfälzischen Kurfürsten am 21. Dezember 1742 nicht nur die Kurwürde mit der Rheinpfalz und Pfalz Neuburg, sondern – infolge der weiblichen Erbfolge – auch die niederrheinischen Länder Jülich und Berg. Damit hat er vier Residenzen, nämlich Sulzbach, Mannheim, Neuburg und Düsseldorf, wozu ab 1777 (30. Dezember) noch München hinzukommt. Kurfürst Karl Albrecht von Bayern, zu dieser Zeit noch regierender Herrscher von Bayern, ist auf dem Weg zu seiner Kaiserkrönung und gibt dem Paar die Ehre seiner Anwesenheit bei ihrer Hochzeit. Aus der Ehe mit seiner Cousine stammt sein einziger legitimer Sohn Franz Ludwig, der einen Tag nach seiner Geburt 1761 in Mannheim stirbt.

Nach dem Tod Elisabeth Marias am 17. August 1794 heiratet Karl Theodor am 15. Februar 1795 mit 73 Jahren die neunzehnjährige Maria Leopoldine, die Tochter des Erzherzogs Ferdinand von Österreich-Este aus dem Hause Habsburg. Diese Ehe bleibt kinderlos. Das nachgeborene Kind erklärt Leopoldine nach dem Tod Karl Theodors ausdrücklich als illegitim. Damit zerstört sie die Pläne Österreichs, die Wittelsbacher aus der Pfalz-Zweibrücken doch noch von der Erbfolge auszuschalten. Karl Theodor selbst hat eine Reihe von illegitimen Kindern, so unter anderem Karl Graf zu Betzenheim, der Großprior des Malteserordens wird.

Obwohl Karl Theodor unter den europäischen Fürsten angesehen ist, ist er bescheiden, aber eine schwer durchschaubare Persönlichkeit. Bei seinem Regierungsantritt in München bringt er mit 54 Jahren Regierungserfahrung und eine hohe Bildung mit. Auch nach seinem Wechsel nach München gehört seine Liebe der Stadt Mannheim und seiner dortigen Hofkirche. Ausgebildet in Leyden und Löwen, hält er Verbindung zum französischen Philosophen Voltaire und ist ein Verehrer aller Künste. Trotz seiner späteren Aktionen gegen den Illuminatenorden denkt er in praktischen Fragen sehr fortschrittlich und verträgt ohne weiteres auch Kritik. In seiner Münchner Zeit ist er noch ein zielstrebiger und im Alter zunehmend unnachgiebiger Politiker, der seine Entscheidungen allein und völlig unabhängig trifft. Als Herrscher vertritt er den Absolutismus. Er ist kein Befürworter einer großen Militärmacht.

Nach der Wiedervereinigung Bayerns mit der Rheinpfalz beginnt die Regierungszeit Karl Theodors am 30. Dezember 1777. Er selbst kommentiert die Nachricht vom Tod Max III. Josephs und seine Nachfolge in München wenig enthusiastisch mit den Worten: »Jetzt sind die guten Tage vorbei.« Mit Ausnahme von Pfalz-Zweibrücken ist die gesamte Rheinpfalz seit 1329 wieder mit Altbayern vereint und unter einer wittelsbachischen Regierung. Karl Theodor ist damit nach dem deutschen Kaiser aus dem Hause Habsburg und dem König von Preußen der mächtigste regierende Fürst in Deutschland.

Die Voraussetzungen dafür haben die Wittelsbacher in den vorangegangenen Jahrzehnten vertraglich festgelegt. Bereits 1746, zu diesem Zeitpunkt lediglich Kurfürst der Rheinpfalz, erneuert Karl Theodor selbst das Schutz-und-Trutz-Bündnis der Wittelsbacher aus dem Jahre 1724 mit seinem bayerischen Vorgänger Max III. Joseph nach dessen Regierungsantritt (1745). 1757 erneuern beide Wittelsbacher Linien wegen der Kinderlosigkeit Max III. Josephs diesen Hausvertrag. 1766 schließen die Pfalz und Bayern einen weiteren Hausvertrag über die gegenseitige Erbfolgeregelung. Denn auch Karl Theodors einziger legitimer Sohn stirbt einen Tag nach seiner Geburt. In der zweiten Hausunion werden die vertraglichen Regelungen erweitert und in der dritten Hausunion auf sämtliche Territorien bezogen. Im August 1777 schließen Karl Theodor und Herzog Karl August von Zweibrücken, der Bruder des späteren Max Joseph, auch noch einen Familienvertrag, wonach in Zukunft kein Wittelsbacher über wittelsbachisches Territorrium ohne Zustimmung und Beitritt des Vertragspartners verfügen kann.

Mit dem Regierungsantritt Karl Theodors in Gesamtbayern eröffnet Kaiser Joseph II., Erzherzog von Österreich, den Bayerischen Erbfolgekrieg. Denn der Habsburger will Ansprüche auf Bayern durchsetzen. Karl Theodor wird sofort zum Nachfolger in Bayern proklamiert, damit die Herrschaft über das stark verstreute gesamte Kurfürstentum mit den Regierungssitzen München, Mannheim, Düsseldorf, Neuburg an der Donau und Sulzbach keine Einbuße erleidet.

Wie schon Kurfürst Max Emanuel verhandelt auch Karl Theodor zunächst mit dem Ziel, ein wittelsbachisches Königreich Burgund mit den Schwerpunkten Brüssel, Düsseldorf und Mannheim gegen das Gebiet von Altbayern zu tauschen. Derartige Tauschverhandlungen hatte Karl Theodor bereits zu Lebzeiten seines Vorgängers mit den Österreichern angestrebt. Diese Absicht widerspräche nicht einmal dem Hausvertrag vom 26. Februar 1771, der lediglich die Verkleinerung des Besitzes des Hauses Wittelsbach, nicht aber den Tausch verbietet. Karl Theodor benötigt allerdings auch für einen Tausch die Zustimmung seines Vetters von Zweibrücken.

Seine erste Regierungshandlung nach seinem Eintreffen in München am 2. Januar 1778 ist die Anerkennung der österreichischen Forderungen auf Gebiete des ehemaligen Herzogtums Straubing. Bereits am 10. Januar 1778 rückt daraufhin Kaiser Joseph in Niederbayern ein und besetzt dabei noch weitere Gebiete. Eine in Bayern entstehende starke Opposition, geführt von der Herzogin Maria Anna, der Witwe Herzog Clemens' in Bayern, wehrt sich gegen die von Karl Theodor gewünschten Tauschabsichten. Herzog Karl August von Zweibrücken scheint allerdings zunächst nicht abgeneigt, einem Tausch zuzustimmen. Auf dem Reichstag 1778 legt er aber dann doch gegen die österreichischen Ansprüche auf bayerische Gebiete Protest ein. Nunmehr erhebt auch Friedrich der Große, König von Preußen, Einspruch gegen die Tauschverhandlungen. Zwischen Österreich und Preußen bricht der so genannte Böhmische Kartoffelkrieg aus, in dem es jedoch zu keinen militärischen Aktionen kommt. Im Frieden von Teschen (1779) wird die bayerische Unabhängigkeit zugesichert. Österreich erhält allerdings das Innviertel mit Braunau und anderen Städten.

Karl Theodor ist bereits zu Beginn seiner Regierung wenig beliebt, so unter anderem wegen seiner unnachsichtigen Verfolgung der Patrioten. Seine durch die Unruhen in Frankreich hervorgerufene Angst vor einer Revolution im Lande veranlasst ihn im Jahre 1779, die staatliche Zensur zu verschärfen. Ab 1784 verfolgt er den Illuminatenorden, eine Vereinigung von liberalen Adeligen und Bürgern in Bayern, die unter ihrem Gründer Adam Weißhaupt bereits seit 1776 von der Universitätsstadt Ingolstadt aus die Ideen der Aufklärung in Bayern verbreitet.

Ein berühmtes Mitglied und Opfer dieser Verfolgung wird Maximilian Freiherr von Montgelas, der Ratgeber des späteren Kurfürsten und Königs Max Joseph. Aus Angst vor einer Revolution in Bayern geht Karl Theodor so weit, dass er von Beamten und Geistlichen die eidliche Versicherung verlangt, kein Mitglied des Illuminatenordens zu sein. Zur Durchsetzung seiner Anordnungen setzt er Sondergerichte ein, erlässt einschneidende Presse- und Theatergesetze und widerruft auch die bereits von seinem Vorgänger erlassene aufgeklärte Schulordnung.

Karl Theodor gibt seine Absichten, zu tauschen, noch nicht verloren. 1784/85 führt er noch einmal Tauschverhandlungen mit Österreich. Eine protestierende Patriotengruppe weist Karl Theodor aus dem Land. Der Tausch scheitert jedoch bereits an Kaiser Joseph selbst, der für Bayern nur einen Teil der österreichischen Niederlande abtreten will, am Nein des Herzogs Karl August von Zweibrücken sowie am Veto des Deutschen Fürstenbundes unter Führung Friedrichs des Großen. Der Fürstenbund beruft sich auf die Unteilbarkeit der Reichsstände. Nachdem sich die Niederlande im Jahre 1789 von Österreich selbstständig machen können, ist auch die Voraussetzung für einen Tausch endgültig entfallen.

Wegen dieser sich über Jahre hinziehenden Tauschpolitik verscherzt sich Karl Theodor die Sympathien seiner Untertanen. In Bayern erwacht in diesen Jahren der Patriotismus. Vor allem die Ständevertretungen der Landschaft verfechten sehr entschieden die Unabhängigkeit Bayerns. 1788 zwingt die Münchner Bürgerschaft Karl Theodor durch einen Aufstand, den Regierungssitz vorübergehend nach Mannheim zu verlegen. Gerüchte über neue Tauschpläne dementiert Karl Theodor energisch und kehrt am 2. Juli 1789 nach München zurück.

In der Folgezeit der Unruhen, die ab 1789 durch die Französische Revolution in vielen Ländern und auch in Bayern ausbrechen und schließlich zum Krieg

405

Österreichs und Preußens gegen Frankreich führen, ist auch Karl Theodor 1796 gezwungen, seine Truppenstärke zu erhöhen. Er selbst flieht nach Sachsen und bittet die Österreicher um Hilfe, die daraufhin in Bayern einmarschieren. Die Regentschaft in Bayern übergibt Karl Theodor einem Rat aus hohen Beamten. Durch den Waffenstillstand von Pfaffenhofen im September 1796 kann er schließlich wieder seine Regierungsherrschaft in Bayern übernehmen.

Nachdem die Tauschabsichten endgültig erledigt sind, strebt Karl Theodor umfassende Reformen in Bayern an. 1778 beginnt die Befreiung der Bauern. Alle Domänenbauern, deren Grundherr der Landesherr ist, können durch Ablösungszahlungen ein erbrechtliches Miteigentum an ihrem Hof erwerben. Die soziale Lage des Bauernstandes wird damit erheblich verbessert. Karl Theodor fördert auch die Forstwirtschaft und den Straßenbau und lässt Listen der großen Gutsherrschaften in Bayern anlegen. 1779 errichtet er die Oberste Landesregierung. Aus der Zuständigkeit des Hofrats und der Hofkammer wird eine Art Innen-, Arbeits-, Wirtschafts- und Landwirtschaftsministerium geschaffen.

Das Behördenwesen ordnet er neu. Beim Papstbesuch am 2. Mai 1782 in München kann er erreichen, dass die Stadt eine eigene Nuntiatur erhält, die von ihm finanziell getragen wird. 1789 wird das Münchner Hofbistum gegründet, sodass München unabhängig von den Bistümern Freising und Salzburg wird. Die Militärreform lässt er vom Grafen Rumford durchführen. Rumford ist es auch, der 1789 den Militärgarten anlegt, ein trockengelegter Hirschanger, der später der heutige Englische Garten in München wird. 1789 öffnet Karl Theodor die Hofbibliothek allen Untertanen ohne Rücksicht auf gesellschaftlichen Stand. Dagegen beabsichtigt er, die von seinem Vorgänger gegründete Akademie aufzulösen oder zumindest mit der 1762 gegründeten kurpfälzischen Akademie in Mannheim zusammenzulegen. Aus den verstreuten Gebieten Bayerns will er einen geschlossenen Flächenstaat bilden. Die nürnbergischen Enklaven und Streubesitzungen im altbayerischen Landesteil der Oberpfalz werden gewaltsam unterworfen. In der Zeit von 1790 bis 1792 lässt er einen Teil des Nürnberger Landes militärisch besetzen. Die Stadt Nürnberg wehrt sich dagegen erfolglos.

Trotz seiner Angst vor revolutionären Aufständen und seinen Gegenreaktionen muss Karl Theodor wegen seiner zahlreichen fortschrittlichen Reformen als der Wegbereiter des modernen Staates Bayern betrachtet werden, den ein Montgelas später schaffen sollte.

Während der Regierungszeit Karl Theodors erkennt England im Versailler Frieden von 1783 die Unabhängigkeit der Vereinigten Staaten von Amerika an. 1789 beginnt die Französische Revolution, George Washington wird erster Präsident der USA. 1797 erhält Frankreich im Frieden von Campoformio die linksrheinischen Gebiete sowie Belgien und die Lombardei.

Das Königreich Bayern als moderner Territorialstaat (1806–1918)

Der Aufbau eines modernen Territorialstaats Bayern durch Montgelas unter der Regierung König Max' I. zu Beginn des 19. Jahrhunderts ist ohne die Säkularisation, das heißt die Einziehung der kirchlichen Gebiete, und die Mediatisierung, das heißt den Verlust der Reichsunmittelbarkeit der freien Reichsstädte und der kleineren Reichsstände und der Ritterschaft, nicht denkbar.

Alle in Altbayern, Franken und Schwaben liegenden bedeutenden Hochstifte und die bis dahin unabhängigen freien Reichsstädte und reichsfreien Territorien unterliegen nun der Landeshoheit und sind damit Gebiete des bayerischen Staates. Aus einer Vielzahl einzelner nicht miteinander verbundener weltlicher und geistlicher Territorialherrschaften unterschiedlichster Größe und Bedeutung entsteht ein zusammenhängender Flächenstaat. Der Kurfürst und spätere König Max Joseph verdankt diesen ungeheuren Länderzuwachs im Wesentlichen seiner Bündnispolitik mit dem französischen Kaiser Napoleon. Diesen Gebietszuwachs kann Bayern retten, als es infolge einer durch Montgelas geschickt geführten Politik noch vor der großen Niederlage Napoleons in der Völkerschlacht bei Leipzig 1813 auf die Seite der Allianz Österreich – Russland – Preußen wechselt. Im Wiener Kongress 1814/15 werden die territorialen Erwerbungen für Bayern im Wesentlichen abgesegnet. Anstelle der an Österreich zurückgegebenen Gebiete erhält Bayern eine Abrundung in Unterfranken und außerdem die linksrheinische Pfalz.

Die Regierung König Max' I. wird allgemein als der Beginn des modernen Staatswesens in Bayern gewertet. 1818 erlässt der bayerische König die erste Verfassung. Vier Jahre später wird die Verordnung erlassen, die die Einsetzung von Landräten auf der unteren Verwaltungsebene regelt, wie sie die Pfalz, aus der Max I. kommend die Herrschaft in Bayern übernahm, bereits kannte. Die weiteren zahlreichen Reformen und Erneuerungen, die sich König Ludwig I. vornimmt, werden nach seiner freiwilligen Abdankung im Jahre 1848 erst von seinem Nachfolger umgesetzt, so die Gesetze über das Wahlrecht, die Pressefreiheit und die Ministerverantwortlichkeit. 1868 werden unter anderem die Gesetze über die Gewerbeordnung sowie über die Freiheit der Eheschließung und der Niederlassung erlassen, 1897 entstehen die Handwerkskammern und die Handwerksinnungen zur Förderung des Gewerbes. 1906 führt die Regierung unter Prinzregent Luitpold vergleichsweise früh in Bayern das moderne Wahlrecht ein, wonach die Wahl allgemein, gleich, direkt und geheim sein muss. Schließlich wird auch, allerdings erst unter dem Druck der politischen Verhältnisse, zu Beginn des 20. Jahrhunderts eine umfassende Steuerreform durchgeführt.

Auch in der Reichspolitik engagiert sich Bayern nach der Auflösung des alten deutschen Kaiserreichs, des Heiligen Römischen Reichs Deutscher Nation, das offiziell seit Karl dem Großen (800), in dieser Rechtsform aber seit Otto dem Großen (962) besteht und 1806 sein Ende findet. In den Napoleonischen Kriegen, in denen die Franzosen unter ihrem Kaiser gegen ganz Europa Krieg führen und eine europäische Weltmacht anstreben, kämpft Bayern 1809 auf französischer Seite im Rheinbund gegen die Habsburger und deren Verbündete und ist verpflichtet, an dem Russlandfeldzug 1812 mit 30 000 Mann teilzunehmen. Im Wiener Kongress 1814/15 ist Bayern aber bereits nach seinem Wechsel zur Allianz gegen Napoleon in den europäischen Bund integriert und tritt für einen großdeutschen Bund mit Österreich gegen Frankreich ein. 1829 wird der bayerischwürttembergische Zollverein gegründet, der 1834 zur Bildung des deutschen Zollvereins führt und die Voraussetzung für die Schaffung des späteren Norddeutschen Bundes darstellt. Aus diesem Bund sollte im Jahre 1871 durch die Proklamation in Versailles das zweite deutsche Kaiserreich entstehen.

König Max II., seit 1848 König von Bayern, nachdem sein Vater Ludwig I. überraschend seinen Thronverzicht erklärt, legt nach den Unruhen in diesem Jahr in Frankfurt einen deutschen Verfassungsentwurf vor, der jedoch die erwartete Anerkennung unter den deutschen Fürsten nicht findet. Im folgenden Jahr lehnt Bayern allerdings die von dem Gesandten Preußens, Otto von Bismarck, propagierte kleindeutsche Verfassung ab, die den Ausschluss Österreichs verlangt. Der sehr fortschrittlich denkende Max II. von Bayern fordert 1863 auf dem deutschen Fürstentag in Frankfurt die gegenseitige Respektierung der deutschen Länder und tritt mit dieser Einstellung auch für die Selbstständigkeit für Schleswig-Holstein ein.

Seit 1864 regiert der achtzehnjährige König Ludwig II. in Bayern. Ludwig steht den Plänen Bismarcks weiterhin ablehnend gegenüber, einen kleindeutschen Bund unter Ausschluss Österreichs zu errichten. Deswegen unterstützt Bayern auch Österreich 1866 im Krieg gegen Preußen, den Bismarck durch die Zwistigkeiten in der Schleswig-Holstein-Frage bewusst vom Zaun bricht. Nach diesem deutschen Bruderkrieg, den die Österreicher und die Bayern verlieren, nähert sich Bayern mehr unfreiwillig dem Norddeutschen Bund und schließt mit Preußen ein für Bayern günstiges Schutz-und-Trutz-Bündnis ab. Den Widerstand der ersten Kammer Bayerns gegen den kleindeutschen Zollverein unterbindet Ludwig II. 1867.

Im Jahre 1871 gibt Ludwig dann nach langem Zögern und schwerwiegenden Zweifeln seine Zustimmung zur Proklamation König Wilhelms I. von Preußen zum deutschen Kaiser, die er in einem von Bismarck vorformulierten Brief selbst beantragt. Den Brief muss allerdings sein Bruder Otto und sein Onkel, der spätere Nachfolger, Prinzregent Luitpold, nach Versailles bringen. Trotz der Reichsverfassung, die uneingeschränkt für alle Bundesländer des neuen Kaiserreichs gilt, bleibt Bayern rechtlich souverän, behält unter anderem seine eigenständige Armee, seine eigenen Gesandten, seine eigene Justiz und damit auch das Bayerische Oberste Landesgericht, seine eigene Post und Eisenbahn sowie schließlich auch seine eigene Finanzverwaltung.

Der letzte regierende Wittelsbacher König in Bayern, Ludwig III., kann sicherlich nicht als ein Befehlsempfänger des Reiches bezeichnet werden. Denn gerade er ist es, der 1898 bei den russischen Krönungsfeierlichkeiten für den letzten Zaren Nikolaus II. in Moskau eindrucksvoll die Eigenständigkeit der deutschen Fürstenhäuser dokumentiert, indem er energisch widerspricht, die deutschen Könige, Großherzöge und Herzöge seien lediglich Vasallen des deutschen Kaisers. Zwei Jahre nach Ausbruch des Ersten Weltkriegs 1914, setzt sich die bayerische Regierung nachhaltig für das deutsche Friedensangebot ein. Dabei ist es gerade der engagierte bayerische Kronprinz Rupprecht, der für die aufkommenden Nöte der Bevölkerung besonderes Verständnis aufbringt.

Nach dem verlorenen Weltkrieg 1918 entbindet König Ludwig III. am 13. November 1918 seine Beamten und Soldaten von ihrem Eid, ohne dabei allerdings auf den Königsthron in Bayern für sich und das Haus Wittelsbach zu verzichten. Er flieht mit seiner Frau und seinen unverheirateten Töchtern in den Wirren der Revolution aus München und überlebt das Ende der Monarchie und der Herrschaft der Wittelsbacher in Bayern nur drei Jahre.

Max I. Joseph (1799–1826)

Päpste:		*Deutscher König und Kaiser:*	
Pius VI.	*1775–1799*	Franz II.*	*1792–1806*
Pius VII.	*1800–1823*		
Leo XII.	*1823–1829*	*Erzherzog/Kaiser Österreichs:*	
		Franz I.*	*1792–1835*
Kaiser/Könige Frankreichs:			
Napoleon I.	*1802–1814*	*König von Preußen:*	
Ludwig XVIII.	*1814–1824*	Friedrich Wilhelm III.	*1797–1840*
Karl X.	*1824–1830*		

König Max I. aus dem Geschlecht der Wittelsbacher regiert als Kurfürst Maximilian IV. Joseph von Bayern von 1799 bis 1805. Ab dem 1. Januar 1806 regiert er als König Max I. von Bayern bis 1825. Max wird am 17. Mai 1756 in Mannheim geboren, er stirbt am 12. Oktober 1825 auf Schloss Nymphenburg in München und liegt in der Theatinerkirche in München bestattet. Seine Eltern sind der Pfalzgraf Friedrich Michael von Birkenfeld-Zweibrücken und dessen Gemahlin Maria Franziska Dorothea, die Tochter des sulzbachischen Erbprinzen Josef Karl Emanuel. Max' Vater tritt bereits vor seiner Verheiratung 1746 zum katholischen Glauben über, weil nach dem Gesetz Herzog Albrechts V. (1550–1579) nur katholische Fürsten in Bayern regierungs- und erbberechtigt sind.

Max ist seit dem 30. September 1785 in Darmstadt mit Auguste Wilhelmine Maria verheiratet, der Tochter des Landgrafen Georg Wilhelm von Hessen-Darmstadt. Aus dieser Ehe stammen sein Sohn und Nachfolger Ludwig I. und ein Sohn namens Karl Theodor Maximilian August. Seine Tochter Auguste Amalie Ludovika heiratet Eugen Beauharnais, den Sohn Josephines, der ersten Gemahlin Kaiser Napoleons I. Diese Ehe kommt auf Druck des französischen Ministers Talleyrand während des Aufenthalts Napoleons mit seiner Frau

---

* Identisch; Kaiser Franz I. von Österreich ab 1804.

Josephine in München Silvester 1805 bis zum 17. Januar 1806 zustande. Eugen Beauharnais wird Herzog von Leuchtenberg und residiert in München im Leuchtenberg-Palais. Die Tochter Amalie Maria Auguste stirbt mit vier Jahren. Die Tochter Charlotte Auguste (Karoline) heiratet in erster Ehe König Wilhelm I. von Württemberg, wird 1814 geschieden und heiratet in zweiter Ehe Kaiser Franz I. von Österreich.

Nach Auguste Wilhelmines Tod am 30. März 1796 heiratet Max am 9. März 1797 in Karlsruhe Caroline Friederike Wilhelmine, die Tochter des Erbprinzen Karl Ludwig von Baden.

Seine zweite Gemahlin ist evangelisch-lutherisch, sodass die evangelische Konfession in Bayern sich allmählich ausbreiten kann. Aus dieser Ehe stammen sein Sohn Maximilian Joseph, der mit drei Jahren stirbt. Seine Zwillingstochter Elisabeth Ludovika heiratet den späteren König Friedrich Wilhelm IV. von Preußen. Die andere Zwillingsschwester Amalie Auguste heiratet König Johann I. von Sachsen. Die Tochter Sophie Friederike Dorothee heiratet den habsburgischen Erzherzog Franz Karl Johann. Die Tochter Maria Anna heiratet König Friedrich August II. von Sachsen. Die Tochter Ludovika Wilhelmine heiratet den Wittelsbacher Herzog Max in Bayern und wird die Mutter der späteren Kaiserin Elisabeth (Sissi) von Österreich. Die Tochter Maximiliane Josepha stirbt mit elf Jahren.

Max ist seit 1776 Kommandeur des Regiments Royal Alsace in Straßburg. Im Jahre 1778 wird er Graf von Rappolstein und verbringt nach der Übersiedlung auf das rechtsrheinische Gebiet 1789 viele Jahre in Mannheim und Rohrbach. Die Mannheimer Bürger fordern, allerdings vergeblich, noch zu Lebzeiten des bayerischen Kurfürsten Karl Theodor, dass Max als Regent in der Rheinpfalz eingesetzt wird. Nach der endgültigen Vertreibung der Wittelsbacher aus Zweibrücken und ihren linksrheinischen Gebieten (1795) hält sich Max auch in Heidelberg, später in Ansbach, auf.

Max ist und bleibt ein Liebhaber schöner Frauen. Er gerät in seinen jungen Jahren häufig in Spielschulden. Nach seiner Proklamation zum König kreiert er einen neuen Modestil, lässt sich seinen Zopf abschneiden und seine Zimmer im Empirestil einrichten. Sein Lieblingsaufenthalt wird später das Gebiet am Tegernsee. Max besitzt politischen Instinkt, wenn auch keine umfassende Regierungserfahrung. Er ist realistisch und aufgeschlossen für Neuerungen, kontaktfreudig und verkehrt mit allen Schichten der Bevölkerung, ist aber auch selbstbewusst als regierender Fürst.

Im Jahre 1799 kann Max nach dem Tod Karl Theodors die Nachfolge als Kurfürst von Bayern und der Pfalz antreten. Er bezeichnet seine Erbfolge selbst als »Sauglück«. Am 12. März 1799 kommt er mit seiner Familie nach München und wird von der Bevölkerung der Stadt stürmisch gefeiert. Ein Münchner Bürger ruft ihm spontan zu: »Weil'st nur grad' da bist, Max'l!« Er bringt Graf Montgelas als Minister mit, der, wegen seiner Mitgliedschaft im Illuminatenorden verfolgt, nach Zweibrücken ausweichen musste. Graf Montgelas hat seit 1787 großen Einfluss auf Max und kann mit ihm in der Emigration eine Art Schattenregierung zu dem ungeliebten Karl Theodor in München aufbauen.

Am 3. Dezember 1800 werden die bayerischen und österreichischen Truppen bei Hohenlinden von den Franzosen geschlagen. Nach dem dritten Koalitionskrieg der Franzosen gegen die europäischen Mächte marschiert Napoleon am 24. Oktober 1805 in München ein, wo er von den Bürgern freundlich begrüßt wird. Kurze Zeit später, am 2. Dezember desselben Jahres, gewinnt Napoleon bei Austerlitz die entscheidende Dreikaiserschlacht gegen Österreich und Russland.

Acht Tage danach unterzeichnet Max den französisch-bayerischen Vertrag von Brunn, der für Bayern einen großen politischen Erfolg darstellt. Bayern wird Königreich. Dieses Angebot hatte Österreich im Falle eines Bündnisses mit der Allianz Bayern bereits vorher gemacht. Im Frieden von Pressburg am 25. Dezember 1805 erhält Bayern auch Tirol. Am 1. Januar 1806 wird Max feierlich zum König proklamiert; er selbst kommentiert beim Neujahrsempfang seine Erhöhung mit den Worten: »Wir bleiben die Alten.« Eine Krönung erfolgt jedoch nicht, obwohl die Kroninsignien aus Paris geliefert werden.

Am 6. August 1806 löst Napoleon das Heilige Römische Reich Deutscher Nation auf. Der deutsche Kaiser Franz II. dankt ab und behält den Titel eines Kaiser Franz I. von Österreich. Bayern wird infolge des französischen Bündnisvertrags zum Beitritt in den Rheinbund aufseiten Napoleons gezwungen. Dies bringt dem neuen Königreich Bayern die Gebiete Franken und Schwaben und im Zuge der Säkularisation der Bistümer und der Mediatisierung der zahlreichen kleinen Fürstentümer einen großen Gebietsvorteil. Dafür muss aber Max als Verbündeter der Franzosen 1812 Napoleon 30 000 bayerische Soldaten für den Feldzug gegen Russland zur Verfügung stellen, von denen nur 3000 zurückkehren.

In seiner Regierungszeit kann Max den bayerischen Herrschaftsbereich um die Gebiete Schwaben bis zur Iller, Franken vom Fichtelgebirge bis zum Spessart und von der Rhön bis zum Jura erweitern. Das neu erworbene Tirol erhebt sich 1809 unter Andreas Hofer, den der Franzosenkaiser schließlich hinrichten lässt. Als sich die Völkerschlacht bei Leipzig zugunsten der Allianz gegen Napoleon neigt, kann Max auf die Seite Österreichs, Russlands und Preußens wechseln. Dadurch gelingt es ihm, die territoriale Machterweiterung für Bayern zu retten. Damit sind – abgesehen von Tirol, Salzburg und dem Innviertel, Gebiete, die 1814/16 wieder an Österreich fallen – in etwa die Grenzen des heutigen Freistaats Bayern erreicht.

Max führt in seiner Regierungszeit eine Reihe von Reformen durch und baut seine Residenzstadt München um. Zwischen 1802 und 1808 wird die Leibeigenschaft der Bauern aufgehoben. 1803 erlässt er das erste bayerische Religionsedikt, das die katholischen, lutherischen und reformierten Konfessionen für gleichberechtigt erklärt. Ab 1807 wird eine gerechtere Besteuerung eingeführt, wobei die Günstlingswirtschaft bekämpft und die ungleiche Besteuerung zugunsten des Adels abgeschafft werden. 1808 wird ein humaneres Strafgesetzbuch, ausgearbeitet von dem Juristen Anselm Feuerbach, erlassen. Außerdem wird die Gleichheit aller Bürger vor dem Gesetz beschlossen. Im selben Jahr erhält Bayern eine eigne Post, außerdem ein liberaleres Handels- und Zollsystem. Darüber hinaus wird die Gewissensfreiheit und die Pressefreiheit erklärt. Aufgrund des Konkordats von 1817 werden die Bistumsgrenzen den Landesgrenzen angepasst.

In München werden allmählich die Stadtmauern und die Befestigungstürme geschleift. In den Außenbereichen werden neue Stadtteile geplant, so zum Beispiel der Karolinenplatz. 1808 entsteht die bayerische Akademie der bildenden Künste. Gelehrte wie Niethammer und Thiersch, Techniker wie Reichenbach und viele andere sowie der spätere Optiker Fraunhofer werden nach München berufen. Max ist auch um das Wohl der ärmeren Bevölkerung besorgt. In der Hungersnot von 1816/17 lässt er wöchentlich große Portionen Brot in München verteilen. Max lässt außerdem das Nationaltheater 1818 errichten, das zwar 1823 abbrennt, aber innerhalb von nicht einmal zwei Jahren wieder eröffnet werden kann.

Der Aus- und Umbau des bayerischen Staates in der Regierungszeit Max' I. ist undenkbar ohne den überragenden Staatsmann Graf Montgelas. Beide Männer, Max und Montgelas, sind daran interessiert, eine straffe Zentralregierung unter strenger Trennung der Kompetenzen nach dem Ressortprinzip durchzuführen. Montgelas selbst übernimmt das Amt des Außenministers und leitet teilweise auch das Finanz- und Innenressort. Am 2. Februar 1817 wird Montgelas' auf Betreiben des Kronprinzen Ludwig I. entlassen. Nach dem Sturz Montgelas verspricht Max den Erlass einer neuen Verfassung für Bayern, die im Jahre 1818 verkündet wird.

Während der Regierungszeit Max' entsteht 1816 unter der Führung Österreichs der Deutsche Bund. 1822 kann Griechenland sich von der jahrhundertelangen türkischen Herrschaft befreien.

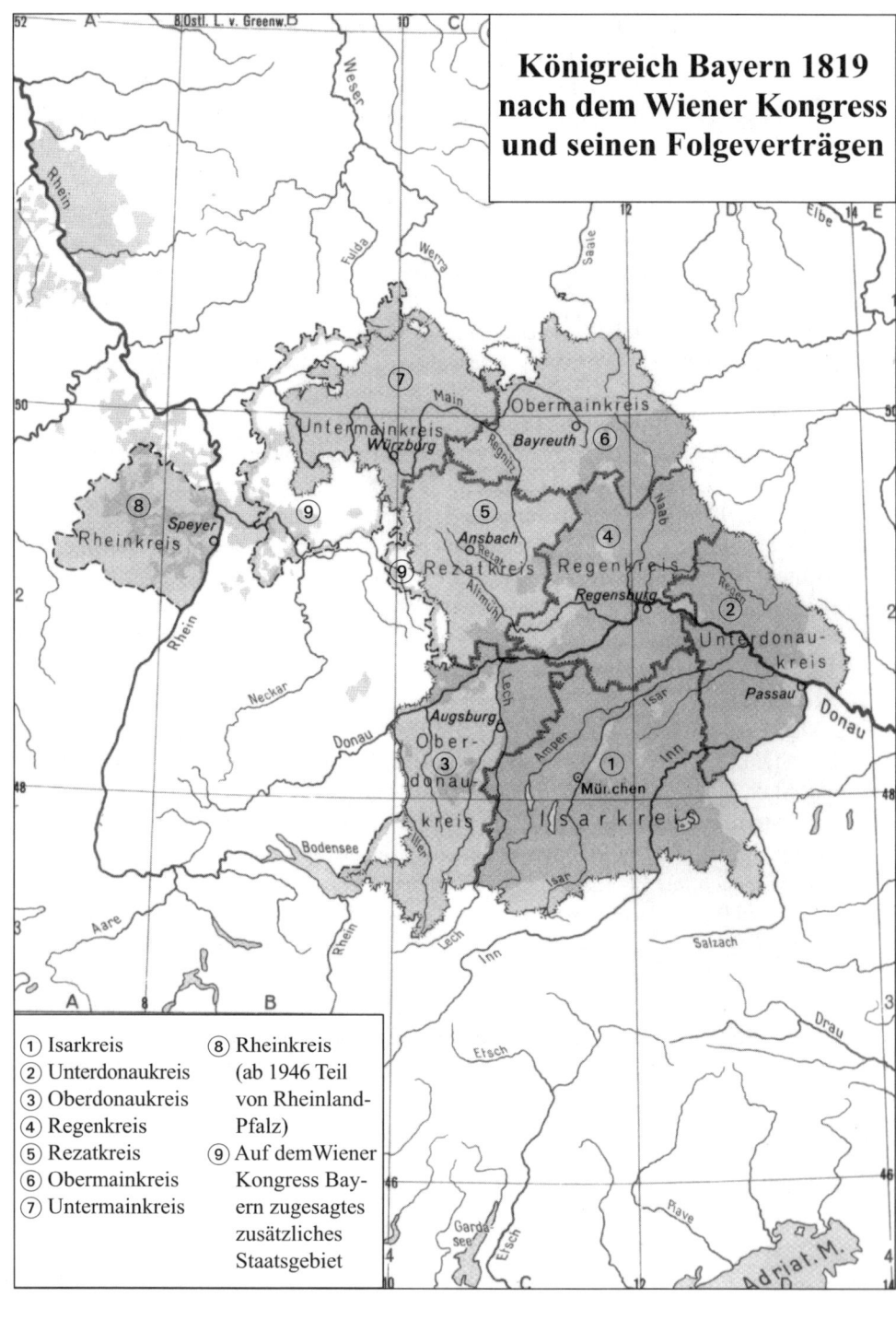

Ludwig I. (1825–1848)

Päpste:		Könige von Preußen:	
Leo XII.	1823–1829	Friedrich Wilhelm III.	1797–1840
Pius VIII.	1829–1830	Friedrich Wilhelm IV.	1840–1861
Gregor XVI.	1831–1846		
Pius IX.	1846–1878	Kaiser von Österreich:	
		Franz I.	1792–1835
König Frankreichs:		Ferdinand I.	1835–1848
Karl X.	1824–1830	Franz Joseph	1848–1916

König Ludwig I. aus dem Geschlecht der Wittelsbacher regiert in Bayern von 1825 bis zu seiner Abdankung 1848. Die offizielle Bezeichnung, auch für die Nachfolger, lautet: König von Bayern, Pfalzgraf bei Rhein, Herzog von Franken und in Schwaben.

Ludwig wird am 25. August 1786 in Straßburg geboren, er stirbt am 29. Februar 1868 in Nizza. Sein Leichnam wird nach München überführt und nach dem testamentarischen Wunsch des Königs in einer öffentlichen Prozession an seinen Bauten vorbei durch die Stadt gefahren. Ludwig liegt mit seiner Gemahlin Therese in St. Bonifaz in München bestattet. Seine Eltern sind König Max I. Joseph von Bayern aus der Kurlinie Pfalz-Zweibrücken und dessen Gemahlin Auguste Wilhelmine, die Tochter des Landgrafen Georg Wilhelm von Hessen-Darmstadt.

Am 12. Oktober 1810 heiratet Ludwig in München Therese, die Tochter Herzog Friedrichs von Sachsen-Hildburghausen. Zu Ehren der Brautleute wird auf einer Wiese bei Sendling, der heutigen Theresienwiese, ein Pferderennen veranstaltet, dem in den folgenden Jahren ein Landwirtschaftsfest folgt, dem Vorläufer des heutigen Münchner Oktoberfests. Die Ehe ist trotz der zahlreichen Liebschaften Ludwigs dank der Toleranz seiner Gemahlin harmonisch. Aus der Ehe stammen sein Sohn und Nachfolger Maximilian II., sein Sohn Otto, der König von Griechenland wird, sein Sohn Luitpold, der nach dem Tod Ludwigs Enkels Ludwig II. 1886 die Regentschaft für den regierungsunfähigen

König Otto übernimmt, und sein Sohn Adalbert Wilhelm, der die Infantin von Spanien, Amalia Felipe Pilar, heiratet und bis heute in vierter und fünfter Generation eine zahlreiche Nachkommenschaft hinterlässt. Ludwigs Tochter Mathilde Karoline heiratet den Großherzog Ludwig III. von Hessen-Darmstadt, seine Tochter Adelgunde Auguste heiratet den Erzherzog Franz von Österreich-Este, seine Tochter Hildegard Luise heiratet den Hoch- und Deutschmeister Erzherzog Albrecht von Österreich, die Tochter Alexandra Amalie bleibt unverheiratet, die Tochter Theodelinde Charlotte stirbt im Kindesalter.

Ludwig leidet an ererbter Schwerhörigkeit und an einem dadurch bedingten Sprachfehler.

Er besitzt eine aufrichtigen Charakter, einen ausgeprägten Gerechtigkeitssinn und gilt als freigiebig. Von dem ihn unterrichtenden katholischen Priester Josef Anton Sambuga erhält er ab 1797 eine tief religiöse Einstellung vermittelt. Er studiert an der Landshuter und Göttinger Universität Alte Geschichte und Französische, Italienische und Spanische Literatur in den Originalsprachen. Später erlernt er auch die russische Sprache. Seine Kronprinzenjahre zwischen 1816 und 1825 verbringt er in Würzburg.

Bereits in seiner Kronprinzenzeit erwirbt er teure antike Stücke, sodass sein Vater Max I. ihn nur als »Mon fou de fils« (mein Narr von Sohn) bezeichnet. Ludwig unternimmt zahlreiche Italienreisen, wodurch seine Schwärmerei für die Antike zunimmt. In Rom, wo er sich während seiner Kronprinzenjahre häufig mit deutschen Künstlern aufhält, erwirbt er die Villa Malte, um römischer Bürger werden zu können.

Bei seinem Regierungsantritt Ende 1825 beginnt er mit umfassenden Veränderungen. Eine seiner ersten Amtshandlungen ist die Verlegung der Universität von Landshut nach München, die heutige Ludwig-Maximilans-Universität. Sie wurde 1472 von Herzog Ludwig dem Reichen von Niederbayern-Landshut in Ingolstadt gegründet und während der napoleonischen Unruhen 1800 von Ludwigs Vater Maximilian nach Landshut verlegt. An diese Universität werden Wissenschaftler wie Franz von Baader, Schelling, Görres und der Altphilologe Friedrich Thiersch berufen, der in Bayern den Unterricht an den Schulen humanistisch ausrichtet. Ludwig bringt die Finanzen und die Wirtschaft durch eine konsequente Sparsamkeit nach den Napoleonischen Kriegen wieder in Ordnung.

Die Verwaltung wird reformiert. Die Klosterauflösungen macht er durch private Unterstützung teilweise rückgängig, so zum Beispiel das Kloster Seligenthal bei Landshut, jedoch unter der Bedingung, dass die Klöster für die Unterrichtung der Jugend tätig werden. Ludwig gewährt eine noch größere Pressefreiheit, nachdem er gerade in den Anfangsjahren seiner Regierungstätigkeit sehr liberal eingestellt ist. Bei den Studentenunruhen im Jahre 1830 unterdrückt er aber diese Bewegungen, führt die Zensur wieder ein, beseitigt die liberale Pressefreiheit und plant 1831 sogar, oppositionelle Abgeordnete aus dem Landtag auszuschließen. Ludwig erlässt erstmals in Bayern eine Sozialordnung. Als 1844 wegen der Bierpreiserhöhung die so genannten Bierkrawalle ausbrechen, spricht sich Ludwig gegen einen Preisanstieg aus.

Auch das Handwerk und die Wirtschaft erfahren von Ludwig große Förderungen. Im Jahre 1829 entsteht auf seine Veranlassung der bayerisch-württembergische Zollverein zur Belebung der Wirtschaft. 1834 tritt Ludwig dem gegründeten deutschen Zollverein bei, der die Vorstufe zum politischen Norddeutschen Bund werden sollte. Ab 1835 beginnt er mit dem Bau von Eisenbahnen. 1840 wird die Eisenbahnlinie zwischen München und Augsburg gebaut. Ab 1843 lässt er die so genannte »Ludwig-Nord-Süd-Bahn« zwischen Hof und Lindau errichten. In der Rheinpfalz gründet er im selben Jahr das nach ihm benannte Ludwigshafen, nachdem er von Anfang an, allerdings vergeblich, versucht, die rechtsrheinische Pfalz mit Heidelberg und Mannheim und ein Verbindungsterritorium zwischen Bayern und der Rheinpfalz zu erwerben. Ludwig fördert entscheidend auch das Gewerbe. Nach seiner Abdankung huldigen ihm bei der Enthüllung der Bavariafigur am 9. Oktober 1850 spontan die Künstler und vor allem das Handwerk.

1846 kommt die angeblich spanische Tänzerin Lola Montez nach München. Die persönlichen Beziehungen Ludwigs zu ihr, seine finanziellen Unterstützungen ihr gegenüber und schließlich ihr persönliches aggressives Verhalten zur Münchner Bevölkerung führen zu Unruhen in München. 1847 entlässt Ludwig verschiedene Minister, wobei sich die Unruhen in München verstärken. 1848 fordert die Öffentlichkeit die Ministerverantwortlichkeit und eine Wahlrechtsreform, außerdem werden das Geschworenengericht für eine öffentliche Gerichtsverhandlung und die Wiedereinführung der Pressefreiheit verlangt. Ferner wird die Vereidigung des Militärs auf die Verfassung gefordert. Als am 11. Februar 1848 Lola Montez die Stadt München verlassen muss, bewilligt Ludwig die Forderungen des Volks am 6. März 1848 und dankt dann freiwillig und überraschend am 20. März 1848 ab. Von seinem Sohn Max II. verlangt er die Hälfte der dem König zustehenden Privatgelder, die so genannte Zivilliste, um die angefangenen Bauten beenden zu können.

Ludwigs Name ist untrennbar mit seinen zahlreichen Bauten in München und ganz Bayern verbunden. Er macht diese Stadt ganz bewusst zu einem kulturellen Mittelpunkt, damit »keiner sagen kann, er kenne Teutschland, der München nicht gesehen hat«. Seine bedeutendsten Bauten in München sind die Glyptothek (ab 1816), in der er seine antiken Sammlungen unterbringt, das Odeon, ein Konzertsaal, am Odeonsplatz, das heute Teil des Innenministeriums ist, die Erweiterung des Königsbau der Münchner Residenz, die Alte Pinakothek, die Allerheiligenkirche in der Residenz (ab 1826), die Ludwigskirche (ab 1829), die Hofgartenarkaden (1830), der Festsaalbau in der Residenz, die Staatsbibliothek (ab 1832), die Münchner Universität und die Bonifaziusbasilika (ab 1835), die Mariahilfkirche (1839), außerdem die Feldherrnhalle (1841), das Siegestor und die Ruhmeshalle mit der Bavaria (ab 1843), die Neue Pinakothek und die Propyläen (ab 1846).

Außerhalb Münchens lässt er die Walhalla bei Regensburg (ab 1820), das Pompejanum in Aschaffenburg (ab 1840) und die Befreiungshalle in Kelheim (ab 1842) errichten.

Außerdem lässt er die Kursaalbauten in Bad Kissingen und Bad Brückenau sowie die königlichen Villen in Regensburg und Edenkoben bauen. Seine Baumeister sind im klassisch-antiken Stil, vor allem bei der Anlage des Königsplatzes, Leo von Klenze, bei der Errichtung der Ludwigstraße kommt auch Friedrich von Gärtner mit der Ludwigskirche hinzu.

Auch für die Erhaltung und Erinnerung der Vergangenheit setzt er sich ein. Ludwig fördert entscheidend den Wiederaufbau beziehungsweise die Restaurierung der Dome in Speyer, Bamberg und Regensburg. Zum Andenken an die bayerischen Soldaten des Russlandfeldzugs 1812 wird auf dem Karolinenplatz in München der Obelisk aufgestellt. Für seinen Vater errichtet er auf dem Max-Joseph-Platz vor dem Nationaltheater das Max-Denkmal. Für den ersten Kurfürsten Bayerns, Maximilian I., lässt er auf dem Wittelsbacher Platz ein Reiterstandbild errichten. Bekannte weibliche Schönheiten, darunter seine Gemahlin sowie die Geliebte Lola Montez und Bürgerstöchter, lässt er von Josef Stieler in der Schönheitsgalerie als »die Schönsten des Königreichs« porträtieren. Seine Liebe für die Antike geht so weit, dass er Griechenland bereits im Befreiungskrieg 1821 mit finanziellen Mitteln, Offizieren und Truppen unterstützt, wobei er ein Darlehen in Höhe von 1,5 Millionen Gulden aus seinen Privatmitteln zur Verfügung stellt.

Während der Regierungszeit Ludwigs wird 1825 Bolivien unter Bolivar selbstständig. 1830 bricht in Paris die Julirevolution aus. Im selben Jahr entsteht das Königreich Belgien mit seinem ersten König Leopold aus dem Hause Sachsen-Coburg. 1833 gründet Preußen den deutschen Zollverein, wobei Österreich ausgeschlossen bleibt. Damit ist die Vorstufe zum späteren (kleindeutschen) Norddeutschen Bund ohne Österreich geschaffen, aus dem das zweite deutsche Kaiserreich entstehen sollte. 1837 beginnt mit Queen Victoria von England das Viktorianische Zeitalter.

Maximilian II. (1848–1864)

Papst:		Kaiser Frankreichs:	
Pius IX.	1846–1878	Napoleon III.	1852–1870
Könige von Preußen:		**Kaiser von Österreich:**	
Friedrich Wilhelm IV.	1840–1861	Ferdinand I.	1835–1848
Wilhelm I.	1861–1888	Franz Joseph	1848–1916

König Max II. aus dem Geschlecht der Wittelsbacher regiert nach der Abdankung seines Vaters am 20. März 1848 in Bayern bis zu seinem Tod 1864. Max wird am 28. November 1811 in München geboren, er stirbt hier auch am 10. März 1864 und liegt zusammen mit seiner Gemahlin in der Theatinerkirche in München bestattet. Seine Eltern sind König Ludwig I. und dessen Gemahlin Therese, die Tochter Herzog Friedrichs von Sachsen-Hildburghausen. Am 12. Oktober 1842 heiratet Max Marie Friederike, die Tochter des Prinzen Wilhelm von Preußen, eines Sohnes König Friedrich Wilhelms II. von Preußen. Die fürstliche Hochzeit in München findet in einer Massenhochzeit von 36 Paaren statt. Seine Gemahlin Marie von Hohenzollern kommt aus einem evangelischen Fürstenhaus, tritt aber zum katholischen Glauben über. Marie Friederike wird eine leidenschaftliche Alpinistin, die, allerdings mit wenig Erfolg, bestrebt ist, ihre Begeisterung für die Bergwelt anderen zu vermitteln. Aus der sehr glücklichen und harmonischen Ehe stammen die beiden Söhne König Ludwig II. und König Otto, deren beider Leben tragisch verlaufen und enden sollte.

Max wird sehr gewissenhaft und gründlich erzogen. Sein Beichtvater Karl Reindl vermittelt ihm eine tiefe Religiosität. In seiner Jugendzeit ist er viel auf Reisen und lernt unter anderem die Städte London, Paris, Rom, Konstantinopel (das heutige Istanbul) und auch Athen kennen. Wie sein Vater ist er sprachbegabt und beherrscht Englisch, Italienisch, Französisch und Neugriechisch. Fleißig wie sein Vater, geht er trotz seiner wenig stabilen Gesundheit seinen Regierungsgeschäften vom frühen Morgen an nach. Seine Liebe gilt den freundschaftlichen wissenschaftlichen Gesprächen mit Gelehrten, unter anderem den zahlreichen norddeutschen Professoren an der Universität, die als »Nordlichter« nicht überall in Bayern geschätzt sind. Max ist aufgeschlossen für die sozialen Probleme seiner Zeit. Er engagiert sich gegen die Kinderarbeit und tritt selbst dem Unterstützungsverein der Maurer, Zimmerer und Steinmetzen in der Münchner Vorstadt Au als Mitglied bei.

Max übernimmt die Regierung von seinem Vater nach dessen freiwilliger Abdankung während der Unruhen im Jahre 1848 in einer politisch schwierigen Zeit. So muss er einen Aufstand in der Pfalz 1849 niederwerfen lassen. In seiner Thronrede bewilligt Max alle Forderungen, die seinen Vater zum Rücktritt bewogen haben. Er gewährt die noch unter seinem Vater Ludwig geforderte Ministerverantwortlichkeit, die verlangten freien Wahlen, die Trennung von Verwaltung und Justiz, die Errichtung von Schwurgerichten sowie die Presse- und Versammlungsfreiheit. Die Grundherrschaft wird aufgehoben, womit bereits 1848 die völlige Bauernbefreiung abgeschlossen werden kann. Die bisherige Ständeversammlung lässt er zu einer Volksvertretung umgestalten, in der die Vorläufer des modernen Parteienwesens, eine links stehende, eine demokratische und eine konservativ rechts stehende Gruppierung, gesehen werden können. 1849 wird der neue Landtag gewählt, im Zuge der Unruhen aber bereits am 10. Juni dieses Jahres schon wieder aufgelöst. Max will eine staatliche Arbeiter-Kranken- und Pensionskasse errichten, was ihm jedoch nicht gelingt. Er gibt aber viele private finanzielle Mittel für Unterstützungen aus, im Jahr zirka 150 000 Gulden, ein Viertel seiner gesamten persönlichen Mittel. 1863 verspricht er eine umfassende Sozialgesetzgebung für Bayern, die jedoch erst nach seinem Tod unter seinem Sohn und Nachfolger Ludwig II. in Kraft tritt.

Auch in die Reichspolitik bringt sich Max ein. 1849 lehnt er ein Erbkaisertum mit kleindeutscher Fassung ohne Einbindung Österreichs ab. Im Vertrag von Olmütz (heutiges Olomouc in der Tschechei) im November 1850 weist er die preußischen Vormachtsansprüche entschieden zurück. Mit seiner Unterstützung wird schließlich der Deutsche Bund wieder hergestellt, dem auch Österreich angehört. Auf dem Deutschen Fürstentag in Frankfurt 1863 spricht er für den abwesenden König von Preußen und betont dabei die Notwendigkeit der gegenseitigen Achtung der deutschen Staaten, die nicht in einer einheitlichen Staatsform gleichgeschaltet werden dürfen. Deswegen ist es nur verständlich, dass er sich 1863/64 auch für die Selbstständigkeit des Herzogtums Schleswig-Holstein und gegen Annexionswünsche einsetzt.

Max setzt sich auch intensiv für Kunst, Wissenschaft und Gewerbe ein. 1853 stiftet er den bayerischen Maximiliansorden für Verdienste in der Wissenschaft und Kunst. Im folgenden Jahr eröffnet er in dem in München fertig gestellten Glaspalast die erste Industrieausstellung. An die Universität werden Gelehrte wie Geibel, von Liebig sowie Paul Heyse und Friedrich Bodenstedt, daneben auch Adolf Graf Schack und die Historiker Giesebrecht und Heinrich Sybel berufen. Von Letzterem sagen viele Münchner: »Erlöse uns von dem Sybel.«

Obwohl auch Max großes Interesse am Ausbau seiner Residenzstadt München hat, bleiben seine Bautätigkeiten doch weit hinter denen seines Vaters Ludwig I. oder auch anderer Wittelsbacher zurück. Vom Jahre 1853 an entsteht als Gegenstück zur in Nord-Süd-Richtung verlaufenden Ludwigstraße, die von seinem Vater geplant und gebaut wurde, die in Ost-West-Richtung verlaufende Maximilianstraße. Zwischen den Jahren 1856 und 1864 wird in dieser neuen Straße eine Reihe verschiedener Regierungsgebäude im modernen englischen Tudor-Stil erbaut, so unter anderem das heutige Landtagsgebäude über der Isar, das so genannte Maximilianeum, das 1857 fertig gestellt wird. Max II. errichtet eine Stiftung, deren Stiftungskapital durch die verschiedenen Geldentwertungen bereits ganz erheblich reduziert wurde. Später wird der größte Teil des Gebäudes an den bayerischen Landtag vermietet, sodass der Mieterlös auch weiterhin dem Stiftungszweck zugute kommt, wonach die 50 jahresbesten Schüler aus ganz Bayern unabhängig von ihrer sozialen Herkunft aus diesen Mitteln während eines für sie kostenlosen Studiums ausgebildet werden.

Während der Regierungszeit Max II. wird 1848 in der Paulskirche in Frankfurt am Main die Deutsche Nationalversammlung einberufen. Im selben Jahr übernimmt nach der Oktoberrevolution in Österreich der achtzehnjährige Kaiser Franz Joseph die Nachfolge seines Onkels Ferdinand und regiert bis 1916. Im Jahre 1852 wird Napoleon, ein Neffe Kaiser Napoleons I., zunächst Staatspräsident, zum erblichen Kaiser Napoleon III. gewählt.

Um diese Zeit beginnt auch, aus Gründen der politischen Unruhen in Europa bedingt, eine starke europäische Einwanderung in die USA. 1859 kann sich Italien unter seinem Freiheitskämpfer Garibaldi weitgehend von seiner Besatzungsmacht, den Österreichern, befreien, die damit die Lombardei verlieren. 1861 beginnt der amerikanische Bürgerkrieg zwischen den Nord- und Südstaaten, der bis 1865 andauert. 1862 wird der Wittelsbacher König Otto von Griechenland, der Bruder Max II., abgesetzt und muss das Land verlassen. 1864 gründet Karl Marx in London die »erste Internationale«.

Ludwig II. (1864–1886)

Päpste:		Kaiser Frankreichs:	
Pius IX.	1846–1878	Napoleon III.	1852–1870
Leo XIII.	1878–1903		
		König von Preußen:	
Deutscher Kaiser:		Wilhelm I.*	1861–1888
Wilhelm I.*	1871–1888		
		Kaiser von Österreich:	
		Franz Joseph	1848–1916

König Ludwig II. aus dem Geschlecht der Wittelsbacher regiert in Bayern von 1864 bis 1886. Ludwig wird am 25. August 1845 in Schloss Nymphenburg in München geboren, er stirbt am Starnberger See am 13. Juni 1886 unter bis heute nicht ganz geklärten Umständen zusammen mit seinem ihn beaufsichtigenden Arzt Dr. Gudden. Ludwig liegt in der St.-Michaels-Kirche in München bestattet. Seine Eltern sind König Maximilian II. und dessen Gemahlin Marie, die Tochter des Prinzen Wilhelm, eines Sohnes König Friedrich Wilhelms II. von Preußen.

Am 22. Januar 1867 verlobt sich Ludwig mit der Herzogin Sophie in Bayern. Er gesteht seiner Braut aber bereits bei der Verlobung, dass er für sie nichts anderes als »Bruderliebe«, nicht aber die Liebe, die »zur Vereinigung in der Ehe erforderlich ist«, empfinde. Am 7. Oktober desselben Jahres wird die Verlobung gelöst. Ludwig bleibt unverheiratet. Zur Schwester seiner Braut, Elisabeth, der Kaiserin Sissi von Österreich, Gemahlin Kaiser Franz Josephs von Österreich, hat er zeitlebens ein enges Verhältnis. Außerdem schwärmt er für die Zarin Maria Alexandrowna und veranstaltet ihr zu Ehren ein großes Fest auf dem Starnberger See. Es wird ihm auch eine Episode mit der Schauspielerin Lila von Bulyowski nachgesagt. In seinen letzten Lebensjahren zieht Ludwig Männergesellschaften vor und wählt seinen Umgang nicht nach Standeszugehörigkeit, sondern nach Aussehen aus.

---

* Identisch.

Ludwig besitzt in jungen Jahren, vor allem zu Beginn seiner Regierungstätigkeit, eine auffallend hohe und schlanke Gestalt. Die Bevölkerung, vor allem die weibliche, verehrt ihn wegen seines guten Aussehens. Von hervorragenden Lehrern unterrichtet, erfährt er jedoch keine umfassende politische und staatsrechtliche Ausbildung. Er lernt Geschichte der Philosophie, Literaturgeschichte, Bayerische Geschichte, Mathematik und von den modernen Sprachen vor allem Französisch. Noch später ist er in der Lage, deutsche Klassiker, zum Beispiel Schiller, und französische Klassiker auswendig vorzutragen. Ludwig wird im Reiten, Fechten, Schwimmen, Tanzen, in der Waffenlehre und in den Kriegswissenschaften unterrichtet und wird mit 18 Jahren in den Rang eines Obersts befördert.

Zu seinem Vater, der beide Kinder sehr streng erzieht und gelegentlich auch bestraft – beide Söhne bekommen, hungrig vom Tisch aufgestanden, oft von Dienern etwas zu essen zugesteckt –, hat Ludwig ein ausgesprochen schlechtes Verhältnis. Ludwig gilt allgemein als nicht sehr willensstark, vor allem in seiner Regierungstätigkeit, obwohl er als großer Verehrer des Sonnenkönigs Ludwig XIV. absolutistische Ideen befürwortet. Seine Freundlichkeit zu einfachen Menschen bewirkt in der Bevölkerung eine Anhänglichkeit, die bis heute anhält. Im Alter verliert er seine schlanke Gestalt, wird dicklich und leidet vor allem wie sein Großvater Ludwig I. an Zahnausfall. Wegen seiner Körperfülle muss er, in der Jugend ein hervorragender Reiter, das Reiten aufgeben und lässt sich, um niemandem zu begegnen, in nächtlichen Schlittenpartien durch das bayerische Oberland fahren.

Aus neueren Untersuchungen ergibt sich, dass Ludwigs Erkrankung, die zu seiner Inhaftierung und zu seinem mysteriösen Tod führt, durch die Abstammung von verschiedenen Herrscherhäusern bedingt ist, die sich bis zu dem 1592 verstorbenen Herzog Wilhelm von Braunschweig-Wolfenbüttel aus dem Geschlecht der Welfen zurückverfolgen lässt. Bereits 1864, bei Regierungsantritt, trägt sich Ludwig einerseits mit Selbstmordabsichten, andererseits will er ernsthaft auf den Thron zugunsten seines jüngeren Bruders Otto verzichten. Bei seinem Bruder, dem er häufig sehr wichtige Repräsentationsaufgaben überträgt, zum Beispiel die Überbringung des Kaiserbriefs 1871 nach Versailles, machen sich schon sehr frühzeitig erhebliche Ausfallerscheinungen bemerkbar, die nicht nur Ludwig zu der Einsicht bringen, dass Otto nicht die Regierungsgeschäfte übernehmen könnte.

Eine Gutachterkommission, bestehend aus vier Ärzten, erklärt Ludwig 1886 für geistesgestört, obwohl sich dieses Gutachten ausschließlich auf fragwürdige Zeugenaussagen stützt. Ludwig ist von diesen Gutachtern niemals untersucht oder befragt worden. Ludwigs Ärzte aus seiner Jugendzeit, die ihn infolge von Untersuchungen genauestens kennen, teilen die Auffassung des

Gutachtergremiums keineswegs. Diese Gutachterkommission steht unter dem Vorsitz des Professors von Gudden, der Ludwig am 12. Juni 1886 nach Schloss Berg am Starnberger See bringen lässt.

Nach dem überraschenden Tod seines Vaters 1864 ist Ludwig am Beginn seiner Herrschaft ernsthaft bemüht, sich sorgfältig um die Regierungsgeschäfte zu kümmern und ein pflichtbewusster Herrscher zu werden. Er versucht, die Amtshandlungen straff durchzuführen. Ihm ist sehr daran gelegen, ein guter Regent zu sein. Zu Beginn seiner Regierungstätigkeit treten die sozialen Reformen in Kraft, die sein Vater Max II. noch vorbereitet hat, die durch dessen überraschenden Tod aber nicht mehr zur Ausführung kamen. Die Gewerbefreiheit und eine Organisation der Armenpflege werden eingeführt. Außerdem treten neue Bestimmungen über die Verehelichung und das Heimatrecht in Kraft. Seine erste Amtshandlung ist, sein Idol Richard Wagner 1864 nach München zu holen, ihn vor weiteren Verfolgungen zu schützen und finanziell großzügig zu unterstützen.

Im Bruderkrieg von 1866 zwischen Österreich und Preußen unterstützt Ludwig selbstverständlich Österreich. Am 11. Mai 1866 unterschreibt er den Mobilmachungsbefehl, fährt aber anschließend in die Schweiz nach Triebschen, um Richard Wagner zu treffen. Im Juli 1866 unterliegen die Österreicher den Preußen in der Schlacht bei Königsgrätz. Nach dem Frieden von Berlin vom 22. August 1866 wechselt Bayern auf die Seite Preußens. Bayern und Preußen schließen ein Schutz-und-Trutz-Bündnis, bei welchem Bayern an Preußen zwei Bezirksämter in Unterfranken abtreten und 30 Millionen Gulden Entschädigung zahlen muss.

Im Jahre 1870 provoziert Bismarck durch die Emser Depesche die französische Kriegserklärung an Preußen. Bayern ist durch seinen Bündnisvertrag zum Beistand verpflichtet. Am 16. Juli 1870 erklärt Ludwig ebenso widerstrebend wie auch rasch entschlossen die Mobilmachung der bayerischen Armeen. Am 27. Juli, elf Tage später, besucht Ludwig, der ansonsten sehr publikumsscheu ist, zusammen mit dem in München sich aufhaltenden Thronfolger und späteren Kaiser Friedrich III. unter großem Beifall der Zuschauer eine Vorstellung im Hoftheater. Während des Deutsch-Französischen Kriegs 1870/71 hält sich Ludwig auf der Roseninsel im Starnberger See auf und schwankt zwischen Bundestreue und Abneigung gegenüber Preußen. Auf dieser Insel konzipiert er nach dem Entwurf Bismarcks jenen Kaiserbrief, in welchem Ludwig seinen Verwandten Wilhelm I. von Preußen offiziell darum bittet, die deutsche Kaiserkrone anzunehmen. Nicht er, aber sein Onkel, der spätere Prinzregent Luitpold, und Ludwigs Bruder Otto überbringen diesen Brief nach Versailles.

Im November 1870 werden die Versailler Verträge mit den deutschen Bundesländern und den Fürstenhäusern geschlossen. Das Land Bayern verliert wie alle deutschen Bundesstaaten seine Souveränität an das Deutsche Reich. Bayern kann allerdings eine Reihe von erheblichen Reservatrechten behalten.

So bleibt bei Bayern das Recht auf eine eigene Eisenbahn, auf eine eigene Post, auf die Militärhoheit in Friedenszeiten, auf das Recht auf bayerische Auslandsvertretungen neben dem Deutschen Reich sowie das Recht auf ein eigenes Oberstes Landesgericht (das Bayerische Oberste Landesgericht, das der Freistaat 2004 aus Kostengründen abschafft).

Seine Regierungsschwierigkeiten in späteren Jahren beginnen damit, dass die Ausgaben, bedingt durch seine Bautätigkeit, immer mehr steigen. Die Zivilliste, die ihm als Herrscher zur Verfügung steht und die er für seine Bautätigkeiten auch einsetzt, ist jährlich auf 4,2 Millionen Gulden festgesetzt. Ab 1884 hat sich eine Schuldenlast von 7,5 Millionen Gulden angehäuft, die durch Anleihen gedeckt werden muss. 1885 sind es wieder sechs Millionen Gulden an Schulden. In dieser Zeit beginnt Ludwig, die Regierungsgeschäfte gänzlich zu vernachlässigen. Er lebt zurückgezogen, nur noch von Lakaien und Hofbeamten umgeben auf seinen teilweise unvollendet gebliebenen Schlössern. Diese Schuldenlast kann nun nicht mehr durch Anleihen gedeckt werden. Ludwig wendet sich um Hilfe an Bismarck und gleichzeitig an den Landtag und versucht durch Ministerwechsel dieses Problem zu meistern. Dabei wird zunehmend auch öffentliche Kritik laut.

Diese auffallende Finanzmisere, verbunden mit Ludwigs eigenartigem Verhalten, veranlasst seinen Onkel Luitpold, als Prinzregent die Regentschaft zu übernehmen. Am 10. Juni 1886 soll Ludwig auf Schloss Neuschwanstein wegen einer durch ein Sachverständigengremium festgestellten Geisteskrankheit festgenommen und abgesetzt werden. Die Meinung, Ludwig sei geistesverwirrt, gründet sich unter anderen auch darauf, dass Ludwig Projekte finanziell fördert, die zu diesem Zeitpunkt unverständlich erscheinen. So stellt er zum Beispiel Gelder für die Erprobung der Fliegerei zur Verfügung. Dabei ist Ludwig ein Mensch, der sich besonders für technische Fragen interessiert. So ist Neuschwanstein teilweise mit einer für die damalige Zeit absolut ungewöhnlichen Stahlbauweise errichtet, die erst viel später bei schwierigen Bauten üblich wird. Der eigentliche Grund der Absetzung liegt aber wohl in den hohen angelaufenen Schulden.*

Ludwig lässt die von München angereiste Kommission durch die anwesende Gendarmerie verhaften und erteilt mittelalterliche Schreckensbefehle, die aber nicht ausgeführt werden. Er denkt nunmehr an Selbstmord, eine Fluchtmöglichkeit in das nahe gelegene Österreich lehnt er jedoch ab. Schließlich ergibt er sich und wird anschließend unter Bewachung nach Schloss Berg am Starnber-

---

* Die durch die Bauten Ludwigs angefallenen Schulden zahlt das Haus Wittelsbach bis zum Jahre 1902 vollständig an die Gläubigerbanken zurück.

ger See gebracht. Am Pfingstsonntag, dem 13. Juni 1886, unternehmen Ludwig und von Gudden abends einen Spaziergang im Park am Starnberger See. Beide kommen anschließend im See ums Leben, wobei Professor Gudden leichte Verletzungen im Gesicht aufweist.

Ludwig, der in seiner Jugend auch Klavierunterricht erhält, durch einen ungeschickten Lehrer die Neigung zu diesem Instrument jedoch verliert, ist bereits in jungen Jahren vom Komponisten Richard Wagner fasziniert. Als er ihn 1864 nach München kommen lässt, erhält Wagner von ihm zwischen 1864 und 1865 170 000 Gulden. Dabei versteht es Ludwig, Wagner zu musikalischem Schaffen anzutreiben. Die Opern »Tristan und Isolde« (10. Juni 1865), »Die Meistersinger von Nürnberg« (21. Juni 1868), »Rheingold« (22. September 1869) und »Walküre« (26. Juni 1870) erleben im Nationaltheater ihre Uraufführung. Seit 1872 beginnt sich Ludwig immer mehr zu isolieren und lässt sich alleine, ohne Publikum, vollständige Wagner-Opern aufführen. Im August 1876 ist er bei der Eröffnung der ersten Bayreuther Festspiele, dessen Haus er ebenfalls finanziert, anwesend.

Das Leben Ludwigs ist darüber hinaus untrennbar mit seinen Bauten verbunden. Schloss Linderhof, eine Nachahmung des »Petit Trianon« in Versailles, kann als einziges Bauwerk zu Lebzeiten des Königs 1878 vollendet werden. Schloss Herrenchiemsee, eine Kopie des Schlosses zu Versailles, zu dessen Bau er durch seinen Aufenthalt in Paris angeregt wird, bleibt ebenso unvollendet wie das 1869 begonnene Schloss Neuschwanstein, zu Ludwigs Lebzeiten auch Vorderhohenschwangau genannt. Für eine gotische Riesenburg auf dem Falkenstein entstehen nur die Zugangsstraße und die Wasserleitung. 1872 rettet Ludwig das Gärtnerplatztheater in München, indem er es in den Stand eines königlichen Theaters erhebt.

Während der Regierungszeit Ludwigs wird 1864 von Karl Marx in London die »erste Internationale«, das heißt die erste Arbeiterorganisation, gegründet. 1865 ist der Bürgerkrieg in den USA zwischen den Südstaaten und den Nordstaaten zugunsten Letzterer beendet. Gleichzeitig wird in den USA (infolge des Sieges der Nordstaaten) die Sklaverei aufgehoben. 1867 verkauft Russland an die USA für 7,2 Millionen Dollar Alaska. Im folgenden Jahr wird in Deutschland der »Allgemeine Deutsche Arbeiterschaftsverband« gegründet.

Otto (1886–1913)

Päpste:		Könige von Preußen:	
Leo XIII.	*1878–1913*	Wilhelm I.*	*1861–1888*
Pius X.	*1903–1914*	Friedrich III.	*1888*
		Wilhelm II.	*1888–1918*
Deutsche Kaiser:			
Wilhelm I.*	*1871–1888*	**Kaiser von Österreich:**	
Friedrich III.	*1888*	Franz Joseph I.	*1848–1916*
Wilhelm II.	*1888–1918*		

Otto aus dem Geschlecht der Wittelsbacher ist nach dem Tod seines Bruders Ludwig II. offizieller König von Bayern von 1886 bis zur Verfassungsänderung 1913.

In dieser Zeit führen der Prinzregent Luitpold bis 1912 und als Nachfolger sein Sohn Prinzregent Ludwig III. als Reichsverweser die Regierungsgeschäfte für den regierungsunfähigen Otto. Otto wird am 27. April 1848 in München geboren, er stirbt hier auch im Schloss Fürstenried am 11. Oktober 1916 und liegt in der St.-Michaels-Kirche in München bestattet. Seine Eltern sind König Maximilian II. von Bayern und dessen Gemahlin Marie Friederike, die Tochter Prinz Wilhelms von Preußen, eines Sohnes König Friedrich Wilhelms II. von Preußen. Otto bleibt unverheiratet.

Otto erfährt die übliche Ausbildung eines königlichen Prinzen. Im Jahre 1863 erhält er mit 15 Jahren den Rang eines Unterleutnants in der bayerischen Armee. Im Mai 1864 wird Otto – sein Bruder Ludwig ist bereits König geworden – zum Oberleutnant befördert. 1865 unternimmt er mit seiner verwitweten Mutter Marie Friederike, der Fürstentochter aus dem Geschlecht der Hohenzollern in Berlin, Fahrten nach Norddeutschland und lernt dabei unter anderem die Städte Berlin, Hamburg und Kiel kennen. 1866 wird Otto zum Hauptmann befördert und tritt in den aktiven Militärdienst in der bayerischen Armee ein. In dieser Zeit machen sich auch die ersten psychischen Störungen bei Otto bemerkbar.

---

* Identisch.

1866 bricht der deutsch-deutsche Bruderkrieg zwischen Österreich und Preußen um die Vormachtstellung im Deutschen Bund aus. Bayern steht erwartungsgemäß aufseiten Österreichs. Ottos Bruder König Ludwig II., der zunächst lieber auf den Thron zugunsten seines jüngeren Bruders verzichten als die Mobilmachung verkünden würde, erklärt dann aber doch widerwillig am 11. Mai 1866 die allgemeine Mobilmachung für die bayerische Armee. Otto beteiligt sich dabei an den militärischen Operationen während des Kriegs und erhält dafür im September 1866 das Ritterkreuz erster Klasse. Bayern und Österreich unterliegen den Preußen, Bayern wechselt nach dem Friedensschluss in Berlin am 22. August 1866 auf die Seite Preußens. Anschließend tritt Otto eine Reise nach Oberitalien an und kehrt Anfang November wieder nach München zurück.

Im April 1869 wird Otto Mitglied des Reichsrats, der Bundesvertretung der Reichsfürsten im Norddeutschen Bund. Durch die Emser Depesche 1870 provoziert der preußische Ministerpräsident Otto von Bismarck eine Kriegserklärung des französischen Kaisers Napoleon III. an den Norddeutschen Bund. Aufgrund des abgeschlossenen Bündnisses ist nun auch Bayern wieder gezwungen, an diesem Krieg teilzunehmen. Am 16. Juli 1870 muss Ludwig II. erneut die Mobilmachung des bayerischen Heeres verkünden. Bei dem elf Tage später stattfindenden Besuch des preußischen Kronprinzen Friedrich Wilhelm in München nimmt auch Otto an der festlichen Opernaufführung im Nationaltheater teil, in der König Ludwig II. und der preußische Kronprinz von den anwesenden Zuschauern gefeiert werden.

Im Deutsch-Französischen Krieg von 1870/71 wird der König von Bayern offiziell von Ludwigs Onkel Luitpold im preußischen Hauptquartier in Frankreich vertreten. Auch Otto ist dabei anwesend, nachdem König Ludwig II. eine persönliche Teilnahme strikt ablehnt. Nach der Übergabe des Kaiserbriefes mit der Bitte an den preußischen König Wilhelm I., die Kaiserkrone des Deutschen Reichs anzunehmen, findet am 18. Januar 1871 im Spiegelsaal von Versailles die Kaiserproklamation statt. Luitpold ist dabei zusammen mit seinem Neffen Otto anwesend. Otto vermeidet dabei die unmittelbare Nähe Luitpolds, dessen Anwesenheit er als unheimlich empfindet. Die Kaiserproklamation, die Ludwig II. aus politischen Gründen infolge der Beschwörungen seiner Berater für notwendig hält, empfindet Otto selbst als bedrückend und lehnt den Eintritt Bayerns in den Bund vehement ab. In einem Brief an seinen königlichen Bruder beschreibt er die ganze Zeremonie der Kaiserproklamation als »kalt, prunkend, großtuerisch, herzlos und leer«. Otto scheint durch diesen großen Machtverlust Bayerns im Zusammenhang mit der Reichsgründung 1871 eine erhebliche psychische Beeinträchtigung zu erleiden. Während Ludwig seinen Trost in der Musik, vor allem in den Wagner-Opern und seinen Bauten, findet, besitzt Otto diese Möglichkeit nicht.

Otto, der bereits seit 1865 unter qualvollen Zuständen, innerer Unruhe und Angstzuständen leidet, meidet ab 1871 zunehmend die Begegnung mit fremden Menschen. Otto steht nun unter ärztlicher Überwachung. In der Öffentlichkeit wird seine angegriffene Gesundheit bekannt, und auch der Hof in Berlin wird vom Gesundheitszustand Ottos informiert.

Die Familie, das heißt die Mutter und der Bruder Ludwig, halten den Zustand noch nicht für so besorgniserregend und glauben, dass sich Ottos Gesundheit durch Aufenthalte in den Bergen, vor allem in Berchtesgaden, wieder bessern werde. Otto lehnt allerdings einen Aufenthalt in Berchtesgaden ab. 1872 begibt sich Otto in den Bayerischen Wald auf Schloss Ludwigstal und bezieht ab 1873 im Nymphenburger Schloss den südlichen Pavillon, wo er sich nach wie vor immer noch relativ frei bewegen kann. Allerdings werden die Fenster verschraubt und mit dickem Glas versehen, damit sie nicht eingeschlagen werden können.

Die Wahnvorstellungen Ottos werden nun immer intensiver. Bei einem Besuch der österreichischen Kaiserin Sissi in München hat diese offensichtlich Angst vor ihm, der sie vielleicht, wie sie berichtet »die Stiege hinunterwerfen könnte«.

Im Jahre 1875 passiert ein Vorfall im Dom der Liebfrauenkirche in München, der den Ernst des Gesundheitszustands Ottos deutlich macht. Während des Fronleichnamsgottesdiensts stürmt Otto im Jagdrock in die Kirche und bekennt, während der Diakon das öffentliche Sündenbekenntnis laut vorsingt, schreiend selbst alle seine Sünden und wirft sich dem Erzbischof von Scherr auf den Altarstufen zu Füßen. Dieser ist daraufhin gezwungen, das Hochamt zu unterbrechen. Otto lässt sich willig von zwei Kirchendienern wegführen. Ab dieser Zeit wird Otto bis Ende 1879 in Schloss Schleißheim interniert.

Anschließend kommt Otto in das Schloss Fürstenried, in dem er sich zwar innerhalb der Anlage verhältnismäßig frei bewegen kann. Das Schloss und der Park werden aber von außen streng bewacht. Normalerweise werden Patienten in Nervenheilanstalten zu dieser Zeit mit Gewalt ruhig gestellt, indem sie in Zwangsjacken eingebunden werden. Ludwig II. ordnet an, dass seinem Bruder keine Gewalt, insbesondere auch nicht mittels Elektroschocks, angetan werden darf. Otto soll nach der strikten Anweisung Ludwigs II. vielmehr sanft, freundlich, mit Geduld und gutem Zureden behandelt werden. Die Krankheitssymptome sind bei Otto unterschiedlich, sodass er im August 1878 zusammen mit seinem Bruder an einer Königsparade teilnehmen kann. Nur noch gelegentlich werden Fahrten unter strenger Aufsicht unternommen, nachdem die Intervalle zwischen den Anfällen immer kürzer werden. Wittelsbachische Verwandte wollen sich allerdings noch 1913/14 mit Otto ganz vernünftig über Kunst und Literatur unterhalten haben. Nur wenn die Sprache auf die Krankheit kommt, soll Otto einen Anfall bekommen haben. Ab 1880 können keine Ausfahrten mit Otto mehr unternommen werden. Manchmal, wenn Otto wieder schwere Anfälle nachts hat, kommt Ludwig II. nach Fürstenried und kann den tobenden Bruder beruhigen, indem er ihn lediglich anschaut.

Als Ludwig am 13. Juni 1886 tot ist, wird dies Otto gemeldet mit dem Hinweis, dass er nun König von Bayern sei, ohne dass Otto sichtbar darauf reagiert. Sogar die bayerischen Truppen werden auf den neuen König vereidigt. Am 14. Juni 1886 wird sein Onkel Luitpold zum Prinzregenten in Bayern proklamiert. Sämtliche Würden für die kranke Majestät werden erfüllt, soweit dies noch möglich ist. Als nach dem Tod Ludwigs das goldene Service von Schloss Herrenchiemsee nach Fürstenried gebracht und für die Mahlzeiten Ottos benutzt wird, scheint Otto (vielleicht) Sinn und Bedeutung dieser Maßnahme zu erkennen, indem er zu einem Diener sagt: »Jetzt müssen Sie ›Majestät‹ zu mir sagen.«. Die Geburtstage Ottos am 27. April des Jahres werden jedes Jahr mit Gottesdiensten und Beflaggungen der öffentlichen Gebäude begangen.

Am 10. Oktober 1916 verschlimmert sich der Gesundheitszustand erheblich. Magenblutungen und Kreislaufbeschwerden stellen sich ein. Am nächsten Tag ist Otto tot. Bei der späteren Obduktion wird eine Darmverschlingung und eine Schrumpfung des Gehirns festgestellt.

Am 14. Oktober 1916 wird die Begräbniszeremonie in der St.-Michaels-Kirche unter großer Anteilnahme der Bevölkerung durchgeführt. Kaiser Franz Joseph von Österreich kondoliert ebenso wie unter anderem der deutsche Kaiser. Otto wird wie sein Bruder in der Fürstengruft der St.-Michaels-Kirche beigesetzt.

Während der offiziellen Regierungszeit Ottos wird 1886 das Drei-Kaiser-Bündnis zwischen Deutschland, Österreich und Russland beendet. 1890 wird die SPD unter August Bebel gebildet. Gleichzeitig werden Arbeitgeberverbände in Deutschland gegründet. 1891 wird in Deutschland durch Reichsgesetz die Sonntagsruhe geregelt. 1896 werden von Pierre de Cubertin die ersten neuzeitlichen Olympischen Spiele in Athen eröffnet. 1904 schließen England und Frankreich nach einer fast immerwährenden Gegnerschaft ein Bündnis, die »Entente Cordiale«, die sich gegen Deutschland richtet. 1912 wird der Dreierbund zwischen Deutschland, Österreich und Italien erneuert. Im selben Jahr tritt die deutsche Reichsversicherungsordnung in Kraft.

Prinzregent Luitpold (1886–1912)

Päpste:		Könige von Preußen:	
Leo XIII.	1878–1903	Wilhelm I.*	1861–1888
Pius X.	1904–1914	Friedrich III.	1888
		Wilhelm II.	1888–1918
Deutsche Kaiser:			
Wilhelm I.*	1871–1888	Kaiser von Österreich:	
Friedrich III.	1888	Franz Joseph I.	1848–1916
Wilhelm II.	1888–1918		

Prinzregent Luitpold aus dem Geschlecht der Wittelsbacher regiert nach dem Tod seines Neffen König Ludwig II. von 1886 bis 1912 als Reichsverweser und lehnt es auch ab, wegen seiner Stellvertretung für den offiziellen, aber nicht regierungsfähigen König Otto sich selbst zum König krönen zu lassen. Luitpold wird am 12. März 1821 in Würzburg geboren, er stirbt am 12. Dezember 1912 in München und liegt zusammen mit seiner Gemahlin in der Theatinerkirche in München bestattet. Seine Eltern sind König Ludwig I. von Bayern und dessen Gemahlin Therese, die Tochter Herzog Friedrichs von Sachsen-Hildburghausen. Luitpold heiratet am 15. April 1844 in Florenz Auguste Ferdinande, die Tochter des Großherzogs Leopold II. von Toskana, Erzherzog von Österreich aus dem Hause Habsburg. Auguste von Österreich stirbt bereits am 25. April 1864. Luitpold bleibt danach unverheiratet.

Aus der glücklichen Ehe stammen sein Sohn und Nachfolger, König Ludwig III., sein Sohn Leopold, der die Erzherzogin Gisela von Österreich, die Tochter Kaiser Franz Josephs, heiratet. Dieser Sohn Leopold übernimmt zunächst verschiedene militärische Ämter in der bayerischen Armee, ab August 1916 wird er, der bereits königlich preußischer Generalfeldmarschall ist, von Kaiser Wilhelm II. im Ersten Weltkrieg zum Nachfolger Hindenburgs an der Ostfront ernannt.

Daneben hat Luitpold noch einen Sohn Arnulf, der die Prinzessin Therese von

---

* Identisch.

Liechtenstein heiratet, und eine Tochter Therese, die unverheiratet als Schriftstellerin Ehrenmitglied der Bayerischen Akademie der Wissenschaften wird.

Luitpold ist eine sehr freundliche und liebenswürdige Persönlichkeit. Sein Vater Ludwig I. nennt ihn einen »durchaus guten Sohn«. Als jüngerer Bruder des zum Nachfolger im Königreich bestimmten Max II. kommt eine Regierungstätigkeit nicht infrage. Dennoch lässt ihn sein Vater sehr sorgfältig ausbilden, »... da man nie wisse, ob nicht auch ein Nachgeborener König werden könne«. Durch den ihn unterrichtenden Maler Domenico Quaglio wird Luitpolds künstlerisches Talent geweckt, was sich in seinem lebenslangen guten Verhältnis zu Kunst und Künstlern zeigt. Luitpold unternimmt ausgedehnte Reisen, unter anderem nach Italien, Spanien, Portugal, Marokko, in die Türkei, nach Griechenland und Ägypten.

Mit 18 Jahren beginnt seine militärische Ausbildung. 1840 wird er Mitglied im Reichsrat. In den revolutionären Unruhen von 1848 wird er zum Artilleriekorpskommandeur ernannt. Luitpold übernimmt häufig Repräsentationsaufgaben sowohl für seinen Vater Ludwig I. wie auch für seinen Bruder Max II. und später auch vor allem für seinen Neffen Ludwig II. Wegen seines häufigen Auftretens in der Öffentlichkeit ist Luitpold bei der Bevölkerung so beliebt, dass man nach der Abdankung seines Vaters 1848 anstelle seines Bruders ihn zum König ausrufen möchte. Aber Luitpold übt hier gegenüber seinem älteren Bruder Max II. jene Loyalität, die ihn auch später auszeichnet.

Im Jahre 1861 erhebt ihn sein Bruder, König Max von Bayern, in den Rang eines Feldzugsmeisters bei der Generalinspektion der bayerischen Armee. Nach seiner Beteiligung am deutsch-deutschen Bruderkrieg 1866 zwischen Österreich und Preußen auf österreichischer Seite wird Luitpold 1869 Generalinspekteur der bayerischen Armee.

Im Deutsch-Französischen Krieg von 1870/71 vertritt Luitpold im großen preußischen Hauptquartier das Königreich Bayern, nachdem der amtierende König Ludwig II. eine Teilnahme aus persönlichen Gründen wegen seiner Abneigung gegen den Krieg ablehnt. Luitpold ist an der Seite König Wilhelms I. von Preußen an den wichtigen Kriegsoperationen beteiligt. Am 3. Dezember 1870 überreicht er dem preußischen König den vom bayerischen König Ludwig II. verfassten Kaiserbrief, in welchem Wilhelm zur Übernahme der Kaiserkrone aufgefordert wird. Auch bei der eigentlichen Kaiserproklamation am 18. Januar 1871 im Spiegelsaal von Versailles ist Luitpold zusammen mit seinem Neffen anwesend und vertritt den regierenden König Ludwig, der selbst eine Teilnahme strikt ablehnt.

Nach dem Tod König Ludwigs II. am 13. Juni 1886 im Starnberger See wird Ludwigs Bruder Otto, der sich wegen seines Geisteszustands bereits in Schloss Fürstenried in Gewahrsam befindet, offiziell zum König proklamiert. Da Otto aber eindeutig und von allen anerkannt absolut unfähig ist, die Regierung zu übernehmen, tritt sein Oheim Luitpold am 14. Juni 1886 die Regentschaft als Reichsverweser in Bayern an.

Luitpold beginnt sein Amt unter schwierigsten Bedingungen. Dem Minister Lutz und dessen Ministerium, der seine Demission beantragt, verweigert er am 6. Juli 1886 den Rücktritt.

Zu Beginn seiner Regentschaft sieht er sich zahlreichen Anfeindungen ausgesetzt. Eine angeblich noch vom verstorbenen König Ludwig II. veranlasste Proklamation (deren Echtheit bis heute umstritten ist) gegen den »Hochverräter Luitpold« kann die Regierungsverwaltung nur mühsam unterdrücken. Den Regierungseid am 28. Juli 1886 leistet er als »des Königreichs Bayern Verweser«.

Über den nicht völlig geklärten Tod seines Neffen Ludwig ist er selbst sehr betroffen, umso mehr, als Gerüchte im Umlauf sind, er selbst habe den Tod des Königs veranlasst, um selbst die Regentschaft übernehmen zu können. In der Bevölkerung wird über Luitpold auch tatsächlich von dem in Anlehnung an Shakespeares »Ohm Gloster« gesprochen.

Luitpold tritt nun in der folgenden Zeit häufig in der Öffentlichkeit auf, um die aufkommende Abneigung gegen sich abzubauen. Wegen dieser Hintergründe steht für ihn auch unzweifelhaft fest, es bei der Regentschaft zu belassen und sich keinesfalls zum König proklamieren zu lassen. Deshalb unternimmt er noch im Jahre 1886 eine Rundreise durch Schwaben, Mittelfranken und Unterfranken, um sich der Bevölkerung zu zeigen. Diese Fahrt setzt er im April 1887 durch Oberfranken, die Oberpfalz und Niederbayern fort und beendet sie mit einer Reise durch die Rheinpfalz und Unterfranken. 1890 beruft er den Minister Crailsheim in die Regierung, 1903 den Minister Podewils-Dürnitz. Im Februar 1912, Luitpolds letztem Regierungsjahr, übernimmt dann Hertling das Regierungsministerium.

Luitpold, der aufgrund seines schwierigen Regentenamts in allen Fragen Neutralität und Objektivität zu wahren sucht, umgibt sich mit Beratern aus allen politischen Kreisen, zu denen auch die Sozialdemokraten gehören. Er unterstützt die Wirtschaft ebenso wie das Kunstgewerbe und die Künste. Vor allem den Künstlern gegenüber gilt er als sehr tolerant, unabhängig von deren künstlerischer Richtung. In politischen Fragen setzt er seine Auffassungen häufig auch gegen den Willen der Minister durch. Das zeigt sich vor allem bei der Einführung einer bayerischen Militärgerichtsbarkeit. Am 9. April 1906 erlässt er ein direktes, geheimes und allgemeines Wahlrecht, durch das die Sozialdemokraten in Bayern frühzeitig einen erheblich größeren Einfluss als in Preußen gewinnen können. Luitpold, selbst kein großer Musikliebhaber im Gegensatz zu seinem Neffen Ludwig, fördert nachhaltig die Kunst, wenn auch mit beschränkten finanziellen Mitteln. Denn zunächst ist er gezwungen, die hohen

Schulden seines Neffen Ludwig II. zu tilgen. Dadurch verbleiben ihm selbst nur 65 000 Mark jährlich für private Ausgaben. Von dieser Summe gibt Luitpold noch zirka die Hälfte für soziale Unterstützungen aus.

Im Gegensatz zu seinem Vater und seinem Neffen ist er nicht von der Bauwut der Wittelsbacher befallen, hinterlässt aber auch in München seine baulichen Spuren.

1891 entsteht die Prinzregentenbrücke in München, die, nach einem Hochwasser 1899 zerstört, ein zweites Mal errichtet werden muss. 1895 wird mit dem Bau der Prinzregentenstraße und der Erstellung des Wittelsbacherbrunnens (am Lenbachplatz) begonnen. 1896 fangen die Bauarbeiten des Friedensengels in der Prinzregentenstraße in München an. Um die Jahrhundertwende wird in der Prinzregentenstraße das neue Nationalmuseum eröffnet. Im Jahre 1901 kann das Prinzregententheater am Prinzregentenplatz fertig gestellt werden. Im November 1906 wird unter seiner Regentschaft mit dem Bau des von Oskar von Miller initiierten Deutschen Museums in München begonnen. Im Mai 1908 wird der Münchner Ausstellungspark eröffnet.

Während der Regentenzeit Luitpolds wird 1886 das Drei-Kaiser-Bündnis zwischen Deutschland-Österreich und Russland beendet, wodurch nach dem späteren Rücktritt des Reichskanzlers Bismarck eine Einkreisung Deutschlands (durch Frankreich, Russland und England) entsteht, aus der sich schließlich die Konfrontation der europäischen Mächte und der Ausbruch des Ersten Weltkriegs entwickeln sollte.

1890 wird unter August Bebel die SPD gebildet, gleichzeitig werden Arbeitgeberverbände in Deutschland gegründet. 1891 wird durch ein Reichsgesetz die Sonntagsruhe eingeführt. 1896 werden von Pierre de Cubertin die ersten neuzeitlichen Olympischen Spiele in Athen eröffnet. 1904 schließen England und Frankreich nach einer fast immer währenden Gegnerschaft (insbesondere um die Weltherrschaft auf den Meeren) ein Bündnis, genannt die »Entente Cordiale«, die gegen Deutschland gerichtet ist.

Ludwig III. (1912–1918)

Päpste:		*Deutscher Kaiser:*	
Pius X.	1903–1914	Wilhelm II.*	1888–1918
Benedikt XV.	1914–1922		
Pius XI.	1922–1939	**König von Preußen:**	
Pius XII.	1939–1958	Wilhelm II.*	1888–1918
Johannes XXIII.	1958–1963		
Paul VI.	1963–1978	**Kaiser von Österreich:**	
Johannes Paul I.	1978	Franz Joseph I.	1848–1916
Johannes Paul II.	1978–2005	Karl I.	1916–1918
Benedikt XVI.	seit 2005		

Ludwig III., der letzte regierende Wittelsbacher in Bayern, regiert von 1912 bis 1913 als Prinzregent, ab dem 5. November 1913 bis zum 8. November 1918 als letzter regierender König von Bayern. Ludwig wird am 7. Januar 1845 in München geboren, er stirbt am 18. Oktober 1921 in Sarvar in Ungarn. Zusammen mit seiner Gemahlin liegt er in der Liebfrauenkirche in München bestattet. Am 5. November 1921 kommt es nach einer Überführung des königlichen Leichnams zu einer großen Trauerprozession. Kardinal Faulhaber spricht sich in der Trauerrede für die Monarchie aus. Ludwigs Eltern sind der Prinzregent Luitpold von Bayern und dessen Gemahlin Auguste Ferdinande, die Tochter des Großherzogs Leopold II. von Toskana, Erzherzog von Österreich aus dem Hause Habsburg. Ludwig heiratet am 20. Februar 1868 in Wien Marie Therese, die Tochter Erzherzog Ferdinands von Österreich-Este und Modena.

Aus der glücklichen Ehe stammen vier Söhne und neun Töchter. Sein Sohn und designierter Nachfolger Kronprinz Rupprecht heiratet in erster Ehe Marie Gabriele, Herzogin in Bayern, in zweiter Ehe Antonia, Prinzessin von Luxemburg und Nassau.

Rupprecht stirbt am 2. August 1955 in Leutstetten und liegt in der Theatinerkirche in München bestattet.

---

[1] Identisch.

Ludwigs Sohn Karl bleibt unverheiratet. Sein Sohn Franz heiratet die Prinzessin Isabella, Tochter des Herzogs Carl von Croy. Sein Sohn Wolfgang stirbt mit 15 Jahren.

Ludwigs Tochter Adelgunde wird die Gemahlin des Fürsten Wilhelm von Hohenzollern. Seine Tochter Maria heiratet Herzog Ferdinand von Kalabrien. Seine Tochter Mathilde wird die Gemahlin des Prinzen Ludwig von Sachsen-Coburg-Gotha. Die Töchter Hildegard, Notburga, Helmtrud und Dietlinde bleiben unverheiratet. Seine Tochter Wiltrud wird die Gemahlin des Herzogs Wilhelm von Urach, Graf von Württemberg, seine jüngste Tochter Gundelinde heiratet den Grafen Johann Georg von Preysing-Lichtenegg-Moos.

Ludwig erhält eine gute Ausbildung, studiert Philosophie, Rechtswissenschaft, Geschichte und Nationalökonomie. Er ist eine verbindliche, etwas schwerfällige, mehr den praktischen Fragen zugeneigte Persönlichkeit, die sich zeitlebens für wirtschaftliche, vor allem bezüglich der Landwirtschaft, und technische Fragen interessiert. Er leitet selbst ein mustergültiges Landwirtschaftsgut in Leutstetten am Starnberger See. Von der Bevölkerung wird er zum Teil leicht ironisch auch der »Millibauer« genannt. Dabei macht er sich allerdings bei der Bevölkerung sehr unbeliebt, als in München das unzutreffende Gerücht kolportiert wird, dass er während des Ersten Weltkriegs bei der großen Lebensmittelknappheit in Bayern die Milch seines Musterguts nach Norddeutschland verkauft habe; in Wirklichkeit gehen die Lieferungen nach Nürnberg.

Als junger Prinz und Sohn eines nicht regierenden Familienmitglieds des Hauses Wittelsbach nimmt er bereits mit 21 Jahren an dem deutsch-deutschen Bruderkrieg zwischen Österreich und Preußen in der bayerischen Armee aufseiten der Österreicher teil. Im Gefecht von Helmstedt wird er am 25. Juli 1866 schwer verwundet. Als sein Vater ab 1886 für den kranken und regierungsunfähigen König Otto die Regentschaft übernimmt, vertritt Ludwig seinen Vater bei zahlreichen offiziellen Anlässen. Bei den Krönungsfeierlichkeiten des letzten russischen Zaren Nikolaus II. im Jahre 1896 tritt Ludwig als offizieller Gesandter des Königreichs Bayern auf. Der junge, etwas unbeholfene wie überhebliche Zar Nikolaus muss wohl die anwesenden deutschen Bundesfürsten als Vasallen des Deutschen Reichs begrüßt haben. Ludwig erregt mit seinem Einwand großes Aufsehen, als er energisch dagegen protestiert, die regierenden Herzöge und Könige der Bundesländer Deutschlands als Vasallen des deutschen Kaisers zu bezeichnen.

Politisch engagiert sich Ludwig für die Schaffung des Deutschen Reiches. Den Abschluss der Versailler Verträge von 1870 kann er allerdings nur unter Vorbehalt billigen, da dessen Struktur ihm zu sehr auf Preußen ausgerichtet war. Bei der Reichstagswahl kandidiert Ludwig für die Bayerische Patriotenpartei, er wird allerdings nicht in den Reichstag gewählt. Sein Verhältnis zu den Sozialdemokraten gilt als besonders gut, seit er anlässlich des Erlasses des Wahlgesetzes 1906 demokratische Tendenzen vertritt.

Der Beginn seiner Regierungstätigkeit ist bestimmt durch Auseinandersetzungen innerhalb der Bevölkerung um die Frage, ob die Verfassung hinsichtlich der Nachfolge geändert werden sollte. Während viele, so auch der leitende Minister Hertling, dafür sind, dass Ludwig die Herrschaft als regierender König übernimmt, lehnt dies Ludwig zumindest nach außen zunächst ab. Deshalb wird Ludwig als Prinzregent und damit als Reichsverweser vereidigt. Im folgenden Jahr 1913 stimmt der Landtag in beiden Kammern jedoch für eine Verfassungsänderung. Am 5. November 1913 ist damit Ludwigs Regentschaft beendet, er wird als König proklamiert. Am 8. November 1913 leistet Ludwig den Eid auf die Verfassung als König Ludwig III. von Bayern.

Zu Beginn des Ersten Weltkriegs stellt Ludwig die Forderung, dass nach einem siegreichen Ausgang des Krieges das Land Bayern um das bisherige Reichsland Elsass-Lothringen, das Frankreich 1871 bekanntlich an Deutschland abtreten musste, erweitert wird. Mit Fortschreiten des Krieges wird Ludwig aber realistischer und beginnt Mitte 1916 zusammen mit seinem Ministerpräsidenten Hertling bereits dafür einzutreten, mit den Kriegsgegnern auf einen Friedenschluss hinzuwirken. Diese Politik wird von Hertlings Nachfolger Otto von Dandl, Ludwigs erstem Minister ab 1. November 1917, übernommen, nachdem Hertling zwischenzeitlich vom deutschen Kaiser zum Reichskanzler ernannt worden ist. Da sich die Niederlage des Deutschen Reichs im Weltkrieg immer mehr abzeichnet, sind Kronprinz Rupprecht sowie auch weite Teile der bayerischen Bevölkerung der Ansicht, dass Kaiser Wilhelm II. abdanken müsse, um günstige Voraussetzungen für einen Friedensschluss zu schaffen. Ludwig ringt sich zu dieser Ansicht erst sehr spät durch; er will nicht als Verräter am Kaiser gelten, obwohl er ihn persönlich gar nicht schätzt.

Am 2. November 1918 legt Ludwig durch königlichen Erlas das in Zukunft geltende parlamentarische Regierungssystem in Bayern fest. Fünf Tage später führt die radikale USPD auf der Theresienwiese in München eine Friedensdemonstration durch. Ludwig hält sich zu diesem Zeitpunkt auf einem Spaziergang im Englischen Garten auf. Ein vorbeikommender Arbeiter gibt dem König den Rat, wegen der Revolution »nach Hause zu gehen«. Ludwig flieht mit seiner schwer kranken Gemahlin aus München und spricht am 13. November 1918 die Beamten, Offiziere und Soldaten von dem Treueid zum König frei. Ludwig tritt damit als erster König der deutschen Reichsfürsten zurück, ohne allerdings auf die Königsherrschaft und den Thron für sich und seine Familie verzichtet zu haben. Er flieht 1919 zunächst nach Dösdorf, dann weiter nach Kufstein, Ötz, Vaduz, Zizers und Locarno. Im April 1920 kehrt er jedoch nach Wildenwart zurück. Am 29. September 1921 reist er auf das landwirtschaftliche Gut seiner Gemahlin nach Sarvar in Ungarn. Dort stirbt er am 18. Oktober 1921 an Magenblutungen.

Während der Regierungszeit Ludwigs wird 1912 der Dreierbund zwischen Deutschland, Österreich und Italien erneuert. Im selben Jahr tritt die deutsche Reichsversicherungsordnung in Kraft. 1914 werden in Sarajewo der österreichische Thronfolger Franz Ferdinand und seine Gemahlin ermordet, wodurch es zum Ausbruch des Ersten Weltkriegs kommt. 1917 fordert der internationale Gewerkschaftsbund bereits allgemeine Friedensverhandlungen, jedoch ohne Erfolg. In diesem Jahr bricht in Deutschland eine Hungersnot aus. 1918 stellt der amerikanische Präsident Wilson sein 14-Punkte-Programm für Friedensverhandlungen auf. Am 9. November desselben Jahres ruft Philipp Scheidemann in Deutschland die Republik aus. Der deutsche Kaiser Wilhelm II. sowie die Regenten der deutschen Fürstenhäuser danken in den Nachkriegsunruhen alle ab.

Die bayerische Königsfamilie im Jahre 1862
(Beschreibung des Bildes)

1 = Prinzessin Theresie (Tochter von 5) († 1925)
2 = **König Ludwig III. von Bayern** (Sohn von 5) († 1921)
3 = Prinzessin Auguste (Gattin von 5) († 1864)
4 = Prinz Leopold (Sohn von 5) († 1930)
5 = **Prinzregent Luitpold von Bayern** (Sohn von 18) († 1912)
6 = Prinz Ludwig Ferdinand (Sohn von 10)(† 1949)
7 = Prinzessin Alexandra, Äbtissin (Tochter von 18) († 1875)
8 = Prinz Arnulf (Sohn von 5) († 1907)
9 = Prinz Alfons (Sohn von 10) († 1970)
10 = Prinz Adalbert (Sohn von 18) († 1875)
11 = Prinzessin Amalie (Gattin von 10)
12 = König Otto von Griechenland (Sohn von 18) († 1867)
13 = Königin Amalie Marie von Griechenland (Gattin von 12)
14 = **König Ludwig II. von Bayern** (Sohn von 17) († 1886)
15 = **König Otto von Bayern** (Sohn von 17) († 1916)
16 = Königin Marie Friederike von Bayern (Gattin von 17)
17 = **König Max II. von Bayern** (Sohn von 18) († 1864)
18 = **König Ludwig I. von Bayern** (1786 – 1868)
19 = Prinz Karl Theodor (Bruder von 18) (1795 – 1875)
20 = Kaiserin Elisabeth von Österreich, geb. Herzogin in Bayern (Sissi) († 1898)
21 = Herzogin Ludovika in Bayern (Mutter von 20, 22, 23, 24, 25, 26, 28, 29) († 1892)
22 = Herzogin Sophie von Alencon, geb. Herzogin in Bayern († 1897)
23 = Fürstin Helene von Thurn und Taxis, geb. Herzogin in Bayern († 1890)
24 = Gräfin MathildeTrani, geb. Herzogin in Bayern († 1925)
25 = Königin Maria von Neapel, geb. Herzogin in Bayern († 1925)
26 = Herzog Ludwig in Bayern († 1920)
27 = Herzog Max in Bayern (Gatte von 21) († 1888)
28 = Herzog Karl Theodor in Bayern (Augenarzt Dr. med.) († 1909)
29 = Herzog Max Emanuel in Bayern († 1893)

Bayern von 1918 bis heute (2005)

Die letzten beiden Wittelsbacher Herrscher in Bayern (Prinzregent Luitpold und König Ludwig III.) setzen sich mit den politischen Strömungen im Lande kritisch, aber auch kooperativ auseinander. Die Sozialdemokraten als politische Vertreter der ärmeren Schichten sind in Bayern nicht wie in anderen Ländern Staatsfeinde, sondern werden als Stimme der immer stärker werdenden Arbeiterschaft ernst genommen und haben sogar als Berater Zugang zum Hof in München. Dennoch sind es gerade diese politischen Kräfte der am meisten unter dem verlorenen Weltkrieg und den wirtschaftlichen Nöten leidenden Bevölkerungsteile, die eine neue Staatordnung fordern.

Am 8. November 1918 kommt es in München zum Ausbruch von Unruhen. Während die Mehrheitssozialisten* unter ihrem gemäßigten sozialdemokratischen Führer Erich Auer ihren Protestmarsch friedlich zum Münchner Friedensengel in der Prinzregentenstraße unternehmen, zieht die kleinere Gruppe der radikalen Unabhängigen Sozialdemokratischen Partei Deutschlands (USPD), die sich seit 1917 von den Sozialdemokraten getrennt hat, unter ihrem aggressiven Führer Kurt Eisner, der sich selbst als Pazifist bezeichnet, zur selben Zeit von der Theresienwiese aus in Richtung Norden der Stadt. Diese radikale Gruppe löst die Besatzungen in den Kasernen auf, ruft die Revolution aus und erklärt das Haus Wittelsbach als Herrscherhaus für abgesetzt. Kronprinz Rupprecht, der sich zu diesem Zeitpunkt noch in Brüssel aufhält, legt von Brüssel aus hiergegen Protest ein mit dem Hinweis, dass einerseits die gesetzgebende Gewalt, der Landtag, übergangen wurde, andererseits diese Revolution nur von einer ganz kleinen Minderheit in der Bevölkerung getragen werde.

In der ersten Zeit der nach der Beseitigung der Monarchie entstandenen Republik Bayern, die noch immer aus den bayerischen und pfälzischen Gebieten

---

* Auch Mehrheitssozialdemokraten genannt nach Abspaltung der sozialdemokratischen Arbeitsgemeinschaft und Bildung der Unabhängigen Sozialdemokratischen Partei Deutschlands (USPD).

besteht, kommt es zu teilweise schweren Unruhen. Kurt Eisner, schwankend zwischen dem Bestreben nach einer parlamentarischen Demokratie oder einem radikalen Rätesystem, bei dem die zuvor unterprivilegierten Schichten, die Arbeiter und Soldaten, in der Form der Räte die Macht übernehmen, betreibt eine zweideutige Politik. Bei den darauf durchgeführten ersten Wahlen erleidet Eisner eine schwere Niederlage. Er entschließt sich zum Rücktritt, begibt sich am 21. Februar 1919 zu Fuß zum Landtag und wird dabei von dem zweiundzwanzigjährigen Studenten Graf Arco, einem Kriegsteilnehmer, auf offener Straße erschossen.

Der Zentralrat der Arbeiter-, Soldaten- und Bauernräte ruft am 7. April 1919 die Räterepublik in Bayern aus. Der Landtag und die bayerische Staatsregierung unter ihrem Ministerpräsidenten Hoffmann fliehen aus München nach Bamberg. Die Stadt München kann erst wieder am 2. Mai 1919 mit bayerischen, preußischen und württembergischen Truppen zurückerobert werden.

Am 12. August 1919 tritt die neue deutsche Reichsverfassung, ausgearbeitet und erlassen von der Nationalversammlung in Weimar, in Kraft. Damit verliert Bayern fast seine gesamten Sonderrechte, die es in der Reichsverfassung durch Bismarck erhalten hatte.

In Bayern wird gegen die drei Stimmen der USPD die neue bayerische Verfassung verabschiedet. Bayern wird offiziell Freistaat und Mitglied des Deutschen Reichs. Die Adelsprivilegien werden abgeschafft, die Adelstitel bleiben als Namensbestandteil erhalten. Durch das Inkrafttreten des Versailler Vertrags am 10. Januar 1920 verliert Bayern die Regierungsgewalt in der Saarpfalz. Dafür wird Coburg, das den Anschluss an das Land Thüringen mit großer Mehrheit ablehnt, am 1. Juli 1920 offiziell ein Teil von Bayern.

In den folgenden Unruhen im gesamten Deutschen Reich bilden sich immer wieder neue Regierungen in den einzelnen Ländern. In Bayern entsteht dagegen eine konservativ-nationalistische Richtung unter Gustav von Kahr, durch die viele rechts gerichtete Kreise im Reichsgebiet den Freistaat Bayern als eine »Ordnungszelle« des Reiches betrachten. Die vaterländischen Verbände unter Ludendorff und Hitler versuchen schließlich im Putsch vom 9. November 1923 diese politische Entwicklung für ihre Ziele im ganzen Reich auszunutzen. Der Putsch und der Aufmarsch vor der Feldherrnhalle in München wird mit Hilfe der Reichswehr und der Polizei niedergeschlagen. Hitler und andere Beteiligte werden verhaftet und 1924 von der bayerischen Justiz wegen Hochverrats lediglich zu einer Mindeststrafe der ehrenvollen Festungshaft von fünf Jahren in Landsberg verurteilt, aber schon ein Jahr später wieder freigelassen. Hitler behält, obwohl er als Ausländer straffällig geworden ist und damit hätte ausgewiesen werden müssen, weiterhin die Aufenthaltserlaubnis in Bayern.

Nach zwei weiteren Ministerpräsidenten kann der neue Führer der Bayerischen Volkspartei, Heinrich Held, gleichzeitig Ministerpräsident in Bayern, die politische Lage in Bayern allmählich wieder konsolidieren und stabilisieren. Heinrich Held ist dabei vor allem bestrebt, dem Prinzip des Föderalismus im Reich mehr Geltung zu verschaffen. Er strebt eine Verfassungsreform im Deutschen Reich an mit dem Ziel, die Sonderrechte des früheren Bismarckreichs für Bayern wieder herzustellen. Dabei hat er allerdings keinen Erfolg. Es verbleibt lediglich bei der Verwaltungs- und Kulturhoheit des Freistaats Bayern. Das Land Bayern besitzt allerdings noch Reichsgesandte beim Deutschen Reich und Gesandtschaften bei einigen deutschen Ländern. Außerdem ist Bayern in der Lage, zwischen 1924 und 1925 die Kirchenverträge mit dem Vatikan und der evangelischen Kirche abzuschließen.

Anfang des Jahres 1933 befürchtet man in Bayern die Machtergreifung Hitlers. Es wird daher erwogen, Kronprinz Rupprecht, den Sohn und designierten Nachfolger des letzten bayerischen Königs, Ludwigs III., zum Generalstaatskommissar zu ernennen. Auch die Sozialdemokraten, die am Sturz des Hauses Wittelsbach im Jahre 1918 nicht ganz unschuldig sind, ziehen einen Wittelsbacher einem Adolf Hitler vor. Der Versuch einer derartigen Regierung scheitert jedoch daran, dass sich Held und Kronprinz Rupprecht nicht rechtzeitig einigen können. Ministerpräsident Held will eine parlamentarische Mehrheitsregierung beibehalten, Kronprinz Rupprecht befürwortet jedoch eine von allen Parteien getragene Allparteienregierung.

Der Sieg der Nationalsozialisten durch die Ernennung Hitlers zum Reichskanzler am 30. Januar 1933 und die darauf folgende Einsetzung des Generals Franz Ritter von Epp als Reichskommissar in Bayern am 9. März 1933 kann von Held nicht mehr verhindert werden. Damit verliert das Land endgültig seine Eigenstaatlichkeit. Bayern wird im Zuge der nationalsozialistischen »Gleichschaltung« eine Gebietskörperschaft des Deutschen Reichs.

1935, am 2. August, wird München zur Hauptstadt der Bewegung erklärt. Am 15. September 1935 werden die Nürnberger Gesetze erlassen. Sie bedeuten die »rechtliche« Grundlage und den offiziellen Beginn der späteren Ausrottung der jüdischen Bevölkerung in Deutschland. Nürnberg wird im folgenden Jahr, am 7. Juli 1936, zur Stadt der Reichsparteitage erhoben. In diesem Jahr lässt Hitler im Münchner Stadtwappen den »Mönch« durch das »Münchner Kindl« ersetzen. Am 28. November 1936 ernennt Hitler gegen den Willen des Reichsstatthalters Epp Ludwig Siebert zum bayerischen Wirtschaftsminister und Adolf Wagner zum Kultusminister. Am 9. Juni 1938 wird die jüdische Synagoge hinter dem Künstlerhaus am Lenbachplatz in der Herzog-Max-Straße wegen angeblicher städtebaulicher Maßnahmen abgerissen. In der fünf Monate später, am 9. November 1938, stattfindenden Reichspogromnacht (wegen der vielen zerbrochenen Fenster auch »Reichskristallnacht« bezeichnet) werden viele jüdische Bürger ermordet und 11 000 Juden in Bayern ins Konzentrationslager Dachau verbracht.

Nach dem Beginn des Zweiten Weltkriegs entgeht Hitler am 8. November 1939 im Bürgerbräukeller nur ganz knapp einem von Georg Elser sorgfältig vorbereiteten Attentat. Zwei Jahre nach Beginn des Weltkriegs strebt Josef Stalin in einem Gespräch mit dem britischen Außenminister Eden die Schaffung eines selbstständigen Bayern nach dem Ende des Kriegs an, eine Überlegung, die zunächst auch von den Amerikanern geteilt wird.

Als der Zweite Weltkrieg im Mai 1945 zu Ende ist, wird Bayern Teil der amerikanischen Besatzungszone. Die Stadt Lindau und die Rheinpfalz kommen unter französisches Besatzungsrecht. Am 28. Mai 1945 ernennt die amerikanische Militärregierung eine neue bayerische Regierung unter ihrem Ministerpräsidenten Fritz Schäffer. Im September 1945 entsteht durch die Erklärung General Eisenhowers wiederum der Freistaat Bayern. Die Pfalz wird jedoch abgetrennt und ab 1946 endgültig dem neuen Bundesland Rheinland-Pfalz angegliedert.

Die neue bayerische Regierung unter ihrem Ministerpräsidenten Fritz Schäffer wird von der Militärregierung am 13. November 1945 abgelöst und ersetzt durch die neue Regierung unter Wilhelm Hoegner. In dieser Zeit wird von dem Sozialdemokraten Wilhelm Hoegner, dem Verfassungsrechtler Nawiasky und dem konservativen Politiker Alois Hundhammer eine neue bayerische Verfassung ausgearbeitet, die am 1. Dezember 1946 vom Landtag angenommen wird. Im Dezember 1946 wählt der Landtag aufgrund der neuen Verfassung als Ministerpräsidenten Hans Ehard (CSU), der zunächst noch mit den Sozialdemokraten koaliert, ab 1947 jedoch eine CSU-Regierung bildet.

Zum selben Zeitpunkt wird von Mitgliedern des Parlamentarischen Rats auf Schloss Herrenchiemsee eine neue Verfassung für Gesamtdeutschland geschaffen, die mangels Zustimmung der ostdeutschen Länder nur als »Grundgesetz« bezeichnet wird. Bei der Ratifizierung dieses Grundgesetzes 1949 lehnt der bayerische Landtag das Bonner Grundgesetz ab, weil die Hoheitsrechte für das Land Bayern nicht ausreichend berücksichtigt sind. Gleichzeitig beschließt der Landtag jedoch die Geltung des neuen Grundgesetzes auch für den Freistaat Bayern unter der Voraussetzung, dass es von der Mehrheit der Bundesländer angenommen wird.

Nach dem Kriegsende beginnt auch in Bayern der wirtschaftliche Aufstieg.

Im Anschluss an die Koalitionsregierung unter Wilhelm Hoegner (SPD) wird Hanns Seidel (CSU) am 16. Oktober 1957 bayerischer Ministerpräsident, der im Jahre 1960 noch einmal von Hans Ehard (CSU) abgelöst wird. Nach den Landtagswahlen vom 25. November 1962 tritt Alfons Goppel (CSU) am 11. Dezember 1962 das Amt des Ministerpräsidenten an, das er bis 1978 behält. Sein Nachfolger wird im Jahre 1978 Franz Josef Strauß (CSU), der im Amt am 3. Oktober 1988 in Regensburg stirbt. Sein Nachfolger wird Max Streibl, der 1993 von seinem Parteifreund Edmund Stoiber (CSU) abgelöst wird.

Die Herzöge von Schwaben

Die Erchanger:
Erchanger 915–917

Die Hunfridinger:
Burchard I. 917–926

Die Konradiner
Hermann I. 926–943

Hunfridinger:
Burchard II. 943–950

Die Ottonen:
Liudolf 950–954

Die Hunfridinger:
Burchard II. (2. Mal) 954–973

Die Ottonen:
Otto I. 973–982[1]

Die Konradiner:
Konrad I. 983–997
Hermann II. 997–1003
Hermann III. 1003–1012

Die Babenberger:
Ernst I. 1012–1015
Ernst II. 1015–1030
Hermann IV. 1030–1038

Die Salier:
Heinrich I. 1038–1045[1,2]

Die Ezzonen:
Otto II. 1045–1047

Die Grafen von Schweinfurt:
Otto III. 1048–1057

Die Grafen von Rheinfelden:
Rudolph von Schwaben 1057–1079[2]

Die Staufer:
Friedrich I. 1079–1105
Friedrich II. 1105–1147
Friedrich III. 1147–1152[2]
Friedrich IV. von Rothenburg 1152–1167
Friedrich V. 1167–1191
Konrad II. 1191–1196
Philipp von Schwaben 1196–1208[2]

Die Welfen:
Otto von Braunschweig 1208–1212[2]

Die Staufer:
Friedrich VI. 1212–1216[2]
Heinrich II. 1216–1235[2]
Konrad III. 1235–1254[2]
Konrad IV. 1254–1268[3]

---

[1] Gleichzeitig Herzog von Bayern.
[2] Gleichzeitig deutscher König beziehungsweise Kaiser; Rudolph von Schwaben beziehungsweise von Rheinfelden ist Gegenkönig.
[3] Mit Konrad IV. (= Konradin) endet 1268 das Herzogtum Schwaben.

Die Herzöge von Franken

Die aufgeführten Herrscher haben bis auf Konrad I. († 918) und seinen Bruder Eberhard III. († 939) keine herzogliche Stellung.
Sie nennen sich aber, zum Teil aus machtpolitischen Gründen, Herzöge von Franken und wurden deshalb in die Aufstellung aufgenommen.
Die ersten Herrscher Frankens, das Geschlecht der Konradiner und ihre Herzöge, sind bezüglich der Abstammung, der Namen und der Zahlen zum Teil nicht gesichert.

Die Konradiner:
Graf Bogo	?
Eberhard I.	?
Udo	861–879
Eberhard II.	† 901
Konrad I.	906–918
Eberhard III.	918–939

Die Staufer:
Friedrich I.	1079–1105
Konrad V.	1105–1138
Heinrich III.	1138–1150
Friedrich II. von Rothenburg	1150–1167
Konrad VI.	1167–1196

Die Salier:
Konrad II. der Jüngere	1024–1030
Konrad III.	1030–1039
Heinrich I.	1039–1056
Heinrich II.	1056–1078
Konrad IV.	1078–1088

939 endet praktisch die Entwicklung eines Herzogtums Franken.
Der Titel des Herzogtums Franken bleibt bei den Bischöfen von Würzburg in der Zeit von 1441 bis 1802.
Bernhard, Herzog von Sachsen-Weimar, wird nach der Schlacht bei Lützen und dem Tod Gustav Adolfs von Schweden (16. November 1632) von dem Schweden Oxenstierna mit dem Herzogtum Franken belehnt.

Die Könige Schwedens

Haus Ynglingar
Björn der Alte	ca. 900–950
Erich VII. Segersäll (= der Siegreiche)	ca. 950–994
Olaf III. Skötkonung (= Schlosskönig)	ca. 995–1022
Anund Jakob	ca. 1022–1051
Emund	ca. 1051–1056

Das Stenkilgeschlecht
Stenkil	ca. 1060–1066
Erich IX. der Heilige	ca. 1156–1160
Karl VII. Sverkerson	ca. 1160–1167
Knut Erikson	ca. 1167–1196
Sverker II. Karlsin	ca. 1196–1208
Erich X. Knutsson	ca. 1208–1216
Johann I. Sverkerson	ca. 1216–1222
Erich XI. Eriksson	ca. 1222–1229
Knut Lange	ca. 1229–1234
Erich XI. Eriksson	ca. 1234

Die Folkunger
Birger Jarl (Regent)	1250–1266
Waldemar I. Birgersson	1250–1278
Magnus I. Birgersson	1278–1290
Birger Magnusson	1302–1318
Magnus II. Eriksson	1319–1363
Erich XII. (Mitkönig)	1350–1359
Hakon Magnusson	1362–1363

Haus Mecklenburg
Albrecht I.	1364–1389

Die Dänen
Margarete	1389–1412
Erich XIII. der Pommer	1397–1439
Christoph*	1441–1448

Haus Knutsson
Karl VIII. Knutsson	1448–1470
Christian I.	1457–1471
Johann II. (Hans)	1497–1501
Christian II.	1520–1523

Haus Sture (Reichsverweser)
Sten Sture der Ältere	1470–1503
Svante Nilsson Sture	1504–1512
Sten Sture der Jüngere	1512–1520

Haus Wasa
Gustav I. Eriksson	1523–1560
Erich XIV.	1560–1568
Johann III.	1569–1592
Sigismund	1592–1599
Karl IX.	1600–1611
Gustav II. Adolf	1611–1632
Christine	1632–1654

---

* Gleichzeitig König von Dänemark und Norwegen.

Die Wittelsbacher

(Linie Pfalz-Zweibrücken)
Karl X. Gustav	1654–1660
Karl XI.	1660–1697
Karl XII.	1697–1718
Ulrike Eleonore	1718–1720

Haus Hessen
Friedrich I.	1720–1751

Haus Holstein-Gottorf
Adolf Friedrich	1751–1771
Gustav III.	1771–1792
Gustav IV. Adolf	1792–1809
Karl XIII.	1809–1818

Haus Bernadotte
Karl XV. Johann	1818–1844
Oskar I.	1844–1859
Karl XV.	1859–1872
Oskar II.	1872–1907
Gustav V.	1907–1950
Gustav VI. Adolf	1950–1973
Karl XVI. Gustav	seit 1973

Die deutschen Kaiser und Könige

Die Karolinger
Karl I. der Große (768) 800–814
Ludwig I. der Fromme 814–840
Lothar I. 840–843
Ludwig II. der Deutsche 843–876
Ludwig III. der Jüngere 876–881
Karl III. der Dicke 881–887
Arnulf von Kärnten 887–899
Ludwig (IV.) das Kind 900–911

Die Konradiner
Konrad I. 911–918

Die Ottonen
Heinrich I. 919–936

Die Luitpoldinger
Arnulf der Böse* 919–921

Die Ottonen
Otto I. der Große 936–973
Otto II. 973–983
Otto III. 983–1002
Heinrich II. der Heilige 1002–1024

Die Salier
Konrad II. 1024–1039
Heinrich III. 1039–1056
Heinrich IV. 1056–1106

Die Grafen von Rheinfelden
Rudolph von Schwaben* 1077–1080

Die Luxemburger
Hermann von Salm* 1081–1088

Die Salier
Konrad (III.)* 1093–1101
Heinrich V. 1106–1125

Die Grafen von Supplinburg
Lothar III.
von Supplinburg 1125–1137

Die Staufer
Konrad III. 1138–1152
Friedrich I. Barbarossa 1152–1190
Heinrich VI. 1190–1197
Philipp von Schwaben 1198–1208

Die Welfen
Otto IV. 1208–1215

Die Staufer
Friedrich II. 1212–1250
Heinrich (VII.) 1222–1235

Die Ludowinger
Heinrich Raspe* 1246–1247

Die Grafen von Holland
Wilhelm von Holland* 1247–1256

Die Staufer
Konrad IV. 1250–1254

---

* Gegenkönig.

Die Plantagenets
Richard von Cornwall 1257–1272

Die Kastilier-Aragon
Alfons (X.) von Kastilien 1257–1282

Die Habsburger
Rudolph I. von Habsburg 1273–1291

Die Grafen von Nassau
Adolf von Nassau 1292–1298

Die Habsburger
Albrecht I. 1298–1308

Die Luxemburger
Heinrich VII. 1308–1313

Die Habsburger
Friedrich (III.)
der Schöne (Mitkönig) 1314–1330

Die Wittelsbacher
Ludwig IV. der Bayer 1314–1347

Die Luxemburger
Karl IV. 1346–1378

Die Grafen von Schwarzburg
Günter
von Schwarzburg* 1349

Die Luxemburger
Wenzel 1378–1400

Die Wittelsbacher
Ruprecht von der Pfalz 1400–1410

Die Luxemburger
Jobst von Mähren 1410–1411
Sigmund 1411–1437

Die Habsburger
Albrecht II. 1438–1439
Friedrich III. 1440–1493
Maximilian I. 1493–1519
Karl V. 1519–1556
Ferdinand I. 1556–1564
Maximilian II. 1564–1576
Rudolph II. 1576–1612
Matthias 1612–1619
Ferdinand II. 1619–1637
Ferdinand III. 1637–1657
Ferdinand IV. 1653–1654
Leopold I. 1657–1705
Joseph I. 1705–1711
Karl VI. 1711–1740

Die Wittelsbacher
Karl VII. Albrecht 1742–1745

Habsburg-Lothringen
Franz I. Stephan 1745–1765
Joseph II. 1765–1790
Leopold II. 1790–1792
Franz II. 1792–1806

Die Hohenzollern
Wilhelm I. 1871–1888
Friedrich III. 1888
Wilhelm II. 1888–1918

---

* Gegenkönig.

Die Reichs- und Bundespräsidenten

Reichspräsidenten:
Friedrich Ebert	1919–1925
Paul von Hindenburg	1925–1934
Adolf Hitler	1934–1945
Karl Dönitz	1945

Bundespräsidenten:
Theodor Heuss	1949–1959
Heinrich Lübke	1959–1969
Gustav Heinemann	1969–1974
Walter Scheel	1974–1979
Karl Carsten	1979–1984
Richard von Weizsäcker	1984–1994
Roman Herzog	1994–1999
Johannes Rau	1999–2004
Horst Köhler	seit 2004

Die Reichs- und Bundeskanzler

Reichskanzler:

Fürst Otto von Bismarck	1871–1890
Leo Graf von Caprivi	1890–1894
Chlodwig zu Hohen-lohe-Schillingsfürst	1894–1900
Fürst Bernard von Bülow	1900–1909
Theobald von Bethmann Hollweg	1909–1917
Georg Michaelis	1917
Georg von Hertling	1917–1918
Prinz Max von Baden	1918
Philipp Scheidemann	1919
Gustav Bauer	1919–1920
Hermann Müller	1920
Konstantin Fehrbach	1920–1921
Joseph Wirth	1921–1922
Wilhelm Cuno	1922–1923
Gustav Stresemann	1923
Wilhelm Marx	1923–1924
Hans Luther	1925–1926
Wilhelm Marx (2. Mal)	1926–1928
Hermann Müller (2. Mal)	1928–1930
Heinrich Brüning	1930–1932
Franz von Papen	1932
Kurt Schleicher	1932–1933
Adolf Hitler	1933–1945
Joseph Goebbels	1945

Bundeskanzler:

Konrad Adenauer	1949–1963
Ludwig Erhard	1963–1966
Kurt Georg Kiesinger	1966–1969
Willy Brandt	1969–1974
Helmut Schmidt	1974–1982
Helmut Kohl	1982–1998
Gerhard Schröder	1998–2005
Angela Merkel (Bundeskanzlerin)	seit 2005

Die Ministerpräsidenten Bayerns
(bis 1918 Vorsitzende im Ministerrat)

Ludwig Freiherr von der Pfordten	1849–1859
Karl Freiherr von Schenk von Notzing	1859–1864
Ludwig Freiherr von der Pfordten (2. Mal)	1864–1866
Chlodwig Fürst zu Hohenlohe-Schillingsfürst	1866–1870
Otto Graf von Bray-Steinburg	1870–1871
Friedrich Adam Justus Graf von Hegnenberg-Dux	1871–1872
Adolph von Pfretschner	1872–1880
Johann Freiherr von Lutz	1880–1890
Krafft Graf von Crailsheim	1890–1903
Klemens Graf von Podewils-Dürnitz	1903–1912
Georg Graf von Hertling	1912–1917
Otto von Dandl	1917–1918
Kurt Eisner	1918–1919
Johannes Hoffmann	1919–1920
Gustav von Kahr	1920–1921
Hugo Graf von und zu Lerchenfeld	1921–1922
Eugen Ritter von Knilling	1922–1924
Heinrich Held	1924–1933
Franz Ritter von Epp	1933
Ludwig Siebert	1933–1942
Paul Giesler	1942–1945
Fritz Schäffer	1945
Wilhelm Hoegner	1945–1946
Hans Ehard	1946–1954
Wilhelm Hoegner (2. Mal)	1954–1957
Hanns Seidel	1957–1960
Hans Ehard (2. Mal)	1960–1962
Alfons Goppel	1962–1978
Franz Josef Strauß	1978–1988
Max Streibl	1988–1993
Edmund Stoiber	seit 1993

Literaturverzeichnis

Die angegebenen Werke, vor allem die zusammenfassenden Darstellungen, sind vom Verfasser unmittelbar als Grundlage (Quelle) herangezogen worden. Die ebenfalls verwendeten Einzeldarstellungen sollen dem interessierten Leser zur weiteren Anregung dienen.

I. Weltgeschichte

Becker's Weltgeschichte, 18 Bde., Berlin 1860
Bosl, Karl: Geschichte des Mittelalters, München 1951
Hampe, Karl: Das Hochmittelalter, Berlin 1932
Jäger, Oskar: Weltgeschichte, 4 Bde., 1899
Kimmig/Weirich: Grundzüge der Geschichte, Frankfurt/M. 1964
Kühner, Hans: Lexikon der Päpste, Zürich (ohne Jahreszahl)
Mann/Heuß: Propyläen Weltgeschichte, 13 Bde., Frankfurt/M. 1961
Orlop, Bernhard: Geschichtstabellen, (unveröffentlicht)
Pförtner, Rudolph: Mit dem Fahrstuhl in die Römerzeit, Düsseldorf 1959
Pölitz, Karl: Kleine Weltgeschichte, Leipzig 1825
Propyläen, Geschichte Europas, 6 Bde., Frankfurt/M. 1975
Ranke, Leopold: Historische Charakterbilder Berlin
Webers Handbuch der Weltgeschichte, 4 Bde., Leipzig 1905
Rotteck, Carl: Allgemeine Weltgeschichte, 6 Bde., Leipzig 1847
Geschichte in Gestalten, Hrsg.: Herzfeld, 4 Bde., Frankfurt/M. 1963

II. Deutsche Geschichte

Blum, Hans: Die deutsche Revolution 1848–49, Leipzig 1898
Fischer/Streit: Historischer Atlas von Europa, 2 Bde. Berlin 1836
Förster: Preußens Helden in Krieg und Frieden, 7 Bde., Berlin 1848
Heinel's Geschichte des Preußischen Staates, 4 Bde., Danzig 1835

Quellen und Erörterungen zur bayerischen und deutschen Geschichte, Bd. 1–5, München 1903, Bd. 6–22, München 1930/67

Ranke, Leopold: Deutsche Geschichte im Zeitalter der Reformation, 5 Bde., München 1925

Sybel, Heinrich: Die Begründung des Deutschen Reiches, 3 Bde., Meersburg 1930

Treitschke, Heinrich: Deutsche Geschichte im 19. Jahrhundert, 5 Bde., Leipzig 1928

Taddey, Gerhard: Lexikon der Deutschen Geschichte, Stuttgart 1979

Herwig, Wolfram: Das Reich und die Germanen, Zwischen Antike und Mittelalter, Berlin 1990

Schulze, Hans K.: Vom Reich der Franken zum Land der Deutschen, Merowinger und Karolinger, Berlin 1987

Ders.: Hegemoniales Kaisertum, Ottonen und Salier, Berlin 1991

Boockmann, Hartmut: Stauferzeit und spätes Mittelalter, Deutschland 1125–1517, Berlin 1987

Schilling, Heinz: Aufbruch und Krise, Deutschland 1517–1648, Berlin 1988

Ders.: Höfe und Allianzen, Deutschland 1648–1763, Berlin 1989

Möller, Horst: Fürstenstatt und Bürgernation, Deutschland 1763–1815, Berlin 1989

Lutz, Heinrich: Zwischen Habsburg und Preußen, Deutschland 1815–1866, Berlin 1985

Stürmer, Michael: Das ruhelose Reich, Deutschland 1866–1918, Berlin 1983

Schulze, Hagen: Weimar, Deutschland 1917–1933, Berlin 1982

Thamer, Hans-Ulrich: Verführung und Gewalt, Deutschland 1933–1945, Berlin 1986

Birke, Adolf M.: Nation ohne Haus, Deutschland 1945–1961, Berlin 1989

III. Bayerische Geschichte

Arnpeck, Veit: Sämtliche Chroniken, Hrsg.: Georg Leidinger, München 1915

Aventinus, Johann: Sämtliche Werke, Hrsg.: Bayerische Akademie der Wissenschaften, 6 Bde., München 1881 ff.

Bayerische Symphonie, München 1967

Bayern, Kunst und Kultur, Ausstellungskatalog, München 1972

Bosl, Karl: Bayerische Geschichte, München 1976

Bosl, Karl: Geschichte Bayerns, Bd. 2, München 1955

Bosl, Karl: Das Bayerische Stammesherzogtum, in Zeitschrift für Bayerische Landesgeschichte, München 1962

Bosl, Karl: Pfalzen, Klöster und Forste in Bayern, Regensburg 1966

Bosl/Schreibmüller, Geschichte Bayerns, Lehrbuch, 2 Bde., München 1955
Bunsen/Kapfhammer, Altmünchner Stadtsagen, München 1977
Fastlinger, Max: Der Volksstamm der Huosi, München 1911
Hubensteiner, Benno: Bayerische Geschichte, München 1977
Löwe, Heinz: Die Herkunft der Bajuwaren in Zeitschrift für Baxerische Landesgeschichte, München 1949
Preger/Kronseder, Lehrbuch der Bayerischen Geschichte, München 1927
Rall, Hans: Zeittafeln zur Geschichte Bayerns, München 1974
Regensburg, Andreas: Sämtliche Werke, Hrsg.: Georg Leidinger, München 1903
Reiser, Rudolph: Agilolf oder die Herkunft der Bayern, München 1977
Reitzenstein, Alexander: Frühe Geschichte rund um München, München 1956
Riezler, Sigmund: Geschichte Bayerns, 8 Bde., Gotha 1878
Spindler, Max: Handbuch der bayerischen Geschichte, 4 Bde., München 1974
Unbekanntes Bayern, Gesammelte Aufsätze, München 1976
Wagner, Friedrich: Die Römer in Bayern, München 1924
Westenrieder, Lorenz: Geschichte von Bayern, München 1786
Schmid/Weigand (Hrsg.), Die Herrscher Bayerns, München 2001
Maier, Dieter: Bayerische Königsschlösser, Eggolsheim
Herzöge und Heilige, Das Geschlecht der Andechs-Meranier im europäischen Hochmittelalter, Katalog, 1993
Nöhbauer, Hans F.: Die Chronik Bayerns, München 1994
Adalbert Prinz von Bayern: Die Wittelsbacher, München 1979

IV. Dynastiengeschichte

Banniza von Bazan/Müller, Deutsche Geschichte in Ahnentafeln, Berlin 1939
Böhmer, Rudolph: Die Vierherzogzeit in Oberbayern-München und ihre Vorgeschichte, München 1937
Grote, H.: Stammtafeln, Leipzig 1877
Huesmann, Bernhard: Die Familienpolitik der bayerischen Herzöge von Otto I. bis Ludwig den Bayern, Bochum 1940
Kirnberger, Max: Das Herzogtum Straubing-Holland 1353–1429, Straubing 1966
Kretschmayr, Heinrich: Geschichte von Österreich, Wien 1938
Matz, Klaus-Jürgen: Regententabellen zur Weltgeschichte, dtv, München 1992
Quellen zur Geschichte Kaiser Ludwigs des Bayern, 2 Bde., in Geschichtsschreiber der deutschen Vorzeit, Leipzig 1898
Reiser, Rudolph: Die Wittelsbacher, München 1978
Schmidt-Pauli Edgar von: Europas Dynastien und der Weltkrieg, Berlin 1938

Schrott, Ludwig: Herrscher Bayerns, München 1974
Spindler, Max: Die Anfänge des bayerischen Landesfürstentums, in:
  Schriftenreihe zur Bayerischen Geschichte, München 1937
Tyroller, Franz: Die Ahnen der Wittelsbacher, München 1951
Widemann, Josef: König Otto von Ungarn aus dem Hause Wittelsbach,
  in: Forschungen zur Geschichte Bayerns, München 1905
Wilberg, Max: Regententabellen, Frankfurt/Oder 1906
Zimmermann, Fritz: Das Herzogtum Straubing-Holland, in: Bayerland-
  Sonderheft »Straubing«

V. Kulturgeschichte

Schindler, Herbert: Bayerische Kunstgeschichte, 2 Bde., München 1976
Stein, Werner: Kulturfahrplan, Die wichtigsten Daten der Kulturgeschichte,
  Berlin 1946

VI. Kirchengeschichte

Bauerreiß, Romuald: Kirchengeschichte Bayerns, 6 Bde., Augsburg 1965
Küstlin, Julius: Martin Luther, 2 Bde., Berlin 1889
Moeller, Wilhelm: Lehrbuch der Kirchengeschichte, 3 Bde., Freiburg im
  Breisgau 1889
Mühr, Alfred: Herrscher in Purpur, Die Geschichte der Kardinäle,
  Düsseldorf 1977
Roepke, Claus-Jürgen: Die Protestanten in Bayern, München 1972

VII. Geografische Darstellungen

Hirschbold, Benedikt: Münchner Heimat, Münchens Neuester
  Geschichtsatlas, Gera 1875
Spengler, Karl: Hinter Münchner Haustüren, München 1964
Spindler/Diepolder, Bayerischer Geschichtsatlas, München 1969
Zisterzienserinnenabtei Seligenthal, Informationsschrift, Landshut 1974
Zisterzienserinnenabtei Seligenthal in Landshut, Hrsg.: Abtei Seligenthal 1932
Leisering, Walter (Hrsg.): Historischer Weltatlas, Berlin 1999

VIII. Einzeldarstellungen

Bismarck, Otto: Gedanken und Erinnerungen, Stuttgart 1898
Bodenstedt, Friedrich: Der König reist durch sein Bayernland, Bücher der Heimat, Bd. 7, Altötting 1925
Dotterweich, Helmut: Der junge Maximilian, München 1962
Endres, Fritz: Prinzregent Luitpold von Bayern, München 1901
Engel, Leopold: Geschichte des Illuminaten-Ordens, Berlin 1906
Franzl, Johann: Rudolph I., Der erste Habsburger auf dem deutschen Thron, Graz 1986
Gooch: Friedrich der Große, Göttingen 1976
Hauff, Ludwig: Leben und Wirken Maximilians II., König von Bayern, München 1864
Heigel, Karl Theodor von: Ludwig I., König von Bayern, Leipzig 1888
Hiller, Helmut: Heinrich der Löwe, Herzog und Rebell, München 1978
Horst, Eberhard: Friedrich II. der Staufer, Düsseldorf 1975
Hüttl, Ludwig: Max Emanuel, der Blaue Kurfürst, München 1976
Hofmiller, Josef: Revolutionstagebuch 1918/19, Leipzig 1938
Jung, Kurt M., Weltgeschichte in einem Griff, Berlin 1979
Karl, Josef: Die Schreckensherrschaft in München, München 1919
Lewis: Ludwig XIV. Der Sonnenkönig, Tübingen 1977
Liowsky, Felix von: Lebens- und Regierungsgeschichte des Churfürsten von Bayern Karl Albert, München 1830
Ders.: Karl Theodor, wie Er war und wie es wahr ist, Sulzbach 1828
Ders.: Leben und Thaten des Maximilian Joseph III., München 1833
Magenschab, Hans: Erzherzog Johann, Habsburgs grüner Rebel, Graz 1981
Mast, Peter: Die Hohenzollern, Graz 1988
Müller, Günther: König Max II. und die soziale Frage, München 1964
Müller-Meiningen, Ernst: Aus Bayerns schwersten Tagen, Berlin 1924
Pfister, Kurt: Kurfürst Maximilian I. von Bayern und sein Jahrhundert, München 1948
Rall, Hans: König Ludwig II. und Bismarcks Ringen um Bayern, 1870/71, München 1973
Rall, Hans und Marga: Die Wittelsbacher, Graz 1986
Reidelbach, Hans: Luitpold Prinzregent von Bayern, München 1901
Reifenscheid, Richard: Die Habsburger in Lebensbildern, Graz 1987
Richter, Werner: König Ludwig II. von Bayern, München 1939
Röckl, Sebastian: Ludwig II. und Richard Wagner, 2 Bde., München 1920
Rothammer, Wilhelm: Biographie Maximilians III. von Bayern, Regensburg 1785

Sailer, Anton: Bayerns Märchenkönig, Das Leben Ludwigs II.
 in Bildern, München 1961
Schreiber, Georg: Franz I. Stephan, Graz 1986
Schweiggert, Alfons: Schattenkönig Otto, der Bruder König
 Ludwigs II. von Bayern, Ein Lebensbild, München 1992
Schwend, Karl: Bayern zwischen Monarchie und Diktatur, München 1954
Schrott, Ludwig: Der Prinzregent, Ein Lebensbild aus Stimmen
 seiner Zeit, München 1962
Seibt, Ferdinand: Karl IV. Ein Kaiser in Europa, München 1978
Sendtner, Kurt: Ruprecht von Wittelsbach, Kronprinz von Bayern,
 München 1954
Söltl, Johann Michael: Maximilian Joseph, König von Bayern,
 Stuttgart 1837
Spindler, Max: Dreimal München, König Ludwig I. als Bauherr,
 2 Vorträge zur Geschichte Münchens, München 1958
Wagner, Cosima: Die Tagebücher, 2 Bde., München 1976

KARTENNACHWEIS

Spindler/Diepolder, Bayerischer Geschichtsatlas,
Bayerischer Schulbuchverlag, München

1. Bayern 788, Spindler, Seite 14
2. Bayern 976, Spindler, Seite 15
3. Königreich Bayern 1819, Spindler, Seite 36 d

Von Kaisers Gnaden, 500 Jahre Pfalz-Neuburg
Herausgeber: Haus der Bayerischen Geschichte, Verlag Friedrich Pustet, 2005

4. Bayern vor dem Landshuter Erbfolgekrieg, Pustet, Seite 105
5. Bayern nach dem Landshuter Erbfolgekrieg, Pustet, Seite 105

BILDNACHWEIS

Aus der Sammlung des Verfassers

Die bayerische Königsfamilie im Jahre 1862

Personenregister

Die **fett gedruckten Namen** sind die in Einzelporträts aufgeführten **Herrscher Bayerns**.

Abkürzungen
Arch. = Architekt; Bf. = Bischof; bay. = bayerisch; b. = bei; d. = der, die, das; dt. = deutsch; Ezbf. = Erzbischof; frz. = französisch; Gegkg. = Gegenkönig; Gegp. = Gegenpapst; Gf. = Graf; Gm.in = Gemahlin; Hzg. = Herzog; Hzg.in = Herzogin; ital. = italisch/italienisch; Kf. = Kurfürst; Kg. = König; Kg.in = Königin; Ks. = Kaiser; m. = mit; Mkgf. = Markgraf; P. = Papst; Pfgf. = Pfalzgraf; s. = siehe; Schw. = Schwester; So. = Sohn; span. = spanisch; To. = Tochter; u. = und; v. = von

Aachen, Hans. v., Künstler 368
Abraham, Bf. v. Freising 100, 102
Adalbert, Ezbf. v. Hamburg-Bremen 137, 147, 162
Adalbert, Gf., Babenberger 78
Adalbert Wilhelm, So. **Kg. Ludwigs I.** 416
Adalpero, Bf. v. Augsburg 75, 77
Adalpero, Mkgf. v. Eppenstein 124
Adelgunde Auguste, To. **Kg. Ludwigs I.** 416
Adelhard, Gf., Babenberger 78, 162
Adelheid, Gm.in Ks. Ottos d. Großen 149
Adelheid, Henriette, Gm.in **Kf. Ferdinand Marias** 379 f., 382 f.
Adelheid, To. **Hzg. Heinrichs VI.** 125
Adelheid, To. Pfgf. Ezzos 131
Adelheid Schymlin, Geliebte **Hzg. Wilhelms III.** 299
Adelheid v. Eigisheim 122

Adolf, So. **Hzg. Rudolfs I.** 219
Adolf, So. **Hzg. Wilhelms III.** 293, 299
Adolf IV., Gf. v. Kleve 283
Adolf v. Nassau, dt. Kg. 209, 211, 219 f.
Agilius, Missionar 33
Agilolf, Hzg. 24, 32, 34 f., 38
Agilolf, Hzg. v. Turin 28
Agnes, Gm.in **Hzg. Ottos I.** 188, 191
Agnes, Gm.in **Hzg. Ottos II.** 181, 194, 202, 207
Agnes, Hzg.in 125 f., 137, 142 f., 146
Agnes, To. **Hzg. Heinrichs VIII.** 137, 163, 165, 167, 171, 174
Agnes, To. **Hzg. Ludwigs II. d. Strengen** 207
Agnes, To. **Stephans II.** 255
Agnes, 2. Gm.in **Hzg. Ottos III.** 210, 236
Agnes Bernauer 293, 303, 305, 316 f.
Alahis, Hzg. v. Trient 39
Albero, Ezbf. v. Trier 172
Albert, Gf. v. Görz 247
Albert III., Gf. v. Bogen 191
Albert IV., Gf. v. Bogen 191, 196
Albrecht, Herzog v. Bayern († 1996) 183
Albrecht I., Hzg. 224, 246, 248, 250, 254, 257 f., 261, 263 ff., 287, 295 f., 310, 312
Albrecht I., dt. Kg. 209, 211 f., 217, 220
Albrecht I., Hzg. v. Mecklenburg 251
Albrecht I. d. Bär, Mkgf. v. Brandenburg 161
Albrecht II., dt. Kg. 319
Albrecht II., Hzg. v. Österreich 269
Albrecht II. d. Jüngere, Hzg. 265 f., 287 f.
Albrecht III., Hzg. v. Österreich 265, 279
Albrecht III. d. Fromme, Hzg. 17, 115, 272, 293, 303 f., 316 f., 321 f., 325 f., 330, 333 f., 337
Albrecht IV. d. Weise, Hzg. 17, 182, 317, 329 f., 334, 336 f., 343 f., 354, 358 f.

Albrecht V., **Hzg.** 351, 354, 362 f., 366
Albrecht V., Hzg. v. Österreich 333
Albrecht Achilles, Mkgf. v. Brandenburg und Ansbach 293, 311, 322, 326 f., 338, 343
Albrecht d. Leuchtenberger, So. **Hzg. Wilhelms V.** 367, 381
Aleida v. Poelgeest, Geliebte **Hzg. Albrechts I.** 265
Alexander III., P. 179, 189
Altdorfer, Albrecht, Maler 357
Amalia, Gm.in **Hzg. Ludwigs IX. d. Reichen** 324, 342
Amalia Maria Josepha, Gm.in **Kf. Karl Albrechts** 389, 396
Amalie Auguste, To. **Kg. Max I. Josephs** 411
Andreas, Kg. v. Ungarn 134 f., 143
Anna, Gm.in **Hzg. Albrechts V.** 362 f., 366
Anna, Gm.in **Hzg. Heinrichs XV.** 236
Anna, To. Friedrichs d. Schönen, dt. Kg. 236
Anna, To. **Hzg. Ludwigs IV. d. Bayern** 234, 243
Anna, 2. Gm.in **Hzg. Albrechts III.** 317, 328, 330, 337
Anna, 2. Gm.in **Hzg. Ludwigs II. d. Strengen** 207
Anna v. Bourbon, 1. Gm.in **Hzg. Ludwigs VII.** 308, 320
Anna v. Neuffen, 1. Gm.in **Hzg. Friedrichs d. Weisen** 274
Anno II., Ezbf. v. Köln 131, 133, 137, 143, 147
Ansegisel, Stammvater d. Pippinen 52
Antonia Maria Walpurga, To. **Karl Albrechts** 390
Antonia v. Luxemburg, 2. Gm.in Kronprinz Rupprechts 435
Apian, Peter, Mathematiker 359
Apian, Philipp, Maler 365
Appa, Gm.in **Hzg. Garibalds II.** 32, 35
Arbeo, Bf. v. Freising 37, 41
Arbo, Mkgf. d. Ostmark 78 f.
Arco, Gf., Attentäter Eisners 441

Aribo, Bf. v. Mainz 122
Arnold, Bf. v. Ravenna 113
Arnulf, bay. Amtsgraf 67
Arnulf, Bf. v. Metz 52
Arnulf, So. **Hzg. Arnulfs d. Bösen** 81, 86, 91, 93, 98 f.
Arnulf, So. **Prinzregent Luitpolds** 431
Arnulf d. Böse, Hzg. 79 f., 85 ff., 90 f., 93, 95, 98, 101, 103
Arnulf v. Kärnten, Ks., Hzg. 66, 68, 72 ff., 77, 80, 83 f., 94
Audulf, bay. Amtsgraf 56, 60 f., 63, 84
Auer, Erhard, Politiker 440
Auguste Amalie Ludovika, To. **Kg. Max' I.** 410
Auguste Ferdinande, Gm.in **Prinzregent Luitpolds** 431, 435
Auguste Wilhelmine, Gm.in **Kg. Max' I.** 410, 415
Authari, Kg. d. Langobarden 27 f.
Aventin, Johann, Historiker 355, 359 f.
Azzo, Mkgf., Schwager Gf. Welfs III. 149, 152

Baader, Franz v., Philosoph 416
Balduin, Gf. v. Flandern 148, 152
Barelli, Agostino, Baumeister 382
Barnabas v. Visconti, ital. Fürst 283, 303
Bayer Ludwig, s. **Ludwig IV. d. Bayer** 224
Beatrix, Gm.in **Hzg. Ludwigs IV. d. Bayern** 224, 247, 255
Beatrix, To. **Hzg. Stephans I.** 216
Beaureau, Marquis, Lehrer **Kf. Max II. Emanuels** 384
Begga, To. Pippins d. Älteren 52
Beham, Albert, päpstlicher Agitator 195
Beham, Bartel, Maler 357
Bela I., Kg. v. Ungarn 131, 143, 147
Bela IV., Kg. v. Ungarn 195, 202 f., 214
Benedikt VII., P. 107
Berengar, Mkgf. v. Friaul 75, 114
Bernauer, Agnes, s. Agnes Bernauer
Bernhard, So. **Karls III. d. Dicken** 71

Bertha v. Turin, Gm.in **Hzg. Heinrichs VIII.** 137
Berthold, Alaholfinger 83, 86, 92
Berthold, Gf. v. Andechs-Meranien 189
Berthold, Gf. v. Bogen 191, 196
Berthold, Gf. v. Neuffen 275
Berthold, Hzg. 81, 88, 91 ff., 98 f., 108 f.
Berthold, So. **Arnulfs d. Bösen** 81, 86 f., 91, 93
Berthold, So. Pfalzgf. Arnulfs 99 f.
Berthold v. Babenberg, Mkgf. 93, 103, 106, 162
Berthold v. Regensburg, Wanderprediger 197
Berthold v. Zähringen 143
Bilitrud, Gm.in **Hzg. Bertholds** 92, 99, 108 f.
Bismarck, Otto v. 19, 408 f., 424 f., 428
Bochsberger, Hans, Maler 361
Bodenstedt, Friedrich v., 420
Boleslav I., Hzg. v. Schlesien-Schweidnitz 216
Boleslav I. Chrobry d. Tapfere 118
Boleslav I. v. Böhmen 99, 102, 107
Bonagrata v. Bergamo, Philosoph 224
Bonifaz IX., P. 313
Bonifazius, Missionar 15, 25, 44, 46
Borselen, Frank v., Ritter 315
Bragadino, Marco, Scharlatan 199, 368
Bruno, Bf. v. Augsburg 101, 113, 123
Bruno, Hzg. v. Sachsen 94
Bruno v. Braunschweig 122
Brunorio della Scala, Landeshauptmann 310
Bulyowski, Lila v., Schauspielerin 422
Burchard, Schwiegerso. **Arnulfs d. Bösen** 87, 102
Burchard II., Hzg. v. Schwaben 98, 106
Burckhard, Bf. v. Würzburg 46
Burgkmair, Hans, Maler 357

Candid, Peter, Baumeister 368, 375
Caroline Friederike Wilhelmine, 2. Gm.in **Kg. Max' I.** 411

Chadoinus, Mitverfasser d. Lex Baiuvariorum 34
Charlotte Auguste (Karoline), To. **Kg. Max' I.** 411
Childebert II., Kg. d. Franken 30
Childerich III., Kg. d. Franken 52
Chiltrud, Gm.in **Hzg. Odilos** 45, 47
Chlotar I., Kg. d. Franken 27 f.
Chramnides, Hzg. in Franken 28
Christoph, So. **Hzg. Albrechts III.** 317, 329, 331, 334, 338, 340
Claudius, Mitverfasser d. Lex Baiuvariorum 34
Clemens August, Kf. v. Köln 384, 387, 390, 398
Clementia v. Zähringen, 1. Gm.in **Hzg. Heinrichs XII. d. Löwen** 177
Cotani, To. **Hzg. Tassilos III.** 47, 49
Crailsheim, Krafft Gf. v., Vorsitzender Minister 433
Crecentius, römischer Adelsführer 107
Cuvillié d. Ältere, François, Arch. 387, 392, 400
Cuvilliés d. Jüngere, François, Arch. 400

Dagobert I., Kg. d. Franken 31, 33, 36
Dagobert II., Kg. d. Franken 36
Dandl, Otto v., Vorsitzender Minister 437
»Der Blaue Kurfürst«, s. **Max II. Emanuel**
Desiderius, Kg. d. Langobarden 47, 55
Diepold, Gf. in Bayern 142
Diepold, Gf. v. Vohburg 160
Dietmar I., Ezbf. v. Salburg 78
Dietrich, Bf. v. Metz 117
Dietrich v. Bern 87
Dionysos Areopagita, Märtyrer 76
Drogo, So. Pippins II. d. Mittleren 52
Dürer, Albrecht, Maler 375
Durne, Reinbot v., Dichter 196

Eberhard, Bruder Kg. Konrads I. 95
Eberhard, Hzg. 86, 88 ff.
Eberhard, Mkgf. in Franken 98
Eberhard, Mkgf. v. Friaul 114
Eberhard, So. Kg. Konrads I. 88

Eberhard I., Bf. v. Bamberg 124
Eberhard II. d. Greiner, Gf. v. Württemberg 276
Eck, Johann, Theologe 356
Eck, Leonhard v., bay. Kanzler 354 f.
Eck, Vigileus Thaddäus, bay. Kanzler 363
Ecker, Peter, Straubinger Beamter 266
Eden, Anthony, britischer Außenminister 443
Eduard III., Kg. v. England 226
Effner, Josef, Arch. 387
Egilobert, Bf. v. Freising 125
Ehard, Hans, Ministerpräsident 443
Eisenhower, Dwight D., Präsident d. USA 443
Eisner, Kurt, Politiker 19, 440 f.
Ekgel, Wilhelm, Baumeister 365
Ekkehard v. Meißen, Mkgf. 112
Elisabeth, Gm.in **Hzg. Heinrichs XIII.** 202, 214, 216
Elisabeth, Gm.in **Hzg. Johanns III.** 312, 314
Elisabeth, Gm.in **Hzg. Stephans II.** 255, 274, 278, 283
Elisabeth (Sissi), Gm.in Ks. Franz Josephs 411, 422, 429
Elisabeth, Hzg.in 334, 339, 343 f., 346 f.
Elisabeth, To. **Hzg. Albrechts III.** 317
Elisabeth (1), To. **Hzg. Friedrichs d. Weisen** 275
Elisabeth (2) (Else), To. **Hzg. Friedrichs d. Weisen** 275
Elisabeth, To. **Hzg. Heinrichs XVI.** 291
Elisabeth, To. **Hzg. Ottos II.** 194 f.
Elisabeth, To. **Hzg. Stephans I.** 216
Elisabeth, To. **Hzg. Stephans III.** 276, 283 f., 308
Elisabeth d. Heilige 202, 291
Elisabeth Ludovika, To. **Kg. Max' I.** 411
Elisabeth Maria, Gm.in **Kf. Karl Theodors** 402 f.
Elisabeth v. Kleve, 2. Gm.in **Hzg. Stephans III.** 283
Elisabeth Visconti, Gm.in **Hzg. Ernsts** 303, 316

Elser, Georg, Attentäter 443
Emanuel, So. **Max II. Emanuels** 390
Embricho, Bf. v. Würzburg 173
Emmeram, St., Missionar 15, 25, 36
Emmerich, So. Stephans I. v. Ungarn 123
Engelfried, Bf. v. Aquileja 99
Engelschalk, Gf. 83
Engildeo, Gf. 71, 73, 80, 84
Epp, Franz Ritter v. 442
Erchanger, Alaholfinger 83, 86 f., 92
Erembert, Gf. v. Isengau 68, 75
Erenfrid, ezzonischer Pfgf. 130
Ernst, Gf., Präfekt v. Bayern 64 f.
Ernst, Hzg. 17, 272, 279 f., 285, 291 f., 298 f., 302 f., 309 f., 316
Ernst, Hzg. v. Braunschweig 150
Ernst I., Hzg. v. Schwaben 122
Ernst I., Kf. v. Sachsen 317
Ernst II., Hzg. v. Schwaben 123
Ernst, So. **Hzg. Albrechts IV.** 337, 355, 360, 363
Ernst, So. **Hzg. Albrechts V.** 363, 368
Ethelinde, Gm.in **Hzg. Welfs I.** 144, 146, 152
Eugène Beauharnais, Hzg. v. Leuchtenberg 410 f.
Eustasius, Missionar 33
Ewin, Hzg. v. Trient 28
Eyck, Jan van 313
Ezzelin v. Treviso, Gf. 203
Ezzo, Pfgf. 130 f.

Fastrada, Gm.in **Karls d. Großen** 55
Faulhaber, Michael, Kardinal 435
Felix V., P. 279
Ferdinand, Ezhzg. v. Österreich-Este und Modena 435
Ferdinand, So. **Hzg. Albrechts V.** 363, 368
Ferdinand, So. **Hzg. Wilhelms V.** 367
Ferdinand I., Ks. 355, 363 f.
Ferdinand II., Ks. 367, 371 f.
Ferdinand III., Ks. 376
Ferdinand IV., dt. Kg. 381
Ferdinand Maria, Kf. 371, 376, 379 f., 383

Ferdinand Maria, So. **Max II. Emanuels** 384
Feselen, Melchior, Maler 357
Feuerbach, Anselm, Jurist 413
Folchaid, Gm.in **Hzg. Theodos II.** 38, 40 f.
Francesco Sforca, ital. Fürst 359
Franz, Hzg. v. Bayern (*1933) 183
Franz I., Ks. v. Österreich, s. Franz II., Ks.
Franz I. v. Lothringen, Hzg. 366, 371
Franz I. v. Lothringen, Ks. 397
Franz II., Ks. 411
Franz Joseph I., Ks. v. Österreich 430
Franz Ludwig, So. **Kf. Karl Theodors** 403
Franz Maria, So. **Kg. Ludwigs III.** 436
Frauenhofer, Joseph v., Physiker 413
Friederike, Kg.in v. Griechenland 150
Friedrich, Gf. v. Bogen 160
Friedrich, Landgf. v. Hessen 220
Friedrich I., Bf. von Regensburg 266
Friedrich I., Hzg. v. Lothringen 90
Friedrich I., Kg. in Preußen 377
Friedrich I., Kf. v. Brandenburg 275, 310, 320 f.
Friedrich I., Kf. v. d. Pfalz 319, 326
Friedrich I. Barbarossa, Ks. 16, 150, 163, 168, 175 f., 186, 189
Friedrich I. v. Staufen, Hzg. 137 f., 167
Friedrich II., Ks. 168, 192, 195
Friedrich II., Kg. v. Sizilien 255, 274, 278
Friedrich II., Kf. v. Sachsen 324
Friedrich II., Landgf. v. Thüringen 224
Friedrich II. d. Große 18, 377, 390, 398, 405
Friedrich II. d. Streitbare 162, 195
Friedrich II. v. Schwaben, Hzg. 158, 160
Friedrich III., Ks. 279, 322, 327, 337, 343
Friedrich III., Ks. u. Kg. v. Preußen 424, 428
Friedrich IV., Burggf. v. Nürnberg 226
Friedrich V., Kf. v. d. Pfalz 182, 352, 372 f.
Friedrich August II., Kg. v. Sachsen 411
Friedrich Christian, Kf. v. Sachsen 390

Friedrich d. Schöne, dt. Kg. 213, 221, 224 f., 233, 240
Friedrich d. Weise, Hzg. 17, 230, 255 f., 259 f., 269, 271, 274 f., 278 f., 283 f., 288, 291, 347
Friedrich Michael v. Birkenfeld-Zweibrücken 410
Friedrich v. Büren, Stammvater der Staufer 167
Friedrich v. Lützelburg 117, 128
Friedrich v. Mantua 317
Friedrich v. Rothenburg 171
Friedrich Wilhelm IV., Kg. v. Preußen 411
Friedrich Wilhelm d. Große, Kf. 382
Fugger, Jacob d. Reiche, Bankier 365

Gaila, Gm.in **Hzg. Garibalds II.,** s. Appa
Garibald I., Hzg. 22, 27 f., 30
Garibald II., Hzg. 30, 32 f., 35, 38
Gärtner, Friedrich v., Arch. 418
Gassner, Johann Joseph, Exorzist 397
Gebhard, Ezbf. v. Köln 368
Gebhard, Gf. v. Hirschberg 215
Gebhard I., Bf. v. Eichstätt 135, 140
Gebhard III., Bf. v. Regensburg 127, 134
Geibel, Emanuel, Gelehrter 420
Georg, So. **Hzg.in Elisabeths** 346
Georg d. Reiche, Hzg. 325, 335, 338 f., 342 f., 346
Georg Podiebrad, Kg. v. Böhmen 326
Gerberga, Gm.in Karlmanns (So. Pippins III.) 56
Gerberga, To. Kg. Heinrichs I. 92
Gerold, bay. Amtsgf. 56, 84
Gertrud, Gm.in **Hzg. Heinrichs X. d. Stolzen** 158 f., 173 f., 177 f.
Gertrud v. Sulzbach, Gm.in **Konrads III.** 171
Geza, Arpadenfürst 112
Geza II., Kg. v. Ungarn 175 f.
Giandaiazzo Visconti, ital. Fürst 280
Giesebrecht, Wilhelm, Historiker 421
Gisela, Gm.in Ks. Konrads II. 120, 122
Gisela, To. **Heinrichs II.** 101, 112, 123

463

Gisela, To. Ks. Franz Josephs v. Österreich 431
Gisela, To. **Ks. Ludwigs I. d. Frommen** 59, 114
Gisela, To. Konrads von Hochburgund 101, 111
Giselbert, Gf. v. Salm 114
Giselbert, Hzg. v. Lothringen 92
Gisulf, Hzg. v. Friaul 32
Glismut, To. Ks. **Arnufs v. Kärnten** 74
Goethe, Johann Wolfgang v., Dichter 390
Goppel, Alfons, Ministerpräsident 443
Görres, Joseph v., Gelehrter 416
Gottfried, Hzg. v. Lothringen 134
Grasser, Erasmus, Holzschnitzer 332
Gregor I. d. Große, P. 28
Gregor II., P. 39
Gregor VII., P. 137, 143, 147, 155 f.
Gregor X., P. 204
Gretl, Geliebte **Ottos V. d. Faulen** 257
Grifo, So. Karl Martells 43, 47
Grimoald, Hzg. 38, 40 ff.
Grimoald, So. Pippins d. Mittleren 52
Groff, Wilhelm de, Bildhauer 387
Gudden, Dr. Bernhard v., Prof., Arzt 422, 424, 426
Gundoald, So. **Hzg. Garibalds I.** 27 f.
Gunetzrhainer, Johann, Baumeister 399
Gunhild, Gm.in **Hzg. Heinrichs VI.** 125
Gunter (Günter), Bf. v. Bamberg 142
Guntrud, To. **Hzg. Theodos II.** 38, 43
Gustav II. Adolf, Kg. v. Schweden 373 f.

Hadrian IV., P. 189
Halsbach, Jörg v., Baumeister 332
Hartwig, Bf. v. Brixen 123
Hasso v. Wedel, Landeshauptmann 252
Hatheburg, 1. Gm.in Kg. Heinrichs I. 98
Hatto, Ezbf. v. Mainz 77 f.
Hedwig, Gm.in **Hzg. Georgs d. Reichen** 327, 343, 346
Hedwig, To. **Heinrichs I.** 98
Heilika, Gm.in **Hzg. Ottos I.** 188
Heinrich, Bf. v. Augsburg 142
Heinrich, Gf. d. Popponen 70

Heinrich, Gf. v. Schweinfurt 113, 118
Heinrich, Gf. v. Speyer 122
Heinrich, **So. Arnulfs d. Bösen** 86, 91, 99
Heinrich, So. Pfgf. Ezzos 131
Heinrich I., Bf. v. Regensburg 176
Heinrich I., dt. Kg. 81, 88, 90 f., 95, 98
Heinrich I., Gf. v. Lancaster 262
Heinrich I., Hzg. 93, 95 f., 98 f., 101, 108 f.
Heinrich I., Mkgf. d. Ostmark 112, 118
Heinrich II., Bf. v. Regensburg 208, 215
Heinrich II., Hzg. v. Görz 216
Heinrich II., Ks., s. **Hzg. Heinrich IV.**
Heinrich II. d. Zänker, Hzg. 81, 96, 98 f., 101 f., 106 f.
Heinrich III., Bf. v. Augsburg 247
Heinrich III., Bf. v. Regensburg 247
Heinrich III. (Hezilo), Hzg. 81, 92 f., 98, 102 f., 107 ff.
Heinrich III. v. Schlesien-Glogau 212, 255
Heinrich III., Ks., s. **Hzg. Heinrich VI.**
Heinrich IV., Ks., s. **Hzg. Heinrich VIII.**
Heinrich IV., Kg. v. Frankreich 379
Heinrich IV. d. Heilige, Hzg. 81, 95, 101, 111 f., 114, 117, 120, 163
Heinrich V., Kg. v. England 315
Heinrich V., Ks. 137 f., 156, 158, 172
Heinrich V. d. Lützelburger, Hzg. 111 f., 117 f., 122 f., 128
Heinrich VI., Hzg. v. Kärnten 268
Heinrich VI., Ks. 168, 180, 192
Heinrich VI. d. Schwarze, Hzg. 115, 123 ff., 128 f., 131, 136, 152
Heinrich VII., Hzg. 115, 117, 126 ff.
Heinrich VII., Ks. 114, 225
Heinrich (VII.), So. Ks. Friedrichs II. 193
Heinrich VIII., Hzg. 125, 127, 135 ff., 143, 147 f., 152 f., 167
Heinrich IX. d. Schwarze, Hzg. 149, 157 f.
Heinrich X. d. Stolze, Hzg. 144, 146, 149 f., 157 ff., 163, 165 f., 168, 172, 174, 177

Heinrich XI. Jasomirgott, Hzg. 159, 161, 163, 171, 173 ff., 177 f.
Heinrich XII. d. Löwe, Hzg. 16, 150, 159, 161, 168, 173, 175, 177 f.
Heinrich XIII., Hzg. 194, 200, 202 f., 208, 214, 216, 233
Heinrich XIV. d. Ältere, Hzg. 212, 225, 232 f., 236 f., 240 f., 243 f.
Heinrich XV. d. Jüngere, Hzg. 211 f., 225, 233 f., 236 f., 240 f., 244
Heinrich XVI. d. Reiche, Hzg. 17, 272, 275, 277, 280, 284 f., 290 f., 304 f., 307, 309 f., 318 f., 322 f.
Heinrich d. Eiserne, Gf. v. Holnstein 251
Heinrich d. Fette, So. **Ottos v. Northeim** 144, 146
Heinrich d. Lange, So. **Heinrichs XII. d. Löwen** 177, 194
Heinrich Raspe, Gegkg. 196
Heinrich v. Babenberg 78, 162
Held, Heinrich, Ministerpräsident 441 f.
Hemma, Gm.in **Kg. Ludwigs II. d. Deutschen** 63, 66, 69, 71
Heribert, Ezbf. v. Köln 112
Hermann, Ezbf. v. Köln 131
Hermann, ezzonischer Pfgf. 130
Hermann, Gf. v. Salm, Gegkg. 114, 148
Hermann, So. **Hzg. Arnulfs d. Bösen** 86, 91, 99, 103, 110
Hermann II., Hzg. v. Schwaben 112, 122
Hermann v. Baden, Mkgf. 195
Hernick, Thomas, Bildhauer 361
Herold, Ezbf. v. Salzburg 99
Hertling Georg v., Vorsitzender Minister 433, 436
Heyse, Paul v., Dichter 420
Hieronymus v. Stauf 359
Hildegard, Gm.in Friedrichs v. Büren 167
Hildegard, Gm.in **Karls d. Großen** 55 ff., 59
Hildegard Luise, To. **Kg. Ludwigs I.** 416
Hitler, Adolf 441 f.
Hoegner, Wilhelm, Ministerpräsident 443
Hofer, Andreas, Freiheitskämpfer 412
Hoffmann, Johannes, Ministerpräsident 441

Holenrada, Gm.in (Friedelehe) **Arnulfs v. Kärnten** 74
Holnstein, Gf., So. **Kf. Karl Albrechts** 390
Hugibert, Hzg. 38, 40 f., 43 f., 48, 56
Hugo Kapet, frz. Kg. 24
Hugo v. d. Provence 88, 90
Hundhammer, Alois, Politiker 443

Ickstatt, Johann Adam, Philosoph 397
Ida, To. Pfgf. Ezzos 106, 131
Ingeburg, Gm.in Hzg. Ludwigs VI. **d. Römers** 251
Innozenz IV., P. 195
Irmgard, Gm.in **Ks. Lothars I.** 61
Irmgard, Gm.in **Ks. Ludwigs I. d. Frommen** 59, 61, 63
Isabeau de Bavière, s. Elisabeth, To. **Hzg. Stephans III.**
Izjaslav, Großfürst v. Kiew 131

Jacob I., Kg. v. Zypern 255
Jakobäa, Gm.in **Hzg. Wilhelms IV.** 354, 363
Jakobäa, To. **Hzg. Wilhelms II.** 296, 314 f.
Jobst v. Mähren, dt. Kg. 284, 299
Johann, Gf. v. Görlitz 284
Johann, Hzg. v. Brabant u. Limburg 296
Johann, Kg. v. Böhmen 232 f., 238, 241
Johann, Pfgf. v. Neumarkt 310 f.
Johann I., Kg. v. Sachsen 411
Johann I. d. Kind, Hzg. 213, 232, 243 f.
Johann II., Bf. v. Freising 247
Johann II., Burggf. v. Nürnberg 255
Johann II., Hzg. 230, 255 f., 271, 274, 277 ff., 283 f., 291, 298, 303, 347
Johann III., Bf. v. Eichstätt 326
Johann III., Bf. v. Freising, s. Johann Grünwalder
Johann III. d. Erbarmungslose, Hzg. 265 f., 296, 312 f.
Johann III. Sobieski, Kg. v. Polen 384

Johann IV., Hzg. 317, 328 f., 334
Johann Christian v. Pfalz-Sulzbach, Hzg. 402
Johann d. Beständige, Hzg. v. Sachsen 348
Johann Grünwalder, Bf. v. Freising 279
Johann Heinrich, Gf. v. Mähren 268
Johann Ohnefurcht, Hzg. v. Burgund 265, 288, 296, 314
Johann Theodor, Kardinal v. Freising 398
Johann v. Burgund, Hzg. 300, 313
Johann v. Luxemburg, Gf. 247
Johann Zapolya v. Siebenbürgen 355
Johanna (I.), To. **Hzg. Albrechts I.** 265
Johanna (II.), To. **Hzg. Albrechts I.** 265
Johannes VIII., P. 65
Johannes XXII., P. 223, 235
Johannes XXIII., Gegp. 309
Joseph I., Ks. 389
Joseph II., Ks. 18, 390, 398, 404 f.
Joseph Clemens, Kf. v. Köln 380, 387
Joseph Ferdinand, So. **Kf. Max II. Emanuels** 384
Joseph Karl Emanuel, Erbprinz v. Sulzbach
Josepha Maria Antonia, To. **Kf. Karl Albrechts** 390, 398
Josepha v. Hohenfels, To. **Kf. Karl Albrechts** 390
Josephine, 1. Gm.in Ks. Napoleons I. 411
Judith, Gm.in **Arnulfs d. Bösen** 86, 90
Judith, Gm.in **Hzg. Heinrichs I.** 81, 86, 98, 100 f.
Judith, Gm.in **Hzg. Stephans I.** 216, 232, 239
Judith, Gm.in **Ks. Ludwigs I. d. Frommen** 59 f.
Judith, 2. Gm.in **Hzg. Welfs I.** 148, 152
Judith, To. **Hzg. Heinrichs VI.** 125
Judith, To. **Hzg. Heinrichs IX.** 157
Jutta, Gm.in **Konrads von Zytphen** 133 f.
Jutta, Gm.in **Stephans I.,** s. Judith, Gm.in **Hzg. Stephans I.**

Kahr, Gustav v., Politiker 441
Kara Mustafa, türk. Großwesir 385
Karl, Gf. zu Betzenheim 403
Karl, Kg. d. Provence 61 f.
Karl, So. **Ks. Karls d. Großen** 55
Karl I. Ludwig, Kf. v. d. Pfalz 374, 381
Karl II., Hzg. v. Lothringen 371
Karl II., Kg. v. Spanien 384
Karl II. d. Kahle, Ks. 59 f., 62, 65, 67, 69 f.
Karl III. d. Dicke, Ks., Hzg. 64, 67 f., 70 ff., 75
Karl IV., Ks. 114 f., 201, 227, 229, 247 f., 251 f., 255, 258 f., 266, 269 f., 275 f., 280
Karl V., Ks. 355, 360, 364, 399
Karl VI., Ks. 18, 377, 390 f.
Karl VI., Kg. v. Frankreich 276
Karl VII., Ks., s. **Karl Albrecht**
Karl XII., Kg. v. Schweden 182
Karl Albrecht, Kf. 17 f., 182, 333, 363, 377, 384, 386, 389 f., 396
Karl August, Hzg. v. Zweibrücken 398, 404 f.
Karl d. Große, Ks. 21, 24 f., 47 f., 52 f., 55 f., 60 f., 73, 78, 81, 84, 94
Karl Maria, So. **Kg. Ludwigs III.** 436
Karl Martell 40, 42 f., 52, 56
Karl Robert v. Anjous, Kg. v. Ungarn 212
Karl Theodor, Kf. 17 f., 183, 393 f., 397 f., 402 f., 411 f.
Karl Theodor Maximilian, So. **Kg. Max' I.** 410
Karl v. Lothringen 61
Karl zu Betzenheim, So. **Kf. Karl Theodors** 403
Karlmann, Hzg. 64 ff., 69 f., 74 f., 83
Karlmann, So. Karl Martells 45 f.
Karlmann, So. Pippins III. 47, 56
Kasimir, Mkgf. v. Brandenburg-Kulmbach 337
Kasimir I., Kg. v. Polen 131
Kasimir III., Kg. v. Polen 234, 251
Kasimir IV., Kg. v. Polen 327, 343

Katharina, Gm.in **Hzg. Johanns II.** 278 f., 298, 303
Katharina, Gm.in **Hzg. Ottos III.** 203, 210
Katharina, Gm.in **Hzg. Ottos V.** 258
Katharina, 2. Gm.in **Hzg. Ludwigs VII.** 308
Kerll, Johann Kaspar, Komponist 382
Klemens II., P., s. Suidger, Bf. v. Bamberg
Klemens IV., P. 208
Klenze, Leo v., Arch. 418
Knut d. Große 125
Konrad, Gf. v. Wasserburg 195
Konrad, Kg. v. Hochburgund 122
Konrad, Pfaffe v. Regensburg 160
Konrad, So. **Hzg. Heinrichs VIII.** 137 f., 154
Konrad, So. Hzg. **Heinrichs IX.** 157
Konrad I., Bf. von Freising 195
Konrad I., Ezbf. v. Salzburg 176
Konrad I., Hzg. 102, 109, 118 f., 122 f., 128
Konrad I., Kg. 74, 83, 87 f., 94 f.
Konrad II., Hzg. 126, 140 f.
Konrad II., Ks., s. **Hzg. Konrad I.**
Konrad III., Ezbf. v. Salzburg 165, 191
Konrad III., Hzg. 150, 160 f., 163, 165, 167 f., 171 f., 175 f., 178
Konrad III., Kg., s. **Hzg. Konrad III.**
Konrad IV., Ezbf. v. Salzburg 211
Konrad IV., Kg. 169, 187, 194 f., 208
Konrad d. Ältere, Gf. v. Hessen 74, 77
Konrad d. Jüngere, Salier 120, 123 f.
Konrad d. Rote, Hzg. v. Lothringen 119
Konrad v. Egenhofen 299
Konrad (Kuno) v. Zytphen, Hzg. 126 f., 131, 133 f.
Konradin, letzter Hohenstaufer 162, 169, 208
Konstanze, Gm.in Ks. Heinrichs VI. 168
Korbinian, Bf. v. Freising 25, 39, 41, 44, 49
Kreitmayr, Wiguläus v., Jurist 393, 399
Krumper, Hans, Bildhauer 368, 375
Kummersprucker, Hans, Landeshauptmann 279

Kunigunde, Gm.in **Hzg. Albrechts IV.** 337, 350, 354, 358 f.
Kunigunde, Gm.in **Hzg. Heinrichs IV. d. Heiligen** 111 f., 114, 117 f.
Kunigunde, Gm.in **Hzg. Ludwigs VI. d. Römers** 251
Kunigunde, Gm.in **Mkgf. Luitpolds** 83, 86 f., 92
Kunigunde, To. Gf. Welfs II. 149, 152
Kuno, Gf. v. Beichlingen, So. **Ottos v. Northeim** 144, 146
»Kurfürst, Der Blaue«, s. **Kf. Max II. Emanuel**
Kurz v. Senftenau, Freiherr v. 381

Ladislaus Posthumus, Hzg. v. Österreich 319, 326, 333
Lantpert, So. **Hzg. Theodos I.** 36 f.
Lasso, Orlando di, s. Orlando di Lasso
Le Jais Canisius, Jesuit 357
Leo IX., P. 134
Leopold, So. **Prinzregent Luitpolds** 431
Leopold I., Hzg. v. Österreich 226
Leopold I., Ks. 381, 384 f.
Leopold II., Großherzog von Toskana 431
Leopold IV., Mkgf. v. Österreich, s. **Hzg. Leopold v. Babenberg**
Leopold v. Babenberg, Hzg. 161, 163, 165 f., 171 f.
Lessing, Gotthold Ephraim, Dichter 397
Liebig, Justus v., Chemiker 420
Liselotte v. d. Pfalz, To. Kf. Karl Ludwigs 380, 387
Liudolf, So. Ks. Ottos d. Großen 99, 106
Liudolf, Stammvater d. Ottonen 94
Liutgard, Gm.in **Hzg. Ludwigs III. d. Jüngeren** 69, 94
Liutgard, To. Ottos d. Großen 119
Liutswinda, Geliebte **Karlmanns** 66, 74, 80, 83
Liutward, Bf. v. Vercelli 72
Lothar, So. **Hzg. Heinrichs XII. d. Löwen** 178
Lothar I., Ks., Hzg., 52, 59 f., 63 f.

467

Lothar II., Kg. v. Lothringen 61 f.
Lothar III. v. Supplinburg, Ks. 158, 160, 168
Ludendorff, Erich, General 441
Ludmilla, Gm.in **Hzg. Ludwigs I. d. Kelheimers** 191, 194
Ludolf, Mkgf. in Sachsen 69
Ludolf, So. Pfgf. Ezzos 131, 133
Ludovika Wilhelmine, To. **Kg. Max' I.** 411
Ludwig, So. **Hzg. Arnulfs d. Bösen** 86, 91
Ludwig, So. **Hzg. Georgs d. Reichen** 339, 343
Ludwig, So. **Hzg. Rudolfs I.** 219
Ludwig, So. **Ludwigs II. d. Jüngeren** 70
Ludwig I., Kg. 19, 182, 188, 410, 415 f., 419, 431 f.
Ludwig I. d. Fromme, Ks. 52 f., 55, 59 ff., 63, 73
Ludwig I. d. Kelheimer, Hzg. 181, 186, 188, 191 f., 194
Ludwig II., Gf. v. Loon 188
Ludwig II., Ks. u. Kg. v. Italien 61 f., 65, 67
Ludwig II., Kg. 408, 419 f., 422 f., 427 f., 434
Ludwig II., westfränkischer Kg. 70
Ludwig II. d. Deutsche, Kg. 19, 53, 59 f., 62 ff., 66 f., 69 f.
Ludwig II. d. Strenge, Hzg. 169, 187, 194 f., 200, 202, 206 f., 214, 219, 224
Ludwig III., Hzg. 203, 210, 212, 214 ff.
Ludwig III., Kg. 19, 183, 409, 427, 431, 435 f., 440
Ludwig III. d. Jüngere, Hzg. 64, 68 ff., 75, 94
Ludwig IV. d. Bayer, Ks., Hzg., 16 ff., 182, 201, 207, 212 f., 218, 220 f., 223 f., 231 f., 236, 240, 243 f., 247, 251, 255, 258, 262, 265, 275, 352
Ludwig (IV.) d. Kind, Hzg. 53, 74, 76 ff., 80, 87
Ludwig IV. d. Überseeische, frz. Kg. 52

Ludwig V. d. Brandenburger, Hzg. 201, 224, 227, 246 f., 250 f., 254, 257, 261, 265, 268, 275
Ludwig VI. d. Römer, Hzg. 224, 246 f., 250 f., 254 f., 261 f., 265
Ludwig VII. d. Gebartete, Hzg. 272, 277, 280, 283 f., 291 f., 299 f., 303 f., 307 f., 317 f., 320, 326
Ludwig VIII. d. Bucklige, Hzg. 272, 293, 308, 310, 318 ff.
Ludwig IX. d. Reiche, Hzg. 291, 319, 324 f., 333 f., 338, 342
Ludwig X., Hzg. 17, 337, 350, 353 f., 358 f.
Ludwig XIV., Kg. v. Frankreich 380 f., 384
Ludwig d. Große, Kg. v. Ungarn 270
Ludwig Elegans, So. **Hzg. Ludwigs II. d. Strengen** 207, 220
Luitgard, Gm.in **Hzg. Heinrichs V.** 117
Luitgard, Gm.in **Karls d. Großen** 55
Luitpirga, Gm.in **Hzg. Tassilos III.** 47
Luitpold, Mkgf. 24, 75, 77 f., 83 f., 86, 92, 181
Luitpold, Prinzregent 19, 409, 415, 424 f., 427 f., 430 ff., 435 f., 440
Luitpold I., Mkgf. v. Österreich 102 f., 106, 162
Luitpold II., Mkgf. v. Österreich 137 f.
Luitpold III., Mkgf. v. Österreich 137, 158, 165, 171, 174
Luitpold IV. v. Österreich, s. **Hzg. Leopold v. Babenberg**
Luitpold V., Hzg. v. Österreich 175
Luitprand, Kg. d. Langobarden 38, 42 f.
Luitswinde, Mutter **Ks. Arnulfs v. Kärnten** 74
Luther, Martin, Reformator 17, 350, 356, 360
Lutz, Johann, Vorsitzender Minister 433

Maccioni, Giovanni, Komponist 382
Magdalena, To. **Hzg. Friedrichs d. Weisen** 275
Magdalena, To. **Hzg. Wilhelms V.** 367

Magdalena Visconti, 2. Gm.in
   Hzg. Friedrichs d. Weisen 275, 291
Magnus, Hzg. v. Sachsen 147, 149, 157, 159
Magnus, Mitverfasser d. Lex Baiuvariorum 34
Mang, Andreas v., Historiker 311
Manuel, Ks. v. Byzanz 176
Marco v. Visconti, ital. Adliger 275
Margarethe, Gm.in **Hzg. Heinrichs XIV.** 232, 243
Margarethe, Gm.in **Hzg. Heinrichs XVI.** 291, 324
Margarethe, Gm.in **Hzg. Ludwigs IV. d. Bayern** 224, 246, 251 f., 258, 262, 265
Margarethe, Gm.in **Hzg. Ludwigs V.** 247
Margarethe, Gm.in **Hzg. Ludwigs VIII.** 320
Margarethe, Gm.in **Hzg. Meinhards** 269
Margarethe, Gm.in **Hzg. Stephans II.** 255
Margarethe, Gm.in **Hzg. Wilhelms II.** 296
Margarethe, Gm.in **Hzg. Wilhelms III.** 299, 317
Margarethe, 1. Gm.in **Hzg. Albrechts I.** 263, 265, 287, 295, 312
Margarethe, 2. Gm.in **Hzg. Albrechts I.** 265
Margarethe, To. **Friedrichs d. Weisen** 275
Margarethe, To. **Georgs d. Reichen** 343
Margarethe, To. **Hzg. Albrechts I.** 265, 296
Margarethe, To. **Hzg. Albrechts III.** 317
Margarethe, To. **Hzg. Ludwigs IX.** 325
Margarethe Maultasch, Gm.in **Hzg. Ludwigs V.** 227, 247, 258, 268 f.
Margarethe v. Schottland, Großmutter Kg.in Maria Stuarts 354
Maria, 1. Gm.in **Hzg. Ludwigs II. d. Strengen** 206
Maria Alexandrowna, russ. Großfürstin 422

Maria Anna, Gm.in Hzg. Clemens' in Bayern 404
Maria Anna, 2. Gm.in **Kf. Maximilians I.** 371, 379, 381
Maria Anna, To. **Hzg. Wilhelms V.** 367
Maria Anna, To. **Kg. Max' I.** 411
Maria Anna Christine, To. **Ferdinand Marias** 380
Maria Anna Josepha, To. **Kf. Karl Albrechts** 390
Maria Antonia, Gm.in **Kf. Max II. Emanuels** 384
Maria Antonia Walpurga, To. **Kf. Karl Albrechts** 397
Maria Franziska Dorothea, Gm.in Pfgf. Friedrich Michaels 410
Maria Henriette Leopoldine, Mutter **Kf. Karl Theodors** 403
Maria Leopoldine, 2. Gm.in **Kf. Karl Theodors** 403
Maria Sophie, Gm.in **Kf. Max III. Josephs** 396
Maria Stuart, Kg.in v. Schottland 354, 363
Maria Theresia, Ezhzg.in v. Österreich 377, 391
Maria Theresia, Gm.in **Kg. Ludwigs III.** 435
Maria v. Burgund 296
Maria v. Frankreich, Verlobte **Hzg. Wilhelms II.** 295
Marie Friederike, Gm.in **Kg. Max' II.** 419, 422, 427, 429
Marie Gabriele, 1. Gm.in Kronprinz Rupprechts 435
Marlborough, engl. Hzg. 386
Marsilius v. Padua, Staatstheoretiker 224
Martinian, Missionar 39
Mastislav, Hzg. v. Mähren 67
Mathilde, Gm.in **Hzg. Wilhelms I.** 266
Mathilde, Gm.in Kg. Heinrichs I. 98
Mathilde, 2. Gm.in **Heinrichs XII. d. Löwen** 177
Mathilde, 2. Gm.in **Hzg. Ludwigs II. d. Strengen** 207, 219, 224

Mathilde, To. **Heinrichs VI.** 125, 133
Mathilde, To. **Heinrichs IX.** 157
Mathilde, To. **Heinrichs XII. d. Löwen** 178
Mathilde, To. Ks. Ottos II. 130
Mathilde Karoline, To. **Kg. Ludwigs I.** 416
Mathilde v. Tuszien 137 f., 149, 153, 155 f.
Mathilde v. Zytphen 131, 133
Max, Hzg. in Bayern 411
Max I. Joseph, Kg. 17 ff., 182, 394 f., 407, 410 f., 415
Max II., Kg. 19, 408, 415, 419 f., 422 f., 427, 432
Max II. Emanuel, »Der Blaue König« 17 ff., 182 f., 371, 376 f., 380, 383 f., 389, 404
Max III. Joseph, Kf. 18, 378, 390, 392 f., 396 f., 404
Max IV. Joseph, Kf., s. **Max I. Joseph, Kg.**
Max Philipp, So. **Kf. Maximilians I.** 371, 385
Maximilian I., Ks. 17, 296, 334, 338 f., 343, 348, 350, 354, 359, 366
Maximilian I., Kf. 17, 182 f., 351 f., 366 f., 369 ff., 376, 379
Mazarin, frz. Kardinal 381
Mechthild, Gm.in **Hzg. Rudolfs I.** 219
Mechthild, Gm.in **Hzg. Wilhelms I.** 262
Mechthild, To. **Hzg. Wilhelms IV.** 354
Meinhard, Gf. v. Görz 247
Meinhard, Hzg. 247, 252, 255, 258, 268 f., 271, 275
Meinhard VII., Gf. v. Görz 278 f.
Meinhard v. Görz 203
Mercy, Franz v., bay. Feldherr 374
Michael v. Cesena, Ordensgeneral 224
Mieszko II., Kg. v. Polen 131
Miller, Oskar v., Ingenieur 434
Milo, Gf. v. Verona 90
Montez, Lola 417
Montgelas, Max, Gf. v. 18 ff., 183, 394, 405, 407, 412 f.
Mozart, Wolfgang Amadeus, Komponist 397
Multscher, Hans, Bildhauer 311

Napoleon I., frz. Ks. 18, 183, 407, 412
Napoleon III., frz. Ks. 428
Nawiasky, Hans, Staatsrechtler 443
Niethammer, Friedrich, Gelehrter 413
Nikolaus II., russ. Zar 409, 436
Nikolaus V., Gegp. 226
Nikolaus v. Kues, Bf. v. Brixen 318
Nikolaus v. Stachowitz, Bf. v. Regensburg 241

Oda, To. Hzg. Ottos d. Erlauchten v. Sachsen 94
Odilo, Hzg. 45 ff.
Orlando di Lasso, Komponist 365 f.
Ota (Uta), To. **Hzg. Theodos I.** 36
Ottheinrich, Kf. v. d. Pfalz 337, 345 f., 349
Öttlinger, Konrad, Viztum 220
Otto, Bf. v. Freising 165, 171, 173, 179
Otto, Gf. v. Northeim, Stammvater 144
Otto, Kg. 19, 409, 416, 419, 423 f., 427 f., 431 f., 436
Otto I., Hzg. 181, 186, 188 f., 191
Otto I., Kg. v. Griechenland 182, 415
Otto I., Wittelsbacher Pfgf. 160
Otto I. d. Große, Ks. 15, 81, 90 f., 95, 98 f., 102, 108 f., 130
Otto II., Ks. 102 ff., 106 f., 109 f., 130, 162
Otto II., Pfalzgf., s. **Otto I., Hzg.**
Otto II. d. Erlauchte, Hzg. 181, 187, 191, 194 f., 202, 207
Otto III., Hzg. 200, 203, 210 f., 215 f., 218, 220 f., 225, 233, 236
Otto III., Hzg. v. Schwaben 131, 133 f.
Otto III., Ks. 103, 110, 112, 119, 130
Otto IV., Ks. 178, 186, 192
Otto IV., Pfgf. v. Wittelsbach 181, 186, 192
Otto IV. d. Abbacher, Hzg. 212, 225, 233 f., 236, 238 ff., 244
Otto V. d. Faule, Hzg. 224, 230, 246, 248, 250, 252, 254 f., 257 f., 261, 265, 275 f., 279, 283 f., 288, 292

Otto d. Erlauchte, Hzg. v. Sachsen 94
Otto v. Lothringen († 1012) 52
Otto v. Northeim, Hzg. 137, 143 f., 146 f., 153
Otto v. Schwaben, Hzg. 102 ff., 106 f., 109
Otto v. Worms 102 f., 106, 109 f., 119
Ottokar II. v. Böhmen 196, 203, 208
Ottokar v. Steyr 176
Öxl, Johann Georg, bay. Gesandter 381

Paschalis II., P. 156
Paul IV., P. 351, 364, 372
Paumann, Konrad, Musiker 327
Peter, Bf. v. Augsburg 326
Peter Orseolo, Kg. v. Ungarn 129
Petrus v. Rosenheim, Reformator 305
Pettenbeck, Georg, Landrichter in Haag 363
Pettenbeck, Maria, Gm.in Hzg. Ferdinands 363, 368
Philibert, Mkgf. v. Baden-Baden 354
Philipp, Ezbf. v. Salzburg 195
Philipp, Mkgf. v. Baden 354
Philipp, So. **Hzg.in Elisabeths** 345 f., 349
Philipp II., Kg. v. Spanien 364, 368
Philipp II. d. Kühne, Hzg. v. Burgund 296
Philipp III. d. Gute, Hzg. v. Burgund 315, 327
Philipp d. Aufrichtige, Kf. d. Pfalz 325, 346 f.
Philipp Moritz, So. **Max II. Emanuels** 384
Philipp v. Schwaben, Kg. 168, 181, 186, 192
Philipp Wilhelm, So. **Hzg. Wilhelms V.** 367
Pienzenau, Hans v., Burgherr 339
Pilgrim, Bf. v. Köln 122
Pilgrim II., Ezbf. v. Salzburg 276, 284
Pilichdorf, Dietrich, Marschall 225
Pilitrud, Gm.in **Hzg. Grimoalds** 41 f., 45
Pippin, So. **Hzg. Tassilos III.** 47, 49, 57
Pippin, So. **Ks. Karls d. Großen** 55, 60

Pippin I., So. **Ks. Ludwigs I. d. Frommen** 59 f., 62, 64
Pippin I. d. Ältere 52
Pippin II. d. Mittlere 52
Pippin III. d. Jüngere, Kg. 45 f., 52, 56
Pirkheimer, Thomas, Domherr in Regensburg 329, 331
Pius V., P. 365
Pius VI., P. 406
Podewils, Clemens v., Vorsitzender Minister 433
Pollak, Jan, Maler 332
Poppo I., Stammvater der Popponen 162
Posthumus, Hermann, Maler 361
Praxedis, 2. Gm.in **Heinrichs VIII.** 137
Prinzregent Luitpold, s. **Luitpold, Prinzregent**

Quaglio, Domenico, Maler 432

Rainald v. Dassel, Ezbf. v. Köln 189
Ratbold v. d. Sempt, Mkgf. 88
Rather, Bf. v. Verona 90
Ratislav, Hzg. v. Mähren 126
Ratolf, So. Ks. **Arnulfs v. Kärnten** 74
Ratpoto, Gf. in Bayern 142
Ratrud, Gm.in **Hzg. Hugiberts** 43, 45
Regensburger, Andreas v., Historiker 306
Rehfinger, Ludwig, Maler 361
Reichenbach, Georg v., Mechaniker 413
Reindl Karl, Beichtvater **Kg. Max' II.** 419
Renate v. Lothringen, Gm.in **Hzg. Wilhelms V.** 366 f.
Renate v. Lothringen, 1. Gm.in **Kf. Maximilians I.** 371
Reuental, Neidhart v., Dichter 193
Rhoswitha v. Gandersheim 94
Richard, Bf. v. Passau 84
Richard v. Cornwall, dt. Kg. 204, 208
Richarda v. Jülich, Gm.in **Hzg. Ottos IV.** 239
Richardis, Gm.in **Karls III. d. Dicken** 71
Richelieu, frz. Kardinal 373

471

Richenza, Gm.in Ks. Lothars v. Supplinburg 144, 146
Richenza, Gm.in **Ottos v. Northeim** 144, 146
Richenza, To. **Heinrichs XII. d. Löwen,** s. Mathilde
Richeza, To. Pfgf. Ezzos 131
Roger II., Kg. v. Sizilien 168
Rotrud, To. **Hzg. Tassilos III.** 47, 49
Rubens, Peter Paul, Maler 387
Rüdiger v. Pechbarn, Mkgf. 88
Rudolph I. d. Stammler, Hzg. 18, 201, 207, 209, 211, 218 ff., 224 f., 233, 236, 240
Rudolph II., Kg. v. Burgund 149
Rudolph II., Kf. v. Pfalz 201, 219, 229, 235
Rudolph IV. d. Stifter, Hzg. v. Österreich 256, 270
Rudolph v. Habsburg, Kg. 200, 203 f., 209 f., 219
Rudolph v. Schwaben (Rheinfelden), Gegkg. 125, 137 f., 143, 148, 153
Rumford, Benjamin Thompson, Gf. v. 406
Ruodbert, Gf. v. Karantanien 83
Rupert(us), Missionar 15, 39
Rupprecht, Kronprinz 183, 409, 435, 437, 440, 442
Ruprecht, Gm.in **Hzg.in Elisabeths** 334 f., 339, 343 f., 348
Ruprecht, So. **Hzg. Georgs d. Reichen** 343
Ruprecht, So. **Hzg.in Elisabeths** 346
Ruprecht I., Kf. v. d. Pfalz 216, 219, 229, 235, 259, 277
Ruprecht II., Kf. v. d. Pfalz 222
Ruprecht III., Kf. v. d. Pfalz, Kg. 182, 285, 299, 305, 308, 314

Sabine, To. **Hzg. Albrechts IV.** 337
Salmeron, Alfonso, Jesuit 357
Salomo, Bf. v. Kostanz 77
Salomo, Kg. v. Ungarn 125, 147
Sambuga, Josef Anton, Priester 416

Samo, slaw. Kg. d. Samoreichs 36
Schack, Adolf, Gf. v. 421
Schäffer, Fritz, Ministerpräsident 443
Schelling, Friedrich Wilhelm v., Gelehrter 416
Scherr, Ezbf. v. München u. Freising 429
Schick, österr. Gesandter 386
Schmid, Erhard, Orgelbauer 306
Schmid, Kaspar v., Kanzler 381
Schweikert, Heinrich, Sekretär 364
Schweppermann, Seifried, Ritter 225
Schymlin, Adelheid, s. Adelheid Schymlin
Sciarra Colonna, römischer Syndikus 226
Seidel, Hanns, Ministerpräsident 443
Seinsheim, Maximilian Josef, Gf. zu 399
Sibille, To. **Albrechts IV.** 337
Siebert, Ludwig, bay. Wirtschaftsminister 442
Siegfried, Enkel **Ottos v. Northeim** 144
Siegfried, So. **Ottos v. Northeim** 144, 146
Siegfried I., Gf. v. Luxemburg 111, 114, 117
Siegfried II., Bf. v. Augsburg 153
Sigismund, Hzg. 328 ff., 334, 338
Sigismund d. Münzreiche v. Tirol 338, 343
Sigmund, Hzg., s. **Sigismund**
Sigmund, Ks. 288 f., 293, 299 f., 305, 310
Simeoni, Dr., Arzt 380
Sissi, s. Elisabeth, Gm.in Franz Josephs I.
Sophie, To. **Heinrichs IX.** 157
Sophie, To. **Hzg. Johanns II.** 277, 279, 306
Sophie, To. Pfgf. Ezzos 131
Sophie, Verlobte **Kg. Ludwigs I.** 422
Sophie Friederike, To. **Kg. Max' I.** 411
Stadler, Daniel, Jesuitenpater 397
Stalin, Josef, Politiker 443
Steffani, Agostino, Komponist 382
Stephan I., Hzg. 203, 210 f., 214 ff., 232, 239, 246
Stephan I., Kg. v. Ungarn 101, 123 f.
Stephan II. m. d. Hafte, Hzg. 224, 230,

247 f., 250, 252, 254 f., 258, 265, 269, 271, 274 f., 278, 283, 287
Stephan III. d. Prächtige, Hzg. 230, 255 f., 271 f., 274 f., 277 f., 282 f., 291 f., 303, 305, 347
Stephan IV., P. 60
Stieler, Josef, Maler 418
Stockhammer, Georg, Berater 363
Stoiber, Edmund, Ministerpräsident 443
Strada, Jacopo, Baumeister 365
Strauß, Franz Josef, Ministerpräsident 443
Streibl, Max, Ministerpräsident 443
Suidger, Bf. v. Bamberg 127
Suidger, Gf. im Nordgau 46
Susanne (II.), To. **Albrechts V.** 337
Swanahild, Nichte Pilitruds 42 f., 45
Swatopluk, Hzg. v. Mähren 67, 75
Sybel, Heinrich v., Historiker 421

Tallard, frz. General 386
Talleyrand, frz. Minister 410
Tankmar, So. Kg. Heinrichs I. 98
Tannhäuser, Sänger 196
Tassilo I., Hzg. 27 f., 30 f.
Tassilo II., Hzg. 38, 40 f., 45
Tassilo III., Hzg. 15, 25, 43, 45 ff., 52, 55 f., 65
Thaddäa, 1. Gm.in **Hzg. Stephans III.** 283
Theodebald, So. **Hzg. Theodos II.** 38, 40 f.
Theodebert (= Theodo III.), Hzg. 38 ff., 43
Theodebert, So. **Tassilos III.** 47
Theodelinde, To. **Hzg. Garibalds I.** 27 f.
Theoderich d. Große 21
Theodo, So. **Hzg. Tassilos III.** 47, 49
Theodo, So. **Hzg. Wilhelms IV.** 354
Theodo I., Hzg. 32, 36 f.
Theodo II., Hzg. 38 f., 43
Theodo III., Hzg., s. **Theodebert**
Theodora, Gm.in **Hzg. Heinrichs XI.** 174
Therese, Gm.in **Kg. Ludwigs I.** 415, 419, 431

Therese Kunigunde, Gm.in **Kf. Max II. Emanuels** 383 f., 387, 389
Theudebald, Frankenkg. 27
Thiersch, Friedrich Wilhelm, Altphilologe 413, 416
Thompson, Benjamin, s. Rumford
Tilly, Johann Tserclaes v., General 373
Titmar, Ezbf. v. Salzburg 78, 85
Trenbeck, Hans v., Hofmeister 325
Trenck, österr. General 391

Uda, Gm.in **Ks. Arnulfs v. Kärnten** 74, 77
Udo, Bf. v. Freising 78, 85
Ulrich, Bf. v. Salzburg 203
Ulrich, Hzg. v. Württemberg 337, 355
Ulrich II., Bf. v. Trient 123
Ulrich V., Gf. v. Württemberg 326

Victoria Luise, To. Ks. Wilhelms II. 150
Viktor II., P., s. Gebhard, Bf. v. Eichstätt
Viktor IV., Gegp. 189
Viktor Amadeus I., Hzg. v. Savoyen 379
Villeroy, Marschall 387
Vliet, Jan van, niederl. Ritter 312 f.
Voltaire, François-Marie, Dichter 403

Wacho, Kg. d. Langobarden 27
Wagner, Adolf, bay. Kultusminister 442
Wagner, Richard, Komponist 424, 426
Waifar, Hzg. v. Aquitanien 48, 60
Waldemar d. Falsche, Scharlatan 247 f., 251, 258
Walderada, Gm.in **Hzg. Garibalds I.** 27 f.
Wallenstein, Albrecht v., General 373 f.
Weikhard v. Pollheim, Ezbf. v. Salzburg 240
Weißhaupt, Adam, Philosoph 394, 405
Welf, Gf., Stammvater der Welfen 59, 149
Welf I., Hzg. 16, 137 f., 146 f., 149, 152 ff., 179
Welf II., Gf. v. Schwaben 123
Welf II., Hzg. 138, 149, 154 ff.
Welf III., Gf. 149
Welf IV., Gf., s. **Welf I.**

Welf VI., Hzg. v. Spoleto 157, 161, 166, 173, 175 f.
Wenzel, dt. Kg. 252, 259, 265, 276 f., 279 f., 284 f., 288, 299, 305, 308, 313
Wenzel I., Kg. v. Böhmen 195
Wenzel II., Kg. v. Böhmen 211
Wenzel III., Kg. v. Böhmen 211 f., 216
Wenzel IV., Kg. v. Böhmen, s. Wenzel, dt. Kg.
Werner, Gf., Stammvater d. Salier 119
Wertinger, Hans, Maler 361
Widmannstetten, Johann Albrecht, Humanist 365
Wido, Hzg. v. Spoleto 75 f.
Widukind, Hzg. v. Sachsen 98
Wieland v. Freyberg, Kammermeister 321
Wildenberg, Hans Ebran v., Historiker 325 f.
Wilhelm, Hzg. v. Braunschweig-Wolfenbüttel 423
Wilhelm, Hzg. v. Jülich-Geldern 265
Wilhelm, So. Friedrich Wilhelms II. v. Preußen 419
Wilhelm, So. **Heinrichs XII. d. Löwen** 177
Wilhelm I., Hzg. 224, 246 f., 250, 252, 254, 257 f., 261 f., 264 f.
Wilhelm I., Ks. 424, 432
Wilhelm I., Kg. v. Württemberg 411
Wilhelm II., Hzg. 265 f., 295 f., 314
Wilhelm II., Ks. 150, 409, 430 f., 437
Wilhelm III., Gf. v. Holland-Hennegau 251, 258, 262
Wilhelm III., Hzg. 17, 272, 279 f., 285, 291 f., 298 f., 303 f., 306, 310, 318
Wilhelm IV. d. Standhafte, Hzg. 17, 337, 350, 353 f., 358 f., 363
Wilhelm V., Hzg. Wilhelm, Hzg. v. Poitou 137

Wilhelm v. Holland, dt. Kg. 196
Wilhelm v. Meißen 285
Wilhelm v. Ockham, Philosoph 224, 247
Wiligis, Ezbf. v. Mainz 112
Willibald, Bf. v. Eichstädt 15, 46
Winterkönig, s. Friedrich V., Kf. v. d. Pfalz
Winzer, Anna, Geliebte **Hzg. Ernsts** 303
Witgar, Bf. v. Augsburg 65
Witold, Großfürst v. Litauen 305
Wladislav, Kg. v. Böhmen 348
Wladislav I., Hzg. v. Polen 125, 142, 175
Wolf-Dietrich, Ezbf. v. Salzburg 372
Wolff, Christian v., Philosoph 393, 397
Wolfgang, Bf. v. Regensburg 103
Wolfgang, Pfgf. 363
Wolfgang, So. **Hzg. Albrechts III.** 317, 329, 331, 338, 340, 354
Wolfgang, So. **Hzg. Georgs d. Reichen** 343
Wolfgang Wilhelm, Pfgf. v. Neuburg 367, 371
Wratislav, Kg. v. Böhmen 138
Wulfhilde, Gm.in **Hzg. Heinrichs IX.** 149, 157 f.
Wulfhilde, To. **Heinrichs IX.** 157

Zacharias, Bf. v. Brixen-Säben 78, 85
Zacharias, P. 52
Zimmermann, Johann Baptist, Stuckateur 400
Zukkali, Enrico, Arch. 387
Zwentibold, Hzg. v. Böhmen 78
Zwentibold, So. **Ks. Arnulfs v. Kärnten** 74 f., 94
Zytphen, Konrad v., s. **Konrad v. Zytphen**

Sachregister

Die **fett gedruckten** Adelsgeschl. sind in eigenen Abhandlungen beschrieben.

Abkürzungen
Adelsgeschl. = Adelsgeschlecht;
bay. = bayerisch; b. = bei;
fränk. = fränkisch; frz. = französisch;
d. = der, die, das; dt. = deutsch;
holl. = holländisch; Kl. = Kloster;
Hzgtm. = Herzogtum; Lkr. = Landkreis;
Mnch. = München; s. = siehe;
sächs. = sächsisch; Pfgf. = Pfalzgraf;
span. = spanisch; ung. = ungarisch;
u. = und; v. = von

Aachen 55, 72, 91, 137
Aalen 326
Abensberg/Lkr. Kelheim 337
Abersee/Salzburg, Kl. 46
Absolutismus 17
Adel 16
Adelheid-Quelle/Bad Heilbrunn 380
Adria 99, 103
Agilolfinger, Adelsgeschl. 15, 22, 24 f., 33, 52, 55 f., 65, 81
Agunt (heutiges Lienz) 32
Aichach 280, 303, 318, 322
Akademie d. Wissenschaften/Mnch. 394
Alaholfinger, alemannisches Adelsgeschl. 83
Alemannen 21
Alerheim 374
»Alexanderschlacht« (Altdorfer) 357
Allerheiligenkirche, Mnch. 418
Alling/Lkr. Fürstenfeldbruck 272, 300, 303 f., 318
Alpen 15, 20, 22 f., 25, 28, 32, 75, 192
Alpenslawen 15, 48
Altenberg (Schloss) b. Landsberg 371
Altenburg/Thüringen 181, 186, 188
Alter Hof, Mnch. 207, 248, 270, 299, 354

Altötting, s. auch Ötting 66, 77, 179, 368 f., 380, 397
Amalienburg/Nymphenburg 392
Amberg 124, 189, 208, 212, 221, 224, 229, 292, 304
Andechs, Adelsgeschl. 16, 163, 181, 187, 192 f., 195 f.
Andechs/Lkr. Starnberg, Kl. 316, 318, 328
Andernach 69
Anjous, frz. Adelsgeschl. 284, 308
Annionas, bay. Adelsgeschl. 33
Ansbach 411
Antiquarium, Residenz, Mnch. 365, 368
»Apostel, Die vier« (Dürer) 375
Apulien 192
Aquileja, Markgrafschaft 96, 99, 109
Aquitanien 48 f., 59 f.
Araber 44
Aragon, span. Adelsgeschl. 274, 278
Aribonen, Markgrafengeschl. 33
Armenpflege 424
Arnulfinger, fränk. Adelsgeschl. 52
»Arnulfiziborium«, Skulptur 76
»Arpa festante« (»Jubelnde Harfe«), Oper 382
Arpaden, ung. Adelsgeschl. 211
Aschaffenburg 69, 107
Aschheim/Lkr. Mnch. 48
Askanier, Adelsgeschl. 161, 219, 227, 247, 251
Asti/Italien 28
Athen 419
Auhausen 372
Aufkirchen, Kirche zu 332
Augsburg 57, 64, 78, 85, 99, 113, 122 f., 138, 150, 153, 178, 208, 220, 227, 275, 326, 355, 373, 395, 397, 417
Augsburger Konfession (1530) 364
Augstgau (Ammergau) 59, 123, 179
Ausstellungspark, Mnch. 434
Auvergne 44

475

Ave-Maria-Läuten 286
Avignon 226
Awaren 22, 31, 36 f., 48 f., 56 f., 78

Babenberg, Burg 78, 113, 162
Babenberger, Adelsgeschl. 78, 94, 102 f., 106, 112 f., 122, 133, 159, 162 f., 195, 207
Babenberger Fehde 78
Bad Abbach 111, 239
Bad Heilbrunn/Tölz 380
»Baia« (Herkunftsort) 20
Baierbrunn/Lkr. Wolfratshausen 318
Baijohaenum 20
Baiovarii 20
Baiwarioz 20
Bajuwaren 20
Bamberg 18, 78, 96, 112 f., 117, 138, 171 f., 186, 192, 395, 441
Bamberger Dom 111, 162, 171, 418
»Bamberger Reiter«, Standbild 171
Barbing b. Regensburg 176, 178
Basel 219, 293, 300, 308, 310
Bauern 355, 374, 394, 406, 413, 420
Bauernunruhen 355, 372
Bautzen/Lausitz 118, 248
Bay. Akademie d. Bildenden Künste 413
Bay. Akademie d. Wissenschaften 394, 399
Bay. Erbfolgekrieg 399, 404
Bay. Maler- u. Bildhauer-Akademie 399
Bay. Oberstes Landesgericht 409, 425
Bay. Staatsbibliothek/Mnch. 365, 418
Bay. Verdienstorden 420
Bayern, Abstammung 20 f.
Bayern, geografisch 22
Bayern, Herkunft 20
Bayern, Name 20
Bayern, politischer Standort 22
Bayern, Sage 20
Bayern, Sprache 22
Bayern, Stammesbildung 21
Bayreuther Festspiele 426
Befreiungshalle, Kelheim 418
Beilngries 127

Belgrad 385
Benediktbeuern, Kl. 46
Bensheim/Hessen 220
Berchtesgaden 18, 429
Berchtesgaden, Kl. 159, 276, 284
Berg (Schloss), s. Schloss Berg
Berlin 251, 427
Besançon 189
Bettbrunn b. Ingolstadt 371
Biburg/Lkr. Kelheim 368
»Bierkrawalle« 417
Billunger, sächs. Adelsgeschl. 147, 149, 157, 159
Blasius-Dom/Braunschweig 180
»Blinde Sprüche« 326
Böckler, Rittergesellschaft 340
Bodenmais/Lkr. Regen 361
Bodensee 72
Bogen, Adelsgeschl. 16, 181, 187, 196, 236
Bogen/Niederbayern 304, 317
Böhmen 20, 56 f., 64, 67, 75, 84, 88, 102, 107, 114, 124, 126, 182, 200, 204, 225, 333, 355, 372 f., 389, 391
Böhmischer Kartoffelkrieg 405
Bonifazius, St., Mnch. 415, 418
Bonn 225
Bopfingen/Württemberg 173
Bozen 22, 37, 39, 123
Brandenburg 16 f., 103, 161, 201, 227, 229 f., 247 f., 250 f., 254, 257 f., 261, 264 f., 275
Brandenburg, Stadt 251
Braunau am Inn 193, 203, 405
Braunschweig 177, 180
Braunschweig-Lüneburg, Hzgtm. 150
Braunschweig-Wolfenbüttel, Hzgtm. 150
Breisach/Baden 310
Breitenfeld 373
Bremen 72
Brenner Pass 33
Breslau 293, 319
Bretagne 119
Brügge/Belgien 266
Brunn, Vertrag v. (1805) 412

Brunnenhof, Residenz, Mnch. 374
Brüssel 384, 440
Budweis 274
Bulgaren 33, 36
Büren/Schwaben 167
Burgau, Grafschaft. 343 f., 385
Burghausen 179, 202, 212, 234, 241, 272, 277, 291 ff., 307, 310, 322, 325, 343 f., 348, 354
Burghauser, Grafengeschl. 186
Burglengenfeld/Oberpfalz 181, 221, 224, 319
Burgund 24, 52, 62, 72, 95, 126, 404
Byzanz, s. auch Konstantinopel 109

Cambrai/Frankreich 296
Canossa 137, 153
»Carlstadt«, Mnch. 392
Carrara, ital. Adelsgeschl. 247
Castello dele Nümfe, s. Schloss Nymphenburg
Chakan, awarischer Kg. 31
Chalons-sur-Marne 156
Cham 126, 196, 203, 212, 234, 238
Chasseneuil b. Paris 59
Chelles, Kl. b. Paris 49
Chiavenna/Comer See 179
Chiemsee, Kl. 57
Christianisierung 33, 44, 101
Churrätien 59
Cividale/Italien 32, 35
Coburg 441
Codex juris Bavarici Criminalis 399
Codex juris Bavarici judiciarii 399
Codex Maximilianeus 374
Codex Maximilianeus Bavaricus civilis 399
Colmar/Elsass 62
Compiegne/Frankreich 47, 387
Corvey, Reichsabtei 147
Cuvilliés-Theater, Mnch. 400

Dachau 181, 442
Dänemark 182
Dankwarderode, Burg 180

Deggendorf 234, 238
Delft/Niederlande 266
Den Haag/Niederlande 263, 265 f.
Denis, St., b. Paris 76
Deutscher Bund 19, 408, 420
Deutscher Fürstenbund 18, 405
Deutscher Zollverein 19, 417
Deutsches Museum, Mnch. 434
Deutsches Reich (1871) 19, 183, 408, 425, 436 f., 441
Deutsch-Französischer Krieg 428, 432
Dingolfing an der Isar 88, 238, 348
Dinkelsbühl 18
Dittfurt 300
Donau 15, 20, 22, 42 f.
Donaubrücke in Regensburg 159
Donaugau 84
Donaugrafschaft 186
Donaustauf/Lkr. Regensburg 266
Donauwörth 206, 208, 220 f., 326, 372
Dordrecht/Niederlande 266
Dösdorf 437
Draozzas, bay. Adelsgeschl. 33
Drau, Fluss 31 f.
Dreißigjähriger Krieg 17, 182, 351, 372 ff.
Drogenbusch b. Brüssel 402
Düsseldorf 403 f.

Ebbs/Tirol 233, 237, 240
Ebersberg 368
Echternach/Luxemburg 77, 84
Eger 374
Ehegesetze 408
Eheverlöbnis 399
Eichstätt 46, 78, 113, 124, 127, 395
Eifelgau 130
Eisach, Grafschaft 123
Eisenbahn 417, 425
Eiserne Krone (d. Langobarden) 28, 226
Eisleben/Thüringen 114
Elsass 59, 64, 71, 255, 275
Elsass-Lothringen 437
Elsloo an der Maa 72

477

Emmeram, St., Kl. 44, 57, 74 f., 86, 89, 101
Emmeramskirche, Regensburg 39
Emser Depesche 424, 428
Engadin 92
England 392
Englischer Garten, Mnch. 406
Enns, Fluss 15, 36, 48
Enns, Land ob der 204
Eppensteiner, Grafengeschl. 138
Erchanger, Pfgf. 87
Erding Vertrag von (1450) 319, 325, 333
Erfurt 46
Eschlkam/Lkr. Kötzing 300
Esslingen/Württemberg 233
Este, Grafengeschl. 152
Etsch, Fluss 88
Etschklause b. Verona 189
Ettal/Lkr. Garmisch, Kl. 227
Europa 23
Evangelische Kirche 442
Ezzonen, Pfalzgrafengeschl. 127, 130 f., 146

Fagana, bay. Adelsgeschl. 33, 80
Falkenberg/Lkr. Tirschenreuth 284
Falkenstein, Burg/Lkr. Füssen 160, 426
Feldherrnhalle, Mnch. 418, 441
Festsaalbau, Residenz, Mnch. 418
Fichtelgebirge 99
Flachheim/Thüringen 137
Flandern 276
Florenz 284
Florian, Kl. 48, 57
Floss/Oberpfalz 99
Fontainebleau 373, 387
Fontenoy/Frankreich 62, 64
Forchheim 67, 70, 78, 87, 153
Franken 15, 18, 24, 69, 70, 98, 113, 119
Franken, die 21 f., 25, 28, 31, 33, 35 f., 39, 44 f., 48 f., 52, 76, 88
Franken, Regierungsbezirke 183, 412
Frankenreich 48, 52, 56, 60, 62, 64, 75
Frankfurt am Main 49, 63 f., 67, 69, 72, 75, 78, 103, 110, 259, 262, 280, 391

Frankreich 18, 52, 59, 62, 276, 377, 385 f., 390, 398, 406
Französische Revolution 405
Frauenkirche, Mnch. 278, 298, 302, 330, 332, 337, 354, 363, 375, 429, 435
Frauenmünster, Kl. in Regensburg 40
Fredegar-Chronik 34
Freising 15, 25, 38, 41, 44, 46, 49, 62, 173, 181, 203, 256, 280, 308, 329, 395, 406
Freistaat Bayern 19, 412, 441
Friaul 32, 35, 96, 99, 103
Friedberg b. Augsburg 280, 303, 318, 322
Friedelehe 52
Friedensengel, Mnch. 434, 440
Friesen 289
Friesland 52, 262, 313
Fugger, Bankiersfamilie 338
Fulda 78, 84
Fürstenbund, s. Deutscher Fürstenbund
Fürstenempore, Burg Trausnitz 361
Fürstenfeldbruck 207, 224
Fürstenried, Schloss, s. Schloss Fürstenried
Fürstenwalde/Brandenburg 259
Fürth 126
Furth im Walde/Oberpfalz 300
Fuschlsee, Kl. 46
Füssen 378, 392, 397

Gammelsdorf b. Moosburg 201, 221, 225
Gandersheim, Kl. 94, 101, 125, 131, 144
Garda, Reichsburg/Gardasee 179
»Gärtnerin aus Liebe« (Mozart) 397
Gärtnerplatztheater, Mnch. 426
Gastein 278
Gegenreformation 17, 364 f.
Geldern/Niederlande 131, 313
Georgs-Basilika, St.-Regensburg 39
Georgssaal, Residenz, Mnch. 365, 399
Gesetzgebung 19
Gewaltenteilung 420
Gewerbe 417, 420
Gewerbefreiheit 408, 424
Giengen an der Brenz 326

Glaspalast, Mnch. 420
Glatz, Grafschaft 363
Glockenspiel/Rathaus/Mnch. 367
Glyptothek, Mnch. 417
Goar, St., Kl. 49
Goldene Bulle, Gesetz 115, 182, 201, 229, 248
Goldenes Vlies, Orden 368
Göllheim/Rheinland-Pfalz 211, 220
Gonzaga, ital. Adelsgeschl. 247, 317
Goslar 120, 136, 147, 153, 175
Gossolengo, Kastell in Tirol 90
Goten, Volksstamm 21, 28
Grafenstein, Burg b. Gent 315
Graisbach, Grafschaft 321 f.
Graisbach-Lechsgemünd, Grafschaft
Gravenhage/Niederlande 312
Graz/Österreich 367, 390
Griechenland 182
Grone b. Göttingen 111
Grottenhof, Residenz, Mnch. 392
Grundgesetz 443
Grünwalder Konferenz (1522) 356, 360
Günzburg 343

Habsburger, Adelsgeschl. 106, 114, 163, 182, 211, 220, 231
Hahilingas, bay. Adelsgeschl. 33
Haidhausen/Mnch. 328 f.
Hamburg 427
Handfeste v. Vilshofen 208
Handwerksinnungen 408
Handwerkskammern 408
Handwerksstand 365, 417
Harz 94, 120
Hausmeier, Verwaltungsbeamte 52
Hausvertrag v. Pavia 182, 201, 226, 229, 231, 236, 352
Hausverträge d. Wittelsbacher 182, 231, 347, 368, 377, 388, 398, 404
Heidelberg 187, 194, 200, 207, 220 f., 225, 349, 411, 417
Heidelberger Bund 364
Heiliges Römisches Reich 18, 23, 95
Heiliggeistspital, Landshut 196

Heiliggeistspital, Mnch. 196
Heiliggeistspital, Neumarkt 196
Heiliggeistspital, Regensburg 196
»Heliand«, Gedicht 60
Hellerscher Altar (Dürer) 392
Helmstedt/Niedersachsen 436
Hennegau, Grafschaft 62, 262, 266, 309, 315
Hercules, Sagengestalt 20
Hersbruck/Oberpfalz 259
Heruler, Volksstamm 21
Hessen 74, 77
Hildesheim 112
Hiltgartsberg, Burg/Lkr. Vilshofen 266
Hirschau/Lkr. Amberg 259
Höchstädt 386
Höchstadt an der Aisch 318, 322
Höchstadt an der Donau 208
Hof 417
Hofgarten-Arkaden, Mnch. 418
Hofkapelle, Residenz, Mnch. 374
Hoflach/Lkr. Fürstenfeldbruck 300, 304, 318
Hofrat 366
Hohenaltheim/Lkr. Nördlingen 87
Hohenbogen, Grafschaft/Lkr. Bogen 196
Hohenlinden/Lkr. Ebersberg 412
Hohenmölsen 138
Hohenschwangau/Lkr. Füssen 319
Hohenstaufer, Adelsgeschl. 16, 150, 160, 167 f., 182, 187
Hohenzollern, Adelsgeschl. 19, 275, 320 f., 326
Holland 248, 250, 252, 254 f., 261 f., 264 f., 274, 287, 296, 300, 312, 382
Holland, Grafschaft 262
Homburg/Saarland 153
Hundertjähriger Krieg 351
Hunnen 21, 84
Huosi, bay. Adelsgeschl. 33, 80, 83, 149
Hussiten 293, 300 f., 306
Hussitenkriege 301, 318 f.

Illuminatenorden 394, 403, 405, 412
Indersdorf, Kl. 318

479

Industrieausstellung, Mnch. 420
Ingelheim 49, 57, 102
Ingolstadt 44, 48, 56, 207, 271 f., 283, 292, 294, 309, 311, 318, 320, 322, 326, 359, 373
Inn, Fluss 45, 87
Innichen, Kl. Pustertal 48
Innsbruck 337, 359, 367
Innviertel 18, 405, 412
Investiturstreit 16, 143, 147, 155, 158
Isar, Fluss 192
Isengau 68, 75
Istrien, Markgrafschaft 96, 99, 109, 124, 192
Italien 28, 52, 55, 62, 65 f., 72, 75 f., 88, 90, 99, 102, 106 f., 109 f., 112, 119, 123, 131, 154, 172, 284, 317

Jakobs-Kirche, St.-Straubing 267
Jesuiten 357, 364, 368, 371, 375
Juden 294, 326
Judenschutz 294, 318, 326
Jülich 239
Jumièges/Normandie, Kl. 49
Jungpfalz 345 f., 349
Juvavia, s. Salzburg

»Kaiserbrief« 424, 432
Kaiserchronik (aus Regensburg) 159
Kaiserproklamation (1871) 428, 432
Kaiserwerth 137
Kamba b. Oppenheim 122
Kap Colonna/Italien 107
Kapuzinerorden 375
Karantanen 31, 48
Karantanien, s. auch Kärnten 15, 48, 56, 68, 73 f., 83 f., 88, 92, 102
Karlsruhe 411
Karmelitenkirche, Straubing 267, 287
Kärnten, s. auch Karantanien 15, 88, 96, 103, 106, 108 f., 124, 135, 143, 248
Karolinenplatz, Mnch. 413, 418
Karolinger, fränk. Adelsgeschl. 22, 40, 47 f., 52 f., 80 f., 83 f., 94, 119, 149, 162

Karolingerreich 15
Karpaten 21
Katalaunische Felder 21
Katholische Liga 17, 351 f., 372 f.
Kaufbeuren 372
Kaufring, Burg am Lech 155
Kelheim 15, 44, 188, 191, 194, 287, 300
Kelten 21
Kempten 123
Kesselbergstraße 340
Ketzerprozesse 356
Kiel 427
Kirchberg, Grafschaft 344
Kirchdorf (Marktoberdorf) 78
Kirche, Organisation 25, 39, 46
Kirchenstaat 284
Kirchenverträge 442
Kitzbühel 230, 233, 237, 240, 252, 256, 258, 284, 334, 339, 348
Klagenfurt 384, 390
Kleinhelfendorf (Bad Aibling) 37
Kling/Lkr. Wasserburg 284
Klostergelübde 399
Klosterkerker 399
Koblenz 62, 172, 226
Köln 57, 72, 110, 133, 293, 363, 380, 384
Kölner Spruch (1505) 339
Königsboten 56
Königsgrätz/CZ 217
Königslutter/Sachsen, Kl. 159 f.
Konkordate 413
Konradiner, fränk. Adelsgeschl. 77 f., 83, 94, 120, 162
Konstantinopel, s. auch Byzanz 419
Konstanz 77, 137, 277, 292 f., 309
Konstanzer Liga 292
Kornburg, Kärnten 75
Kötzing 300
Krain, Markgrafschaft 106
Kremsmünster, Kl. 47 ff.
Kruzifix, christliches Symbol 29
Kufstein/Tirol 46, 207, 230, 233, 237, 240, 252, 256, 258, 284, 334, 339, 348, 437
Kunst 420, 433

480

Kunstgewerbe 433
Kurfürstenzimmer, Residenz, Mnch. 399
Kurpfalz, s. Pfalz
Kursaalbau (Bad Brückenau) 418
Kursaalbau (Bad Kissingen) 418
Kurverein v. Rhense (Rhens) 226
Kuttenberg/CZ 217

Lafnitz, Nebenfluss d. Raab 126
Laienkelchbewegung 351, 364
Lambertiner, Adelsgeschl. 119
Landau an der Isar 193, 238
Landsberg/Brandenburg 248, 251, 258
Landsberg am Lech 192, 306, 441
Landshut 193 f., 200, 202, 205, 210, 221, 225, 234, 240, 255, 268, 271, 291 f., 294, 324, 326, 334, 348, 350, 353 f., 356, 358 f.
Landshuter Erbfolgekrieg 17, 334, 339
Landshuter Fürstenhochzeit 342 f.
Landshuter Residenz 361
Landtag 19, 420, 425, 440 f., 443
Langensalza b. Erfurt 153
Langenzenn/Lkr. Fürth 99
Langobarden 21 f., 27 f., 30 f., 37 f., 47, 88, 123
Langobardenreich 56
Lauf (Oberpfalz) 259, 286
Lauingen/Lkr. Dillingen 208, 344
Lauinger Vertrag (1451) 319, 326
Lausitz 247 f., 251, 258 f.
Lauterhofen 44, 48, 56
Lech, Fluss 15, 20, 22, 45, 99, 103, 192, 208
Lechfeld b. Augsburg 78, 85, 95, 100, 119
Lechrain 63, 66, 190
Leiden/Niederlande 315, 403
Leitha, Fluss 103, 124, 126
Leuchtenberg, Grafengeschl. 208
Leuchtenberg/Oberpfalz, Landgrafschaft 371
Leuchtenberg-Palais/Mnch. 411
Leutstetten, Gut/Starnberger See 435 f.
Lex Baiuvariorum 24 f., 33 f., 46, 80
Lichtenberg/Lkr. Landsberg 318

Lienz/Südtirol 279
Lindau 417, 443
Linderhof, s. Schloss Linderhof
Linz/Oberösterreich 204, 391
Litauen 234
Liudolfinger, Adelsgeschl. 94
Locarno/Schweiz 437
Lombardei 72, 154
London 419
Lorsch, Kl. 47, 49, 63, 147
Lotharingen 52, 62, 74, 94
Lothringen 59, 63, 70, 95, 119, 130
Löwen/Niederlande 403
Löwenbund, s. Löwlerbund
»Löwenjagd« (Rubens) 375
Löwlerbund 338, 340
Lucca/Toscana 106 f.
Luckau 248, 251
Ludolfinger, s. Liudolfinger Adelsgeschl., s. auch **Ottonen, Adelsgeschl.**
Ludwig-Maximilians-Universität 326
»Ludwig-Nord-Süd-Bahn« 417
Ludwigshafen 417
Ludwigskirche, Mnch. 418
Ludwigstraße, Mnch. 418
»Lügenfeld« b. Colmar 62, 64
Luhe, Fluss 99
Luitpoldinger, Adelsgeschl. 15, 75, 77, 79 ff., 86, 98 f., 101 f., 108 f., 181
Lüneburg 157, 180
Lustheim, s. Schloss Lustheim
Lüttich 136, 312 f.
Lützelburger, Adelsgeschl. 114, 122, s. auch **Luxemburger**
Lützen b. Weißenfels 374
Luxemburger, Adelsgeschl. 111, 114 f., 127 f., 201, 233, 247, s. auch **Lützelburger**

Maas, Fluss 52, 72
Maastricht/Niederlande 314
»Madonna« (Raffael) 392
Magdeburg 180
Mähren 67, 83
Mailand 28, 283

481

Main, Fluss 93
Main-Donau-Kanal 57
Mainz 64, 72, 77, 122, 131, 138, 168, 188, 192, 225
Mais b. Meran/Tirol 41, 49
Manching/Lkr. Ingolstadt 15
Mannheim 18, 403 f., 410 f., 417
Mannheimer Hofkirche 403
Marbacher Bund 308
Marca orientalis 65, s. auch Ostmark
March, Fluss 124, 126
Mariahilfkirche, Mnch. 418
Marienplatz, Mnch. 375
Mariensäule, Mnch. 375
Markomannen 21
Markomannentheorie 21
Markt Schwaben/Lkr. Ebersberg 280, 303
Mattsee/Salzburg, Kl. 48
Mauritiuslanze 112
Maxburg, Mnch. (heutiges Amtsgericht) 369
Max-Denkmal, Mnch. 418
Maxim, St., Kl. in Trier 49
Maximilianeum, Mnch. 421
Maximiliansorden, 420
Maximilianstraße, Mnch. 421
Max-Joseph-Platz, Mnch. 418
Mediatisierung 18, 407
Mehrheitssozialisten 440
Meinhardiner, Adelsgeschl. 268
»Meistersinger von Nürnberg« (Wagner) 426
Melk, Stift/Niederösterreich 305, 318
Mellrichstadt 137
Memmingen 326
Menfö/Ungarn 126
Meran/Südtirol 268
Meranien 16
Mergentheim/Württemberg 276, 284
Mergentheimer Fürstenbund 276, 323
Mering/Lkr. Friedberg 190
Merkantilismus 374
Merowinger, Adelsgeschl. 15, 22, 24 f., 27, 30, 33, 40, 52
Merseburg 127, 134

Metten/Lkr. Deggendorf, Kl. 57
Metz 52, 57, 122, 149
Michaelskirche, Mnch. 366, 368, 371, 422, 427, 430
Midelberg/Niederlande 266
Ministerverantwortlichkeit 420
Missionierung 25
Mitterfels/Lkr. Bogen 304, 317
Mohacs/Ungarn 385
Mondsee/Österreich, Kl. 46
Mongolen 195
Mons, frz. Festung/Hennegau 387
Monza (Italien) 28
Moosburg/Kärnten, Kl. 48, 75
Moosburg/Niederbayern 348
Mosel 52, 119, 130
Moskau 409
Mühldorf am Inn 99, 226, 234, 237, 240
Mühldorfer Reformsynode 364
Mühlgau im Rheinland 130
München 18, 150, 179, 207, 220 f., 224, 227, 256, 258, 265, 268, 271 f., 275, 292, 294, 303, 306, 318, 326, 328 f., 354, 356 f., 360, 372 f., 403 f., 412, 417, 440 f.
Münchmünster 48, 368
Münchner Opernfestspiele 382
Münchner Stadtwappen 442
Münster 374
Murach/Lkr. Oberviechtach 208
»Muspille«, Gedicht 60

Nabburg 126, 212
Nahegau 119
Namur/Belgien 387
Nancy/Frankreich 367, 372
Nationalmuseum, Mnch. 434
Nationalsozialisten 442
Nationaltheater, Mnch. 413, 424, 426, 428
Natternberg, Burg/Lkr. Deggendorf 236, 266
Neapel 162, 169
Neapel-Sizilien, Königreich 387
»Neuböhmen«, s. Niederlausitz
Neuburg am Inn 203, 385

Neuburg an der Donau 46, 113, 285, 309, 311, 318, 321, 344 f., 363, 403 f.
Neuburg b. Wien, Kl. 176
Neuching/Lkr. Erding 87
Neudingen/Donaueschingen 71
Neuhäusl/Ungarn 385
Neumarkt/Oberpfalz 208, 220, 229
Neuschwanstein, s. Schloss Neuschwanstein
Neusiedlersee 57
Neustadt an der Donau 308
Neuveste, Mnch. 354, 357, 368
Niederaltaich/Lkr. Deggendorf 46, 57, 108
Niederbayern 15 f., 21 f., 182, 200, 202 f., 210, 213, 216, 232, 236 f., 239 f., 243 f., 252, 254, 258, 261, 272 ff., 276, 279, 289, 293 f., 324, 333, 339, 346, s. auch Niederbayern-Landshut und Niederbayern-Straubing
Niederbayern-Landshut 17, 230, 255 f., 259, 261 f., 265, 271, 274, 276 f., 283, 291 f., 342
Niederbayern-Straubing 17, 230, 248, 255, 261 f., 271, 274, 279, 283, 287 f., 292 f., 295, 300, 304, 310, 312
Niederburg, Kl. in Passau 46
Niederburgund 44
Niederlahnstein 74, 77
Niederlande, s. auch Holland 16 f., 227, 229, 288, 386 f., 405
Niederlausitz (»Neuböhmen«) 259 f.
Niedermünster, Kl. in Regensburg 98, 101
Niederösterreich 33, 36, 48
Nikola, St., Chorherrenstift in Passau 143
Nikopolis/Bulgarien 288
Nil, Ägypten 192
Nimwegen/Niederlande 64
Nivelles/Belgien 131
Norddeutscher Bund 408 f., 417, 428
Nordgau, s. auch Oberpfalz 15, 44, 46, 56, 84, 88, 93, 103, 113, 162, 189, 352
Nordhausen/Thüringen 98
Nordischer Krieg 182
»Nordlichter« 420

Nördlingen 15, 18, 208, 221, 343, 374
Nordmark 106
Noricum (röm. Provinz) 21
Noricus, Sagengestalt 20
Normannen 72, 94
Northeim, Adelsgeschl. 144 ff.
Nuntiatur, bay. 365, 406
Nürnberg 18, 126, 160 f., 172 f., 207 f., 269, 326, 406
Nürnberger Gesetze 442
Nymphenburger Schloss, s. Schloss Nymphenburg

Obelisk, Karolinenplatz, Mnch. 418
Oberaltaich/Lkr. Bogen, Kl. 46
Oberbayern 16 f., 21 f., 182, 200, 203, 206, 213, 219 f., 223, 225, 227, 230, 246 f., 250, 255 f., 258 f., 265, 268 f., 274, 276 f., 283, 285, 299, 302, s. auch Oberbayern-Ingolstadt und Oberbayern-München
Oberbayern-Ingolstadt 17, 221, 224, 230, 272 f., 277, 280, 283 f., 288, 292 f., 299, 307, 320 f., 325
Oberbayern-München 17, 221, 224, 230, 272 f., 277 f., 280, 284 f., 292, 298 f., 316, 328, 330, 334, 336
Oberföhring/Mnch. 179
Oberitalien 21 f.
Oberpfalz 15, 17, 187, 207, 229, 276, 352, 373 f.
Oberviechtach 208
Odeon, Mnch. 417
Ofen/Ungarn 212
Oktoberfest, Mnch. 415
Olmütz 420
Ortenburg, Grafengeschl. 196
Osterbant/Niederlande 266
Osterhofen/Lkr. Vilshofen 45 f., 117
Österreich 15, 18 f., 21, 102 f., 112, 150, 161, 163, 169, 174, 176, 200, 204, 207, 209, 377, 381, 390, 397 f., 405 f., 412, 420, 424 f., 436, s. auch Ostmark
Österreichischer Erbfolgekrieg 363, 377, 392, 398

483

Ostfranken 64 f., 69 f., 74 f., 77 f., 81, 84, 87 f., 107, 112, 162
Ostmark 15 f., 57, 103, 106, 138, 162 f., 165, 169, 176, 187, 195, s. auch Österreich
Ostschweiz 21
Othee, Schlacht b. 314
Ottheinrichbau (Heidelberger Schloss) 349
Ötting 66
Öttingen, Grafengeschl. 344
Ottonen, Adelsgeschl. 69, 81, 86, 88, 90, 93 ff., 111 f., 114, 127, 149, s. auch **Liudolfinger**
Ottonische Handfeste, Gesetz 200, 212
Ötz b. Innsbruck 437

Padua 284, 308
»Palatina« 373
Palazzo del Te, Mantua 361
Panduren 391
Pannonien 21, 75, 84, s. auch Ungarn
Paphos/Zypern 152
Pappenheimer, Grafengeschl. 208
Paris 72, 76, 284 f., 296, 308 f., 313, 320, 419
Parkstein/Oberpfalz 134, 211
Parlamentarismus 437
Passau 15, 25, 38, 46, 49, 57, 102, 107, 109, 113, 203, 224, 337, 395
Pavia 67, 75, 90, 182, 226
Peinliche Halsgerichtsordnung 399
Pfaffenhofen 303
Pfaffenmünster/Lkr. Straubing, Kl. 46
Pfalz 16, 18 f., 181 f., 187, 192, 200, 202, 206, 219, 221, 223 f., 229, 248, 271, 352, 402, 411, 420, 441, 443
Pfälzer Krieg 386
Pfalz-Zweibrücken 182
Pfarrkirchen 234
Pförring/Lkr. Ingolstadt 49
Pfründnerhaus Ingolstadt 311, 326
Pfullendorf, Burg b. Überlingen 188
Piacenza/Italien 137
Pinakothek, Alte, Mnch. 417

Pinakothek, Neue, Mnch. 418
Pippinen, Adelsgeschl. 52
Pipping, Kirche zu 332
Pisek/Böhmen 203
Polen 124, 131, 182
Polen, die 118
Polling/Lkr. Weilheim 179
Pommern 247
Pompejanum, Aschaffenburg 418
Popponen, Grafengeschl. 60, 70, 162
Post 413, 425
Prag 126, 301, 352, 367, 372
Prager Beschlüsse 301
Pragmatische Sanktion (1713) 377, 391
Prälaten 16
Pressburg (heutiges Bratislava) 78, 80, 83 f., 87, 126, 134
Pressburg, Friede v. (1805) 412
Pressburger Schiedsspruch 293, 300, 310
Presse 19
Pressefreiheit 408, 416 f., 420
Pressezensur 19
Preußen 18 f., 150, 377, 405, 407, 412, 424, 433, 436
Primogeniturgesetz (1506) 17, 340, 350, 359 f.
Prinzregentenbrücke, Mnch. 434
Prinzregentenstraße, Mnch. 434, 440
Prinzregententheater, Mnch. 434
Privilegium maius 178 f. (Anmerkung)
Privilegium minus 163, 176, 178 f. (Anmerkung)
Propyläen, Mnch. 418
Protestanten 352, 372, 374
Protestantische Union 351, 372
Provence 67, 72
Prüm in der Eifel, Kl. 61
Pulkau, Fluss 126
Pürckwang bei Kelheim 44
Pustertal 33

Quatrevaux/Frankreich 220
Quedlinburg 103, 110, 125, 159, 166
Quesnoy/Niederlande 262 f., 266

Raab, Fluss 57
Raitenhaslach/Lkr. Altötting, Kl. 276, 291, 308
Ranshofer Gesetze 103
Rastatt/Württemberg 387
Räterepublik 441
Rätesystem 441
Rätien 21, 71
Rattenberg/Tirol 230, 252, 256, 258, 284, 334, 339, 348, 354, 359
Raubritterwesen 318, 333
Rautenmuster 182
Ravenna 72
Ravensburg/Württemberg 150, 153, 177, 255
Rednitzwenden 57
Reformation 17, 356, 360
Regensburg 15, 25, 33, 37 f., 46, 53, 56 f., 64 f., 74 f., 83, 86, 88 f., 98, 101, 106, 117, 158 f., 166, 180, 189, 195, 203, 234, 236, 238, 263, 310, 317, 338, 368
Regensburger Dom 418
Regensburger Vertrag (1546) 356, 363
Regierungsbezirke 19
Reiche Kapelle, Residenz, Mnch. 374
Reiche Zimmer, Residenz, Mnch. 387, 392
Reichenau, Kl. 71
Reichenhall 88, 90, 179, 193, 203, 344, 374
Reichspogromnacht 442
Reichsvikar 16, 393, 402
Reims 60
Reinheitsgebot (Bier) 356
Reisbach (südöstlich v. Dingolfing) 84
Residenz, Mnch. 17, 76, 354, 357, 373 f., 380, 382, 392, 399 f., 417
Residenztheater (altes), s. Cuvilliéstheater, Mnch.
Reutte/Tirol 160
Rhein 71, 130
Rheinbund 18, 408, 412
»Rheingold« (Wagner) 426
Rheinland-Pfalz 443
Rheinpfalz, s. Pfalz

Rhense (Rhens) 285
Rhodos 340
Ried 203
Riedenburg 193
Ries 18, 62, 64, 87, 113, 127
Rohrbach/Württemberg 411
Rolandslied 160
Rom 23, 25, 39, 53, 67, 72, 76, 107, 123, 140, 189, 250, 284, 372, 416, 419
Romanen 21
Römer 21 f.
Rosenberg/Württemberg 280
Roseninsel/Starnberger See 424
Rothenburg ob der Tauber 18, 276
Rott, Fluss 87
Rotteneck 319
Royal-Alsace-Regiment 411
Rugier, Volksstamm 21
Ruhmeshalle, Mnch. 418
Russland 182, 407, 412

Säben b. Brixen/Tirol 78, 99
Sachsen 69 f., 94 f., 113, 147 f., 161, 172 f., 175
Sachsen, die 49, 88, 94, 153
Sachsen, Kurfürstentum 182
Säkularisation 18, 394 f., 407
Salesianerinnen, Orden 382
Salier, Adelsgeschl. 102, 106, 109, 115, 118 ff., 131, 147, 167
Salm, Adelsgeschl. 114
Salvatorplatz, Mnch. 382
Salz 39, 344
Salzach 22
Salzburg 15, 25, 38 f., 46, 48, 57, 78, 88, 90, 179, 203, 355, 360, 406
»Samson« (Oper) 366
Sarazenen 72, 107
Sarvar/Ungarn 435, 437
Schaffhausen 310
Schärding 203, 234
Schedelsches Liederbuch 327
Scheyern (Schyren), Grafengeschl. 81, 134, 181, s. auch **Wittelsbacher**
Scheyern, Kl. 188, 191, 194

Schiltberg b. Aichach 220, 224
Schleißheim 366
Schleißheimer Schloss, s. Schloss Schleißheim
Schleswig-Holstein 408, 420
Schloss Berg/Starnberger See 424 f.
Schloss Blutenburg/Mnch. 330, 332
Schloss Fürstenried/Mnch. 387, 427, 429 f.
Schloss Herrenchiemsee 426
Schloss Linderhof 426
Schloss Ludwigstal/Bay. Wald 429
Schloss Lustheim 387
Schloss Neuschwanstein 425 f.
Schloss Nymphenburg 17, 382, 387, 392, 410, 422, 429
Schloss Schleißheim 17, 387, 429
Schmalkaldischer Bund 360
Schmalkaldischer Krieg 356, 360
Schnaitacher Urkunde, Gesetz 201
Schönberg 348
Schongau 220
»Schönheitsgalerie« (Kg. Ludwig I.) 418
Schottenkloster, Regensburg 159
Schrobenhausen 318, 322
Schulwesen 394, 399, 405
Schüttenhofen, Westböhmen 203
Schwabegg/Lkr. Schwabmünchen 220, 371
Schwaben 59, 63 f., 66, 71, 78, 92, 98, 102, 106 f., 123, 143, 149, 200, 208, 255, 275 f.
Schwaben, die 76, 88, 120, 123, 126
Schwaben, Regierungsbezirk 183, 412
Schwäbischer Bund 338 f., 344, 348, 355
Schwäbischer Städtebund 276, 284, 289
Schwandorf 181, 207, 319
Schwarzes Meer 21
Schweden 182, 373 f.
Schweinfurt 18, 162
Schweiz 95
Schyren, s. Scheyern
Seeland/Niederlande 262
Seligenthal/Landshut, Kl. 193, 202, 210, 214, 216, 232, 236, 239, 243, 258, 274, 291, 324, 342, 346, 358, 416
Sendlinger Mordweihnacht 377, 387
Siebenjähriger Krieg 393, 398
Siebnach, Burg b. Augsburg 153
Siegestor, Mnch. 418
Sizilien 168, 192
Slawen 21 f., 30 f., 60, 94, 162
Slowakei 21
Snaitpach (Oberschneitbach), Rittertag 222
Sorbische Mark 162
Sozialdemokraten 19, 433, 436, 440
Sozialgesetze 417
Sozialgesetzgebung 420
Spanien 384, 386
Spanischer Erbfolgekrieg 384
Spessart 93
Speyer 64, 160, 175
Speyerer Dom 122, 125, 127, 418
Speyergau 119
Spoleto, Herzogtum 76
Staffelsee/Lkr. Weilheim, Kl. 57
Ständeversammlung 376, 420
Starnberg 192
Starnberger See 426
Staufer, Adelsgeschl., s. Hohenstaufer
Steiermark 106, 163, 169, 175, 187 f., 203 f., 209, 211
Steinerne Saal (Schloss Nymphenburg) 400
Steingaden/Lkr. Schongau, Kl. 159
Steinzeit 15
Steyer/Oberösterreich 204
Straßburg 122, 411, 415
Straubing 193, 212, 221, 225, 234, 238, 240, 265, 287, 289, 293, 304 f., 313, 317, 330, 354, 359
»Straubinger Ländchen« 318, s. auch Niederbayern-Straubing
Stuhlweißenburg/Ungarn 212
Sualafeldgau 127
Sueben, Volksstamm 21
Sulzbach 193, 212, 229, 259, 276 f., 280, 286, 345, 402 f.
Sulzbacher, Grafengeschl. 186

Tassilo-Kelch 49
Tegernsee, Kl. 46, 318
Teschen, Frieden v. (1779) 405
Thaya, Fluss in Ungarn 126
Theatinerkirche, Mnch. 379 f., 382 f., 390, 396, 400, 402, 410, 419, 431, 435
Theiß, Fluss in Ungarn 99
Theodo, Sagengestalt 20
Theresienwiese, Mnch. 415, 437, 440
Thierhaupten am Lechrain 48
Thüringen 21, 28, 64, 69 f., 94, 114, 441
Thüringer 21, 28, 49
Thüringer Wald 103
Tirol 16 f., 21, 41 f., 44, 123, 227, 229, 247 f., 251 f., 254, 256 f., 261, 264 f., 268 f., 338, 343, 386, 412
Tirol, Schloss 268
Todi in Umbrien (Italien) 284
Traunsee, Abtei 78
Traunstein 374
Trausnitz, Burg in der Oberpfalz 226
Trausnitz, Burg in Landshut 193, 291, 327, 344, 361, 367 f.
Tribur/Hessen 72, 137, 147, 153
Triebschen b. Luzern 424
Trient 37, 39, 96, 99, 123
Trient, Markgrafschaft 109
Trier 72
»Tristan und Isolde« (Wagner) 426
Tudor-Stil 421
Tuntenhausen/Lkr. Bad Aibling 369
Turin 28
Türken 288 f., 381, 385
Tuszien, Markgrafschaft 160

Ulm 87, 123, 153, 160, 211, 221, 255, 276, 326, 343, 386
Ungarn, die 75, 78, 84 f., 95, 99 f., 103, 119, 123, 126, 129, 134
Ungarn, s. auch Pannonien 87 f., 103, 124, 195, 200, 210, 288
Universität, Ludwig-Maximilians-/Mnch. 416, 418
Universität Göttingen 416
Universität Ingolstadt 326, 356, 364, 367, 371, 405
Universität Landshut 326, 416
Universität München 326
Untermenzing, Kirche zu 332
Unterstützungsverein d. Maurer/Mnch. 420
Ursulinerinnen, Orden 382
USPd 437, 440 f.
Utraquisten, Sektierer 364
Utrecht 102, 109 f., 122

Valenciennes (heutiges Frankreich) 262
Valley, Grafschaft 196
Valley/Lkr. Miesbach 166, 181
Valois, frz. Adelsgeschl. 284
Vatikan 442
Velburg/Lkr. Parsberg 319
Venedig 96
Verdun 64, 70
Verfassung, bay. 19, 407, 413, 436, 441
Verona 88, 90, 110, 154, 208
Verona, Markgrafschaft 16, 96, 99, 109, 123
Veroneser Klause 189
Versailler Vertrag (1920) 441
Versailler Verträge (1870) 424, 436
Versailles 408 f., 423 f., 432
Versammlungsfreiheit 420
Vienne (frz. Departement) 88
Villa Malte, Rom 416
Vilshofen 238
Vintschgau/Tirol 92, 123
Visconti, ital. Adelsgeschl. 247, 275, 283 f.
Vohburg an der Donau 193, 256, 270, 275, 317
Vohburger, Grafengeschl. 186
Völkerschlacht b. Leipzig (1813) 407, 412
Volksvertretung 420
Vorderhohenschwangau, s. Schloss Neuschwanstein
Vornbacher, Grafengeschl. 186

487

Wahlgesetze 407 f., 433, 436
Wahlreform 19, 407, 417
Walhalla/Lkr. Regensburg 418
»Walküre« (Wagner) 426
Wappen-Löwe 192
Wartenberg, Grafen v. 363
Wasserburg am Inn 207, 284
Wasserburger, Grafengeschl. 186, 196, 368
»Weiber von Weinsberg« 166, 172
Weiden 211
Weilhart, Forst 179
Weilheim 192
Weimar 441
Weingarten/Lkr. Ravensburg, Kl. 149 f., 157
Weinsberg, Burg b. Heilbronn 166, 172
Weißer Berg (b. Prag) 352, 373
Welfen, Adelsgeschl. 16, 63, 66, 71, 80, 83, 134, 144, 149 f., 161, 172 f., 177 f., 423
Wels (Oberösterreich) 204
Weltkrieg (1) 183, 409, 436
Weltkrieg (2) 443
Werberg/Tirol 233, 237, 240
Wertach, Fluss 208
Wessobrunn/Lkr. Weilheim, Kl. 48, 179
Wessobrunner Gebet, Gedicht 58
Westfälischer Friede 374
Westpannonien 21
Weströmisches Reich 20
Westungarn 21
Widonen, fränk. Adelsgeschl. 119
Wien 124, 129, 176, 196, 367, 384 f., 389, 391

Wiener Kongress 18 f., 407 f.
Wienerwald 36, 99
Wieselburg/Ungarn 143, 147
Witelinspach, Burg d. Wittelsbacher 181, 190, 192
Wittelsbacher, Adelsgeschl. 16 f., 81, 115, 150, 181 f., 440, s. auch Scheyern, Grafengeschl.
Wittelsbacher Brunnen, Mnch. 434
Wittelsbacher Wappen 182
Wolfratshausen 160, 192
Wolfstein, Burg/Lkr. Landshut 258
Worms 48 f., 64, 119, 175, 180, 207, 355
Wormser Edikt (1521) 356, 360
Wormser Konkordat 158
Wormsgau 118 f.
Württemberg 19, 355
Würzburg 18, 46, 57, 158, 161, 172 f., 175, 180, 192, 373, 395, 416, 431

Zell am See 46
Zillertal/Tirol 339, 348
Zirndorf 374
Zoll 294, 303, 355, 374, 413
Zollern, Grafengeschl., s. Hohenzollern, Adelsgeschl.
Zollrechte 355
Zollverein, Deutscher 19, 408
Zorneding/Lkr. Ebersberg 247
Zülpichgau b. Köln 130
Zünfte 272, 285, 291, 299, 303 f.
Zweibrücken 412
Zwiefalten/Württemberg 160